本书为国家社科基金一般项目"社会转型时期英国乡村基层组织研究"（14BSS025）结项成果。

侯建新　主编

欧洲经济-社会史丛书

社会转型时期英国乡村基层组织研究

Study on the Rural Grass-roots Organizations in England during the Social Transition Period

陈立军◎著

人民出版社

总　序

为什么要编《欧洲经济－社会史丛书》，什么是经济－社会史，价值何在？我愿借此机会从个人研究实践的心路历程谈起。

现代世界的诞生：人均社会财富的创造是关键

以英国为领头羊的欧洲现代国家的崛起，大概是近代以来人类最重要、最具有深远影响的历史现象之一，所以人们对这一历史的探讨投入了巨大的劳动和持久的热情。关于近代以来的发展和不发展的问题，不论研究西欧还是研究中国，国内学者多少都怀有一定的中国情结。该研究近30年进展明显，虽然在许多问题上还未取得广泛的一致，但勾画出的历史面貌越来越细致、清晰起来，由此具备了进一步研究的基础。重视数据分析、重视个案研究成为风尚，20世纪80年代以来我国学者关于中西农业劳动生产率的研究，尤其值得肯定。近代经济发展的基础是资本积累，而农业劳动生产率则是资本积累成功与否的标尺。以英国为例，中世纪晚期至近代早期农业劳动生产率呈明显的上升趋势。16世纪后，英国人口成倍增长，然而人均产量增长得更快；注意，不是经济总量而是人均产量的增长被诺贝尔奖得主诺斯称为"现代意义的经济增长"，这是进入工业社会的入场券。中国传统社会晚期不乏资本主义萌芽，却没有成功的资本积累，直接的经济原因是没有创造出相应的生产效率。中国是东亚农业大国，农艺水平独步一时，然而始终没有出现持续的人均产量的增长。一种观点认为中国没有英国那样的海外殖民；此话另一面意思是说英国资本原始积累是殖民掠夺的结果。我以为这样的看法过于简单化了。从历史上看，上古的希腊城邦、罗马帝国，中古早期的北欧维京人，都有过显赫的海外掠夺与殖民经历，可是财富增长却与资本主义无缘。英国资本原始积累的成功，是海外殖民掠夺的结果，更是社会本身创造出高效劳动生产率的结果，根本依据在自身内部条件。这样的回答显然更合理，也更符合历史事实。

在前人研究的基础上，20世纪80年代末笔者对英国和中国相关时期的农业劳动生产率研究做过一些尝试。16世纪是英国迈向近代社会的开端，据估算，该时段一般农户年产240蒲式耳，大约相当于5吨谷物。除自家饮食消费外，大部分农产品流向市场，换回货币以满足生产者不断增长的多方面的需求，同时投入扩大再生产。也就是说，每个农夫同时也是商人。生产是市场的基础，由此我们可以理解英国国内何以形成星罗棋布的市场网络，拿破仑何以称英国为商人之国，以及英国何以迫切开辟海外市场。16世纪英国一般农户的劳动生产率呈明显上升趋势，比13世纪提高了一倍以上。反观中国，以较为发达的江南农业劳动生产率为例，清中期即进入19世纪也远未达到英国16世纪的水平，大约仅为同期英国的五分之二。而且，清代中期较之明代还出现了下滑的趋势。① 令人感兴趣的是，21世纪初问世的英国学者麦迪森的统计数据，大体上与上述结果不谋而合，具有一定的"契合度"，虽然采用完全不同的估算路径。②

以上的证明不无意义，不过，仍不能完全说明问题：西欧生产效率为何取得突破进而启动资本积累？农业劳动生产率的增长推动了西欧的社会转型，那么推动农业劳动生产率增长的原因又是什么？显然，经济现象不能完全由经济因素来解释，或者说经济史不能解决全部问题，尤其不能回答全局性的重大社会问题。

原来，法治观念、有效的法律保护机制更重要

欧洲史研究证明：中古晚期生产效率明显增长的奥秘，主要不是生产工具的改良，不是某项技术发明或能源发现；农业革命以前乃至工业革命以前

---

① 侯建新：《中世纪英国农民个人力量的增长与自然经济的解体》，《历史研究》1987年第3期。
② 关于二者研究具有一定"契合度"的评论文章，见谢丰斋：《中西方经济差距何时拉开？——谈安格斯·麦迪森的"千年统计"》，《史学理论研究》2012年第4期。另见［英］安格斯·麦迪森：《世界经济千年史》，伍晓鹰、施发启译，北京大学出版社2003年版，第117页。该书原名是The World Economy：A Millennial Perspective，2001年经济合作与发展组织（OECD）在巴黎出版。

欧洲田野上外在的现代要素几近于无,与以往相比并无明显改观。个体农民发展的直接原因,是依习惯法抗争而使其自身权益得到有效保护。西欧习惯法是双刃剑,既强制农民接受庄园秩序,又是农民保护自身利益的有效武器。佃农的负担量一旦规定下来,即为惯例,不可轻易改变,而随着农业技术的提高和贸易机会的增长,为自己创造的劳动成果却不断增长,个人和社会的财富就这样逐渐积累起来。此即人均产量的增长,也就是诺斯谓之为现代意义上的经济增长。17 世纪,首先在荷兰和英国,第一次出现了这种"真正的增长","英国和荷兰,虽然人口持续增长,实际生活水平却大约提高了 35% 和 50%。这是史无前例的事情:在欧洲历史上,同时也是在人类历史上,两个国家第一次能够持续地向不断增加的人口提供不断提高的生活水准"。[1]

统治者的恣意与贪婪是本能的、普遍的,英国领主不比中国或其他地方的统治者更好些。英国佃农的幸运在于,他们不仅有抵抗领主的意识、观念和勇气,而且很早就生成并坚持了限制对方权力的机制。对抗方式有暴力斗争,更普遍的则是法庭较量,结果有效地保护了农民个人财富的独立发展,从而在相当大程度上享受经济发展带来的自然增值。农民普遍的、连续的积累,是社会财富积累机制形成的基础,也是资本积累的基础。显然,资本积累不仅仅是财富的积累,经济的增长,也是农民个体权利的不断伸张、新的法律政治关系不断确立的过程。不存在单一的阶级斗争史,同样也不存在单一的经济史。

农业人均生产效率的突破取决于佃农权益的有效保护,后者不是孤立的也不是偶然的,而是与当时的社会大环境密切相连。佃农凭借习惯法在法庭上与领主据理力争,是社会总表象的一部分,或者说是社会总游戏规则的一部分。事实上,在 12 世纪以后的西欧,具有悠久传统的抵抗的权利以及与此相联系的自然权利、主体权利得到了越来越广泛的社会共识,抵抗斗争表现在社会不同层次和不同领域。英国《大宪章》是贵族抵抗王权的典型例证。此后,《大宪章确认令》《牛津条例》,以及众多的国会文件,甚至农民起义纲领都涉及个体或群体的权利问题。在法国,《三月大敕令》即可视为

---

[1] [法]亨利·勒帕日:《美国新自由主义经济学》,李燕生译,北京大学出版社 1985 年版,第 99—100 页。

《大宪章》的同类文件，其中也涉及了有关臣民自由、权利的多方面问题。发生在11、12世纪所谓的"教皇革命"，则是教会抵抗王权的斗争。"教皇革命"以法律的手段平抑了皇帝或国王的权力，黯灭了他们头上的光环，结束了神圣王权时代，为近代世俗国家奠定了基础。此外，还有争取市民权利的城市抵抗运动、争取商人权利的商人抵抗运动以及村社抵抗运动等，现代法律体系以及议会协商制呼之欲出！

不断完善的法律体系，使生产者和经营者的财产安全和财产积累得到进一步保障，反过来激发了整个社会积累机制和流通机制的发育，新的观念、新的语言、新的交往方式和新的力量随之破茧而出。社会重心逐渐下移，到中世纪晚期和近代早期，西欧第一次出现靠经营实业起家并且相当富足、相当有社会地位的群体，即新兴资产阶级，足以与身份贵族抗衡。显然，西欧资本积累以及后来工业革命的原因相当复杂。经济固然重要，观念的，以及建立在某些社会共识之上的法律政治制度创建等，同样相当重要。因此，主张全方位、长时段描述整体社会的经济-社会史更富有解释力，更接近于历史原貌，无疑也更有前途。

关于欧洲经济-社会史丛书

产生于20世纪70年代的经济-社会史（Economic and Social History），在西方也经历了一个发展探索过程。简单说来，它来源于经济史，但拓宽和改造了经济史，以至颠覆了传统经济史。英国的经济史研究始于19世纪末，第二次世界大战以后，欧洲经济凋敝，随着对经济发展的高度重视，经济史学科也达到鼎盛。不过，危机也随之出现，一些经济史变成计量史，越来愈多地依赖建构数学模型，其结果是"使得经济史变得面目可憎"。[①] 因而，到了20世纪70年代末，经济史调整了研究取向，渐渐变成"经济-社会史"。

经济-社会史很快显示出强劲的发展势头，时至今日，它伸张与宣扬的理念、取向与方法已基本取代了传统的社会史与经济史，作为一个新兴学科

---

① Eric Kerridge, "Looking to the future", in Pat Hudson ed., *Living Economic and Social History*, the Economic History Society, Glasgow, 2001, pp. 190-191.

而异军突起。经济-社会史一个显著的特征是，具有广阔的学术视野，将不同的社会层面诸如经济、宗教、法律、教育、社会结构、生活方式、文化与文化传统等纳入历史学家的认知领域，其研究对象几乎扩大到人类活动的一切方面。一些普通的历史现象，例如衣食住行、日常消费、婚恋与性别、信仰与观念、私人财产继承等，都可能成为重要的话题。通过长时段的动态追踪，这些具体的、分散的社会现象成为宏大历史解释的基础，见微知著。经济-社会史注重生动的个案分析，然而它始终着眼于结构性的社会整体的历史。于是，引出它的第二个特征，大概也是最重要的特征：长时段的历史，整体的历史，大众的历史。所以，它可以做到具体而不碎片，宏阔而不分散。该学科特别适于宏大、复杂历史题材的研究，例如传统社会向现代社会转型、农业社会向工业社会转型一类问题的研究。毫不溢美地说，西方史学界关于欧洲社会"转型"问题研究的最杰出的作品，大多出于经济-社会史学家之手，创新之作迭出，不胜枚举。

令人欣慰的是，自2000年以来，经济-社会史学科在我国也得到显著发展。由引进到逐渐本土化，专业刊物和专业网站以及专门的研究机构应运而生。一些高校开设一系列经济-社会史课程，面向研究生，也面向本科生；还建立欧洲经济-社会史硕士和博士学位点，致力于学科人才的培养。更重要的是一批有质量的前沿性研究成果和译著相继问世。[①] 这套丛书将成为该领域新人新作的重要载体。在学习中积累，在传承中创新，逐渐建构起欧洲经济社会史研究的中国话语体系。丛书的每一辑都是作者数年甚至更长时间的心血之作，内容不一，风格各异，但都是在讲述欧洲经济与社会发展进程中的不同侧面或不同问题。但愿读者诸君在品味每一个故事中，增进可靠的知识，扩大观察的视野，不断丰富自己的内心世界。

愿丛书与新一代经济-社会史学人同步成长！

侯建新

天津师范大学历史文化学院教授，南京大学特聘教授

---

① 侯建新、刘景华：《从经济史到经济-社会史》，《世界历史》（纪念改革开放30年创刊30年）2008年增刊。

目　录

下篇：15 世纪以后的英国乡村基层组织

绪　论

从传统的农本社会向现代社会的转变，是人类社会发展过程中的一次重要的变革。从遥远的欧洲到大洋彼岸的美洲，从充满原始野性的非洲再到广阔无垠的亚洲大陆，似乎人类社会都无法摆脱这一历史的过程。英国是最早完成现代化的国家，因此，对英国社会转型的研究无疑是史学研究的一个热点。但是传统的史学界比较重视上层建筑的变革在社会转型中的重要作用，从而忽略了对乡村社会的考察；甚至有的人将工业化与现代化相对等，更多地关注对工业化指标的考量。这样的认识定位，显然割裂了中世纪与现代社会的关系，同时也抹杀了英国作为传统农业社会的根本属性。如今，西方史学界已经从学理上证明了如果没有农业的发展、农村社会结构的变革以及个体农民的普遍的富足，那么英国的社会转型就很难发生，当然也不会有商业的普遍繁荣。实际上，罗马时代的商业繁荣程度一点也不逊色于中世纪的晚期，但是商业有一个重要的特点，那就是突变性很大，可能由于一场战争或者灾难就彻底崩溃了，因此，罗马时代最后逆变成了中世纪；而英国中世纪的商业和手工业并没有随着战争或者瘟疫的爆发而发生逆转，其根本的原因就在于此时的英国乡村已经形成了一个不同于传统的农业机制，这为社会转型奠定了坚实的基础。至于城市化也是如此，英国在转型过程中并没有形成特别大的城市，但是城市的密度很高，这种格局的形成其实是商业和农业密切连接的结果。因此，对英国社会转型的研究不应该仅仅着重于对工业化、城市化以及商品化等方面的探讨，还应着眼于乡村社会，加强对农村、农民以及农业等问题的研究。同时，不能将农业、农村以及农民问题三者割裂来看，它们之间存在着相辅相成的关系：没有农业劳动生产率的提高就不会有富裕农民群体的兴起；没有农村政治结构、法律体系以及社会关系的变革，农业经济的发展也就失去了制度性的保障。因此，在研究上述问题时，应从乡村社会的基层组织入手将三者有效地结合起来，深入分析中世纪社会与现代社会的关系，了解它的一些本质特征，从中找到英国社会转型发生的机理，探寻英国乡村社会所发生的重要变化，从而为我国的社会主义新农村建设提供一定的借鉴。

一、研究现状

以往的学术界将庄园看作是乡村基层组织的中心，对庄园的研究投入了很大的精力，以至于造成这样一种假象：只要一谈及中世纪英国的乡村，人们首先想到的就是"庄园"，使得很多人理所当然地认为，中世纪英国乡村基层组织的中心就是庄园，村庄则如"影子一般的存在"。① 但是，随着研究的深入，对庄园的研究有逐渐淡化的倾向。根据不完全统计，20 世纪 60、70 年代是西方研究庄园的高峰期，但是从 70 年代后期开始逐渐下降，到了 80 年代以后，西方学术界甚至出现了"退出庄园"（retreat from the manor）的现象，② 而最后一部研究庄园地产的论著是 1986 年出版的。这也充分说明了学术界的研究重点发生了转移，人们开始意识到中世纪英国的乡村基层组织不再是单一的结构，还有其他的组织机构在乡村社会中发生着重要作用。例如，中世纪乡村所实行的敞田制农业，它是由条田组成的，每个条田都处于不断的变化之中，农民进行集体放牧、共同耕作，在特定的时间内是所有成员共有的。这样的组织是由谁来设计的呢？显然不是领主。因为领主的主要收入是来自自营地，他完全没有必要去管理这些事务。因此，敞田制的形成应该是来自庄园以外的组织——村庄共同体。因为如果没有一个共同体的精神，那么这样的敞田制是无法正常运行的。如果不了解村庄共同体，那么就无法理解敞田制，更无法理解后来的圈地运动。自 20 世纪 80 年代后期开始，历史学家开始更多关注村庄共同体、公地制度以及农民群体的日常生活等方面的内容，使隐藏在庄园背后的村庄共同体的面貌越来越清晰。

相比较而言，国内学术界在这方面的研究则稍显滞后。时至今日，仍然

① Christopher Dyer, "The English Medieval Village Community and Its Decline", *Journal of British Studies*, Vol. 33, No. 4 (October 1994), p. 407.

② Christopher Dyer, "Lords, Peasants and Villages in England, 700 – 1600", "New Approaches, 1989–2009", in *Proceedings of the British–Chinese History Conference*, Qian Chengdan & Miles Taylor (eds.), London：University of London, Institute of Historical Research, 2011, p. 69.

存在以庄园为乡村基层组织中心的学术倾向，对村庄共同体在中世纪英国乡村社会中的作用仍认识不足。即使有人提及村庄共同体，也是将其看作是日耳曼人"原始公社的残余"，从而也就抹杀了村庄共同体在英国社会转型过程中的重要作用。

（一）国内研究现状

国内史学界对英国乡村基层组织的研究主要是围绕庄园或者农村公社问题展开的。老一辈的史学家齐思和、马克垚等都对庄园制度进行了深入的研究，在《西欧中世纪的庄园制度》一文中，齐先生对西欧庄园的产生、土地的分配与耕作、地租形态与阶级关系以及庄园的最终衰落都进行了深入的探讨。他认为，"西欧的封建制度是在罗马奴隶制崩溃的基础上，和日耳曼征服者部落氏族瓦解的基础上，这两种过程的互相影响下，产生了的一种新的社会形态。"作为西欧封建制度农业生产基层单位的庄园，应该是受到二者相互影响下形成的。① 马克垚先生也指出："西欧庄园的本质特征，应是庄园上的土地分为领主自营地和农奴份地两部分，农奴为使用份地要无偿地耕作领主自营地，受封建主剥削。所以准确地说，这种庄园应称之为农奴劳役制庄园。"② 除对庄园问题进行探讨外，一些历史学家还对有关农村公社的问题进行了深入的探讨和研究。如朱寰先生在《略论日耳曼人的农村公社制度》中指出，农村公社是"人类社会由野蛮向文明过渡的桥梁，是由氏族部落制度向国家过渡的必由之路……长期存在于阶级社会之内……只是在商品经济高度发达的社会里才使农村公社制度走向瓦解"③。朱先生还对日耳曼人的农村公社的内部情况进行了详细的论述，并把它划分为早期的农业公社和晚期的邻里公社。而马克垚先生在其著作《西欧封建经济形态研究》一书中，对早期的马尔克公社也进行了专门的论述。通过对西欧农村公社的起源及其发展的系统论述，他认为"在中古盛期的西欧，通行的原则是'没有无领主的土地'，所以独立的自由的农村公社几乎消逝不见了，除非在十分荒僻的山区。但是，正如恩格斯所指出的，公社并未彻底消灭，它只是以受奴役的公社的形态存在着。"④ 从生产力与生产关系的辩证关系

---

① 齐思和：《西欧中世纪的庄园制度》，《历史教学》1957 年第 7 期。
② 马克垚：《应如何理解西欧"封建化"问题》，《历史研究》1982 年第 4 期。
③ 朱寰：《略论日耳曼人的农村公社制度》，《史学月刊》1991 年第 1 期。
④ 马克垚：《西欧封建经济形态研究》，人民出版社 2001 年版，第 263 页。

出发，作者认为"西欧公社之所以长期存在，是和当时的生产力水平密切相关的。中世纪西欧的生产力决定了公社这种组织的顽强性、长期性。"继而作者又从生产状况及社会组织、阶级斗争等方面较为详细地论述了中世纪英国的农村公社。老一辈史学家的史学贡献无疑是巨大的，但其有关英国乡村基层组织的论述，基本上是以庄园为研究的中心和重点，即使论及农村公社这一乡村基层组织时，也明显带有时代的印记。

改革开放后，中国的史学界焕发出新的生机与活力，在此期间涌现出一大批史学家，对英国乡村基层组织问题进行了重新的审视，具体体现在以下几个方面：首先，提倡从多重的维度去研究英国的乡村基层组织。"只有从双重结构乃至多重结构理解欧洲中世纪的基层组织，才能更多地接近历史的全貌。"[①] 其中最具代表性的著作就是侯建新先生的《社会转型时期的西欧与中国》一书。作者用了两章的内容来论述西欧的乡村社会（第六章和第十章），他指出："中世纪的农村基层组织是由几个不同性质的权力体系共同组成的：代表王权和马尔克公社自治权的村镇，代表领主权的庄园，代表基督教教会权的教区。"[②] 作者还指出了进行基层组织研究的重要性："在农村人口占据绝大比例的前工业社会中，乡村组织是政治制度的一部分，亦是政治统治的重要基础。乡村政治组织与标志生产方式性质的农业生产组织一样，皆是社会转型问题研究中不可忽视的课题。"通过对"乡村基础组织及其管制"、"乡村诉讼与村规"及"乡村精英阶层分析"的研究，作者为我们清晰地勾勒出了一幅中世纪时期英国乡村社会的生动画面，这些精辟的论断为我们系统研究英国乡村基层组织问题指明了方向。徐浩对英国乡村基层组织的论述也颇有见地。他在《农民经济的历史变迁——中英乡村社会区域发展比较》一书中指出："村庄是国家行政区划中最基层的地域单位，也是敞田制下村民共耕共牧为特点的合作经济的基本组织。在这两种含义上，村庄便作为基层行政共同体和合作经济共同体而存在。"[③] 他认为农村基层组织有三个实体，分别是村庄、庄园与教区。"在农村，村庄、庄园与教区

① 徐晓光：《社会转型与思想先导——"社会转型时期的世界思想文化"学术研讨会综述》，《世界历史》2011 年第 3 期。
② 侯建新：《社会转型时期的西欧与中国》，高等教育出版社 2005 年版，第 209 页。
③ 徐浩：《农民经济的历史变迁—中英乡村社会区域发展比较》，社会科学文献出版社 2002 年版，第 120 页。

三种不同权力来源的组织同时运行，形成农村基层社会的权力格局：代表国家和地方自治共同体利益的村庄，行使领主权力的庄园，及承担教会精神职能的教区。"[1] 徐浩对乡村基层组织的论述与侯建新的观点有异曲同工之妙，在国内的史学研究中具有一定的开创性。

其次，尽管对庄园的研究还在继续，但明显呈现出与之前不同的研究特质，即在研究庄园问题的同时，也对村庄的问题有所涉及。如李云飞的《中古英国庄园制度与乡村社会研究》一书，作者依靠英国国家档案、庄园法庭的卷档以及各种收支的账簿等资料，重点论述了 13 世纪全盛时期庄园的情况。其中涉及到农奴制与庄园的形成、领主地产以及庄园的管理、庄园直接经营的规模及其效益、庄园的商品化程度、庄园账簿的建立、庄园法庭的运作等问题。在阐述庄园体制的同时，作者也对庄园与村庄之间的关系进行了论述，作者认为，"强大的庄园和严酷的农奴制大多分布在因实行敞田制而具有较强村社集体力量的地区。这表明，在村社与庄园之间存在着一种互强模式；强大的村社为领主管理庄园和向乡村渗透提供了一种组织手段，而村社则借领主权威强化着内部的控制。"[2] 在论及庄园法庭与村庄之间的关系时他又指出，庄园法庭是领主控制和盘剥佃农的工具，而不是佃农自我保护的手段。但是，"由于存在多种制约庄园法庭运作的因素，领主不得不在庄园法庭中吸收和利用一些村社组织和庄民自治的形式；对庄民具有保护作用的不是庄园法庭，而是其背后潜藏着的村社组织和集体力量。"[3] 作者以庄园法庭来洞察村庄共同体在中世纪社会发展过程中所起到的重要作用，同时也批判了一些学者把庄园法庭看作是农民维护自身权益工具的观点，指出了真正保护农民的是村庄共同体而不是庄园法庭，这一论断是比较准确的。庄园与村庄的互强模式在庄园的全盛时期无疑是适用的，但在庄园解体之后，村庄共同体是否也同样走向了衰落？对于这一问题，由于作者把重点放在庄园体制的研究，并没有进行进一步的研究。

最后，加强了对村庄共同体的研究，从而将有关村庄的研究提高到乡村社会史的核心地位。例如，赵文洪的两篇论文为国内乡村基层组织的研究提

---

[1] 徐浩：《农民经济的历史变迁—中英乡村社会区域发展比较》，社会科学文献出版社 2002 年版，第 119 页。
[2] 李云飞：《中古英国庄园制度与乡村社会研究》，暨南大学出版社 2014 年版，第 304 页。
[3] 李云飞：《中世纪英格兰庄园法庭探微》，《世界历史》2005 年第 2 期。

供了新的视角。在《中世纪欧洲村庄的自治》一文中，作者运用了大量的资料，特别是吸收了近一些年来西方学者所使用的档案资料，从原始的村规入手，重点阐述了村庄共同体在欧洲乡村社会发展过程中的自治功能。作者认为，"中世纪欧洲许多村庄具有自治性质。它们独立管理自己的事务；有自己的法律——村规；有自己的最高权力机构——庄园法庭和村民会议；有自己选举出来的管理人员；有些村庄还有自己的军事防务。中央政府和领主承认许多村庄的自治。"① 他的另一篇论文《庄园法庭、村规民约与中世纪欧洲"公地共同体"》则重点阐述了欧洲公地共同体中的民主因素，经过对大量史料的解读，作者最后指出："这些村规的制定表明，它们是由集体而不是个人制定的；参与制定它们的，或者是共同体的全体成员，或者是共同体的多数成员，它们在多数情况下得到会议在场者的共同同意。"② 赵文洪对村庄共同体的论述深刻而全面，极大地填补了国内这方面研究的空白。而王玉亮的《中世纪晚期英国村庄共同体的法律"自治"》③ 一文，也从法律自治的角度论述了村庄共同体在中世纪英国社会发展过程中的重要作用，但有关村庄共同体形成及其运作的情况，作者并未论及。陈日华的博士论文《中古英格兰地方自治研究》，作者从地方自治的角度出发，在界定地方自治的历史背景与外部环境之后，论述了地方社会与政府机构的具体运作与治理方式，其中之一是以村庄共同体为核心的乡村基层组织。④ 由于作者重点探究的是中世纪英格兰的地方行政制度，村庄共同体是作为地方自治的一种表现形式出现的，因而，作者更多的是关注村庄共同体的自治功能，对于其发展、演变及影响并未进行深入的探讨。还有一些学者在论述公地制度或敞田制时略带谈及了村庄共同体的有关情况，但所涉及的问题不多，也比较零散，因此不一一列举。

纵观国内的研究现状，改革开放之前，史学界对于英国乡村基层组织的研究主要是以庄园为中心的，尽管有一些学者对村庄的问题也有所谈及，但从研究的内容来看，主要是把村庄作为庄园的附属品，是日耳曼人原始公社

① 赵文洪：《中世纪欧洲村庄的自治》，《世界历史》2007年第3期。
② 赵文洪：《庄园法庭、村规民约与中世纪欧洲"公地共同体"》，《历史研究》2007年第4期。
③ 王玉亮：《中世纪晚期英国村庄共同体的法律"自治"》，《天津师范大学学报（社会科学版）》2009年第4期。
④ 陈日华：《中古英格兰地方自治研究》，博士学位论文，天津师范大学历史文化学院，2005年。

的"残余"。尽管在改革开放后，史学界对英国乡村基层组织进行了重新的认识，并取得了一些显著的成果，但是以庄园为核心的现状并没有得到彻底的改变。无论从研究成果的数量、范围还是从深度等方面，都与村庄共同体在英国历史上的地位不相匹配；很多研究只是停留在对村庄共同体认知的表象，对其发展演变以及内部结构等方面并没有进行深入的研究。从整体来看，国内学术界对于英国乡村基层组织的研究还比较分散，尚未形成体系。特别是对于乡村基层组织在英国社会转型时期的发展变化还缺乏深入探讨。

（二）国外的研究现状

国外对英国乡村基层组织的研究起步于19世纪。19世纪以前，西方传统史学以政治史研究为主，实用性与功利性是其主要特色。在这种思想的指导下，史学界对英国历史的研究，更多的是关注王权、教会以及议会等较国家层面的问题，而对乡村基层组织的研究则较为薄弱。正如霍布斯鲍姆在其所编著的《农民研究杂志》上所指出的那样："在18世纪以前，农民只属于经济或者社会的历史范畴，而很少出现在政治史中（中国是个例外），因为很少有统治者会去关心村庄里面发生的事情。"[1] 同时，史料的缺乏也在一定程度上阻碍了历史学家去探究中世纪时期的村庄与农民问题。

从19世纪后期开始，在启蒙运动思想的感召下，欧洲发起了批判史学运动，这种批判更多的是对工业化结果的一种反思。繁重的城市生活激发起人们对乡村社会简单而快乐生活的向往，这在一定程度上促进了中世纪乡村史研究的兴起。在欧洲出现了一批影响深远的法律史或者经济史学家，开创了史学研究的一代新风，从而也掀起了欧洲学者研究村庄共同体的第一次高潮，其中的代表人物是梅因、西博姆等人。作为法律史学家，梅因认为，村庄共同体是按照公共所有权的观念组织起来的，这种所有权是基于"权威、惯例以及偶然"的法则，因此，他们的财产是平均分配的。[2] 而经济史学家西博姆则认为，中世纪的村庄共同体是一种"荒诞而又无效"的组织，在很大程度上阻碍了乡村社会的现代化；从起源来看，早在盎格鲁-撒克逊人到来之前英国乡村就已庄园化了，因此，盎格鲁-撒克逊人似乎并没有空间

---

[1] Eric. J. Hobsbawm, "Peasants and Politics", *Journal of Peasant Studies*, Vol. 1, No. 1 (1973), pp. 16-17.

[2] Henry Maine, *Village Communities in the East and West*, London: John Murray, 1871, p. 78, 11.

再引入以马尔克为基础的自由村庄共同体了。① 对此，维诺格拉道夫提出了质疑。他明确指出，英国中世纪村庄共同体中的条田制、公共放牧以及村民大会等都是盎格鲁-撒克逊人从森林中所带来的"原始残余"。② 而乔治·劳伦斯·戈姆则从民俗的角度去考察村庄共同体，认为村庄共同体在其他人类社会中也广泛存在，并且还是人类社会发展到一定阶段所必须经历的社会形态。③ 在这一点上，他与梅特兰可谓殊途同归。

从总体来看，这一时期的学者对乡村基层组织的研究，仍没有摆脱政治史或制度史的桎梏；同时，由于涉足这一领域的学者毕竟还是少数，在当时并未引起人们的足够重视。正如戴尔所说："除了少数人之外，大多数学者都不愿意把中世纪社会研究的重点放在村庄之上。在一般情况下，村庄是被忽略的，或者很少有人去强调它，而且进行这方面的研究还必须要为村庄共同体及其组织的存在提供充分的证据。"④ 但不可否认的是，这些学者的研究工作，为后续研究做了重要的铺垫。

20 世纪上半叶，西方史学经历了从传统到现代的转变。从某种程度上来说，这种转变具有强烈的反省甚至反叛的意味。从最早提出"新史学"的德国历史学家卡尔·兰普勒希特，到以鲁滨逊为首的美国"新史学派"，再到影响深远的法国"年鉴学派"，都对传统史学，特别是当时占据主流地位的政治史和制度史的取向提出最为严厉的批判。他们更加注重对人的研究、对总体历史以及大众历史的研究。在这种史学思想的指引下，对农民问题以及乡村社会的研究成为热点。"年鉴学派"一些重要人物的成果更是让人拍案叫绝。以马克·布洛赫为例，他在 1931 年出版的《法国农村史》中，根据田地布局、耕作制度、民俗风情以及 18 世纪和 19 世纪土地测量记录，让人信服地重现了中世纪法国农村社会的生活状况，如土地占有制的起源，庄园制度的兴衰，农村各阶层的构成及演变，等等，从而揭示了从中世

① Frederic Seebohm, *English Village Community*, London: Longmans, Green, Co., 1883, p. 15, 179.

② Paul Vinogradoff, *Villainage in England: Essays in English Mediaeval History*, Oxford: Clarendon Press, 1968pp. 237-238.

③ George Laurence Gomme, *The Village Community: With Special Reference to the Origin and Form of Its Survivals in Britain*, London: The Walter Scott Publishing Company Limited, 1890, p. 5.

④ C. Dyer, "The English Medieval Village Community and Its Decline", *Journal of British Studies*, Vol. 33, No. 4 (October 1994), p. 407.

纪到近代，农业和农村社会的发展和演变，开辟了中世纪乡村史研究的新途径，影响深远。[1] 在年鉴学派的影响下，一些史学家也开始致力于对乡村社会的研究。其中的代表人物就是剑桥大学的库尔顿及其弟子贝内特。与西博姆的观点相同，库尔顿认为，以集体农业为主的敞田制在很大程度上抑制了农民的积极性，因为农民做任何事情都要在集体农业中的合作机制下开展。因此，中世纪的村庄共同体不是农民的保护伞，而是极大阻碍了农奴的解放。[2] 库尔顿的学生贝内特基本上沿袭了他的理论，但他并没有完全地依赖于庄园档案，而是在他的书中引用了一些歌谣以及故事诗，其目的是为了更加全面地展示中世纪的乡村生活。贝纳特认识到庄园和村庄并不是同一个实体，但他认为，大多数农民的生活更多地受到了庄园制度影响。除了与庄园进行合作外，我们很少知道村庄共同体的其他功能。[3] 尽管这一时期史学家以极大的热情投入到了对乡村组织的研究之中，但是对庄园制度的过多关注，也引发了另外一个问题，即使得很多人理所当然地认为，中世纪英国乡村基层组织的中心就是庄园，村庄则如"影子一般的存在"。[4]

20世纪80年代以后，西方学术界出现了"退出庄园"（retreat from the manor）的现象，[5] 越来越关注村庄共同体这一基层组织，从而也摆脱了"一条腿走路"的窠臼，因为随着研究的开展，人们逐渐认识到，"村庄这种地域组织比封建制度远为古老，而且在封建制度下仍然充满着活力。"[6] 因而，他们在探讨公地制度、庄园制度以及农民日常生活的时候，把它们更多地置于村庄之下。同时伴随着浪漫主义思潮潜移默化的影响，探究民族精神及其成因也成为史学界关注的焦点，从而也推动了历史档案尤其是中世纪资料整理工作的开展。在此期间，欧美涌现出一大批学者，开始对中世纪的

---

[1] 张广智、张广勇：《史学，文化中的文化——文化视野中的西方史学》，浙江人民出版社1990年版，第406页。

[2] G. Coulton, *The Medieval Village*, Cambridge: Cambridge University Press, 1926, p. 50, 324.

[3] H. Bennett, *Life on the English Manor a Study of Peasant Conditions* 1150–1400, Cambridge: Cambridge University Press, 1948, p. 44.

[4] Christopher Dyer, "The English Medieval Village Community and Its Decline", *Journal of British Studies*, Vol. 33, No. 4 (October 1994), p. 407.

[5] Christopher Dyer, "Lords, Peasants and Villages in England, 700 – 1600", in *Proceedings of the British–Chinese History Conference*, Qian Chengdan & Miles Taylor (eds.), London: University of London, Institute of Historical Research, 2011, p. 69.

[6] Paul Vinogradoff, *English Society in the Eleventh Century*, Oxford: Clarendon Press, 1908, p. 475.

村庄进行重新审视，奥尔特无疑是其中的佼佼者。他不仅成果丰硕，而且对英国的村庄共同体进行了深入而细致的研究。在他的代表作《中世纪英格兰的敞田制农业——村规研究》一书中，作者从敞田农业入手，详细地介绍了早期的村规以及与农业生产紧密相关的耕地、打草、秋收、放牧、捡拾等事宜。在奥尔特看来"庄稼茬的公共放牧与轮耕是敞田农业的特征之一，并且它是由村庄共同体来控制的。"① 在这部著作中，作者还整理出了大量的庄园档案及村规，并把它们翻译成了英文，这些原始档案为我们做相关的研究提供重要的史料来源。奥尔特的另一部著作《敞田农业与村庄共同体：中世纪英格兰农业村规研究》是《中世纪英格兰敞田制农业》的姊妹篇。在作者看来，"无论是敞田还是公地农业，要想运转得良好，就必须要建立一些习惯的程序。"② 这些习惯的程序就是村规，而村规的制定和实施又在一定程度上反映了村庄共同体的价值所在。而著名的史学家霍曼斯也认为，"农业生产合作是乡村生活的基础"，而"村规（by-laws）则是农业生活的基本规范"。这些村规的存在恰恰证明了村庄共同体的存在及其独立性。③与传统史学观点不同，霍曼斯认为，中世纪的领主并非拥有绝对的权力。在这一点上他认同马克·布洛赫的观点，即领主"并非是现代意义上的地主，他首先是村庄共同体的一员"④。

1. 对核心问题的探讨

英国乡村基层组织研究的核心问题主要是对"共同体"一词的探讨以及对村庄共同体基本特征与职能的概括。最早对共同体这一核心概念进行探讨的是德国的社会学家，主要代表人物就是德国现代社会学的奠基人之一——F. 滕尼斯。他利用社会学的方法，通过对比"共同体"与"社会"的关系，对"共同体"的概念进行了深入的阐释，并指出，"共同体"与"社会"是人类群体生活的两种结合类型。在前近代的传统文明中没有"社

---

① W. O. Ault, *Open-Field Farming in Medieval England: A Study of Village By-Laws*, London and New York: George Allen & Unwin Ltd, 1965, p. 17.

② W. O. Ault, *Open-Field Husbandry and the Village Community: A Study of Agrarian By-Laws in Medieval England*, London: Allen & Unwin, 1965, p. 11.

③ George Homans, *English Villagers of the Thirteenth Century*, New York: Russell & Russell, 1960, pp. 81-104.

④ George Homans, "The Rural Sociology of Medieval England", *Past and Present*, No. 4 (November 1953), p. 41.

社会转型时期英国乡村基层组织研究

会"而只有"共同体"，共同体是一种自然形成的、以习惯性强制力为基础的血缘、地缘或宗教缘的集体纽带，它不是其成员个人意志的总和，而是有机地浑然生长在一起的整体，是一种"人们意志的统一体"。滕尼斯认为，共同体是自然习俗的产物，而社会则是理性人在合意的基础上结成的"有目的的联合体"。共同体是整体本位的，而社会则是个人本位的，"社会的基础是个人、个人的思想和意志"。① 因此，滕尼斯给"共同体"所界定的概念就是，由同质人口组成的关系密切、守望相助、疾病相扶、富有人情味的社会群体。共同体内的社会关系是紧密的、合作的和富有人情味的。"共同体"是一个与传统、道德相关联，以血缘为纽带的概念。滕尼斯的观点在 20 世纪中叶以前一直都在西方社会中有着重要的影响。苏珊·雷诺兹在1984 年出版了《900—1300 年的西欧王国与共同体》一书，在书中她明确指出，"我们所要阐述的这种共同体，其最为主要的一个标志就是它所体现出来的集体行为或集体意识。这种集体行为是由成员的公共规范来决定的，而不是按照上层机构的命令来决定的；成员之间的关系是一种典型的互惠关系，而且不受到来自统治者的干涉。"② 因此，她认为，"一个理想类型的村庄共同体，不仅仅是一个拥有教堂、草地、森林以及牧场的居民聚集地，同时还是一个小型的王国，拥有属于它们自己的习惯法、管理机构以及身份。"③ 作为一种研究的扩展，雷诺兹不仅将村庄视为一个共同体组织，而且还将城市、行会、大学甚至是整个王国都看作是一个共同体。这种研究范围的扩大，在一定程度上突破了人们对村庄共同体内涵的狭隘认识。

除了对共同体概念的探讨之外，一些历史学家还对英国村庄共同体的基本特征和职能进行了概括。锡瓦斯认为，村庄共同体既是一种土地组织方式，同时也是一种社会的组织方式；村庄共同体不仅仅是一个自然的共同体，而且还是一个经济的和法律的共同体，农民的法律是建立在共同体观念之上的。因此，个体的权利和义务也是基于他们的共同体成员身份。④ 罗伯特·雷德菲尔德则试图从文明的角度去阐释村庄共同体的基本特征，他认为

① ［德］滕尼斯：《共同体与社会》，林荣远译，商务印书馆 1999 年版，第 52—94 页。

② Susan Reynolds, *Kingdoms and Communities in Western Europe*, 900-1300, Oxford：Oxford University Press, 1984, p. 1

③ Ibid., p. 249.

④ I. Chivas, *Rural Communities*：*Problems*, *Methods and Types of Research*, Paris：UNESCO Publications, 1958, p. 7, 12-13, 21-24.

村庄共同体是一种古老的文明，这种古老的文明是"一个小的体系与更大的、且没有明确界限的文化相互叠加的产物"[①]。霍伊特则另辟蹊径，通过比较研究他发现，在中世纪的英国乡村社会内部存在着两种共同体，即村庄共同体和庄园共同体。霍伊特指出，我们应该区别对待这两种类型的共同体组织。作为经济的共同体组织（即庄园）是农民自愿组织起来共同承担经济义务的结果。这种共同体组织是农业性质的，它是随着敞田制以及农业技术的变革而出现的；而村庄共同体是法律上的、而非经济上的共同体，它才是乡村社会的基本组织形式。[②] 而珍·沙皮乐和罗伯特·福塞尔是从地域的角度来定义村庄共同体的，"村庄共同体是指聚集在一起的人，在一定的区域内对所定居的土地实现了组织化，同时拥有教堂、城堡等公共设施，他们能永久地居住在那里，并且还有一些手工业者存在。"[③] 拉兹则采取个案研究的方式对英国村庄共同体的职能进行考察。他以海尔斯欧文（Halesowen）庄园为样本指出，村庄共同体所承担的重要职能：一是对公共资源使用的管理职能；二是维护村庄内公共秩序的职能。[④] 此外，还有一些学者则直接把村庄共同体看作是一个实体，认为这个实体主要是管理地方事务，特别是农业事务的。[⑤]

从总体上看来，自 20 世纪 80 年代以来，国外学术界彻底摆脱了以庄园为核心研究英国乡村基层组织的方法，开始加强对村庄共同体的研究。他们运用一些原始材料，从早期的村规到其具体的运作，从村庄内部的土地占有形式到共同体的分裂，都进行了详尽的论述，从而把有关村庄共同体的研究提高到了一个全新的高度，这些都为我们国内的相关研究提供了有利的帮助。但是，由于这些学者过于注重对一些具体问题的探讨，进而忽略了从整体上把握村庄共同体发展和演变的脉络。究其缘由，除了国外学者对政治制

---

① Robert Redfield, *Peasant Society and Culture: An Anthropological Approach to Civilization*, Chicago: University of Chicago Press, 1956, pp. 66-69.

② Robert Hoyt, "Farm of the Manor and Community of the Vill in Domesday Book", *Speculum*, Vol. 30, No. 2 (April 1955), p. 148, 168, 169.

③ Jean Chapelot & Robert Fossier, *The Village and House in the Middle Ages*, Berkeley & Los Angeles: University California Press, 1985, p. 327.

④ Z. Razi, "Family, Land and Village Community in Later Medieval England", *Past and Present*, No. 93, (November1981), p. 13.

⑤ Perez Zagorin, *Rebels and Rulers*, 1500-1660, Vols. 2, Cambridge: Cambridge University Press, 1982, pp. 85-86.

度史的研究给予过多的关注之外，恐怕还因其研究过于细化所致。

2. 批评与争论

西方学者从各自的角度出发，论证了村庄共同体在英国社会发展中的重要作用。但也有一些学者从另一侧面提出了不同的见解，其中最大的争议就是村庄共同体是否存在过。英国著名的历史学家麦克法兰就是反对者之一。从一开始他就坚决否认村庄共同体存在的合法性并指出，"村庄共同体作为一个真实而有意义的实体，从来就没有在中世纪的英国存在过。"① 然而，麦克法兰并没有像对待中世纪英国家庭和土地的关系那样，严肃地对待村庄共同体。他坚持认为，在 13 世纪以后的英国乡村根本不存在什么集体所有，在那里是由一些个体小农持有土地的，他们摆脱了家族和共同体关系的束缚，在追求着一种原资本主义（proto-capitalistic）的生产方式。② 但是随着研究的深入，麦克法兰也逐渐地改变了自己最初的想法。在《英国个人主义起源》一书出版之后，他也不得不承认："历史上的英格兰有着形形色色的社团，它们不仅允许个人保持自由，而且使得个人能够自愿加入到一个体积大于自己的团体中去。不论那是一支管弦乐队、一个唱诗班、一个地方慈善会、一支运动队，还是千万种其他团体，总之，个人在一定程度上融入了某种大于自己的东西，反过来社团则将其丰富的资源与力量呈献给个人。"③ 麦克法兰的观点受到了多伦多学派的批判。通过研究大量的庄园档案他们坚持认为，村庄共同体在中世纪的英国是确实存在过的，而且在保护农民利益方面发挥了重要的作用。④

关于英国村庄共同体争论的另一焦点是对其衰落时间的界定。大多数学者认为，英国村庄共同体的衰落应该在 19 世纪前后。因为在 19 世纪最后几十年里，大多数英国人都已经不在乡村居住了，工业化已经把几百年来占据

---

① A. Macfarlane, *The Origins of English Individualism*: *The Family*, *Property and Social Transition*, Oxford: Basil Black-well, 1978, pp. 162-163.

② A. Macfarlane, "The Myth of the Peasantry: Family and Economy in a Northern Parish", in *Land*, *Kinship and Life-cycle*, R. M. Smith (ed.), Cambridge: Cambridge University Press, 1984, pp. 333-349.

③ ［英］艾伦·麦克法兰：《英国个人主义的起源》，管可秾译，商务印书馆 2008 年版，第 4 页。

④ J. A. Raftis, *Warboys*: *Two Hundred Years in the Fife of an English Medieval Village*, Toronto: Pontifical Institute of Mediaeval Studies, 1974; E. Britton, *The Community of the Vill*: *A Study in the History of the Family and Village Life in Fourteenth Century England*, Toronto: Macmillan Of Canada, 1977.

主导地位的乡村生活方式彻底消除了。① 例如，西博姆就认为，英国的村庄共同体是在现代化的过程中逐渐走向解体的，现代化就必须要通过打破农奴制以及自由部落共同体的方式来建立新的社会秩序。② 多伦多学派则认为，英国的村庄共同体是随着黑死病的爆发而走向衰落的。黑死病的爆发，在英国乡村社会激发出一种极端的个人主义倾向，这使得村庄的内部出现了分化并最终摧毁了村庄共同体。③ "由于个人利益的扩大，破坏了村庄共同体原有的凝聚力，共同体成员的紧密关系以及乡村生活中的互助关系都在逐渐地褪去。"④ 多伦多学派的观点受到了其他学者的强烈质疑。拉兹通过对海尔斯欧文庄园档案的详细解读后指出，拉夫提斯等人的观点是在对法庭档案的错误解读基础上得出的。⑤ 而戴尔也认为英国的村庄共同体并没有在黑死病之后消失，而是从 15 世纪开始走向了衰落。⑥ 同样，戴尔等人的观点又受到了奥尔特和布鲁姆的反对。前者通过对 15 世纪后期村庄共同体与教堂关系的研究后指出，"即使到了 15 世纪后期，村庄共同体仍然在英国社会中起着重要的作用。"⑦ 而后者则认为，就整个欧洲的村庄共同体而言，"它的衰落是从 18 世纪开始的，并在 19 世纪和 20 世纪早期才完全衰落。"⑧

有关英国村庄共同体衰落原因之探讨。在这方面，一些早期的马克思主义史学家走在了前列。他们纷纷从村庄中的土地入手力图阐明其分化的内在因素。例如，列宁在《俄国资本主义的发展》一书中就指出，中世纪晚期的农民，由于土地越来越集中到少数人的手中而出现了分化，这种分化也被

社会转型时期英国乡村基层组织研究

---

① Pamela Horn, *The Changing Countryside in Victorian and Edwardian England*, London: Athlone Press, 1984, pp. 2-3.

② Frederic Seebohm, *English Village Community*, New York: Kennikat Press, 1971, p. 439.

③ J. A. Raftis, Changes in an English Village after the Black Death, *Mediaeval Studies*, No. 29 (January 1967), pp. 158-177.

④ E. B. DeWindt, *Land and People in Holywell-cum-Needingworth*, Toronto: Pontifical Institute of Mediaeval Studies, 1972, p. 274.

⑤ Z. Razi, "The Toronto School's Reconstitution of Medieval Peasant Society: A Critical View", *Past and Present*, No. 85 (November 1979), pp. 149-157.

⑥ C. Dyer, "Power and Conflict in the Medieval English Village", in *Everyday Life in Medieval England*, C. Dyer (ed.), London: Hambledon & London, 2000, p. 1.

⑦ W. O. Ault, "Manor Court and Parish Church in Fifteenth-Century England: A Study of Village By-Laws", *Speculum*, Vol. 42, No. 1 (January 1967), p. 54.

⑧ Jerome Blum, The Internal Structure and Polit of the European Village Community from the Fifteenth to the Nineteenth Century, *The Journal of Modern History*, Vol. 43, No. 4 (December 1971), p. 542.

看作是农业资本主义发展的必要前提。① 著名历史学家希尔顿也认为，土地持有的不平等是导致村庄共同体内部分化的主要因素，而且村庄共同体或者领主对个体农民的要求也不尽相同，比如自由农和非自由农的义务就不相同，这种分化与不平等在黑死病之后越加明显。② 而戴尔等人则认为，13世纪市场的成长，把那些大土地持有者从普通的农民中分离出来。村庄中的精英如家畜管理员、村头、治安官以及诸如此类的村官，他们从村庄共同体的上层中分化出来，而且这些人还试图将公有地转为私有地，这是导致村庄内部分裂的主要因素。③ 还有一些人通过对村庄共同体内部家庭之间冲突的本质性研究，指出性别因素以及地方习俗的影响（例如继承的原则），是导致村庄共同体内部分化的主导因素。④ 此外，还有一些学者讨论了借贷的问题对农民的分化所产生的影响。而这些问题，正如希尔顿所指出的那样，是农民内部一种冲突与合作的体现。⑤ 在笔者看来，对村庄共同体内部分化原因的考察，应该从多个角度、多个层面去分析，而不能只强调某一个因素的影响。比如，土地持有的不平等、商品经济的发展，等等。

---

① V. I. Lenin, *The Development of Capitalism in Russia*, Moscow: Progress Publishers, 1977; R. H. Hilton, "Reasons for Inequality among Medieval Peasants", in *Class Conflict and the Crisis of Feudalism*, Hilton (ed.), London: Verso, 1985, pp. 66-78; Hilton, "Introductory Comments", in *The Brenner Debate: Agrarian Class Structure and Economic Development in Pre-industrial Europe*, T. H. Aston and C. H. E. Philpin (eds.), Cambridge: Cambridge University Press, 1991, pp. 1-9.

② R. H. Hilton, *The English Peasantry in the Later Middle Ages*, Oxford: Clarendon Press, 1975, pp. 20-36.

③ C. Dyer, *Everyday Life in Medieval England*, London: Hambledon Press, 1994, pp. 1-11; C. Dyer, "Taxation and Communities in Late Medieval England", in *Progress and Problems in Medieval England Essays in Honour of Edward Miller*, J. Hatcher & R. Britnell (eds.), Cambridge: Cambridge University Press, 1996, pp. 168-190.

④ R. M. Smith, "Kin and Neighbors in a Thirteenth-century Suffolk Community", *Journal of Family History*, Vol. 4, No. 3 (September 1979), pp. 219-56, reprinted in *The Sociology of Rural Communities*, Vol. 1, G. Crow (eds.), Cheltenham: E. Elgar Pub, 1996, pp. 244-81; B. A. Hanawalt, "The Peasant Family and Crime in Fourteenth century England", *Journal of British Studies*, Vol. 13, No. 2 (May 1974), pp. 1-8; B. A. Hanawalt, *Crime and Conflict in English Communities: 1300-1348*, Cambridge, Mass.: Harvard University Press, 1979; B. A. Hanawalt, *The Ties that Bound: Peasant Families in Medieval England*, Oxford: Oxford University Press, 1986.

⑤ P. R. Schofield, "Dearth, Debt and the Local Land Market in a Late Thirteenth-century Village Community", *Agriculture History Review*, Vol. 45, No. 1 (1997), pp. 1-17; "Access to Credit in the Early Fourteenth-Century Countryside", in *Credit and Debt in Medieval Eangland. c1180-1350*, P. R. Schofield & N. J. Mayhew (eds.), Oxford, U. K: Oxbow Books, 2002; R. H. Hilton, *The English Peasantry in the Later Middle Ages*, Oxford: Clarendon Press, 1975, pp. 44-53.

绪论

一个多世纪以来对乡村基层组织的研究，为历史学界认识和研究英国乡村社会的历史，提供了一个全新的视角。从总体来看，国外历史学家利用原始资料，分别从政治、经济、法律等诸多方面，对英国乡村基层组织的内部结构、基本特征以及社会职能等核心问题的解读和界定，极大丰富了经济—社会史的研究工作，并取得了令人瞩目的研究成果。特别是对村庄共同体研究的深入，为我们打开了一扇洞察中世纪英国乡村的大门，同时，也为我们开展学术研究奠定了坚实的理论和史料基础。但其中也蕴含着新的学术增长点：

第一，关于村庄共同体定位的问题。村庄共同体究竟是从日耳曼人的部落中遗留下来的"原始社会的残余"，还是在中世纪融合了诸多因素后重新生长起来的新事物？尽管国内外老一辈史学家曾经做过相关的探讨，但随着新资料和新方法的出现，史学界对此又提出了一定的质疑。显然，对于该问题还可以做进一步的研究。

第二，关于村庄共同体基本特征和内涵的界定。从总体来看，尽管一些学者对此进行了研究，并取得了一定的成果。但究竟以什么标准来界定村庄共同体？除了土地共有、集体行为等特征外，是否可以找到一个更为准确的标准来加以衡量？对此，目前史学界尚有较大的争议。我们可以充分地挖掘现有的档案资料来加以分析，从而得出较为正确的结论。

第三，关于衰落时间与原因的探讨。究竟是以黑死病横扫欧洲，还是以圈地运动作为村庄共同体衰落的标志？如果以黑死病的爆发为时间节点，那么我们又该如何解释黑死病后，村庄共同体仍然在维护乡村社会秩序、组织农业生产中所发挥的巨大作用？如果以圈地运动为其衰落的标志，那么我们又如何解释，圈地后广大村民仍然行使着村庄公共权利这一现象？由此可见，有关村庄共同体衰落时间与原因的探讨尚未形成定论，仍有一定的研究价值。而且对该问题的研究也直接关系到村庄共同体在整个英国历史发展过程中的定性。

笔者认为，通过对有关村庄共同体的持久性研究，不仅可以让我们深入了解中世纪英国乡村的社会生活，并进一步去寻找英国民主与自治的真正基石；更为重要的是，对村庄共同体内涵、基本特征以及衰落原因的探究，让我们更加深入地了解英国社会转型时期乡村社会所发生的重要变化。这些研究可以为我们社会主义新农村建设提供一些借鉴和帮助，这也是我们国内学者从事世界历史研究的一个现实意义。

二、英国社会转型的核心问题

对英国社会转型的探讨一直都是现代西方史学研究的焦点问题。从早期的马克思·韦伯、斯宾格勒，到近代早期的希尔顿、霍布斯鲍姆，再到当代著名的历史学家麦克法兰、戴尔等学者都对此问题进行了研究。

著名的经济史学家亚当·斯密强调经济上的转变。他首先批判了重商主义的贸易根源说，继而又批判了重农学派的农业根源说，并进一步指出：传统社会中占据主导地位的就是自然经济，而现代社会中则是以商业经济为主体的。因此，在他看来，从传统社会向现代社会的转变就是从自然经济过渡到商业经济。① 美国著名的经济学家诺斯则认为，"一个有效率的经济组织在西欧的发展正是西方兴起的原因所在。"② 这种有效率的经济组织是通过个人所有权来运作的。而皮朗则强调中世纪城市对西欧社会转型的重要影响，他指出：大批农奴逃亡动摇了庄园经济，但首先是城市为失去土地的农民展现了新生活，"中世纪的公社实际上具有今天的国家所具有的属性。公社保证每个成员的生命和财产的安全。在城市之外，他们则处于一个敌对的世界之中，危机四伏，听天由命。只有在城市之中他们才受到保护，因而他们对于城市有一种近乎热爱的感激之情。"③ 但是，当皮朗面对中世纪城市是如何兴起的这一问题时，则又与"贸易根源说"殊途同归。著名的历史学家希尔顿对此种学说进行了批判。他指出："孤立地考察贸易史并不能真正告诉我们封建制度是何时以及为什么让位于资本主义关系的。"④

而马克思主义学者则更多地强调阶级关系在社会转型过程中的重要作用。例如，马克思主义经济学家道布在他的名著《资本主义发展研究》一书中指出："中世纪封建制度的解体与统治阶级的贪婪有着密切的关系，是他们不断地增加租税从而使得生产者的负担达到了难以忍受的程度所致。"⑤

---

① 参见［英］亚当·斯密：《国民财富的性质和原因的研究》，郭大力译，商务印书馆1974年版。
② ［美］道格拉斯·诺斯、［美］罗伯特·托马斯：《西方世界的兴起》，厉以宁等译，华夏出版社1999年版，第1页。
③ ［比利时］亨利·皮朗：《中世纪的城市》，陈国樑译，商务印书馆2009年版，第122页。
④ R. Hilton（ed.）, *The Transition from Feudalism to Capitalism*, London：Verse, 1984 pp. 153-154.
⑤ M. Dobb, *Studies in the Development of Capitalism*, New York：International Publishers, 1984, p. 42.

罗伯特·布伦纳也认为，从封建主义到农业资本主义的转变，其关键因素就在于，中世纪晚期到近代早期领主与农民之间阶级冲突的结果，它决定了欧洲大陆各个国家经济发展的主要模式。① 他通过比较 17 世纪英国和法国两国的不同经济轨道对此观点进行了详尽的论述。在英国，农奴制的解体是伴随着激烈的阶级冲突的，它最终使得领主从中获利。农民试图获得土地的自由持有权并建立起以农民所有制为核心的阶级关系，但最终并没有达成这样的目标；而贵族和乡绅则获得了大多数的土地所有权，到 17 世纪早期，他们所控制的土地占到了 70%。在法国，农奴制解体则采取了完全不同的形式。那里的农民阶级十分强大，他们有力地抵抗住了来自领主的侵夺，他们几乎拥有了这个国家一半以上的土地所有权。因此，领主与农民之间不同的斗争结果导致了两个国家经济发展的不同：在英国，爆发了农业革命；而在法国，农业则停滞不前。② 波斯坦和哈彻认为这种观点属于老调重弹，并没有什么新意，这只是一种狭隘的马克思主义；而 J.P 库珀则认为布伦纳只是把阶级关系和阶级矛盾过于具体化了。帕特里夏·库鲁特和大卫·帕克则支持布伦纳的观点，他们坚持认为阶级结构和阶级冲突是经济发展的决定性因素，但他们对布伦纳关于英国近代早期阶级形成的过程提出了质疑。他们认为，布伦纳不加批判地全盘接受了托尼关于"延长了的 16 世纪"的观点是有待商榷的。③ 而且布伦纳使用了很多二手的资料，完全是为了建立其理论而选取材料，这也使得他的支持者库鲁特等人认为，"在英国和法国，是经济而不是法律的因素决定着土地持有的形式"。④

　　国内学者对此问题的探讨则主要集中于商业的发展、工业水平的提高以及城市化等方面，认为上述的某一要素是英国实现社会转型的核心问题。第一类观点与亚当·斯密的观点相同，即更加侧重经济领域内的变革。该类观

① R. Brenner, "Agrarian Class Structure and Economic Development in PreIndustrial Europe", *Past and Present*, No. 70 (February 1976), p. 47; see also R. Brenner, "The Origins of Capitalist Development: A Critique of Neo-Smithian Marxism", *New Left Review*, No. 104 (July 1977), pp. 25-93; R. Brenner, "Dobb on the Transition from Feudalism to Capitalism", *Cambridge Journal of Economics*, Vol. 2, No. 2 (June 1978), pp. 121-139.

② R. Brenner, "Agrarian Class Structure and Economic Development in PreIndustrial Europe", *Past and Present*, No. 70 (February 1976), pp. 61-75.

③ P. Croot & D. Parker, "Agrarian Class Structure and Economic Development", *Past and Present*, No. 78 (February 1978), pp. 37-47.

④ Ibid., 42

社会转型时期英国乡村基层组织研究

点对转型的描述主要集中在经济结构的变化和具体经济运行机制的转化，认为社会转型是指从自然经济为主导的农业社会向以商品经济为主导的工业社会的演化，伴随着这一转变的是社会政治、经济、文化诸方面的新旧结构的更替过程。例如，陈曦文认为，圈地运动打破了传统的农本经济模式，通过使用暴力手段剥夺个体农民的份地，从而发展起来资本主义农场制，因此，圈地运动是英国经济变革中的划时代事件。① 周广远认为，英国经济结构的变革是资产阶级革命的前提，其中养羊业的兴起为封建制瓦解和资本主义的诞生开辟了道路。② 第二类观点注重思想领域内的变革，认为英国社会转型的发生应该是文艺复兴运动的结果。如朱龙华在《文艺复兴与思想解放》一书中重点阐述了文艺复兴对思想解放的影响；③ 张椿年则认为，文艺复兴使得人们的时间观和财富观念都发生了变化，而这些因素对后来资产阶级科学文化和经济的发展都起到了不可忽视的作用。④ 第三类，强调海外贸易对英国资本主义发展的影响。杨翰球从社会经济基础、上层建筑、思想文化等方面，分析了十五至十七世纪东西方国家对航海贸易的态度，指出，正是由于东西方国家对航海贸易的态度差异，导致了不同的发展轨迹。⑤ 实际上与强调经济领域内的变革殊途同归。第四类，则强调城市在英国社会发展过程中的重要作用，认为城市化是英国走向现代化社会的重要原因。例如，马克垚的《西欧封建城市初论》、朱寰的《试论西欧封建城市的领主权问题》以及刘景华的《西欧中世纪城市新论》等论著，都对城市在英国社会转型时期所发挥的作用进行了论述。

上述学者的观点有一定的道理，但一个不容忽视的问题是：在完成现代化之前，英国是一个以农业为主的国家，其现代化的启动与农业、农村以及农民有着密切的关系。因此，对英国社会转型核心问题的探讨应集中在以下几个方面：

首先，农业在社会转型中的作用。无论是商业的发展，还是城市的兴起，其前提在于农业的根本性变革。著名历史学家吴于廑先生指出：商业和

---

① 陈曦文：《英国都铎王朝早期的圈地运动试析》，《史学集刊》1984 年第 2 期。
② 周广远：《英国最早完成资产阶级革命取决于经济结构》，《历史研究》1982 年第 6 期。
③ 朱龙华：《文艺复兴与思想解放》，《世界历史》1980 年第 3 期。
④ 张椿年：《论意大利文艺复兴时期人文主义者的时间观》，《世界历史》1986 年第 7 期。
⑤ 杨翰球：《十五至十七世纪西太平洋中西航海贸易势力的兴衰》，载于吴于廑主编：《十五十六世纪东西方历史初学集》，武汉大学出版社 2005 年版，第 283 页。

城市经济滋生于西欧封建农本经济内部，"从农本经济的补充，发展为侵蚀和分解它的对立物，终之使商品经济取得对农业的支配"，并最终"突破农耕世界的闭塞，逐渐把整个世界联结起来，为西方资本主义工业世界的涌现创造了前提"①。此外，他在《历史上农耕世界对工业世界的孕育》一文中再次强调，"农产剩余的长趋势增长，是农本经济孕育工业世界的前提。……纺织业，是孕育于农本经济中的工业世界的起点"②。侯建新也指出，"资本主义最先是在农业这个最传统的经济领域产生和发展的。"③ 即使那些研究城市史的学者也认为，"城市依赖农村提供劳动力，提供基本生活资料，提供手工业原材料，因此，正是周围农村维持了中小城镇的生存和发展。"④ 著名学者贝纳也认为，"要建立城市，必先提高农业技术，使产生多余的农作物得维持城市中的非食物生产者。"⑤ 由此可见，农业的发展是英国现代化启动的基础。

其次，农民在社会变革中的作用。在社会转型的过程中，一部分农民通过长时间的积累，逐渐成长为家境富足、同时又有一定社会地位的富裕农民。他们通过大力发展农业、畜牧业，买卖或者开垦等方式，不断扩大耕地面积，并采用雇工的方式进行耕作，最大限度地追求利润。这些富裕的农民作为群体，不仅在乡村经济中占有主导地位，同时还把持着乡村基层组织的政治大权。他们漠视等级、身份，成功地击败了领主经济，最终发展成为了新兴的资本主义农场主。因此，侯建新教授将其称为"现代化的领头羊"。由此可见，农民在社会转型中的作用不容低估。

第三，农村基层组织的变革。中世纪的英国乡村基层组织共存在三种模式：村庄、庄园和堂区，其中村庄是乡村基层组织的核心。它在管理农业生产、保护农民权益以及维护乡村社会秩序等方面发挥着重要的作用。而且其中所蕴含的一些民主因素、法制因素以及自治的因素也为英国的社会转型奠定了基础。因此，对英国社会转型的研究不能忽略对乡村基层组织的考察。我们应该以村庄为核心要素，通过详细梳理村庄的产生、发展及衰落的过程，洞察出英国乡村社会的发展变化。

总之，从传统社会向现代社会的转变，没有广大乡村的变革，那么这个社会也不可能完成其现代化的进程。正如侯建新先生所指出的那样：以往对社会转型的研究"过于看重经济因素，经济领域又过于看重工业和商业，忽视与之密切相关的农业和农民。殊不知，在农本社会里没有农业本身长期而稳定的发展，工商业怎么可能脱颖而出？"① 由此可见，对英国社会转型的研究绝不能忽视对乡村社会的考察。

三、英国社会转型的时间起点

关于英国社会转型的时间起点，史学界所划分的标准不尽相同。大体上主要有以下几种观点：

第一，以 17 世纪的政治变革作为社会转型的起点。这种观点在 20 世纪中期比较流行。"国内史学界一般都以一次胜利的资产阶级革命为标志，因为资产阶级革命取得胜利，资产阶级取得统治地位，资本主义制度才得以确立。"② 具体来说，就是以 1640 年英国资产阶级革命的爆发作为英国社会转型的起点，这是国内史学界长期以来一直都在采用的做法。但随着改革开放以来研究的进行，这种观点受到了越来越多的质疑。因为从一种社会形态过渡到另一种社会形态，并不完全是以政治制度的更替为主要标志的。而且这种划分是以阶级矛盾和阶级斗争作为历史分期的主要依据，有明显的唯政治论的倾向。

第二，以 16 世纪的经济变革作为社会转型的起点。这一观点的主要代表人物是斯塔夫里阿诺斯。他所编著的《全球通史》把人类世界划分为1500 年以前的世界和 1500 年以后的世界，并重点指出了它们的不同："……各民族在各时代中相互影响的程度……在哥伦布和达·伽马进行海道探险之前，是时断时续，微不足道的。哥伦布、达·伽马及其后继者在短短几十年间使世界各地区开始直接交往，这种交往日益频繁，持续至今。"③

① 侯建新：《资本主义起源新论》，生活·读书·新知三联书店 2014 年版，第 5 页。
② 徐永璋：《论社会演变和历史分期——以世界史为例》，《新乡师范高等专科学校学报》2007 年第 1 期。
③ ［美］斯塔夫里阿诺斯：《全球通史——1500 年以前的世界》，吴象婴、梁赤民译，上海社会科学院出版社 1999 年版，第 55 页。

这一观点在国内被普遍接受，例如，在吴于廑、齐世荣主编的《世界史·近代史编》中就明确指出，"世界历史近代与古代的分期断限，应该以有世界意义的重大经济形态变化为主要依据。"① 因此，该教材同样以1500年为社会转型的起点。

第三，以13世纪的社会结构变革作为英国社会转型的起点。这一观点主要是由英国史学家麦克法兰和戴尔提出的。麦克法兰在1989年出版了《英国个人主义的起源》一书，在书中他明确提出："独特的英格兰体系究竟起源何在？现在我也有了较好的理解。在本书中，我的上溯性研究终止于公元1200年左右……在公元7至11世纪间，整个西欧其实大同小异。那时的英格兰绝非特殊的例外……事实上，英格兰只是在11世纪之后才开始变得迥然不同的。"② 而英国著名历史学家戴尔提出的"一种新中世纪观"认为，在1350—1520年，所谓的"延长的15世纪"中，英国乡村社会结构发生了很大的改变，而这种改变则可上溯到13世纪，并且一直都持续到16世纪—18世纪前后。③

本课题将采用"延长的15世纪"的观点，将英国乡村的社会变革划分为两个时期，主要原因如下：

第一阶段从10世纪到15世纪。这一时期英国乡村的基层组织逐步走向了完善，并为社会转型奠定了重要的基础。主要表现为，第一，乡村基层组织的政治结构初步形成。村庄共同体、庄园以及堂区各自形成，从而在乡村社会形成了多元的政治结构。第二，乡村基层组织的权力结构形成。乡村社会中的主要管理人员有了各自的分工，从而也在一定程度上保证了乡村社会生产生活的有序性；村民大会、庄园法庭以及堂区会议都在各自的领域内发挥着重要的作用，从而在乡村社会形成了一种多元的权力结构，为乡村基层组织的社会转型提供了政治保障。第三，乡村的法律体系不断完善。以村规为代表的习惯法日益成熟，成为乡村社会的法律规范，在管理农业生产、人们的日常生活方面都发挥着重要作用。在制定与执行村规过程中所体现出的

---

① 吴于廑、齐世荣：《世界史·近代史编》，高等教育出版社1992年版，"前言"，第1—2页。
② ［英］艾伦·麦克法兰：《英国个人主义的起源》，管可秾译，商务印书馆2008年版，"致中国读者"，第4—5页。
③ 参见［英］克里斯托弗·戴尔：《转型的时代？中世纪晚期英国的经济与社会》，莫玉梅译，徐浩校，社会科学文献出版社2010年版，中译本序言。

自治因素、民主因素以及法制因素奠定了英国社会的基础。第四，乡村基层组织的社会职能不断完善，在中世纪乡村社会的发展过程中起到了稳定社会秩序的作用。

第二阶段从 15 世纪开始到近代早期。这一时期英国的乡村社会发生了重要的变化，主要表现为，第一，乡村社会的政治结构发生变革。到了 15 世纪以后，随着庄园的解体，村庄共同体承担起了乡村基层组织的重要职责，在封建制度衰落后，起到了承上启下的作用。到了近代早期，堂区又取代了村庄共同体，成为了英国新的地方行政基层组织。第二，乡村社会的法律体系发生了转变。15 世纪后，农民的个体权利不断扩大，他们不仅获得了土地的支配权，同时，通过维护公共权利，还在不断扩大着个体的权利；赡养协议的签订使得农民开始打破传统血缘关系的束缚，形成了具有现代意义上的契约观念。第三，乡村社会的社会结构有了变革。到了 15 世纪前后，乡村的人口流动增强，农民的社会交往不断扩大，他们开始突破原有狭隘的地域界限，从而将 15 世纪以后的乡村社会逐渐地连接为一个整体；人口流动性增强使得雇工作为一个新的阶层开始兴起。第四，乡村经济取得了突飞猛进的发展。15 世纪以后，生产工具的改进、新品种的引进以及耕作方式的变革，使得农业劳动生产率不断提高；乡村的手工业、市场不断兴起，从而使得英国开始突破糊口经济模式，开始向商品经济社会迈进。

总之，乡村社会的变迁是英国实现社会转型的重要基础。通过对国内外研究现状的综述、社会转型核心问题的探讨以及时间的界定可以看出，从传统社会到现代社会的转变绝不是通过一场暴力革命或者一次变法所能够实现的。英国的社会转型是一种全面的变革：乡村的政治组织、社会结构、经济发展以及法律体系都在发生变化。需要注意的是，在探讨英国社会转型的问题时，首先，我们不能割裂与中世纪的关系，中世纪社会所孕育的很多因素后来都成为了英国现代社会的基础；其次，要正确看待共同体与个体以及社会发展的关系。作为传统社会中的共同体与个体之间并非是制约与反制约的关系，尽管共同体对其成员有着诸多的限制，但是，正是由于共同体的存在，使得广大农民可以成功抵制来自领主的过度盘剥，从而为后来个体权利的发展赢得了空间。正如麦克法兰所说：在英国，"个人在一定程度上融入了某种大于自己的东西，反过来社团则将其丰富的资源与力量呈献给个人。更广义地说，这正是'民主'的基石，有形的民主制就建立在这块基石上。"① 因此，对英国乡村基层组织的研究，不仅具有一定的理论意义，还可以为我们今天的新农村建设提供很多有意义的借鉴，这也是我们国内学者从事世界历史研究的一个现实的意义。

---

① ［英］艾伦·麦克法兰:《英国个人主义的起源》，管可秾译，商务印书馆 2008 年版，"致中国读者"，第 4 页。

上　篇

15 世纪以前的英国乡村基层组织

第一章

乡村基层组织的形成

中世纪英国的地方行政机构一般分为郡、百户区和村庄三级组织。这种组织模式发展得很早，正如海烈斯所指出的："自从英格兰成为一个独立的王国时候的九世纪起，镇或里，百邑（Hundred），和州或郡有很久的时期是地方自治的单位，除掉百邑消灭外这个区分仍旧是现行组织的基础。"①实际上，早在盎格鲁-撒克逊时期，英国地方上就已经有了郡、百户区以及村民的聚落（此时，还不能称之为村庄）。这些村民的聚落在很大程度上沿袭了日耳曼人的马尔克公社习俗，到了9世纪左右，才逐渐地发展成为乡村基层组织的中心——村庄共同体。在中世纪的英国，村庄、庄园以及堂区共同构成了英国乡村基层组织的基本结构。②

诺曼征服以后，诺曼人基本上吸纳了盎格鲁-撒克逊人的地方体制，并未做太多的改变。尽管有一些学者认为，诺曼王朝时期王权有所加强，但是"诺曼王朝下的地方政府似乎更加地方化了"。③与此同时，庄园开始在各地兴起，庄园制的出现对英国地方体制结构产生了很大的影响。本来地方行政具有地域化的特征，但庄园制度主要体现的是领主与佃户个人间的关系，地域性特征不是主要的。但是"由于领主对特定人的司法管辖权容易逐渐地转变为对人所在地区的管辖，这样原来领主的司法管辖权进而转变为区域性

---

① ［英］海烈斯：《各国地方自治大纲》，王检译，上海大东书局1930年版，第225页。

② 在此要特别说明的是，在中世纪的英国，只有当村庄发展成为共同体时才具有地方基层组织所具有的基本职能。而那种分散的小聚落村庄在形成之初还是比较原始、落后的。

③ H. E. Bracey, *English Rural Life*：*Village Activities*，*Organizations and Institutions*，London：Humanities Press，1959，p. 66.

的，庄园于是也就演变为地方行政的一部分了。"① 到了 13 世纪，庄园制度达到了全盛时期，在一些地方，庄园和村庄已经融合在一起了，庄园承担起村庄的管理职能，村民大会则是以庄园法庭的形式出现的，村庄共同体有时也可以被称为庄园共同体了。除此之外，在中世纪早期，基督教已经传入了不列颠。诺曼征服后，基督教的势力得到了进一步的发展，逐渐地深入到乡村社会，教会在基层生活中的影响日渐显露，堂区制度也被引入到乡村社会。到了中世纪后期，随着济贫法的实行，堂区也成为整个英国地方行政机构的重要组成部分。

那么，中世纪英国乡村基层组织中的村庄、庄园以及堂区，三者之间到底存在一种什么样的关系呢？徐浩认为："从社会政治结构看，英国封建社会具有多极性、分散性的特点，……中世纪英国农民一身兼有三重身份，在村镇里，他是村民，也是国王的臣民；在庄园中，他是领主的庄民；在教区，他又是教民。无论村镇、庄园或教区都有权管理和监督他们的行为，但它们中哪一方也不能完全控制他们。"② "在农村，村庄、庄园与教区三种不同权力来源的组织同时运行，形成农村基层社会的权力格局：代表国家和地方自治共同体利益的村庄，行使领主权力的庄园，及承担教会精神职能的教区。"③ 侯建新也认为，"中世纪的农村基层组织是由几个不同性质的权力体系共同组成的：代表王权和马尔克公社自治权的村镇，代表领主权的庄园，代表基督教教会权的教区。村镇、庄园和教区各自独立履行职权，又相互牵制和争夺。"④ 这些论断无疑是十分精辟的。但我们还应该注意的是，三者之间尽管在空间上是并行的，但并不是共时的，从产生的时间上来看也不一致。但是 "由于王权、教权和领主权鼎足而立，农村基层组织中相应存在村庄、教区和庄园三种平行机构，中世纪英格兰农村的地方体制是劳动者日常活动的实实在在的政治空间。"⑤ 笔者认为：中世纪英国的乡村基层组织

---

① T. F. T. Plucknett, *A Concise History of the Common Law*, Boston：Little, Brown, 1956, pp. 79-80.

② 徐浩：《中世纪英国农村的行政、司法及教区体制与农民的关系》，《历史研究》1986 年第 1 期，第 190 页。

③ 徐浩：《农民经济的历史变迁—中英乡村社会区域发展比较》，社会科学文献出版社 2002 年版，第 119 页。

④ 侯建新：《社会转型时期的西欧与中国》，高等教育出版社 2005 年版，第 209 页。

⑤ 徐浩：《农民经济的历史变迁—中英乡村社会区域发展比较》，社会科学文献出版社 2002 年版，第 101 页。

的核心应该是村庄，它是乡村组织的基石，而庄园和堂区则是以其为平台，在各自不同的领域内发挥着作用。因此，我们在研究英国乡村的基层组织时，首先应以村庄为中心，这样才能得出全面而深刻的认识。无论从产生的时间，还是具体发挥的作用来看，村庄共同体是英国社会发展过程中的重要乡村基层组织。无论是作为封建领地的庄园，还是作为基督教基层组织的堂区，实际上都是依靠村庄共同体来发挥作用的。因此，对村庄共同体的研究有着十分重要的意义。

第一节　村庄共同体概念的界定

对于村庄共同体的探讨，是英国中世纪历史研究中的一个热门话题，当然也是引发争议最多的一个，最主要的原因就在于其含义的多样化。从中世纪的庄园档案中我们可以看到，当记录员在称呼某一个村庄的居民时，他们会使用很多的词汇，如：hominies ville（村庄里的人），villata（村民），vicini（邻居），communitas ville（村庄共同体）等等。[①] 其中，最经常用来描绘村庄居民的就是 communitas ville，即村庄共同体这个词。[②] Communitas 这个词应用十分广泛，它的本意是指"全体的"，这种全体小到一个村庄，大到一个王国，都可以称之为 communitas。正如苏珊·雷诺兹所说："共同体如今已成为一个非常流行的词汇了，几乎任何一个阶级或阶层的人都可以被称为共同体，即使他们没有什么集体的行动。"[③] 但是，如果要正确地理解和界定这个概念，则需要将其置于具体的语境之中。正如著名的历史学家奥尔特所指出的那样，"这个词的具体含义，只有把它放到具体的语境中才能得到更好的理解。"[④]

① W. O. Ault，"The Vill in Medieval England"，*Proceedings of the American Philosophical Society*，Vol. 126，No. 3（June 1982），p. 208.

② H. M. Cam，"The Community of the Vill"，in *Medieval Studies Presented to Rose Graham*，V. Ruffer & A. J. Taylor（eds.），Oxford：Oxford University Press，1950，pp. 1 – 14；Edward Britton，*The Community of the Vill：A Study in the History of the Family and Village Life in Fourteenth Century England*，Toronto：Macmillan of Canada，1977.

③ Susan Reynolds，"Intruduction"，in *Kingdoms and Communities in Western Europe*：900 – 1300，Oxford：Clarendon Press，1984，p. 1.

④ W. O. Ault，"The Vill in Medieval England"，*Proceedings of the American Philosophical Society*，Vol. 126，No. 3，（June 1982），p. 208.

那么，如何在历史学的语境下去理解这个概念呢？这一直是史学界一个值得商榷的问题。正如马林·科瓦林斯基（Maryanne Kowaleski）所说："有关共同体的概念长期以来一直困扰着中世纪的历史学家，特别是那些对村庄和公会历史感兴趣的人。"[①] 村庄共同体是西欧乡村社会中普遍存在过的地方组织机构，它在西欧社会中具有一定的普遍性，并不是被某一个国家或民族所特有。因此，我们可以把整个西欧的村庄共同体纳入到一个体系之下进行研究。但是，由于西欧社会中所存在的村庄共同体数量众多（据统计，在 1789 年仅法国就有 44000 个）并且它们之间还存在着一定的差异（当然这种差异只是一种程度上的差异，而不是类型的差异），这使得任何一个历史学家都不敢保证他们所选取的事例就是最具代表性的，因此，我们只能对这些村庄组织的本质特征及活动做一个一般性的概括与归纳。

深入而有效的学术探讨是建立在对核心话语准确界定之上的，笔者试图从历史的语境入手，对村庄共同体的概念作一学术上的梳理，从而进一步明确村庄共同体在中世纪西欧社会发展过程中所起的作用，以求教于方家。

一、学术界的争论

目前国内外学术界，对村庄共同体概念的界定存在着很大的分歧，对其基本内涵的理解也始终存在着很大的模糊性。

国外的史学界对村庄共同体概念的界定大致可以归纳为以下几个方面：

1. 定位

（1）公社说

在 19 世纪到 20 世纪早期，由于受到社会进化论思想的影响，公社说十分流行。很多的学者都认为农村公社是在农业社会中普遍存在过的。很多的学者把印度等东方社会所存在的村社组织推而广之，认为古代西欧的公社可以远溯到日耳曼人时期，经过不同的发展阶段而普遍存在于中世纪。[②] 其代表人物是梅因和西博姆。亨利·梅因花费了很长的时间去研究村庄共同体在英国地方管理中的重要作用。通过对比印度社会和英国社会所存在的一些公社的现象，他认为，印度的农村公社和条顿的村落有很多的相似之处。在他

① Maryanne Kowaleski, "Vill, Guild, and Gentry: Forces of Community in Later Medieval England", *The Journal of British Studies*, Vol. 33, No. 4 (October 1994), p. 337.
② 马克垚：《英国封建社会研究》，北京大学出版社 2005 年版，第 12 页。

看来盎格鲁-撒克逊时期的英国也必定存在过公社及公社土地所有制，而且一直保存到中古时期。他不但列举了日耳曼人和印度人的公社，而且还谈到了凯尔特人、希腊人、罗马人的公社。在他看来公社制度在整个人类社会发展过程中是普遍存在的。① 随后，西博姆也按照时间的顺序追溯了公社在英国社会的起源，他认为这种组织应该起源于罗马征服不列颠时期。② 此外，俄国人科瓦列夫斯基也论证了公社存在的普遍性。③ 但是到了20世纪中后期，这种观点受到多数人的质疑。

（2）政治说

在霍兹沃斯看来，"共同体"（community）是一个具有政治意义的概念。以英国为例，13世纪的共同体主要有村（townships）、庄园（manors）、百户区（hundreds）、郡（counties）、不同种类的特权区（franchises）、自治市（boroughs），整个国家也可以叫作一个共同体。④ 而高恩也认为："地方共同体在政治结构上可分为三个部分，即村庄共同体、百户区共同体以及郡共同体。村庄是家庭生活的基本共同体；百户区则是村庄与王室之间的中介，是两者之间进行联系的共同体；郡共同体则是百户区与那些在王权之下的上层阶级之间联系的共同体。"⑤ 霍兹沃斯等人从政治学的角度出发去理解村庄共同体概念，因此，他们的阐释具有强烈的政治倾向性。

（3）集体说

把集体行为作为判定村庄共同体最为核心的要素，这一观点最早是由乡村史学家霍曼斯提出的。在其论著中他一再强调村庄共同体的集体性特征。在他看来，"中世纪的村民是共同体的一员，是作为一个集体而不是作为个体存在的。"⑥ 他认为，中世纪的农民之所以能够结成稳定的共同体，主要是由中世纪的农业生产方式所决定的。⑦ 奥尔特也致力于对村庄共同体集体

① Henry Maine, *Village Communities in the East and West*, London：John Murray, 1871, pp. 78-164.
② Frederic Seebohm, *English Village Community*, London：Longmans, Green, Co., 1883, p. 439.
③ 马克垚：《西欧封建经济形态研究》，人民出版社2001年版，第248页。
④ William Holdsworth, *A History of English Law*, Vols. 17, London：Methuen, 1956, p. 972.
⑤ R. B. Goheen, "Peasant Politics? Village Community and the Crown in Fifteenth-Century England", *The American Historical Review*, Vol. 96, No. 1 (February 1991), pp. 42-61.
⑥ George Homans, "The Rural Sociology of Medieval England", *Past and Present*, No. 4 (November 1953), p. 33.
⑦ George Homans, *English Villagers of the Thirteenth Century*, New York：Russell and Russell, 1960, pp. 81-104.

行为的研究。他指出，从大多数村规所使用的短语中就可以看出它的集体性，如"经全体佃农一致同意"或"集体同意"等。① 苏珊·雷诺兹则更为明确地指出，"我所关注的这种共同体（即村庄共同体），对它的一个主要界定就是其所从事的集体行为。"② 在雷诺兹看来，并不是每个村落都能被称为共同体的，只有那些具有集体共识和集体行为的村庄才是一个真正意义上的共同体。

（4）地域说

英国著名学者克里斯托弗·戴尔、彼得·克拉克以及罗斯等人，则是从地域范畴的角度去讨论村庄共同体概念的。他们认为村庄以及兄弟会等共同体组织都具有一个共同特征，即一定的地域界限。据此，他们认为任何的共同体都要有自己的地域范畴，当一个村庄、市镇、郡、甚至国家有自己明确的地域界限时，那么它们就可以被称为一个共同体了。③

（5）其他学者的观点

英国学者菲利普·斯科菲尔德在其著作中指出，"在中世纪的背景下，村庄共同体就意味着自我管理，相互支持，共同防御，共同的仪式，集体信仰，但它也意味着隔绝与狭隘。"④ 而学者鲁宾在谈到村庄共同体的概念时指出，"由于它（指村庄共同体）隐藏了内部冲突与差异，因此它变得更加模糊而不是更加明确了。"⑤ 布鲁姆则认为："村庄共同体，无论怎样，它都是一个经济共同体、财政共同体、合作共同体和信仰的共同体。"⑥ 学者朱莉菲则认为："一些团体只要它们有能力执行共同的法律行为，它就是一个

---

① Warren Ault, *The Self Directing Activities of Village Communities in Medieval England*, Boston: BostonUniversity Press, 1952, p. 11.

② Susan Reynolds, *Kingdoms and Communities in Western Europe*: 900–1300, New York: Oxford University Press, 1984, p. 1.

③ Peter Clark, *English Provincial Society From the Reformation to the Revolution*: *Religion*, *Politics and Society in the Kent*, 1500–1640, Hassocks, Sussex: Harvester Press, 1977; C. Dyer, "The English Medieval Village Community and Its Decline", *Journal of British Studies*, Vol. 33, No. 4 (October 1994), p. 408.

④ P. R. Schofield, *Peasant and Community*: *In Medieval England*, 1200–1500, New York: Palgrave Macmillan, 2003, p. 71.

⑤ M. Rubin, "Small Groups: Identity and Solidarity in the Late Middle Ages", in *Enterprise and Individuals in Fifteenth Century England*, J. Kermode (ed.), Stroud: Alan Sutton Pub, 1991, p. 134.

⑥ Jerome Blum, "The Internal Structure and Polit of the European Village Community from the Fifteenth to the Nineteenth Century", *The Journal of Modern History*, Vol. 43, No. 4 (December 1971), p. 542.

共同体。"①

2. 存在与否

尽管有很多的学者都认同了西欧村庄共同体的存在,但是还有一些学者对此提出了异议,英国著名学者麦克法兰就是其中之一。他从不同的角度,批判了在中世纪的英国曾经存在过村庄共同体的观点。通过对埃塞克斯郡的厄尔斯科恩教区 1500 多份档案资料的解读后,他指出:"英国的村庄,甚至是在 1348 年至 1349 年以前,是由具有个人主义精神的农民占据主导地位的,他们以原资本主义(proto - capitalistic)的方式去从事追求利润的事业。"② 而加拿大多伦多学派的代表人物达文特也指出:"如果某个学生……将地方共同体当作一个自立的、自给自足的经济及社会单位来对待的话,那么他会再一次面临着相互矛盾的证据。"③ 蒂托也认为:"这种荒诞的说法(指中世纪的村庄是一个共同体)令人难以置信的顽固,竟然难以根除这种认识;而且事实上,所有的证据都表明了中世纪的农业经济并不是自给自足、设备齐全的、独立的或'自然'的经济状态"④。

一言以蔽之,国外史学界围绕村庄共同体概念的分歧不但涉及面宽,而且认识差异也十分明显。

在 21 世纪以前,由于受到传统史学思想的影响,特别是前苏联史学思想的影响,老一辈的史学家们都借鉴了"公社说",直接把 village community 译成了农村公社,而这种拷贝也在一定程度上影响了当今的史学界。例如,马克垚先生就认为在"中古盛期的西欧,通行的原则是'没有无领主的土地',所以独立的自由的农村公社几乎消失不见了,除非在十分荒僻的山区。它的内部,私有成分也大大强化了,成了主导方面,但公有经济——如公共土地——仍然存在着,并且是当时农村经济的必要组成部分。它的一些原始民主平等风习,也还在各地以不同程度不同形式表现。……西欧公社之

① J. E. A. Joliffe, *The Constitutional History of Medieval England*, London: Macmillan, 1937, p. 321.

② A. Macfarlane, "The Myth of the Peasantry: Family and Economy in a Northern Parish", in *Land, Kinship and Life - cycle*, R. M. Smith (ed.), Cambridge: Cambridge University Press, 1984, pp. 333-349.

③ E. B. DeWindt, *Land and People in Holywell-cum-Needingworth*, Toronto: Pontifical Institute of Medieval Studies, 1972, pp. 275-278.

④ J. Z. Titow, *English Rural Society* 1200-1350, London: Allen & Unwin, 1969, p. 16.

所以长期存在,是和当时的生产力水平密切相关的。"① 朱寰先生也持有此观点。② 赵文洪先生是当今国内研究村庄共同体的专家,他在吸纳了国外著名学者观点的基础上,提出了"公地共同体"的概念。③ 相比较而言,国内有关这一问题的论著主要有两个特点:首先,把中世纪的村庄共同体看作是原始公社的一种"残余",因而直接将之称为"农村公社",其目的是指出农村公社这种社会组织在人类社会发展过程中的普遍性;其次,更多的学者从社会学的角度去理解这个词,因此直接将共同体译成了"社区"。实际上,上述两种观点都是对中西方历史的双重误读,也是某种历史认识的误区使然。

二、"公社"与"社区"在中国的由来

国内的很多史学家在遇到"village community"这个词语时,一般不加区分地直译为"农村公社"。实际上,在中国古代,公社一词最初是指古代官家祭祀的处所,并不具有今天的含义。如《礼记·月令》:"(孟冬之月)天子乃祈来年於天宗,大割祠於公社,及门闾,腊先祖五祀。"孔颖达疏:"以上公配祭,故云公社。"④ 《墨子·迎敌祠》:"巫必近公社,必敬神之。"⑤《汉书·郊祀志》:"(高祖)因令县为公社。"颜师古注引李奇曰:"犹官社。"⑥ 现代汉语中"公社"一词为外来词(意译),与古汉语中"公社"一词含义不同。⑦ 到了后来,"公社"一词则逐渐地演变为地方基层组织或民间团体。⑧ 但中国古代的这种"村社"组织与西欧的村庄共同体完全是两回事,二者之间不能相提并论,更不用说对译了。⑨

既然如此,为什么中国学者会将中世纪的"village community"译成

---

① 马克垚:《西欧封建经济形态研究》,人民出版社 2001 年版,第 263 页。

② 朱寰:《略论日耳曼人的农村公社制度》,《史学月刊》1991 年第 1 期。

③ 有关"公地共同体"的概念,请参阅赵文洪:《庄园法庭、村规民约与中世纪欧洲"公地共同体"》,《历史研究》2007 年第 4 期。

④ (清)阮元校刻:《十三经注疏》(三)《礼记正义》卷十七,中华书局 2009 年版,第 2992 页。

⑤ (清)孙诒让注:《墨子间诂》卷十五《迎敌祠》第六十八,上海书店出版社 1986 年版,第 340 页。

⑥ (汉)班固:《汉书》卷二十五上《郊祀志上》,中华书局 1962 年版,第 1210 页。

⑦ 《辞源》,商务印书馆 1979 年版,第 312 页。

⑧ 《中国大百科全书——中国历史》,上海中国大百科全书出版社 1992 年版,第 910 页。

⑨ 有关中西乡村基层组织比较的问题,可参见侯建新:《中英封建晚期乡村组织比较》,《史学理论研究》2000 年第 3 期。

"农村公社"呢？这主要是受到了前苏联史学的影响。斯大林在《论辩证唯物主义和历史唯物主义》中指出："历史上有五种基本类型的生产关系：原始公社制的、奴隶占有制的、封建制的、资本主义的、社会主义的。"[①] 从此，五种生产方式的单线发展图式，被苏东等国家解释为关于世界历史演进的基本规律。例如，苏联人编写的教科书中写道："所有的民族都经历基本相同的道路……社会的发展是按各种既定的规律，由一种社会经济形态向另一种社会经济形态依次更替的。"[②] 在这样的思维框架下，对农村公社问题的研究就成为了对"世界历史发展的统一性、规律性"的揭示。[③] 尽管"农村公社"并不是"五种生产方式说"的重要组成部分，但在一些学者看来，"农村公社是人类社会由野蛮向文明过渡的桥梁，是由氏族部落制度向国家过渡的必由之路。农村公社制度具有广泛的适应性，它产生于原始社会末期父系氏族制度阶段，长期存在于阶级社会之内，无论奴隶社会还是封建社会，都曾在不同程度上保存农村公社制度或者是它的残余，只是在商品经济高度发达的社会里才使农村公社制度走向瓦解。"[④] 在他们看来，无论是古代的马尔克（Mark），还是中世纪的村庄共同体（village community），都是原始社会末期所遗留下来的农村公社的残余而已。

实际上，这既是对马克思主义的误读，也是对中世纪历史的误解。他们并没有真正理清马克思、恩格斯所论及的"农村公社"与"马尔克公社"的关系，而是把二者混为一谈。马克思和恩格斯在很多作品中都对农村公社和马尔克公社给予了严格的界定，二者之间是既有联系又有区别的两个实体。正如霍布斯鲍姆所指出的，按照马克思的观点，"明确地说，原始公社制度的发展，有三条或四条线路，各自代表一种在它内部已经存在或隐含于其中的社会劳动分工形式，它们是：东方形式、古代形式、日耳曼形式和斯拉夫形式，后者的提法有些晦涩，以后就没有进一步讨论，不过它与东方形式有密切关系。"[⑤] 笔者对马克思、恩格斯论著中这四种形式的公社组织特征进行了简单的归纳，从中可窥一斑：

① 《斯大林文选》，人民出版社 1962 年版，第 199 页。
② 罗荣渠：《现代化新论》，北京大学出版社 1993 年版，第 53 页。
③ 马克垚：《西欧封建经济形态研究》，人民出版社 2001 年版，第 244 页。
④ 朱寰：《略论日耳曼人的农村公社制度》，《史学月刊》1991 年第 1 期。
⑤ 郝镇华编：《外国学者论亚细亚生产方式》上册，中国社会科学出版社 1981 年版，第 9—10 页。

所谓东方形式的公社组织就是指"亚细亚的公社"。马克思在《政治经济学批判（1857—1858 年草稿）》中有所论及，它有如下特征：

1. "自然形成的共同体"，即通过血族关系联结而成的共同体，是公社占有土地的前提。①

2. 就公社内部来说，土地公有，个人只是占有者，这种占有必须以"公社成员的身份为媒介"。各个家庭"独立地在分配给他的份地上从事劳动"。个人对公社来说是不独立的，"只表现为偶然因素"。②

3. 公社经济是自然经济，"生产的范围仅限于自给自足，农业和手工业结合在一起"。"各个小公社彼此独立地勉强度日"。③

4. 凌驾于公社之上的是"更高的所有者或唯一的所有者"，他不仅是公社土地的实际所有者，是"公社财产的真正前提"，也是公社成员人身的所有者。他把公社成员作为自己的财产，即奴隶，"普遍奴隶制"下的奴隶。公社剩余产品"不言而喻地属于这个最高的统一体"。④

而马克思所论及的"古代公社"的基本特征有：

1. "土地为公社所占领"，"一部分土地留给公社本身支配"，成为公有地，另一部分则被分割，成为每一个公社成员的"私有财产"。公社成员的身份是他占有土地的前提。公社财产（作为国有财产）和私有财产是分开的。"所有制表现为国家所有同私人所有相并列的双重形式"，但"后者被前者所制约"。⑤

2. 这种公社把城市作为自己的基础，这种城市"是以土地财产和农业为基础的城市"。⑥

所谓的日耳曼形式的公社就是指马尔克公社。在《马尔克》、《法兰克时代》等著作中，恩格斯对这种公社作了较多的论述。其基本特征如下：

1. 早期全部土地归公社所有，或共同耕种，或分配给各个家庭使用，定期分配和更换。后来，"耕地和草地的各个份地，已成为自主地，成为占有者的自由财产"。但公社对这些土地仍具有最高统治权，必要时加以"监

---

① 《马克思恩格斯全集》第 46 卷上册，人民出版社 1979 年版，第 472 页。
② 《马克思恩格斯全集》第 46 卷上册，第 484、473、482 页。
③ 《马克思恩格斯全集》第 46 卷上册，第 484、473 页。
④ 《马克思恩格斯全集》第 46 卷上册，第 473、493、496 页。
⑤ 《马克思恩格斯全集》第 46 卷上册，第 478、475、484 页。
⑥ 《马克思恩格斯全集》第 46 卷上册，第 474、480 页。

督和调整"。森林、牧场、荒地、犁头所不能及的地下埋藏的财富，都归公社所有。①

2. 在公社内占有份地的个人，必须对公社负担一定的赋役。②

3. "每个马尔克都是自给自足的"。"邻近的各个马尔克的产品，差不多是完全相同的。因而它们之间的交换，便几乎不可能了"。各个公社之间"没有，或者几乎没有任何经济上的联系"。③

4. 当地主得到了马尔克的土地、使马尔克服从自己的统治时，"旧的马尔克公社仍然继续存在下去"。马尔克也通过移民在地主的土地上定居下来，"土地所有权还是地主的，移民必须世世代代向地主付一定的代役租，为地主服一定的徭役"。④

5. "在整个中世纪里，它是一切社会制度的基础和典范"。⑤

而斯拉夫形式的公社，就是特指俄国的农村公社——米尔而言的。而且，他们明确指出了这种斯拉夫形式的公社组织与亚细亚公社有着相似之处，例如，恩格斯就曾指出农村公社"在数千年中曾经是从印度到俄国的最野蛮的国家形式即东方专制制度的基础"⑥。但是西欧所存在的马尔克公社组织则与之完全不同，他们之上并没有"最高的统一体"。而且从土地所有制的形式上来看，马尔克是典型的公有制和私有制相并存的所有制形式，"公社所有制仅仅表现为个人所有制的补充"⑦，而东方式的和斯拉夫式的公社其土地所有权则归属于"最高统一体"。从公社成员的关系上来看，东方式的和斯拉夫式的公社更多的是以血缘关系为主。

由此可见，马克思、恩格斯所论述的东方形式、古代形式、日耳曼形式以及斯拉夫形式的公社是几种完全不同质的东西。然而，我们国内学术界在阐释它们的时候都笼统地贴上了"农村公社"的标签，这恰恰是把马克思主义教条化、简单化的表现。还有很多学者是这样推理公社制度发展模式的：即原始公社——农业公社——马尔克公社。显然，这是一种直线进化理

---

① 《马克思恩格斯全集》第19卷，人民出版社1963年版，第541、358—359页。
② 《马克思恩格斯全集》第19卷，第541页。
③ 《马克思恩格斯全集》第19卷，第540页。
④ 《马克思恩格斯全集》第19卷，第363页。
⑤ 《马克思恩格斯全集》第19卷，第539、353页。
⑥ 《马克思恩格斯全集》第20卷，人民出版社1971年版，第197页。
⑦ 《马克思恩格斯全集》第46卷上册，人民出版社1979年版，第484页。

论，与斯大林模式没有什么本质的区别。这种模式就是要证明，人类社会的发展都是按照从原始社会向阶级社会的模式来过渡的，而农村公社则是二者之间过渡的桥梁，同样是任何社会都不能逾越的。但是，这种理论显然与人类历史发展的史实是相违背的，从而使得这一理论在解决实际问题时常常自相矛盾。正如布鲁姆所指出的那样，"我们很容易把日耳曼人的土地起源模式变成一种普遍的法则，认为各地社会的演变都是开始于土地公有制。然而，后来的研究使得这一理论遭遇到了瓶颈。"①

基于上述原因，在有关公社问题的研究中，许多学者都喜欢使用"原始公社的残余"一词来解释中世纪村庄共同体的现象。但是依据上述马克思主义对公社问题的理解，这种说法显然不够妥当。这种观点以斯大林的理论为根据，将公社的公有制看作是前资本主义公社最为重要的本质，同时又将公有制看作是与阶级社会截然对立的东西，因此，在面对阶级社会中存在的共同体组织时无法自圆其说，无法对其作出合理的解释，于是只好用"残余"来搪塞。因而，笔者认为将中世纪的"village community"直接称为"农村公社"或者"公社残余"，显然不合时宜，这不仅违背了马克思主义的本意，也与史实不符。

此外，英文"community"一词除了含有公社、团体、社会、公众，以及共同体等多种含义外，还有社区的含义。"社区"一词是中国社会学者在20世纪30年代自英文意译而来的。1933年，以费孝通先生为主的燕京大学的一批青年学者，在翻译美国著名社会学家帕克（1864—1944）的论文集时，第一次将英文"community"这个词译成了"社区"，此后逐渐成为了中国社会学的通用术语。因与区域相联系，所以"社区"有了地域的含义，意在强调这种社会群体生活是建立在一定地理区域之内的，这一术语一直沿用至今。由于社会学者研究角度的差异，社会学界对"社区"这个概念尚无统一的定义。但许多学者认为，社区概念是以一定的地理区域为前提的。1955年美国学者 G. A. 希莱里对已有的94个关于社区定义的表述作了比较研究。他发现，其中69个有关定义的表述都包括地域、共同的纽带以及社会交往三方面的含义，并认为这三者是构成社区必不可少

① Jerome Blum, "The European Village as Community: Origins and Functions", *Agricultural History*, Vol. 45, No. 3（July 1971）, p. 158.

的要素。R. E. 帕克认为，社区的本质特征是：1. 有一个以地域组织起来的人口；2. 这里的人口或多或少扎根于它所占用的土地上；3. 这里的人口的各个分子生活于相互依存的关系之中。而我国著名社会学家郑杭生认为，社区是进行一定的社会活动，具有某种互动关系和共同文化维系力的人类群体及其活动区域。可见，将"community"翻译成社区，意在强调在特定区域内人与人之间的社会交往关系，因此，它应该只适用于社会学的语境之中。

综上所述，如果我们把中世纪时期的村庄共同体，看作是"原始社会的残余"，而用"农村公社"来代替村庄共同体，那么就只承认了人类社会发展的普遍性，从而抹杀了其特殊性；如果我们把村庄共同体直接称为"社区"，把它看作是与现代社区相对等的概念，那么就会抹杀社会学话语和历史学话语的界线，从而造成概念上的混淆。因此，笔者认为在历史学的语境下，将"village community"这个词译为"村庄共同体"更为妥帖，这样既体现出历史学与社会学之间的差异，同时，也体现出西欧历史发展的基本特征。那么，究竟什么样的组织才称得上是村庄共同体呢？它的基本内涵为何？它又具备哪些基本的特征呢？

三、从"common"到"community"——对村庄共同体内涵与特征的解读

在英国著名的文献《大宪章》中，把中世纪的"村庄共同体"描述成一个特定村民的集会，他们以某种方式选举村头、牧师以及4个村民，代表整个村庄去参加王室法庭。[①] 法律史学家梅因认为，"村庄共同体是一个法律意义上的基本单位。"[②] 特雷弗·罗利和约翰·伍德认为，"村庄就是由一些生活在一起的家庭所组成的，并具有共同体含义的组织。"[③] 戴尔认为，村庄共同体是"指一群人，这些人居住于一个特定的地域范围内，其组织程度达到了对资源（通常是田地和牧场）的控制，以及能与诸如国家这样

---

① W. O. Ault, "The Vill in Medieval England", *Proceedings of the American Philosophical Society*, Vol. 126, No. 3 (June 1982), p. 209.

② Henry Maine, *Ancient Law, its Connection with the Early History of Society and its Relation to Modern Ideas*, London: John Murray, 1861, p. 9.

③ Trevor Rowley & John Wood, *Deserted Villages*, Princes Risborough: Shire Publications, 2008, pp. 6–8.

的上级权威进行联系"①。罗赛讷认为，只有当村民开始行使他们的权利"以实施其有关集体事务的权威，并且赋予此权威以合法性"之时，才可以称得上是一个村庄共同体。② 前面所谈到的菲利普·斯科菲尔德则认为，在中世纪的背景下，村庄共同体就意味着自我管理，相互支持，共同抵御，共同的仪式，集体信仰，但它也意味着隔绝与狭隘。③ 而布鲁姆则认为，村庄共同体的真正内涵应该是一个融合了经济、财政、合作以及信仰等方面的共同体。④

从以上学者的观点中我们可以看出，学术界至今也没有对村庄共同体的内涵与特征作出一个系统的概括。实际上，我们可以从词源学的角度，从 common 这个词入手，对西欧村庄共同体的基本内涵作出解读。通过词语来对社会的政治经济状况进行探讨，并把单词的释义置于整个西欧社会的背景之下，在以前的学术界曾取得过较好的效果。⑤ 《英语韦氏新国际大词典》⑥、《新大不列颠百科全书》⑦、《牛津英语大词典》⑧、《朗文英语大词典》⑨、《布莱克威尔政治学百科全书》⑩ 等书的相关条目，对"common"及以它作词根的派生词作出如下释义："common"公共的；公地，公用草地；公用，共有；"commoner"平民，与"Noble"下议院议员相对应；"commonalty"（正式的）平民、大众；"commonland"公地，公共用地；"commonage"（法律）牧地公用权；"commonlaw"（专技）英美法系习惯

---

① C. Dyer, "The English Medieval Village Community and Its Decline", *Journal of British Studies*, Vol. 33, No. 4 (October 1994), p. 408.

② W. Rosener, *Peasants in the Middle Ages*, Urbana & Chicago: University of Illinois Press, 1992, p. 150.

③ P. R. Schofield, *Peasant and Community in Medieval England*, 1200–1500, New York: Palgrave Macmillan, 2003, p. 71.

④ Jerome Blum, "The Internal Structure and Polit of the European Village Community from the Fifteenth to the Nineteenth Century", *The Journal of Modern History*, Vol. 43, No. 4 (December 1971), p. 542.

⑤ 参见方朝晖：《市民社会的两个传统及其在现代社会的汇合》，《社会科学战线》1994 年第 5 期；赵文洪：《公地制度中财产权利的公共性》，《世界历史》2009 年第 2 期。

⑥ William Allan Neilson, *Webster's New International Dictionary of the English Language*, Springfield, Mass: G. & C. Merriam Company Publishing, 1954.

⑦ Encyclopedia Britannica, *The New Encyclopedia Britannica*, Chicago: Encyclopedia Britannica, 2006.

⑧ John Simpson and Edmund Weiner, *Oxford English Language*, Oxford: Oxford University Press, 1993.

⑨ Merriam-Webster, *Longman Dictionary of the English Language*, Harlow, Essex: Longman Group Ltd, 1984.

⑩ ［英］戴维·米勒等主编：《布莱克威尔政治学百科全书》修订版，邓正来译，中国政法大学出版社 2002 年版。

社会转型时期英国乡村基层组织研究

法;"commonweal"(正式或文语)公益,公共福利;"commonwealth"(专技,正式或文语)全体国民,与"commonweal"等同;"commune"公社;"communal"社区的,社区公有的;公有的,公共的;(种族、宗教、语言)团体的;"community"(专技)同居一起之动物,同生一处之植物;圈子,共同体,一群兴趣、宗教、国籍等相同的人同住一个地方;"communication"传达、联络、交换、通信;".com"国际互联网(Internet)网站名称的核心组成部分;"communism"共产主义。

从以上的列举来看,"common"及以它作词根的英语单词都有一个共同的内涵——那就是强调其"公共性",这一点是我们在研究西欧中世纪历史时应特别注意的一个问题。我们在强调私权在西欧社会发展过程中所起作用的同时,对欧美资本主义社会生活中的公权部分也不应忽视,甚至更应该关注,因为只有对私有、社会公共空间都加以考虑才能够全面理解西方社会。

词根"common"在《英语韦氏新国际大词典》中有如下意思:

1. (a) belonging or pertaining to the community at large, either as a social group or as a political organization; public. (b) to or characteristic of mankind.

2. shared equally or similarly by two or more individuals or species or by all the numbers of group or kind.

3. (Law) the right (arising either from a grant or contract, or from prescription or operation of a statute) of taking a profit in the land of another, in common either with the owner or with other persons.

从这些解释当中可以清楚地看出,"common"一词强调的是团体中的公共部分,是一种大家共有的权利,它完全不同于私有产权,不具有排他性和独享性。取".com"作为国际互联网(Internet)网站名称的核心组成部分,其实质就是强调国际互联网作为一种新兴社会公共空间的共享性。西欧封建社会的本质就是一种契约关系,而这种契约关系都承认彼此之间的权利与义务,从而形成了一种大家都认可的"公共空间"。这种"公共空间"的存在表明任何一方都没有权利独占它,"这些公社土地、自主地和份地与领主自营地的共存本身,就是西欧封建生产方式的构成要素。"①

---

① 〔英〕佩里·安德森:《从古代到封建主义的过渡》,郭方等译,上海人民出版社2001年版,第153页。

作为词根的"common"具有了这种"公共性",那么由它演化而来的"community"其含义如何呢?《韦氏新世界大学词典》中对"community"做了如下解释:

1. an assemblage of animals or plants living in a common home, under similar conditions of environment, or with some apparent association of interests.

2. a body of people having common organization or interests, or living in the same place under the same laws and regulations.

3. society at large; a commonwealth of state, a body politic; the public, or people in general; the people of a particular place or region, as a town, village, or neighborhood.

4. joint relationship or ownership; common possession or participation.

5. in various civil‑law systems (as the French, Spanish, and Roman Dutch) and in some States of the United States. the species of partnership or society of property arising between husband and wife. It is called conventional community when arising from contract; legal community, as arising by virtue of the marriage itself. The idea of this community sprang up in the Middle Ages in various parts of Europe, and the nature and extent of it varies in different places. Sometimes the community covers the whole property of husband and wife, that is, the property acquired during the marriage; sometimes the community property comprises the movable and immovable conquests. English law at an early time rejected the idea of community, as did the law of Normandy.[①]

从这些权威词典的解释中,我们可以看出,"community"首先是它的生态学意义——一群居于同一环境下的动物或植物的复合体。由此推论,人作为一种高级动物更是为了共同的利益而结合在一起,制定共同遵守的法律规则(这就是第 2 条词义),进而形成了家庭、乡村、城市,直到民族、国家、国际组织等政治共同体。其中关键的要素是:一定的地理区域;拥有一定公共权利的人群;制定并遵守的行为规则;共同选举的政治组织机构这四部分。而这四部分要素也是构成村庄共同体核心的组成部分。从以上的词义中我们可以看出,无论是"common"还是"community"其本质的含义都是

① [美]阿格纳斯主编:《韦氏新世界大学词典》,辽宁教育出版社 2001 年版,第 296 页。

对公共权利的肯定。苏珊·雷诺兹也指出："在 communion、communia、communantia 三种表现形式中，都意味着共同的权利，或者共同的财产，或者一群人或者一个团体。"① 因此，中世纪的西欧，当村庄演变为"community"之时，这种公共权利就具有如下两层含义：

首先，是指公地制度下附着于土地上的公共权利。这种附着于土地上的公共权利包括：在敞田中公共放牧以及使用公有地的权利。在西欧中世纪的村庄中，土地分为开垦地和未开垦地。所谓的开垦地就是指耕地，一般情况下村民都会在耕地中拥有自己的份地，这种份地被分成一块块的条田，村民之间的条田彼此交错分布。最为重要的是，在秋收后这些条田都要作为公共的牧场向全体村民开放，每个有份地的人都可以在上面放牧家畜。换句话说，秋收之后，农民在份地上的"私权"就变成了"公权"。因此，梅因也将作为耕地的条田（strip）称为"common"，"commonable"，"open fields"或者"intermixed lands"。② 除了在开垦地上的公共权利之外，村民还拥有在村庄未开垦地上的公共权利，我们通常意义上所说的公共权就是指这方面而言的。这种未开垦地包括村庄周围一定区域范围内的森林、沼泽、荒地、草地、矿藏等等，村庄中每个村民都有权利在上面攫取自己所需的东西。正如布鲁姆所指出的那样："无论是在周期性地重新分配耕地的村庄，还是每户长期占有耕地的村庄，几乎每个村庄都有公共土地掌握在共同体的手中。"③ 有很多学者都认为，村民在荒地上的公共权利是自古就有的，并且一度所拥有的范围很大，尽管经过一段时间的慢慢侵蚀，到了 16 世纪也并没有完全消失。④

其次，是指每个共同体成员拥有参与村庄事务的公共权利。而这种公共权利往往是我们在谈论村庄共同体时所忽略的。在西欧的村庄共同体中，这种公共权利包括出席村民大会（在庄园时代就是庄园法庭）的权利；参与制定村庄法令（即村规 by-laws）的权利；选举村庄管理人员的权利；享受济贫

第一章　乡村基层组织的形成

---

① Susan Reynolds, *Kingdoms and Communities in Western Europe*：900-1300, NewYork：Oxford University Press, 1984, p. 135, 139.

② H. S. Maine, *Village-Communities in the East and West*, New York：Henry Holt, 1984, p. 85.

③ Jerome Blum, "The Internal Structure and Polit of the European Village Community from the Fifteenth to the Nineteenth Century", *The Journal of Modern History*, Vol. 43, No. 4（December 1971）, p. 543.

④ L. D. Stamp & W. G. Hoskins, *The Common Lands of England and Wales*, London：Collins, 1963, pp. 5-13.

的权利等等。当这些公共权利与公地制度紧密联系在一起时，这样的乡村聚落就可以称之为一个"村庄共同体"了。从中我们也可以看出，在中世纪，"公权"与"公利"的社会空间不单单是指一些物质上的公用财产，其中更孕育出一种西方社会所特有的维护平民权益与社会公共空间的精神。西欧人更是以此形成了一种惯例，用以约束人们的行为。正如上面列举"community"的词义所显现的，在这一社会空间内，大家的权利"right"都是平等的（equal or similar），并且共同拥有或者集体参与（common possession or participation），其目标是要实现平民政治（commonwealth of state）。这种思想经过中世纪的演变，为西方近代的民主制度做了思想上的铺垫。

综上所述，中世纪村庄共同体的基本内涵就是对公共权利的肯定，这种公共权利包括附着于土地上的权利以及参与村庄公共事务的权利。其中，土地上的公共权利是村民参与公共事务的基础，而对公共事务的参与又是拥有土地上公共权利的保障。这里需要指出的是，中世纪的村庄共同体内部并不是一个人人平等的社会组织，那里不仅有着经济上的差别，同时也存在地位上的不同。在中世纪时期的村庄集会上，那些无地的村民"几乎不被计算到出席的人数上"。① 如果说对公共权利的拥有是村庄共同体基本内涵的话，那么它的基本特征又是什么呢？

通过对村庄共同体基本内涵的解读，并在综合了西方一些学者观点的基础上，笔者把村庄共同体的基本特征归纳为如下几点：

第一，村庄共同体是以地域而不是以血缘关系为纽带的，是以家庭或联合家庭为基本单位聚集在一起，并具有一定的规模；第二，拥有管理村庄生产、生活的权力机构以及管理人员，同时这些机构和人员都不是来自于外部权力的任命，而是由内部独立生长出来的，并能够作为一个独立的实体与上层机构相联系；第三，有自己制定的规章制度——村规，并且能够保证这些村规有效的执行；第四，其成员都有权利使用共同体内诸如森林、沼泽、草地以及溪流等公共资源，这些资源不属于某个人，只属于共同体；第五，成员之间能够相互协作，共同承担或对抗来自上一级机构所强加的义务。所有具有上述这些特征的村庄，都可称之为"村庄共同体"。这是一个具有一定自治性质的乡村基层组织。

---

① B. Wilkinson, *Constitutional History of England*, Vol. 3, London: Longmans, Green, 1953, p. 9.

第二节　村庄共同体的形成

英国村庄共同体的形成大体上分为三个阶段：早期的村落——敞田制村庄——村庄共同体。人类最初在新石器时代就形成了农业经济，但是从未形成过村庄共同体组织。也就是说，在中世纪以前，英国并不存在真正意义上的村庄共同体。"共同体是中世纪一个新颖的、也是较为高级的社会组织形式，它代表着人类最古老文明的新阶段。"① 中世纪英国村庄的主要人口构成是农民，他们依靠耕种土地和放牧牛羊来生活；农民的房屋、谷仓以及牲口圈等，都聚集在村庄的中心地区；在村庄的周围则是农民的耕地、牧场、草地以及森林等。生活在村庄的人有着共同的生活追求，他们在那里生活、劳作、恋爱、结婚、酿酒、喝酒、犯罪、去教堂、支付罚金、生育孩子、借贷、制造工具、生产粮食、争吵、斗争、生病直至最后死去，这是一个经济的、社会的以及政治的共同体。

一、古代的村落——中世纪村庄的起点

在中世纪的文献档案中，通常都是用"vill"或者"village"来描述村庄的。而拉丁语中与 village 最为相近的一个词是 vicus，通常用来特指乡村地区，这表明，中世纪的村庄与早期村落有着千丝万缕的联系。赵文洪认为，"英国的核心型（nucleated）村庄是在早期马尔克公社的基础上，由分散的小屯逐渐发展而来。以英国为例，威廉征服之前，零散小村子占主导地位；到了中世纪中后期，才形成众多密集居住型村庄。"②

自 20 世纪以来，考古学家已经在北欧和不列颠发现了很多早期村落的遗址，时间大约从公元前 600 年到公元 1 世纪前后。这些村落的房屋主要是用石头来建造的，同时利用沟渠把自家的土地隔离出来。对这些早期村落的研究表明，那时的农业规模很小，每个村庄仅拥有半公顷大小的田地，这些田地都用土和石头圈围起来的，但并没有发现任何有关公共拥有或使用的痕迹。③

---

① Frances & Joseph Gies, *Life in a Medieval Village*, New York：Harper & Row Publishers, 1990, p. 6.

② 赵文洪：《中世纪欧洲村庄的自治》，《世界历史》2007 年第 3 期。

③ Jerome Blum, "The European Village as Community：Origins and Functions", *Agricultural History*, Vol. 45, No. 3（July 1971），p. 158.

到了公元1世纪，罗马征服了高卢地区，一个世纪之后，又征服了不列颠。这次征服给英国引入了两种村庄形式：一种是奴隶制的村庄，它的规模较大，一般拥有450到600英亩土地，领主的房屋也建造在其中；另一种村庄则是"hamlet"（意思是"小村"）。它的规模较小，一般是由自由民和农奴组成的。农民耕种自己的份地，同时也为领主服劳役。① 从考古发掘可以看出，这一时期英国本土已经开始种植小麦、大麦、亚麻以及野豌豆等农作物；犁也被改进为铁铧，同时还引进了铁制的镰刀等农业工具；乡村中绵羊和马的数量大大增加。② 那么这一时期的村落与中世纪的村庄之间是否存在着关联呢？

首先，从地理区域来看，中世纪的村庄很大程度上是由古代村落发展而来的。例如，考古学家在威金思特地区发掘了一个小村落，它存在于公元150年左右，由4个分散的农庄所组成。村子中有7个房屋，4间较大的房屋和3个较小的房屋。一个世纪之后，这个村落扩大为19个大型房屋和7个小型房屋；到了5世纪前后，它演变成了一个拥有25个大型房屋和14个小型房屋的村庄，并且还出现了村庄大路。而在菲德森·维尔德地区，在公元前1世纪前后，这里曾经出现了很多小型的村落。到了公元1世纪以后，那里的村民为了抵御洪水甚至还建造了一个人工堤坝。200年后，那里发展成为了一个大约有39户人家的村庄，他们当中可能还有一个领主。③ 而类似的情况在不列颠的其他地区也有被发现。例如，在多丁顿村庄，考古学家发现了8个盎格鲁-撒克逊时期的小村，它们都散布在多丁顿村庄的内部；在布里克斯沃斯村庄，发现了至少9个属于5—6世纪时期的小居民点，他们大多数都距离中世纪的村庄较近。尽管目前这样的考古发掘还很少，但正如克里斯托夫·泰勒所说："布里克斯沃斯的小居民点可能多达30个或40个，保存下来并被发掘的，只是其中很少的一部分。"④

① Jean Chapelot & Robert Fossier, *The Village and House in the Middle Ages*, Berkeley & Los Angeles：University of California Press，1985, pp. 27-30.

② S. Applebaum，"Roman Britain"，in *The Agrarian History of England and Wales*，Vol. 1, H. P. R. Finberg（ed.），Cambridge：Cambridge University Press，1972, p. 73-82, 117.

③ Jean Chapelot & Robert Fossier, *The Village and House in the Middle Ages*, Berkeley & Los Angeles：University of California Press，1985, pp. 100-103.

④ C. Taylor, *Village and Farmstead A History of Rural Settlement in England*，London：Book Club Associates，1983, p. 116.

上述资料说明，古代村落与中世纪村庄之间存在着一定的联系。

其次，从生产方式来看，中世纪村庄的敞田制也源自于古代村落。例如著名的农史学家格瑞（Gray）通过对古代田地制度进行考察发现，敞田制作为一种耕作体制早在4、5世纪时就已经非常成熟了，这种耕作模式不像是新的耕作制度。因此，他推断这种耕作模式是由盎格鲁-撒克逊人从大陆引入的。[①] 但是，随着研究的深入，特别是一些考古发掘资料表明，以农牧混合型经济为基础的敞田制是来自古代社会，但并非来自大陆，而是来自于英国的本土。早在公元1世纪前后，在英国的一些地区就已出现了最早的"田地制度"。村落周围的土地用一些较为明显的标示来加以划分，并按照大家公认的方式进行耕作，甚至可能出现了休耕地。这种被称为克尔特的田地，面积一般不到1英亩而且并不规整，主要是用原始的犁来进行翻耕。[②] 他们既种植小麦、大麦、燕麦、黑麦以及豌豆等粮食作物，还饲养一些牛、绵羊、马以及猪等家畜。实行的是典型的农牧混合型经济。[③]

综上可知，中世纪村庄是在古代村落的基础上发展起来的，但这并不是说中世纪的村庄共同体就是古代村落的残余。因为那些小村落和定居点无论是人口规模，还是组织程度，都与后来的村庄共同体存在着明显的区别。正如米勒和哈彻所指出的那样："村庄是与小村落有着明显区别的，小村落是在农业发展过程中所建立的早期定居点，它们的组织形式较之村庄更为简单而且更加原始。"[④] 著名史学家马克·布洛赫明确指出："在农业的最初阶段，耕地并不是属于个体，而是属于父权制大家族的，那里几代人作为一个整体而生活在一起……组成了一个小屯或者村庄。父权制大家族分裂解体后，它们所持有的土地就在一夫一妻制的家庭之间进行分配。这些夫妻制家庭又组成新的共同体，但它们并不是以血缘关系为基础的，而是以地域关系为基础的，并且共同体要确保每个家庭可以共享社会和经济的利益。"[⑤] 这也从另外一个

第一章　乡村基层组织的形成

---

① H. L. Gray, *English Field Systems*, Cambridge：Harvard University Press, 1915.

② P. J. Fowler "Later Prehistory", in *The Agrarian History of England and Wales*, Vol. 1, H. P. R. Finberg（ed.）, Cambridge：Cambridge University Press, 1972, pp. 167-168.

③ Frances & Joseph Gies, *Life in a Medieval Village*, New York：Harper & Row Publishers, 1990, p. 7.

④ Edward Miller & John Hatcher, *Medieval England：Rural Society and Economic Change*, 1086-1348, London：Longman, 1978, pp. 86-87.

⑤ M. Bloch, *The Rise of Dependent Cultivation and Seigniorial Institutions*, Cambridge Economic History of Europe, Cambridge：Cambridge University Press, 1966, p. 201.

角度证明了早期村落与村庄共同体之间是既有联系又有区别的两个实体。

二、敞田制村庄——村庄共同体的最初阶段

到了9世纪前后，在英国的很多地区都出现了以敞田制为主的村庄。敞田制（open-field system）也叫公田制度或者公地制度（common field system），是一种曾经在英国乡村长期广泛存在的，以村庄为单位的土地制度和生产制度。"直到中世纪晚期和近代早期，绝大部分地区仍然处于敞田经营之下，因为大约到1700年的时候，尽管英格兰国土面积的3/4已经被围圈，但是仍然有一半左右的耕地处于敞田经营之下。"[①] 这种制度在西欧18、19世纪大规模消失，其最后消失是在20世纪60年代的法国。

对于敞田制的形成，史学界尚有一定的争议。传统的史学家认为，敞田制是日耳曼人原始公社的遗存。持这一观点的学者主要是梅因和霍曼斯等人。例如，梅因在谈到中世纪村庄共同体中所施行的敞田制农业时就明确指出："敞田制的实质是公有，它是日耳曼人农村公社所有制的历史遗存。"[②] 霍曼斯也认为敞田制度的产生与居民的民族来源有着密切的关系，只有日耳曼人居住的地区才会有敞田制度的出现。例如，在西欧的边缘性地区如布列塔尼、科恩沃、威尔士和爱尔兰，这些地方之所以不盛行敞田经营制，是因为当地居民大多数是克尔特人。再如，英格兰的肯特地区也几乎没有实行敞田制，与占据这个地方的是朱特人（Jutes）紧密相关。因此，他宣称敞田制度是日耳曼种族的产物。[③] 因此，在他们看来，敞田制中的条田制、轮耕制以及公共放牧都是典型的原始社会的"残余"，是盎格鲁-撒克逊人从森林中所带来的。而国内学者也基本上沿袭了梅因等人的观点。[④] 另一种观点则认为，英国的敞田制村庄形成于中世纪，并非是古代社会，二者之间并无直接的关联。主要代表是西博姆、贝内特以及W. O奥尔特等人。他们对梅因以及霍曼斯的观点提出了批判，认为霍曼斯等人的观点根本无法立足。他

---

① Mark Overton, *Agricultural Revolution in England: TheTransformation of the Agrarian Economy*, 1500-1850, Cambridge: Cambridge University Press, 1996, p. 192.

② H. S. Maine, *Village-Communities in the East and West*, New York: Henry Holt, 1984, pp. 65-99.

③ G. C. Homans, "The Explanation of English Regional Differences", *Past and Present*, No. 42 (February 1969), pp. 18-34

④ 参见马克垚：《西欧封建经济形态研究》，人民出版社2001年第2版；朱寰：《略论日耳曼人的农村公社制度》，《史学月刊》1991年第1期。

们仅凭借着《伊尼法典》的一条规定就认定古代日耳曼人已实行了敞田制是无法令人信服的。[①] 而且在《伊尼法典》中也找不到在村庄中实行公地放牧或者轮耕的证据。因此，他们认为敞田制并非是古代日耳曼人的原始遗存，而是中世纪独立发展起来的生产方式和土地制度。例如，西博姆对撒克逊晚期，特别是那些以 ham 或 tun 为后缀的一些教堂捐赠财产档案进行了研究。他推论到，这些所捐赠的财产都已经庄园化了，这似乎表明，撒克逊人并没有空间再引入以马尔克为基础的自由村庄共同体了。[②] 贝内特认为，由于中世纪的农业生产都是合作性质的，因此，也只有在中世纪才能够形成那种稳定的共同体组织。[③] 著名村规专家奥尔特也赞同贝内特的观点认为，中世纪的村庄之所以能够结成共同体，是因为中世纪农业生产方式的要求所致，因为一个人是无法在他的地里完成工作的。它要求村民要有自我管理农业生活方式，并制定对农业生产者的监督方法。[④]

史学界的这些争议也使得有关乡村的研究陷入了瓶颈。史学家爱德华·米勒和约翰·哈彻略带无奈地指出，"每当被询问究竟什么是村庄之时，我们就会陷入茫然。"[⑤] 马林·科瓦林斯基（Maryanne Kowaleski）也指出，"有关村庄的概念长期以来一直困扰着历史学家，特别是那些对村庄和公会历史感兴趣的人。"[⑥] 笔者认为，上述两派观点都有失偏颇。无论是古代社会残余说，还是中世纪形成学说，都存在着割裂历史的倾向。从经济特点来看，敞田制是一种典型的农牧混合型经济；从耕作制度上来看，敞田制是以条田的形式存在的，即每户的土地都划分为面积相等的条状，而且要呈插花状分布在所

---

① 这条法令为："那些拥有公共牧场和份地的刻尔（ceorl）应该对其土地进行圈围。（如果）一些人圈围了他们的份地，而另一些人没有，那么当耕牛从（所留）缝隙中进入并吃掉他们公共地上的庄稼或者草地时，那些留有缝隙的人应该赔偿已经圈占自己份地的人并且要修复好他们自己的篱笆。Liebermann，"Ine's law"，I. 106-9. 这条法令的翻译和讨论可参见：F. M. Stenton, *Anglo-Saxon England*, Oxford：Clarendon Press，1947.

② Frederic Seebohm, *English Village Community*, London：Longmans, Green, Co., 1883, p. 179.

③ H. Bennett, *Life on the English Manor a Study of Peasant Conditions* 1150-1400, Cambridge：Cambridge University Press, 1948, p. 44.

④ W. O. Ault, "The Vill in Medieval England", *Proceedings of the American Philosophical Society*, Vol. 126, No. 3（June 1982），p. 209.

⑤ Edward Miller & John Hatcher, *Medieval England：Rural Society and Economic Change*, 1086-1348, London：Longman, 1978, pp. 85-87.

⑥ Maryanne Kowaleski, "Introduction：Vill, Guild, and Gentry：Forces of Community in Later Medieval England", *Special Issue of Journal of British Studies*, Vol. 33, No. 4（1994），p. 337.

有的田地中。① 也就是说，敞田制村庄既继承了古代村落的一些元素，但同时也创造出了自己新的特点。

（一）农牧混合型经济模式的扩大。如前所述，在英国，农牧混合的习俗自古有之。但是，在日耳曼人到来之前，由于战乱、罗马人的统治等因素，这种农牧混合型经济模式在不列颠地区所占比例并不大。日耳曼人进入到不列颠之后，自身半耕半牧的特点使得他们很容易地接纳了这种生产模式，并将其不断地加以扩大。② 凯撒在《高卢战记》中描述："他们不大以谷物为食，而主要以奶和牛代之，他们用很多时间打猎。"③ 但随着民族大迁徙进入到不列颠之后，他们的饮食结构发生了一定的变化，开始喜欢吃农耕社会中的面包。为此，他们大力发展农业，"没有一个村落，没有一个庄园不将最好的土地奉献给它。象阿尔卑斯山这样的坡地本来不适于麦类的生长，西部与中部地区土地渗水性不好，常遭雨水浸渍，在今天看来只适合做牧场，人们也进行小麦播种。"④ 另一方面，他们并没有完全放弃畜牧业。这一时期英国的畜牧业也不断发展，例如，在一些高地垦殖区甚至还出现了一批以畜牧业为主的专业村。林肯郡的一些佃农在蓬尼地区开辟了一个大的养牛场，每年夏天都有近1万头牛在那里放牧；同样，在德文郡的新垦殖的山地，那里也建成了一个可以放牧1万头羊的牧场。⑤ 此外，从这一时期所出现的村规中也可以看出，农牧混合型的经济模式在中世纪英国乡村已经十分普遍了。例如，在各地庄园所制定的村规中，有关农业及放牧的村规几乎占据了大半部分。"这些有关农牧业管理的村规在档案记录中是数量最大，同时也是存在时间最长的，因为从16世纪的'法令'中我们仍然可以看到它们的身影。"⑥

（二）条田制的产生。条田是敞田制村庄形成的另一个标志，对于条田制的产生也有着不同的解释，但无论哪种解释，人口的增长应该是一个主要的因素。正如戴尔所指出的"在界定一个村庄时，它的结构和居住地不是最重

① Sir William Holdsworth, *A History of English Law*, London：Methuen & Co. Ltd., 1942, p. 73.
② H. C. Darby, "The Anglo-Scandinavian Foundations", in *A New Historical Geography of England After* 1600, Darby (ed.), Cambridge：Cambridge University Press, 1976, pp. 13-15.
③ ［古罗马］凯撒：《高卢战记》，任炳湘译，商务印书馆1982年版，第63页。
④ ［法］马克·布洛赫：《法国农村史》，余中先等译，商务印书馆1991年版，第37页。
⑤ B. C. Beresford, Northumberland County History, Oxford：Northumberland Co., 1976, pp. 314-316.
⑥ Warren. O. Ault, *Open-field Husbandry and the Village Community：A Study of Agrarian By-laws in Medieval England*, Philadelphia：American Philosophical Society, 1965, p. 12.

要的，重要的是它的人口数量"①。"一个典型的中世纪村庄或许是由 20 到 50 户组成，那里有教堂，庄园的房屋，磨盘和水。大约有 100 到 250 人主要依赖村庄周围的敞田、公共牧场、草地和林地来维持生计。"② 由此可见人口的数量也是衡量敞田制村庄的标准之一。10 世纪前后，英国的人口有了明显的增长，而且这种增长还主要是集中在乡村，因此，有的学者说："乡村是人口增长的温床。"③ 人口的增长导致新的压力、新的需求出现，进而引发了耕作制度的变革。正如埃利奥特所指出的那样："大量的、正在膨胀的人口是农业变革的先决条件，它迫使人们要更加有效地耕作他们的土地。"④ 这种变革主要通过两种方式来实现：一是通过村庄内部分割土地的方式来解决人地关系的矛盾；二是通过开垦荒地建立新的村庄来加以解决。按照日耳曼人的惯例，一个大家族的土地一般是在所有子女中进行平均分配，这就使得一大块土地逐渐地被分割成数量众多的小块土地，这些小块的土地就逐渐地发展成为了后来的条田。例如，在英国北部的多尼格尔，"这个村庄拥有 205 亩土地，最初仅被分成两大部分来耕作。到了 1845 年，仅仅经过两代人的分割继承后，这两大部分土地被分割成了由 422 块独立的份地所组成的持有地了。"⑤ 随着乡村人口的增长，仅靠分割村庄内部的土地已无法满足人口的需求了。于是人们开始不断地向外扩张耕地，从而在中世纪的西欧形成了一场规模宏大的农业垦殖运动。通过垦殖而获得的这些土地往往在垦殖者当中进行平均分配，从而也促成了条田的产生。例如，在一个新垦区，农民所耕作的"弗隆"通常会演变成村庄土地中新的条田。⑥ "在英国，它（条田）形成于一个自由垦殖的社会当中——正如 12 世纪和 13 世纪约克郡东雷丁地区所描绘

---

① C. Dyer, "The English Medieval Village Community and Its Decline", *Journal of British Studies*, Vol. 33, No. 4 (October 1994) p. 408.

② C. Dyer, *The Self-contained Village? The Social History of Rural Communities*, 1250-1900, Hatfield: University of Hertfordshire Press, 2006, p. 3.

③ J. C. Russell, "Late Medieval Population Patterns", *Speculum*, Vol. 20, No. 2 (1945), p. 164.

④ G. Elliott, "The System of Cultivation and Evidence of Enclosure in the Cumberland Open Fields in the Sixteenth Century", Transactions of the Cumberland and Westmorland Antiquarian and Archaeological Society, *New Series*, No. 59 (1959), pp. 175-176.

⑤ H. L. Gray, *English Field Systems*, Cambridge: Harvard University Press, 1915, pp. 190-191.

⑥ J. Z. Titow, "Medieval England and the Open-Field System", in *Peasants, Knights, and Heretics: Studies in Medieval English Social History*, R. H. Hilton (ed.), Cambridge: Cambridge University Press, 1981, pp. 10-56; Bruce Campbell, *Common Field Origins——the Regional Dimension*, in *Origins of Open-Field Agriculture*, Trevor Rowley (ed.), London: Croom Helm, 1981, p. 127.

的那样。"①

　　总之，到了10—12世纪，随着农牧混合型经济模式的扩大以及条田制的形成，以敞田制为基础的村庄已经普遍地发展起来。此时英国的地理面貌也发生了很大的变化，"在整个北欧以及英格兰地区，从北海经过中部地区到英吉利海峡，大片的土地都被广袤的森林和密集的村庄所分割。"② 英国的乡村开始走向繁荣，以前，原本是野兽出没的荒地，现在变成了人口聚集的村庄；各个村庄之间的边界也逐渐固定下来。在英格兰，每年春天，所有村庄都有一个被称为"恐怖之日"的活动。即在这一天村庄中的所有人都要在村庄的边界上排成长队。村里的小孩或者在边界的河水中被按入水中，或者用头来撞击边界上的树木和岩石，其目的就是为了让这些孩子从小就记住自己村庄的边界。③

第三节　村庄公共役务的明晰化

　　随着敞田制村庄的逐步形成，村庄作为地方基层组织的役务也逐渐明晰化了。诺曼征服之后，王权对地方的管理也逐渐加强，不断地赋予村庄更多的役务。这一点可以从"村庄"一词内涵的演变中得到证明。例如，"villa"这个词原本是指罗马帝国时期那些大地产主在乡村的住宅或者庄园，此后是指一个定居点，或者一处地产（estate），或者一个领主的领地。④ 5世纪以后，"villa"很少用来表示住宅这样的建筑物，而是指一个耕种者居住的村庄，但是这些小村由于较为分散，同时规模较小，组织化程度较低，因此也就无法承担来自上面的役务。⑤ 而只有"villa"演变为"village"之时，它才能具有一定的规模，并具备了承担国家役务的职责。"一个成熟的

① G. Elliott, "The System of Cultivation and Evidence of Enclosure in the Cumberland Open Fields in the Sixteenth Century", Transactions of the Cumberland and Westmorland Antiquarian and Archaeological Society, *New Scries*, No. 59, (1959), pp. 175–176.

② Frances & Joseph Gies, *Life in a Medieval Village*, New York: Harper & Row Publishers, 1990, p. 148.

③ W. G. Hoskins, *The Midland Peasant: The Economic and Social History of a Leicestershire Village*, London: Macmillan, 1957, p. 79.

④ Susan Reynolds, *Kingdoms and Communities in Western Europe: 900–1300*, New York: Oxford University Press, 1984, p. 79.

⑤ ［美］汤普逊：《中世纪经济社会史》（上册），耿淡如译，商务印书馆1984年版，第43—44页。

村庄（village）或许是由分散的小屯（hamlet）以及小的耕作单位（farm-steads）来组成的，它们是为了便利于承担来自国家的役务而组织在一起的。"① 领主对这种集体承担役务的方式是支持的，因为"领主也希望他们的佃农能够团结合作，通过共同承担自营地上的犁耕劳役，或者是共同参加秋收役务，有时还通过集体征税（比如塔利税就是把佃农作为一个整体来征收的）等形式把他们紧密地联系在一起"②。例如，在 12、13 世纪的英国，为了从土地财产中获取稳定的收入，同时也为了保护领主在公地、森林以及荒地上的利益不受侵犯，许多领主纷纷向他们的佃农颁发特许状，马克·布洛赫将这些特许状称为"小地方法令"（Little local constitutions），这些特许状都是以村庄为单位来授予的。而王权最初也把村庄作为一个管理单位，但更多的是把它当作一个税收的单位来看待的。11 世纪以后，王权赋予了村庄更多的职责，在原有税收功能的基础上又赋予了治安的职能。例如，《亨利一世法典》中就明确指出："在百户区和郡法庭中，村头、牧师以及村庄中 4 名品行较好的村民将代表所有那些没有被传唤的人出席法庭。"③ 1166 年的《克拉雷登法令》中指出：每个村庄的 4 名合法人员将在百户区法庭上为那些有抢劫、谋杀或者盗窃的嫌疑犯作证。④ 之后，村庄还被赋予了军事职能。例如，1180—1189 年的《英格兰法令》规定，如果一个村庄没有派人去协助击退弗里兰斯人侵犯的话，那么它们将受到处罚。⑤ 通过集体承担来自上级机构的役务，村民之间的联系得到了加强。更为重要的是，他们在此过程中增强了内部的凝聚力，对来自领主或王权的过度盘剥，能够采取集体行动维护自身的利益。

最近的研究已经表明，这种典型的敞田制村庄主要存在于中北部地区，在其他地区，像东南部和东盎格利亚以及西部从康沃尔到湖泊地区等地，这种典型的敞田制村庄分布得则较少，大多数人都是生活在分散的小

① W. O. Ault，"The Vill in Medieval England"，*Proceedings of the American Philosophical Society*，Vol. 126，No. 3（June1982），p. 188.

② J. Langdon，*Horse Oxen and Technological Innovation*：*The Use of Draught Animals in English Farming from* 1066-1500，Cambridge：Cambridge University Press，1986，pp. 235-240.

③ David Charles Douglas，*English Historical Documents* 2，Oxford：Oxford university press，1981，pp. 459-460.

④ Ibid.，450.

⑤ T. Madox，*Firma Burgi，or an Historical Essay Concerning the Cities*，*Towns*，*and Buroughs of England Taken from Records*，London：R. Gosling，1726，pp. 664-705.

村和农庄之中。① 但出于管理的目的，他们被分成不同的单位。"尽管他们在细化的敞田上也至少耕种部分土地，但这些分散的和小定居点上的居民的划分并不是以他们在敞田上的经济，并且他们也有些像林地、牧场等公共资产，因此，他们在农业生产中也采取了合作经营的方式。"② 尽管在耕作制度上有所不同，但它们也要集体服劳役以及交纳租金，也要对堂区教堂集体承担义务。当然，有时国家出于法律的推行、税收以及公共需要的目的也会强行把它们并入到敞田制村庄。因此，村庄是一个定居地，但它并不一定就是一个紧密的核心区域；它通常是一个农业管理与合作劳作的单位，但它并不一定都是以体系完整的敞田制为基础的。

　　总之，到 10 世纪前后，英国大部分地区的村庄已经具备一定的规模，基本上由小村落或者分散的耕作单位过渡到了以敞田制为核心的村庄。它们通过集体承担来自国家的役务，从而建立了与上层权力机构的联系；同时在承担役务的过程中，村庄内部也加强了合作与凝聚力。村民由原来较为松散的状态，逐渐地整合成了一个整体。他们共同生活、共同劳作、集体承担来自上级机构的役务，逐步确立了共同体的意识。当村庄受到一些不正当处罚时，它们就会通过集体抗争来抵制这种非法的处罚。例如，有的郡守要求村庄去整修桥梁，但它们对此进行了抵制，因为按照《大宪章》中第 23 条的规定，一个村庄不能因为没有修整桥梁而被处罚，除非按照古老的惯例，它们有义务这样去做；有的郡守由于村庄没有派出它们全部法定年纪的人去参加郡法庭而处罚它们，但这些村庄也进行了集体的反抗。③

第四节　村庄公共权利的明晰化

　　赵文洪指出，敞田制是一个与"权利"密切相连的概念。他从"common"这个词入手来分析公地的内涵，认为当 common 做名词时有两种意义：一是指公共地，如公共牧场或其他公共用地；二是指公共权利。当

① B. K. Roberts & S. Wrathmell, *Region and Place: A Study of English Rural Settlement*, London: English Heritage, 2002, pp. 1–31.

② J. Thirsk, *The English Rural Landscape*, Oxford: Oxford University Press, 2000, pp. 108–12, 224–7, 269–72.

③ William Stubbs, *Select Charters and Other Illustrations of English Constitutional History: From the Earliest Times to the Reign of Edward the First*, Oxford: Clarendon Press, 1900, p. 394.

"common" 做形容词时，也明确地包含了"具有某种共同权利"的意思，否则无法解释在庄稼收割后的"common fields"上共同放牧牲畜的行为。① 而著名的公地制度专家瑟斯克（Thirsk）经过长期的研究后总结出了敞田制度的基本特征，主要是由以下四个基本要素构成的。首先，耕地和草场在耕种者中要被分割成条状，每个人都占有分散于其中的一定数量的条田。其次，耕地和牧场在秋收和休耕的季节，将作为公共牧场向所有共有人的牧群开放。在耕地上，这就意味着一些有关于播种的规定要被遵守，以便于春季和冬季所播种的庄稼能够在单独的土地或者弗隆上生长。第三，那里有公共牧场和荒地，条田的耕作者拥有在其上进行放牧，捡拾木材、豌豆以及其他的一些物品如石头和煤块的权利。第四，在中世纪的很多地方，这些活动的规范是由耕作者的集会——庄园法庭来制定的，或者当一个村庄中有一个以上的庄园时，则是由村庄集会来制定的。② 由此可见，敞田制村庄的一个重要特征就是它所包含的公共权利。这种公共权利主要包括两个方面：一是指未开垦地上的权利，即全体成员可以使用村庄周围森林、草场、荒地的权利；另外一个是开垦地上的权利，即秋收后全体成员拥有在庄稼茬上放牧的权利。前者是自古就有之，"在这个制度中，最古老的因素应该是在草场和荒地上拥有放牧权。这是一种来自古代众多权利的一个剩余，这些权利被盎格鲁-撒克逊人和后来的诺曼王朝以及庄园主们所限制，但并没有被全部否定。"③ 尽管经过一段时间的慢慢侵蚀，然而在 16 世纪时也并没有完全消失。④ 而后者则是伴随着敞田制的形成而出现的。

开垦地上公共权利的形成与农业的发展有关。尽管人们在很早以前就知道庄稼茬可以作为牲畜的食物来源，但是当有大量的牧场和荒地存在的时候，它们是派不上用场的。只有"当耕地的面积不断扩大，从而使牧场的可用面积逐渐缩小以至于它不能有效地为家畜提供食物之时，利用秋收后的庄稼茬进行放牧就成为必要了。"⑤ 此外，在休耕地上放牧的优点也是显而

① 赵文洪：《公地制度中财产权利的公共性》，《世界历史》2009 年第 2 期。

② J. Thirsk, "The Common Fields", *Past and Present*, No. 29（December 1964），p. 3.

③ J. Thirsk, "The Common Fields", *Past and Present*, No. 29（December 1964），p. 4.

④ L. D. Stamp and W. G. Hoskins, *The Common Lands of England and Wales*, London：Collins, 1963, pp. 5-13.

⑤ Susan Oosthuizen, "New Light on the Origins of Open-field Farming", *Medieval Archaeology*, Vol. 49, No. 1,（2005），p. 166-167.

易见的。除了可以为地里增加粪肥之外，还有利于对放牧家畜的管理。正如瑟斯克所指出的："在共有地上放牧显然是便利的，因为它消除了烦杂而又令人厌烦的限制绵羊以及栓系大牲畜的麻烦。"① 但是，在敞田制下，要想实现休耕地上的公共放牧需要"所有的村庄居民要保持协调一致，当牲畜进入地里放牧之时，那里的庄稼已经被运输完毕。而耕地的时间也必须要进行协调，以便村民能知道什么时候把牲畜从休耕地里赶走。"② 这就需要彼此之间相互协商，最初这种协商只是村民之间的个体行为。例如，在白金汉郡的米森登（Missenden）修道院的档案中记录了这样 2 份土地协议：一份是1170—1179 年，亚历山大·德·汉普顿与米森登修道院的僧侣们达成了一份关于在豪那（Honor）这个地方 1 维格特土地的协议：其中四英亩的土地归亚历山大自己所有，他从别处的土地上拿出 4 英亩土地补偿给修道院；他允许僧侣们在他的"林地和土地上（in bosco et plano）"放牧一些家畜；作为回报，亚历山大则拥有在修道院农场第三块土地处于休耕时的公共权，这块土地与亚历山大的土地相毗邻。另一份协议（1240—1268）是托马斯·曼特尔与罗伯特·拜尔签订的：托马斯继续持有他在罗伯特·拜尔界内的土地，同意用沟渠把他的这块份地圈围起来并且不再拥有在这块土地上的放牧权。③ 村民之间的这种契约一旦达成，就具备了法律的效应。如果某一方违反契约，就要受到法庭的惩罚。例如，1290 年，亨廷顿郡的布劳顿的庄园法庭列举了一些人的名字，"这些人在休耕的土地上播撒种子，而在这些休耕地上，自由农和契约农都拥有公共放牧权。他们因此也被处罚了。"在 1299 年伍斯特郡的海尔斯庄园法庭，理查德·德·罗格克赔偿了杰弗雷·奥斯本，因为他把杰弗雷·奥斯本的家畜从一块他与其他人之间的公有地上驱赶走了。④

随着个体之间公共放牧权的达成，整个村庄内部甚至村庄之间也达成了类似的协议。例如，在梅斯利村庄，在村民没有达成公共放牧的协议前，那里的农业和放牧十分混乱，"并且很多庄稼也由于公牛的放牧而遭到破坏。除此之外，由于耕地与休耕地之间缺乏清晰的界限从而导致谷物锐减"。为

---

① J. Thirsk, "The Common Fields", *Past and Present*, No. 29 (December 1964), p. 16.

② Slicher van Bath, *Agrarian History of Western Europe AD 500-1850*, London: Edward Arnold, 1963, pp. 61-62.

③ J. Thirsk, "The Common Fields", *Past and Present*, No. 29 (December 1964), p. 16.

④ G. C. Homans, *English Villagers of The Thirteenth Century*, Cambridge, Mass: Harvard University Press, 1941, pp. 57-8.

此，经过多次协商，最终在 1563 年，全体村民终于达成了协议：他们将土地分成四块，按照次序耕作和放牧。[①] 1240 年，在贝德福德郡，斯坦桥和迪尔斯沃斯两个村庄达成协议："当斯坦桥腾出一块土地进行休耕时，迪尔斯沃斯也要腾出一块土地进行休耕，以便它们能够共同放牧牲畜。"在 1235 年和 1264 年间的一个认同状中，罗格·德·昆西禁止了他的佃农在格雷顿修道院土地上放牧他们的家畜，"除非在开放的季节，此时邻里之间可以共有放牧权"。它一再强调邻居之间共同拥有，这就意味着这里所提到的公共放牧权是对全体佃农在修道院土地上进行放牧的一种认同。13 世纪晚期（爱德华一世）有这样一个惯例，所有在牛津郡的克劳梅什拥有土地的佃农，只要那里的谷物被收割完毕，他们都可以在领主的庄稼茬上拥有公共放牧权。[②]

随着休耕地放牧协议的达成，村民也就拥有了在开垦地上进行放牧的公共权利。这种公共权利也是村庄共同体的重要组成部分，如果"没有拥有所有土地上的公共权利，那么构成完整公地制度的核心部件也就缺失了"[③]。如果我们对上述内容进行一下简单的概括就会发现，只有当一个村庄中的所有土地被纳入到同一个耕作计划中时，它的所有土地才能进行公共放牧，这个计划要保证一部分条田处于休耕状态，另一部分条田要在秋季或者春季进行播种，同时对这部分土地进行收割和清理。

当村庄中的土地实行轮耕后，土地还需要定期的重新分配。在诺森伯兰郡——这是一个公地地区——在 16 世纪以及后来都是如此：许多的村庄土地被分成两大部分，条田也是重新分配的，以便于把其中的一部分分给佃农，同时也方便佃农步行走进他们的条田。北部地区由于土壤的贫瘠，他们把旧有的耕地变为公共牧场，同时从公地中纳入一块新的土地进行耕作。[④]

① W. O. Ault, *Open-Field Farming in Medieval England: A Study of Village By-Laws*, New York: George Allen & Unwin Ltd., 1972, p. 46.

② SR Scargill-Bird, *Custumals of Battle Abbey in the Reigns of Edward I and Edward II*, London: Camden Society, 1887, p. 89.

③ Joan Thirsk, *English Peasant Farming: The Agrarian History of Lincolnshire from Tudor to Recent Times*, London: Routledge & Kegan Paul, 1957, p. 14; A. R. H. Baker, "Open Fields and Partible Ingeritance on a Kent Manor", *Economic History Review*, No. 1 (1964): pp. 1-23.

④ M. W. Beresford, "Lot Acres", *Economic History Review*, Vol. 13, No. 1/2 (1943), pp. 74-9; Lord Ernle, *English Farming Past and Present*, Chicago: Quadrangle Books, 1961, p. 26, 230; R. A. Butlin, "Northumberland Field Systems", *Agricultural History Review*, Vol. 12, No. 2 (1964), pp. 99-120.

例如，北约克郡的马顿（Marton）的村民们在 14 世纪时规定"人们要尽最大可能把土地分成三个部分，以便每年进行休耕。"① 现在一些资料清楚地表明，最初强制轮耕并不是敞田农业的一个重要组成部分。一些敞田制村庄在引入强制轮耕之前就已经存在很久了，还有一些村庄从来就没有实行过轮耕，或许是由于那里有充足的草地，不必到休耕地上或者庄稼茬上进行放牧。但是，就一般情况而言，强制轮耕已经成为英国很多地区建立公地制度的一个重要标志了。② 在众所周知的草-田制农业中，村民们一般就是在耕地和牧场之间进行轮耕。在这些地方，他们把土地分成两部分，一部分土地在一年中的大部分时间里种植庄稼，另一部分则作为草地；而在接下来的一年里，耕地变为牧场进行放牧而原来的草地则进行犁耕。③ 此外，在英国某些地区还有一种耕作制度，叫内-外田制度（infield-outfield）或者叫小块土地占有制。村民持有部分宅地作为固定的耕地称为"内田"，一般要把它分成条田进行轮耕；而在那些外田上，他们则实行田-草制农业。这种耕作制度普遍存在于布列塔尼、缅因、普瓦图、法国中央高原的部分地区，英格兰的西部、威尔士以及东盎格鲁的部分地区，诺丁汉郡、苏格兰、爱尔兰、荷兰、德国西部、瑞典的北部和中部地区，挪威以及德国的勃兰登堡州等地区。④

无论是典型的敞田制，还是内外田制，当一个村庄的村民拥有了土地上的公共权力以及附属于土地上的公共权利之时，就已经表明此时的村庄共同体已经形成了。"尽管在居住形式和农业生产中有着地区间的差别，但村庄共同体是一个普遍的现象，而且整个乡村的人口都已归属于这样的一个机构。"⑤ 这种以敞田制为代表的村庄共同体在英国的各个地区，出现的时间也不尽相同。希尔顿教授在介绍《丽石莱格》（Stoneleigh Leger Book）一书

① G. C. Homans, *English Villagers of The Thirteenth Century*, Cambridge, Mass：Harvard University Press, 1941, p. 56.
② R. Herr, *The Eighteenth Century Revolution in Spain*, Princeton：Princeton University Press, 1958, pp. 103-4.
③ J. Blum, *Noble Landowners and Agriculture in Austria*, 1815-1848, Baltimore：Johns Hopkins Press, 1948, p. 157.
④ W. G. East, *An Historical Geography of Europe*, London：Methuen, 1935, pp. 102-5；M. Gray, *The Highland Economy* 1750-1850, Edinburgh：Oliver & Boyd, 1957, pp. 6-7.
⑤ C. Dyer, "The English Medieval Village Community and Its Decline", *Journal of British Studies*, Vol. 33, No. 4 (October 1994), p. 410.

时指出，敞田制度在整个林区出现的时期应该是在 1250—1350 年。埃立特对坎伯兰地区的研究表明，那里的敞田制度发展得更晚一些，并且他还提供了一些公地孕育阶段极好的例证。也有的学者认为敞田制村庄出现得更早。例如，格莱威尔·琼斯（Glanville Jones）最近提出，威尔士的小村庄和他们的敞田紧密结合在一起，而它们可以追溯到铁器时代。但从整体来看，英国大部分地区转变为敞田制农业大约是在 10 世纪前后。

总之，由于农牧混合经济的发展，使得强制轮耕以及耕地上的公共放牧权都成为了可能。更为重要的是当一个地区出现人口压力的时候，首先，村庄可以通过开垦新的土地来加以解决；其次，通过把牧场、草地以及荒地变为耕地来加以解决；最后，还可以通过调整耕作制度来实现。但不论以哪种形式来解决人口问题，它最后都是要把整个村庄的土地整合成敞田，这种敞田是以共同体为基础的。因为当从荒地之中获得新的土地，从而使得田地的数量增加之时，当每个耕作者所拥有的一部分土地变得越来越分散之时，一些规章制度就要被引入村庄之中，以确保所有的人可以到达他的田地和水源，而且还要保证牧场和耕地免受牲畜的破坏。"这种变革要求条田的持有者之间通过密切的合作，共同管理诸如在休耕地以及收割完毕的庄稼茬上放牧，保护已播种的耕地不受家畜以及非法人员的侵犯等事宜。简而言之，需要共同管理农业事务。"[1]

同时，在 12 世纪和 13 世纪的英国，领主与佃农关系的调整也反映了当时新的经济与社会形式。为了从土地财产中获取稳定的收入，简化土地管理程序并防止佃农出租土地，同时也为了保护领主在公地、森林以及荒地上的利益不受侵犯，许多领主纷纷向他们的佃农颁发特许状。这种做法进一步加强了已经存在的公共关系或者刺激了那些没有公共组织的村庄开始建立自己的组织机构。而且从最早的村规当中我们也可以看出，这些村规几乎都是有关农业和放牧问题的。由此我们可以推断，最初的村庄共同体主要是管理农业问题的，但随着这种组织在农业生产中的作用越来越大，村庄共同体开始把人们的日常生活逐步纳入到管辖的范畴。至此，村庄共同体由一个农业组织发展成为了乡村社会的管理机构，并在人们的日常生产、生活中扮演着重

---

[1] C. T. Smith, *An Historical Geography of Western Europe before* 1800, New York：Praeger, 1967, p. 210.

要的角色。"这种共同体组织是农业性质的，它是随着敞田制以及农业技术的变革而出现的。"① 由于"在一个村庄里的共同生活，尤其是共同的农耕经济活动，增强了社会关系和法律关系，同时在很大程度上放弃了已经存在的家庭个体性，个体的利益在某些方面必须服从或者从属于群体的利益；因此，家庭联合体所要求的各种权利转移给了一个更为宽泛的联合体，即村庄联合体"②。至此，以公地制度为基础的村庄共同体已经在英国的乡村中逐渐形成了。"从11世纪开始直到14世纪村庄逐渐从只具有'相邻关系'性质的联合体和领主庄园的联合体，过渡到具有了经济、政治和法律职能的行政管理机制的村庄。"③

第五节　庄园的出现及其发展

在中世纪的英国，除了村庄共同体之外，还有一个体现领主权利的基层组织——庄园。在诺曼征服之后，英格兰的乡村就逐渐地庄园化了。庄园一般被界定为领主的地产，它的经济学含义可能更大一些，其土地被分为领主的自营地和农奴的份地。

关于英国庄园最早出现的时间，学者之间存在着一定的分歧。西博姆通过对1279年的百户区卷档和12—13世纪的庄园档案研究后指出，就其所研究的温斯劳庄园法庭档案中所体现的制度，盛行于自诺曼征服到黑死病期间英格兰的低地地区。进而，他又研究了1066年之前的史料，发现早在罗马统治时期，英格兰就已经存在庄园制了。④ 维诺格拉道夫对此就提出了异议，他从英格兰地区的农民的农奴化问题入手指出，英格兰多数农民的农奴化发生在12世纪下半叶，而13世纪以不自由佃农在自营地履行劳役地租为核心的庄园组织也并不久远。⑤ 由于维诺格拉道夫所使用的史料十分广泛，

① Robert Hoyt, "Farm of the Manor and Community of the Vill in Domesday Book," *Speculum*, Vol. 30, No. 2 (Apr., 1955), p. 168.

② ［德］巴德尔：《村庄联合体及村庄居民》，转引自王亚平：《西欧法律的社会根源》，人民出版社2009年版，第53、54—60页。

③ 王亚平：《西欧法律演变的社会根源》，人民出版社2009年版，第217—218页。

④ F. Seebohm, *The English Village Community*, London：Macmillan, 1883, pp. 21-31.

⑤ P. Vinogradoff, *Villeinage in England*, London：Oxford University Press, 1892, p. 218-220、397、409.

其结论基本可信。因为即使到了 11 世纪左右，斯堪的纳维亚半岛、亚平宁半岛、北部的日耳曼地区以及法国南部还几乎见不到庄园。可见，整个西欧庄园化的时间应该是在 12 世纪以后。"但就英格兰地区而言，最早有关庄园的记载是在 10 世纪。到了 11 世纪前后，庄园已经遍布整个西欧。"[1]

关于庄园的起源，西博姆认为，"不列颠庄园制度的产生与它在高卢和日耳曼的产生一样，都是日耳曼制度与罗马制度相互融合的结果"[2]。从目前所掌握的资料来看，不列颠地区庄园的出现应该是与英国封建制度形成紧密相关的。这一点目前已经得到了大多数学者的赞同。封建制度产生于欧洲大陆，由诺曼人带入到了英格兰。这种封君与封臣的关系主要表现为：封君把土地授予封臣，作为回报，封臣向封君服军役；封君和封臣之间形成了一种原始的契约关系，即封君要向封臣提供保护及土地，而封臣要向封君宣誓效忠及服军役。这块被授予的土地被称为采邑。具体到农民与领主之间的关系上就是庄园制。从具体内容来看，庄园制与封君封臣制十分相似的：在庄园体制下，农民是为领主服役的，作为回报，领主把土地授予农民；而且随着社会的发展，无论是农民所服的劳役，还是领主所服兵役，都可以用金钱来代替。更为重要的是，诺曼征服后，庄园制度在英国确实获得了快速发展，像英格兰的北部以及威尔士地区都已经开始出现庄园。

一般情况下，一个庄园就是一处由领主自营地和农民份地所组成的封建地产。如果一个村庄的所有居民都是同一领主的佃农，那么村庄和庄园就是重合的，他们将有同一个名字，例如海尔斯欧文（Halesowen）村庄就是如此。但更多的情况下，往往是一个村庄中包含几个庄园，也有一个庄园中包含几个村庄的。在一些地区，村庄和庄园的界限往往比较模糊，很难加以区分，但是"无论一个乡下人怎样依赖他的领主，他都必须处于自己身为其组成部分的村社的权力之下"[3]。对于中世纪英国庄园的研究，

第一章　乡村基层组织的形成

---

[1] R. H. Hilton, *The Transition From Feudalism to Capitalism*, London：Verse, 1984, pp. 15–16.

[2] F. Seebohm, *The English Village Community*：*Examined in Its Relations to the Manorial and Tribal Systems and to the Common or Open Field System of Husbandry*, London：Longmans, Greeen, & Co., 1890, p. 422.

[3] ［英］波斯坦等主编：《剑桥欧洲经济史》第 1 卷，郎丽华等译，经济科学出版社 2002 年版，第 243 页。

我们需要注意的是庄园与村庄是既有联系又有区别的两个实体。① 二者的关系主要体现在以下两个方面：

第一，庄园与村庄地理位置上的区别与联系。由于"庄园和村庄是两种完全不同的东西"②，因此，它们的功能也是不同的。梅特兰认为，庄园主要包括四种功能：1. 同村庄一起成为公法、治安和税收的单位；2. 农业制度单位；3. 财产管理单位；4. 司法单位。③ 就庄园与村庄的关系而言，梅特兰认为在一个典型的庄园中，地理上庄园与村庄是相一致的。贝斯按照土地的分布情况，把庄园与村庄的关系分为四类：第一类是村庄与庄园一致，庄园土地完全在一个村子中；第二类是一个庄园的土地全部在一个村庄中，但在那里也有属于其他庄园的土地；第三类一个庄园的土地分布在相邻近的两三个村庄中，那里同样也有其他庄园的土地；第四类是庄园土地散布在许多村庄中，而每个村庄中只有很少一点。他认为第二、三类庄园是经常遇到的。④ 但根据克拉潘的考证，一般情况下，一个村庄要包括几个庄园，也有一个庄园包括几个村庄的，但只有少数情况下，庄园和村庄是一致的或重合的。他指出，在 13 世纪晚期的英格兰中部，庄园等于村庄的情况是占少数的，以后也是如此。在剑桥郡只有不足 1/8 的村庄面积与庄园相等，在贝德福德郡只有 1/4；亨廷顿郡、白金汉郡和沃里克郡等只有 1/2，牛津郡约有 2/3，算是最高的了。⑤ 科斯敏斯基对 13 世纪时英国牛津、剑桥等郡的 784 个农村进行了仔细研究，发现其中 351 个村庄是与庄园相一致的，而其余的 433 个村庄则和庄园不一致；而巴尔格对比了土地调查书（DB）和百户区卷档（RH）两个时期，393 个农村与庄园关系的情况如下：

① H. Bennett, "Life on the English Manor a Study of Peasant Conditions 1150-1400", in *Cambridge Studies in MedievalLife and Thought*, G. Coulton (ed.), Cambridge：Cambridge University Press, 1948, pp. 43-44.

② F. W. Maitland, *Domesday Book and Beyond Three Essays in the Early History of England*, Cambridge：Cambridge University Press, 1897, p. 164.

③ F. Pollock & F. W. Maitland, *The History of English Law before the Time of Edward I*, Cambridge：Cambridge University Press, 1968, p. 597.

④ Slicher Van Bath, *The Agrarian History of Western Europe*：A. D. 500—1850, London：Edward Arnold, 1963, p. 46.

⑤ [英] 克拉潘：《简明不列颠经济史》，范定九等译，上海译文出版社 1980 年版，第 127 页。

	和庄园 相一致者	包括 2—3 个庄园者	包括 4—5 个庄园者	包括 7—8 个庄园者	包括 8 个 以上庄园者
DB	221—56.7	118—30.2	41—10.0	11—2.7	1—0.2
RH	138—31.9	180—41.5	68—15.7	34—7.8	10—2.3

（前面的数字是村庄数，后面的是所占百分比）

从上表可以看出村庄与庄园相一致的情况在 11 世纪时为最高，占所统计数据的 56.7%，而到 13 世纪则下降为 31.9%。[1] 最主要的原因是由于庄园是领主以村庄为基础建立的，在建立之初村庄与庄园相一致的情况可能比较多见，但随着土地市场的形成，土地的买卖、转让、分割继承导致，村庄与庄园相一致的情况越来越少了。正如布洛赫所指出的那样，"在 12 世纪的法国，除了在最近开发的边缘荒地上，几乎没有什么村子和庄园相一致的情况。"[2] 由此可见，村庄在乡村基层组织中的重要地位；同时，在进行乡村基层组织研究时应注意村庄与庄园之间的区别与联系，不能"管中窥豹，只见一斑"。

第二，管理机构与人员的区别与联系。就管理机构而言，当庄园与村庄重叠时，庄园法庭就取代了村民大会，成为村庄与庄园的最高权力机构。此时的庄园法庭既是庄园的司法机构，同时也是村庄的村民大会，在那里他们既要履行对领主的劳役，同时还要参与审理有关村民之间的纠纷。正如梅因所说，"此时维系庄园的主要纽带不是公共需求而是庄园法庭。"[3] 就管理人员而言，庄园的执事人员与村庄的村官也是难以区分的，因为村官所做的很多事情是与庄园密不可分的。但有一点我们可以明确，那就是庄园的执事人员是有一定报酬的：一般是由领主豁免其全部或一部分的农奴负担，有的领主则拨一些土地和实物贴补他们。[4] 而村官一般没有什么实质性的报酬。具体到一个庄园的管理时，"领主借助不同层次的庄官对庄园进行管理。位居庄官之首的是大总管（Steward），多是有一定身份的自由人，报酬丰厚。再有就是出纳长（Receiver-general）和司官（Chamberlain），分别掌管财政收

---

[1]　马克垚：《西欧封建经济形态研究》，人民出版社 2001 年版，第 157 页。

[2]　马克垚：《西欧封建经济形态研究》，人民出版社 2001 年版，第 157 页。

[3]　Henry Maine, *Village Communities in the East and West*, London：John Murray, 1871, pp. 110-164.

[4]　Jerome Blum, "The Internal Structure and Polit of the European Village Community from the Fifteenth to the Nineteenth Century", *The Jouranl of Modern History*, Vol. 43, No. 4（December 1971）, p. 562.

第一章

乡村基层组织的形成

支和文书。……大总管是领主派来的外来人，对某个具体庄园并不熟悉，实际管理庄园事务且与农民日常生活接触最多的是庄头（Reeve）。庄头是本乡人，一般由办事练达又较殷实的农奴佃户担任。担任过庄头，曾是农奴身份的标志之一。庄头的主要工作是管理领主自营地的生产和经营，事无巨细，颇为繁杂。如负责支配农奴的劳役，照料牲畜放牧，雇工的使用及报酬，出售多余农产品，购买必要用品用具，管理房屋和农具的修缮等。每年秋收后，庄头还要向大总管申报账目，进行结算。庄头下面还有几个执事人员协助其工作，如牧羊人、林务员、巡夜者（watchman）、水塘看管人、验酒师、差役和税收员等，大多也是在庄园法庭上推举产生。"① 这些庄官的职责理论上是明确的，但是到了实际生活中，会出现一个人承担几个职务，或者是同时在村庄共同体中承担着村官的角色，二者很难完全地区分开来。

综上可知，在中世纪的乡村基层组织中，村庄与庄园是紧密结合在一起的，我们不能离开庄园而孤立地去谈村庄；同样，我们更不能只注意庄园，进而忽视村庄在乡村中的基础作用。正如霍曼斯所说，"村庄共同体与庄园体制之间并不存在着断裂的关系。实际上，庄园的管理以及土地的经营都在很大程度上依赖于村庄共同体的成员"②。

第六节　堂区与堂区共同体的形成

宗教活动是中世纪乡村生活的重要组成部分，正如贝内特所指出的那样："对于中世纪的农民而言，教会比我们习惯上理解的要重要得多……教堂本身，通常位于村庄的中央，象征着教会在中世纪生活中的地位。人一生中的大事——受洗、婚配、葬礼——都在这个神圣的建筑物中举行……由于中世纪的崇拜主要是集体崇拜，乡村教堂就显得特别重要了。当村民渴望表达宗教灵感时，他们自然会到祭坛、忏悔室、神龛这些地方来。无论家庭虔诚担当着什么角色（这方面我们没有一点证据），但每当他们需要接受训导、寻求慰藉、获得希望时，总是求助于

---

① 侯建新：《社会转型时期的西欧与中国》，高等教育出版社 2005 年版，第 193 页。

② George Homans，"The Rural Sociology of Medieval England,"*Past and Present*，No. 4（November 1953），pp. 40-41.

教堂和本堂神父。"① 戴维·莱宾也指出："教会是中世纪社会中最为重要的，也是最有影响力的机构。它渗透到整个社会的肌体之中，包括人们的日常生活及文化。与它的宗教职能一样，教会还承担着重要的社会职能，通过布道和宗教法庭，规范着人们的行为标准。同时，教会的重要性还体现在它所拥有的财富之上：它占有整个英格兰地区 25%的土地。"②

在中世纪的乡村社会，人们的宗教活动主要是由堂区（parish）来负责的。③ 它与村庄、庄园一起构成了中世纪乡村社会的重要基层组织。与庄园一样，堂区与村庄之间的联系也十分紧密。例如，"教堂的塔楼成为了村庄的标志，而且牧师作为村庄中唯一能够读写拉丁文的人，成为了乡村生活中重要的一员。"④ 因此，对英国乡村基层组织的研究，也必须对堂区加以了解。

目前学术界对中世纪堂区的研究尚不多见，国外学者研究中最著名的就是庞兹的《英国堂区史》。他通过对堂区的起源、堂区的经济、共同体组织以及教会法庭等内容的详尽描述后指出："堂区就是一个反映当时社会生活的镜子，从而把堂区看作是一个与世俗生活紧密相关的乡村基层组织架构。"⑤ 而弗莱彻的《堂区中的人们》则认为："中世纪英国的堂区是一个充满着诸多活力的、极具现代色彩的共同体组织，在这共同体中，广大民众积极参与堂区事务，而不是消极地面对。"⑥ 库尔顿则认为："农奴制长期以来一直都是与基督教特别是修道院地产紧密地联系在一起，并且教会法在很大程度上阻碍了农奴的解放。"⑦ 贝内特继承了库尔顿的思想同样认为："教

---

① ［英］亨利·斯坦利·贝内特：《英国庄园生活：1150—1400 年农民生活状况研究》，龙秀清、孙立田、赵文君译，侯建新校，上海人民出版社 2005 年版，第 20 页。

② David Lepine, "England: Church and Clergy", in *A Companion to Britain in the Later Middle Ages*, S. H. Rigby (ed.), Oxford: Blackwell publishers Ltd., 2002, p. 445.

③ Parish 一词，很多学者把它翻译成"教区"，实际上这是有一定问题的。因为从整个英国来看，整个英格兰就是一个大教区，而每个郡又是一个教区。如果把 parish 翻译成教区的话，容易让人产生误解，从而也混淆了彼此之间的从属关系。笔者认为，将"parish"翻译成堂区更为合适。

④ John Godfrey, *The English Parish*, 600-1300, London: S. P. C. K. for the Church Historical Society, 1969, p. 83. J. R. H. Moorman, *Church Life in England in the Thirteenth Century*, Cambridge: Cambridge University Press, 1945, pp. 2-9.

⑤ N. J. G. Pounds, *A History of the English Parish*, Cambridge: Cambridge University Press, 2000.

⑥ Katherine L. French, *The People of the Parish*: *Community Life in a Late Medieval English Diocese* (The Middle Ages Series.), Philadelphia: University of Pennsylvania Press, 2001. p. 3.

⑦ G. Coulton, *The Medieval Village*, *Cambridge Studies in Medieval Life and Thought*, vol. 1 Cambridge: Cambridge University Press, 1926, pp. 162-168.

会这个消极的实体对它的堂区居民有着重要影响。"①

　　国内一些学者对堂区史的研究主要是关注堂区的救济、慈善等方面，对堂区的世俗职能则论及较少。而真正把堂区与乡村基层组织联系起来加以研究是从 20 世纪 80 年代开始的。其中徐浩的《中世纪英国农村的行政、司法及教区体制与农民的关系》一文，通过对中世纪英国教区的设立、教区的教化功能以及教区执事人员的具体职责等方面的论述，指出村庄、庄园以及教区对中世纪农民的相对松散的束缚。② 而陈日华则把中世纪英国的堂区纳入到了国家行政体系之下认为："中世纪后期，教区是英国最基层的行政单元，在济贫、道路的修建与维护、教堂的管理以及民众日常生活方面，教区扮演着重要的角色。在教区中，社会活动的主体是教区居民，他们监督教区官员的行为，教区的生活体现着自治性与参与性，培养了地方民众早期的民主意识。"③ 而姜德福从社会转型时期堂区的教士入手，对教士所从事的职责以及多重身份进行了解读，认为"在近代社会转型时期，英国教区教士在郡和教区等地方社会中的角色是复合式的，他们既是牧养教民的牧师，同时还是教区管理者、医生、行善者、道德捍卫者和乡绅地主。"④ 从中也可以反应出堂区在社会转型时期所起到的重要作用。庞媛媛的《英国教区文化模式溯源及演变》从文化的角度阐释了英国教区发展沿革的历史，认为中世纪的教区由于信仰等因素结成了共同体，并指出："教区在历史转型期经历了平稳变革，在国家统治政策的影响下成为基层地方政府，教区的世俗职能得到了国家的承认。"⑤ 从整体来看，国内外学者通过对堂区史的研究认为，堂区与村庄和庄园一样，是英国乡村社会的重要基层组织。它最初的主要职能是教化功能，同时还从事一定的慈善事业，到了近代早期则取代了村庄共同体，成为了英国的地方行政组织机构。因此，对英国乡村基层组织的研究也必须对堂区进行深入的探讨。

──────────

① H. Bennett, "Life on the English Manor a Study of Peasant Conditions 1150－1400", in *Cambridge Studies in MedievalLife and Thought*, G. Coulton（ed.），Cambridge：Cambridge University Press，1948，p. 30.

② 徐浩：《中世纪英国农村的行政、司法及教区体制与农民的关系》，《历史研究》1986 年第 1 期。

③ 陈日华：《中古英格兰的教区行政》，《世界历史》2007 年第 1 期。

④ 姜德福、朱君杙：《多重身份、多种职责的"牧羊人"——论近代转型时期英国教区教士的多重社会角色》，《历史教学》2012 年第 18 期。

⑤ 庞媛媛：《英国教区文化模式溯源及演变》，《重庆社会科学》2007 年第 9 期。

一、堂区的形成

大约在 7 世纪前后，英国就接受了基督教并逐渐地接纳了教阶制度。同时，基督教会在整个英格兰地区建立起了各级教会组织。整个英格兰地区分为两个大教省即坎特伯雷和约克（The two provinces of Canterbury and York），后者是于 1353 年建立的。教省下面则是 17 个主教区（Diocese），到 1100 年前后，17 个主教区已经建立了 15 个，最后两个主教区艾力主教区和卡里塞尔主教区分别于 1108 和 1133 年建立，主教区的负责人是主教。在主教区内，这些主教拥有和其他世俗领主一样的特权，具有独立的行政、司法、财务和教化等权利；同时，主教还要负责主持教会法庭，处理与宗教有关的一些事务。但随着教会的逐渐世俗化，他们开始插手世俗事务，其具体职能也逐渐地发生了变化。教区大会是整个教区最高的权利机构，一般是由本区的全体教士参加，有时一些世俗人员也被邀请参与，每年召开 2 次左右。在会议进行过程中，主教要负责调查每个教士的授职许可证或者是享受某些特权的许可证，如不能出示，则勒令取消其特权。有时，主教还向世俗人员询问一些具体事宜，如牧师或者神甫是否按时发放救济物品，是否真正履行了他们的教化职责，等等。

在主教区下面，是与人们日常生活紧密相关的、也是最为基层的教会组织——堂区。根据斯旺森的统计，在中世纪的英格兰大约有 8800 多个堂区。[①]"到了 10 世纪前后，以庄园地产为基础的大大小小的堂区开始形成，它们基本上都是以领主所建造的教堂为中心而形成的。"[②] 无论是处理日常的宗教事务，还是对穷人发放救济都是通过堂区来实现的。中世纪的堂区一般都是以教堂为中心，它的日常活动也都是在教堂中完成的，因此，《牛津法律大词典》上把堂区界定为"一个设有教堂并由一个牧师主持的地区。是基督教主管教区的下属单位"[③]。从这些界定来看，一个堂区主要由两个主要因素构成：一是教堂；二是管理教堂的人。

首先，乡村教堂的形成。中世纪乡村教堂的形成主要有两种方式：一种

---

① R. N. Swanson, *Church and Society in Late Medieval England*, Oxford：Blackwell, 1993, p. 4.

② David Lepine, "England：Church and Clergy", in *A Companion to Britain in the Later Middle Ages*, S. H. Rigby（ed.）, Oxford：Blackwell Publishers Ltd. 1969, p. 446.

③ ［英］戴维·M. 沃克：《牛津法律大辞典》，李双元等译，法律出版社 2003 年版，第 834 页。

是以城市中的大教堂或者从属教堂为蓝本建造的，一般是由教会来出资修建的；另一种是私人的或者是所有人教堂。在北欧地区，这种私人教堂分布得比较广泛。到了9世纪前后，在英格兰，这样的私人教堂也获得了一定的发展，并且还得到了盎格鲁－撒克逊人以及丹麦国王的认可；同时，私人教堂还取得了执行洗礼和葬礼等圣事的权利。这种私人形式的乡村教堂，一般都是由领主出资、农民出力来共同修建的，其目的是为领地上的基督徒从事宗教活动提供便利。这种教堂一般属于私人财产，它可以被出售或者按照所有人的意愿进行捐赠；教堂的牧师最初也是由领主任命并且支付一定的薪水。领主之所以愿意出资修建教堂主要是为了征收什一税，而对于农民来说，本地教堂的修建可以满足他们的精神生活。"照中世纪的习惯法规定，教堂的建筑和内部装饰是由教民共同承担，而堂区长则负责维修圣坛。"[1] 教堂一般都修建在村庄中央比较醒目的位置，高大而威严。无论是在田间耕作，还是立足于草场放牧，都能让人随时感受到上帝的召唤。由于教堂一般是建立在领主的领地之上的，堂区长一般都是由领主的亲信或者亲属来担任的。"我们有大量的证据表明，堂区一般都是建立在领主的领地上的，因为这些堂区教堂都是由领主或乡绅投资修建的。"[2]

其次，教堂管理者的出现。尽管大多数乡村的教堂是由领主修建而成的，但他们一般都不住在堂区之内，因此，实际上对堂区进行直接管理的是堂区长或者牧师。这些人大多数出身乡村中较为富裕的农民家庭，或者是当时较有名望的乡绅；除堂区长外，有些乡村教堂还有名神甫。他们多出身贫寒，为生活所迫，因此投身教堂，主要从事一些辅助性的工作，更多的是靠教堂中微薄的收入来过活。尽管教会规定，神甫除了进行耕作之外，不得染指其他世俗事务。但为了谋生，很多神甫都被迫从事一些买卖，例如，林肯郡瑟弗利特的堂区神甫就经常以买卖大麻、谷物和牲畜为生。[3] 正如本内特所描述的那样："为维持生计，绝大多数乡村教士都要与农奴争夺地里的收成。他首先是一个教士，但同时也是农民；或者就像一个早期的祭司特鲁里

---

① G. C. Homans, *English Villagers of The Thirteenth Century*, Cambridge, Mass：Harvard University Press，1941, pp. 385-386.

② M. Gelling, *The Old English Charter Boundaries of Berkshire*, In the Place-Names of Berkshire, Cambridge：Cambridge University Press, 1973, pp. 615-634.

③ J. R. Lander, *Government and Community*, England, 1450-1509, Cambridge, Mass：Harvard University Press, 1980, p. 128.

博那样，甚至主要是一个农民。他的牲畜与教民的牲畜一同在公地里放牧。他在邻近的集市上与乡民们讨价还价，以期做成一笔好买卖或有利可图的交易。"① 当一个村庄中有了教堂，也有了教堂的具体管理者，那么这个村庄也就具有了双重的身份——村庄和堂区；居民也具有了双重身份，既是村庄的村民也是堂区的教民。

二、堂区的职能

作为英国乡村基层的教会组织，堂区一般是由一个牧师、一个教堂以及本地全体教民来组成的。从地理区域来看，在英格兰，南部地区的堂区一般是与村庄相重叠的，而北部的堂区一般都比较小，通常一个村庄都包含几个堂区。例如，"在诺福克郡的里弗姆（Reepham），这个村庄囊括了三个堂区，而且这三个堂区共用同一个教堂墓地。"② 堂区具有征收什一税、教化村民以及开展慈善救济等职能。英国的堂区最初并没有获得管辖权，直到13世纪前后，才逐渐获得了相应的管辖权。此时，对农民的教化功能逐渐地转移到了教堂之中。在社会转型之前，作为乡村基层组织的堂区，其主要职责是负责村民的精神领域，即主要负责教化的职能。人们的生老病死都要在教堂中进行。在中世纪孩子出生后要立刻接受洗礼。"一般是由教母或者接生婆送到教堂进行洗礼仪式。而婴儿的母亲则不能参加，她们还要接受净化仪式。在她们接受了安产感谢礼的数周之后才能真正地接走孩子。准备洗礼的仪式也和结婚一样，在教堂的大门口来执行。牧师要对婴儿进行祝福，抹一点盐在孩子的嘴上，象征着孩子聪明睿智，也有驱逐恶魔的含义。还要给婴儿读一段圣经并给孩子取名，同时还要给教父母颁发一个证书。进而双方走入教堂，把孩子放入到圣水器之中。教母负责擦干孩子并为他穿上象征洗礼仪式的衣服，牧师再为孩子涂上圣油。之后，教父母再向婴儿进行宣誓之类的。整个洗礼仪式就全部结束了。随后，参加洗礼的所有人都要到孩子的家中参加宴会并馈赠礼物。"③ 由此可见，堂区的教堂在乡村生活中所起

---

① ［英］亨利·斯坦利·贝内特：《英国庄园生活：1150—1400 年农民生活状况研究》，龙秀清、孙立田、赵文君译，侯建新校，上海人民出版社 2005 年版，第 22 页。

② N. J. G. Pounds, A *History of the English Parish*, Cambridge：Cambridge University Press, 2000, p. 70.

③ Hanawalt, *The Ties That Bound：Peasant Families in Medieval England*, New York：Oxford University Press, 1986, pp. 172–173.

到的重要作用。

通过洗礼以及其他的慈善事业，堂区成为了沟通地方事务的桥梁和纽带。随着社会的发展，堂区作为教化的作用慢慢淡化。从 12 世纪中叶开始到黑死病之前，教会的慈善功能获得了较快发展。到了 1540 年时，整个英格兰地区约有 2000—3000 个慈善救助站。除此之外，还有无数个临时性的救助点。到了宗教改革以后，堂区的世俗职能越来越强，逐渐地演变成地方行政基层组织，成为了英国政治结构中的基本单位。

三、堂区共同体形成

12 世纪至 13 世纪早期，堂区作为基督教会的基层单位已经遍布整个英格兰地区，并且每个堂区都拥有自己的教堂。在长期发展的过程中，堂区的民众逐渐形成了共同体的意识，这种共同体意识形成的最为明显的标志就是其边界意识的增强。中世纪堂区划分的主要依据就是所辖区域的人口和土地。在堂区发展的过程中，人口较多的堂区会发生分裂，而那些人口较少或者较为贫困的堂区因无法履行其职能而被合并。因此，在大多数情况下，土地越是肥沃的地区，其堂区所辖范围反而越小，人口相对较为集中；而那些林地或者草场地区，堂区的面积反而比较大，但人口相对较为分散。堂区土地主要来源于两个方面：一是在盎格鲁-撒克逊时期，教会的土地一般都是由国王来授予的，并被记录在特许状和土地调查簿之中，这些被封赐的土地主要是用来供养教堂和教职人员；二是与农业大垦殖有关。10—13 世纪，整个西欧都开始了开垦荒地的运动。在这场运动中，教会、修道院身先士卒，最早进行了荒地的开垦。"英国土地的发展史实际上就是一部开垦林地、沼泽和荒地的历史。"① 伴随着农业垦殖的开展，一些林地和草地也被开垦成了耕地，在那里逐渐发展成了"新垦区"。随着新垦区人口的不断增加，在这些新垦区农民也建立了自己的教堂，新垦区也逐渐地演变成了新的堂区。随着大量堂区的出现，堂区之间边界的划分也成为亟待解决的问题。由于征收什一税，相邻堂区之间经常由于边界的划分而发生争执。因此，堂区边界的重要性不亚于现代国家的边境线。例如，"在圣卡斯伯

① H. C. Darby, The Clearing of the English Woodland, *Geography*, Vol. 36, No. 2 (May 1951), pp. 71-83.

特堂区，堂区共同体中的年长者必须要带领大家去巡视堂区的边界，因为只有他们才能准确地记得堂区错综复杂的边界。"[1] 在 1721 年，肯特郡的登布里奇堂区支付给一位年长者 2 先令，为的是让他为"我们指出堂区的具体边界。"[2]

首先，通过堂区巡查使得堂区边界明晰化。对堂区的巡查是一个很重要的工作，通过定期的巡查不仅可以强化边界意识，而且可以确保堂区内的社会秩序、对教民的财产进行评估，从而确定征收什一税的标准。因此，堂区对巡查工作极度重视，并对巡查进行了严格的规范，如在通过田地时不得损害农民的庄稼等。由于堂区巡查是一件烦琐而又耗时的工作，因此，每个堂区都要为巡查人员提供饮食。在一些大的堂区，这种对堂区边界的巡查工作往往需要花费一段时间。例如，1758 年，在肯特郡的登布里奇，堂区巡查共持续了三天，饮食共花费 1 英镑 6 便士。[3] 巡查人员所需的饮食最初是由沿途的土地持有者自愿提供的，后来，巡查所需的饮食则是从堂区的财政中开支的。例如，在诺福克郡的泰利堂区，1477 年时为堂区巡查支付了 5 便士；而堂区执事的帐簿中还显示，在接下来的堂区巡查中，他们为了提供面包和饮品又花费了 2 先令。[4] 1604 年，牛津郡南部的纽因顿堂区，为堂区巡查提供蛋糕和酒共花费 18 便士。[5] 1611 年，在德比郡的雷普顿堂区，为堂区巡查支付了 2 先令。[6] 由堂区财政支付巡查费用变成了一种强制性的规定。在苏塞克斯郡的塞尔西堂区，在堂区法庭召开之前，有一个堂区执事由于没有为堂区巡查人员提供任何的食物而被指控。[7] 堂区不仅要提供饮食，

① James Coleman, *Beating the Bounds*: *Out parish of St Cuthbert*, *Wells*, Gloucester: British Pub. Co., 1945, pp. 268-71, 297-8.

② Granville Leveson-Gower (ed.), *Churchwardens' Accounts*, Edenbridge: Arch Cant, 21, 1895, pp. 118-25.

③ Hilda Johnstone (ed.), *Churchwardens' Presentments*, *17th Century*: *Archdeaconry of Chichester Sussex Record Society Churchwardens' Presentments*, Vol. 49, Lewes: Sussex Record Society, 1947-8, p. 3.

④ A. D. Stallard and T. A. Saints, *The Transcript of the Churchwardens' Accounts of the Parish of Tilney All Saints*, *Norfolk*: 1443-1589, London: Mitchell Hughes & Clarke, 1922, p. 48, 238.

⑤ E. R. C. Brinkworth, *South Newington Churchwardens' Accounts*, 1553-1684, Banbury: Banbury Historical Society, 1964. p. 44

⑥ J. C. Cox, "The Registers and Churchwardens' Accounts of the Parish of Duffield", *Derbyshire Archaeological Journal*, Vol. 39 (1917), pp. 27-41.

⑦ N. J. G. Pounds, *A History of the English Parish*, Cambridge: Cambridge UniversityPress, 2000, p. 77.

有些堂区甚至还要提供住宿。例如，在剑桥郡的斯韦夫西堂区，那里就有一些房屋是专门为堂区巡查人员准备的。有时，堂区的巡查也会发生冲突，如果相邻的堂区在同一天进行边界巡查的话，这样的冲突也就不可避免了。例如，"在1503年的星室法庭就发生了这样的指控，两个堂区在边界巡查时发生了冲突，双方开始谩骂并用旗帜等相互攻击，致使一位修士被打倒在路上"①。

这种堂区巡查不仅仅是对堂区边界的勘察，更为重要的是对堂区的治安、处理内部事务等方面有着极为重要的作用。因此，很多堂区一直到16、17世纪时仍然执行着堂区巡查的惯例。例如，在16世纪晚期，诺丁汉郡的堂区中至少有6个以上的堂区执事，由于没有认真履行堂区巡查而被控告。② 在1662年，剑桥郡希斯顿堂区的执事充满热情地宣称，他将遵守惯例，每年至少要进行一次堂区巡查。③ 但是，随着社会的发展，堂区共同体之间相对闭塞的界限在被逐渐地打破，这也导致了堂区巡查工作无法开展了。例如，在1576年，埃塞克斯郡的杜顿堂区和绍森德堂区之间的分界线被人犁耕了，以至于双方的堂区巡查都无法进行了。④ 在埃塞克斯郡，堂区的巡查保留了很久，因为在18世纪的档案中我们仍然发现了这方面的资料。例如，在1762年的埃平堂区，在一次堂区巡查中发现了一个流浪汉死在了路上，巡查人员就是否应该承担其丧葬费而发生了争论。⑤ 在特灵堂区，每次堂区巡查都要被记录下来，并且他们还要定期地更换堂区边界的标记。

但是到了近代以后，这种堂区巡查已经变得毫无实际意义。因为随着民族国家的形成，堂区被逐渐纳入到国家行政管理的体系之下，成为了地方行政基层组织，成为了地方政府的代表；此外，堂区的边界此时也被固

---

① I. S. Leadam, *Select Cases Before the King's Council in the Star Chamber, Commonly Called the Court of Star Chamber: A. D. 1477-1509*, Vol. 1, London: B. Quaritch, 1903, pp. 164-8.

② R. F. B. Hodgkinson, *Extracts from the Act Books of the Archdeacon of Nottingham*, Transactions of the Thoroton Society 29, Nottingham: Thoroton Press, 1926. pp. 11-57.

③ W. M. Palmer, *Episcopal Visitation Returns for Cambridgeshire: Matthew Wren, Bishop of Ely*, 1638-1665, Cambridge: W. Heffer & Sons Ltd, 1930, p. 409.

④ N. J. G. Pounds, *A History of the English Parish*, Cambridge: Cambridge University Press, 2000, p. 79.

⑤ C. B. Sworder, "A Perambulation of Epping Parish", 1762, *Essex Review*, No. 36 (1927), pp. 135-140.,

定下来，其内部的土地也被重新划分并进行了绘图。因此，巡查工作也逐渐停止下来。

其次，堂区之间的边界之争是共同体意识形成的一种体现。"一个群体的认同是在与别的群体对抗或比较时界定的。"[1] 由于敞田制的存在，堂区之间的土地分布也十分复杂，出现了交错分布、你中有我、我中有你的情况，从而使得部分堂区之间的边界比较模糊，这也导致了堂区之间不断地发生争论。例如，"在弗莱明顿的皮高特和厄尔，两个堂区的什一税土地是如此复杂地交错在一起，以至于每个秋季他们之间都会发生摩擦"[2]。关于两个堂区共同体之间所发生的纠纷贯穿了整个中世纪，并一直持续到了19世纪。例如，"亨利三世时期，他曾授权给兰德法主教某块林地的征税权，但是这项决定却遭到了海利福德主教的反对，因为匹克诺（Bicknor）堂区在此地也拥有一片林地，这损害了他们的利益"[3]；"12世纪后期，诺福克郡的斯科顿和斯旺顿两个堂区的居民由于边界上的一块土地发生了纷争，后来这块土地被教会法庭判给了斯科顿堂区，但斯旺顿堂区的居民每年可以从对方堂区获得4先令的补偿金"[4]。1412年，林肯郡的两个堂区（塔特夏尔和科拜）之间就彼此的边界问题发生了纠纷，林肯郡的大主教依据陪审团的意见进行了判罚。科拜的堂区为他们过去的错误行为向塔特夏尔堂区支付了100马克的巨额赔偿金。[5] 在1415年的亨廷顿郡，圣詹姆斯小修道院与它的近邻圣彼得堂区，就圣安德鲁教堂的归属问题发生了纠纷。堂区会议作出了有利于修道院的判决，并重新划定了他们之间的边界；同时，要求圣彼得堂区赔偿圣安德鲁教堂在过去一段时间内所支付的什一税。[6] 北安普顿郡的布泽特堂区和圣詹姆斯堂区之间、阿斯顿堂区与利维顿堂区之间也发生了摩擦，一些本地的居民被选为陪审员并组成陪审团来

① ［英］彼得·伯克：《历史学与社会理论》，姚鹏等译，上海人民出版社2010年版，第70页。

② E. D. Stone & B. CozensHardy（eds.），*Norwich Consistory Court Depositions* 1499–1522 *and* 1518–1530，London：Fackenham & Reading，1938，p. 57.

③ Norma Adams，"The Judicial Conflict over Tithes"，*The English Historical Review*，Vol. 52，No. 205（January 1937），pp. 1–22.

④ F. W. Maitland，*Domesday Book and Beyond*，Cambridge：Cambridge University Press，1897，p. 367.

⑤ N. J. G. Pounds，*A History of the English Parish*，Cambridge：Cambridge University Press，2000，p. 73.

⑥ Ibid.，74.

解决这些问题。①

当然，堂区之间边界的纠纷除了由土地的交错分布所致之外，还由于在某些地区，一个村庄会拥有2个以上的堂区。在这种情况下，居民可以随意选择一个距离自己最近的堂区去上交什一税，而不用去考虑是否自己所在的堂区。但是，如果某个堂区接纳了另一个堂区的税收，那么它要向对方支付一定的补偿金。这种情况，在东英格兰地区十分常见，因为在那里，大多数村庄中都拥有两个以上的堂区。例如，阿尔杜伯里堂区在邻近的特雷堂区拥有一块土地，经过双方的协商并达成了一致：由特雷堂区向这块土地征收什一税，作为补偿，特雷堂区向前者支付60先令。②

总之，到了13世纪前后，英国的堂区共同体已经逐步确立，各个堂区之间的边界也逐渐固定下来。"在英格兰，每年春天，所有堂区都有一个被称为'恐怖之日'的活动。即在这一天堂区中的所有人都要在堂区的边界上排成长队。村里的小孩或者在边界的河水中被按入水中，或者用头来撞击边界上的树木和岩石，其目的就是为了让这些孩子从小就记住自己堂区的边界。"③ 但如果想准确地确定中世纪堂区的数量恐怕比较困难。因为总是有新堂区从旧的堂区中分离出来，从而形成了彼此相邻的堂区共同体。这些分离出来的堂区一般都是处于从属地位的，但也有一些堂区拥有相对独立的地位，比如英格兰北部的堂区，他们都取得了和母堂区一样的地位。但是一些私人的小教堂，在征收什一税时都比较复杂，因为从财产上来看，它们是属于世俗领主的私人财产，因此，他们是单独征税的。"在中世纪晚期的英国，大约有8500个堂区，平均每个堂区的大小约为1535公顷。"④ 英国最大的堂区位于北部地区，最著名的就是兰开夏郡，那里有个沃利堂区，它至少有43058公顷。而大多数东南部的堂区，一般都有202.3公顷。随着堂区共同体的形成，主教对堂区的管理也更为细化。例如，"在塔克灵顿（Tockerington）荒地，格雷主教每次都是按照农民在荒地上放牧羊群的时间

① N. J. G. Pounds, *A History of the English Parish*, Cambridge：Cambridge University Press, 2000, p. 74.

② Ibid., p. 84.

③ W. G. Hoskins, *The Midland Peasant：The Economic and Social History of a Leicestershire Village*, London：Macmillan, 1957, p. 79.

④ N. J. G. Pounds, *A History of the English Parish*, Cambridge：Cambridge University Press, 2000, p. 84.

长短来征收什一税的。"[1] 16 世纪以后，为了加强对堂区的管理，亨利八世的大臣托马斯·克林威尔就曾下令要求每个堂区都要登记教民的洗礼、婚姻以及丧葬等，以便政府对其管理。[2] 这项命令在 16 世纪晚期又被提出，并且要求教堂和堂区法庭强制实施。并且从 1660 年以后，堂区登记制度一直延续下来。与此同时，堂区的教化职能也日趋明确。这些大大小小的堂区不仅要负责农民的宗教活动，同时还要负责乡村社会的慈善事业。"到了 13 世纪，大多数村庄都与它们的堂区相比邻，从而也就形成了与世俗共同体一样的宗教共同体。"[3]

本章主要梳理了村庄、庄园以及堂区这三类中世纪英国乡村社会的乡村基层组织。从空间范围来看，三者之间既有相互重叠之处，也有各自独立的管理范畴。从产生的时间上来看，尽管也有学者提出村庄与庄园的发展是同步的观点。[4] 但从实际情况来看，无疑，村庄是先于庄园和堂区而产生的。正如维诺格拉道夫所指出的那样："村庄这种地域组织比封建制度远为古老，而且在封建制度下仍然充满着活力。"[5] 从具体职能来看，尽管三者之间是相互独立的，但无论是庄园还是堂区，在其发挥作用的过程中都是以村庄为基础的。无论是庄园管理，还是堂区共同体的形成，其背后都体现着共同体的存在。正是这种共同体精神的存在，才使得无论是作为庄民、还是教民的农民，能够抵挡住领主的过度盘剥。正如布伦纳所指出的："东欧农奴制得以加强而西欧的农奴制最终走向了解体，其根本原因就在于，西欧拥有强大的共同体，这些共同体高度自治，他们可以自行选举村官、管理农业生产、抵抗领主的过度盘剥；而东欧的乡村共同体人口较少、规模较小，又基

第一章　乡村基层组织的形成

---

[1] Mary Chalenor, *Walter Gray*, *A Ballad and Other Poems*, Whitefish MT: Kessinger Pub Co, 2007, pp. 167-8.

[2] J. C. Cox, *The Parish Registers of England*, London: Methuen, 1910, pp. 1-11.

[3] Miller & Hatcher, *Medieval England: Rural Society and Economic Change*, 1086-1348, London: Longman, 1978, pp. 106-107.

[4] 例如，琼斯、阿斯顿等人认为，村庄共同体的发展与庄园的兴起是同一个过程，自由而独立的村庄共同体只是一个历史的虚构。参见：G. R. Jones, "Early Territorial Organization in England and Wales", *Geografiskar Annaler*, Vol. 43, No. 1/2 (1961), pp. 174-181; T. H. Aston, "The Origins of the Manor in England", *Transactions of the Royal Historical Society*, Vol. 8 (1958), pp. 59-83.

[5] Paul Vinogradoff, *English Society in the Eleventh Century*, Oxford: Clarendon Press, 1908, p. 475.

本上隶属于单个领主，因此，它们失去了自治的基础，完全沦为了领主剥削农民的工具。"① 由此可见，无论是村庄、庄园还是堂区，其背后所隐藏的真正力量乃是一种共同体精神。因此，对英国乡村基层组织的研究，应注重对共同体核心价值的探讨，只有这样才能真正去了解英国社会转型时期乡村社会所发生的变化。

① R. Brenner, "Agrarian Class Structure and Economic Development in Pre-Industrial Europe", in *The Brenner Debate: Agrarian Class Stucture and Economic Development in Pre-Industrial Europe*, T. H. Aston and C. H. E. Philpin (eds.), Cambridge: Cambridge University Press, 1985, pp. 40-43.

第二章

乡村基层组织的政治结构

在中世纪英国社会发展过程中，村庄、庄园和堂区是乡村社会的三大基层组织，它们几乎囊括了整个中世纪英国乡村社会的全部生活。到了 13 世纪前后，英国乡村基层组织的政治结构已经基本完善。每个组织都形成了自己的最高权力机构：村民大会、庄园法庭和堂区会议；乡村中的职员体系日益完善，有属于自己的村官、庄官以及堂区执事。随着政治结构的日益完善，英国的乡村自治也逐渐形成，从而也为英国的社会转型奠定了政治上的基础。

第一节　村民大会与庄园法庭

早期的历史学家更多的是关注中世纪农民的庄园身份，每当要考察中世纪农民与领主的关系之时，就一定把他们置于庄园的体制之下，而往往忽略了农民的村民身份。这就使得中世纪的农民"庄园因素要大于他的村庄因素"。实际上，中世纪的农民主要是生活在村庄之中，村庄对他们的影响往往要远远大于庄园。即使到了以庄园为主体的时代，村庄共同体仍然在英国的农业生产中扮演着重要的角色。正如霍伊特所指出的那样，在中世纪，"村庄依然是最为基本的乡村组织形式"①。在实行敞田制的乡村，村庄共同体通过村民大会来制定决议，规定犁耕、播种、秋收、打草以及收获的具体

---

① Robert Hoyt, "Farm of the Manor and Community of the Vill in Domesday Book," *Speculum*, Vol. 30, No. 2 (April 1955), p. 169.

时间。甚至村民应该播种什么样的庄稼，秋收后的土地应何时开放为牧场以及庄稼的捡拾等规定，也都是由村庄共同体来负责管理的。而在实行草-田制的乡村，几个小村落共同组成村民大会来商讨相关事宜，村庄共同体也同样发挥着重要的作用。除了管理农业的问题外，村庄共同体还要负责管理一些放牧的事宜。例如，规定每户在公有地上放牧耕牛的数量以及牲畜的具体放牧时间等等。有一些地方的村庄共同体或者村官还要负责保留种畜，以便村民的牲畜进行交配。例如，在瑞士的阿尔高州，每个农户每年都要轮流保留一头种牛。① 由于需要处理上述的种种问题，村庄共同体需要一个专门的公共机构来负责协调和管理，同时还要对村民和村官的行为进行监督。于是村庄共同体中最高的权力机构——村民大会就应运而生了。"村庄的村民大会利用各种方法来处理土地的分配，但无论使用什么样的方法，它们的权力机构都要对此进行监督。"②

尽管到了庄园时代，我们很难在档案中直接找到有关村民大会的资料，但是这并不代表村民大会已经完全消失了，因为此时的村民大会已经与庄园法庭相融合。"中世纪的庄园作为土地的所有和管理单位，已经与村庄的管理基本上重叠在一起了。"③ 此时的庄园法庭是庄园时代村民大会的一种变异。维诺格拉道夫就曾指出："庄园法庭是在领主和管家主持下的真正的村庄共同体的集会。"④ 欧文也认为，庄园时代"耕作制度及其社会生活是由庄园法庭所表达和实施的公共意识来控制的"⑤。到了 13 世纪，许多地方渐渐地都把庄园法庭称为"halimotum"，英文为"hallmote"。hall 指庄园的屋子；mote指会议。意为"在庄园的屋子里举行的村民会议"（moot held in the hall）。⑥

① B. H. Slicher van Bath, "Manor, Mark, and Village in the Eastern Netherlands", *Speculum*, Vol. 21, No. 1 (January 1946), p. 127.

② H. Thorpe, "The Influence of Inclosure on the Form and Pattern of Rural Settlement in Denmark", *Transactions of the Institute of British Geographers*, No. 17 (1951), p. 120; R. Herr, *The Eighteenth Century Revolution in Spain*, Princeton, N. J.: Princeton University Press, 1958, p. 103.

③ E. Miller & J. Hatcher, *Medieval England: Rural Society and Economic, Change*, 1086-1348, London: Longman, 1978, p. 20.

④ Paul Vinogradoff, *Villainage in England: Essays in English Mediaeval History*, Oxford: Oxford University Press, 1892, p. 362.

⑤ C. S. Orwin, "Observations on the Open Fields", *The Economic History Review*, Vol. 8, No. 2 (May 1938), p. 135.

⑥ Paul Vinogradoff, *Villainage in England: Essays in English Mediaeval History*, Oxford: Oxford University Press, 1892, p. 364, 367, 382.

那么庄园法庭与村民大会之间究竟存在着怎样的关系呢？我们可以从如下几种情况来加以分析。

当庄园和村庄重合之时，庄园法庭就是村民大会。而此时"村庄的管理是以庄园法庭的形式实现的"[1]。而在一个村庄包含几个庄园的地方，这些村庄往往是被几个领主共同持有的，以至于庄园法庭没有绝对的权威，村民大会则起到了非常重要的作用。在这样的村庄中，为了管理村庄经济，村庄的村民必须要制定并执行他们自己的村规（by-laws），并且要负责治安以及村庄的救济工作。通常是几个庄园的村民们一起组成村民大会，处理整个村庄的事务，每个庄园都有自己的责任与义务比例。例如，"在白金汉郡的多德福德（Dodford）村庄，按照惯例，村庄应该由村头与村内4个品行良好的人出席百户区法庭、郡法庭会议以及验尸官的调查会议。而这个村庄是由2个庄园组成，于是一个领主的庄园提供了3个人，而另一个领主的庄园则提供村头与第四个人"[2]。再如，"在埃槟顿帕沃（Abingdon parva）村庄（它也是由2个庄园组成的），过去出席巡回法庭与郡守巡视会议时，村庄应该派出村长与其他4个人。但是，这次其中一个庄园的领主少派了1个人参加，于是另一个庄园领主也少派了1个人。这样出席时候只有3个人了"[3]。在海尔利斯顿（Harlestone）村庄，这个村庄包含有6个庄园。1410年，"在6名领主、6个有身份的居民以及其他品行良好的人与整个村庄的一致同意之下"，村庄做出如下计划：扩大村庄中最小的那块田地；还需要对一块田地加强保护；一些道路要被拓宽，一些新的道路要被设计。为了扩建道路，两个领主要把一部分土地转让给村庄的居民以及村庄共同体。村民大会选举了一个9人委员会，他们的主要职责是重新安置边界，测量道路，监督农耕以及解决纠纷。而且要通过新的选举来不断延续9人委员会。这9个品行端正的人，要按照多数人投票的意见去行事。如果6年或8年之后，上述计划对村庄共同体和村民产生了不良影响，那么该计划就将被停止。在这个草案的背面，记录着连续选举9人委员会的记录，最晚的时间持续到了1505年。[4] 在莱斯特

---

[1] F. Pollock and F. W. Maitland, *The History of English Law Before the Time of Edward I*, Vol. 1, Cambridge：Cambridge University Press, 1968, p. 567.

[2] Ibid., 610-1.

[3] F. Pollock and F. W. Maitland, *The History of English Law Before the Time of Edward I*, Vol. 1, Cambridge：Cambridge University Press, 1968, p. 611.

[4] Joan Wake, "Communitas Villae, English", *Historical Review*, Vol. 37, No. 147（July 1922）, pp. 406-413.

郡的韦敏斯伍德（Wymeswold）村庄有三个庄园，大约在 1425 年，那里举行了一次村民大会，商讨如何处理公有地的问题。[①] 由此，我们可以看出，在庄园时代的英国乡村社会，当庄园与村庄重合之时，庄园法庭就成为了村民处理自己事务的重要机构，同时，庄园法庭也成为了村民制定和执行村规的重要场所；而当一个村庄包括几个庄园时，村民大会则成为了重要的权力机构，它负责整个村庄的日常事务。

此外，到了庄园时代，村民大会召开的地点也有了明确的规定，一般都是民众参加公共活动的地方。例如，"在德国，村民大会的地点一般设在村庄的大树下，或者在村庄的果木园里，因为果木园是村庄的公共财产，这里通常是村民聚集的地方，有时还要在这里举行臣服礼，自然这里也就成为村民大会的所在地，村庄里的案件审理一般也都在这里举行"[②]。"在英国，村民大会召开的地点有时会在大树下，有时会在山丘上，有时也会在房屋里进行。"[③] "在法国，村民大会一般是在教堂里举行的，通常以教堂的鼓声或者钟声召集民众，当有村民离开教堂时，就会有个大嗓门的村官提醒大家下次会议开始的时间。"[④]

至于如何召集村民来参加村民大会，可以采用的方法是很多的。在英国，"有时在教堂里通知，而有些庄园则是由警役或管家、差役到佃户的家里去通知，或者由专门承担此项义务的农民负责通知"[⑤]。"在荷兰的德文特省，那里的村民大会是通过吹公牛的号角来召集的；在德国中部的一些村庄，那里召集村民大会用一种特殊的信号：用一根刻有标记的木棍或者一块金属，一家挨一家地传递以示通知；在波兰用球来进行这样的通知，而在一些村庄还有用教堂的钟声来召集民众的。"[⑥] 但是，有时需要临时召开村民

① Miller, *The Agrarian History of England and Wales* 1350-1500, Vol. 2, Cambridge: Cambridge University Press, 1991, p. 211.

② ［德］巴德尔：《中世纪村庄中的法律形式和地产用益的阶层》，转引自王亚平：《西欧法律的社会根源》，人民出版社 2009 年版，第 220 页。

③ ［英］贝内特：《英国庄园生活：1150—1400 年农民生活状况研究》，龙秀清等译，侯建新校，上海人民出版社 2005 年版，第 176 页。

④ Jerome Blum, "The Internal Structure and Polit of the European Village Community from the Fifteenth to the Nineteenth Century", *The Jouranl of Modern History*, Vol. 43, No. 4 (December 1971), p. 553.

⑤ ［英］贝内特：《英国庄园生活：1150—1400 年农民生活状况研究》，龙秀清等译，侯建新校，上海人民出版社 2005 年版，第 174 页。

⑥ Jerome Blum, "The Internal Structure and Polit of the European Village Community from the Fifteenth to the Nineteenth Century", *The Jouranl of Modern History*, Vol. 43, No. 4 (December 1971), p. 553.

社会转型时期英国乡村基层组织研究

大会，这种情况下一般是由管家或庄头在接到领主或总管的命令后负责通知给农民；有时则是由村庄共同体雇用的人员去挨家挨户地通知。

第二节 庄园法庭的双重性

如前所述，当庄园与村庄重合时，庄园法庭就成为了村民大会。那么，此时作为村庄权力机构的庄园法庭究竟扮演着什么样的角色呢？是农民抵抗领主压迫的保护伞，还是领主剥削农民的工具？对于这个问题，国内外的学者持有不同的看法。国外的很多学者如梅特兰、希尔顿、茨维·拉奇等人比较强调庄园法庭在领主盘剥农奴中的作用。他们认为领主及其代理人在村庄事务中起到主宰作用，甚至称领主为"庄园的国王"[①]；而以拉夫提斯为首的多伦多学派则突出庄园法庭在加强村庄共同体内部团结方面所起到的积极作用。他们强调，尽管领主在其领地上拥有很大权力，但他们在村庄共同体中的影响力十分有限。村庄拥有很大的自治权，村民可以利用庄园法庭反对领主的过度盘剥。[②] 国内的学者在这一问题上也存在着较大的分歧，例如，马克垚通过对庄园进行详细研究之后提出："庄园法庭更多的是对领主权利的维护，不能因为农民是庄园案件的裁决者就把庄园法庭误认为是农民的法庭。"[③] 而其他的一些学者则认为，庄园法庭在某种程度上来说是农奴维护其公共权利的舞台。例如，赵文洪就曾指出："庄园法庭是领主的法庭，是处理领主与其非自由佃农关系（纵向关系）的机构。这是正确的。但是，还需要记住的是，它也是领主的佃农们处理他们之间的关系，主要是公地制度下的关系（横向关系）的机构——在这一意义上，是真正的村民会议，是公地共同体的象征。"[④] 笔者认为，中世纪的庄园法庭并不是非此即彼的，尽管它与村庄共同体之间表面上是一种对立关系，但通过大量的庄园档案我们发现：往往庄园比较巩固的地区，其村庄共同体也十分强大。因为领主要利用村民大会的权威来处理其庄园事务；而村民也想利用领主的庄园法庭来

① F. Pollock & F. W. Maitland, *The History of English Law before the Time of Edward I*, Vol. 1, Cambridge：Cambridge University Press，1968，p. 607.

② J. A. Raftis, "Social Structures in Five East Mid Land Villages：A Study of Possibilities in the Use of Court Roll Data", *The Economic History Review*, Vol. 18, No. 1（1965），pp. 83—100.

③ 马克垚：《西欧封建经济形态研究》，人民出版社 2001 年版，第 187—191 页。

④ 赵文洪：《庄园法庭、村规民约与中世纪欧洲"公地共同体"》，《历史研究》2007 年第 4 期。

处理其内部矛盾，加强团结。因此，"庄园法庭最为关心的事宜就是制定并执行有关村庄农业生活的规定，任命村官，批准新的成员加入共同体，在村民发生纠纷时扮演仲裁者的角色。庄园法庭既可以作为男爵法庭负责保护领主和村民彼此尊重的公共权利，也可以作为民事法庭负责执行国王的判决。"① 由此可见，在实际运行中的中世纪的庄园法庭体现着一种"双重性"。

对于庄园法庭这种"双重性"的阐释，国内学者也有过相关论述。例如，侯建新和徐浩等学者从西欧的社会结构入手，认为中古的西欧存在着村庄、庄园和教区等多元的权力结构，从而为中世纪的农民留有较大的自由空间。因此，他们认为中世纪西欧的庄园法庭具有"双重性"——它既是领主"实现其权力意志的工具"，又"保护了农民的利益"② ——这一论断是比较符合实际情况的，同时也为我们进一步了解村民大会与庄园法庭之间的关系提供了新的视角。

首先，从庄园法庭的功能上来看，尽管它主要是维护领主利益的，但是在实际操作中还是维护了农民的一些权益。在庄园法庭上，一般是村头或者其他村官对侵犯他人权利，特别是侵犯领主权利的人进行起诉。例如，梅特兰在《男爵法庭》中记述了这样一个案例："某个村民从领主的池塘中捉了条鱼而被处罚，他要向领主上交六倍于此的鱼；而另一个佃农则是在没经领主同意的情况下，从领主的牲畜栏中牵走了自己的羊，同样遭到处罚。"③ 在庄园档案中类似于这样的案例可谓屡见不鲜。但同时我们也应该注意到，庄园法庭对村民的判罚是由全体村民做出的。正如苏珊·雷诺兹所指出的，"庄园法庭，应该是由法庭来作出判决，而不是由领主来作出的"④。"尽管在大多数的时间里，庄园法庭是为维护领主的利益服务的，但诉讼人可以利

① Sidney and Webb Beatrice, *English Local Government from the Revolution to the Municipal Corporation Act*: *The Manor and the Borough*, London: Longmans, Green, 1908, pp. 9-20; A. G. Ruston & D. Witney, *Hooton Pagnell*, *The Agricultural Evolution of a Yorkshire Village*, London : Arnold, 1934, pp. 169-72.

② 侯建新：《中英封建晚期乡村组织比较》，《史学理论研究》2000 年第 3 期；徐浩：《农民经济的历史变迁—中英乡村社会区域发展比较》，社会科学文献出版社 2002 年版，第 115 页。

③ G. G. Coulton, *Medieval Village*, *Manor and Monastery*, Cambridge: Cambridge University Press, 1925, p. 71.

④ Susan Reynolds, *Kingdoms and Communities in Western Europe*: 900-1300, Oxford: Clarendon Press, 1984, p. 59.

用法庭的程序来维护自身的利益。"[1] 同时，由于"作为个体的佃农在面对领主的权威时显得那么的微不足道"[2]。因此，佃农为了反抗领主的过度盘剥必须要团结起来，采取一致的行动，而庄园法庭就成为了农民反抗领主的重要场所，他们往往利用这种集会来伸张共同体的精神和原则。而且，庄园法庭对村民的判罚一般大多数是以罚款的形式了结，有时则是由村庄共同体出面来进行调节的。例如，"在 1420 年，奥姆本斯里的两个佃农，就如何在他们两个人土地的交界处使用磨石和铁纱锭的事宜发生争执，在 17 个十户长的建议下，法庭建议他们对此进行平分。"[3] "在 1270 到 1349 年间，在海尔斯欧文庄园，大约有三分之一的争端是在庄园法庭之外最终得以解决的，村庄共同体在解决它们成员之间的冲突中扮演着不可或缺的角色。"[4]

其次，庄园法庭对习惯法的认同与坚持也使得领主的盘剥被限定在一定的限度之内。一般认为习惯法起源于古老的"公社记忆"，托尼认为这是一种"集体约定"；有的学者如杜比认为"把它（指习惯法）写成文书以固定领主剥削的范围，这对于领主统治下的子民似乎成了正式的解放"[5]。托尼更为乐观地声称"它们是一种法律，一种自由；是农民的而非领主利益的堡垒"[6]。在 16 世纪以前，英国的农民还不知道普通法为何物，对于这些农民来说，"庄园习惯法记录了他们日常生活中的权利与义务，庄园领主可以易人，但习惯法不会因此而改变"[7]。我们当代人对习惯法的界定认为："作为一种实际存在，由于它是人们所普遍接受的长期惯例，因此也就演变为法律了，而地方的习惯法只是在特定的地区具有法律效力。"[8] 因此，习惯法是具有一定的地域性的。英国法典比较齐全，但是较为简洁，缺乏现代意义

① C. Dyer, "The English Medieval Village Community and its Decline", *Journal of British Studies*, Vol. 33, No. 4 (October 1994), p. 417.

② R. H. Hilton, *The English Peasantry in the Later Middle Ages*, Oxford：Clarendon Press, 1975, p. 58.

③ Ibid., 55.

④ Z. Razi, "Family, Land and Village Community in Later Medieval England", *Past and Present*, No. 93 (November1981), p. 13.

⑤ ［意］奇波拉主编：《欧洲经济史》第 1 卷，贝昱等译，商务印书馆 1988 年版，第 140 页。

⑥ R. H. Tawney, *The Agrarian Problem in the Sixteenth Century*, New York：Burt Franklin, 1912, pp. 125—131.

⑦ 徐浩：《农民经济的历史变迁——中英乡村社会区域发展比较》，社会科学文献出版社 2002 年版，第 114 页。

⑧ West Group, *Black's Law Dictionary*, St Paul（Minn.）：West Group, 1999, p. 390.

上的法律精神。"他们使用'right'这个词，有时它需要被翻译成'法律'有时它被翻译成'公正'，但它通常是指习惯法。在德国，习惯法同样被看作是至高无上的。"①

很多人认为庄园档案就是一种习惯法的汇编，其实这是一种曲解。因为就现今所流传下来的档案来看，它们并不直接反映习惯法。当法庭召集村民开会并宣布某项习惯法的时候，通常都是因为村庄中有人破坏了它。准确地说，庄园或村庄的习惯法只是一种法律的秩序，而不是一种法律的制度，尽管通过与普通法的不断联系而使得它不断向有系统的方向去发展，但最终它还是被普通法所取代。正如达文特所指出的那样："习惯法与习惯法的实践是一个正在发展、演变的过程。"② 当然，从所保存的庄园法庭的卷档中，我们可以看出，这种习惯法确实在英国中世纪社会中发挥着重要的作用，特别是在维护农民利益，以避免领主对农民的最大压榨方面，起到了一定的作用。例如，"在1297年的时候，在伯里，就举行过一次有关犁耕劳役的会议。这次会议主要是讨论有关习惯法的问题，因为佃农们控诉说伯里的习惯法中并没有提及说要为领主提供一段时间犁耕的劳役，因此，他们说他们没有义务这样去做。在星期三和星期五的时候，他们犁耕了自己的土地，并且为那些较后犁耕的人给予金钱的补贴，他们很明确地宣称在他们犁耕完自己的土地后，也没有义务去为领主犁耕土地。如果陪审员做出不公正的判罚，那么他们也将受到惩罚。"③ 当然，我们也不能过于夸大这种作用。布洛赫的观点似乎是更为贴切的，"习惯法是一把双刃剑，它时而为领主时而为农民所利用"④。

同时，我们从一些庄园档案中还可以看到，领主并不是单纯地去享受他所拥有的特权，他还要对村庄承担一定的义务。如果他不去履行的话，同样也要受到庄园法庭的指控。例如，"修道院的领主被要求在白金威（Biggin Way）这个地方修建一座桥梁，他没有这样去做。按照要求，修道院院长在

① Susan Reynolds, *Kingdoms and Communities in Western Europe*: 900-1300, New York: Oxford University Press, 1984, p. 16.

② DeWindt, *The Court Rolls of Ramsey Hepmangrove and Bury*, 1268—1600, Toronto: Pontifical Institue of Medieval Studies, 1990, pp. 16-18.

③ DeWindt, *The Court Rolls of Ramsey Hepmangrove and Bury*, 1268—1600, Toronto: Pontifical Institue of Medieval Studies, 1990, p. 90

④ ［法］马克·布洛赫：《法国农村史》，余中先等译，商务印书馆1991年版，第85页。

一年前（即 1353 年）就应该修建了"①；"在 1372 年，领主被处罚了因为他关闭了在白金威的闸门"②；如果领主仍然不在意法庭的判决，那么村庄共同体就会进行集体的反抗。在 1280 年的早期，领主封闭了一条沟渠并阻碍了道路的通行，在同一年，庄园法庭指控他说："领主开垦了一块赤杨林地称为伯里·芬，并且在那本属于村民的土地上隔离出一块地方，本来村民在那里可以在任何时间进行公共放牧的。"③ 由于很多的村民是依赖于公共放牧来饲养家畜的，这就意味着村民的公共放牧权已经被侵犯了。为此，村庄共同体进行了集体的反抗。实际上，领主和维兰之间总是会因为惯例的一些问题发生争执，有时这种争论还会引发暴力的冲突。我们可以通过 1312 年十户联保组法庭上有关 14 个人的暴力侵犯事件了解到：除了这 14 个人之外，还有其他的一些人，这些人的身份并不清楚，他们"推倒了拉姆齐修道院领主刚刚在沼泽地上所建立的堤坝"。④ 但是这种暴力的反抗并不是经常发生的。

为什么中世纪的庄园法庭会体现出这种"双重性"呢？李云飞认为："由于存在多种制约因素，领主在组织庄园法庭时不得不吸收和利用一些村社组织和庄民自治的形式；庄园法庭是领主控制和盘剥庄民的工具，对庄民具有保护作用的不是庄园法庭，而是其背后潜藏着的村社集体力量。"⑤ 这种论断是十分精辟的，它表明在中世纪英国的乡村社会中，农民之所以能够抵抗来自领主的压力，并不是完全依靠庄园法庭，法庭之上的抗争只是一种表象，在背后真正起到决定性作用的无疑是代表全体村民利益的村民大会。正是有了村庄共同体的集体力量，才使得"公正"的天平不再向领主的一方倾斜，才使得农民在法庭之上的抗争有了真正的话语权。尽管庄园法庭是由庄园的领主或者管家来负责召开的，但却是由村民所组成的陪审团负责进行审判。对于领主来说，重要的是如何确保有效地管理庄园，使之能够正常运转；同时，他还要最大限度地利用村庄共同体的力量，使它成为自己维护

---

① DeWindt, *The Court Rolls of Ramsey Hepmangrove and Bury*, 1268—1600, Toronto：Pontifical Institue of Medieval Studies, 1990, p365.

② Ibid. 466.

③ Ibid. 17.

④ D. A. Hobbs, *Manor Village and Individual in Medieval England*, Victoria：University of Victoria, 1998, pp. 121–122.

⑤ 李云飞：《中世纪英格兰庄园法庭探微》，《世界历史》2005 年第 2 期。

庄园法庭权威的重要工具；而对于农民来讲，他们也要最大限度地利用村庄共同体的集体力量来对抗来自领主的过分盘剥，以便使庄园法庭成为他们"反抗封建主义"的组织手段。正是在这种博弈的基础上，庄园法庭体现出了这种"双重性"，同时也使得它不可避免地打上了村庄共同体的一些烙印。正是由于这种"烙印"的存在，使得村民能够在一定程度上抵制来自领主的过度盘剥。

综上所述，尽管在庄园时代，庄园法庭成为了中世纪村民活动的主要场所。但是，村民大会并没有消失，它仍然是村庄共同体的最高权力机构，并在村庄的社会生活中发挥着重要的作用；同时，村民大会与庄园法庭的相互重叠，也使得庄园法庭体现出了一定的"双重性"，这种"双重性"不仅仅表现为庄园法庭是领主盘剥农民的工具，更重要的是它也成为村民保护其权利的重要舞台。

第三节　乡村基层组织中的管理人员

中世纪英国的乡村社会中存在着三种不同权力来源的基层组织，这必然使得三种势力交织在一起，"很多地方庄园的管理者在某种程度上履行着管理村庄的职能"[1]。因此，很多村庄或者庄园的官员都具有多重身份，村民所"选举出来的共同体官员，他们主要是负责诸如保证村庄履行对领主的劳役，代表共同体来与领主和他的庄官进行交涉，并且经常扮演领主代表的角色"[2]。这些职员从来不考虑自己究竟是在为领主工作还是在为村庄工作。中世纪乡村基层组织的职员之所以会有多重的身份，其主要的原因是："正如村庄共同体想利用集体记忆来为自己谋利益一样，领主也想利用这种集体记忆来减少农民之间的土地交易或者平息争论。再者，共同体成员良好的社会秩序也有利于领主的统治。因此，领主也希望村庄共同体能够从它的成员中提供管理者以及年长者，以便于村庄及庄园的顺利运行。"[3]

---

[1]　［英］波斯坦等主编：《剑桥欧洲经济史》，第 1 卷，郎丽华等译，经济科学出版社 2002 年版，第 491 页。

[2]　C. S. and C. S. Orwin, *The Open Fields*, Oxford: Clarendon Press, 1954, p. 125.

[3]　R. Schofield, "England: Family and the Village Community", In *A Companion to Britain in the Later Middle Ages*, S. H. Rigby (ed.), Oxford: Blackwell Publishers Ltd., 2003, p. 68.

一、庄园中的管理人员

早在 3 世纪晚期，沃尔特在《亨莱的田庄管理》一书中，就明确告诉那些贵族的读者："你们要经常关注村庄里发生的事情，并且要求这些村民进行自我检查。因为这样可以让这些为你服役的人避免更多的错误。"① 尽管这里所谈到的田庄与后来的庄园有着一定的区别，但是它也从另外的角度说明了庄官制度在庄园管理中的重要作用。中世纪的领主一般都会拥有好几处庄园，这些庄园分散在各地，有的大领主甚至在各个郡都有自己的庄园。如果不增派人手的话，他们很难亲自去管理这些相对比较松散的庄园。因此，从庄园产生之日起，庄园中就逐渐形成了一套管理庄园的管理体制。其中，最主要的庄官是总管、管家、庄头、保管员、放牧人等。

首先是总管。总管是领主在领地上的代理人，他的主要职责是代表领主在领地上巡视、收取租税、审查账簿等。罗伯特·格罗斯泰特主教在他的著作《圣罗伯特的条令》中界定了管家的职责："忠诚地守卫并增加领主的财产和库存，保障领主的权益和特权。"② 同时，总管还需要具备一定的法律知识，因为他要经常代表领主参加王室法庭或者完成其他事务。"但对于总管来说，他最主要的工作还是通过定期的巡视来监管领地上的庄园。"③ 一般情况下，总管每年都要到领地上的各个庄园巡视几次。"他们一般出身于管理世家，有着很高的社会地位，并且较容易获得升迁。有时，他们会为不同的领主服务。"④

其次是管家。总管一般不负责庄园的具体事务，而真正参与庄园管理的则是管家。庄园的管家一般都要负责几个庄园，只有那些规模较大的庄园才设立一个管家。"领地上的管家应该是精明、能干而且十分忠诚的。他们应该熟谙王国的法律，而且要保护领主的财产，监管村警和庄头。"因此，对

① W. D. Henley (ed.), *Walter of Henley's Husbandry*, Together with an Anonymous Husbandry, Seneschaucie, The transcripts, translations, and glossary by Elizabeth Lamond, London: Longmans, Green & Co., 1890, p. 35.

② Ibid., p. 125.

③ Frances Davenport, *The Economic Development of a 'Norfolk Manor'*, 1086-1565, Cambridge: Cambridge University, 1906, pp. 22-23.

④ N. Denholm-Young, *Seignorial Adminnistration in England*, London: Oxford University Press, 1937, pp. 66-83.

管家的任命，领主也比较谨慎。他们一般不选择年轻人作为管家，而是选择那些"在社会上锤炼多年，精于世故……而且他们也没有斑斑劣迹。"① 大的世俗领主的管家一般都是骑士，而较大教会领主的管家一般都是牧师。后者实际上就是教会的仓库保管员，负责修道院的饮食供应。例如，在 13 世纪晚期的拉姆齐修道院，那里至少有两个管家是修士。骑士管家的报酬是从封地中获得的，而那些教士管家的报酬则是从他们的生活中得来的，因为这些堂区教堂日常管理是由这些牧师来承担的。由于管家的重要性，因此，他们的收入都比较高。在很多地区，"管家每年的收入最多可达 16 英镑，相当于骑士收入的一半"②。在埃尔顿村庄，管家每年可以得到 20 先令的薪酬，同时，还给提供住房和食物，裘皮外套，马匹的饲料，2 便士的圣诞节供品。③

第三则是庄头。一般情况下，管家要负责管理几个庄园，因此，管家下面还设有很多的庄官来作为其副手，其中最重要的无疑就是庄头。庄头一般出生维兰，而且是一个公认的好农夫。庄头一般都在每年的秋耕之时，即米迦勒节（9 月 29 日）选举产生。他的职责几乎涵盖了庄园生活的方方面面，如监督村民尽快地完成领主的劳役，并对每个人的服役情况加以记录；监督村民犁队的编组情况；看护领主的畜栏不被破坏；监督村民修缮领主的篱笆，并且要求大家储存好越冬的饲料等。④ 同时，庄头还要对庄园的放牧人进行管理，不经他的允许不得私自离开庄园。在有的庄园，庄头还要负责出售自营地上的物产，有时还要负责征收地租。当然，他最主要的职责是管理自营地上的账目。每年的秋收之后，庄头都要重新制定账簿并把它提交给领主的管家或者是记账员。庄园的帐簿一般分为四个部分：欠款或

① W. D. Henley（ed.），*Walter of Henley's Husbandry*，Together with an Anonymous Husbandry, Seneschaucie, The transcripts, translations, and glossary by Elizabeth Lamond, London：Longmans, Green & Co.，1890，p. 105.

② N. Denholm-Young，*Seignorial Adminnistration in England*，London：Oxford University Press，1937，p. 33.

③ Frances & Joseph Gies，*Life in a Medieval Village*，New York：Harper Collins，1991，pp. 38-39.

④ G. C. Homans，*English Villagers of The Thirteenth Century*，Cambridge，Mass：Harvard University Press，1941，pp. 297-305；G. Duby，*Rural Cconomy and Country Life in the Medieval West*，Philadelphia：University of Pennsylvania Press，1962，p. 233；J. A. Raftis，*The Estates of Ramsey Abbey：A Study in Economic Growth and Organisation*，Toronto：Pontifical Institute of Medieval Studies，1957，pp. 125-127；Miller & Hatcher，*Medieval England：Rural Society and Economic Change*，1086-1348，London：Longman，1978，pp. 193-197.

社会转型时期英国乡村基层组织研究

进账情况；收支情况；库存情况以及其他一些事务。例如，亚历山大·阿特·克洛斯在1297年时是埃尔顿庄园的庄头。他制定了非常详细的账簿，通过这些账簿，我们可以详细地了解当时庄园的一些具体情况。比如，在欠款部分，他记录了几乎每个节日时，有哪些村民并没有上交租金以及没有缴纳租金的具体原因；在收入方面，详细地记录了粮食、家禽以及其他产品的销售情况；在开销和交易方面，他详细地记录了这个庄园全年向拉姆齐修道院所运送的咸肉、牛肉、膳食以及奶酪等物品，同时还记录了送给修道院院长的鸭子、云雀以及小山羊的具体数量；在个人的开销方面，则包括支付给木匠、铁匠以及劳工的工资；所购买的犁及其部件、轭、马具、铰链、车轮、黄油、肉、青鱼以及其他的物品；关于庄园其他情况，则主要记录了一些干草和1蒲式耳小麦的入库情况，同时，偿还拉姆齐堂区长一笔欠款以及布恩工的情况；在收入账单中，这个庄头还罗列了马匹、牛、绵羊以及猪等家畜的出售或者死亡情况。[①] 由此可见，事无巨细，庄头都要对此加以记录。

从庄园的账簿中我们可以得出如下的结论。首先，由于庄头基本上没有受到过文化教育，因此，他们中的大多数人并不识字。他们在记账时一般都会用一些符号来代替具体的数字和事情，然后再由他们读给村庄的记账员。这些看似流水账的账簿，不仅有利于领主了解庄园的收支情况，而且也便于他对庄园的管理。从庄园的账簿中我们可以看出，中世纪的庄园是一个运行较为规范的经济机构。随着时代的发展，这种庄园的账簿制度逐渐地演变成了现代记账制度的起源，对资本主义商业的兴起有着一定的影响。当然，庄园的账簿并不是完全为了盈利目的。其次，庄头在其中扮演着十分重要的角色，他并不是传统意义上的农民，更不是有些史学家所批判的那样，是一个彻头彻尾的"愚蠢的混蛋"。从庄园账簿中我们可以看出，账簿的结算最后都要达到一种收支平衡。例如，"一个叫亨利的人在1286—1287年间担任过埃尔顿庄园的庄头。他在庄园账簿中提到，在他担任庄头期间，这个庄园收入为36英镑1/4便士；支出则为36英镑15又3/4便士。因此，领主应该亏欠他15又1/2便士"[②]；"他的继任者菲利普于1287年4月接替了亨利。

---

① S. C. Ratcliff, *Elton Manorial Records*, 1279-1351, Cambridge: Privately Printed for Presentation to the Members of the Roxburghe Club, 1946, pp. 56-85.（为方便叙述，以下简称 E. M. R.）

② E. M. R., p. 15.

他在接下来的米迦勒节上向领主上报了如下账单：收入为 26 英镑 6 先令 7 便士，支出则为 25 英镑 16 先令 1/4 便士。因此，这个庄园亏空 10 先令 6 又 3/4 便士"①。所有这一切都是为了达到庄园经济的收支平衡，由此也可以看出庄园所具有的经济职能。

庄头并没有工资，但领主一般会给予一定的补偿。比如免除他作为维兰的劳役，一般为 1 年 117 天的周工。有时，领主还会赏赐一些肉类的膳食，在圣诞节时还会给予 1 便士的奖励。② 由于庄头承担的义务较多，而且还要受到来自领主和村民的质疑。因此，很多人都力图避免被选为庄头。为此，领主也会给予更多的好处。例如，"在布劳顿，庄头被允许在领主的牧场放牧 8 头牲畜"③。当然，也有一些庄头会营私舞弊，从领主的收入中偷窃一些东西。为此，亨莱的沃尔特告诫那些领主："在庄头提交账簿之后，要仔细检查庄头的蒲式耳大小，以防止他们作弊。"④

第四，庄头也有一些辅助人员，他们可以为庄头分担一部分义务。但这些庄官相对比较独立，并不完全依附于庄头。比如，农事官（hayward）是其中比较重要的庄官。他们的主要职责是维护农业生产的正常秩序，如负责看护庄稼种子；检查每个农户种子的保存和播种情况；农民犁耕土地、割草和秋收的执行情况等；当然，农事官的工作职责还包括为领主服务，他们要看护自营地上的庄稼不受到任何的侵犯，对于那些逗留在领主自营地里的牛或羊，他们有权力给予扣押，并对其主人征收罚金。⑤ 有些林地地区的庄园还设有护林员，他们的主要职责当然也是为了保护领主的利益。如果村民没有按照惯例或者向领主支付一定的费用，那么他就不能从林地中攫取任何东西。此外，中世纪的庄园一般都设有验酒官。他们的主要职责是检验酒的质量，管理出售到市场上的啤酒价格。

① E. M. R., p. 24.

② Ibid., 68.

③ J. A. Raftis, *The Estates of Ramsey Abbey: A Study in Economic Growth and Organisation*, Toronto: Pontifical Institute of Medieval Studies, 1957, p. 95.

④ W. D. Henley (ed.), *Walter of Henley's Husbandry*, Together with an Anonymous Husbandry, Seneschaucie, The transcripts, translations, and glossary by Elizabeth Lamond, London: Longmans, Green & Co., 1890, pp. 17-18.

⑤ G. C. Homans, *English Villagers of The Thirteenth Century*, Cambridge, Mass: Harvard University Press, 1941, p. 293.

二、村庄中的管理人员

村官是英国中世纪村庄共同体中较为重要的组成部分。希尔顿指出："村庄共同体是通过他们的村官或者通过村官的行动在实际中发挥作用。村官几乎触摸到了生活的各个角落，很少有其不能达到的地方。"[①] 早在村庄共同体形成之初，村民就认识到了他们需要固定的人员来管理村庄的日常事务，并能够代表他们处理村庄与领主、国家之间的关系。对于领主而言，他们对选举村官也是十分支持的，因为与这些村庄的代表进行交涉，要比与每个农户交涉容易得多。正如欧文所说："村民选举出来的村官，主要是负责诸如保证村庄履行对领主的劳役；代表共同体来与领主和他的庄官进行交涉，并且经常扮演领主代表的角色。"[②]

对中世纪村官的研究，国内外尚未出现专门的论述。从 20 世纪 60 年代开始，随着经济—社会史研究的兴起，对乡村基层组织的研究也随之出现，出现了一些有代表性的论著，如英国人贝内特所著的《英国庄园生活：1150—1400 年农民生活状况研究》，美国人奥尔特所著的《中世纪村规研究》，达文特的《拉姆齐庄园法庭档案》等等，这些研究为我们深入了解乡村社会生活奠定了重要的基础。但这些研究在论及乡村基层组织时，更多的是以庄园为视角，把村庄共同体看作是庄园的附属品，村官也就等同于领主的奴仆，并没有专门地加以研究和重视，因此，也就没有从本质上去加以区别；而国内史学界对英国中世纪村官制度的研究尚属空白，目前只有少数学者略有涉猎。对村官制度的研究有两个方面的意义：其一，通过对中世纪村官的选举、职能及其运作方式等方面的研究，我们可以更加深入地了解英国中世纪乡村基层组织的内部结构以及村民的自治方式，从而为史学研究扩大范围；其二，英国是最早实现向现代社会转型的地区，对其乡村社会结构的探讨，可以为我们今天的基层民主建设提供一定的借鉴。

村官一般都是由村民大会选举产生的，但需要领主或其代理人给予形式上的确认，还有一些村庄中的村官则是由村头提名，然后由村民大会投票加以确认。例如，在波希米亚、波兰、下奥地利等地，村官一般都是由村民大会选举

① R. H. Hilton, *The English Peasantry in the Later Middle Ages*, Oxford：Clarendon Press, 1975, p. 57.
② C. S. and C. S. Orwin, *The Open Fields*, Oxford：Clarendon Press, 1954, p. 125.

产生的，但这些村官必须都得经过领主或者管家的同意。而在英格兰、瑞典、德国、奥地利以及法国等地的村庄中，则由领主或其管家任命一名或多名村庄共同体中主要的村官。在萨伏依、苏黎世州、下萨伏依、奥利地的提洛尔以及英国的兰开斯特郡的一些村庄中，村民则选举两名村头来分别管理村庄事务。还有一些地方，一些小的村庄或小屯联合起来，共同选举一名村官。而在中欧和东欧的很多村庄，村头或者是世袭的，或者是附着在某块土地之上的，一般这块土地往往都比农民所持有的土地要大。还有些地方的村庄中是没有村官的，村庄事务的管理或者是由有一定地位的家庭来负责，或者是由教堂看守人来负责。这种选举村官的惯例可能要追溯到日耳曼人成立村庄之初，而这种制度也从日耳曼人那里逐渐地传播到各地。但随着时间的推移，这种选举村官的惯例被逐渐地弱化了，像有些地区例如波希米亚，到 17 世纪左右的时候，村官已经完全消失了。选举村官不仅是村民的权利，同时也是义务，例如海尔斯欧文村庄的村民就曾因没有选出村头而受到 10 英镑的集体罚款。①

村官的任期在各地也不尽相同，但一般情况下，村官都是每年或者每半年选举一次的。在挪威和德国的西北部地区，那里的村官不是定期选举的，而是在村民中按照一定的次序轮流担任的，每个人都要担任一个周期。② 在下奥地利的村庄，一般是由领主来确定何时选举村官的。下面，我们就分别来了解一下村庄共同体中不同的管理人员，并以此来加深我们对村庄共同体管理机构的认识。

首先是村头（reeve 或者 the village chief）。在一个村庄中做村头的人，一般都是有一定威信的人。在英格兰，那里的村头一般都家道殷实并在村民中享有一定的威望；在法兰西和德意志地区，那里的村头则是由"村里最老的人"来担任的；在爱尔兰，那里的村头被称为"王"（king），一般能够成为村头的人，都是那些能够逐渐赢得人们信任和尊重的人，当老的村头去世了再由这个人接任。③

---

① Razi，"The Struggles Between the Abbots of Halesowen and Their Tenants in the Thirteenth and Four-teenth Centuries"，in *Social Relations and Ideas*：*Essays in Honour of R. H Hilton*，T. H. Aston（ed.），Cambridge：Cambridge University，1983，p. 160.

② Frimannslund，"The Old Norwegian Peasant Community：Farm Community and Neighbordood Commu-nity"，*Scandinavian Economic History Review* No. 4（1956），pp. 76-77.

③ Jerome Blum，"The Internal Structure and Polit of the European Village Community from the Fifteenth to the Nineteenth Century"，*The Jouranl of Modern History*，Vol. 43，No. 4（December 1971），p. 557.

村头是村庄中最为重要的村官，所管理的事务也最多。霍曼斯认为村头是"村庄的主要代表"①。在庄园时代，村头往往与庄园的庄头是重合的，二者之间并没有明显的区别。村头与庄头一样出身都是农奴，因此，在英国，判断农奴身份的标志之一就是曾经担任过村头。在庄园时代，村头的主要职责是为领主服务的。作为领主和村庄之间的中介，他们一方面要为领主服务，但同时他们自己也是农民，也要亲自耕作交租。作为村民的代表，他们要负责代表村民参加郡与百户区的会议；出席国王的巡回法庭，为巡回法庭法官提供相关的社会信息；作为领主的代表，村头还要代表领主和村民交涉。要负责把领主的命令传达给每个村民，同时要确保其执行，然后他还要向领主汇报。有时他还要作为国家的代表，负责征税、道路和桥梁的维护、乡村救济以及公共健康；传达上级政府下达的征税命令等。除了上述工作，有时，他还要作为教会的代表，负责管理人们的信仰问题。

总之，村头的职责涉及到村庄生活的方方面面。著名历史学家贝内特曾生动地描绘过一个村头的日常生活："在 1331 年的某一天，考克斯汉姆的村头并不在其牛津郡的庄园里，而是在千里之外的南沃克码头忙碌着。他去那里是为主人的磨坊购买磨石。他花了 15 英镑 16 先令 8 便士的巨款购得了五块石头……他先从水路把石头运到亨莱，在那里改为马车走完其余路程。许多村头同样要长途跋涉到集市或市集上去为主人买卖东西。他还要时不时地应召带上四个随从出席百户区法庭，回答与庄园相关的一切事务，偶尔甚至被迫出席令人生畏的巡回法庭。"② 这样的地位往往使得他们处于两难的境地，正如布鲁姆所指出的那样："这些夹在中间的村头并不值得人们羡慕。作为农民，他自然会倾向于偏袒村民同伴们的利益，但却会因此有违领主的意愿。对于领主来说，如果这些头领没按照他的意愿行事，或者认为他们对村民监管不严或对村民过于仁慈，那么他会处罚他们，命令他们补偿损失，甚至进行肉体惩罚。有时，领主还要求村头对他进行效忠宣誓，以此作为一种控制手段，迫使他们遵行领主的命令。"③ 因此，中世纪时期的农民，往

---

① G. C. Homans, *English Villagers of The Thirteenth Century*, Cambridge, Mass：Harvard University Press, 1941, p. 334.

② ［英］贝内特：《英国庄园生活：1150—1400 年农民生活状况研究》，龙秀清等译，侯建新校，上海人民出版社 2005 年版，第 147 页。

③ Jerome Blum, "The Internal Structure and Polit of the European Village Community from the Fifteenth to the Nineteenth Century", *The Jouranl of Modern History*, Vol. 43, No. 4（December 1971）, p. 558.

往都不愿意担任这个职务。在 13 世纪的英格兰，村民宁可向庄园法庭缴纳罚金也不愿意担任村头，而领主只能强迫使他们就任。例如，在拉姆齐村庄，"一个叫约翰·格雷特福德的人，在 1382 年时，由于被选举为治安官，但他却拒绝上任而被处罚了 20 先令"①。在法国，政府必须通过罚金和监禁的威胁才能使那些受过教育的以及家境富裕的农民担任村头。我们可以从莱迪斯拉斯·莱蒙特的小说——《农民》来对村头这一职务加以了解，它在一定程度上反映了村庄中一个有地位的农民为什么不愿意担任村头的缘由："这个农民说到，如此一个村官给我带来了什么？我担任这里的村头已经三年了。它耗费了我大量的金钱。由于担任村头我失去了很多，以至于我的妻子对我也很不满意……当然，它给我带来最大的好处就是我必须对治安官毕恭毕敬，我还要对每个记录员和每个法庭的下属都要毕恭毕敬。如果税收没有完成，桥梁没有维护，或者是一条狗被飞驰而过的马车撞死了，那么这些都是谁之过呢？为什么总是村头！我得到了什么好处呢？能有多少只飞禽、大鹅以及一些鸡蛋，当不必再送到记录员以及地方官员手中时才能归我所有？"② 由此可见，在中世纪村庄中担任村头并不是什么风光的事情。尽管村头所承担的职责很多，但他所能得到的权益却很少，有时会由公共财政给予一点补偿，例如，在东欧地区，村头可以得到一块或者 3 块免除劳役的土地，有的村头还可以拥有使用牧场或者有限地使用领主的牧场以及田地的特权；在中欧的一些地区，村头一般还可以掌管村中的酒馆；在其他地区，像波希米亚、德国中部、英格兰等地，村头能够分得一点罚金。当然，一个村庄机构仅靠村头是不足以维持的，还需要一些执事来协助村头，例如，陪审员、验酒官、村警，等等。

其次是负责村庄司法事务的陪审员（jury）。从 13 世纪开始，英国的庄园法庭开始引入陪审制度。实际上，早在 12 世纪，王室法庭中就开始采用了这样的审判制度。例如，"1166 年亨利二世颁布的《克拉伦敦法令》和 1176 年颁布的《北安普敦敕令》确立了陪审制度在法庭审判中的核心地位"③。由于

---

① D. A. Hobbs, *Manor Village and Individual in Medieval England*, Victoria: University of Victoria, 2003, p. 85.

② L. Reymont, *The Peasant: Autumn*, New York: Alfred A. Knopf, 1937, p. 58.

③ G. B. Adams & H. Morse Stephens, *Selected*, *Documents of English Constitutional History*, New York: The Macmillan Co., 1901, p. 15, 20-21

很多的庄园法庭都在行使着王室法庭的一些特权，因此，庄园法庭采用陪审制度也就不足为奇了；同时，由于陪审制度较以前的神命裁判法以及誓证法更为公平合理，因此很多农民也乐于接受。伴随着陪审制度的普及，陪审员作为村庄共同体中一个十分重要的村官，开始在乡村生活中发挥重要的作用。

陪审员这个词最初是来自拉丁文"inquisition"或者"Jurati"，他们的名字一般都出现在档案的旁白上，其人数的多寡因村庄的大小和案件的轻重而略有不同。一般陪审团是由 12 个陪审员组成的，而这 12 个人都是经全体村民选举产生的。"似乎在正式开庭以前陪审员就已经被推选出来了，因为我们发现曾发生过有陪审员因缺席而被课以罚金的情况。"① 如果某人不能按时到任，那么他将受到处罚。例如，在拉姆齐档案中就曾记载："处罚约翰·库卡斯 6 便士，因为当他被选举为陪审员时，他却经常不到任。""威廉·勒·梅萨热被选为陪审员之一，但他由于却没有到任而被处罚了 6 便士。"② 对于陪审员来说，及时地出席并主持法庭是非常重要的。例如，"在 1363 年 9 月，拉姆齐村庄由于没有陪审员出席主持法庭审判，迫使法庭只能向后延期"③。从身份上来看，陪审员一般是由维兰来担任的，"维兰中比较富裕、世代居住在庄园上、很少外出务工的人有更多机会成为陪审员"④。在对具体案件进行裁决时，"陪审员不应当是某一方的亲友，否则另一方可提请相关陪审员回避。裁决时，陪审团必须作出全体一致的决议。如果陪审团未能作出全体一致的裁决，或者后来的情况表明他们作出了不恰当的裁决，陪审员们就会集体受到处罚"⑤。例如，在 1278 年 11 月，亨廷顿郡的拉姆齐庄园的海明福德（Hemingford），陪审员一致判定给某人 2 路德的土地，而这块土地原本是由亨利·罗格的儿子和寡妇阿加莎来持有的。他们指出，在过去的 50 年里，他们从未看见亨利的祖先持有过上述 2 路德的土地。⑥ 此外，

第二章 乡村基层组织的政治结构

---

① ［英］贝内特：《英国庄园生活：1150—1400 年农民生活状况研究》，龙秀清等译，侯建新校，上海人民出版社 2005 年版，第 184 页。

② D. A. Hobbs, *Manor Village and Individual in Medieval England*, Victoria: University of Victoria, 2003, p. 64.

③ Ibid., 65.

④ Sherri Olson, "Jurors of the Village Court", *Journal of British Studies*, Vol. 30, No. 3 (July 1991), p. 248.

⑤ 李云飞：《中世纪英格兰庄园法庭探微》，《世界历史》2005 年第 2 期。

⑥ F. W. Maitland, *Select Pleas in Manorial and Other Seigneurial Courts*, London: Quaritch, 1889, p. 88.

陪审团一般是在下次开庭时才会对某一案件作出宣判，在此期间要对他们所做的判决严格保密，否则也要受到惩罚。例如，"1388 年的海尔斯欧文，一个庄园的陪审员被控告，由于他告诉了村民陪审团私下里对某事件的判决"①。

有的人认为陪审员是为维护领主的利益而设立的，实际上这并不符合事实。因为这些出身农民的人，他们还是要从村庄共同体的利益出发，对损害村庄共同体利益的行为进行处罚，特别是对那些损害了共同体成员健康以及安全的行为要给予严惩。例如，在拉姆齐，陪审员一致判定，由于一个屠夫把家畜的内脏放到了水中，以至于没有人能够用干净的水酿酒而被处罚；有 7 个人由于贩卖腐坏的腌肉被处罚；有几个修鞋匠由于几年来一直使用大麻油来修理和抛光皮革而被处罚；艾玛·鲍威尔"由于使用猪以及其他家畜的内脏来做布丁，并且没有完全清洗干净它们的粪便，而被宣判有罪，因此，她被禁止再从事这个职业"②。陪审制度固然有维护领主利益的作用，但我们并不能因此而否定它的进步意义。

再次是负责管理日常生活的验酒官（Ale taster）。在中世纪英国的乡村，啤酒与农民的生活是紧密联系在一起的，它不仅是人们日常生活中的饮料，同时也是一种重要的商品。正如克拉克所指出的："对于村民来说，啤酒不仅是一种上等的饮料，而且酿酒也为人们提供了一种收入的来源，它成为了农民日常饮食中不可或缺的部分，同时也为生活较为贫困的家庭提供了一种谋生的手段。"③ 由于酿酒有利可图，因此，除了一些农村的妇女进行酿酒外，还有很多人热衷于此，甚至连当时的修道院也有酿酒坊。例如，1287 年拉姆齐堂区的一桩诉讼案中提到，一个 14 岁男孩跌落到一口大锅中意外死亡。这口大锅早在 11 年前就位于"拉姆齐修道院领主的酿酒坊之中"。④ 可见，酿酒业在中世纪乡村非常的普遍。正是因为如此，几乎每个村庄中都

① R. H. Hilton, *The English Peasantry in the Later Middle Ages*, Oxford: Clarendon Press, 1975, p. 56.

② D. A. Hobbs, *Manor Village and Individual in Medieval England*, Victoria: University of Victoria, 2003, pp. 116–117.

③ Peter Clark, *The English Alehouse: A Social History* 1200–1830, Longman: London & New York, 1983, p. 23.

④ Dewindt, *The Ramsey Abbey Banlieu Court of* 1287, Toronto: Pontifical Institue of Mediaeval Studies, 1981, p. 41.

设立了验酒官来负责管理村庄中与酒相关的事务。一般一个村庄中有 2—3 名验酒官，也是由选举产生的，并且还要进行宣誓。例如，"选举罗格·艾斯作为拉姆齐的验酒官，代替雷金纳德·斯威，而尼古拉斯·弗里曼代替罗伯特·伍德沃德成为海皮曼哥雷村庄的验酒官，他们都进行了宣誓。"① 验酒官在村庄中的作用也是非常重要的，因此，在法庭开庭时，首先要听取验酒官的指控，例如，在拉姆齐法庭开庭之时，"经约翰·德·泰姆斯福德和雷金纳德·斯威宣誓他们进行了指控，他们都是拉姆齐的验酒官。"②

在中世纪乡村，对啤酒的价格进行了严格的规定，梅特兰把这些法令称作是一般性法令。③ 例如，"在 1316 年法庭上制定的啤酒法令，规定 2 加仑的啤酒应卖 1 便士。"④ 验酒官的主要职责就是确保啤酒法令的执行，同时，还要负责监督出售者在卖酒的过程中要使用正确的计量单位，并且要保证酒的质量。⑤ 例如，"艾伦的妻子被处罚了 12 便士，因为她卖的酒价格是 1 便士，而且在品尝之后发现她的酒都已经变质了，担保人：她的丈夫。由于她生病了，因此她并没有来出席法庭，但是她送来了她的加仑、半加仑以及夸特等量器，以备检查"；"爱丽丝·勒·巴克被处罚了 3 先令，因为她卖酒的价格为 1 便士，同时她还经常使用半品脱作为量器"⑥；"彼得·雷西·本纳德被处罚了 6 便士，因为他私自开启了量器，同时也因为他没有一加仑的量器。"⑦ 当然，并不是所有的人都安心听从法令的制裁，他们中有一些人甚至流露出对法令的不满并试图反抗。"爱丽丝·克拉克价值 5 先令的酒被没收了"，其原因是"她试图起来叛乱同时她还违反了售酒法令"。⑧

第四，负责村庄治安的村警（village constable），也被称为村庄治安官。

① D. A. Hobbs, *Manor Village and Individual in Medieval England*, Victoria：University of Victoria, 2003, p. 74.

② Ibid.

③ F. Pollock & F. W. Maitland, *The History of English Law before the Time of Edward I*, Vol. 1, Cambridge：Cambridge University Press, 1968, pp. 581–582.

④ D. A. Hobbs, *Manor Village and Individual in Medieval England*, Victoria：University of Victoria, 2003, p. 75.

⑤ DeWindt, *The Court Rolls of Ramsey Hepmangrove and Bury*, 1268—1600, Toronto：Pontifical Institue of Mediaeval Studies, 1990, pp. 25–26.

⑥ Ibid., 200.

⑦ DeWindt, *The Court Rolls of Ramsey Hepmangrove and Bury*, 1268—1600, Toronto：Pontifical Institue of Mediaeval Studies, 1990, p. 76.

⑧ Ibid., 200.

他们主要是负责维护村庄的正常秩序，同时，有时涉及到一些案件，他们还要参与到陪审团的案件审理当中。村警要时刻监视着村庄里的情况，有时要对那些违反村规的人进行处罚。比如，在英格兰"有 6 个人在夜晚将篱笆和树放在了他们门前的路上，结果使得村庄里的很多人都受到了伤害，按照温切斯特法令，这些人在圣灵降临节时被守夜的村警传唤；同样在拉姆齐以及海普蒙格鲁村庄由于没有村警进行巡逻而被处罚"①。从 14 世纪后期开始，有关村警的指控被列到了档案的题头，村警在村庄中的作用也日益重要。有的学者认为村警是一个吃力不讨好的工作，家境较为富裕的人是不情愿担任这一职位的。贝内特也认为："这项工作绝不像村头的工作那样繁重和责任重大，而且，有义务担任村警的人往往是那些因为份地太少而被免于担任村头的农民。"② 但是近年来的研究否定了这一观点，肯特通过研究大量的庄园与教区的档案后指出：村警主要从乡村中较为富裕殷实的家庭中产生，他们的身份略低于乡绅。如"1583—1642 年，斯坦福德郡的帕丁汉村庄中一共产生了 81 名村警，这 81 人中有 63 人是村庄中的富裕农民或者是中等收入的农民，此外还有 9 人是手工业者、商贩，他们也是村庄中较有地位的人"③。他们负责的主要工作包括审理大声呼救（hue and cry）、非法侵犯以及债务问题，还有像"由于反对村警并且拒绝在夜间去巡逻"的各种案件。④ 此外，还包括"在收获季节到来时，负责提醒全体佃农何时到领主的地里去收割庄稼；有时他会抓住闯入领主的草场和围栏中的牲畜，并将其关入村庄的牲畜栏里，等待领主的处理决定"⑤ 等。可见，村警在中世纪公权力较为微弱的情况下，起到了维护社会稳定的作用。

第五，负责监督农业生产的农事官。农事官也是村庄共同体中一个重要的职位。他们主要负责监督村庄中的农业生产，如在秋收时节监督人们的收

---

① D. A. Hobbs, *Manor Village and Individual in Medieval England*, Victoria：University of Victoria, 2003，p. 78.

② ［英］贝内特：《英国庄园生活：1150—1400 年农民生活状况研究》，龙秀清等译，侯建新校，上海人民出版社 2005 年版，第 115 页。

③ J. R. Kent, The Constable 1580—1640, The Nature and Dilemmas of the Office, *The Journal of British Studies Pillage*, Vol. 20, No. 2（Spring 1981），pp. 28-29.

④ D. A. Hobbs, *Manor Village and Individual in Medieval England*, Victoria：University of Victoria, 2003，p. 79.

⑤ ［英］贝内特：《英国庄园生活：1150—1400 年农民生活状况研究》，龙秀清等译，侯建新校，上海人民出版社 2005 年版，第 155 页。

割，在夜间还要在田地中留守以防止庄稼被偷窃，组织村民进行春耕等等。贝内特在《英国庄园生活》一书中对农事官有着详尽的描述："农事官应该是一个积极主动、头脑灵活的人，因为他必须没日没夜地看管好树林、谷物、草场和其他属于他的职责范围内的所有事情。他应该诚实守信地扣押财产与订立契约，保证在庄头面前提取货物，然后将其交给管家。他还应该负责播种，在每一次播种时，他都应该监督犁把式和耙地者干活。他应该使所有有劳役义务的人去做他们应做的事情。在割草时节，他应该监督割草人收割与运输牧草，而在 8 月，他还要召集好收割者、布恩工和雇工，以确保谷物能够及时地被收割干净。从早到晚他都要守候在此，以防谷物被偷或被牲畜偷吃和损坏。他还要和庄头一起对庄园全年的种子、布恩工、劳役和雇工情况进行记账。"[①] 实际上，农事官的职责和庄头十分相似，而且就报酬而言也是如此，一般都是由领主来免去他们的部分租金或者给予一定的实物赏赐。

三、堂区中的管理人员

中世纪堂区的管理体制在很大程度上是受到了封建制度的影响。正如恩格斯所指出的："在中世纪，随着封建制度的发展，基督教成为一种同它相适应的、具有相应的封建等级制的宗教。"[②] 根据封建等级制度，教会内部也形成了类似封建制度的管理体制。整个英格兰地区共分为两大教省，即坎特伯雷和约克。两大教省的负责人称为大主教，由罗马教皇来任命；两大教省的下面则是若干个主教区，他们的负责人称为主教，由大主教来任命，他们一般出身名门，有的是教士家庭，有的则是贵族，而且一般都受到了较高的文化教育，有很多人都是著名教会大学毕业的。他们在教区中的地位和领主相仿，一般负责所在教区的宗教事务、巡查教区、主持召开教会法庭等等。到了 14 世纪，教会法明确规定，每个主教每隔 3 年就要巡查一次整个教区。每到一个堂区，他们都要把堂区长、牧师或者代理人以及 3—4 名教民传唤到教堂，审查这些堂区负责人的神职许可证；询问堂区的教民，这些堂区的负责人是否认真履行了他们的职责，是否按时发放圣餐，是否有渎职行为，等等。在主教之下，还设有副主教。9 世纪前后，每个教区一般设有

① ［英］贝内特：《英国庄园生活：1150—1400 年农民生活状况研究》，龙秀清等译，侯建新校，上海人民出版社 2005 年版，第 153 页。
② 《马克思恩格斯选集》第四卷，人民出版社 1995 年版，第 255 页。

1 名副主教。到了 14 世纪，每个主教区则设有 2 名副主教。这些副主教一般都由主教来任命，他们的权力有限，因此，对教区管理的影响也十分有限。教会的主教与庄园的总管相似，一般都要负责几个堂区的管理。而直接负责堂区管理的则是堂区长。

首先是堂区长（rector）。堂区长是一个堂区的直接管理者，它和村长、庄头十分相似。主要负责堂区教民的宗教事务。"按照中世纪的习惯法，堂区教堂的建筑和内部装饰由教民来负责，而教堂的圣坛则由堂区长来负责。"[①] 但由于大多数堂区都是建立在领主的领地之上，同时，堂区的教堂也由领主来投资修建，这就使得中世纪的堂区管理不可避免地要和地方事务紧密地联系在一起；同时，由于嫡长子继承制的推行，那些贵族中的次子为了获取土地，都会想尽办法来取得堂区长的职位。因为堂区长一般会拥有一块大小不等的教田。例如，在 1291 年诺丁汉郡的卡尔顿村庄，陪审团指出，按照古老的惯例，在主显节的第二天日出之后，村庄中的领主、堂区长以及自由民都要汇报他们在村庄共同体的公有地中进行犁耕的情况。只要他们愿意，他们在那天犁耕出多少土地，那么今年他们就可以在公有地上耕种多少，而且他们不用去申请特许状。[②] "在瓦尔博斯堂区，堂区长持有 2 维格特的土地，一座房屋、一个庭院以及一些分布在沼泽、林地以及其他地方的牧场"[③]；"霍利威尔堂区长则持有 1 维格特土地，半块牧场，10 英亩草场，并与其他人共享一块沼泽和牧场"[④]；"而莱普顿堂区长则持有 1 维格特土地，一间牧师住所以及西南林地的一块公共牧场"。[⑤] 正因为如此，中世纪的堂区的职员有了很强的世俗色彩。他们不仅要管理堂区的宗教事务，同时还有管理农业的职责。例如，"在 1498 年的吉尔顿规定，村庄中的任何人都不能在堂区长公开宣布的某天之前，把自家的猪、小猪、公牛、小牛、马匹赶入耕地之中，否则每触犯一次就要被处罚 2 便士。"又如，"1483 年的王

① G. C. Homans, *English Villagers of The Thirteenth Century*, Cambridge, Mass：Harvard University Press, 1941, p. 383.

② G. C. Homans, *English Villagers of The Thirteenth Century*, Cambridge, Mass：Harvard University Press, 1941, p. 362.

③ William Hart (ed.), *Cartularium Monasterii de Rameseia*, London：Lonman, 1884-1893, Vol. 1, pp. 305-306.

④ Ibid., 293.

⑤ Ibid., 320.

社会转型时期英国乡村基层组织研究

室莱普顿规定，在堂区长把地里的豌豆运输完毕之后的 15 日内，村庄中的任何人都不能把绵羊、公牛、马匹或者母马驱赶到田地之中放牧，否则每违反一次每人都将被处罚 12 便士。"[1] 在埃尔顿，堂区长还有四个茅舍农，其中一个茅舍农可能是副堂区长，其他三个人来自同一个家族，他们应该是堂区长的仆工。[2]

在有些地区，堂区长会同时管理几个堂区。例如，博格·德·克莱尔，他是一个伯爵的小儿子。1291 年时，他同时持有 24 个堂区。每年他可以收入 2200 英镑，但他每年用来买姜的费用都要比他支付给每个堂区代理人的薪水还要多。对于宗教事务他也无暇过问。有一个修士在复活节时去博格所在堂区的教堂参观，发现祭坛上居然用一些溅满了牛屎的枯树枝做饰物。[3] 由此可见，中世纪的堂区长尽管是基督教基层组织的管理者，但他们与世俗生活紧密地结合在了一起，这也为后来他们积极参与世俗生活奠定了基础。

其次是堂区执事（churchward）。在有的堂区，堂区长并不一定居住在堂区内，因此，管理教堂的任务主要是由堂区执事来负责。"在英格兰的 8600 多个堂区教堂中，有 3300 多个堂区是由堂区执事来负责的。"[4] 他们是管理堂区日常事务的基层官员。堂区执事的人数，一般情况下大的堂区里有两名，在相对较小的堂区里只有一名。堂区执事的身份主要是来自自由农或者手工业者的家庭，也有的是维兰的后代，有时候，一些乡绅也参与该职位的竞选。担任堂区执事的人，无论是来自自由农还是维兰，大部分出身于村庄中较为富裕的家庭。一些维兰通过交纳一定的钱财获得了特许状从而被任命为神职人员，由于本身聪明能干，深得堂区长的赏识。

在一些堂区，堂区长支付给堂区执事固定的薪水，而堂区中所有的收入归堂区长所有。[5] 但在大多数堂区，堂区执事一般都是通过耕种堂区的教田

① J. A. Raftis, *Tenure and Mobility Studies in the Social History of the Mediaeval English Village*, Toronto：Pontifical Institute of Mediaeval Studies, 1981, p. 117, 118.
② Frances & Joseph Gies, *Life in a Medieval Village*, New York：Harper Perennial, 1990, p. 53.
③ J. R. H. Moorman, *Church Life in England in the Thirteenth Century*, Cambridge：Cambridge University Press, 1955, pp. 26-28.
④ J. R. Lander, *Government and Community：England 1450-1509*, Cambridge：Harvard University Press, 1980, p. 130.
⑤ J. R. H. Moorman, *Church Life in England in the Thirteenth Century*, Cambridge：Cambridge Uiversity Press, 1955, pp. 24-37；A. H. Thompson, *The English Clergy and Their Organization in the Later Middle Ages*, Oxford：Clarendon Press, 1947, pp. 101-131.

来维持生活。到了 13 世纪以后，堂区执事主要是由自己堂区内的教民来供养。他们还拥有一定数量的土地，这些土地一般出租给农民来经营，收取一定的租金，并要求他们服一定的劳役，实际上已经演变成了一个小领主。堂区执事的主要职责是负责管理堂区的资金以及慈善事业的拨款；有时，他们还要成为堂区长的记录员，因此，往往与教会的上层人员关系十分密切。堂区执事的职位一般在复活节的堂区会议上进行选举。随着堂区执事地位的逐渐提高，同时也为了限制堂区长的独断专行，保障堂区事务的有序进行，1172 年，教皇亚历山大三世规定，必须要保证堂区执事工作的稳定，同时把堂区收入的三分之一作为其薪俸。因此，规定堂区事务不能完全由堂区长来决定，而且还要征询堂区执事的意见，从而保证堂区收入的正常分配。[①]这也使得管理堂区的权力逐渐地转移到堂区执事的手中。

再次是牧师。一般情况下，每个堂区都至少有 1 名牧师。一般牧师是由主教来任命的。13 世纪以前，《圣经》主要是由拉丁文来书写的，担任牧师的前提首先是要学习拉丁文，因此，那些新入职的牧师只能去求教于其他堂区略懂拉丁文的牧师，并学习基本的宗教仪式规范。而那些进入到主教学校、修道院学校或者大学的人，他们结业后一般都去担任大学的教师、教会的官员以及贵族的秘书等职务，很少有人去堂区任职。这也使得中世纪堂区牧师的文化背景不尽相同，甚至有很多牧师连《圣经》都读不懂。罗格·培根对此发出强烈的谴责："他们就像学舌的鹦鹉，只会发出人声但没人知道他们在说什么。"威尔士著名的编年史家杰尔拉德讲述了一个愚昧无知的牧师的故事：有的牧师无法区分《圣经》中的两个人物巴拿巴（随同圣保罗去塞浦路斯和小亚细亚的基督教徒和使者）和巴拉巴（因耶稣替死而获得释放的一个杀人犯）（《路加福音》23 章 13—24 节）；还有的牧师无法区分《犹大书》（新约中的篇名）和出卖耶稣的犹大是什么样的关系；还有一个更为可笑的牧师，当教会的审查人让他用拉丁文讲述一个有关债务问题的故事时，他把 500 和 50 都读成了一个，审查人问他，如果这个数目都是一样的话，那么这个故事也就没什么意义了，他立刻回答说，前一个 500 是指安茹王朝时期的便士，后一个

① J. R. H. Moorman, *Church Life in England in the Thirteenth Century*, Cambridge：Cambridge University Press, 1955, pp. 28–31; John. Godfrey, *The English Parish*, 600–1300, London：S. P. C. K. for the Church History Society, 1969, pp. 74–75.

500 是英镑。① 到了 13 世纪以后，随着大量手册和文献的不断印发，牧师可以学习到更多的知识，从而也标志着堂区牧师开始走向职业化。这一时期，大量具有白话性质的书籍开始流行起来。比如，伯克郡的威廉所写的《牧师的目光》在当时是非常流行的。1314 年，约翰·马克的白话诗《堂区牧师指南》，把威廉的书变得更加通俗易懂。

四、对乡村管理者的几点思考

中世纪的村官是否都是道德高尚、口碑极好的人？在庄园档案中我们找到了很多村官知法犯法的案例，有一些村官甚至是罪行累累。例如，拉姆齐的托马斯在被选为治安官之前，在 1377 年的时候被处罚了半马克，"因为他用大狗把村民的家畜赶进了沼泽地而违反了法令"②。即使在 1379 年他做治安官时，由于破坏了和平法令而被控告，"大约在圣彼得节前后，他在拉姆齐的田地以及沼泽地里使用武力，违反了国王的和平法令"③。在接下来的一些案件中，他还被控告殴打了艾格尼丝·克拉克的仆工，他"用一根棍棒打断了他的胳膊，并且致使其严重受伤"。同时，他还被证实把海普曼格雷村庄的威廉·泰勒殴打致伤；攻击了杰弗里·格拉贝以及他的妻子；他还被怀疑偷窃了理查德·蒙斯特勒莱家一头价值 3 先令的白色小牛；甚至他还在夜里去菲利普·怀尔家偷听其谈话。④ 在埃尔顿村庄，亨利·高德斯文是一个维格特尔，担任过验酒官和陪审员。1279 年他被法庭处罚了，因为"他拒绝在第二个秋季布恩工时履行劳役，在没有得到管家允许的情况下他提前回家了，这严重损害了领主的利益，因此被处罚半马克"⑤。还有一个叫约翰的年轻人，他也是埃尔顿村庄的一名村官。1292 年，他与雷吉纳德·勒·怀斯的妻子爱丽丝通奸；1306 年，他又被约翰·何琳状告非法侵犯；1306 年，他又殴打了他的一个名叫约翰·查普曼的佃农。⑥ 如此等等。

① J. R. H. Moorman, *Church Life in England in the Thirteenth Century*, Cambridge：Cambridge University Press, 1995, pp. 90—91.
② DeWindt, *The Court Rolls of Ramsey Hepmangrove and Bury*, 1268—1600, Toronto：Pontifical Institue of Mediaeval Studies, 1990, p. 480.
③ Ibid., 483.
④ Ibid., 484, 486.
⑤ E. M. R., p. 2.
⑥ E. M. R., p. 34, 116, 120.

尽管这些村官并非人格完美，甚至有时还作恶多端，但他们并没有成为乡村社会中的"恶霸"，可以利用手中的权力为所欲为，也没有成为领主压迫农民的工具，其原因为何？

第一，民选传统的存在。村官一般都是由全体村民共同选举产生的，有时需要领主或其代理人给予确认，但这种确认只是一种形式上的。由村民共同选举村官的传统由来已久，这种选举的惯例可能要追溯到日耳曼人建立村庄之初，并且随着日耳曼人进入西欧地区后，这一传统仍然得以保留。例如，在波希米亚、波兰、下奥地利等地，村官一般都是由村民大会选举产生的；在英格兰、瑞典、德国、奥地利以及法国等地的村庄中，则由领主或其管家任命一名村头，其他村官则是由村民选举产生；在萨伏依、苏黎世州、下萨伏依、奥利地的提洛尔以及英国的兰开斯特郡的一些村庄中，村民则选举两名村头来分别管理村庄事务；还有一些地方，一些小的村庄或小屯联合起来，共同选举一名村官。① 还有些地区，那里的村官不是定期选举的，而是在村民中按照一定的次序轮流担任，每个人都要担任一个周期。② 选举村官不仅是村民的权利，同时也是义务，例如，"海尔斯欧文村庄的村民就曾因没有选出村头而受到 10 英镑的集体罚款"③。在奥尔特所整理的 206 条庄园档案中，几乎有一半以上是有关村官选举的，而且每条档案上都写着"经全体村民一致同意"或者"全体出席人一致同意"的字样。这也从另外一个角度说明了村官民选传统的存在。正是这种民选传统的存在，使得村民能够最大限度地选择维护共同体利益的村官。当农民与领主发生冲突时，这些村官往往会选择站在农民的一边。例如，在农民起义中，很多村官都被当作是领导者；在日常生活中，一旦他们的邻居遭到领主的指控，他们则尽量去包庇。因此，这些村官被 J. C. 斯科特戏称为反抗领主的"微弱武器"。④

第二，村民大会的监督作用。如果说民选传统只是保证了村官选举的民

① Jerome Blum, "The Internal Structure and Polit of the European Village Community from the Fifteenth to the Nineteenth Century", *The Jouranl of Modern History*, Vol. 43, No. 4 (December 1971), p. 556.

② Frimannslund, "The Old Norwegian Peasant Community: Farm Community and Neighbordood Community", *Scandinavian Economic History Review*, No. 4 (1956), pp. 76–77.

③ Razi, "The Struggles between the Abbots of Halesowen and Their Tenants in the Thirteenth and Fourteenth Centuries", in *Social Relations and Ideas: Essays in Honour of R. H. Hilton*, T. H Aston (ed.) Cambridge: Cambridge University, 1983, p. 160.

④ See J. C. Scott, *Weapons of the Weak: Everyday Forms of Peasant Resistance*, New Haven: Yale University Press, 1987.

主性，但在实际运行中其权力不受到一定限制的话，那么这种民选也就失去了其应有的效应。在中世纪村庄共同体中真正掌握权力的是由全体村民参加的村民大会，它是村庄共同体的最高权力机构。村庄中的每个村民都有权利和义务参加大会，并就村庄的一些重大事务进行投票表决，其中就涉及到选举和罢免村官，并对那些违法乱纪的村官提起诉讼等事宜。在拉姆齐我们就发现了类似的情况：托马斯·怀特米尔恩从 1377 年 6 月 22 日到 1378 年 6 月 21 日，他一直都在担任拉姆齐村庄的治安官。1377 年，在召开村民大会时托马斯被起诉了，"由于他没有让面包师遵守面包法令，并且他极力迫害拉姆齐村庄的人们"。在 1379 年的一次村民大会上，托马斯由于攻击村民艾玛·辛普森而被再次起诉："在爱德华三世在位的第 15 年万圣节的那天，在伯里，他破坏了国王和平法令，打断了艾玛·辛普森的胳膊。"同时，"劳伦斯也被起诉了，因为他妨碍了拉姆齐的治安官履行他们的职责——去逮捕拉姆齐的托马斯·怀特米尔恩，当时他利用王室管家的身份事先告知了托马斯法庭即将对他进行逮捕的消息。"① 他们都被村民大会解除了职务，同时也得到了应有的处罚。在沃尔沙姆乐威洛斯村庄，在 1363 年，约翰·伍兹控告村头"殴打他并粗暴地对待他"；艾利亚斯在同一年也控告了村头。这个村头被分别处罚了 40 便士和 2 先令。② 在埃尔顿，在某个星期天的村民大会上，当着全体居民的面，高斯林的儿子里切尔、理查德及其妻子一起控告米切尔村头，指出了他一些贪污腐化的罪状：米切尔利用惯例佃农给领主施布恩工的时候，让他们为自己收割庄稼；他还利用村民为领主服犁耕劳役时，为他自己的耕地犁地；他还私自赦免一些佃农的劳役，为的是他们可以以更低的价格把土地出租给他。米切尔进行反驳。陪审团判定：米切尔无罪。法庭处罚了理查德和里切尔每人 2 先令 6 便士的罚金。同时，要求理查德支付给米切尔 10 先令的补偿费。但后来，米切尔原谅了他，只收取了 2 先令。③

可见，在中世纪英国的村庄共同体中，村官的权力始终被置于村民大会

① DeWindt, *The Court Rolls of Ramsey Hepmangrove and Bury*, 1268—1600, Toronto: Pontifical Institue of Mediaeval Studies, 1990, p. 483, 485.
② Lock (ed.), *Court Rolls of Walsham le Willows* 1351-1399, Woodbridge: Boydell P. for Suffolk Record Society, 1998, p. 71.
③ E. M. R., pp. 5-6.

的监督之下，任何滥用权力欺压村民或者营私舞弊的行为，都会受到村民大会的监督和惩罚。"因为村民大会更关注的是保护共同体的利益而不是领主的利益。"①

第三，习惯法的传统。习惯法是长期以来人民生活习惯的汇总，在中世纪的乡村，习惯法基本上都是与村民日常生活紧密相关的，因此也被称为村规（by-laws）。村民都必须遵守习惯法，按照惯例行事，任何人都不得凌驾于习惯法之上。例如，在14世纪下半叶英国的阿内尔（Arnale）村庄，施赈员私自圈占了一块林地，遭到了村民长达几年的反抗；而1353年英国的十户联保组在督查中提到："拉姆齐的验酒官私自圈占了阿内尔林地达3年的时间，在那里，拉姆齐的村民们本应该是拥有公共权利的。"最终在1354年，这个验酒官被处罚了，"因为他在阿内尔周围建立了篱笆，妨碍了共同体的利益。"②；"在1332年的海明福德修道院，陪审团指出，托马斯联合15个收税员对他们自己的财产进行了伪报，致使整个村庄的税收增加了40先令。鉴于他的这种非法行为，他被处罚了20先令；陪审团指出，上述的托马斯向领主的管家以及其他的村官曾作出承诺，目的是他想获得收税人的职位。这违背了村庄的惯例，因此法庭处罚他40便士。"③

第四，任期的有限性。中世纪村官的任期都受到一定的限制，这些被选举产生的村官并不是终身制的，都有着一定的任职期限，这在一定程度上也限制了其权力的不断膨胀。村官的任期在西欧各地也不尽相同，但一般情况下，村官都是每年或者每半年选举一次。"在挪威和德国的西北部地区，那里的村官不是定期选举的，而是在村民中按照一定的次序轮流担任的，每个人都要担任一个周期；在下奥地利的村庄，一般是由领主来确定何时选举村官的。但无论怎样，村官的任期都是有一定时间限制的。"④

综上所述，通过对中世纪村官制度的分析，我们可以看到，村官在管理

① C. Dyer, "Were Late Medieval English Villages 'self-contained?", in *The Self-contained Village? The Social History of Rural Communities*, 1250-1900, Christopher Dyer (ed.), Hatfield: University of Hertfordshire Press, 2006, p. 25.

② D. A. Hobbs, *Manor Village and Individual in Medieval England*, Victoria: University of Victoria, 2003pp. 121-122.

③ J. A. Raftis, *Tenure and Mobility Studies in the Social History of the Mediaeval English Village*, Toronto: Pontifical Institute of Mediaeval Studies, 1981, p. 97.

④ Frimannslund, "The Old Norwegian Peasant Community: Farm Community and Neighbordood Community", *Scandinavian Economic History Review* No. 4, (1956), pp. 76-77.

村庄日常生活、组织农业生产以及维护社会秩序方面发挥着积极的作用；尽管这些村官有时也存在利用职权营私舞弊的现象，但是，民选传统的存在、习惯法的制约以及村民大会的监督作用，使得村官并没有沦为领主压迫人民的工具，并在一定程度上确保了共同体的利益。尽管这种村官体制还存在着很多的缺陷，如一人多职所导致的职责不清，从而也造成了办事效率低下等问题，但这并不妨碍这种制度在中世纪乡村社会中发挥积极作用。

第四节　乡村基层组织的多元权力结构

如前所述，在中世纪的乡村基层组织中存在着多元的权力结构：村庄主要是负责人们的日常生活；庄园是领主经济的一种体现；堂区则负责与宗教、婚姻、救济等方面有关事务。三者是平行的关系，有时相互制约和监督，从而为中世纪农民提供了一定的自主性和广阔的发展空间。[①] 当然，无论是庄园的运作，还是堂区的管理都是依靠村庄共同体来实现的。例如，庄园中土地的播种、秋收以及放牧等工作都需要村民一致行动、相互配合；尽管堂区是宗教机构，但是，它在实际运作过程中也同样离不开村庄共同体的支持与配合。根据马克·布洛赫的观察，领主的庄园和农民的村庄之间并非完全对立。[②] 而霍曼斯也进一步指出，只有村庄的强大，才会有庄园的强大。[③] 二者之间并不是对立的关系。并且近年来的研究也表明，领主希望依靠村庄共同体的力量来加强对庄园的管理，从而降低农奴制庄园的管理成本；而村庄共同体则希望借助领主的权威来强化内部的秩序。[④] 因此，我们从庄园的管理以及堂区的运作等方面，都可以看到村庄对庄园或者堂区的影响，这主要体现在以下几个方面：

首先，从管理人员来看，无论是庄园的庄官还是堂区的管理人员，它们都在一定程度上借鉴了村官的管理模式。这些管理人员大都身兼数职，有的

① 侯建新：《中英封建晚期乡村组织比较》，《史学理论研究》2000 年第 3 期；徐浩：《农民经济的历史变迁——中英乡村社会区域发展比较》，社会科学文献出版社 2002 年版，第 119 页。

② ［法］马克·布洛赫：《依附耕作的兴起和庄园制度》，载［英］波斯坦等主编：《剑桥欧洲经济史》第 1 卷，朗丽华等译，经济科学出版社 2002 年版，第 243—249 页。

③ G. C. Homans, *English Villagers of The Thirteenth Century*, Cambridge, Mass：Harvard University Press, 1941, p. 40.

④ 李云飞：《中古英国庄园制度与乡村社会研究》，暨南大学出版社 2014 年版，第 295—327 页。

人既是村官，同时又是庄官，还有可能是堂区执事。例如，庄园的庄头就是由村庄中的村头演变而来的。因为从词源学来看，在英国早期文献中一般把村头称为"gereave"，而庄头一般被称为"reeve"，由此可见二者之间的内在联系。"早在盎格鲁-撒克逊末期，每个村庄都要派村头、牧师以及3到4名村民去参加百户区法庭和郡法庭。"① 由于此时并没有出现庄园，因此，村头与庄园之间也并没有发生关系。随着各地庄园的建立，村官的职能也发生了变化。由最初只为村庄服务，开始转向为庄园领主负责，这也导致了乡村基层组织中管理人员相互重叠的现象。之所以出现这样的现象，其主要的原因是出于对管理成本的考虑。因为很多领主为了降低管理上的成本，采取直接利用原有村庄的管理人员，让他们以直接为自己服务的方式来管理庄园。正如霍曼斯所说："最早的庄园领主接收了以前村庄的管理人员用以进行庄园的管理，这是顺其自然的事情。因为领主更愿意按照原有的组织行事，而不是重新创造自己的组织。"② 正因为如此，村官的选举也就成为了领主比较关注的问题。至于堂区中的一些管理者，如堂区长、堂区执事等，他们一般也都出身于农民。尽管只负责宗教事务，但由于他们经常参与农业生产活动，因此，当他们作为一个普通农民时，他们的行为也要受到村民大会的监督。如果他的行为妨碍或者违犯了村规，那么他也一样会受到处罚。例如，"有一个堂区长在某个村庄附近挖掘了一个土坑以便其取土，但这一行为妨碍了其他村民的活动。因此，他被处罚了。"③

其次，从管理机构来看，庄园与堂区也受到了村庄共同体的影响。如前所述，在中世纪的乡村，随着庄园的兴起，作为村庄最高权力机构的村民大会蜕变为庄园法庭，二者在形式上出现了重叠。这也使得很多人错误地认为，中世纪的英国乡村是以庄园为中心的，村庄共同体作为日耳曼人原始社会的"残余"被庄园完全取代了。但通过对庄园法庭重新审视我们发现，中世纪的庄园法庭体现出来一种"二重性"。它既没有沦为领主盘剥农民的工具，也没有成为农民对抗领主的舞台，最主要的原因就是背后所隐藏的、

---

① W. O. Ault, The Vill in Medieval England, *Proceedings of the American Philosophical Society*, Vol. 126, No. 3 (June 1982), p. 188.

② G. C. Homans, *English Villagers of The Thirteenth Century*, Cambridge, Mass: Harvard University Press, 1941, p. 290.

③ E. M. R., p. 300.

强大的村庄共同体的力量。这也恰恰说明，在庄园时代，村庄共同体并没有消失，它仍然是中世纪英国乡村的核心组织机构。就堂区而言，堂区中的教民，同时也是村庄中的村民。因此，堂区中的堂区会议、堂区法庭等管理机构发挥作用也是采取了共同体的形式来实现的。斯科菲尔德指出："中世纪的教堂管理也大都采用了共同体的形式。正如我们所看到的那样，堂区教堂的维护主要是由堂区的教民来集体负责。"① 同时，中世纪堂区所执行的慈善、救济等事业，没有村庄共同体的支持，也很难执行。正如克拉克所指出的那样："如何让生活在中世纪乡村中那些各种各样类型的人们能够具有团结力及归属感呢？如果我们忽视人们的共同体生活这一主题，那将会是一个错误。正如一个资深的牧师在 1177 年的税收法庭上，在面对困难问题时对年轻人所说的那样：等一下，让我们来询问一下乡下人。"②

　　总之，在中世纪的英国乡村社会，无论是村庄、庄园还是堂区三者都在一定程度上继承了共同体的精神。它们以村庄共同体为基础，在各自的领域内发挥着不同的作用。但是，这并不代表三者之间是从属的关系，它们之间既有合作，但同时也相互牵制。正是由于村庄、庄园以及堂区三种平行空间的存在，为中世纪农民提供了相对自由的发展空间。由于村庄、庄园以及堂区的并行，农民得以游离于三者之间，从而为其获得一定的权利创造了条件。英国村庄史研究专家布莱恩·K·罗伯特把中世纪英国乡村的社会构成分成三个要素：公共空间（public space），包括教堂、墓地、道路、桥梁等，所有的人包括那些外来者都有使用的权利；共有的空间（communal space），共有的空间包括菜园、果园、畜栏、烤炉、池塘、树木、泉水、牧场以及最为重要的敞田，即使上述的所有权归领主所有，但村民仍然有权利使用；私有的空间（private space），私有的空间则包括房屋及其附属物、宅基地以及村民自己的菜园等，只有私人才有使用权。③ 但也有一些要素是比较模糊的，比如田地的出入口，它既是公共的空间也属于共有的空间范畴；

---

① R. Schofield, "England: Family and the Village Community", In *A Companion to Britain in the Later Middle Ages*, S. H. Rigby (ed.), Oxford: Blackwell Publishers Ltd., 2007, p. 68.

② Elaine Clark, Social Welfare and Mutual Aid in the Medieval Countryside, *The Journal of British Studies*, Vol. 33, No. 4 (October 1994), p. 382.

③ Brian K. Roberts, *The Making of the English Village*, *A Study in Historical Geography*, Harlow: Longman Science & Technical, 1987, pp. 21–29; Chapelot & Fossier, *Village and House in the Middle Age*, Berkeley & LosAngels: University of California Press, 1985, p. 184.

教堂既属于公共的空间和共有的空间，但它也属于私人，因为村庄的教堂名义上归领主所有；铁匠铺、牧羊人的房屋以及堂区长的房屋也既属于共有空间也属于私人的空间。由此可见，正是由于村庄、庄园以及堂区三种不同组织机构的存在，中世纪英国的农民获得了三种不同的权利空间，从而也为其发展创造了较为宽松和自由的环境。中世纪英国的农民之所以能够最早完成"前原始积累"，并发展成为"现代化的第一基石"，从根本上来说，与此有着密切的关系。

目前，学术界对英国乡村基层组织中的村庄与庄园、村庄与堂区的关系也进行了一定的探讨，其中以村庄与庄园的关系研究得较多。大体上可分为三种观点：第一，认为庄园完全取代了村庄。传统史学家认为，随着庄园的兴起，农民开始走向了农奴化，他们对封建领主越来越存在依附性，逐渐失去了人身的自由，因此，村庄共同体也沦为了领主控制农民的工具。如早期的梅特兰、维诺格拉道夫等人就认为，庄园的出现是由于外部的力量强加给自由而独立的村庄共同体使然。托曼诺夫也曾指出，村庄中的土地分配，其目的是为了实现外部力量对村庄的控制。① 第二，强调村庄共同体独立性，认为农民更多的是以共同体的形式来抵制领主的过度盘剥。这一派的学者主要是以加拿大多伦多学派的拉夫提斯等人为代表，他们更多的是以村庄作为中世纪英国乡村社会的考察对象，着重强调村庄共同体的自治性以及团结性。② 第三，提出了一种"互惠模式"，即认为在中世纪英国的乡村，庄园与村庄之间是相互促进、共同发展的。如中世纪乡村史学家霍曼斯、贝内特等都曾在论著中指出了庄园与村庄之间、领主与农民之间互惠合作的一面。

从目前的学术界研究来看，第一种观点仍然占有一定的话语权，从而也在学术界造成了"只要谈及中世纪的乡村，必然要以庄园为中心"的局面。笔者认为，无论是强调庄园的重要性，还是强调村庄共同体的独立地位，事实上都在一定程度上抹杀了村庄、庄园以及堂区三者之间所存在的平衡关系，都过于强调了某一组织在英国历史发展过程中的重要作用。比如，庄园

① Peter Toumanoff, "The Development of the Peasant Commune in Russia", *The Journal of Economic History*, Vol. 41, No. 1 (March 1981), pp. 184-97.

② Z. Razi, "The Toronto School's Reconstitution of Medieval Peasant Society: A Critical View", *Past and Present*, No. 85 (November 1979), p. 141.

社会转型时期英国乡村基层组织研究

的生产是为了领主的利益，但在实际运行过程中也必然要涉及到村民的一些利益，正如维诺格拉道夫所说："庄园不仅仅是为了领主的利益而存在的，同时，它也是为了农民的利益而存在的。"① 再如，中世纪乡村的婚姻是由堂区来负责管理的，但是在具体实施过程中则会涉及到村庄、堂区以及庄园法庭。按照中世纪的习惯法，婚前的性行为是要被法庭处罚的，在有些村庄，还征收一种"儿童罚金"，主要是针对那些未婚先孕的男女。例如，在1279 年至 1342 年的埃尔顿档案中共记录了 22 起婚前性行为或者未婚先孕的案例。这些人被处罚了 6 便士到 12 便士不等。② 尽管婚前性行为或者未婚先孕要被处罚，但这并不代表这种行为会受到村庄共同体的谴责。因为在中世纪的乡村，人们普遍认为这种行为可以验证一个妇女的生育能力。因此，村庄共同体对于这种婚前性行为或者未婚先孕则持一种比较宽容的态度。例如，在 1316 年的埃尔顿，陪审团被村庄共同体处罚了，因为他们禁止了所有的婚前性行为。③ 但对于通奸的行为，则是受到了村庄共同体的反对，因为这种行为影响了家庭生活的稳定。这种行为的定罪一般都是由堂区法庭来处理的，这也体现了中世纪堂区在管理人们道德层面的职能。例如，布雷顿通过对 1294—1323 年布劳顿的法庭档案研究发现，有 24 个通奸的案例，其中有 10 个案例涉及到男女双方；有 8 个案例仅提到了男方；有 6 个案例只涉及到了女方。④ 这些案件都是由堂区法庭来负责处理的。

综上所述，中世纪的乡村基层组织中存在着三种组织机构，因此，在管理人员上它们之间相互重叠，从而也使得它们在管理具体事务上相互制约，这也为农民的权利赢得了一定的发展空间。

---

① Vinogradoff, *The Growth of the Manor*, Cambridge：Cambridge University Press, 1968, p. 307.

② E. M. R., p. 3.

③ E. M. R., p. 200.

④ Britton, *The Community of the Vill：A Study in the History of the Family and Village life in Fourteenth-century England*, Toronto：Macmillan of Canada, 1977, pp. 34-7.

第三章

乡村基层组织的法律体系

在中世纪的英国社会存在着诸多的法律体系，诸如商法、城市法、教会法等等，但与农民生活紧密相关的无疑是他们村庄或庄园的习惯法——村规（by-laws）。因此，对英国乡村基层组织法律体系的研究，主要是围绕村规的制定、内容以及诉讼展开的。尽管这些习惯法在英国社会转型时期发生了一定的变化，并最终被普通法所取代，但是，我们不能忽视它对英国农民法律意识以及法律自治的培育。因为"每一个村庄共同体都有自己的规则，外面的人，即使国王，都不能修改它们"①，英国之所以能成为近代最早的法治国家之一，其根源也在于此。"历史表明，西欧中世纪晚期和近代早期出现的具有划时代意义的经济增长，与法律及法律制度之间存在着深刻的内在联系。"②

村规是中世纪英国乡村基层组织的日常行为规范，无论其制定还是实施，都在一定程度上影响着当时的乡村生活。维诺格拉道夫在很久以前就注意到了这一点，他在庄园档案中发现了一些 15 世纪早期的村规，并指出了它们的价值所在："这些村规可以作为村庄共同体正常运转的重要证明。"③尽管如此，但在 20 世纪中叶以前，由于受到传统史学的影响，国内外的很多学者一直把中世纪时期的村规看作是"古代公社习俗的残余"，是一种落

---

① R. B. Goheen, "Peasant Politics? Village Community and the Crown in Fifteenth-Century England", *The American History Review*, Vol. 96, No. 1 (February 1991), p. 60.

② 侯建新：《资本主义起源新论》，生活·读书·新知三联书店 2014 年版，第 180 页。

③ W. O. Ault, *Open-Field Farming in Medieval England: A Study of Village By-Laws*, London & New York: George Allen & Unwin Ltd., 1972, p. 12.

后社会的象征。史学界对其研究的兴致也不高，因此，对村规做专门研究的学者就更加是凤毛麟角了。除了梅特兰、维诺格拉道夫等少数学者做过相关的研究外，尚未发现有更多的学者涉足于此。即使在这些学者中间也存在着很大的争议。例如，梅特兰认为："村规在早期并不为人所知，只有到了14和15世纪时，由于庄园的解体，需要制定一些规范以维护村庄共同体的公共利益时，村规才重新被人们重视起来，在此之前是没有必要用到它们的。"[①] 而维诺格拉道夫则坚持认为，村规早在13世纪时就必定存在过。[②] 他的观点得到了法学家霍尔兹沃斯的支持。[③] 这两位学者的观点似乎更加贴近于我们今天所认知的中世纪乡村社会。但是，维诺格拉道夫等人的观点更多的是一种猜测，他们并没有找到足够的史料来加以证实。

进入到20世纪以后，随着新的庄园档案和文献的不断发掘，维诺格拉道夫的猜测已不再是历史学的哥德巴赫猜想。西方的一些学者经过不懈的努力，终于证实了这种猜想的真实性。其中贡献最大的就是奥尔特和欧文夫妇（C. S. and C. S. Orwin）。通过对来自英国10个郡的31个不同庄园档案的研究，奥尔特共整理出了195条早期的村规。这些村规最早是用拉丁文记录的，后被他翻译成英文。奥尔特对这些村规和档案进行了详细的归纳，这些文献的时间跨度从13世纪到17世纪。[④] 欧文夫妇则从英国诺丁汉郡的莱克斯顿堂区（Laxton Parish）庄园法庭卷档中收集到了自17世纪至19世纪的100多条村规，该地是英国政府作为历史标本有意保留的少数几个、直到20世纪60年代还存在的公地范本，它的庄园记录自1635年以来一直保存未断。

这些村规的内容主要是与农业和放牧工作有关。如奥尔特所讲："这些村规主要是处理敞田农业和村庄共同体放牧权的一些相关问题，因此，它们主要是和农业以及畜牧业的农村相关联。在1631年，仅牛津郡的特克雷（Tackley）村庄，就有47个这样的村规被制定。"[⑤] 通过对这些村规的解读，

① F. W. Maitland, *Township and Borough*, Cambridge：Cambridge University Press, 1898, pp. 25-6.

② P. Vinogradoff, *English Society in the Eleventh Century：Essays in English Medieval*, Oxford：Clarendon Press, 1908, pp. 136-578, 582-3.

③ Holdsworth, *History of English Law*, London：Methuen, 1972, p. 57.

④ W. O. Ault, *Open-Field Farming in Medieval England：A Study of Village By-Laws*, London & New York：George Allen & Unwin Ltd, 1972, pp. 81-174.

⑤ W. O. Ault, "Some By-laws", *The English Historical Review*, Vol. 45, No. 178（April 1930）, p. 208.

可以深入了解中世纪时期乡村的日常生活，并从中探寻中世纪乡村所具有的法治因素以及民主因素。

第一节　村规的制定

在中世纪的英国，真正有文字记录的村规最早见于 13 世纪。[①] 而在1370 年的王室审判中，第一次把各种村庄的法令统称为"Bie-laws"。[②] 村规是人们在长期的生产、生活中形成的一种惯例，最初仅存在于人们的"集体记忆"之中，有的甚至存在于世代相传的歌谣里面，因此，在很长一段时间以来，村规都是靠人们口头来传播的，并没有形成文字记录。正如弗朗西斯所指出的："在英格兰和欧洲大陆上，有成千上万的村庄独立地形成了自己的村规，开始时候是口头的，到后来才逐渐形成书面的。"[③] 例如，直到 18 世纪左右的时候，在德国中部地区的村庄中，仍然是由村庄中的村官来向人们大声宣读村规的。[④]

那么，为什么要制定村规呢？

首先，制定村规是为了更好地管理村民的日常生产生活。在中世纪乡村中，与人们日常生活紧密相关的就是如何安排农业生产劳动。例如，如何在村民中间分配犁耕的劳役；如何在秋收时节调配劳动力以便更好地去收割庄稼；如何去管理公有地上的公共放牧权；如何使用村庄的公共资源（如矿藏、林地、荒地等），等等，这些问题的解决仅靠村民之间的相互默契是做不到的。因此，对于那些生活在中世纪村庄中的人们来说（特别是那些实行敞田制度的村庄），制定一些行为规范是十分必要的。正如拉夫提斯所说："无论是否有领主存在，村规都已经成为了人们日常生活中必须遵循的基本原则，它也成为了乡村管理中最有价值的依据，它也是乡村经济生活中各种危机的重要指示标。"[⑤]

---

① 奥尔特所发现的最早村规是在 1250 年。

② H. M. Cam, "The Community of the Vill", in *Medieval Studies presented to Rose Graham*, Ruffer, Vernoica & A. J. Taylor（eds.），Oxford：Oxford University Press，1950，p. 1.

③ Frances & Joseph Gies, *Life in a Medieval Village*, New York：Harper Collins，1990，p. 132.

④ Jerome Blum, "The European Village as Community：Origins and Functions", *Agricultural History*, Vol. 45, No. 3（July 1971），p. 547, 548.

⑤ J. A. Raftis, *Tenure and Mobility Studies in the Social History of the Medieval English Village*, Toronto：Pontifical Institute of Medieval Studies，1981，p. 109.

其次，村规的出现是乡村基层组织发展到一定阶段的产物。尽管村规作为一种古老的惯例，很早以前就存在于人们的头脑之中了，但是，由于古代乡村社会的组织机构尚未完善，因此，它更多的就是一种约定俗成的习惯，并未达到法令的高度。到了 10 世纪以后，随着村庄共同体、庄园以及堂区的逐步形成，它要求有相应的法令来管理农民的生产生活，保证正常的社会秩序。因此，村庄延续了原有的惯例并将其纳入到法令的体系中来，此时的惯例也就具有了一定的强制性。例如，"1270 年，在牛津郡的纽因顿（New-ington），约翰·格莱切包庇伊莎贝拉作为拾穗者而违反了秋季村规，因此，他被处罚了 2 便士。"① 按照村规的规定，要求每个有劳动能力的人都要去收割庄稼，而不能去捡拾庄稼，而约翰却接纳伊莎贝拉去捡拾庄稼因而违反了村规。作为习惯法，尽管村规早就已经存在了，但是，只有当村民触犯了村规时，它才会被记录下来。例如，诺福克郡的克斯特里卡尔（Castleacre）的庄园档案十分完整，但在其中我们只发现了一条村规："在 1309 年，伊莎贝拉·豪恩在秋季时错误地去捡拾庄稼并偷盗邻居的谷物，她是有能力去收割的人，因而被处罚 2 便士。"② 需要注意的是，对于违反村规的人不再像以前那样只是受到人们的道德谴责，而是要受到庄园法庭或者村民大会的惩处。

这里我们要说明一点，很多人认为庄园档案就是一部村规的汇编，其实这是一种曲解。准确地说，中世纪的村规只是一种习惯法，与现代的法律制度有着一定的区别，只有当某项村规遭到破坏时，它才有可能被记录下来，并成为后来人们要遵守的规范。因此，我们可以通过庄园法庭的卷档来了解村规，但庄园的档案并不等于就是村规。至于庄园为什么要记录档案，学者们的看法并不一致。梅特兰认为，庄园领主之所以记录档案主要是出于经济的目的。他说："这些档案看起来更像是庄园官员的账簿；它告诉管家和领主所获得的一些偶然性收入以及管家和庄头所征收的一些罚金。"③ 但是拉兹以及史密斯教授却不认同这种看法，他们与保罗·哈维的观点相一致，认

---

① *Documents.* 1. 以下所有档案（Documents）均来自 W. O. Ault, *Open-Field Farming in Medieval England：A Study of Village By-Laws* 一书。笔者已将该书所编辑的所有村规档案进行了翻译和整理，并作为附录置于书后，以供其他学者研究查阅。另，本书所引用的档案编号与原文一致。

② *Document.* 27.

③ F. Pollock & F. W. Maitland, *The History of English Law before the Time of Edward I*, Cambridge：Cambridge University Press, 1968, p. 358.

为庄园档案中所记录的很多东西与账簿并无太多的关系，这些档案主要是为了保证法庭要按照以前的方式进行审判。[①] 无论记录档案的目的是什么，我们都可以从中了解到有关村规的信息。因为"村规既是法律，又是司法判决书，它详细地记录了判决方式和处罚内容"[②]。

为什么最早的村规会在 13 世纪出现呢？奥尔特认为村规的出现是一种偶然的现象，他指出："村规的记录似乎是依赖于庄园官员的突发奇想或者是领主的政策。"[③] 从表面上来看，村规出现在 13 世纪前后似乎有着偶然的因素，但是，如果我们仔细研究档案会发现，从 13 世纪开始，几乎所有地区的村规数量呈现不断上升的趋势，到了 14—15 世纪时其数量达到了最多。这一现象用"偶然因素"就无法进行解释了。历史学家汉斯·内伯利兹（Hans Nabholz）提出了另外一种解释："像公共放牧和田地的合作耕种之类的事务最初是由领主及其庄官来负责管理的，但随着领主自营地的消失以及庄官被村官所取代，这些事情则完全由村民大会来商讨，由他们选举的村官来管理村庄事务。"[④] 这种情况在西欧地区比较普遍，例如，"在法国，由于这一时期领主——农民关系的松弛，村民不得不组成一个共同体来管理农业生活"。[⑤] 因此，他得出的结论是：村规之所以在 15 世纪以后逐渐增多，是由于庄园的解体导致的。内伯利兹的阐释对于理解庄园解体后，村庄共同体在组织农业生产、管理乡村社会方面起到了承上启下的作用，但是，他仍然没有真正回答上面的问题。史学的研究除了进行事件本身的研究之外，还应该从事件所处的历史背景来进行剖析，这样才能得出合理的解释。因此，笔者认为，村规之所以在 13 世纪左右出现，主要原因有两个方面：

第一，文字的普及有利于村规的大范围传播。村规作为一种惯例，其传播的途径主要依靠人们世代的口头相传，并没有形成真正的文字记载，而法庭审判的依据主要是依靠人们的记忆，这在一定程度上也限制了其传播和发展。文字在中世纪早期应用的范围是十分有限的。就英国而言，从诺曼征服

① Z. Razi & R. Smith, "The Origins of the Rolls as a Written Record", in *Medieval Society and the Manor Court*, Razi & Smith (eds.),, Oxford: Clarendon Press, 1996, pp. 36–68.

② 赵文洪：《中世纪欧洲村庄自治》，《世界历史》2007 年第 3 期。

③ W. O. Ault, "Some Early Village By-laws", *The English Historical Review*, Vol. 45, No. 178 (April 1930), p. 209.

④ ［英］波斯坦等主编：《剑桥欧洲经济史》，郎丽华等译，经济科学出版社 2002 年版，第 552 页。

⑤ 同上，第 533 页。

以后，英国人才开始注重文字资料。爱德华一世时开始普及文字，但即便如此，在中世纪中期以前识字的人仍然很少。这也在一定程度上说明了为什么村规在13世纪以前几乎没有被记录下来的原因。经过了几个世纪的发展，到了13、14世纪以后，随着《圣经》等文本的广泛传播，农民也开始理解并接纳文字的传播形式；此外，从当时大的社会背景来看，12、13世纪也是西欧历史上思想文化相当活跃的时期，这一时期出现了最早的大学，比如波伦亚大学、巴黎大学、牛津大学、剑桥大学等，这些大学的出现促进了文化的创新与传播。有的学者称之为"12世纪的文艺复兴"。① 教育的变革、文化知识的创新和传播，促进了整个社会生活的文字化。这一时期，上自国王下至百姓都开始使用文字进行信息的传播。而且社会上还出现了一个专门以写作各种文书为职业的群体，他们或者在大学接受过较好教育，或者在实践中掌握了写作技巧，所以经常出入大小领主的府邸，为其从事记账查账、撰写公文、代理诉讼等工作。在村庄中，这些人被称为"记录员"或者"书记员"，专门负责记录法庭审判的过程及结果。正是由于这种文化的普及，整个社会开始对文字资料日益重视。到了13世纪左右，法庭在审理一些案件时，开始把一些文书及令状作为法庭判定的依据。例如，在1287年拉姆齐的堂区法庭上，威廉·波普和他的妻子爱丽丝，阿兰·勒·曼尼以及他的妻子玛贝尔一起控诉菲纳·勒·克拉里伍兹，声称菲纳没有权利占有他们的土地，因为这些土地是他们通过约翰的女儿——他们的妻子继承来的。他们宣称菲纳所声称的权利是来自他们的父亲约翰的，他曾经把土地赠与了克拉里伍兹的菲利普一段时间，但这已经成为了过去。然而，菲纳则宣称他的土地并不是来自菲利普的赐予，而是来自休·勒·苏尔格雷夫的赐予，他是拉姆齐的前任修道院院长，而且他还有来自修道院以及修女院的令状。最后，陪审团认为菲纳的证据更为充分，因此，判他胜诉并处罚了其他人。②由此可见，从13世纪开始，法庭更加重视文字所记载的惯例，这在一定程度上促进了档案中村规的大量涌现。

第二，13世纪的农业与畜牧业的发展也促进了村规的出现。除了文化

---

① R. N. Swanson, *The Twelfth-Century Renaissance*, Manchester：Manchester University Press, 1999, pp. 207–13.

② D. A. Hobbs, *Manor Village and Individual in Medieval England*, Victoria：University of Victoria, 2003, p. 93.

上的原因之外，村规之所以在这一时期开始出现，还与农业的发展有着密切的关系。10—13 世纪，西欧社会出现了"农业大垦殖"。随着封建制度逐渐趋于稳定，这一时期，西欧的人口有了快速的发展，人口的增长推动了人们不断地向外扩张耕地，从而产生了一场规模宏大的、持续长久的农业垦殖运动。在这些新开垦出来的土地上，往往没有人身依附的农奴制，耕作制度也比较自由，因此吸引了大量的人口。随着人口的增多，如何管理新的垦区也被提到日程上来。此外，这一时期英国的畜牧业开始兴起，在一些高地垦殖区，甚至还出现了一批以畜牧业为主的专业村。例如，"牧羊者特别喜欢定居在林肯和约克郡的科茨沃德斯丘陵地带，因为那里的峡谷适合用于畜牛场，也同样可以用于畜马场；林肯伯爵的佃户们在彭尼就开辟出一个大的畜牛场。"[1] 由于大量家畜的饲养，有关放牧的问题纷纷出现。因此，为了保证乡村社会能够有秩序地运行，制定村规并加强对村规的执行力度就显得十分必要了。例如，在剑桥郡的埃尔斯沃斯（Ellsworth）庄园，14 世纪的档案中记录了这样一个案件：有 20 个冒犯者被处罚了，因为他们破坏了有关在谷地里放牧的村规。在这条记录的下面，我们还发现了这样的村规："经整个共同体同意规定，任何人都不能在其邻居的田地里放牧家畜，否则将处罚 2 先令并上交领主。"[2] 从这条村规我们可以看出，在这个地方，按照古代的惯例，是不允许在耕地上放牧的，而现在出现了大批违反惯例的人，因此，村民大会要不断地重申它并采取严厉的惩罚措施。正是基于以上两种原因，到了13 世纪左右，有关村规制定和实施的记录开始不断地在庄园档案中出现。

那么，由谁来制定并执行村规呢？这里要分为制定的机构以及制定的主体两个方面来加以分析。

首先，制定和执行村规的机构为谁？通常情况下，村规的制定和实施主要是在村民大会上进行的，但是，到了庄园时代，由于庄园法庭与村民大会相互重叠，因此，庄园法庭也就成为了制定和执行村规的重要场所。维诺格拉道夫就曾指出："庄园法庭是在领主和管家主持下的真正的村民共同体的会议。"[3] 著名村规专家奥尔特也发现了大量有关庄园法庭制定村规以及执

① 侯建新：《社会转型时期的西欧与中国》，高等教育出版社 2005 年版，第 39 页。

② W. O. Ault, *Open-Field Husbandry and the Village Community：A Study of Agrarian By-Laws in Medieval England*, London：Allen & Unwin, 1965, p. 12.

③ P. Vinogradoff, *Villeinage in England*, London：Oxford University Press, 1892, p. 362.

行村规的案例，进而他得出结论：当庄园和村庄重合时，庄园法庭就是一个村民会议。"它可以非常恰当地为村庄共同体制定村规。"[①] 目前所能够见到的村规，基本上都是在庄园法庭上制定的；而对于那些违反村规行为的处罚，大都也是在庄园法庭上进行审判的，其记录（许多本身也是村规）也都保存在庄园法庭的卷档之中。这一切，都充分证明了庄园法庭是制定（和执行）村规的重要场所。15世纪以后，随着庄园的解体，庄园法庭逐步地走向了衰落，因此，村民大会则又取代了庄园法庭，成为了制定和执行村规的主要机构。例如，"在1596—1599年，威尔特郡的什鲁顿（Shrewton）村庄发生大事，在那一年，庄园解体了。领主把他在村庄里的土地卖给了村民，而且庄园法庭也停止举行了。3年之后，村庄的生活变得'混乱而又无序'，在这种情况下，自由农、佃农以及村庄的平民（有公地使用权的人，commoner）在堂区牧师的带领下召开村民大会，他们以共同体的古老惯例为基础制定了一部法律，用以惩罚那些破坏法律的人。所获得的罚金并没有像以前那样上交给庄园的领主，而是送给了村庄中的穷人"[②]。

其次，制定村规的主体为谁？在很多记录村规的庄园档案中，我们都会发现诸如，"经全体佃农一致同意"（It is granted by all the lord's tenants）、"整个村庄共同体同意"（A grant by the community of the village）以及"全体村民一致同意"（It is granted by the whole township）等字样；而且很多的记录员还记录到村规是"村庄的法令"或者"平民的决议"等等，这些词语似乎暗示制定村规的主体仅仅是非自由农。众所周知，在中世纪英国的村庄中，生活着不同身份的人，这些人在法律地位上也不尽相同。除了我们所熟知的维兰外，还包括如自由农、茅舍农、雇工、牧师以及领主等等，那么村规的制定是否也得到了他们的认可呢？

1. 自由农对村规的认同。梅特兰曾经指出："村庄共同体是由农奴来组成的，自由农是不受惯例和村规约束的。"[③] 然而，在一些案例中我们发现，自由农也同样参与村规的制定与执行。一个村庄中的自由农是被他的经济利

---

① W. O. Ault, "Some Early Village By-laws", *The English Historical Review*, Vol. 45, No. 178 (April 1930), p. 231.

② W. O. Ault, "Some Early Village By-laws", *The English Historical Review*, Vol. 45, No. 178 (April 1930), pp. 228-9.

③ F. Pollock & F. W. Maitland, *The History of English Law before the Time of Edward I*, Cambridge: Cambridge University Press, 1968, p. 64, 67.

益所支配，而不是被其法律地位所支配的。由于他们的土地是与维兰土地混杂在一起的，当秋收之后，他们的土地也要作为敞田对所有人开放。因此，凡是与农业或畜牧业有关的规定，都与他们的切身利益相关。例如，在大海伍德庄园，有关村规的档案中就有如下记载："在领主出席的情况下，经全体居民一致同意。首先，他们中的任何人都不能在田地里用谷捆来支付雇工的工资"，也就是说，如果你用谷捆来支付报酬，不能在地里进行。其目的就在于防止有人趁机偷盗庄稼，所有的土地持有者都一致同意了这一点，没有身份地位的区别；另一个规定是"无论男人还是女人，只要有劳动能力，就必须要去收割庄稼而不能去拾庄稼"①。其目的是为了保证秋收时要有足够的人手。上述这两条村规对于那些拥有耕地的人来说有着特殊的利益，而且拥有的田地亩数越大，其相关利益也就越大。因此，无论是维兰还是自由农，甚至是领主都参与了上述村规的制定。可见，中世纪的村庄共同体，是土地所有者的共同体，他们之间并没有身份地位上的差别，有的只是经济上的差别而已，自由农也是村庄共同体的成员之一，因此他们也参与村规的制定与执行。例如，"在1326年的瓦尔博斯，村庄的全体维兰和自由农请求法庭规定，自此以后，在瓦尔博斯沼泽地上的芦苇被收割完毕之前，禁止市镇中的人到此地来买卖芦苇。否则每违反（村规）一次，就要被处罚半马克并上交领主那里。这条村规得到了法庭上全体人员的一致同意。"② 而对于那些无地的劳动者来说，他们并不被看作是共同体的真正成员，因为中世纪时期的村民大会不是以人头计算的。③

2. 堂区长及牧师对村规的认同。作为最基层的教会组织，堂区的土地及附属的田地是自由持有的，但由于堂区的可耕地——教堂的弗隆，也同样混杂于世俗的土地之中，而且堂区长以及牧师的家畜也要和村庄的牧群一起放牧，因此，制定并执行村规也必然与他们有关。例如，"在1326年牛津郡的纽因顿，堂区长的放牧人约翰由于非法获取了4捆谷物，从而违反了秋季村规，他被处罚了12便士；伊撒尔达由于包庇约翰也被处罚了12便士"④。

① Document. 36.

② J. A. Raftis, *Tenure and Mobility Studies in the Social History of the Medieval English Village*, Toronto: Pontifical Institute of Medieval Studies, 1981, p. 112.

③ B. Wilkinson, *Constitutional History of England in the Fifteenth Century (1399-1485) With Illustrative Document*, London: Longmans, Green and Co Ltd., 1964, pp. 188-9.

④ Document. 40.

在 1498 年的吉尔顿，"规定村庄中的任何人都不能在堂区长公开宣布的某天之前，把自家的猪、小猪、公牛、小牛、马匹赶入耕地之中，否则每触犯一次就要被处罚 2 便士。"[1] 从中我们可以推测出，堂区的管理人员也同样要遵守村规，因此他们也必定参与了村规的制定。

3. 领主对村规的认同。庄园的领主并不是依靠共同体的村规来保护庄稼的，因为他有庄官来管理其日常事务。但是在他的佃农中拥有良好的秩序，对于领主来说无疑也是有利的。13 世纪晚期沃尔特在《亨莱的田庄管理》一书中就告诉那些贵族的读者："你们要经常关注村庄里发生的事情，并且要这些村民进行自我检讨。因为这样可以让这些为你服役的人避免更多的错误。"[2] 因此，领主在村规的制定与执行上也是比较积极的。我们在很多的村规的题头都会看到"在领主的面前"，"在领主的代理人管家面前"或"经领主同意或授权"等字样，这说明在当时，村规的制定与实施也得到了领主认同。当然，这种认同只是一种形式上的认同，并不具有实际的意义。我们很少能够看到领主直接否决村民所制定的村规的案例。在奥尔特所发现的所有村规档案中，我们也仅是在格莱辛汉姆（Cressingham）庄园法庭发现这样一个特例："有一条村规规定，任何一个领主的牧羊人都不能在秋收之后的 40 天里，到佃农的田地里去放牧领主的绵羊，上述田地应该为领主的佃农所使用。在档案的边白上写着领主的否决。"[3]

通过对村庄中各个阶层的分析可以看出，在乡村基层组织中制定一个相应的规范，对社会各个阶层都是有利的，而对于普通的民众来说则更是如此。因此，在村民大会或者庄园法庭上，所有的村民对于制定并执行村规的反应是比较积极的。例如，在福泰森修道院庄园法庭的卷档中有这样的记录：所有的维兰当被召集时应做好准备去投票，并应遵守已制定的村规并使之实行；所有的佃农都如其所愿，每年要进行一次投票。[4] 在其他地方的庄园法庭卷档中，我们也发现了同样的例子，"在法庭上，全体居民一致要

① J. A. Raftis, *Tenure and Mobility Studies in the Social History of the Medieval English Village*, Toronto: Pontifical Institute of Medieval Studies, 1981, p. 117.

② Henley Walter De (ed.)., *Walter of Henley's Husbandry*, London: Longmans Green, 1890, p. 35.

③ W. O. Ault, "Some Early Village By-laws", *The English Historical Review*, Vol. 45, No. 178 (April 1930), p. 230.

④ W. O. Ault, *Open-Field Farming in Medieval England: A Study of Village By-Laws*, London & New York: George Allen & Unwin Ltd, 1972, p. 59.

求，要以平民投票的方式在他们中间建立法令和惯例，他们中的任何人都不能违反它，否则将被处罚 3 先令 4 便士交给领主。"① 这说明，把所有的居民召集在一起为公共的利益去制定村规，已经成为了一种惯例。14 世纪杜尔海姆修道院的一些档案也支持了上述观点，"村镇的所有维兰都喜欢参与公共事务，他们在村头的召唤下，一起协商与村镇有关的公共事务"，而且"经全体一致同意规定，每个维兰在村头的召集下都应来协商公共事务，每个人都应该和其他人保持一致。在一些村庄中，有 4 或 6 个人被任命为委员，他们中一些人是自由农，并且要求他们在下个村民会议召开前拟订村规"。② 比较有意思的是，在一些较大的庄园中往往包含有几个村庄，而每一个村庄都是一个独立的经济单元。让这些领主和他的管家痛苦的是，每一个村庄的村民都制定了一些以保护他们自己的公共利益为目的的村规。可见，村规的制定和执行是以维护共同体的利益为目标的，并非我们所想象的那样：村规是领主为维护其利益而盘剥农民的法令。

作为中世纪乡村基层组织中的最高法令，村规在规范人们的日常生活、组织农业生产、维护村庄的共同利益等方面上发挥了重要的作用。村规的出现既是乡村基层组织发展到一定阶段的产物，同时也与当时大的社会背景有着密切的关系。制定村规的主要机构是村民大会或者庄园法庭，但制定村规的主体则涵盖了全体村民、自由农、领主以及教会，而自由农、领主及教会的认同无疑增加了村规的合法性。尽管村规的制定是在领主授权下完成的，但是从它的制定到实施，领主并不参与其中，而是由共同体成员来独立完成的，这也进一步说明英国乡村基层组织所具有的法律自治的特性。正如拉夫提斯所说："村规变得日益重要，无论是否有领主存在，村规都已经成为了人们日常生活中必须遵循的基本原则，它也成为了乡村管理中最有价值的依据，它也是乡村经济生活中各种危机的重要指示标。"③ 村规不仅仅涉及有关农业的问题，它几乎涵盖了乡村生活的各个方面，成为了乡村生活中真正意义上的最高"法律"。

① W. O. Ault, *Open-Field Farming in Medieval England：A Study of Village By-Laws*, London &New York：George Allen & Unwin Ltd, 1972, p. 59.

② Ibid.

③ J. A. Raftis, *Tenure and mobility Studies in the Social History of the Mediaeval English Village*, Toronto：Pontifical Institute of Mediaeval Studies, 1981, p. 110.

第二节 有关秋收的村规

就村规的内容而言，最早的村规几乎都是与农业有关的，其中有很多村规是处理秋收问题的。正如著名的村规专家奥尔特所指出的："早期的农业村规主要是处理秋收时节保护庄稼的相关事宜。它们在早期的档案记录中是数量最大、同时也是存在时间最长的，因为从 16 世纪的'法令'中我们仍然可以看到有关秋收的村规。"① 之所以对秋收如此重视，因为它是乡村生活中工作量最大的工作。

在农业社会，秋收无疑是一年之中最为繁忙又让人焦虑的事情，古今中外皆是如此。正如唐朝诗人白居易在《观刈麦》中所描述的那样：

> 妇姑荷箪食，童稚携壶浆。
> 相随饷田去，丁壮在南冈。
> 足蒸暑土气，背灼炎天光。
> 力尽不知热，但惜夏日长。
> 复有贫妇人，抱子在其旁。
> 右手秉遗穗，左臂悬敝筐。

这首古诗描写了秋收时节男女老幼一齐上阵，抢收庄稼的繁忙场景。从地理上来看，英国位于欧洲的西北部，气候上属于温带海洋性气候，秋季的英国尽管没有炎炎烈日，但这个季节却往往是阴雨连绵。因此，庄稼必须要尽快地收割、打捆运输，否则就有可能腐烂。写于 1290 年的《弗雷达》是这样描述当时秋收的："在收割的季节，仆工们不能有任何的懒惰。一大早，管家就要把他们召集起来，并迅速地发给他们镰刀去收割庄稼，管家要让他们快速而有序地进行收割，同时还要监督他们，以免由于匆忙而有遗漏；他要让他们收割干净，同时还要按照一定的次序堆积成垛，以便庄稼能够快速地变干；最后，还要把它们扎成小捆，因为小捆要比大捆

---

① W. O. Ault, *Open-Field Husbandry and the Village Community: A Study of Agrarian By-Laws in Medieval England*, London: Allen & Unwin, 1965, p. 12.

更加方便运输、堆积以及脱粒，为了方便运输，只要天气允许，这些仆工要住宿在仓库里。"① 可见当时秋收的紧张程度。与古代中国不同的是，中世纪的英国在收割庄稼时一般要留有一定长度的茎秆。一方面是为了在地里留有一定的庄稼茬，以供那些牲畜在冬季缺少干草时进行放牧；另一方面，也方便秋收时把谷物打成一捆以方便运输及风干。菲茨赫伯特（Fitzherbert）是这样描述当时堆垛操作方法的："先拿 4 捆放在下面，并把 3 捆放在上面，然后再在上面放 2 捆……这些谷捆要放在地边，以便风能吹过它们，这样有利于风干。"② 一般一个打捆人往往需要配备 4 个收割者。因此，如何保证更多的劳动力资源对于秋收来说就显得非常重要了。

对于领主而言，他们在秋收时节可以拥有更多的劳动力资源。首先，他有佃农为其服劳役。比如在 13 世纪，坎特伯雷修道院的维格特尔（virgater）每 5 天就要为领主服役半天，如果领主要是再提供食物的话，那么他就必须为领主工作一整天。除此之外，他还必须要做两个布恩工（boon-works）。相比之下，普通的佃农在秋收时，想要找到足够的劳动力就比较困难；其次，领主利用其在庄园的权力，取得了对村庄中劳动力的优先雇用权。例如：在 1326 年，林肯郡的科克汉姆（Cockerham）庄园，规定"在庄园的管家做出决定之前，任何人都禁止利用罚金的形式来替代他们作为收割者或打捆者的劳役"③。在埃尔顿，1286 年，48 个惯例佃农中有 16 个人，用货币支付了他们全年所须服的劳役，但他们在秋收季节仍需向领主提供劳役。④ 在方廷斯（Fountains）修道院庄园，规定"村庄里的所有劳动者，如果他想赚取工资，那么他首先必须为领主工作，之后才是想雇用他的人，而且他不能离开村庄，否则就要被处罚 3 先令 4 便士"。在科尔格雷姆（Chalgrave）庄园，1383 年，一个佃农由于在秋收时没有为领主收割而被处罚。⑤ 但即便如此，领主在秋收时节往往还会缺乏人手。例如，在 1210 年

① W. O. Ault, *Open-Field Husbandry and the Village Community: A Study of Agrarian By-Laws in Medieval England*, London: Allen & Unwin, 1965, p. 28.
② W. W. Skeat, *The Books of Husbandry*, London: English Dialect Society, 1882, p. 38.
③ W. O. Ault, *Open-Field Husbandry and the Village Community: A Study of Agrarian By-Laws in Medieval England*, London: Allen & Unwin, 1965, p. 13.
④ E. M. R., p. 10.
⑤ W. O. Ault, *Open-Field Husbandry and the Village Community: A Study of Agrarian By-Laws in Medieval England*, London: Allen & Unwin, 1965, p. 13.

的西伦赛斯特（Cirencester）修道院，在秋收季节，修道院院长仅靠自己佃农所做的布恩工已经没有办法满足需要了，因此，他想尽一切办法去召集收割人，无论是"自由农还是佃农，男人还是女人"都可以。同样，沃赛斯特（Worcester）修道院的副院长在秋收季节，不仅要他的佃农为其收割，而且还强迫陌生人为其工作。①

如果说领主是利用特权来保护其秋收时的利益不受损害的话，那么对于那些普通的农民来说，他们只能凭借着传统的公共惯例来保护自己。在早期一些处理秋收的村规中，有一些被庄园的书记员记录下来，在档案中，这些有关秋收的村规往往被称为"秋季法令"（Statuta Autumpni）。② 现举例如下：

1. 按照整个村庄共同体的意志制定并规定，无论是村庄里的熟人还是村庄外的陌生人，都不允许去田地里捡拾庄稼。

2. 露西·吉尔伯特在秋收时节去拾穗，她是有能力去工作的，但她却拒绝这样做，因此被处罚2便士。

3. 秋季监督员说托马斯·勒·洪特的妻子作为一个拾穗者违反了村庄的公共法令，因此她应该被处罚，担保人：庄头。

4. 经村庄共同体的一致同意并规定，自此以后，村庄里的任何人，只要有人想雇用他，而且他一天能挣得1便士并带有食物，或者是一天2便士不带有食物的话，那么他就不能去拾穗。而且村庄外的陌生人是不允许去拾穗的，除非有人愿意包庇他并为其行为负责。

5. 村民们指控伊莎贝拉·霍恩非法进行捡拾庄稼而且还偷窃邻居的谷捆，同时她是有能力去收割的。

6. 史蒂芬的女儿爱丽丝由于在秋收时不愿意被雇用而违反村规，被处罚了3便士。

7. 村庄共同体决议。在领主出席的情况下，大海伍德村庄的全体佃农一致同意并规定，任何人，只要他有能力一天赚得1便士并带有食物，那么他就不能去捡拾庄稼。再者，他们中的任何人也不能接纳一个陌生人去拾穗。他们中的任何一个人都不能让他的雇工从地里运输庄稼

① W. O. Ault，"Some Early Village By-Laws"，*The English Hstorical Review*，Vol. 45，No. 178（April 1930），p. 213.

② 维诺格拉道夫已经把这种村规排列出来了，大约有12条，主要是来自1427年的。

而归自己使用。①

从这些秋季法令中我们可以看出，其中很多村规都与庄稼的捡拾有关。拾穗——这个看似边缘化的劳动，在英国的秋收工作中却成为了不可或缺的劳动。

一、有关庄稼捡拾的村规

从中世纪到近代早期，有关拾穗的争论一直都存在着，这主要与秋收工作中遗落的大量庄稼有关。在实现机械化收割以前，庄稼的收割工具主要是长柄镰刀。这种收割工具的优点是收割速度较快，但缺点却是遗落的庄稼较多。18世纪晚期，一些农学家曾就使用短柄镰刀和长柄镰刀对捡拾庄稼所产生的影响进行了长期的讨论。例如，农业学家罗伯特就指出："使用长柄镰刀进行收割会导致庄稼的大量遗失或者损耗。"② 亨尼尔也认识到："使用长柄镰刀进行收割会为拾穗者留下更多的东西，无论怎么都不如使用短柄镰刀。"③ 他还以小麦的收割为例进行了论证："如果收割者在收割时留下较长的庄稼茬，那么每英亩就可以给拾穗者留下2—3蒲式耳的小麦，这相当于小麦平均亩产量的9%到15%。"④ 由此可见，遗落的庄稼数量往往达到了令人吃惊的地步！"据估算，中世纪时期的一个庄稼捡拾者，每天所捡拾的庄稼几乎和一个收割者所得一样之多。"⑤ 甚至直到近代社会，通过捡拾庄稼仍然会获得较多的收益。例如，在莱克莱斯，一些拾穗者通常会把自己捡拾所得的庄稼放在房间里进行展示，并邀请路人来到家里参观。⑥ 在1789年格洛斯特郡的纽恩特，一个叫大卫·戴维斯的农学家记录到："对于一个中等收入的家庭来说，捡拾庄稼所获得的价值为33先令，占其年均收入的

---

① W. O. Ault, "By-Laws of Gleaning and the Problems of Harvest", *The Economic History Review*, New Series, Vol. 14, No. 2 (1961), p. 211.

② M. Roberts, "Sickles and Scythes: Women's Work and Men's Work at Harvest Time", *History Workshop*, No. 7 (Spring 1979), p. 16.

③ J. Wilson, *The Rural Cyclopedia or a General Dictionary of Agriculture, and of the Arts, Sciences, Instruments and Practices Necessary to the Farmer, Stockfarmer, Gardener, Forester, Landsteward, Farrier, &c.*, Vol. 2, Edinburgh: Fullarton & Co, 1852, pp. 455-6.

④ Ibid.

⑤ W. O. Ault, "By-Laws of Gleaning and the Problems of Harvest", *The Economic History Review*, New Series, Vol. 14, No. 2 (1961), p. 212.

⑥ F. Thompson, *Lark Rise to Candleford: A Trilogy*, Oxford: Oxford University Press, 1948, p. 26.

10.4%；而对于有着较高收入的家庭来说，则占 8%。"① 足见通过拾穗可以获得很高的收益。正因为如此，为了防止更多的人去拾穗而不去收割庄稼，以至于影响秋收工作的正常进行，很多的村庄都制定了相应的村规，以确保共同体成员的利益不受损害。

首先，对捡拾的资格进行了严格规定：

1. 有劳动能力的人都不能去捡拾庄稼。例如，在牛津郡的切丁顿（Cheddington）庄园，1275 年 9 月，"法庭规定，任何人都不能包庇那些有能力收割的人，否则要被处罚半马克"②。在同一个郡，1286 年的纽因顿（Newington），"任何人在上述时间都不能接受一个有能力收割的人去捡拾庄稼"③。在大海伍德（Great Horwood），"1305 年 7 月 28 日星期三，规定经全体成员一致同意，任何人，只要他有能力一天挣得半便士以及食物，他就不能去捡拾庄稼"④。在 1324 年的罗格斯黑尔庄园（Roxhill），"所有的农民（包括自由农和维兰）都一致同意，任何人，只有他们有能力找到一天赚取 1 便士并带有食物的工作，那么，他就不能在秋季时去捡拾庄稼"⑤。那么如何去界定村民的劳动能力呢？1282 年一个王室庄园的庄头做了如下的界定："那些年幼的、年老的以及那些体弱多病而又不能去工作的人，在秋收时节，当地里的所有庄稼被运走后，他们可以去捡拾；但是那些希望通过工作而赚取工资的人，则不能去捡拾。"⑥ 在 1340 年的布莱特沃尔瑟姆（Brightwaltham），"所有的佃农一致同意，村庄里的任何一个人，都不能去捡拾庄稼，除非他在一定年纪之下，或者在一定年龄之上的"⑦。也就是说，只有那些老弱病残之人才可以去捡拾庄稼，因为这些人没有能力去参加秋收的工作。此外，妇女也不能去捡拾庄稼，例如，在巴兴斯托克（Basingstoke）村庄就有这样的规定："任何一个妇女，只要她有能力去工作，而且她可以一天赚取 1 便士并带有食物，那么她就不能去捡拾庄稼，否

① D. Davies, *The Case of Labourers in Husbandry Stated and Considered*, London：Printed by R. Cruttwell, 1795, pp. 160-3.

② Ibid., 212-213.

③ *Documents*. 5.

④ *Documents*. 22.

⑤ *Documents*. 39.

⑥ W. O. Ault, *Open-Field Husbandry and the Village Community：A Study of Agrarian By-Laws in Medieval England*, London：Allen & Unwin, 1965, p. 14.

⑦ *Documents*. 61.

则将取消她捡拾庄稼的权利；而对于那些没有工作能力的人，在得到管家和治安官的同意并得到村民中 2 至 3 个人认可的情况下，他们可以从秋收一开始就去捡拾。"①

2．"外来人"不能进行捡拾庄稼。在中世纪时期，那些外出寻找工作的人一般被视为"外来人"，他们一般不能作为拾穗者。例如，在大海伍德，"经全体居民一致同意，任何人都不能在秋收时接纳外来人去捡拾庄稼"②。1316 年，这条村规又被进一步地重申："经领主的所有佃农包括自由农和维兰，他们一致同意，他们中的任何人都不能窝藏村庄之外的外来人，否则将处罚 6 便士并交给领主。"③ 在 1290 年，纽顿—朗格维尔（Newton Longville）规定："任何外来人都不能去捡拾庄稼，除非这里有人雇用他，并且愿意对他的行为负责。"④ 在剑桥郡的福克斯顿（Foxton），有 13 个佃农由于"在秋收时包庇外来人"而被每人处罚 4 先令；在牛津郡，1301 年的库斯厄姆（Cuxham），有一个佃农由于在秋收时包庇了一个外来的女人捡拾庄稼而违反了村规，从而被处罚了 3 便士。⑤ 通过上述的规定，拾穗权始终掌握在村庄共同体的手中，从而也确保了秋收工作的有序进行。

其次，对捡拾活动进行严格的规范。在中世纪的乡村，那些拾穗者一般被看作是潜在的谷捆盗贼。⑥ 在早期的一些村规档案中，记录了一些妇女由于偷盗谷捆而被处罚的案例，这些人可能就是拾穗者。例如，在 1288 年的布劳顿，"托马斯·勒·汉德（Thomas le Hund）的妻子，在拾穗时触犯了村庄共同体的村规，因此，她被处罚 2 便士，担保人：村头"⑦。为了防止此类事件的发生，很多村规对拾穗者所行进的道路以及捡拾的时间都做了详细的规定。例如，在 1357 年的大海伍德，我们发现了这样一条村规："经全体佃农和自由农一致同意规定，任何一个拾穗者只能从四条主要的道路上离开田地。"几年之后，又进一步规定："所有的拾穗者除了经过国王大路

① F. J. Baigent & J. E. Millard, *History of the Ancient Town and Manor of Basingstoke*, Basingstoke：Cambridge University Press, 1889, p. 217.

② *Documents*. 24.

③ *Documents*. 33.

④ *Documents*. 8.

⑤ *Document*. 21.

⑥ W. O. Ault, "By-Laws of Gleaning and the Problems of Harvest", *The Economic History Review*, New Series, Vol. 14, No. 2 (1961), p. 215.

⑦ *Document*. 7

（king road）之外，不能经过其他的道路进入村庄。"40 年之后，村规又进一步重申：拾穗者"只能经过国王大路而进入村庄，不能通过其他的空隙进入"；① 同时，村规还禁止拾穗者在日出之前或者日落之后进行捡拾。例如，在 1290 年的纽顿-朗格维尔，规定："任何一个想要捡拾豌豆、豆荚以及诸如此类东西的人，只能在白天，同时这类活动必须在圣母升天节（8 月 15 日）之后才能开始。"② 在 1316 年的大海伍德规定："任何人都不能在黎明和半黎明之前到地里去捡拾豌豆，否则每人将被处罚 6 便士。"③ 在贝辛斯托克村庄（Basingstoke），按照古老的惯例，对于麦田，拾穗者可以捡拾 6 天；而对于谷物，则可以捡拾 3 天。在诺福克郡的韦灵厄姆（Wellingham），一个稍晚时期的村规指出："自此以后，任何居民都不能在谷捆被运走后，把一些捡拾庄稼的耙子留在地里超过 7 天。"④ 到了 14 世纪以后，一些村规不仅对捡拾的时间有着规定，而且对捡拾的空间也做了详细的规定。例如，在 1376 年的拉姆齐庄园："在所有的谷物从一个'弗隆'里运走之前，任何人都不能去捡拾，否则要被处罚半马克。"⑤ 在莱顿巴扎德（Leighton Buzzard）："在地里的谷捆运走 10 英亩大小的空间前，任何人都不能进入地里去捡拾庄稼。"⑥ 在艾尔姆利城堡（Elmley Castle），1411 年："直到所有塞隆（selion）的庄稼被运走之前，任何人都不能进入地里去捡拾庄稼。"⑦ 对拾穗活动的严格规范，一方面可以确保秋收时劳动力的合理分配，另一方面则在一定程度上保证秋收工作的正常秩序。

再次，对那些违反村规的人进行严厉惩罚。例如，在 1319 年的大海伍德，规定，"村民中的任何人都不能接纳陌生人在秋收时进行捡拾，否则每触犯一次将被处罚 3 便士"⑧；在 1332 年牛津郡的贝里克（Berwick）村庄，

---

① W. O. Ault, "By-Laws of Gleaning and the Problems of Harvest", *The Economic History Review*, New Series, Vol. 14, No. 2 (1961), pp. 215-6.

② *Document*. 8.

③ *Document*. 33.

④ W. O. Ault, *Open-Field Husbandry and the Village Community: A Study of Agrarian By-Laws in Medieval England*, London: Allen & Unwin, 1965, p. 15.

⑤ W. O. Ault, "By-Laws of Gleaning and the Problems of Harvest", *The Economic History Review*, New Series, Vol. 14, No. 2 (1961), p. 216.

⑥ W. O. Ault, *Open-Field Husbandry and the Village Community: A Study of Agrarian By-Laws in Medieval England*, London: Allen & Unwin, 1965, p. 14.

⑦ Ibid., 15.

⑧ *Documents*, 36.

有四个十户联保组的人控告约翰·格莱斯（John Grice），说他包庇爱丽丝·金（Alice King）"非法捡拾"。约翰因此而被判有罪，并被处罚了6个便士。爱丽丝当时并没有出席，但她的丈夫罗伯特·金（Robert King）无疑要对其妻子的行为负责，他向领主缴纳了6便士罚金，同时请求爱丽丝是否可以首先和他一起收割，然后再按照村规规定，当有人想雇用她的时候再去为别人收割。陪审团指出她之前已经和她的丈夫一起收割了，但当村长传唤她为其他人收割时，她却拒绝了。法庭的最后判决是："直到下次开庭之前，如果有人想要去控告爱丽丝的话，约翰·格莱斯就要为其做担保人。"① 在1326年的纽因顿，"亨利·勒·巴克由于非法捡拾而得到了4捆谷物，触犯了秋季法令，因此，他被处罚12便士；约翰·考斯提（John Costyr）由于包庇亨利也被处罚12便士；堂区长的放猪人约翰由于非法捡拾而得到了4捆谷物，同样违反了秋季法令，也被处罚12便士；伊萨尔达（Isolda）由于包庇约翰也被处罚12便士；约翰的女儿由于非法捡拾而得到6捆谷物同样被处罚；由于约翰从中非法受益，被处罚3便士；劳伦斯·德·巴里克（Laurence de Berwick）由于包庇约翰也被处罚3便士。"②

二、其他有关秋收的村规

在秋收村规中，除了有关拾穗的规定外，还有其他一些相关的规定。

首先，为了确保秋收劳动力的充足，对秋收时节的人口流动进行了限制。很多秋季村规中明确规定，村民不能在秋收时节为了赚取高工资而随便离开村庄。例如，1304年，在查格雷夫（Chalgrave）庄园中，有8个人被处以罚金，因为"他们在秋收时节带领其他村民一起到堂区外面为陌生人工作"③。在剑桥郡的利特尔波特（Littleport）庄园，一个妇女被处罚了2便士，因为"她既没有参加秋收工作，也没有为领主和邻居收割庄稼，而是离开了村庄，这种行为违反了秋收法令"④。1340年，在布莱特沃尔瑟姆（Brightwaltham）庄园，"所有的佃农一致同意，任何人都不能去外面工作，

---

① W. O. Ault, "By-Laws of Gleaning and the Problems of Harvest", *The Economic History Review*, New Series, Vol. 14, No. 2 (1961), p. 213.

② *Documents*, 40.

③ Ibid.

④ F. W. Maitland & W. P. Baildon, *The Court Baron*: *Precedents of Pleading in Manorial and Other Local Courts*, Selden: Selden Society, 1889, p. 46.

社会转型时期英国乡村基层组织研究

也不能离开村庄，否则处罚 2 先令。"① 而在 20 年后，劳工法令也做出了几乎相同的规定："任何一个运输者、犁夫、牧羊人、割草人以及收割者等，只要他们可以在冬季时居住的村庄里找到工作，他们就不能私自离开去别处工作。"② 在 1379 年的拉姆齐，17 个男人和女人由于秋收时私自离开村庄去赚取更高的工资，每人被处罚了 3 便士。1392 年，在德比郡的巴斯洛（Baslow），"经领主的议事会以及村庄共同体一致同意，如果有一些人在夏季时离开了庄园，并且在圣母升天节（8 月 15 日）时还没有返回，那么他将被处罚 12 便士并交给领主。"③ 甚至到了 15 世纪我们仍然可以在档案中看到有关这方面的规定。例如，在 1405 年的伯维尔（Burwell），有这样一条村规："在法庭上，经领主及全体佃农一致同意，规定任何人只要他能一天赚得 1 便士并带有食物，那么他就不能离开村庄，否则要被处罚 20 便士。"在同一年的大海伍德，7 月 26 日，秋收的前夕，"这个庄园法庭上的所有人，包括自由农和农奴，只要他一天能赚得 4 便士并带有食物，那么他就不能在即将到来的秋季离开村庄去别处工作。"④ 但是，自 15 世纪中期以后，由于劳役折算的完成，村庄共同体已经没有办法再控制劳动力的自由流动了。例如，在埃尔顿，"每个维兰根据自己所服劳役的多少，向领主缴纳相应的金钱以购买豁免权，领主再用所得的货币来雇用工人进行劳动。"⑤ 尽管有的学者认为，当维兰向领主支付货币以代替劳役时，可能要比他亲自去服劳役的代价更大，但不可否认的是，它使得农民与封建领主之间的人身依附关系逐渐地淡化了。⑥ 村庄共同体通过限制劳动力流动的方式，在一定程度上保证秋收时节拥有足够的人手来保证秋收工作的正常进行。

① W. O. Ault, "By-Laws of Gleaning and the Problems of Harvest", *The Economic History Review*, New Series, Vol. 14, No. 2 (1961), p. 214.

② W. O. Ault, "Some Early Village By-Laws", *The English Historical Review*, Vol. 45, No. 178 (April 1930), p. 215.

③ Ibid., 213.

④ W. O. Ault, *Open-Field Husbandry and the Village Community: A Study of Agrarian By-Laws in Medieval England*, London: Allen & Unwin, 1965, pp. 15-6.

⑤ Frances & Joseph Gies, *Life in a Medieval Village*, New York: Harper Collins, 1990, p. 54.

⑥ 例如，拉夫提斯通过对拉姆齐修道院庄园的研究后指出，拉姆齐修道院庄园的维兰所支付的货币地租要比他本人实际承担的劳役大得多。参见：Raftis, *The Estates of Ramsey Abbey. A Study in Economic Growth and Organization, with a Preface*, Toronto: Pontifical Institute of Mediaeval Studies, 1957, pp. 224-7.

其次，对秋收与放牧的关系进行规范。在中世纪时期，牲畜的饲料是有限的。公共牧场一般到了冬季都要关闭，因此，庄稼茬就成了秋后家畜进行放牧的重要场所。如何处理秋收工作与放牧的关系也成为了亟待解决的问题，对此，很多村规也进行了详细的规定。例如，1319 年的利特立普特庄园档案中提到："豪斯皮特勒斯（Hospitallers）兄弟由于在拾穗者进入田地之前进行放牧而违反了村规。"① 在 1405 年的布雷顿，"经领主以及全体村民一致同意，在整个秋收季节直到米迦勒节之前，任何人除了在自己的土地上之外，不能带领家畜到其他人的田地上践踏庄稼茬，否则处以罚金；在田地上的庄稼没有被运走之前，任何人都不能在田地之中放牧，否则处以同样的罚金。"② 1473 年的怀顿，"自此以后，非经全体村民一致同意，村庄中的任何人都不能在庄稼运走之前到田地中放牧，否则每个违法者将被处罚12 便士。"③ 从这些村规所反映的内容来看，村庄共同体内部的关系不仅仅是领主与佃农之间关于土地保有的关系，而且还涉及到村民之间所结成的合作关系。由于他们的土地全部混杂在一起，因此在庄稼茬的放牧中他们都拥有公共的权利。"中世纪时期村庄的农民，并不仅仅是领主的佃农，他们还结成了稳定的农民共同体，并与敞田农业、公有地以及庄稼茬的放牧或者其他很多形式紧密地结合在一起。"④

三、秋收村规的几点启示

通过秋收村规的解读我们可以得出以下几点启示：

第一，制定秋收村规是每个共同体成员的共同需求，它是基于公共利益之上的法律规范。在几乎所有的秋收村规都一致强调：每个有劳动能力的人都要去收割，并且要为获得固定的工资而收割；收割者不允许离开村庄而去谋求更高的工资等规定，"任何一个破坏了庄稼、草场或者牧场的人，按照

---

① F. W. Maitland & W. P. Baildon, *The Court Baron：Precedents of Pleading in Manorial and Other Local Courts*, Selden：Selden Society, 1889, p. 128.

② J. A. Raftis, *Tenure and Mobility Studies in the Social History of the Medieval English Village*, Toronto：Pontifical Institute of Medieval Studies, 1981, p. 112.

③ J. A. Raftis, *Tenure and Mobility Studies in the Social History of the Medieval English Village*, Toronto：Pontifical Institute of Medieval Studies, 1981, p. 118.

④ W. O. Ault, *Open-Field Husbandry and the Village Community：A Study of Agrarian By-Laws in Medieval England*, London：Allen & Unwin, 1965, p. 13.

社会转型时期英国乡村基层组织研究

村规都应该受到惩罚"①;"任何人都不能在田地里用谷捆来支付他人的工资,如果他们非要用谷捆来支付的话,只能在其住所内进行,不能在其他的地方。否则处罚 12 便士"②;同样,所有的庄稼必须在光天化日之下,通过指定的田地出口,由村庄中部的大道进行运输。"任何人只能在白天用车运输庄稼,不能在夜间"③,等等。无疑这些村规保护了所有土地所有者(包括领主)的利益,确保了秋收工作的有序进行。因此,秋收村规不仅仅是乡村生活的惯例,实际上,它是建立在所有土地所有者共同利益之上的一种规范。当领主在这片土地上拥有一块田地时,这些村规也将关系到领主的利益,因此,他也就成为了村庄共同体的一部分,但是他的利益却不是至高无上的。这些村规并不是让他用来奴役他的佃农的,而是基于公共利益上的法律规范,这才是中世纪村规的真实内涵。因此,我们一再强调,中世纪的村庄是一个共同体组织,而不是一种土地的保有形式。

第二,谁是拾穗权的主体?这是一个颇有争议的话题。一部分学者认为,拾穗权的主体是穷人。例如,著名法学家布莱克斯通认为:"根据普通法和英格兰的习惯法,穷人在收割之后是可以进入别人的田地里捡拾庄稼的,这并不属于非法侵犯。"④ 霍曼斯也指出:"秋收之后,穷人一般是被允许进入庄稼地里拾穗的。"⑤ 库尔顿也曾谈到:"捡拾庄稼是穷人的权利,他们的这种权利无疑是被承认而又不受限制的。"⑥ 而另外一些学者则认为,拾穗权与性别有关。例如,汤普逊就指出,拾穗权通常被看作是女性的特权:"一个农夫妻子的主要职责是饲养家畜、种植蔬菜、养蜂、修补衣物、储存食物、秋收时的帮手以及使用共同体中的家庭拾穗权等。"⑦ 彼得金也认为:"拾穗权是少数惯例权中唯一被妇女所控制的权利。"⑧ 然而,上述两

① *Document*. 107.

② *Document*. 108.

③ *Document*. 48.

④ Blackstone, *Commentary on the Laws of England*, Chicago: University of Chicago Press, 2002, p. 212.

⑤ G. C. Homans, *English Villagers of the Thirteenth Century*, Cambridge, Mass: Harvard University Press, 1941, p. 372.

⑥ G. G. Coulton, *The Medieval Village*, Cambridge: Cambridge University Press, 1925, p. 479.

⑦ Olwen Hufton, "Letravail et la famille", *Histoire des femmes en Occident*, Vol. 3 (1991), p. 42.

⑧ Peter King, "Customary Rights and Women's Earnings: The Importance of Gleaning to the Rural Labouring Poor, 1750-1850", *The Economic History Review*, New Series, Vol. 44, No. 3 (August 1991), p. 462.

种观点都遭到了奥尔特的有力反驳。他指出，拾穗权的实践主体既与性别无关也与贫困程度无关。"在 13 世纪有关农业的法令中，没有一条村规规定穷人拥有捡拾庄稼的特权，更没有指定特定的农民（指妇女）。"① 他从古代的法律体系中找到了相关证据，指出罗马法把拾穗权看作是私人财产所有权的一个重要组成部分，"农业的财产所有人有绝对的权利，按照他的利益去支配它（拾穗权）。"② 而古代的萨利克法典中也明确规定："如果一个人想要去另一个人的地里捡拾庄稼，那么他必须要征得此人同意，否则他将被处罚 600 便士，折合为 15 先令。"这表明，拾穗权只属于庄稼的所有者，并不属于穷人。继而他谈到在 13 世纪中叶，朗布里奇—德弗雷尔（Longbridge Deverell）的格拉斯顿伯里（Glastonbury）庄园，那里一个典型的维格特尔的秋收工作如下："他的秋收劳役是从圣彼得节到米迦勒节，每天除了周六之外，都要工作。如果他要去收割的话，那么每天要割半英亩，除第一天外，他每天可以得到一捆谷物的报酬。当半英亩的庄稼被打捆收割完毕后，他可以去捡拾。"在同一个庄园，一个典型的茅舍农"秋收时每天他可以得到一个谷捆的报酬。如果领主让他收割一整天，并且还要运输两天，那么他就可以得到 2 个谷捆。在他收割时，还要有一个妇女跟着拾穗，但她不能拿走谷捆。当领主的庄稼收割完毕后，他（茅舍农）就有权利把拾穗权分给任何一个他所希望的人。"③ 在牛津郡，"在土地的主人把属于自己的庄稼全部运输完毕之前，任何人都不能进入这个庄园里捡拾庄稼，否则每触犯一次，要处罚 3 先令 4 便士。"④ 因此，他的结论是从古代到中世纪的法律体系中，从来就没有规定拾穗权是穷人与妇女的特权，它只属于庄稼的所有者，是按照他们的意愿来分配的。

奥尔特的观点是否正确我们暂不讨论，但有一点我们必须要注意，从有关拾穗的村规中可以看出，它与济贫和慈善有着一定的联系。在中世纪的乡村，济贫和慈善事业最初也是由村庄共同体来负责的。例如，早在 13 世纪，在一些村庄中就有这样的规定：要求村庄中的居民对新来者提供住处、衣食

① W. O. Ault, "By-Laws of Gleaning and the Problems of Harvest", *The Economic History Review*, New Series, Vol. 14, No. 2 (1961), p. 215.

② Ibid..

③ Ibid., 214-5.

④ W. O. Ault, "Some Early Village By-Laws", *The English Historical Review*, Vol. 45, No. 178 (April 1930), p. 216.

等方面的帮助。有人把自己的钱拿出来作为基金替穷人纳税；还有专门为穷人提供住处的类似救济所那样的地方。① 除此之外，在秋收时节让穷人去捡拾庄稼以便帮助他们度过饥荒也是济贫的重要手段之一。例如，在 1378 年的达勒姆庄园，"经全体村民一致同意，当管家吹响他的号角时，所有人都要去地里去收割豌豆，并且当他再次吹响号角时，他们都必须离开上述田地，否则将被处罚 6 便士，而且除了穷人之外，任何人都不能去捡拾豌豆以便把自己的节省下来；在怀姆斯沃尔德（Wimeswold），在那里，没有种植豆类的男人和女人可以在周三和周五的时候去田里的犁沟上去捡拾。"② 在比林汉姆（Billingham）的达勒姆（Durham）修道院庄园，有一条村规规定了豌豆捡拾者的条件："任何人都不能留着自己地里的豌豆而去捡拾别人的，除非他是一个穷人。"在纽顿－朗格维尔（Newton Longwille）村庄，1290 年，也有这样一条村规规定，"穷人可以到田间拾豆，但不得在垄内，只能在田头地角。"③ 在拉姆齐庄园，1376 年，有这样一条村规："任何人在地里的谷物收割完毕后的 3 天内，都不能在地里放牧他的绵羊或者猪，在这段时间里，凡是穷人都可以去捡拾庄稼。"④ 类似这样的村规，在英格兰以外的地区也曾颁布过。例如，迪莱尔（Delisle）就曾引用了一个由法国圣路易斯颁布的村规："在收割谷捆的最初两天，不允许把牛赶入地里，这主要是为了保证穷人可以进行捡拾。"⑤ 这种惯例甚至一直延续到了近代社会。例如，塔瑟在 1557 年时指出，"当谷物运输完毕后，就允许穷人去地里捡拾庄稼了。"⑥ 1603 年，赫特福德郡的拾穗者也一致声称，"通常情况下，所有的穷人都拥有拾穗的特权。"⑦ 1630 年，多塞特和萨福克的堂区政府曾提出要把拾穗权授予那些年老的、体弱多病以及由堂区官员所

① C. Dyer, "The English Medieval Village Community and its Decline", *Journal of British Studies*, Vol. 33, No. 4（October 1994）, p. 416.

② W. O. Ault, "By-Laws of Gleaning and the Problems of Harvest", *The Economic History Review*, New Series, Vol. 14, No. 2（1961）, p. 223.

③ *Documents*. 8.

④ W. O. Ault, "By-Laws of Gleaning and the Problems of Harvest", *The Economic History Review*, New Series, Vol. 14, No. 2（1961）, p. 214.

⑤ G. G. Coulton, *The Medieval Village*, Cambridge：Cambridge University Press, 1925, p. 479.

⑥ T. Tusser, *Five Hundred Points of Good Husbandry*, Oxford：Oxford University Press, 1984, p. 124.

⑦ Hardy, *Hertford County Records：Notes and Extracts from the Sessions Rolls*, 1581－1698, Vol. 1, London：Nabu Press, 2010, p. 35.

提供的穷人。① 从中我们可以看到，在秋收时节，授予穷人捡拾庄稼的权利最初应该是村庄共同体的一种济贫措施，后来就演变成乡村社会的一种惯例，而这种惯例并非某个地区所独有，而是一种较为普遍的现象。这充分说明，从根本上否定穷人拥有拾穗权并无充分的证据。

总之，通过对秋收村规的解读，我们可以对村庄共同体及其村规得出如下认识：村庄共同体并非农奴之间的一种简单的联合，而是一种紧密的农业共同体组织；它所制定的村规并非领主强行控制农奴的一种手段，而是农民之间为维护共同体利益、保证秋收工作顺利进行的共同体法令。这些有关秋收的村规清楚地表明，农民在制定和执行村规方面，要比他们的领主有着更大的利益关系。这也进一步说明了村规是来自于农民的共同体而不是领主的庄园。

第三节　有关公共放牧的村规

中世纪的英国实行的是一种农牧混合型经济模式。除了农业耕作之外，他们还要饲养大量的牛、马、养以及猪等家畜。因此，村规中除了有关秋收的内容之外，就是有关于放牧的问题了。"在敞田制下，公共放牧权是敞田制的核心内容。"② 它是敞田制农业正常运转的法律保障，这种公共放牧主要是指有关秋收后庄稼茬上的放牧。

一、公共放牧村规的起源

首先，有关公共放牧村规出现的时间。一些学者认为有关放牧的村规应该很早就出现了。例如，著名的村规专家奥尔特认为，"可能在村规中没有其他的问题像放牧权这样被经常处理，而且村规中有关这方面的问题要追溯到较早的一个时期。"③ 维诺格拉道夫也认为，这些有关放牧的村规应该和

---

① D. Woodward, *The Farming and Memorandum Book of Henry Best of Elmswell*, 1642, Oxford：British Academy, 1984, p. 46.；G. E. Fussell & K. R. Fussell, *The English Countryman His Life and Work A. D. 1500-1900*, London：Andrew Melrose Ltd, 1955, p. 57.

② H. L. Gray, *English Open Fields*, Cambridge：Mass, 1955, p. 47.

③ W. O. Ault, "Some Early Village By-Laws", *The English historical Review*, Vol. 45, No. 178 (April 1930), p. 219.

公共放牧权一样古老。^① 但公地研究专家琼·瑟斯克则提出了不同的看法。她认为，"这种公共放牧在中世纪的英国发展得较晚，它并不是从古代发展而来的。"^② 而庄园档案中的村规记录似乎也验证了瑟斯克的推断。例如，在沃塞斯特郡的海力斯（Hales）庄园档案中，最早出现有关放牧村规的时间是 1241 年；在斯坦福德郡的埃尔莱姆斯（Alremas）庄园，它出现的时间是 1259 年；在拉姆齐庄园，它出现的最早时间是 1294 年。^③ 那么事实真的如此吗？如前所述，村规形成的时间与其被记录下来的时间并不同步。因为最初的村规是靠人们代代口口相传的，并没有形成文字记录，只是到了 13 世纪前后才在庄园档案中保留下来。但它的形成则可能要追溯到敞田制的形成时期。因此，我们不能仅仅依靠档案中流传下来的村规来推断其产生的时间。此外，有关公共放牧的村规之所以在 13 世纪、14 世纪大量涌现，也与这一时期英国畜牧业的迅速发展有着密切的关系。因为随着畜牧业的不断发展，规模的不断扩大，对家畜放牧问题的管理便被提到了日程上来。

其次，有关庄稼茬放牧出现的原因。在中世纪英国的乡村，家畜放牧的场所主要是由两个部分组成的：一是村庄周围的公地，几乎每个村庄周围都有林地或者草地，这里是村庄中的羊群和牛群等大型家畜进行放牧的地方；二是秋收后的庄稼茬。对于后者出现的原因，瑟斯克认为，"庄稼茬对家畜来说是有用的饲料，但是如果在牧场和草地足够充足的情况下，它并不是不可或缺的。土地需要大量的肥料来保持其肥力，而且把家畜驱赶到田地里要比用车从别地运输肥料更为经济。因此，在人口的增长使土地需要更为经济的使用之前，我们认为在耕地的庄稼茬上放牧是毫无意义的。"^④ 实际上，实行庄稼茬上放牧并非完全为了提高土地的肥力。因为放牧家畜所留下的肥料分布得并不均匀，而且经过长时间暴露于地表，其肥力也会大打折扣。^⑤ 其出现的原因应该与 13 世纪前后畜牧业的迅速发展，致使家畜的饲料变得

第三章　乡村基层组织的法律体系

---

① P. Vinogradoff, *The Growth of the Manor*, Oxford：Clarendon Press, 1908, pp. 169-70.

② J. Thirsk, "The Common Fields", *Past and Present*, No. 29 (December 1964), p. 15.

③ W. O. Ault, "Some Early Village By-Laws", *The English Historical Review*, Vol. 45, No. 178 (April 1930), p. 219.

④ J. Thirsk, "The Common Fields", *Past and Present*, No. 29 (December 1964), p. 15.

⑤ 一般尿液中含有大量的氮和钾，是植物生长的主要肥料，但是如果它暴露在空气中，在 48 小时内就会挥发一半以上。See：R. Troeh Frederich & Louis M. Thompson, *Soil Fertility：Soils and Soil Fertility*, New York：Oxford University Press, 1957, p. 10.

日益短缺有关。尽管村庄周围有着大量的荒地和草场，但是这些公共牧场也并不是随时向村民开放的。例如，在 1343 年，大海伍德有一条村规，在牧场中的干草被运走之前，禁止放牧家畜。① 之所以作出这样的规定是因为牧场中的干草被收割完之后，还需要一段时间让草二次生长，如果打完干草就立刻放牧的话，那么不久牧场就会变为荒地。一般放牧的间隔时间为 3 周或者 4 周，村民正好利用这段时间来运输干草。有的地方还要根据当地的自然环境制定相关规定，例如，有的地区在 11 月以后不允许大型的家畜到牧场放牧。因为从这一时期开始草长得比较缓慢，而且由于冬季的时候多雨，河岸两侧的地面十分潮湿，当有大型的家畜如马、牛等经过时就会踩踏得十分严重，这样就会影响植被的生长。例如，"在劳顿地区，放牧截止的时间是 11 月 29 日；在约克郡的某个修道院庄园，不经过公众同意，任何人都不能在每年的 2 月 2 日到干草收割之间的时间里到领主的牧场上去放牧。"② 还有一些地方，一些家畜是禁止到牧场上放牧的，比如猪、小牛以及绵羊等，因为这些家畜对草场的破坏力极大。例如，在 1428 年的瓦尔博斯，任何人的猪都不能在圣十字节之前进入洛奇山和狼谷之间的牧场，否则每个侵犯者就要被处罚 6 先令 8 便士；1437 年的希灵顿规定，任何人都不能在圣徒节之前到斯托克地区放牧绵羊，否则就要被处罚 12 便士。③

上述的种种原因使得家畜的越冬饲料成为了一个较大的问题，仅仅依靠储备干草不足以应付不断增长的家畜的需要。因此，在春季到来之前，庄稼茬的放牧就成为了家畜饲料的重要补充；同时，在休耕地上进行放牧也可以免去除草的工作。这一点，我们可以从早期北美殖民者那里得到答案。在北美的新英格兰地区，那里有大量的耕地，并且耕地周围有着一望无际的林地和草地。几乎每个村镇都会拥有几千英亩这样的土地以及成百上千头牛羊，而且每个村庄都会有一个或几个公共放牧人来负责统一放牧。尽管拥有如此丰富的林地和牧场，然而，每到秋收之后土地还都要开放为敞田，每个土地所有者都有权利在这些秋收后的庄稼茬上放牧。村民在庄稼茬上可以放牧多

---

① *Documents.* 65.

② W. O Ault, *Open-Field Farming in Medieval England：A Study of Village By-Laws*, London & New York：George Allen & Unwin Ltd, 1972, p. 41.

③ J. A. Raftis, *Tenure and Mobility Studies in the Social History of the Medieval English Village*, Toronto：Pontifical Institute of Medieval Studies, 1981, p. 114.

少头家畜,是与他们所持有土地的大小成正比的。由此可见,中世纪时期的庄稼茬放牧与保持土地的肥力并无直接的联系,而是秋收之后的庄稼茬放牧是家畜饲养的重要补充。比如在1243年,对格拉斯顿—伯里的一项调查显示,秋收后一维格特土地可以放牧4头公牛、2头奶牛、1匹马、3头猪以及12只绵羊。[①] 因此,实行庄稼茬放牧的根本目的还是为了解决冬季家畜的饲料问题。总之,在庄稼茬上放牧应该是从敞田制农业之初就开始了,并且是由村庄共同体来进行统一管理。

二、公共放牧村规的内容

有关公共放牧村规的内容,主要是围绕庄稼茬的放牧展开的。对此,我们大体上梳理了以下几个方面的内容:

第一,对庄稼茬放牧的时间进行规定。最初,每块土地上收割的具体时间不尽相同,因此,也很难形成一个固定的放牧时间,很多村民没等地里的庄稼运输完毕,就迫不及待地把他们的家畜赶进地里进行放牧,这对其他村庄共同体成员的利益产生了很大影响。为了对此进行规范,很多村庄都制定了相应的村规以便对此进行严格管理。例如,贝特福德郡的罗斯希尔(Roxhill)规定,"在田地被清理完毕之前,他们的家畜不能进入庄稼茬里,除非在他们自己的田地里。"[②] 在诺福克郡的威尔森海姆(Walsingham),在佃农的一致要求下规定:"在整个村庄的庄稼运完之前,任何人都不能到庄稼茬上放牧。"[③] 在1369年的阿普伍德,经领主和全体村民一致同意规定,村庄中的任何人都不能在庄稼收割后的三周之内,把他的家畜赶入庄稼茬中放牧,除非是运输的马车并且确保马匹被拴住。否则每人次将被处罚40便士。在1363年的维斯托,经领主和全体村民一致同意,规定任何人都不能在庄稼收割完毕之前,让他的小马驹跑入地中,否则将被处罚40便士。在1358年的埃斯沃斯,经全体村民一致同意,任何人都不能到邻居的田地里以及庄稼茬里放牧公牛,否则将被处罚2先令。在1473年的怀顿,自此以后,非

[①] Edward Miller & John Hatcher, *Medieval England：Rural Society and Economic Change*, *1086-1348*, London：Longman, 1978, p. 99.

[②] *Documents*. 39.

[③] W. O. Ault, *Open-Field Husbandry and the Village Community：A Study of Agrarian By-Laws in Medieval England*, London：Allen & Unwin, 1965, p. 21.

经全体村民一致同意，村庄中的任何人都不能在庄稼运走之前到田地中放牧，否则每个违法者将被处罚 12 便士。① 到了 15 世纪和 16 世纪，这样类型的村规开始频繁出现，说明由于放牧问题的突出，人们对庄稼茬放牧的迫切心理。为此，有的村庄明确规定了秋收的截止时间，以便让人们有更多的放牧时间。例如，英格兰中部地区的很多村庄都规定，秋收的截止时间为圣母玛利亚诞生节（9 月 8 日），② 而其他地方则是在圣米迦勒节（9 月 29日）。③ 尽管有些村庄没有规定秋收结束的具体日期，但是有"经全体佃农一致同意"或者是"经全体村民一致同意"的规定，即由全体村民来共同协商具体的日期；还有的地方则是靠敲钟来提醒人们秋收已经结束，庄稼茬的放牧已经开始。④ 例如，在莱克斯顿，秋收结束后教堂的钟声就会响起，提醒人们庄稼茬放牧已经开始了。⑤

第二，对庄稼茬放牧的空间进行规范。中世纪的农民从长期的生产活动中认识到，放牧不同类型的家畜所需的空间也不尽相同。例如，牛一般是比较好放牧的，而绵羊和猪则相对困难些，因为这些家畜总是不停地走动，因此，羊和猪的放牧空间就要求得大一些。一般放牧牛群至少需要 10 英亩大小的空间，而放牧绵羊或者猪则需要更大一点的空间，这样才能保证邻近的庄稼不受到损害。我们可以通过纽顿-朗格维尔庄园的档案来了解一下，村庄共同体是如何既保证村民在庄稼茬上放牧，同时又能确保旁边的庄稼不受到损害的。在 1290 年时该村庄制定了这样的村规："任何人都不能在邻居的庄稼被全部运走前到庄稼茬上放牧。"⑥ 以后这条村规被不断地重申，到了 1331 年时，规定田地中只要有"2 英亩大小的空间"就允许放牧。⑦ 到了 1387 年时，规定"除非家畜被拴住，否则要有 10 英亩大小的空间时"才允许放牧。⑧ 在下一年中又有了进一步的规定："对于大型家畜来说要有 14 英

---

① J. A. Raftis, *Tenure and Mobility Studies in the Social History of the Medieval English Village*, Toronto: Pontifical Institute of Medieval Studies, 1981, p. 118.

② *Documents*. 122. 1411, Septermber, 8th.

③ *Documents*. 109. September 29th.

④ W. O. Ault, *Open-Field Husbandry and the Village Community: A Study of Agrarian By-Laws in Medieval England*, London: Allen & Unwin, 1965, p. 21.

⑤ C. S. Orwin, *The Open Fields*, Oxford: The Clarendon Press, 1967, p. 134.

⑥ *Documents*. 8.

⑦ *Documents*. 49.

⑧ *Documents*. 90.

亩的田地被清理完毕后才能放牧，而对于绵羊和猪来说，则需要 20 英亩的空间。"① 到了 1406 年时，规定："这个秋季，任何人都不能以 10 英亩大小的空间在自己的田地里放牧家畜。"② 而在其他村庄对放牧空间的规定则略有不同。在大海伍德，规定最小的放牧空间为 10 英亩；③ 在埃姆雷卡斯特尔（Elmley Castle），1391 年时规定是 15 英亩；④ 在 1411 年时为 30 英亩；⑤ 在 1454 年时为 40 英亩。⑥ 而绵羊一般规定要等秋收结束后才能进行放牧。⑦

还有一些地方，尽管没有明确规定出放牧的空间，一般都要求把牲畜拴在地里进行放牧。如，在 1457 年的韦斯顿，"任何人都不能在夏季放牧马匹，除非它被拴住，否则将被处罚 6 便士。"⑧ 在 1338 年牛津郡的库克斯汉姆，"经村庄全体居民一致同意，在牧场收割干草开始直到秋季结束，无论自由农还是维兰，都要用绳子把他们的马匹拴系在牧场、草地和田地之中。否则，每触犯一次就要交罚金 2 先令。"⑨ 在埃姆雷卡斯特尔只要有一弗隆的庄稼被运输完毕，就可以把家畜拴在那里放牧。⑩ 在 1389 年，汉普郡的巴形斯托克（Basingstoke）规定，"任何的马、公牛、阉牛、小母牛、奶牛或者小牛在庄稼运走之前都不能在田地里的庄稼茬上放牧，除非确保它们被拴好或者有人看守。"⑪ 到了 16 世纪仍然有这样的村规，例如，在伯克郡的布克兰德（Buckland），从 3 月 25 日到 8 月 1 日，如果马匹"被绳子拴住的话"就可以在地头或者路边进行放牧。⑫

第三，对一些特殊家畜的放牧进行严格限定。村规中还有很多专门针对比较特殊的家畜——绵羊和猪放牧的村规，之所以制定这样的村规是因为这

① *Documents*. 92.

② *Documents*. 114.

③ *Documents*. 51. 1332；*Documents*. 80. 1389.

④ *Documents*. 101.

⑤ *Documents*. 121.

⑥ *Documents*. 153.

⑦ *Documents*. 170. 1498.

⑧ J. A. Raftis, *Tenure and Mobility Studies in the Social History of the Medieval English Village*, Toronto：Pontifical Institute of Medieval Studies, 1981, p. 115.

⑨ *Documents*. 58.

⑩ *Documents*. 83. 1373.

⑪ W. O. Ault, *Open-Field Husbandry and the Village Community：A Study of Agrarian By-Laws in Medieval England*, London：Allen & Unwin, 1965, p. 21.

⑫ W. O. Ault, *Open-Field Farming in Medieval England：A Study of Village By-Laws*, London & New York：George Allen & Unwin Ltd, 1972, p. 44.

两种家畜对牧场和庄稼具有很强的破坏力。例如，绵羊的食物一般比较粗糙，有时它会把草根刨出来吃掉，而猪更是如此，它甚至可以破坏人们建造好的篱笆。因此，在很多的村庄中都针对绵羊和猪制定了专门的村规。例如，1329 年，在海尔顿村庄，有一条村规规定："任何人都不能在农用牲畜放牧之前让他的绵羊进入田地之中。"① 在 1331 年的纽因顿规定，"绵羊不能在大型家畜之前进行放牧。"② 有关于这方面的村规几乎在一个世纪里都没有中断过。直到 16 世纪前后，对放牧绵羊数量的限定仍然是乡村生活中的日常事务，甚至每个土地所有者应该拥有多少头绵羊都有着明确的规定。一般来说，都是按照村民在村庄中所持有土地的多寡而定。例如，在 1426 年的纽顿-朗格维尔，"经领主和所有佃农一致同意，自此以后，威廉哈里与其他人一样，每持有一维格的土地，那么他拥有的羊不能超过 100 只；如持有 2 维格的土地，他就可以拥有 200 只羊。他持有的土地越多，那么可拥有的羊就越多，反之亦然。如果他违反这个规定，那么多余的羊将交与领主。"③ 如果一个农民拥有放牧权但他没有自己的绵羊或者少于村规所规定的数目，那么他就可以把他的放牧权卖给他的邻居。

而对猪的放牧则有着更为严格的规定。很多村庄都规定猪必须由放牧人进行集体放牧。例如，在 1332 年纽顿-朗格维尔的村规中就有这样的规定："任何佃户都不能把他们的猪（无论大小）放在户外，除非它们被放牧人严加看管。"④ 1410 年纽因顿的村规规定："任何人都不能把猪放在田地中，除非他们由公共放牧人来看管。"⑤ 1473 年的希灵顿的村规规定："每个村民都要拿出 3 先令 4 便士用来雇用一个牧场的放牧人"；在 1473 年的布莱顿，"任何人都不能把他们的猪进行单独放养，必须雇用一个放牧人来进行管理，否则将被处罚 3 先令 4 便士。"⑥ 之所以对放牧猪有着如此严格的规定，主要是因为猪对庄稼和草地破坏力太大。它们不仅吃植物的茎叶，而且还用鼻子拱翻土地，挖掘底下的根茎。而限制猪破坏庄稼的最有效方法就

① *Documents*. 44.

② *Documents*. 48. 1331.

③ *Documents*. 134.

④ *Documents*. 64. 1332.

⑤ *Documents*. 119. 1410.

⑥ J. A. Raftis, *Tenure and Mobility Studies in the Social History of the Medieval English Village*, Toronto: Pontifical Institute of Medieval Studies, 1981, p. 116.

是，在猪鼻子的根部放一个或多个铁圈，这样就可以有效地防止猪拱地或者破坏篱笆了。我们在很多的村规中都发现了相应的规定，这样的规定见诸最早的村规之中，并且贯穿了整个中世纪。例如，在牛津郡的爱恩斯汉姆（Eynsham），1296年，有三个人被处以罚金，因为他们放开了没有带铁环的猪，违反了村民大会所制定的村规；在艾琳（Ealing），有两个人的猪把领主和佃户的地都拱坏了，他们被命令给猪鼻戴上铁环；在埃塞克斯的南海明菲尔德（South Hamingfield）规定："所有的佃户，自此以后，他们的猪在放牧时都要带上铁环，以防止他们破坏或者拱坏领主和佃户的公有地。"[①]在接下来的两个世纪里，这样的村规相当多，因此，在中世纪时期，给猪鼻戴上铁环已经成为了人们日常生活的一种惯例，而且都有固定的日期。一般是在米迦勒节（9月29），或者是10月15日，或者是10月18日，或者10月28日，不同的村庄所规定的日子也不尽相同。而给猪鼻戴铁环的人则是由村庄共同体来选派的。当他们发现哪家的猪鼻没有戴上铁环时，就要对猪的主人进行处罚。

公共放牧权是一项古老的权利，它也是村庄共同体中重要的权利之一。因此，对于这种权利的争夺一直都存在。例如，在莱斯特郡的巴克白（barkby），1569年，一个佃农因为用沟渠和篱笆圈占一块七英亩的土地而被指控，因为自古以来，所有的佃农在那块土地上都有公共放牧权。陪审团指出了村民有如下的公共权：当上述土地正在休耕并直到土地被再次耕种之前村民具有放牧权；当上述土地在圣彼得节（8月1日）到圣母祈福节（2月2日）之间，土地播种了小麦、裸麦、橡子或者豆类时将对土地进行封闭，庄园所有的佃户都不能有公共放牧权。[②] 在埃尔顿，"有一个村民为了在一块公共地上堆积粪肥，为此他缴纳了3便士以获得村庄的许可。"[③]

总之，对于放牧村规的探讨主要是围绕秋收后的庄稼茬放牧展开的。当然，有关公共放牧权的村规不仅仅包括对庄稼茬放牧的管理，还包括对村民在村庄周围林地、荒地等公有地放牧权的管理。对于这方面问题，我们将在

① W. O. Ault, *Open-Field Farming in Medieval England：A Study of Village By-Laws*, London & New York：George Allen & Unwin Ltd, 1972, p. 50.

② W. O. Ault, *Open-Field Farming in Medieval England：A Study of Village By-Laws*, London & New York：George Allen & Unwin Ltd, 1972, p. 45.

③ Grenville G. Astill, "Rural Settlement, The Toft and the Croft", in *Countryside of Medieval England*, Grenville G. Astill & Annie Grant（eds.）, Oxford：John Wiley & Sons Ltd, 1992, pp. 36–61.

后面的章节中再加以详细论述。中世纪有关放牧的村规不仅确保了每个村民的财产不受侵犯，同时也在一定程度了解决了大批家畜的饲养问题，从而为后来英国畜牧业的发展繁荣奠定了基础。从这一点来说，英国乡村基层组织在协调农业生产与畜牧业之间找到了一个平衡点。到了中世纪晚期，随着圈地运动以及农民私人财产所有权的确立，村民的公共放牧权被废除，而有关公共放牧的村规也销声匿迹了。

第四节　有关公共设施的村规

在中世纪英国的乡村，公共设施的保护和修整也是乡村基层组织所要承担的一项重要职责。中世纪英国公权力的微弱，使得很多重要公共设施的建造与维护基本上是靠村庄自身来完成的。例如，桥梁的修建、道路的维护、篱笆的建造以及堤坝的防护等等。为此，在很多村庄中都制定了相关的村规。

第一，有关建造篱笆的村规。在中世纪英国的乡村，村民为了保护其财产不受损害，都会在自己的房屋、田地和牧场周围建造起篱笆、栅栏或者沟渠。建造篱笆主要有这样几个方面的功能：首先是保护田地里的庄稼不受侵害。马克·布洛赫就曾指出："圈地的篱笆是一种标志，它告诉人们在任何情况下都不允许在圈围的田地里进行公共放牧。"① 例如，在大海伍德，村规规定："每个人都要确保田地边上的篱笆完好无损，这样罪犯就只能通过主要的大路走出田地，那样大家就容易发现他。"② 在兰开斯特郡的弗恩泰恩斯（Fountains）修道院的一个村庄，村规规定："每一个在敞田中有土地的农户，必须在谷物种植的一周内，沿着他自己的土地建造篱笆，否则将处以每人 6 便士的罚款。"③ 1428 年的雷普顿，规定在圣劳伦斯节之前，土地要被圈围起来，否则将被处罚 4 便士；1438 年的维斯托，规定在天使报喜节之前，所有田地中的缺口都要被圈围起来，否则将被处罚 6 便士上交给领主，6 便士上交给教堂。④ 其次是为了更好地保护牧场，以防止过度放牧。

① ［法］布洛赫：《法国农村史》，余中先等译，商务印书馆 1991 年版，第 51 页。

② *Documents*. 42. 1327.

③ W. O. Ault，*Open-Field Husbandry and the Village Community：A Study of Agrarian By-Laws in Medieval England*，London：Allen & Unwin，1965，p. 30.

④ J. A. Raftis，*Tenure and Mobility Studies in the Social History of the Medieval English Village*，Toronto：Pontifical Institute of Medieval Studies，1981，p. 113.

例如，在 1453 年的阿普伍德，规定所有的维兰在圣休节之前，都要去建造篱笆或者开挖沟渠用以保护新的牧场，违反者每人将被处罚 3 先令 4 便士。① 在 1429 年的大海伍德，"经领主和全体佃农一致认定，在威廉骑士房屋对面的 10 英尺远的一块草地上建立一个牲畜栏，并且，上述的牲畜栏要有 28 英尺长，28 英尺宽，并且将永远放在那里。"② 再次是为了保护整个村庄的安全。例如，在 1290 年的纽顿-朗格维尔，村规规定，"每个人和他最近的邻居之间都要建有篱笆和小路以保证安全，避免遭受损失。"③ 这个村规后来被重新修订了，规定"如果有相应的损失发生，那么离篱笆最近的人要为此负责"④。1452 年的查特里斯规定，"每个村民都要在下个圣彼得节之前修复好村庄中的篱笆，否则处罚 2 先令"；1454 年，在大拉威利，规定："每个村民都要在所有圣徒节之前，在沼泽地到大道之间的土地上建造篱笆，否则将被处罚 6 便士交给领主。"⑤ 实际上，直到 14 世纪，在西欧的很多地方仍然延续着这样的惯例，例如，在瑞士的很多公告中都有这样的规定："凡是有宅院的人都要用篱笆圈围起来，以便随时都能保证其财产的安全。"⑥

第二，有关道路的使用与修建的村规。在敞田制村庄中，道路的设计是十分重要的，一个村庄中既要有通向田地里的大路，同时还要有通往各家的小路。维诺格拉道夫认为："村庄的街道、公路、大路以及小路对于那些交叉混合的条田来说是十分重要的。而且对于那些分散的小块土地来说，农民在耕作的过程中，必须要找出一条通道，这就需要大家的一致行动。"⑦ 由于敞田制下村民的田地都是相互间隔，呈插花状分布的，如果有人想走捷径直接到达自己地里，就可能会给邻近的田地造成损害。因此，为了加强管理，很多村庄都制定了相应的村规："任何个人和群体都不能驱赶或牵引马匹、马车、犁队或者脚力越过任何土地或者压轧一些已耕种的或者没有耕种

① J. A. Raftis, *Tenure and Mobility Studies in the Social History of the Medieval English Village*, Toronto：Pontifical Institute of Medieval Studies，1981，p. 113.
② *Documents*. 136.
③ *Documents*. 8.
④ *Documents*. 43.
⑤ J. A. Raftis, *Tenure and Mobility Studies in the Social History of the Medieval English Village*, Toronto：Pontifical Institute of Medieval Studies，1981，p. 114.
⑥ 王亚平：《西欧法律演变的社会根源》，人民出版社 2009 年版，第 215 页。
⑦ P. Vinogradoff, *The Growth of the Manor*, New York：Macmillan，1911，pp. 184-5.

的土地；从市场归来，在没有得到土地主人同意的情况下只能走大家熟知的路。否则每拉车通过一次处罚 12 便士，每匹马将被处罚 6 便士，每个人被处罚 2 便士。"[1] 但是按照惯例，每个在敞田中拥有土地的人，都有权利自由进出自己的土地。这些权利是他们的惯例权利，任何人都不能剥夺，也不能以任何借口对此进行阻挠。因此，有关道路侵犯的案件时有发生。村庄共同体要不断地对此进行调解，既要保证村民的财产不受损害，同时也要保护他们正常使用道路的权利。例如，在 1229 年的诺特雷庄园（Notleigh），一个自由农，有一块 20 英亩的土地位于条田的中间地带。由于庄园的领主不让他接近他的土地，因此，这个农民就上诉到了国王法庭。法庭指出："这个农民在耕种其土地时有自由通过休耕地、农田和其他土地的权利，这些权利是其本该拥有的。"[2] 在 1301 年的纽因顿，一个惯例佃农在庄园法庭控诉到，"他使用道路的权利被一个邻居阻挠了"。陪审团经过调查后指出："原告有权利在上述土地上自由地运输谷物、肥料和麦茬。但是在使用这条道路时，应尽量减少对邻居的伤害。被告由于阻碍了原告而被处罚。"[3] 在 1314 年，"有 5 个村民控告另外一个村民，因为他试图阻止他们使用某条道路。只有通过这条道路，他们的马匹和手推车才可以进出他们的田地。原告声称，他们有权利在圣彼得节到播种结束之间使用此条道路；而被告则声称，他有权利在圣马丁节时除了行人之外，对所有的人关闭此条道路。最后陪审团判决 5 个原告胜诉，但他们中有一个人被罚款了，因为他在陪审团做出判决之前就已经使用此道路了。"[4] 在埃尔顿，"有两个村民在积攒粪肥时被处罚了，因为他们的粪堆阻碍了公共道路，妨碍了村民的公共利益。"[5] 即使到了 16 世纪前后，有关道路的村规仍然在继续执行。例如，"在 1552 年的米德尔斯科斯的哈鲁（Harrow，Middlesex），庄园法庭调解了两个佃户关于一条道路使用权的争论：自此以后，其中一个人有权利牵着他的牛车通过这

---

[1] W. O. Ault, *Open-Field Farming in Medieval England*: *A Study of Village By-Laws*, London & New York: George Allen & Unwin Ltd, 1972, p. 55.

[2] Ibid.

[3] W. O. Ault, *Open-Field Husbandry and the Village Community*: *A Study of Agrarian By-Laws in Medieval England*, London: Allen & Unwin, 1965, p. 38.

[4] W. O. Ault, "Some Early Village By-Laws", *The English Historical Review*, Vol. 45, No. 178 (April 1930), p. 221.

[5] Grenville G. Astill, "Rural Settlement, The Toft and the Croft", in *Countryside of Medieval England*, Grenville G. Astill & Annie Grant (eds.), Oxford: John Wiley & Sons Ltd, 1992, pp. 36-61.

条道路；同时，当后者播种和耙松土地时，要在封闭的一侧给前者留有足够的道路，以免造成损失。"① 由此可见有关道路使用的村规在乡村生活中的重要作用。

除了对道路的使用权进行严格管理之外，还需要对道路进行修整，以保证其通行无阻。那么如何来分配这种义务呢？在有一些村庄，村庄中的道路是由最靠近道路的那个农户来负责修整。例如，在兰开夏郡的福尔斯图（Fulstow），"1277 年，一个佃户被处罚金 6 便士，因为他没有修整他房屋旁边的道路，由于这个原因使得道路残破不堪，严重地影响了整个村庄的生活。"② 在 1237 年的纽顿——朗格维尔规定："每个人都应该看守好距离他最近的小路和栅栏门，通过这样的看守，防止领主和他的佃户受到损害，如果有不利的事情发生，那么距离路最近的人要为此负责。"③ 但在大多数村庄，基本上都是由共同体成员来共同承担的。例如，在 1348 年的大海伍德，所有的自由农和惯例农一致同意，每一个人都应该去修整与他自己田地相邻的国王大路（king road），以便马车能够顺利通过，否则将罚款 6 便士。④ 在亨廷顿郡的维斯托（Wistow），1410 年 7 月 17 日村规规定："每个佃户在 9 月 20 日前要用石头修整好道路，否则将被处罚 12 便士"⑤；"在诺福克郡的比斯顿里吉斯（Beeston Regis），责令教区长沿着他的土地去修整村庄尽头的一条公共道路，在下个开庭日前完成，否则处罚 2 先令"⑥。在劳顿（Launton）规定，"所有的惯例佃农要在下个开庭日之前，去修整一条通过村庄中间的道路。"⑦ 在埃姆雷卡斯特尔规定，"村民在修整公共道路时应该随叫随到，有手推车的人必须要负责运输石头。"⑧ 1534 年的维斯托村规规定，"每个人都要在圣米迦勒节之前负责用石头修建属于他自己的那部分道

① W. O. Ault, *Open-Field Farming in Medieval England：A Study of Village By-Laws*, London & New York：George Allen & Unwin Ltd, 1972, p. 56.

② W. O. Ault, *Open-Field Husbandry and the Village Community：A Study of Agrarian By-Laws in Medieval England*, London：Allen & Unwin, 1965, p. 39.

③ *Documents*. 43.

④ W. O. Ault, *Open-Field Husbandry and the Village Community：A Study of Agrarian By-Laws in Medieval England*, London：Allen & Unwin, 1965, p. 39.

⑤ *Documents*. 118.

⑥ W. O. Ault, *Open-Field Farming in Medieval England：A Study of Village By-Laws*, London & New York：George Allen & Unwin Ltd, 1972, p. 57.

⑦ *Documents*. 95. 1389.

⑧ *Documents*. 152. 1453.

路，约翰赛德以及斯尔维斯特被选举为道路监察员，每个违反者将被处罚 6 先令 8 便士。"① 尽管在不同的村庄中会有不同的规定，但从整体来看，主要是由村庄共同体来负责管理的。

这些有关道路的村规和法令，对后来议会所制定的公路法产生了深远的影响。例如，1555 年的公路法规定，每个土地持有者必须要提供一匹马和一辆车以及两个能劳动的人，而农业雇工和其他没有车的人，必须出劳动力。这些法令明显地受到中世纪村规的影响。

再次，有关其他公共设施的村规。英国属于地中海式气候，冬季温和多雨，夏季则比较炎热。而且它的土壤比较黏结，如果耕地的排水处理不好，就会严重影响庄稼的生长和收成。因此，在很多村规中都有关于挖掘和疏通沟渠的规定。例如，在 1428 年的雷普顿修道院规定，在圣米迦勒节之前，自营地上的所有渠沟都要被清理干净，否则每个违反者都要被处罚 4 便士；1473 年的布雷顿，规定在圣安德鲁节之前，埃斯顿附近的沟渠以及其他地方的沟渠都要被清理干净，否则每人将被处罚 12 便士；1534 年的大拉弗雷，规定每个维兰都要在圣米迦勒节之前清理完毕自己的沟渠，否则每位违反者将被处罚 3 先令 4 便士②；在 1430 年的瓦尔博斯规定，"所有的沟渠在四旬斋节之前都要被清理干净，否则就要处罚 20 便士给领主，20 便士给教堂"③。在 1433 年的大海伍德规定，"每一个在尼斯尔浅滩的佃农，都要在下周一的黄昏前，用工具清理好河床，否则每人处罚 1 便士。"④

综上所述，由于中世纪的英国公权力较为微弱，很多乡村公共设施的修建与维护都是由村庄共同体来具体负责的，这也充分说明了村庄共同体在乡村基层组织中的重要作用。村庄共同体以村规的形式来管理公共设施，并把每个成员都纳入其中，其目的既是保证乡村生活的正常秩序，同时也要维护共同体成员的惯例权利不受侵害。通过有关公共设施的村规可以看到，中世纪乡村所具有的共同体属性：个人要为集体利益负责，而集体也要保护个人的权益。从实际的实施效果来看，这些有关公共设施的村规既有效保护了共

---

① J. A. Raftis, *Tenure and Mobility Studies in the Social History of the Medieval English Village*, Toronto: Pontifical Institute of Medieval Studies, 1981, p. 121.

② Ibid., 120.

③ *Documents*, 138.

④ *Documents*, 142.

同体成员的利益，也有利于乡村生活的协调发展，因此，在那个时代具有一定的积极意义。

第五节　村规的执法者——村规监督员

在中世纪的村规档案中有很多有关村规监督员（by-laws warden）的记录。这些村规监督员在中世纪的村庄共同体中占有重要地位，它是保障村庄共同体这台古老而庞大的机器实现正常运转的重要部件，同时也是乡村基层组织的重要组成部分。他们不仅在共同体中扮演着执法者的角色，而且在组织农业生产、管理畜牧业、调节共同体成员之间的纠纷上也起到了重要的作用。

首先，我们对村规监督员的情况作一简单的梳理，以便我们能够从整体上加深对这一职位的了解。

第一，关于监督员的选举问题。在早期的庄园档案中，我们就能发现有关监督员选举的记载，无疑，这种实践活动是相当古老的。现存最早的关于监督员选举的档案是1273年的。在村庄共同体的早期，监督员一般都是在需要特别加强防范时才进行选举的。如早在盎格鲁-撒克逊时期，村庄就有了治安官（constable）。村庄被作为治安单位，在地方治安管理上独立承担公共职责。① 至中世纪，依赖村庄等地域基层共同体维持治安的政策依然实行。1242年英王亨利三世颁布法令，在全国加强治安。据此，每逢夜晚，任何村庄都要安排4—6人守夜执勤。郡守还要检查每个村庄是否任命了1—2个治安官，每个百户区是否设立了治安长（chief constable）。该职务最初设立于1242年，是基层农村唯一负责治安的官员。② 这些早期的治安官，实际上就是村庄共同体早期的监督员。他们在负责社会治安的同时，也需要按照习惯法去处理一些与村庄有关的公共事务，并监督共同体成员的行为，对其非法行为进行指控。

后来随着中世纪英国乡村社会的发展，新的情况不断出现，仅靠一两个

① T. E. Scrutton, *Commons and Common Fields*, Cambridge: Cambridge University Press, 1887, p. 12.

② Miller. E. & Hatcher, *Medieval England Rural Society and Economic Change* 1086-1348, London: Longman, 1978, p. 101.

治安官已经不能满足村庄共同体管理日常生活的需要，他们需要越来越多的人手来维护村规，以便能更好地保护共同体成员的利益；同时领主也希望能同他的佃农之间保持良好的关系，以利于经营和管理。因此，到了 14 世纪左右，监督员的选举已相当普遍了，各地的庄园档案几乎都有相关的记录。例如，在英国 10 个不同地区的 31 个庄园档案中，几乎有一半的村规都涉及到了监督员的选举。在各个村庄共同体所制定的村规下面，几乎都写着"为了保证上述法令的实施，并指控犯罪者，选举某某为监督员，他们为此进行了宣誓"等字样。[①] 但到了 15 世纪，有关于监督员的选举就基本停止了。在大海伍德是 1433 年；在纽顿-朗格维尔是 1406 年；纽因顿是 1416年；在霍尔顿地区是 1425 年；劳顿地区是 1476 年。

第二，关于监督员的选举时间问题。各个村庄共同体可以根据自身的需要以及实际情况进行选举，并没有统一的规定。但在 14 世纪以前一般是在7、8 月份进行选举，主要是在秋收之前进行。其目的是加强对秋收的管理，以防止秋收犯罪的出现。如在大海伍德，在 1385 年以前，监督员的选举一般是在 7 月底或 8 月初进行，基本保持不变；在纽顿-朗格维尔庄园是在 6月底进行的。[②] 但是到了 14 世纪以后，村庄共同体监督员的选举时间逐渐发生了变化。由于养羊业的兴起，放牧的问题比秋收显得更为紧迫，选举一般是在 4 月或 5 月进行。"在 1350 年以后，违反村规侵入牧场的事情频繁发生：他们（村民）的小牛或小马践踏邻居的田地；他们在大型牲畜放牧之前把羊赶进庄稼地；他们在田地被清理之前把他们的家畜赶入地中。"[③] 正因为如此，加强有关村规的执行力度已显得十分必要。由此，我们也可以看到社会的环境的变化，对村庄共同体所产生的巨大影响。实际上，对于监督员的选举和制定村规一样，都不是庄园法庭所重点关心的日常事务。因此，在庄园法庭的卷档中，对此记录得较少，例如，在 1290 年（第一次出现）到 1423 年（最后一次出现）期间，在大海伍德档案里只记载了 42 个监督员的指控，并且主要集中在 1324 年到 1354 年之间。在其他的庄园法庭，如

---

① 本人是根据 W. O. Ault，'Open-Field Husbandry and the Village Community'一书中所提供的村规档案进行统计的。

② See：W. O. Ault, *Open-Field Farming in Medieval England：A Study of Village By-Laws*, London & New York：George Allen & Unwin Ltd.

③ See：W. O. Ault, *Open-Field Husbandry and the Village Community：A Study of Agrarian By-Laws in Medieval England*, London：Allen & Unwin, 1965, pp. 46-9.

纽顿-朗格维尔、纽因顿的霍尔顿、劳顿和拉姆齐庄园，同样的指控也很少而且也无规律可循。

第三，关于监督员的人数问题。从现存的庄园档案中我们可以看到，一般所记录的监督员人数不超过9人。在大海伍德，监督员的人数一般是7—8个，只有一次是9个人，1385年以后，监督员的人数降为3—4人，甚至2人；关于纽顿-朗格维尔庄园的监督员我们所知甚少，共同体自身没留下什么资料，但我们可以从庄园法庭的卷档中发现一些细微的东西。在那里，监督员的数量通常是4—8人，有一次是9人。如果我们截取某个时间段去考察，会发现在1329年到1335年之间的庄园档案中有关监督员人数的变化：1329年为3人，1330年为6人，1331年为4人，1332年为6人，1333年为4人，1335年为7人。在该档案中有个叫约翰·杰拉德的人，服役了4次，其他两个人各服役了3次。① 在霍尔顿地区，最早是有6个监督员被选举的，但到了1370年时，人数缩减到了4人，1404年时则是3人，到了1415年则成为1人。② 这也充分反映了乡村经济的一种重要变化，从中我们也能清楚地看出村规自身的调整。在纽因顿，有这样一项规定：每四个村庄，就要选举2个监督员。③ 在霍顿，1307年有11个监督员，但一个世纪以后仅剩4个了。在沃鲍斯（亨廷顿郡的一个村庄），1378年是9个人，1440年则是4个人。从总体来看，监督员的人数自14世纪以后，是逐渐减少的。

第四，关于监督员的身份问题。梅特兰曾经指出："村庄共同体是由农奴组成的，自由农是不受习惯法和村规约束的"。④ 奥尔特也指出："他们（指村规监督员）毫无例外，都是维尔格特（virgater），服固定的维兰劳役，没有茅舍农（cottar）也没有自由农出现在监督员的名单上。"⑤ 然而，在实际生活中，我们不仅看到了自由农对村规的认同，而且其他的一些例证也表明，村规监督员也可以由自由农来担任。

---

① *Documents*. 43—54.

② W. O. Ault, *Open-Field Farming in Medieval England*：*A Study of Village By-Laws*, London & New York：George Allen & Unwin Ltd, 1972, p. 61.

③ W. O. Ault, *Open-Field Husbandry and the Village Community*：*A Study of Agrarian By-Laws in Medieval England*, London：Allen & Unwin, 1965, p. 45.

④ F. Pollock & F. W. Maitland, *The History of English Law before the Time of Edward I*, Cambridge：Cambridge University Press, 1968, pp. 64-7.

⑤ W. O. Ault, "Some Early Village By-Laws", *The English Historical Review*, Vol. 45, No. 178 (April 1930), p. 223.

中世纪的自由农，他们的主要利益是存在于土地生产过程中的，因此，他们更多的是被其经济利益，而不是被其法律地位所支配。例如，自由农本来没有出席庄园法庭的义务，但由于庄园法庭时常涉及一些公共事务的处理，很难不与之发生联系，所以，我们经常会看到自由农和维兰同时出现在庄园法庭的情况。正如内尔松女士所说："或许我们夸大了法律地位在中世纪所扮演角色的重要性"。① 我们可以通过两个庄园档案来对所阐述的问题加以说明。在大海伍德，在领主面前，经全体居民一致同意，制定并通过了两个村规。其中之一，他们中的任何人都不能在田地里用麦捆来支付雇工的工资；也就是说，如果你用麦捆来支付工资，不能在地里进行，可以在自己家的仓库里进行。所有的土地所有者都一致同意这一点，没有地位的分别。这样规定的好处就在于，可以防范土地持有者的麦捆被别人偷走。另一个规定就是，无论男人还是女人，只要有劳动能力，就必须要去收割庄稼而不能去拾庄稼。像这样的村规在所有农业村规中占有相当大的比例。从中我们可以看到，土地持有者在农业生产中的利益基本是一致的，这些村规的规定，无论是对自由农还是惯例佃农，都有着相同的利益，即可以使得他们的经济损失降到最小。在一些庄园档案中，我们还可以看到自由农积极地参与村规制定的案例。例如，在14世纪的杜尔海姆修道院庄园，有一些村庄可以选举一个4—6人的村庄委员会，在这些委员会中，有一些人是自由农，他们负责在下次村民集会前起草村规；在1335年的大海伍德，"经所有的自由农和村庄的全体居民一致同意，任何人都不能到其他人的已经播种了豌豆的田地上去捡拾豌豆。如果有人违反，就处罚6便士罚金交给领主"②。

自由农不仅参与村规的制定，而且我们还发现了很多自由农被选为村规监督员的案例。最早的村规监督员几乎都是由农奴来担任的，很少见到有自由农当选。例如，在大海伍德，在13世纪以前，几乎所有的村规监督员都是维兰，维尔格特或半维尔格特③。到了13世纪以后，我们会逐渐发现有一些自由农也被选举为村规监督员。例如，理查德·罗斯就是一个自由农，他持有一处房宅和四分之三维尔格的土地。在1339、1340和1341年被选为

---

① ［英］波斯坦：《剑桥欧洲经济史》第1卷，郎丽华等译，经济科学出版社2002年版，第446页。

② *Documents*. 55.

③ 指持有一威尔格（30英亩）土地的惯例佃农。

村规的监督员。在1343年，他还成为了一个验酒师。^① 在纽顿-朗格维尔村庄，这里有两个监督员被称为维兰，没有一个自由农当选为监督员的记录，可能这里没有自由农生活。在纽因顿，我们通过一条庄园的档案记录，发现有一个叫亨利的人，他在1334年的7月被选为村规监督员，但由于他持有领主的半维尔格份地（大约是15英亩），因此，他要向领主缴纳一头价值11先令6便士的公牛作为租地继承税。而他的妻子玛格丽特，也要去领主那里从事一些劳动。^② 可见，他的身份极有可能是一个维兰。在1416年的档案中有这样一条："贝里克郡的威廉·埃拉基和约翰·切拉迪被选为那里的村规监督员，并要求村民在下次庄园法庭开庭时把名字上报给管家。通过1310年的临时法令或者百户区档案以及庄园法庭的档案，我们一定能够发现，他们两人是一个维尔格特或半维尔格特，要承担地租并服维兰劳役"。^③由此可见，这里的监督员也是由农奴来承担的。

从以上的论述我们可以看出，村庄共同体的监督员身份是多样的，主要是以维兰为主。但作为土地持有者的自由农，由于其经济利益也不可避免地与村庄共同体发生关系，他们也参与共同体村规的制定，并积极地承担村规监督员的职责，从而使他们的行为逐渐地被纳入到村庄共同体之中。因此，中世纪英国的村庄共同体成员，不仅仅是由维兰来组成的，它还应该包括自由的土地持有者。与陪审员一样，村规监督员似乎也是从特定的人群中选举而来的，或许他们是来自村庄中那些"有更强法律观念以及行为良好"的人，而与他们的身份并无太多的关系。^④

第五，关于监督员的报酬问题。有关村庄共同体监督员是否有报酬的问题，各个地区不尽相同，但从总体来看，他们与庄园的庄官是有区别的。由于庄园的庄官主要是为领主服务的，如护院人（messor）或治安员（hayward），他们的主要职责就是保护领主的田地和牧场不受侵犯，如果有人违

① W. O. Ault, *Open-Field Farming in Medieval England*: *A Study of Village By-Laws*, London & New York: George Allen & Unwin Ltd, 1972, p. 60.

② W. O. Ault, *Open-Field Husbandry and the Village Community*: *A Study of Agrarian By-Laws in Medieval England*, London: Allen & Unwin, 1965, p. 45.

③ W. O. Ault, *Open-Field Farming in Medieval England*: *A Study of Village By-Laws*, London & New York: George Allen & Unwin Ltd, 1965, p. 62.

④ W. O. Ault, "Some Early Village By-Laws", *The English Historical Review*, Vol. 45, No. 178 (April 1930), p. 224.

反了法令，他们就在庄园法庭上对其进行起诉，并对其进行处罚。他们的报酬是一部分可耕地，一些谷物，或者一部分罚金。虽然，很多的村规监督员也是为领主服务，但他们更多是义务的，并没有任何的报酬，如秋季监督员就是如此。但有一些地区，村规监督员会由于工作出色而得到一部分奖励。如在劳顿庄园①，秋季监督员、治安官以及出席法庭的全体居民，一致规定：任何人都不能在节日或者夜间工作，否则每人都要支付给领主6便士罚金。如果上述违法行为很少发生，那么监督员则由于他的警卫工作而得到3便士奖励。② 这条村规在1401年时被再一次地重申。

从总体来看，村庄共同体的监督员大多数是无报酬的，他们更多是义务地为村庄共同体服务。也正因为如此，很多人不愿意去承担这项"吃力不讨好"的工作，有时他们会主动要求村庄共同体提供给他们相应的报酬。如在1303年，大海伍德的两个林地监督员，在庄园的法庭上要求每个庄园的佃户支付给他们一夸特谷物，以作工资之用。村民们聚集在庄园法庭上，拒绝了他俩的要求。并且自由人的陪审员和其他人指出，村庄以前并没有支付监督员报酬的惯例。除非经整个村庄的人一致同意，否则村民从来不给林地监督员任何东西。③ 在他们看来，林地监督员和庄头以及看守人一样，他们主要是为了领主而服务的，不是为整个村庄共同体服务的。因此，他们应该由庄园本身来支付工资，与村庄共同体没有什么直接的关系，领主也没有办法，只好由他来支付工资。20年后，领主不再供养林地监督员，而是要求惯例佃农来供养他们。而惯例佃农则声称，林地监督员要由他们从那些持有半维尔格土地的维兰中选举，而给予林地监督员的报酬就是：在他们任职期间，可以减免一半的地租并且可以得到一小块称为"林业草地"的碧绿草场。但实际上，除了一次特殊情况外，惯例佃农从来没有支付过林地监督员任何的工资。而那次特例是由于其中一个林地监督员已经失去了工作能力。在这样的情况下，村庄共同体规定，每个维尔格特都要给他一蒲式耳小麦，而每个半维尔格特则给他半蒲式耳

① 这个庄园是1065年由忏悔者爱德华赠予威斯敏斯特修道院的，在13世纪时有35个维尔格和9块小田地。都是由惯例佃农来持有的，在15世纪之前，那里没有自由持有农。

② *Documents*. 89.

③ W. O. Ault, *Open-Field Farming in Medieval England：A Study of Village By-Laws*, London & New York：George Allen & Unwin Ltd, 1965, p. 65.

小麦。从那以后虽有 6 个不同的人当选为林地监督员，但惯例佃农没有给过任何东西。①

第六，关于监督员的职能问题。中世纪村庄共同体的职能主要可分为两类：一类是对经济活动的监督（耕种、秋收、放牧）；一类是对日常生活的监督（救助、修路）。正如前面我们所谈到的那样，在前工业社会，农民经济的主要来源是农业和畜牧业，与此相应，敞田制和公权制便成为英国一些地区农业和畜牧业的制度保障。其核心是共耕共牧。在中世纪的村庄共同体中，谷物在敞田内的轮作，稀缺的草地在村民中间的分配，牲畜在收割后的草地（即牧场）和公地（收割后和播种前的耕地，以及村庄边缘尚未利用的荒地）的公共放牧权（放牧时间和数量），村规中都有严格的规定，村民必须照章行事。② 因此，保障这些村规的有效实施，则成为监督员的重要职责。

例如在秋收时节，监督员的职责就变得十分重要，他们一方面要监督人们抢收庄稼，另一方面，他们还要时刻警惕那些利用秋收来牟取私利的人。在 1332 年的纽顿-朗格维尔庄园规定：每个人都只能在日出以前去捡拾豌豆、豆类或者其他东西；任何陌生人都不允许去捡拾庄稼；任何穷人都不能在田地中间去捡拾豌豆，只能在地头，并且沿着田地的边界去捡拾，如果他们不这样做，他所捡拾的东西要被没收，并且从此以后他不能再去捡拾豌豆；不能在夜间运输；不能在田地里用谷捆来支付工资。为了监督上述法令的实施并阻止犯罪，选举莱曼·巴库、爱维特的儿子威廉，约翰·沃特、约翰·罗宾逊、约翰·西蒙、约翰·杰拉德等人为双方的监督员，也就是说，他们既是领主的监督员也是村庄共同体的监督员，他们都为此进行了宣誓。③ 在 1337 的大海伍德，"经村庄所有的佃农、自由农和惯例佃农一致同意，保留所有在第 16 年（1332 年，6 月 26 日）制定的所有村规，为监督其实施，选举约翰·富兰克林、菲利普·杰拉德、理查德·黑尔顿、尼古拉斯·斯蒂文为监督员。"④ 在 1290 年的纽因顿庄园，"每到收割的季节，监

① W. O. Ault, *Open-Field Farming in Medieval England: A Study of Village By-Laws*, London & New York: George Allen & Unwin Ltd, 1965, p. 65.

② Miller, E. & Hatcher, *Medieval England Rural Society and Economic Change 1086-1348*, London: Longman, 1978, pp. 88-9, 102-3.

③ *Document*, 52. 1332.

④ *Document*, 57.

督员要很早就把雇工召集起来，带领他们迅速地用镰刀收割庄稼，并且还要让他们按照一定的顺序来收割。同时，还要时刻监督他们以免在匆忙之下把庄稼遗落了，还要让他们把庄稼扎成小捆，因为小捆更加方便运输和脱粒。只要天气适合，就要尽快地组织人力把庄稼运进谷仓。"① 在这里，村庄共同体的监督员俨然成了农业生产的组织者，可见其地位的重要性。除了管理农业的事务之外，村规监督员还要对家畜的放牧进行监督，以防止一些人破坏牧场。14 世纪以后，有关放牧的村规变得多了起来，管理放牧又成为村庄共同体亟待解决的问题。为此，他们设立了专门的监督员来对放牧进行监督，并对那些违反村规的人进行指控。如在 1364 年的大海伍德，村规规定：经全体居民同意，他们中的任何人及其牲畜都不能在所有的干草被运走前进入欧德梅德牧场，如果有人被发现这样去做了，那么每触犯一次，他将支付给领主 6 便士罚金。……经上述居民同意，他们中的任何人都不能带着他们的马驹、小牛、公牛、鹅或者其他的家畜在秋季时进入已播种的田地。否则每触犯一次，就处罚 12 便士。为保证上述村规的实施，选举了监督员。② 在 1379 年牛津郡的海尔顿，"村规监督员约翰·佩格纳特、托马斯·伍德沃德以及托马斯指控罗格·玛莉唯尔、约翰·查特、威廉·马丁以及威廉·马里德尼在秋收时节，在拉犁的牲畜放牧之前，他们就到庄稼茬上放牧，违反了秋季法令，因此他们每个人都被处罚了 2 便士。"③

对日常生活的管理，主要是修补道路。要想使敞田制发挥更好的功能，则需要相应的道路交通。一个村庄共同体通常拥有这些道路的管理权，同时也要承担防止道路阻塞、对道路进行修复的义务。例如，在埃姆雷庄园，所有的佃户和居民都必须要在修整"牧师路"（parsons lane）时工作两天，在修整"林间路"（wood lane）时工作一天，而在修整公共道路时则要随叫随到，居民的马车必须要用来拉运石头。④ 要想使这些繁重的劳动快速而有序地完成，必须要有专人对此进行监督。因此，在一些档案中出现了选举"道路监督员"的记录。例如在韦斯特庄园，规定所有的佃户都要去修整一

① W. O. Ault, *Open-Field Farming in Medieval England: A Study of Village By-Laws*, London & New York: George Allen & Unwin Ltd, 1965, p. 28.
② *Document*, 80. 1364.
③ *Document*, 87. 1379.
④ *Document*, 152. 1453.

条属于村庄的公共道路，每人修整属于自己的部分，他们中的两个人被选为监督员，去监督所有人的完成情况。1555 年的公路法规定：每个土地持有者必须要提供一匹马和一辆车以及两个能劳动的人，农业雇工和其他没有车的人必须出劳动力。他们一年必须要工作 4 天，并由村民选举两个监督员。①

通过以上对村规监督员情况的简单梳理，我们可以得出以下几点启示：

首先，从村规监督员的人数变化，我们可以进一步去洞察这种变化所蕴含的深层含义。村规监督员是中世纪乡村基层组织中较为重要的村官，它的兴衰可以作为衡量村庄共同体发展变化的一个晴雨表。如果我们做一个简单的数字统计就会发现，村规监督员的数量变化呈一种抛物线的形态，即：以 14 世纪做为一个分界的话，村规监督员的人数从 12 世纪开始增加，到 14 世纪达到了其顶峰（人数最多），但几乎所有的村庄共同体，到了 14 世纪晚期，村规监督员的人数逐渐缩减，15 世纪以后，村规监督员基本在共同体中消失了。那么这种人数的变化与村庄共同体的发展或者推而广之，与中世纪社会的发展变化有何内在的联系呢？

如果我们把目光投向这一时期的英国社会就不难发现，14 世纪到 15 世纪，正是英国封建社会逐步走向衰落的时期。1381 年大起义后，庄园制开始瓦解。庄园的瓦解以及庄官的衰落，使得农村的基层组织结构出现了重组。这时期一个最为显著的变化就是，随着农业经济的不断发展，英国个体农民的力量不断增强。个体农民，特别是富裕农民的大量出现，可以说在一定程度上改变了英国乡村基层组织的内部结构。经过长时间的积累，他们手中掌握了大量的财富，同时社会地位也逐渐提高，并出现了"乡绅侵入议会"的局面②，正因为如此，他们也逐渐地掌握了乡村基层组织的领导权。"通常，村庄共同体是通过村庄的头面人物来实现其权力的。事实上，他们控制了共同体的公共事务。村庄头面人物几乎触及到了村庄生活的各个角落，很少有其不能达到的地方。例如，由他们来负责分配一个死去的佃农的房屋，并决定该佃农的继承人克里斯汀娜拥有较差的大厅和房间，并拥有最

① W. O. Ault, *Open-Field Farming in Medieval England: A Study of Village By-Laws*, London & New York: George Allen & Unwin Ltd., 1965, p. 57.

② 关于富裕农民的兴起，详见侯建新：《社会转型时期的西欧与中国》，高等教育出版社 2005 年版，第 114—119 页。

好的器具；而他的遗孀，则拥有较好的房间，并占有其他的器具"。① 富裕农民对村庄共同体的把持，使得他们获得了较大的权利，同时也削弱了共同体自身对个体农民的束缚。此时，强调平均主义，压制个体，强调个人服从集体的村庄共同体已经逐步显示出其滞后的一面。原来制约共同体成员的条条村规，此时也变得苍白无力，而作为村规执法者的监督员也必然走向衰落。

其次，从监督员的选举中，我们可以看到蕴含于村庄共同体中的一些民主与自治的因素。所谓的民主因素，既每个村庄共同体监督员的选举都是以村民集会形式进行的，每个出席人都有权投票。例如，在富恩特斯修道院庄园的法庭卷档中有这样一条：法令规定，所有的佃户在被召集时都应准备去投票，应遵守已制定的村规并使之实行。所有的佃户如其所愿，每年要进行一次投票。在这个庄园其他地方的卷档中，我们发现"在法庭上，全体居民一致要求，要以平民投票的方式在他们中间建立法令和惯例，他们中的任何人都不能违反它，否则将处罚 3 先令 4 便士交给领主"②。14 世纪杜尔海姆庄园的档案记录也支持了上述观点："村镇的所有佃农喜欢参与公共事务，他们在村头的召唤下，一起协商与村镇有关的公共事务"，而且"规定经全体一致同意，每个佃农都应在村头的召集下一起协商公共事务，而且每个人都应该和其他人保持一致。在一些村庄中，有 4 或 6 个人被任命为委员，他们中一些人是自由农，并且要求他们在下个村民会议召开前拟订村规"③。看来把所有的居民召集在一起，以公共的利益去制定村规并选举监督员似乎是一种惯例。监督员不能无限期地任职，基本上是一年选举两次，有的人可以连续当选，但同一组的人不能连续当选，以防止其沆瀣一气，滥用职权。他们没有报酬，或者只领取少量的津贴。这种较为民主的选举方式，一直存在于村庄共同体之中，并且成为后来基层选举的范本。同时每个共同体的成员都有对其所选举的监督员进行监督的权利，并可以对他们的违法行为进行指控。例如，在大海伍德，有一个叫休（男子名）的人，在

---

① R. H. Hilton, *The English Peasantry in the Later Middle Ages*, Oxford: Clarendon Press, 1975, pp. 57-8.

② W. O. Ault, *Open-Field Farming in Medieval England: A Study of Village By-Laws*, London & New York: George Allen & Unwin Ltd., 1965, p. 59.

③ Ibid.

1322 年被选为监督员。一次，他由于在田地里放牧他的小牛而受到处罚，还有一次他由于在田地里用麦捆来支付雇工的工资，因而"违反了村庄共同体的意愿"，同样受到了处罚。在 1290 年的纽顿-朗格维尔庄园，一个监督员在值班时，在村庄附近发现了一些麦捆，很明显那是一个盗贼留下的，但他把这些东西据为己有，因此违反了"监督员条令"，这或许是一个执法犯法的案例。① 可见，作为村庄共同体执法者的监督员并没有什么特殊权力，他们只是代表村庄共同体来对村民的行为实施监督，同时，其自身也受到全体村民的监督。

此外，村庄共同体监督员的选举不受任何外来的干涉。在中世纪的英国，每一个村庄都是一个独立的经济单元。让领主和他的管家痛苦的是，每一个村庄的村民，都制定了一些以维护他们共同体利益为目的的村规，按照惯例，每个村庄共同体都有权利选举自己的村规监督员，庄园的管家甚至领主都无权干涉。每当一个共同体选举出新的监督员时，他们都要把名单呈交给领主或管家，由他们进行宣布，但这种宣布只是一种形式而已，并不是一种任命。这种乡村基层组织的民主自治，是近代英国走向民主化的先声。

第六节　乡村社会的法律诉讼

通过对乡村中最高法律——村规的制定、内容以及执行情况的梳理，我们对中世纪英国乡村的法律状况有了较为明晰的认识。村庄共同体利用村规很好地保护了共同体成员的利益不受损害，从而在一定程度上实现了乡村基层组织的法律自治。但是，在中世纪乡村社会的法律体系中，除了处理有关村规方面的问题之外，还要涉及农民之间、农民与领主之间的法律纠纷。那么，中世纪乡村的法律纠纷主要包括哪些方面呢？农民是如何利用法律（指习惯法或村规）来维护自身利益的呢？这些法律诉讼对英国社会产生了哪些影响？对于这些问题我们有必要进行一下详细的探讨。

一、庄园法庭与乡村诉讼

在中世纪的英国存在三种类型的法庭：庄园法庭、教会法庭和王室法

---

① W. O. Ault, *Open-Field Farming in Medieval England：A Study of Village By-Laws*, London & New York：George Allen & Unwin Ltd., 1965, p. 61.

庭。它们有着各自的法律体系：教会法庭依照教会法来进行管理，主要负责处理与宗教有关的事务，或者是处理与道德、婚姻相关的事务；而王室法庭则执行普通法，主要设立在郡和百户区，而巡回法庭则属于王室法庭的派出机构，主要是在固定的时间内巡视各个地区；庄园法庭则是与乡村社会紧密相关的机构，它是村民之间经常接触和交流的场所。从诉讼的主体来看，教会法庭的诉讼主体是神职人员；王室法庭诉讼的主体是贵族与自由农；而庄园法庭的诉讼主体则是佃农，他们所遵循的法律体系是自己庄园的习惯法。当然，三者之间并不是完全的独立运行。比如，王室法庭会垄断一些重罪的审判，如杀人、强奸、纵火、入室抢劫以及一些叛逆罪等。[1] 而像其他的一些犯罪，如攻击他人、非法侵入、盗窃价值低于 12 便士的财物、敲诈以及缺斤少两等轻罪，这些都属于庄园法庭的审理范围。如果这些罪行涉及到了自由人的话，那么同样要移交到王室法庭进行审判。[2] 由于庄园法庭与乡村生活紧密相关，因此，我们将结合庄园法庭的运作情况来考察乡村社会的法律诉讼。

从严格意义上讲，中世纪的乡村法庭大体上主要有三种类型："民事法庭（the Leet）主要用来维护国王的和平；男爵法庭（the Court Baron）和惯例法庭（the Customary Court）则纯粹处理庄园事务。其中与村民事务联系最紧密的则主要是男爵法庭。但在实际运转过程中，这三种类型的法庭往往混杂在一起。"[3] 因此，我们这里笼统地称之为庄园法庭。庄园法庭主要是处理与领主利益相关的事务，如征收地租、继承税、婚姻捐以及其他费用；农民服劳役的情况；选举庄官；对那些侵害领主利益的人进行处罚等。实际上，中世纪的庄园法庭同时也是村民的集会，因此，有关村民之间的财产纠纷、债务问题、侵权行为等等也都是庄园法庭的处理范畴。每个庄园的庄园法庭都有自己固定的开会地点，一般情况下都是在一个高大的房屋里面举行，该房屋大约占地 1 英亩半左右，四周用篱笆圈围起来。冬季召开法庭时，一般都是在这样的房屋之中；而到了夏季一般都是在一个相对比较开放

① John Bellamy, *Crime and Public Order in England in the Later Middle Ages*, London－Toronto：Routledge & Kegan Paul, 1973, pp. 32-3.

② Ibid., p. 33.

③ C. S. & C. S. Orwin, *The Open Fields*, Oxford：Clarendon Press, 1954, pp. 147-8.

的空间，如村庄中的大树下。① 每当开会之时，大厅里总是挤满了人，这些人除了维兰之外，还有一些自由农。尽管他们没有义务参加庄园法庭，但村庄中一些事务会涉及到他们。法庭一般是由管家来主持的，虽然他没有权力做出判决，但他可以代表领主来审查陪审团所做出的判决。法庭的审判有着严格的程序：陪审团要将村庄的惯例和村规作为法律依据并做出判决；在审判期间陪审员必须宣誓，不能向任何人透露法庭即将要作出的判决。如果陪审员违反了上述规定的话，那么他要受到更为严厉的处罚。例如，"在 1388 年的海尔斯欧文，一个庄园的陪审员被控告，因为他向别人透露了陪审团私下里对某件事情的判决结果。"②

在庄园档案中，陪审团的裁决一般都是被这样记录的："根据陪审员的调查……陪审员指出……他们指出……根据案例的事实并作出裁决等等。"③ 实际上，具体的处罚是由陪审团集体作出的，并不是由某个陪审员作出的；而且他们的判决不仅得到了领主管家的承认，也得到了全体村民的认可。这种集体同意一般并不被记录在法庭档案之中，但如果原告和被告双方需要在法庭上进行陈述时，这种集体同意就会被记录下来。一般会写成：在全体村民出席的情况下或经过全体村民一致同意等。法庭的档案一般都是保留在庄园的记录员手中。档案的上面会记录着法庭召开的日期和地点。由于当时的乡村记录员文化水平不高，因此，很多档案都存在着语法上的错误，同时还使用了大量的缩写形式。在档案的旁白上，记录员还会写上案件的类型、判决以及罚金的具体数量。档案的最后，一般都记录着罚金的总数，就像庄头给领主作的账目一样。从这一点可以看出，领主之所以让专职人员进行法庭记录，其主要是出于对经济利益的考虑，而不是司法上的。到了 13 世纪晚期，整个英格兰地区几乎各个庄园都形成了自己的法庭档案。这些档案被小心地保存起来，作为以后相关案件审理与判决的依据。

二、乡村法律诉讼的内容

中世纪乡村的法律诉讼主要涉及两大部分：一类是村民之间的诉讼；另一类就是村民与领主之间的法律纠纷。无论是哪种诉讼形式，其审判的依据

① A. E. Levett, *Studies in Manorial History*, Oxford：Oxford University Press, 1938, p. 111.

② R. H. Hilton, *The English Peasantry in the Later Middle Ages*, Oxford：Clarendon Press, 1975, p. 56.

③ Frances & Joseph Gies, *Life in a Medieval Village*, New York：Harper & Row, 1990, p. 173.

都是习惯法。

第一，村民之间的法律纠纷。中世纪村民之间由于长时间地一起生产生活，彼此之间不可避免地由于各种问题产生利益纠纷。这些诉讼涉及到农民生活的方方面面，如犯罪、违约、债务纠纷以及其他日常生活中的一些琐事。

1. 有关偷盗的诉讼。偷盗行为在中世纪一般被界定为轻罪，因此，有关这方面的法律诉讼主要是在庄园法庭上来进行的。例如，在埃尔顿，"法庭发现特伦顿的罗伯特拿走了约翰·阿巴布鲁克犁上的配件。结果不久之后的某一天，约翰的犁也丢失了。为此，约翰要赔偿罗伯特半便士，而且他也愿意对此赔偿。此外，他还要支付 3 便士的罚金"①；"约翰·阿罗塔被指控，他偷盗了布雷顿的雷吉纳尔德价值 4 便士的干草，为此，他同意在下次开庭之前赔偿给雷吉纳尔德，他的罚金被豁免了。"②

2. 有关履行契约的诉讼。中世纪的农民之间经常就一些事情达成协议，这些协议有很多并没有形成文字，而是一种口头的契约，但对这种契约的破坏也同样要受到法律的制裁。例如，"约翰·艾维特在给理查德·克兰修房屋时并没有达到他的满意程度，按照双方的协议，约翰愿意赔偿理查德 6 便士，同时，他被法庭处以 3 便士的罚金。"③ 1316 年的奥沃，"罗格·莫耶由于破坏了与穆里尔·莱尼之间所签订的协议而被法庭指控有罪。穆里尔把 1 杆土地出租给罗格，租金为 16 便士，但罗格并没有支付租金。由于违反契约，罗格被处罚了 3 便士，担保人奥多·凯里、庄头罗伯特以及约翰·伊恩。"④ 从双方诉讼的契约内容来看，这些诉讼主要涉及到土地的出租、日常生活的管理等。实际上，农民之间所订立的契约远不只于此，还涉及赡养、救济等诸多问题。

3. 有关债务纠纷的诉讼。债务纠纷也是中世纪乡村社会的主要问题。正如波斯坦所说："中世纪英国乡村社会中存在着很多有关债务的案例，这说明当时人们对借贷的依赖。"⑤ 正是由于借贷行为在中世纪的乡村经济生

① E. M. R., p. 153.

② E. M. R., p. 44.

③ E. M. R., p. 191.

④ J. A. Raftis, *Tenure and Mobility Studies in the Social History of the Medieval English Village*, Toronto：Pontifical Institute of Medieval Studies, 1981, p. 80.

⑤ M. M. Postan, *Medieval Trade and Finance*, Cambridge：Cambridge University Press, 1973, p. 5.

活中成为了一种普遍现象，因此，有关债务的纠纷往往也就成为了村民之间进行法律诉讼的主要原因。例如，"理查德·布莱斯承认他赊欠安德鲁·纳皮1令大麦，并且他同意进行归还。法庭处以他3便士罚金。"① 还有个案件比较特殊，涉及到债务的双方都已经去世了，那么债务就要由遗嘱的法定继承人来负责。例如，"亨利·史密斯的遗孀沙拉以及他们的儿子约翰和罗伯特，是亨利的法定遗嘱执行人，他们亏欠罗伯特·赫林的遗孀琼以及约翰·赫林一夸特的大麦。这笔债务是他们生前亨利向罗伯特所借。为此，亨利遗嘱的执行人同意归还上述债务，并被法庭处罚了6便士。"② 除了村庄内部的债务关系，有时村民还与其他村庄的村民发生债务纠纷。例如，"1294年，2个埃尔顿的村民——安古洛的杰弗里与菲利普·纳皮，共同亏欠了哈登村庄的理查德·亚伯拉罕一些谷物。他们被法庭告诫要对此进行偿还，但法庭并没有对他们处以额外的罚金，因为他们太穷困了。"③ 需要指出的是，最初，乡村的借贷主要都是与物品有关，很少涉及到货币的借贷。但是到了中世纪晚期，有关债务的纠纷则更多地涉及货币。希尔顿通过对英国中部地区100多个有关债务纠纷的案例分析后发现，有关货币的纠纷多达90%以上。④ 从中也可以看出，到了中世纪晚期，货币在人们日常生活中的作用变得日益突出，这也说明商品经济的发展对乡村生活产生了一定的影响。

4. 有关诽谤行为的诉讼。比较有意思的是，在中世纪乡村社会的法律诉讼中，还有一些与人身诽谤有关的案例，现列举如下一些案例："1279年，庄头安德鲁控告吉尔伯特·加梅尔装病，他在自己的谷仓和菜园中工作但却没有履行劳役，他的这种公开指控传到了管家的耳中。陪审团公开澄清了事实，并处以安德鲁12便士的罚金。"⑤ "约翰·佩奇被处罚了6便士，并且他还要支付给理查德·本内特12便士作为补偿，因为他恶意诽谤了他。"沙拉·乔治非法诽谤爱丽丝的儿子尼古拉斯，控告他偷了她2只母鸡并吃了它们，为此，她损失了6便士；结果莎拉被处罚了6便士，并且赔偿

---

① E. M. R., p. 154.

② E. M. R., p. 154.

③ E. M. R, p. 42.

④ R. H. Hilton, *The English Peasantry in the Later Middle Ages*, Oxford：Clarendon press, 1975, pp. 46-7.

⑤ E. M. R., p. 3.

了尼古拉斯 6 便士。"1300 年，雷吉托福的阿罗塔控告罗伯特·阿尔普，说他指控她是一个盗贼。陪审团发现罗伯特是无辜的，因此，处罚了阿罗塔 6 便士。"① 这些案例说明当时人们具有较强的法律意识。

综上可知，村民之间的法律诉讼几乎涵盖了乡村生活的各个方面，一方面说明法律（尽管是较为原始的习惯法）在乡村日常生活中的重要作用；另一方面也说明了中世纪乡村社会所具有的法制因素。

第二，村民与领主之间的法律纠纷。在中世纪的乡村，在农民与领主及其代理人之间也会就一些事情发生纠纷，与村民之间的纠纷一样，领主与农民之间的纠纷也同样是在庄园法庭上解决的，这样的解决方式也注定了他们之间的法律诉讼也必须是以习惯法为基础的。著名的史学家霍曼斯指出："领主与农民之间发生争执后，都是在法庭上进行解决的。从这一点来说，就像农民之间发生争执是一样的。"他还列举了一个奇彻斯特修道院庄园的案例，"1315 年，有 3 个法庭都支持佃农拒绝为领主运送粪肥。因为农民在惯例中发现，领主的权利不是绝对的，而应该是有限的。"② 很多学者认为，霍曼斯所列举的案例只是一个特例，并不具有代表性，因为在庄园档案中同样可以看到了很多农民反抗领主并不成功的案例。比如，在埃尔顿村庄，1312 年，村民约翰·特恩向法庭提出申诉，要求反对领主的法令。他因此被处罚了 6 便士；还有 2 个人在 1331 年时，反对领主的管家，因此，他们分别被处罚了 3 便士和 6 便士。③ 再如，"1306 年，埃尔顿村庄的理查德·休伯特和约翰·卢被法庭处以罚金，因为他们拒绝把他们的羊群关进领主的畜栏。"④ 1312 年，杰弗里·休梅克和拉尔夫·阿特维奇也由于同样的原因，每人被处以 6 便士的罚金。1331 年又有 9 名村民也由于上述原因被处以罚金；罗伯特·勒·沃德由于帮助他的一个邻居藏匿一群羊而损害了领主的利益而被处罚。⑤

传统的史学界认为，中世纪的庄园法庭是领主压迫农民的工具，不能过于夸大习惯法在乡村法律诉讼中的作用。例如，著名的历史学家库尔顿就曾

① E. M. R., p. 90.
② Homans, *English Villagers of the Thirteenth Century*, Cambridge: Harvard University Press, 1941, p. 320.
③ E. M. R., p. 200, 299.
④ E. M. R., p. 117.
⑤ E. M. R., p. 193, 299.

指出：在中世纪"至少有一半的农奴是和美国的种植园黑奴一样悲惨的。直至中世纪晚期，英国的农民仍然被看作是社会中的贱民，有一些农民甚至被描绘成野兽、大鹅或者公鸡的形象。"① 而一些学者则过度强调中世纪的习惯法以及庄园法庭对农民权利的保护作用。笔者认为，上述两种倾向都有失偏颇。实际上，庄园法庭所遵循的习惯法是一把双刃剑：有时它成为了领主进行超经济强制的手段；有时它又成为农民用来抵抗领主过度盘剥的重要法律依据。正如著名法律史学家伯尔曼指出的那样："在所谓封建制度下的法律，不仅维护当时通行的领主与农民的权力结构，而且还对这种结构进行挑战；法律不仅是加强而且也是限制封建领主权力的一种工具。"② 例如，在1297年的伯里，村民指出，按照伯里的习惯法，在村民为自己或他人的土地进行犁耕时，他们有义务在每周的周五或者周三为领主提供一次犁耕的劳役。但村民却明确表示，在他们完成自己土地的犁耕之前，他们没有为领主进行犁耕的劳役。在1290年的格雷夫利，村庄的全体居民被命令去圣艾福斯运送一块磨盘，但遭到了全体村民的拒绝。他们指出，按照村庄的惯例他们只有帮助运输的义务，但他们没有花费自己的钱去运输的义务。为此，法庭查找了村庄的档案。③ 同样，在1300年埃尔顿村庄，一些茅舍农拒绝为领主从牧场用手推车运送干草到庄园之中，为此，他们被控告了。这些茅舍农来到法庭并声称，按照惯例他们没有义务这样去做，除非他们非常愿意听从领主的命令。为此，他们还特意询问了一些自由农。陪审团经过调查后指出，上述的这些茅舍农有义务在牧场中为领主割草，但他们确实没有义务用手推车去运输干草到庄园之中，除非他们非常愿意接受领主的命令。管家很无奈地指出，对上述的争论他并没有能力解决。为此，他提出，上述的茅舍农可以与领主进行协商。④

上述这些法庭上的诉讼绝不是简单的阶级对抗，而是中世纪的农民以共同体为依托，利用习惯法保护自身利益的一种方式。我们从埃尔顿村庄档案

---

① G. Coulton, *The Medieval Village*, Cambridge Studies in Medieval Life and Thought, vol. 1, Cambridge: Cambridge University Press, 1926, pp. 162-168, 235, 520.

② [美] 哈罗德·J·伯尔曼：《法律与革命》，贺卫方等译，中国大百科全书出版社1993年版，第647页。

③ J. A. Raftis, *Tenure and Mobility Studies in the Social History of the Medieval English Village*, Toronto: Pontifical Institute of Medieval Studies, 1981, pp. 107-8.

④ E. M. R., p. 92.

中找出以下三个诉讼的案例，这些诉讼尽管最终的结果不尽相同，但从中我们可以看到，领主与村民之间的法律诉讼不是领主与某个村民之间的对抗，他所面对的是一个强大的共同体组织。这三个案例都是发生在1300年的埃尔顿村庄。第一个案例，村民控告管家和他的助手用沟渠圈占了一块他们称之为"古兹霍姆"的土地，在这块土地上，他们种植了很多杨柳。对于整个村庄的全体村民来说，这是一块公共牧场。第二个案例，村民集体控告管家从邻近的土地上侵占了4英尺的土地①。第三个案例，全体村民与一个叫休·普雷斯特的庄官之间发生纠纷。陪审团首先指出，领主的庄官从他们称为绿色大路的地方驱赶着所有的家畜通过，这妨碍了整个村庄的利益，他应该把这些家畜驱赶到他们的公共牧场去放牧。而休·普雷斯特则指出，曾经有9个村民，他们中大多数都是维格特尔，也曾沿着绿色大路驱赶过家畜，而且当时位于道路旁边的领主的弗隆已经播种了。对此，陪审团指出：只要没有妨碍别人，埃尔顿村庄的所有村民，在一年中的任何时间都有权利使用上述道路，而且所有的外来人也可以一样使用上述道路。休·普雷斯特则指出，尽管外来人有时也被允许使用上述道路，但是，当领主的土地上播种之时，惯例佃农以及其他人在使用上述道路时，应向领主缴纳4先令。村民对这些辩解十分愤慨，上述的惯例佃农以及村庄中的其他人，包括自由农以及12人的陪审团都纷纷发言认为，如果村庄中的惯例农因为使用村庄中的道路而缴纳费用，这显然是不正当的，并且上述的庄官按照他的意愿对村民进行了敲诈和勒索，看到他所任命的庄官与愤怒的村民之间所发生的争吵，庄园的管家显得非常窘迫。从他的立场来看，他不愿意去判定庄官行为是非法行径。然而，村民却一再坚持。因此，他把这个案件上交给了领主，请他作最后的裁定。领主则翻阅了记录以往惯例的卷档，最后无可奈何地说"要按照上帝的意志去做"②。以后的档案中并没有记录进一步的裁决结果，但很显然，当村民利用习惯法与领主进行集体对抗时，领主往往也无可奈何。

三、乡村法律诉讼的影响

以现代人的眼光来看，农民与领主之间的法律诉讼带有明显的不平等性

---

① E. M. R., p. 94.

② E. M. R., p. 98.

质，因为领主和村民之间的法律地位并不平等。村民只要没有履行劳役或者侵犯了领主的利益，那么他一定会受到法庭的处罚。但是，生活在其中的村民却很少感觉到这种压迫，因为大多数村民都会遵守他们自己制定的村规和惯例。一旦有人违反了村规或惯例，哪怕他是领主，那么他们也会利用法律武器来进行反抗。无论是农民之间的法律诉讼，还是农民与领主之间的法庭抗争，从中都可以看出中世纪司法审判过程中所体现的一些基本原则，这些原则也成为了英国社会发展的重要法律保障。

首先，确立了同侪裁判的原则（也叫参与裁判制）。所谓的同侪裁判是指法庭的最主要参与人是村民，他们既是法庭的起诉人，也是法庭的证人，同时还是法庭的审判者。正如梅特兰所说："理论上，被告并不是接受领主的审判，而是在接受全体出席人的审判，他们属于同一等级。"① 吉斯曾明确指出，庄园法庭尽管是由领主或其代理人来主持的，但是他们并非法官，村民才是庄园法庭的实际主角……他们是事实上的证人、检察官和法官。② 著名的法律史学家伯尔曼也指出："法庭本身是由庄园全体成员组成，上至领主和管家，下至地位最低的农奴。他们被称为'诉讼参加人'，而且，裁决也是以整个法庭的名义作出的。"③ 法庭判决的结果一般都被记录在庄园的卷档之中，这些被记录下来的判例也就成为了以后法庭进行相关案件审理的依据。正如梅因所说："一旦判决被宣布并列入记录以后……我们不得不承认新的判决已经成为了法律。"④ 这种同侪裁判的原则，使得有关农民的法律诉讼很少受到来自领主的干扰，从而作出更有利于农民自身的判决。这种原则也体现出了中世纪乡村基层组织的法律自治。正如维诺格拉道夫所指出的那样："在法庭，习惯法是由村民而不是领主来进行宣布的；陪审团也是从他们当中选举产生的；所有与农业事务有关的习惯法也是由他们自己来制定的。"⑤

其次，确立了更为合理的法庭诉讼程序。在中世纪早期，英国法庭审判

① F. Ollock & F. W. Maitland, *The History of English Law before the Time of Edward I*, Vol. 1, Cambridge：Cambridge University Press, 1952, p. 593.

② Frances & Joseph Gies, *Life in a Medieval Village*, New York：Harper & Row, 1990, pp. 172-4.

③ ［美］哈罗德·J·伯尔曼：《法律与革命——西方法律传统的形成》，贺卫方等译，法律出版社2008年版，第320页。

④ ［英］梅因：《古代法》，沈景一译，商务印书馆1984年版，第19页。

⑤ P. Vinogradoff, *The Growth of the Manor*, Cambridge：Cambridge University Press, 1968, p. 364.

实行的是神判法，实际上就是以求助神灵的方式来确认被告有无犯罪的一种判决方式，这种审判方式被欧洲许多国家所采用。神判法主要形式有热铁法、热水法、冷水法、吞食法、摸尸法和决斗法等几种形式。从现代理性的视角来看，神判法没有任何科学性可言，它不是依据具体的事实证据和法理分析，而是简单地诉诸神灵、上帝的力量，带有明显的迷信色彩和不可预测性，是一种违背理性的陋习。从 13 世纪开始，庄园法庭开始逐渐废除神判法，更加注重证据在法庭审判中的作用，从而在很大程度上减少了法律的随意性。其具体程序如下：在法庭召开时先由原告进行陈述，继而被告也要进行陈述；诉讼双方必须在陪审团判决之前进行对抗式的辩论，彼此相互质证，其辩论的内容涉及到案件的时间、地点、证据等等；最后由法庭经过调查后才作出判决。判决的法律依据则是习惯法，而不是神明的意志。我们可以通过一个典型的案例来了解一下庄园法庭的诉讼程序。这个案件主要是关于一个村民殴打一个外来者的："管家先生，原告库姆的亨利，被告木匠史蒂芬。在上帝的和平时期，亨利在去年的某天经过您所管辖的村庄，就在此地他遇到了史蒂芬。他用恶毒的语言攻击了亨利，并称他为一个盗贼和违法乱纪之人。同时，他认为亨利挨家挨户地窥视，试图夜间带领其他人来此行窃，偷盗村民的财物。对此，亨利抗辩到，他是一个好人，是一个遵纪守法的人。由于上述的史蒂芬说话很随意，而且还从亨利的手中抢走了一根树枝对他的头部、肩部、腰部以及身体的其他地方进行了殴打。因此，史蒂芬破坏了上帝的和平，他应该被监禁起来，并因其错误行为而应处罚 40 先令以及半马克。但史蒂芬的证人指出，史蒂芬从没有对亨利进行过侮辱和攻击，因此，法庭应该判其无罪并要对其进行赔偿。"[1] 从以上的法庭抗辩可以看出，庄园法庭的审判有了严格的法律程序，不仅加入了双方的抗辩，而且更加注重证词和证据在法庭审判中的作用。

再次，创立了庭外和解的原则。中世纪的乡村法庭还创立了所谓的"友爱之日"，对双方以庭外和解的方式来处理纠纷是十分鼓励的。[2] 其目的是减少法庭上的直接对抗，以法庭调停的方式来解决一些纠纷，这样更有利于社会秩序的稳定。当然，庭外和解也是需要缴纳一定费用的，称之为

① F. W. Maitland & W. P. Baildon, *The Court Baron*, London：B. Quaritch, 1891, p. 28.
② G. C. Homans, *English Villagers of The Thirteenth Century*, Cambridge：Harvard University Press, 1941, p. 315.

"特许和解"。例如，埃尔顿的约翰被特许同意与朗格特福特的约翰及其妻子爱丽丝进行庭外和解，他们需要交纳6便士；尼古拉斯·勒·罗斯获得特许，与亨利·达盖尔及其妻子艾玛进行庭外和解，交纳4便士。[1]

以现代人的眼光来看，中世纪乡村社会的法律体系并不完善，甚至还保留了一些古代社会中的陋习。但是，它所确立的一些基本原则如除法庭干涉外不受任何干涉的同侪裁判制度，更加专业化的法庭诉讼程序等，都在一定程度上为中世纪农民反抗过度盘剥提供了法律上的保障。中世纪乡村社会所确立的这些法律原则，不仅使得中世纪的乡村生活打上了深深的法制因素的烙印，而且为后来乡村社会的发展提供了法律保障。正如侯建新所指出的那样，"'同侪审判'的原则以及逐渐专业化的诉讼程序等，使英国佃农即使在农奴制最严酷的条件下，也有基本的抵抗手段，也或多或少地保持一些个人基本的权利——这或许是佃户，包括农奴竟能有财产独立发展的最隐蔽的秘密之一"。[2]

本章的内容主要探讨了中世纪英国乡村基层组织中有关法律的问题，通过对村规的制定、执行及其内容等方面的论述，深入了解了乡村基层组织的内部生活。从中我们可以看出，中世纪英国乡村基层组织在其法律体系中所体现出的一些民主与自治的因素。

首先，在村规的制定上体现出一定的民主因素。我们注意到，几乎所有有关秋收的村规，在开头都写着"经全体的惯例佃农和自由农一致同意"，或者"经整个村庄共同体一致同意"等字样。[3] 有的还明确指出，村规是"村庄的法令"或者"平民的决议"，等等。由此可见，中世纪村规的制定与执行中得到了全体成员或者是大多数成员的认同。村规的制定不仅要多数人的参与，有时还必须得到全体成员的认可，否则也将被视为无效。例如，1410年，英国林肯郡某庄园法庭档案记载，某人在打官司时，对方说他破坏了庄园某一惯例，而该惯例他是同意了的。此人回答说，他既不知道此惯例，更未同意它。对方就要求调查确定此人是否同意过此惯例，并因此召集

① E. M. R., p. 30, 89.
② 侯建新：《资本主义起源新论》，生活·读书·新知三联书店2014年版，第210页。
③ W. O. Ault，"Village By-laws by Common Consent"，*Speculum*，Vol. 29，No. 2（April 1954），pp. 378-94.

了 12 名陪审员。此事表明，法庭认为必须证明此人同意过该惯例，这个惯例才对他具有约束力。① 当庄园法庭对村规的解释存在异议时，他们就要召集全体村民来共同协商以作出决定。一般领主通过他的管家选择一个自由农，他的祖先也必须是自由农，与村庄中最年长、最聪明的人一起协商并制定一个草案，他们开始搜集几个世纪以前的庄园档案。这些记载惯例的档案被搜集起来后，由领主、管家以及年长者、年轻人以及中年人一起仔细研读。整个过程有时长达 7 年之久。② 由此可见，村规的制定与执行集中了大多数人的意见，这也充分说明了中世纪乡村法律体系中所蕴含的民主因素。欧文对此给予了高度的评价，在当时社会存在较为严重的不平等的条件下，"然而乡村生活却是建立在所有人都要遵守同一法律原则基础上的"，在这个法律原则面前，"领主与村民都是一样的"③。

其次，村规制定与执行中的自治因素。著名的学者叶里（Yelling）指出，在中世纪的乡村社会，很多公共事务的管理都是由村庄自身完成的，这明显是一种乡村社会的自治。④ 道宁（Downing）也指出，到了 13 世纪，有一大批村庄也称自己为共同体。它们发展出自己独立的司法、行政机构以及村民大会，以便管理自己的事务。⑤ 尽管很多的村规前面都写着"经领主同意"或"在领主面前"等语句，但实际上，这种认同更多的是一种形式上的认定，并不具有实际意义。我们很少能够找到领主直接否定或者干涉村规的制定与执行的案例，著名的村规研究专家奥尔特在整理村规档案时，也只见到过一条关于领主否决村民村规的记录：在诺福克郡的格莱西海姆（Cressingham），"村规规定，领主的任何牧羊人都不得在秋季结束后到圣马丁节的 40 天内，在佃农的住宅周围田地上放牧领主的羊群，此田地应留为领主的佃农喂养家畜之用。在边上记录着领主的否决。"⑥ 由此可以看出，中世纪乡村的法律在制定与执行过程中是由农民自己来独立完成的，很少受

① W. O. Ault, "Some Early Village By-Laws", *The English historical Review*, Vol. 45, No. 178 (April 1930), pp. 230-1.

② W. O. Ault, "Village By-Laws by Common Consent", *Speculum*, Vol. 29, No. 2 (April 1954), p. 389.

③ C. S. & C. S. Orwin, *The Open Fields*, Oxford: Clarendon Press, 1954, pp. 125-126.

④ J. A. Yelling, *Common Field and Enclosure in England* 1450—1850, London & Basingstoke: The Macmillan Press Ltd., 1977, p. 147, 215-6.

⑤ Brian M. Downing, "Medieval Origins of Constitutional Government in the West", *Theory & Society*, Vol. 18, No. 2 (March 1989), p. 222.

⑥ W. O. Ault, "Village By-Laws by Common Consent", *Speculum*, Vol. 29, No. 2 (April 1954), p. 388.

到外来力量的干涉。

　　需要注意的是，我们一再强调的是中世纪乡村社会存在着民主因素，但这并不代表那里人与人之间是绝对平等的关系。比如，对村规制定和执行利益关系最大的人，无疑是那些拥有较多土地的村民，特别是拥有的粮食越多，其利益关系也就越大，因此这些人充当了村规的制定和实施的发起者。让我们来看一下 1319 年大哈特伍德庄园法庭的 3 条村规：第一条，村庄中的任何人无论是男人还是女人，只要能去做收割者就不允许去捡拾；第二条，村庄中的任何人都不能接纳一个陌生人去捡拾庄稼；第三条，村庄的任何人都不能允许他们的雇工从地里运走谷捆而归他们自己使用，意思就是不能用谷捆来支付雇工的工资。① 很明显，这些村规都是维护那些土地所有者的利益，对于那些无地的村民来说，并没有什么实际的利益关系。实际上，他们并不被看作是村庄共同体的成员，在中世纪时期的村庄集会上，这些无地的村民"几乎不被计算到出席的人数上"。② 因此，在中世纪的村庄共同体里，人与人之间并不是绝对平等的关系，他们之间是存在着经济地位上的差别的，那里也并不是和谐美好的世外桃源。那些手中握有更多财产的富裕农民，由于在村规的制定上有着更大的利益关系，无疑充当了村庄共同体的领导者。他们以村庄共同体为依托，不仅控制了村庄共同体的管理权，事实上，"庄园的或领主的法庭由富裕农民控制。他们解释惯例，解决争端，制定公共法则，颁布村法，拒绝村外陌生人等。一般来说，他们为领地庄官或领主本人与农户共同体之间的交往提供了基本原则和限度"③。当他们的权威受到质疑时，那就代表着冒犯了整个乡村共同体。例如，"1378 年，沃里克南的沙克波里有两个佃农拒绝执行一条村规，可能是有关于公共放牧或者是秋收的村规——具体的我们不得而知。他们的冒犯被处罚了，而且以全体村民的口吻强调，这些村规是'经全体同意的，并代表着公共的利益'。"④

　　总之，我们在研究中世纪乡村社会的法律体系时，既要看到其消极落后的一面，但同时也应看到其积极的一面；我们既不能过分夸大中世纪法律体

第三章　乡村基层组织的法律体系

---

① *Documents*, 36.

② B. Wilkinson, *Constitutional History of England*, Vol. 3, London：Historical Assoc, 1953, p. 9.

③ 转引自侯建新：《社会转型时期的西欧与中国》，高等教育出版社 2005 年版，第 195 页。

④ R. H. Hilton, *The English Peasantry in the Later Middle Ages*, Oxford：Clarendon Press, 1975, p. 54.

系中的积极因素，但同时也不能对其视而不见。不可否认的是，由于乡村法律体系中的这些民主因素、法制因素以及自治因素的存在，广大农民在维护其自身的利益，抵制领主过度盘剥，争取自由身份等方面展现出了强大的力量。

第四章

乡村基层组织的社会职能

在中世纪乡村基层组织中，庄园的主要职能是侧重于经济的，而堂区的主要职能则是宗教方面的，因此，中世纪英国乡村基层组织社会职能主要是由村庄共同体来承担的。在中世纪的英国，王国所下达的税收、治安、服军役等任务都是以村庄为单位进行的。正如斯科菲尔德所说："对于国家来说，中世纪的村庄共同体既是一个法律和管理机构……同时，它也是一个税收和服军役的单位。"① 之所以赋予村庄共同体这么多的职能，是因为"村庄共同体被认为是一个自治机构，能够独立管理其成员的生活并监督他们的行为"②。

第一节　作为法人单位的村庄共同体

法人（corporation）又称法人社团，它是指具有民事权利能力和民事行为能力，依法独立享有民事权利和承担民事义务的组织。③ 学术界认为："布莱克斯通的《英国法释义》首次系统阐述了英国法人问题，这标志着近代英国法人观念的形成。"④ 布莱克斯通对法人所应具备的条件、权利能力以及行为能力都进行了明确的界定。结合他的观点，我们具体来分析一下中

---

① R. Schofield, "England: Family and the Village Community", in *A Companion to Britain in the Later Middle Ages*, S. H. Rigby (ed.), Malden, Mass: Blackwell Publishing, 2003, p. 69.
② G. G. Coulton, *The Medieval Village*, Cambridg: Cambridge University Press, 1925, p. 65.
③ 此定义参考 2017 年 3 月 15 日第十二届全国人大第五次会议通过的《民法总则》第五十七条关于"法人"的定义。
④ 张乃和：《近代英国法人观念的起源》，《世界历史》2005 年第 5 期。

世纪的村庄共同体是否具备法人的特征。首先，布莱克斯通指出：“国王明确的同意或者默许对于任何法人来说都是‘必要的’条件。”① 而中世纪的村庄法人的资格是得到了国王的明确认可的。例如，亨利三世时期，为了加强对地方事务的管理，颁布法令规定按照王国的法律和惯例，村庄或者村庄共同体可以派 3 个或 4 个人为代表去王室法庭进行诉讼。这充分说明了村庄共同体的法人地位也得到了国王的承认。小杜泰利斯曾经从法律的角度去分析共同体，认为它是“一个法律的概念”。他说：“一种共同体形式就是坚持国王的权威，或者具有法人的性质。”② 其次，布莱克斯通指出：“法人所应具备的权利能力和行为能力主要包括永久连续性；以法人的名义起诉、控告和捐赠或应诉、被控告和接受捐赠，并从事自然人可从事的所有行为；拥有自己的印章；制定旨在改善法人管理的法规或规章。”③ 从连续性来看，中世纪的村庄共同体自产生之日起就一直都在英国的乡村社会中发挥着重要的作用，有些地区甚至持续到近代早期；罗赛讷指出，“自中世纪晚期起，村庄共同体经常会有自己的印章。有时，村民们甚至佩带作为村庄标志的盾形徽章。在某些地方，甚至还有本地的旗帜。村庄也是法人，有权提起诉讼，村庄共同体经常作为当事人参与审判。”④ 例如，苏珊·雷纳兹就曾发现，“在法国的林畔罗尼市的农奴曾集体控告他们的领主长达 50 年之久。即使今天的律师们都不得不承认，只有法人才能做到这一点，他们还不只一次派代理人去罗马教皇那里陈述此事。”⑤

上述的论述充分说明，尽管法人的概念是近代社会提出的，但是有关法人的实践行为早就从中世纪开始了。村庄共同体的法人行为大体上体现为以下几个方面：

首先，村庄作为一个独立的法人与领主之间进行斗争。正如杰罗姆·布鲁姆指出的那样，“作为法人的村庄共同体是在中世纪出现的，它解体于 18

① ［德］拉伦茨：《德国民法通论》，王晓晔等译，法律出版社 2003 年版，第 443 页。

② Susan Reynolds, *Kingdoms and Communities in Western Europe：900-1300*, Oxford：Clarendon Press, 1984, p. 62.

③ Wayne Morrison (ed.), *Blackstone's Commentaries on the Laws of England*, Vol. 1, London：Routledge Cavendish, 2001, pp. 364-74.

④ Werner Rosene, *The Peasantry of Europe*, Cambridge, Mass：Blackwell, 1994, p. 160.

⑤ Susan Reynolds, *Kingdoms and Communities in Western Europe：900-1300*, Oxford：Clarendon Press, 1984, p. 134.

社会转型时期英国乡村基层组织研究

世纪，在 19 世纪和 20 世纪早期彻底消失。共同体作为法人实体能够进入法庭以要求纠正其领主、其他领主、市民，或者其他农民对共同体所做的非法行为。"① 例如，"在 1294 年贝克郡的布莱特沃尔顿村庄，共同体和领主（修道院院长）谈判，以便僧侣们能够独占一块以前的公共林地和附近土地的放牧权，但作为交换条件，他们宣布放弃另一块土地和林地的公共权，以补偿农民。农民或许在谈判中受到了损失，但至少他们在保护自己的利益面前，体现出了团结一致。"② 在英国，如果一个庄园在《末日审判书》中标明它最初是由国王授予的，那么维兰的劳役是不能改变的。如果领主进行过分盘剥，村民们就可以通过他们的法人代表从国王那里获得一个特许状，可以把他们的案件上诉到王室法庭，但前提是他们必须证明他们所在的土地在 1086 年时是属于国王的。例如，"威廉·德·巴吉伊利姆（Burgyillium）被法庭传唤来回答，为什么他从斯坦福德郡下的怀特莫尔（Wytmore）村庄的村民那里勒索过多的劳役和税收。村庄的法人代表指出，上述庄园是国王的古代领地，他们每个人 1 维格特土地的全部劳役应为 4 先令。但上述的威廉则从他们每个人 1 维格特土地上征收了 12 先令的塔利税、婚姻捐、继承税以及所有其他维兰的税收。因此，村民们要求陪审团调查上述的庄园是否是国王的古代领地。"③ 1239 年沃里克郡的维雷村庄，村民集体到王室法庭控告他们的领主彼得并指出，"自现任国王在 5 年前授予彼得这个庄园之后，他每年都非法地增加整个村庄村民的地租，征收所得为 18 英镑 7 先令 6 便士，这远远地超过了这个庄园属于国王之时的额度。"此事得到了郡陪审团的证实。但是彼得辩论到，"维雷村庄的村民作为古代领地的索克曼，他们没有权利反对他，因为这个庄园根本不是国王的领地。"经过查阅《末日审判书》证实彼得所说是事实，而村民们则由于虚假指控受到了惩罚。④ 伯克郡的诺斯顿王室庄园的法人代表来到王室法庭控诉到："塞利斯博里的首席

① Jerome Blum, "The Internal Structure and Polit of the European Village Community from the Fifteenth to the Nineteenth Century", *The Jouranl of Modern History*, Vol. 43, No. 4 (December 1971), p. 545.

② C. Dyer, "The English Medieval Village Community and its Decline", *Journal of British Studies*, Vol. 33 (October 1994), p. 411.

③ W. O. Ault, "The Vill in Medieval England", *Proceedings of the American Philosophical Society*, Vol. 126, No. 3 (June 1982), p. 191.

④ H. G. Richardson & G. O. Sayles, *Select Cases of Procedure Without Writ under Henry Ⅲ*, Vol. 60, London: B. Quaritch, 1941, pp. 91-2.

大法官——拉夫·德·汉姆是这个庄园的管家，除了在某块特定的土地上外，拒绝他们在村庄的所有田地、草地和牧场上放牧他们的牲畜，但是他们和他们的祖先在很早以前就已经拥有这些土地的放牧权；管家否认了这个事实，指出他的前任时就否定了诺斯顿村民的公共权利，陪审团经过调查否认了村民的控诉。"① 而肯特郡的比林汉姆庄园的村民也来到王室法庭进行控诉并声称，他们应该拥有在这个村庄以及斯多维克村庄田地进行公共放牧的权利，这种权利从很早以前就已经开始了，这些地方的田地和牧场除了在天使报喜节到牧草和干草被收割的期间之外，村民可以在任何时间和任何地方进行放牧。但是在周五的时候，沙夫迪斯伯里女修道院的总管、管家以及她的5个仆人采取非法的手段把比林汉姆3个村民的每人300头绵羊驱赶了出去，而且4周以来他们每天都是如此，他们的绵羊受到损伤并且生病了，国王及其佃农的公共放牧权被剥夺了。② 这些农民反对领主的集体性斗争体现了村民以共同体为依托，以集体的名义来进行控告和诉讼，这充分说明了村庄共同体所具有的法人职能。

其次，村庄共同体不仅作为一个独立的法人与领主进行斗争，而且村庄之间也作为独立的法人进行相互诉讼。村庄在形成之初并没有明确的界线，很多的村庄都是被荒地所包围，在这个区域内完全排他性的放牧权并没有确立起来。但是，当村庄共同体形成之后，村庄之间的边界就比较明确了。"村庄本身就是一个独立的、被围起来的、和平的区域以及法律的区域。起初只有庄园是用栅栏围起来的，后来整个村庄都用栅栏围起来，从外表上看，村庄这个团体的界线非常明显。"③ 由于边界意识的明确，村庄共同体之间总是因为边界问题而发生争执。例如，1212年牛津郡的库尔汉姆村到王室法庭控告伯克郡的萨顿村庄，说他们侵犯了库尔汉姆村庄的田地和牧场长达20年。在刚刚过去的一年中，库尔汉姆村庄的村民抓到一个来自萨顿的侵犯者并把他带到了他们领主的法庭——阿宾顿修道院院长那里。为了报复，萨顿村庄的村民在其村头的带领下，穿过泰晤士河与库尔汉姆村民发生

---

① H. G. Richardson & G. O. Sayles, *Select Cases of Procedure Without Writ under Henry III*, Vol. 60, London: B. Quaritch, 1941, p. 92.

② W. O. Ault, "The Vill in Medieval England", *Proceedings of the American Philosophical Society*, Vol. 126, No. 3 (June 1982), p. 192.

③ ［德］汉斯—维尔纳·格茨：《欧洲中世纪生活》，王亚平译，东方出版社2002年版，第145页。

冲突，杀死了库尔汉姆村庄2个人，并导致村庄三分之一的人受伤。为此，库尔汉姆的村民将其集体告上王室法庭，而被杀害村民的两个遗孀，则将萨顿村庄的村头以及其他人分别告上法庭。最终的结果并没有被记录。① 在沼泽地地区，对公共水路以及渠道的修整也引发了一些司法诉讼。例如，林肯郡的海尔普林汉姆村庄，4个村民代表他们自己以及整个村庄，来到林肯郡的法庭控诉杜林顿村庄共同体的4个代表以及比泽尔（Bythere）村庄共同体的4个代表，要求这两个村庄的村民分担公共沼泽地水路的维修工作。② 这些村庄与村庄之间的冲突并非罕见，其背后更多地体现出村庄作为法人所具有的职能。

最后，村庄共同体作为独立的法人，与个人或者团体签订契约。如果某方违约，它们甚至可以走上法庭来强制执行协议。例如，剑桥郡的格莱伍雷村庄与一个泥瓦匠签订了一份修复乡村教堂的协议。但村庄的代理人好像并没有履行其合同，最后双方达成一个折中方案，规定：泥瓦匠要负责推倒格莱伍雷教堂与圣坛之间直到石头拱门的全部围墙。他将从下个圣·邓斯坦节的周日开始工作，并夜以继日地工作直到上述的墙全部修葺完毕为止。而堂区居民将给予他3先令2便士的报酬，同时在秋收之后每户还要给他一捆小麦。③ 在英国亨廷顿郡的莱普顿·雷吉斯村庄，这个村庄为了修整一条石路与一个泥瓦匠签订了一份协议，并答应给其40便士的报酬。但最终村庄并没有支付给他这份报酬，为此，这个泥瓦匠将这个村庄告上了庄园法庭。结果整个村庄的村民被命令要在四旬斋节的第一个周一，支付给泥瓦匠40便士薪酬并对村庄处以40便士的罚款。④ 在1265年时比德林村庄卷入了一场较为严重的案件当中。当时（8月4日）彼得·德·内维尔属下的人在伊夫舍姆的战斗中赢得了胜利，他们准备通过比德林村庄返回家乡。而比德林的村民则是失败一方伯爵的支持者，因此，他们对彼得手下的人发动袭击并导

① W. O. Ault, "The Vill in Medieval England", *Proceedings of the American Philosophical Society*, Vol. 126, No. 3 (June 1982), p. 192.

② F. Pollock & F. W. Maitland, *The History of English Law before the Time of Edward I*, Cambridge： Cambridge University Press, 1968, pp. 632-3.

③ F. W. Maitland, *Select Pleas in Manorial and Other Seigneurial Courts*, London： Quaritch, 1889, p. 150. 1275.

④ W. O. Ault, "The Vill in Medieval England", *Proceedings of the American Philosophical Society*, Vol. 126, No. 3 (June 1982), p. 193.

致一名马车夫受伤。过了一些天之后，彼得的人组成小分队攻占了比德林村庄，并要求其领主给予赔偿，否则他们就要纵火烧房。村庄中的绝大多数人都逃到了教堂去躲避，入侵者继而威胁说要烧毁教堂。在这场危机中，这个村庄的一名妇女和其他的一些人承诺，在下个星期天支付给彼得的人 20 马克的赔偿金，但要确保人质的安全。为此，比德林村庄的村民在教堂广场上举行了村民大会，躲在教堂中的所有男性都参加了。村头、牧师以及村庄中的 4 名代表以"整个村庄共同体的名义"批准了上述的协议，并找出 4 个人去做人质。由于比德林村庄并没有履行协议，结果这 4 名人质被"悲惨地"扣押了 6 个月。为此，村庄给了他们 27 便士作为补偿。但是其中的一名人质代表其他的人质把彼得告上了王室法庭，并指控彼得的人把他们 4 人从村庄中强行带走，并对其进行非法扣押，以至于他们损失了 40 里拉。他们还要求"从村头和整个村庄共同体"那里获得 100 马克的补偿，因为正是他们的失职致使他们被扣押。之后在 1266 年 11 月 2 日，在沃里克，国王初步听取各方的陈述。经各方同意选举而成的陪审团又重新听取了陈述并作出裁决：比德林村庄必须赔偿给彼得·德·内维尔 20 马克；4 名人质每个人获得了 1 马克的赔偿；比德林村庄共同体特别是村头被处罚。双方罚金由郡守从整个村的土地上征收，并移交给彼得和 4 名人质。[①] 上述资料说明，村庄共同体得以集体的名义来签订契约，这些只有现代公司才具备的法人资格，在中世纪的村庄共同体中就已经开始实践了。

通过以上的论述我们可以看出，在中世纪英国乡村基层组织中，村庄共同体已经具备了作为独立法人的社会职能。这些村庄已经具备了法人所具有的法律地位，它们拥有一个共同的意志（will），这个意志来自多数成员为集体所确立的规则和秩序。正因为如此，它才有能力来处理他们与领主、个人以及其他村庄之间的关系。尽管此时村庄共同体所具有的这种法人属性与现代意义上的法人还有着一定的区别，但毫无疑问，近代法人观念的出现，在某种程度上来说也受到了这种行为实践的影响，正如著名的法律史学家伯尔曼所说，法人概念是罗马法、教会法和日耳曼法中不同的社团

① H. G. Richardson & G. O. Sayles, *Select Cases of Procedure Without Writ under Henry* Ⅲ, Vol. 60, London: B. Quaritch 1941, pp. 42 - 56.; F. M. Powicke, *Henry* Ⅲ *and the Lord Edward*: *The Community of the Realm in the Thirteenth Century*, Oxford: Oxford University Press, 1947, pp. 509-10.

（universitas）概念相互竞争的结果。[1]

第二节 作为治安单位的村庄共同体

到了 13 世纪左右，国家赋予了村庄共同体一个新的职责——维护地方的治安。虽然早在盎格鲁-撒克逊时期，就曾规定村庄有追捕盗贼并惩罚他们的职责，但并没有规定村庄有负责警戒的职责。诺曼征服以后，随着庄园制度的确立，领主为了保护其地产的安全规定，"每个佃农在履行周工时，自米迦勒节到复活节期间都要轮流负责治安任务。"[2] 而到了 1242 年，国王颁布治安法令正式规定，在全国范围内强制推行警戒和守卫的任务："从升天节到圣米迦勒节期间都要守夜……每个村庄按照居民的多少至少要安排 4 到 6 名全副武装的人，他们要从日落到日出整夜地巡视。如果遇到陌生人抵制追捕，那么守夜人就要发出大声呼喊，而整个村庄和邻近的村庄必须随之响应。"[3] 由于从耶稣升天节（即复活节后的第 40 天，4 月 6 日）到米迦勒节（9 月 29 日）正是英国农业地区从播种到秋收的时节，因此，这项法令最初的目的并不是为了保护居民和村庄的安全，而是为了防备偷盗庄稼和家畜的盗贼，保护正常的农业生产秩序。这项法令在 1285 年的温彻斯特法令中被再次重申，同时在温彻斯特法令中还规定了领主的职责，即村庄的领主必须要负责安排守夜的工作，这也是领主履行督查的职责之一。如果村庄没有履行治安的职责，其领主首先要受到处罚，例如，海明福德修道院院长就在 1287 年的时候，由于治安失职而被处罚了 13 先令 8 便士。而对那些没有认真履行治安职责的村庄，则要进行集体惩罚。例如，在 1287 年亨廷顿郡的布劳顿庄园法庭上规定，对于没有进行守夜的村庄要集体处罚 10 先令。[4] 在 1288 年的希灵顿，由于整个村庄没有履行守夜人的职责，同时，这个村

① ［美］哈罗德·J·伯尔曼：《法律与革命——西方法律传统的形成》，贺卫方等译，法律出版社 2008 年版，第 260—267 页。

② R. Finberg & Joan Thirsk, *The Agrarian History of England and Wales*, Vol. 8, Cambridge：Cambridge University Press, 1967, p. 514.

③ William Stubbs, *Select Charters and Other Illustrations of English Constitutional History：From the Earliest Times to the Reign of Edward the First*, Oxford：Clarendon Press, 1900, p. 363.

④ E. B. DeWindt, *The Court Rolls of Ramsey Hepmangrove and Bury, 1268—1600*, Toronto：Pontifical Institue of Mediaeval Studies, 1990, p. 201.

庄中的十户长以及陪审员都有隐瞒不报以及非法指控的行为。为此，这个村庄被集体处罚了 6 先令 8 便士。①

那么这种守夜的任务是如何在村民中分派的呢？我们可以从一些档案资料中看到，每个持有维格特的人都要承担守夜的职责，或者他可以缴纳替代金。例如，"罗伯特·佩，因为他没有权利拒绝分派他到霍利威尔教堂去守夜的任务，因此他缴纳 6 便士替代金。而替代金的多少是按照维兰所持有的维格特数量来确定的。② 对于那些拒绝履行守夜职责的村民，村庄共同体则要处以罚金。例如，理查德·桑德在轮到他守夜时，拒绝执行此项任务而被处罚了 6 便士。③

一般村庄的守夜人都是由村警来负责召集的，他们都要全副武装进行夜间巡查。守夜人对夜间出来活动的人以及陌生人都要进行仔细的盘查。有时甚至对家庭内部的纠纷也予以干涉，其目的就是要确保村庄生活秩序的稳定。例如，在 1286 年赫特福德郡的奥斯维尔庄园法庭档案中，记录了这样一个有关守夜人的案例：在圣托马斯转灵节前的星期六，由 12 名陪审员所组成的守夜人进行巡逻，他们发现了威廉·勒·本的妻子伊莎贝拉站在她家的门前。他们问她为什么夜间站在那里，她说她的丈夫没有打开房门让她进去。守夜人问威廉为什么不让他妻子进屋，他说她违背了他的意愿而出走。这些守夜人抓住伊莎贝拉的肩头要将其带走。而她却紧紧地抓住门框并大声呼救。威廉穿着衬衫拿着一根木棍跑出了房门，打倒了其中的一名守夜人并抓住其衣领不放。之后威廉走进房中并关上了门，而伊莎贝拉则继续大声呼救。④

此外，在中世纪，大声呼救是一种很重要的治安手段。从我们所查询的档案资料中就可以看到，有关这方面的记录占有很大的比例。它是对付那些破坏和平、非法侵犯以及轻微犯罪的主要手段。村庄共同体中的每个成员都

社会转型时期英国乡村基层组织研究

---

① J. A. Raftis, *Tenure and Mobility Studies in the Social History of the Medieval English Village*, Toronto：Pontifical Institute of Medieval Studies, 1981, p. 104.

② E. B. DeWindt, *The Court Rolls of Ramsey Hepmangrove and Bury, 1268—1600*, Toronto：Pontifical Institute of Medieval Studies, 1990, p. 188.

③ W. O. Ault, "The Vill in Medieval England", *Proceedings of the American Philosophical Society*, Vol. 126, No. 3 (June 1982), p. 199.

④ W. O. Ault, "The Vill in Medieval England", *Proceedings of the American Philosophical Society*, Vol. 126, No. 3 (June 1982), p. 199.

有责任大声呼救，而凡是听到大声呼救的村民也必须出来解救，如果他们不这样去做，那么就会受到集体的处罚。例如，"陪审团指出，亚历山大·普吕多姆重重地殴打了亨利·史密斯的儿子亨利，他为此发出了大声呼救，但村民却没有进行解救。因此，全体村民被处罚 2 先令以此来赔偿亚历山大。在 1290 年的埃尔顿，由于整个村庄在追捕斯托的威廉时并没有正确地发出大声呼喊，而且最终也没有逮捕他。因此，整个村庄被处罚了 8 先令。"①当然，如果村民胡乱发出大声呼救，那么他也要受到惩处。因为，这属于扰乱正常的社会秩序。例如，"亚当·福特和奥尔库萨的儿子安德鲁开玩笑，但亚当的妻子却发出了大声呼救。因此，她被法庭处罚了 6 便士"；"约翰的妻子，被处罚了 3 便士，因为她在反抗罗格·库克时，发出了不正当的大声疾呼"②。因此，法庭规定，只要一个人发出了大声呼救，他就必须立刻找一个人来证实他所发出的呼救是正当的。有时双方发生争执时都发出了大声呼救，这就需要法庭根据具体情况进行审判了。一般是由陪审团来判断当事人所发出的大声疾呼是否恰当，有时是由陪审团和十户长来事先裁定的。例如，1363 年，在拉姆齐有这样一条命令，要求陪审员必须参加在下次召开的民事法庭，否则就要处以罚金。"（他们主要是）决定安利达·莱温特对威廉·劳赛莱恩所发出的大声疾呼是否正确，因为他们在这个问题上并没有做出判罚。"③

　　从以上的资料我们可以看出，在中世纪的乡村，由于公权力的微弱，地方秩序的维护则更多的落了村庄共同体的身上。对于村民而言，除了要参加十户联保组的担保制度外，还要履行守夜人的义务。这种传统早在盎格鲁-撒克逊时期就已经出现了，但到了中世纪则演变为一种惯例。他们要集体承担、集体负责，尽管这在一定程度上增加了村民的负担，但是，在维护中世纪乡村的社会秩序方面起到了非常重要的作用。

第四章　乡村基层组织的社会职能

① J. A. Raftis, *Tenure and Mobility Studies in the Social History of the Medieval English Village*, Toronto：Pontifical Institute of Medieval Studies, 1981, p. 104.
② D. A. Hobbs, *Manor, Village and Individual in Medieval England*, Victoria：University of Victoria, 1998, p. 114.
③ D. A. Hobbs, *Manor, Village and Individual in Medieval England*, Victoria：University of Victoria, 1998, p. 114.

第三节 作为服军役单位的村庄共同体

早在盎格鲁-撒克逊时期，服军役就是一项公共义务。每个有劳动能力的人都要为领主和国家服军役。"作为社会基层的法律单位，居住在村庄这个共同体中的人，无论是'好人还是恶人'，都必须承担共同的义务。"① 一般情况下，民兵并不去前线冲锋陷阵，他们更多是为军队运输给养或者作为后备力量。但是，当他们的家乡受到侵犯之时，这些民兵就要作为郡的军队去战斗了。诺曼征服以后，骑士制度开始兴起。战争更多的是依仗那些骑马并装备有重甲的骑士，在封君看来，民兵只是一个有益的补充。在发生叛乱和动荡而骑兵不足以完成任务时，民兵则成为了一支重要的力量。例如，国王通知一些郡守要征召一些民兵来帮助镇压 1075 年的叛乱；卢夫斯在 1094年的时候也曾召集了数以千计的民兵武装；一些郡守在 1173—1174 年间为了帮助亨利二世作战也征召过民兵。

1181 年，亨利颁布了武装法令，它规定所有的自由人都要拥有武装力量，并"以骑士、自由人和其他守法之人的名义宣誓，对百户区和村庄的武装进行督察"②。在 1204 年又制定了武装防御的编组规范。一位编年史学家指出："公共组织的武装防御主要是由地方治安官来负责执行的。"③ 在1242 年的法令中不仅规定了村庄有守夜的职责，还规定了每个村庄"要有 1到 2 名治安官，按照居民的人数巡查每一个 15 到 60 岁的自由农或者维兰，对他们所拥有的土地和动产的数量进行评估，并让他们宣誓入伍"。这条法令被纳入到温彻斯特法令中并有了进一步规定："一年中要对每个村庄所拥有的男性和武装力量进行督察。"④ 这些法令表明，以村庄为单位来履行军役已经被纳入到王国的军事管理之中，并作为一种义务保留了下来。例如，1316 年，议会授权爱德华二世"为了应对苏格兰人的战争，王国内的每个村庄都要征召一名步兵入伍"。并且这个法令还下发给郡守，再由他们"颁

---

① 王亚平：《西欧法律演变的社会根源》，人民出版社 2009 年版，第 212 页。

② William Stubbs, *Select Charters and Other Illustrations of English Constitutional History*: *From the Earliest Times to the Reign of Edward the First*, Oxford: Clarendon Press, 1900, p. 184.

③ Ibid., p. 275.

④ W. O. Ault, "The Vill in Medieval England", *Proceedings of the American Philosophical Society*, Vol. 126, No. 3 (June 1982), p. 200.

布给辖区内的百户区、小邑、城市和村庄"①。

那么村庄内部是如何来分派其军役的呢？桑顿认为，民兵中只有四分之一的人是来自土地上的，它是由每个村庄来决定谁应该去服军役。② 但具体的情况，他并没有指出。我们可以从什罗普郡的海尔斯欧文庄园档案中得到一些答案。1294 年，爱德华一世在威尔士发动了秋季战役。而沿着英格兰和威尔士边境的郡都要征召民兵。为此，在 1295 年 1 月 19 日，海尔斯欧文村庄召开了村民大会。关于选谁去舒兹伯利参加国王在威尔士的军队，陪审团展开了调查。那些留在家中的人得根据其财产情况缴纳一定的替代金。陪审团说他们从拉姆齐的小屯里选择了罗伯特·希尔，为此他支付给他的弟弟征税员——托马斯 18 便士作为替代金；而理查德·希尔也支付给同一个托马斯 2 便士；亨利·坦迪支付给托马斯 3 便士；亨利·德·泰文希尔支和罗格·勒·帕尔共支付给托马斯 6 便士并承诺再给其 6 便士；威廉·史密斯则支付给他 5 便士；菲利普·德·威廉哈斯特支付给托马斯 6 便士。除此之外，托马斯还从威廉·海斯那里得到了 6 便士和一双鞋。在下次开庭时，托马斯·佩特由于他并没有去威尔士参军而返还给海尔斯欧文村庄共同体 8 便士。接着，在 2 月 7 日又召开一次会议：拉姆齐的托马斯·希尔被告知，在上次开庭后的 1 天之内来到庄园法庭，并对其接纳了村民的财物却雇用替代者去威尔士参军的行为，对整个村庄共同体作出解释，但他并没有到来。因此，由于其失信，他被扣押了财物并要求对上述村庄共同体做出解释。③

从以上的庄园档案中我们可以得出以下几点信息：一是村庄对国王服军役是有一定的名额限制的。例如，像海尔斯欧文这样的大村庄是由几个小的村屯组成的，因此，军役的分派是由村庄大会或者庄园法庭来直接分派给各个小屯一定的名额，像上述的拉姆齐小村就被分派了 7 个名额。另外一方面，村庄内部的名额分派则采取了轮流坐庄的方式。一般是在村中成年的男性中轮流分派，而那些轮到的村民也不一定非要亲自去服役，可以根据其财产的多少支付给村庄共同体一定的替代金，然后由村庄共同体来负责雇佣替

---

① W. O. Ault, "The Vill in Medieval England", *Proceedings of the American Philosophical Society*, Vol. 126, No. 3 (June 1982), p. 200.

② F. M. Stenton, *Anglo-Saxon England*, Oxford: Clarendon Press, 1947, p. 375.

③ W. O. Ault, "The Vill in Medieval England", *Proceedings of the American Philosophical Society*, Vol. 126, No. 3 (June 1982), p. 200.

代者，这种方式在各地是比较流行的。每个人缴纳的金钱数与其所持有的土地和动产是成正比的，拥有的资产越多，则缴纳的替代金越多。例如，上述的"理查德·希尔2便士，亨利·坦迪3便士，亨利·德·泰文希尔支和罗格·勒·帕尔共支付给托马斯6便士并承诺再给其6便士"，可见，由于这些村民所拥有财产各不相同，因此，其缴纳的佣金也不一样。而这些金额的确定都是由专门的估税员来完成的；由托马斯·佩特由于最后没有成行而必须返还给村庄8便士可以推断出，每个替代者所得的佣金应该是8便士。1316年，为了支援国王对苏格兰的作战，杜尔海姆的佩灵顿村庄也召开了村民大会，最后全体表决同意如下决议：由应该服军役的村民出钱，再由村庄共同体来雇用替代者。但佩灵顿的村民由于并没有对代替他们参加战斗的村民支付一定的报酬而被处罚了3先令。① 由此可见，尽管王国是以村庄为单位来分配军役的，但是，并非是要每个村民都去服军役，如果他不想去就得缴纳一定的替代金，如果连佣金也不缴纳的话就要受到村庄共同体的严厉惩罚。例如，托马斯·比格莱他被选中去参加国王征服苏格兰的军队，但他没有参加，因此他被处罚了20便士。如果托马斯不缴纳罚金的话，那么他就将被驱逐出村庄。② 我们还可以从约克郡一个较大的庄园档案中了解一些情况，这个庄园是由几个村庄组成的。"克莱夫顿的亚当·沃克被处罚了2先令，詹姆斯·波西被处罚了12便士，他们都被选为民兵去参加在克莱夫顿的军队，但在集合时他们并没有到来。"还有12个来自其他村庄的人，他们被征召为在苏格兰的军队赶马车，但他们也没有到来，因而每个人被处罚1先令或者更多；还有20个来自其他村庄的人也由于没有到来，而每个人被处罚了6便士；还有一个人被处罚了40便士，因为他在好几个村庄都拥有土地，并且还开了个鱼店；有一个村庄被集体处罚了40便士，因为这个村庄没有一个人前来。③ 尽管替代服军役的人可以得到一定的资金补偿，但毕竟这是一项风险性很高的职业，因此，很多人还是力图逃避这项徭役。为此，有的村庄共同体甚至通过行贿的手段来避免本村庄的军役。例如，

---

① W. O. Ault, "The Vill in Medieval England", *Proceedings of the American Philosophical Society*, Vol. 126, No. 3 (June 1982), p. 201.

② W. O. Ault, "The Vill in Medieval England", *Proceedings of the American Philosophical Society*, Vol. 126, No. 3 (June 1982), p. 437.

③ Ibid.

"1298 年，英王派军队去远征苏格兰，要求每个村庄提供装备和补给。拉姆齐的一个村庄通过向管理国库的一个官员行贿，从而使得村庄中的马匹没有被征收。"①

此外，一些档案甚至还记录了一些村官利用征收替代金的机会非法敛财的案例。例如，在 1325 年，一支英格兰的军队出发准备进攻苏格兰。因此，国王要对亨廷顿郡的一些村庄征召一定名额的民兵。在海明福德修道院，村庄共同体的全体惯例佃农达成协议：他们选举一名估税员根据服军役的名额来征收一笔费用，用来雇用替代者。村庄中有 3 个人，其中有 2 个人是前任的村头，他们撇开估税员而自己征收替代金，同时他们还拒绝对村庄共同体作出解释。为此，村庄共同体对上述三人进行了处罚；在剑桥郡的利特立普特村庄，庄园的管家告诉威廉·阿伯特，他被选中去参加国王征服苏格兰的军队，但是，如果威廉能支付给他 2 先令，那么他就不必去了。实际上，威廉并没有被选中。② 在拉姆齐，一个村庄估税员从威廉·海斯那里非法得到了 6 便士和一双鞋，实际上，威廉此次并没有被选中服军役。③

综上所述，中世纪时期村庄是王国服军役的重要基层组织。最初，国王并不指定具体的服役人员，而是根据村庄人口的多少来确定每个村庄所应摊派的具体的名额，而村庄则采取轮换的方式让成员服役。后来随着盾牌钱的实行，村庄共同体采取了筹集佣金、雇用替代者的方式来完成国王下达的服军役指令。其具体做法是先由评估员对每个共同体成员的财产进行评估，根据成员财产的多寡摊派具体的替代金，再由村庄共同体出面来雇用具体的服役人员。在此过程中村庄共同体作为一个独立的实体，其作用是显而易见的。当然，在村庄内部，一些富裕的农民可以通过缴纳佣金的形式来免除军役，而那些比较贫穷的农民则必须亲自去服役，这体现出村庄共同体内部也存在着不平等的因素。

---

① W. O. Ault，"The Vill in Medieval England"，*Proceedings of the American Philosophical Society*，Vol. 126，No. 3（June 1982），p. 63.

② F. W. Maitland & W. P. Baildon（eds.），*The Court Baron*，London：Selden Society Publication，Vol. 4，1891，p. 141.

③ W. O. Ault，"The Vill in Medieval England"，*Proceedings of the American Philosophical Society*，Vol. 126，No. 3（June 1982），p. 200.

第四节　作为征税单位的村庄共同体

早在盎格鲁-撒克逊时代，村庄就成为了王国征税的基本单位，诺曼征服后延续了这个传统。当时征收的税款主要分为两个方面：一种是土地税；一种是什一税。每个村庄所征收的土地税是按照这个村庄所拥有的土地多少来确定的。有些领地是免于征税的，某些教堂的土地也是如此，一些获得特权的个人也同样被免除征税。诺曼征服以后，威廉一世曾征收过4次土地税。① 征税总额从最初的5000里拉降为3000里拉，他最后一次征收土地税是在1162年。② 当时威廉的征税就是以村庄为单位进行的。除了土地税之外，每个基督徒还要向教会缴纳什一税，这种什一税的征税也是以村庄为单位进行的。例如，1166年，亨利二世要求每个人都自愿向乡村的教堂提供什一税；1188年，随着耶路撒冷的陷落，王国开始征收一种"萨拉丁什一税"，"如果某个人他并没有凭着良心去缴税，那么他所在的村庄就要选择4到6人来证明他究竟应该缴纳多少。"③ 而在1193年和1194年，理查德一世的赎金就是这样征收的。

1207年，为了支持约翰王夺回诺曼底，开始对动产征税。伯爵和男爵的总管和管家都要到王室法庭，对他们领主所拥有的财产价值进行汇报，而其他人也要对自己的动产进行汇报。而作为征税人的郡守也被要求如下："在你郡的每个百户区都应该单独记录，百户区内的每个村庄也要单独记录，这样我们就可以判断每个村庄应该承担多少（税收）了。"④ 在1225年的大会议上，为了回报国王再次批准大宪章，会议同意国王对动产征收十五分之一税，规定由法官们来负责具体征税。他们要求郡守主持的郡法庭从每个百户区中选举4名骑士，然后去督查每个百户区，但是他们不能去督查自己所在的百户区，每个人除了伯爵、男爵以及骑士外，都要对自己的以及最为亲密的2个邻居的动产进行汇报，并要求由12名"品行端正且遵纪守法

---

① F. M. Stenton, *Anglo-Saxon England*, Oxford: Clarendon Press, 1947, p. 637.

② A. L. Poole, *From Domesday Book to Magna Cart*: 1087-1216, Oxford: Clarendon Press, 1951, p. 418.

③ William Stubbs, *Select Charters and Other Illustrations of English Constitutional History*: *From the Earliest Times to the Reign of Edward the First*, Oxford: Clarendon Press, 1900, p. 184.

④ Ibid., p. 278.

的人"组成一个陪审团，挨家挨户地去征税。伯爵和男爵的总管及管家，也要对每个村中他们领主的动产进行汇报。此外，每个村的 4 个守法之人、村头和骑士们都被雇佣来做征税人。① 在 1232 年之时，开始对动产征收十四分之一税，"由每个村庄的村头和 4 个品行端正、遵纪守法之人，在骑士估税员面前宣誓，对每个人的动产进行评估并征收十四分之一税。"② 而到了 1237 年则开始征收十三分之一税，由每个郡的郡守任命每个百户区的 4 个骑士以及一名牧师作为征税员。"每个村庄都要选举 4 名守法之人并在村庄的管家面前宣誓，如果他们参加征税，他们将如实估税，并合理地确定每一件东西所应具有的价值，绝不有任何的偏袒。他们应该让 4 名骑士以及这个牧师知道所有动产的详细情况以及它们的价值，他们将征收的钱财上交给骑士估税员，并附上一份账单明细。如果他们在征税的过程中需要什么帮助，郡守必须予以提供。③ 而村庄估税员的动产也需要被评估，一般是由骑士从其他村庄中选择 4 个人来对其进行评估。

1237 年征收动产税最为重要的变化就是征税的方式发生了改变，不再由国家派人挨家挨户地进行征税，而是把村庄作为一个整体征税的对象进行估税，然后由村民自己再进行税额的分配。到此为止，无论是土地税、什一税还是动产税的征收都是以村庄为基本单位的形式被确定下来，并一直延续到近代社会。"如果村民不能与估税员达成一致，那么就由他们自己来评估动产。"而伯爵、男爵和骑士的动产都是由其管家来负责评估。每个征税年的 9 月 29 日，地方税收员挨家挨户地对有征税价值的财产诸如谷物、干草、饲料以及大型的家畜等进行登记。对于人们最为基本的生活资料一般是不征税的。在牛津郡的库克斯汉姆村庄有一份税收的名单，时间是 1304 年 3 月 12 日，题头上写着"库克斯汉姆村庄所有财产档案，征税人格林·约翰以及罗伯特·贝内特"。从这份名单中我们可以看到，那里有 6 个自由农，他们每个人都拥有一些小的租户，还有 13 个半维格特尔和 8 个茅舍农。这些半维格特尔中有 12 个人被征税了，而自由农和茅舍农则没有。而那两名征税人则是自由农。这条档案主要是记录了动产和谷物的情况。每个纳税人的资产总额也不尽相同，从 8 先令 10 便士到 34 先令都有。一头耕牛被评估的价值为 4 先令，一头可以拉犁的家畜价值为 2 便士或者 3 便士，一头绵羊的价值为 5 便士，一只鸡的价值为 1 便士，一英亩小麦的价值为 2 先令。①

在中世纪的村庄中征税也并非总是一帆风顺的。例如，在 1293 年，什罗普郡的郡守在拉姆齐村庄征收 8 先令 8 便士的税款，官方税收员是托马斯·德·莫特。然而征税最终没有成功，因为托马斯并没有上交他所征收的税款。有 3 个人因为税款的事宜而控告了他，他们之间的诉讼持续了 3 年之久。② 同样，在 1306 年，议会同意国王可以征收十五分之一的动产税。林肯郡的桑顿村庄开始征税，威廉·布莱德和村庄中的其他两个人被任命为征税员。我们并不知道从桑顿村庄征税的总额，但有个叫罗伯特·杰拉顿的人，"经整个村庄一致同意"只对他征收半夸特的燕麦，但他还是拒绝支付。3 个征税员在大路上逮住了他的 7 只绵羊，并将其关进村庄的畜栏中，罗伯特将他们告上庄园法庭。威廉·布莱德和其他几个人对此进行了辩护，认为他们在上述地方抓住绵羊是正确的、合理的，因为罗伯特·杰拉顿在去年的仲四旬斋节后的星期三，经整个村庄一致同意他应被征税半夸特燕麦，并且按照郡守的命令上交给国王。由于罗伯特拒绝缴纳上述税款，因此，他们才抓了他的绵羊，他们有权利这样去做。而罗伯特则辩解说，他被征税并未经过村庄全体村民的一致同意，而且他所拥有的家畜也并未超出其维持生计的范围。因此请求法庭予以调查。经调查，罗伯特被征税半夸特燕麦是经村庄共同体同意的，因此，他由于错误的上诉而被处罚。③ 从以上的档案中，我们可以得出以下三点结论：第一，此时，由国家对个体家庭的直接征税，已经转变为国家对整个村庄共同体进行征税，进而再由村庄共同体把税款分摊到个体村民的头上；第二，每个村民分摊多少税款并不是由他个人决定的，也不是由郡守决定的，而是由村民选举的估税员评估得出的，这种征税还必须得到全体村民的一致同意方可实施，同时，在村民维持生计范畴之内的动产是不予以征税的；第三，如果村民拒交规定的税款，那就是对整个

---

① W. O. Ault, "The Vill in Medieval England", *Proceedings of the American Philosophical Society*, Vol. 126, No. 3（June 1982）, p. 203.

② Ibid., p. 203.

③ G. C. Homans, *English Villagers of The Thirteenth Century*, Cambridge, Mass：Harvard University Press, 1941, p. 454.

村庄共同体的冒犯，因而他将受到惩罚。同样的案例在各地均可发现，例如，在1332年，亨廷顿郡的海明福德村庄被征收了36先令税款。为完成上述税款，村庄共同体选出估税员来完成此任务。在庄园法庭召开前的诉讼中，陪审团指控托马斯·乔丹贿赂王室税收员指派他来做村庄的估税员，"经上述的王室税收员曝光说，上述的托马斯贪污了从村民那多征收的一大笔税款——近40先令"。托马斯被判有罪，同时还要把多征税款交予"村庄共同体来使用"。陪审团称他是一个"马屁精，一个让整个村庄都讨厌的人"，并处罚他40先令。[1]

综上所述，在中世纪的乡村基层组织中，村庄成为了国家税收的基本单位。一般是由王室税收员来确定每个村庄应征收的税款，然后再由村庄共同体分摊给其村民。从档案中可知，这种分摊是按照村民所持有财产的多少来执行的，对于较为贫困的村民，则征收较少的税款，这也在一定程度上体现出了村庄共同体中所蕴含的平等因素。

中世纪村庄在履行其社会职能时体现出来了一定的自治特征。对此，有以下两点启示：

第一，村庄自治与社会职能的关系。尽管治安、税收以及服军役都是由王权所下派的任务，但是具体实施则是由村庄共同体独立来完成的，任何组织和个人都无权干涉。因此，这种联系并非是简单的服从。村庄共同体在履行这些义务的同时，它也获得了独立自主的权利。正如卡姆所指出的那样："村庄共同体之所以能够吸引我们的注意力并不仅仅因为它是政府体制中不可或缺的部分，而且还因为在很多地方的乡村，那里的村庄共同体拥有独立行动和意识的权利。"[2] 由此可见，乡村的自治应该是一种权利与义务相结合的过程，单一地履行职责而没有权利则会陷入从属关系；单一地享受权利而不履行社会职责或者是没有独立承担社会职责的能力，则会完全独立。

第二，村庄自治与法人的关系。村庄自治的实现首先要使得村庄成为具有独立法人资格的社会组织。中世纪英国村庄之所以被称为自治的村庄，其

---

① J. A. Raftis, *Tenure and Mobility*: *Studies in the Social History of the Medieval English Village*, Toronto: Pontifical Institute of Medieval Studies, 1981, p. 252.

② H. M. Cam, *The Community of the Vill*, *in Medieval Studies Presented to Rose Graham*, Oxford: Oxford University Press, 1950, p. 1.

主要原因在于它具备了法人的资格，这种法人资格不但得到了国家（王权）的认可，而且在实践中不断地被加以强化。正是具备了这种法人的资格，它才具备了自治的能力。在我们建设社会主义新农村过程中，农村改革的重点就是要如何实现村民自治，但这种自治是村民的个体自治还是村庄的法人自治，这是一个亟待解决的问题。而"完善村民自治的首要目标，是要使村委会成为具有独立法人资格的社区自治组织，真正让村民依法自己管理自己。"① 只有这样，我们农村的社会转型才会取得进步。

---

① 张永桃：《政治体制改革与村民自治》，《江苏社会科学》1999 年第 6 期。

下　篇

15 世纪以后的英国乡村基层组织

第五章

乡村基层组织的政治变革

到了 14、15 世纪，英国的封建经济开始走向了衰落，有的学者称之为"封建主义的危机"①。14 世纪上半期，西欧的气候反常，灾难、瘟疫不断发生，对整个西欧的农业尤其是畜牧业，造成了很大的破坏。而 1348 年的黑死病和 1381 年的农民大起义，更加沉重地打击了英国社会。以农奴制为代表的庄园经济日渐萎靡，庄园组织和庄官制更是一蹶不振，甚至已经名存实亡了。正如杜比所说，"封建主义危机的标志之一就是庄园的衰落与瓦解"②。其具体表现为：

首先，领主自营地的大量出租或出售，使得庄园的基本结构被破坏。到了 14 世纪的晚期和 15 世纪的最初 20 年里，由于价格的衰落和工资的继续增长，领主们开始大量地出租他们的自营地。到了 14 世纪末、一些贵族的领地也开始出租了。例如，威斯敏斯特修道院到 1420 年时，只有一块土地是由领主直接经营，大多数在 14 世纪末、15 世纪早期就已被出租了；在霍利威尔庄园，领主的自营地被以下人等分割承租了：约翰·雷文 11 英亩；约翰·弗里尔 2 英亩；约翰·夏普 1. 5 英亩；罗伯特·霍夫顿 7 英亩；沙拉·巴克 3 英亩；约翰·埃塞克斯 9 英亩 1 罗德；尼古拉斯·高德弗雷 12 英亩 1 罗德；威廉和尼古拉斯·夏普 2 英亩。③ 类似这样的情况在大多数的

① 对于"封建主义危机"的探讨可参见 ［英］ 波斯坦等主编：《剑桥欧洲经济史》第 1 卷，郎丽华等译，经济科学出版社 2002 年版。

② Duby, *Rural Economy and Country Life in the Medieval West*, London: Edward Arnold, 1968, p. 312.

③ J. A. Raftis, *Tenure and Mobility: studies in the social history of the medieval English village*, Toronto: Pontifical Institute of Medieval Studies, 1981, p. 27.

庄园都可以看到。关于庄园土地出租流行的原因，很多学者都是按照波斯坦所建立的人口论模式去解释的：即当人口增长时，劳动力剩余而且工资低廉，但对粮食的需求则变大，从而使得粮食价格提高，这时封建主自己经营庄园是有利可图的；到了 14 世纪左右时，由于人口减少，劳动力短缺，工资价格上扬，而粮食因需求的减少而价格变低，因此，领主自己经营庄园的利润下降，困难增多，他们自然转向出租经营，从而使得风险降低。当然，还有很多学者提出了其他的解释。我们这里无意去讨论这个问题，但有一点是可以肯定的，这一时期庄园出租的现象确实较为普遍。"从 14 世纪 50 年代开始，领主放弃经营庄园，改行出租制的日益增多，到了 15 世纪 30 年代，只有少数大地产仍实行直接经营了。"① 庄园土地的出租，使得原有的土地结构、耕作方式都发生一定的改变。

其次，出租制实行的最为直接的后果，就是使得领主放弃了劳役地租，转而实行货币地租。这一时期人口锐减、土地荒芜、租金下落，使得领主的收入锐减。"由于人口死亡率的增长以及人口流动性的增长，劳役地租开始走向衰落。"②

最后，随着普通法的实行，王室法庭的影响力逐渐扩大，庄园法庭的作用日益缩小，最终从乡村社会中的最高权力机构转变为处理日常事务的机构。

上述的种种现象表明，随着封建主义危机的到来，英国的庄园组织走向了瓦解。那么，作为乡村基层组织基石的村庄共同体是否也走向了衰落？对于这个问题的论述主要涉及两个问题：如果说随着庄园制的瓦解，村庄共同体也走向了衰落，那么此时的英国乡村社会又发生了哪些变化？如果没有走向衰落，那么此时的村庄共同体在英国乡村社会又扮演了什么样的角色？这些变化对英国乡村社会的转型产生了哪些影响？

如前所述，村庄共同体一个重要的基本特征就是它所拥有的公共权利：即管理土地的公共权利以及村民独立管理村庄事务的权利。前者强调的是共同体对土地的支配权；后者则强调的是村民大会的自治性以及平等性。通过仔细阅读 14 到 15 世纪的法庭档案，我们发现此时的村庄共同体仍然具有上

---

① Britnell, *The Commercialization of English Society 1000-1500*, Cambridge：Cambridge University Press, 1993, p. 188.

② Miller, *Agrarian History of England and Wales 1348 - 1500*, Vol. 3, Cambridge：Cambridge University Press, 1991, p. 639.

述权利：村民大会仍然是乡村基层组织的最高权力机构；村庄共同体仍然具有管理村庄土地的公共权利；广大村民通过集体承租以及反抗领主的过程，内部的凝聚力得到了不断的增强。

第一节　村庄共同体对土地的继续控制

土地是前工业时代财富的重要标志，因此，对土地的控制也在一定程度上反映着村庄共同体机构职能的运转情况。在庄园解体前，一般是由村庄来集体持有土地，并决定每个成员应该占有土地的数量及标准的，而且还要定期地重新分配全部或部分的耕地和牧场。之所以这样，主要是为了消除共同体成员之间的不平等，尽量避免通过转让、继承而使得个体土地变得零碎；同时村庄还需要为外来者以及新婚夫妇提供土地，这样才能确保每个成员都有能力为领主、教堂以及国家服役。庄园解体后，村庄的土地分配权仍然掌握在共同体的手中。15 世纪以后，由村庄来统一分配土地的现象在整个西欧仍然非常流行。例如，"在法国摩泽尔地区，由村庄集体持有土地并定期重新分配的方式一直持续到了 19 世纪"①；"在丹麦敞田农业的早期，定期重新分配土地的情况是十分普遍的，并且直到 18 世纪这种方式也没完全消失"②；"在瑞典，由村庄定期地重分公共土地一直持续到了 18 世纪中叶。1743 年的一项国王法令规定允许永久性地分割公共土地，这里主要是指进行每年的重新分配"③；"在挪威，村庄的公有地被定期地重新分配则一直持续到 1821 年"④；"在苏格兰的一些家庭联合体中，每年都要按照预先制定的协议来重新分配土地，这种古老的集体分配模式一直持续到了 19 世纪早期。即使到了 19 世纪中期，在苏格兰的一些偏远地区，定期重分土地的现象仍然没有消失"⑤；在爱尔兰，1830 年时一个作家曾写道："在梅奥郡的

①　G. Hanssen, *Die Gehöferschaften im Regierungsbezirk Trier*, Berlin：Osnabrück, 1965, p. 100.

②　H. Thorpe, "The Influence of Inclosure on the Form and Patterns of Rural Settlement in Denmark", *Transactions of the Institute of British Geographers*, No. 17 (1951), p. 120.

③　L. Beauchet, *Histoire de la propriété foncière en suede*, Paris：L. Larose, 1904, p. 24.

④　A. Meitzen, *Ansiedlung*, *Handwörterbuch der Staatswissenschaften*, Oxford：Oxford University Press, 1909, p. 1–67.

⑤　J. E. Handley, *Scottish Farming in the Eighteenth Century*, London：Faber& Faber Limited, 1953, p. 46, 48；M. Gray, "the Abolition of Runrig in the Highlands of Scotland", *Economic History Review*, New Series, Vol. 5, No. 1 (1952), pp. 46–8.

默勒特半岛上,那里每 3 年要重新分配一次土地"①;"在 13 世纪的斯堪的纳维亚半岛,村民们每隔 2 到 5 年就要重新分配一次土地,这种习俗一直持续到 17 世纪才结束,因为那时土地已经变成了使用者永久的财产了;在法国科西嘉岛的一些村庄共同体中,由村庄每年重新分配土地的方式则一直持续到了 20 世纪初"②;"在奥地利的卡琳西亚、卡尼奥拉、蒂罗尔以及沃拉尔堡等地的村庄中,直到 19 世纪仍然在实行着由村庄定期重新分配土地的政策"③;"在西班牙的北部和东北部地区,直到 18 世纪和 19 世纪时,农民只有他们的宅院和蔬菜园是固定所有的,大多数的土地基本上是每隔 2 年或更长的时间由村庄进行一次重新分配"④。此外,还有一些村庄共同体,在放弃了定期重分土地政策的一段时间后又重新启用了。例如,"1655 年,德国的莱茵区罗斯海姆村庄放弃了由村庄定期重分土地的政策,但是在 69 年后的 1724 年,由于个体固定持有土地的增长导致了土地的过度分割,因而村民们决定重归旧俗"⑤;"在瑞士的法语区,那里的公有地是由个体所固定持有的,但是在 1826 年,巴里贝蒂(Pully-petit)村庄共同体重归旧习,并且规定每隔 15 年由村庄共同体对这些土地进行重新分配"⑥。

在英国,经过黑死病和农民起义的打击,农奴制最终也逐渐地走向了衰亡。当时的一位编年史学家记录到,农民反叛的首领贝尔提出了"人生而平等"的口号⑦,并且声称,"农奴制是违背上帝的意愿的"。⑧ 正如查尔斯·阿曼所指出的:"农民的起义使得农民迅速觉醒……这种觉醒不是在那些深受压迫的贫困农民中开始的,而是在那些较为富裕的农民中开始的,他们要求更多的自由并试图用武力来获得它。"⑨ 尽管农民反抗最后都被镇压

① P. Flatrès, *Géographie rarale de quatre contrées celtiques*: *Irlande*, *Galles*, *Cornwall et Man*, Rennes: Librairie Universitaire J. Plihon, 1957, p. 256.

② M. Le Lannou, *Pâtres et paysans de la Sardaigne*, Tours: Arrault, 1941, p. 119.

③ W. schiff, *österreichs Agrarpolitik seit der Grundentlastung*, Tübinge: H. Laupp, 1898, pp. 171-2.

④ A. Meitzen, *Siedelung und Agrarwesen der Westgermanen*, etc, Berlin: Aalen, 1963, p. 580.

⑤ G. Hanssen, *Die Gehöferschaften im Regierungsbezirk Trier*, Berlin: Osnabrück, 1965, p. 2-28.

⑥ Jerome Blum, "The European Village as Community: Origins and Functions", *Agricultural History*, Vol. 45, No. 3 (July 1971), p. 172.

⑦ Jolliffe, John, *Froissart's Chronicles*, London: Harvill Press, 1968, p. 212.

⑧ Thomas Walsingham, "Historia Anglicana", *The Peasants' Revolt* of 1381 in R. B. Dobson (ed.),, London: Macmillan, 1983, pp. 373-5.

⑨ Maurice Ashley, *Great Britain to 1688*, Ann Arbor: University of Michigan Press, 1961, p. 147.

社会转型时期英国乡村基层组织研究

了，但这些起义却对英国社会产生了深远的影响。英格兰的人头税被取消，劳工法也没有真正地加以执行。从整体来看，此时英国的乡村基层组织结构已经发生了很大的变化。乔治·杜比指出："在富裕市民的经济支持之下，乡村经济的管理也逐步转移到农民手中。"农民对乡村经济控制力加强的突出表现就是，村民以共同体的名义集体承租庄园土地。到了14世纪以后，庄园土地出租的现象十分普遍。在多数情况下，庄园都是出租给个人的，但是一个庄园出租给整个村庄村民的现象也并不罕见。① "这样的租用记录最早出现在《末日审判书》当中，在13世纪时仍有发现，并且在1350年之后自营地出租的浪潮中又重新获得了生机。"② 例如，从1373年开始，霍利威尔地区的牧场不再以小块土地的形式进行出租了，而是由村民集体承租20年：布劳顿的惯例农集体承租38英亩1罗德；霍利威尔的惯例农集体承租27英亩1罗德；伍德霍斯特的惯例农集体承租23英亩半罗德；斯利普的惯例农集体承租29. 5英亩半罗德。③ 广大农民在共同体的庇护之下，不断地壮大着自己的力量。"到了14世纪，农民承租领主自营地甚至整个庄园土地的现象已经十分普遍。他们支付给领主固定的租金，夜以继日地苦心经营，从而实现一定的利润。这些农民积累了一定的财富，成为了村庄中的富有者。"④ 尽管到了此时，领主的自营地已经被分割出租给个体村民了，但仍需要村庄共同体出面来协商租金以及定期的续约，并且还要由村庄共同体来负责征收租金并上交给领主。例如，在14世纪索夫克郡的帕尔格雷夫村庄，就是由村庄共同体来支付给伯里修道院院长圣·埃德蒙兹每年22英镑的土地租金。尽管领主仍旧控制着庄园法庭和司法审判的权力，但有一个众所周知的例子，就是在北安普顿郡的金斯索伯（kingsthorpe）王室庄园，村庄共同体承租了整个庄园，包括其司法权，租金在13世纪是60英镑，到了

---

① 在《末日审判书》中这样的例子很多。See F. W. Maitland, *Domesday Bookand Beyond: three Essays in the Early History of England*, Cambridge: Cambridge University Press, 1897, p. 146; R. S. Hoyt, "Farm of the Manor and Community of the Vill in Domesday Book", *Speculum*, Vol. 30, No. 2 (April 1955), p. 154.

② C. Dyer, "The English Medieval Village Community and its Decline", *Journal of British Studies*, Vol. 33, No. 4 (October 1994), p. 411.

③ J. A. Raftis, *Tenure and Mobility: Studies in the Social History of the Medieval English Village*, Toronto: Pontifical Institute of Medieval Studies, 1964, p. 27.

④ G. C. Homans, *English Villagers of The Thirteenth Century*, Cambridge, Mass: Harvard University Press, 1941, pp. 330-1.

15 世纪则降到了 50 英镑。① 而亨廷顿郡的海明福德修道院庄园，在 1265 年时整个出租给了"海明福德村民"，租期为 7 年，到期后租期又被延长了 7 年，直到这个庄园解体。② 1320 年，大海伍德的领主把他所有的自营地都租给了他的佃户，同时还有牧场、劳役和属于上述村庄的放牧权，但不包括地租、豁免权、法庭的诉讼权、土地的罚金、婚姻捐、继承税和塔利税以及林地。租金一年是 8 马克 9 先令 4 便士。租约的副本保留在佃户的手中，租期是 12 年并可续约。最后的续约记录是在 1432 年。③

这些情况表明，庄园制的解体不但没有使村庄共同体走向衰落，反而在管理土地的过程中，村庄共同体的权力不断地得到了加强。而且由村庄集体管理土地的情况，直到工业革命前后在西欧的一些地区仍然存在，可见其影响之深远。例如，"法国摩泽尔河地区的村民很早就实行土地集体所有制，并且经历了几个世纪之后，一直延续到了 19 世纪"④；"在西班牙的利昂地区、阿拉贡人所居住的比利牛斯山脉斜坡之上以及伊斯彻曼德地区，农业的集体所有制则一直持续到了 20 世纪早期"⑤；"在意大利的撒丁岛，由村庄共同体来集体持有土地则一直持续到了 19 世纪中期——圈地运动开始之时，直到那时，私人拥有土地的现象也仅存在于岛的外围地区"⑥；在法国的科西嘉岛，土地也是由村庄集体所有的，个体土地所有制则是逐步建立起来的，这个过程在 18 世纪和 19 世纪早期达到了顶峰，但直到 1960 年仍然没有完成"⑦。

综上所述，仅从土地的管理和使用的情况来看，尽管在庄园解体后，英国的乡村基层组织结构发生了很大的变化，但是，村庄共同体并没有像有的

① C. Dyer, "The English Medieval Village Community and its Decline", *Journal of British Studies*, Vol. 33, No. 4 (October 1994), p. 411.

② W. O. Ault, "The Vill in Medieval England", *Proceedings of the American Philosophical Society*, Vol. 126, No. 3 (June 1982), p. 204.

③ W. O. Ault, *Open-Field Farming in Medieval England: A Study of Village By-Laws*, London and New York: George Allen and Unwin Ltd, 1972, p. 68.

④ G. Hanssen, *Die Gehöferschaften im Regierungsbezirk Trier*, Berlin: Osnabrück, 1965, p. 100.

⑤ Leonhard, *Agrarpolitik und Agrarreform in Spanien unter Carl III*, Munich & Berlin: J. Schweitzer, 1909, p. 90.

⑥ M. Le Lannou, *Pâtres et paysans de la Sardaigne*, Tours: Arrault, 1941, pp. 118-9, 162.

⑦ I. Chiva, "Social Organization, Traditional Economy and Customary Law in Corsica", in *Outline of a Plan of Analysis*, J. Pitt-Rivers (ed.), Mediterranean, Countrymen, Paris & La Haye: Mouton, 1963, p. 103.

学者所认为的那样走向了衰落，反而在农业生产中发挥着重要的作用。无论是土地的重新分配，还是村民的集体承租土地，都体现出了村庄共同体作为一个独立的实体仍然具有强大的控制力。

第二节 村民大会地位的凸显

到了"中世纪晚期，村庄共同体管理的工作范围有所扩大"[1]，其中最为明显的变化就是，村民大会在乡村生活中的作用日益突出。正如希尔顿所指出的那样，"当一个庄园被它的佃农所承租时，村民大会必将成为村庄生活的主体。"[2] 前面我们曾经指出：村民大会是村庄共同体的最高权力机构，它起源于日耳曼人早期的部落会议。村庄中的每个村民都有义务参加大会，并就村庄的一些重大事务进行投票表决，这是一种较为原始的直接民主制。这种组织机构一直都存在于整个中世纪英国的乡村社会之中。但是，在庄园时代，由于村民大会是与庄园法庭相互重叠的，这使得村民大会很少能够单独凸显出来。然而，随着庄园制的解体，庄园法庭也开始走向了衰微，这使得村民大会的作用日渐凸显出来，并在乡村社会中发挥着重要的作用。

首先，村民大会召开的频率开始不断地增加。在庄园解体之前，一般村民大会是每年召开一次。但是到了 14 世纪以后，村民大会召开的时间开始频繁起来。例如，在一些地区，村民大会一年要至少召开 3 次；而像东欧的一些地区，村民大会召开得则更为频繁，每年至少要召开 10 次。[3] 村民大会的主要议题是听取村官的汇报，选举新的村官，制定并执行有关村规，重申公有地的使用原则以及之前尚未处理的一些事务。除了这种定期的村民大会外，村庄有时还要不定期地召开一些特殊的会议以处理一些紧急的问题。由村民大会召开的频率可以看出，在庄园解体后，村民大会在乡村基层组织中的作用变得日益重要。

其次，村民大会召开的地点也发生了变化。以前村民大会都是在一个相

① C. Dyer, "The English Medieval Village Community and its Decline", *Journal of British Studies*, Vol. 33, No. 4 (October 1994), p. 413.

② R. H. Hilton, *A Medieval Society*: *The West Midlands at the End of the Thirteenth Century*, London: Weidenfeld and Nicolson, 1966, p. 29.

③ Jerome Blum, "The Internal Structure and Politic of the European Village Community from the Fifteenth to the Nineteenth Century", *The Journal of Modern History*, Vol. 43, No. 4 (December 1971), p. 552.

第五章 乡村基层组织的政治变革

对开放的环境中进行的，仍然保留着古代日耳曼部落大会的传统，比如在村庄的大树下或者果园里，地点并不固定。但是随着村民大会作用的日益突出，开会的地点也变得更加固定了。例如，在 18 世纪德国中部的某个村庄，村民大会是在一个谷仓中举行的；而在瑞士，一些村庄还专门建造了村民大会的会场，那里也成为了村民日常生活的中心；在法国，1779 年朗格多克的某个村庄，为了寻找一个更大的地方去召集村民大会，村庄决定建造自己的会议大厅。在英国，有些村庄甚至还建造了自己的会议大厅。①

最后，村民大会的召集人也发生了变化。以前是由领主或者其代理人负责召集。但随着庄园的解体，村民大会则开始摆脱领主及其代理人的束缚，由村民自己来具体负责大会的组织工作，这也在一定程度上体现出村民大会所具有的自治性。例如，在英格兰，村民大会一般是由领主的管家来主持的，但是到了 15 世纪以后，则是由村庄雇用一名来自附近村镇的律师负责召集和组织工作。

由此可见，到了 14 世纪以后，随着庄园的日益衰落，村民大会在乡村生活中的地位变得日益重要，甚至乡村日常生活的管理也由村民大会来统一负责。例如，1401 年，拉姆齐的村民大会宣布，村民一致同意把在凯尔米斯托（Kelmestowe）公墓的所有公共牧场的权利转让给海尔斯欧文的修道院和修女院；但同时规定，他们此后仍有权利使用公墓两侧的道路通过手推车和四轮马车。他们承诺，当他们通过时不会给公墓造成任何的损失。② 而且，随着村民大会地位的提高，村民大会对其成员的管理也进一步加强了。例如，在格拉斯顿伯里（Glastonbury）修道院，坚决打击那些不及时出席村民大会的人。村民大会通过征收更多的罚金来惩罚这些人，从 14 世纪早期每人处罚 2 便士或 3 便士，后来增加到了 12 便士；在斯坦福德郡的斯丹顿，那里所有的佃农都要参加领主法庭，即使是自由农无故缺席也要被处罚 1 先令；租地农和其他佃农则是 6 便士；茅舍农则是 2 便士。③

随着村民大会地位的日益突出，村庄中村官的职责也日趋明确化，即由

---

① Jerome Blum，"The Internal Structure and Politic of the European Village Community from the Fifteenth to the Nineteenth Century"，*The Journal of Modern History*，Vol. 43，No. 4（December 1971），p. 554.

② Z. Razi，"Family，Land and Village Community in Later Medieval England"，*Past & Present*，No. 93（November 1981），p. 30.

③ S. & B. Webb，*English Local Government From the Revolution to the Municipal Corporations Act*：*The Manor and the Borough*，London：Longmans，Green & Co，1908，p. 66.

原来既为领主又为村庄服务的兼职人员，转变为只为村庄服务的纯粹村官。

首先，庄头彻底地转变为村头，并在村庄生活中的领导作用变得更加突出。由于庄园的解体，原来为领主和村庄服务的庄头，如今已经彻底地转变成为村庄服务的村官了，成为了村庄真正的负责人，他们甚至取代了原来的管家，全权管理村庄的日常事务。除了负责召集村民参加定期的村民大会，对那些不履行义务的人扣押其财产之外，他们还要担当村民之间纠纷的公证人。例如，当亨利·泰伯从爱丽丝·海因那里购买了1.5路德的惯例土地，并从她的妹妹马蒂尔达那里购买了半英亩的土地时，双方的契约是放在村头那里保存的。当有人在大路上发现了价值3先令四分之一便士的东西时，经"村庄村民一致同意"，这些东西也要放在村头那里保存；由验酒官对那些触犯了禁酒令的人处罚所得的罚金也要移交给村头保管；如果一个村民想退出村庄或者到别处定居，那么村头则有权力阻止他；如果妇女在秋收时节非法捡拾了庄稼，那么村头则有责任传唤她们；如果两个妇女相互攻击，那么她们的担保人将被扣押在村头那里。[①] 由此可见，在庄园解体或者当村庄承租庄园之后，村头的职能发生了一定的转变，尽管他仍然是村庄中最为忙碌的人，但此时，他不再把主要的精力放在如何应对领主的问题之上，而是更多地放在处理村民之间的关系以及村庄共同体的内部事务之上了。当然，此时的村头仍然要受到村民大会的监督，如果大家认为他不称职的话，仍可以将其撤换。例如，陪审团指出，西蒙·艾特·斯蒂尔和托马斯·乔丹，这两个村头并没有履行他们应有的职责，因此他们要求撤销他们的村头职位。这样他们就被撤销了，而约翰·罗格以及理查德·爱普林被选为村头。[②] 在1321年的伯维尔，村头并没有解决托马斯·马绍尔所亏欠亚当的儿子托马斯20便士的债务问题，村民大会命令他必须加以解决。[③]

其次，庄园解体之后，很多原属于庄园的庄官也都开始转变为了村庄的村官。例如，海明福德修道院庄园的管家在庄园解体后就变为了村庄的管家。随着这个庄园的解体，这里的管家已经不再全面掌控整个庄园的事务了，他

---

① W. O. Ault, "The Vill in Medieval England", *Proceedings of the American Philosophical Society*, Vol. 126, No. 3（June 1982），p. 206.

② Ibid..

③ J. A. Raftis, *Tenure and Mobility：Studies in the Social History of the Medieval English Village*, Toronto：Pontifical Institute of Medieval Studies, 1964, p. 96.

日常的主要职责就是负责管理村庄中的家畜。例如，"陪审团指出，圣尼古拉·布丁从管家沃尔特手中强行地夺回了一个被扣押的马驹。圣尼古拉因此而被处罚了8便士，担保人：威廉"；"约翰·凯特里格冲破了领主的畜栏并带走了他走失的母马。由于他并没有向管家支付其罚金，因而上述的约翰触犯了管家"。如果管家没有更好地履行其义务，那么他将受到村庄共同体的处罚。例如，"沃尔特·斯雷，他是整个村庄的管家，由于他没有能保护好圣尼古拉·布丁的庄稼，以至于上述的圣尼古拉丢失了4捆豌豆，因为其过失，他被处罚了6便士，担保人：亨利·埃德蒙多。"[1] 陪审团认为之所以造成这样的损失，是由于沃尔特没有向村民大会及时报告所致。可见，尽管名称未变，但此时的庄园管家已经成为了一名向村庄共同体负责，而不是向庄园负责的村官了，其职责也由原来管理庄园事务转变为管理村庄的日常事务。

综上所述，随着庄园的解体，村庄共同体的组织机构职能也发生了很大的变化，这种变化主要体现为两个方面：首先，村民大会从庄园法庭的遮蔽下凸显出来，它的作用相对庄园时代显得更为重要了，真正地成为了村庄共同体的最高权力机构；其次，村官的职责也发生了相应的变化，他们由为庄园和村庄的双向服务，逐渐地转变为只为村庄共同体服务。上述的论证也充分说明了在庄园解体之后，村民大会依然是英国乡村人们生活的中心，广大村民仍然拥有独立管理村庄事务的权利。

第三节　村庄共同体内部凝聚力的增强

很多学者都把1348年的黑死病看作是英国社会发展的分水岭，认为在1349年以后，英国乡村社会发生了质的变化。其中一个最为主要的观点认为，黑死病之后，由于个人主义的兴起，家庭的关系以及公共的联系已经变得微弱了。[2] 这种论断是否正确呢？我们可以从黑死病之后，家庭之间的联

① W. O. Ault, "The Vill in Medieval England", *Proceedings of the American Philosophical Society*, Vol. 126, No. 3 (June 1982), p. 206.

② J. A. Raftis, *Warboys, Two Hundred Years in the Fife of an English Medieval Village*, Toronto: Pontifical Institute of Mediaeval Studies, 1974; E. Britton, *The Community of the Vill: A Study in the History of the Family and Village life in Fourteenth Century England*, Toronto: Macmillan Of Canada, 1977; J. A. Raftis, "Changes in an English Village after the Black Death", *Mediaeval Studies*, No. 29 (1967), pp. 158–77.

系以及公共关系的变化入手，来对上述的观点加以论证。

　　首先，就村庄共同体内部的家庭之间的关系而言，黑死病之后，家庭之间的联系并没有变弱，反而在不断地增强。这一点可以通过对比黑死病前后家庭之间的联系程度来考察这一问题。我们还是以土地作为考察对象，来具体分析黑死病前后，土地在村庄共同体内部的交易情况，其中重点考察究竟有多少土地交易是在家族内部进行的，而又有多少土地交易是在家族之外进行的。通过分析土地交易的情况，来论证黑死病后共同体内部家庭之间的联系情况。我们选取了英国的海尔斯欧文村庄作为考察的对象，之所以选择它作为考察的对象，主要是因为那里的档案资料十分丰富。通过档案我们可以看到，在 1270 年到 1348 年间，村庄中有大量的土地是通过血缘和婚姻的方式来转移的。在这一时期共有 1125 个土地交易者被记录在法庭的档案之中；其中 713 个（占 63%）是在家庭内完成的，412 个（占 37%）是在家庭之外完成的。[①]

　　在黑死病之后，海尔斯欧文村庄的经济和人口结构确实发生了很大的变化。但问题是这些新的条件，究竟在多大程度上弱化了海尔斯欧文村庄内部家庭之间的联系呢？为了检测这种现象，我们再次查阅了在 1350 年到 1430 年间所有土地交易的档案资料，其中包括了死后继承、家族内部交易以及领主授予土地的情况。其目的就是考察它们有多少是保留在家族内部的，有多少是在家族之外交易的。

表 1：1351—1430 年海尔斯欧文庄园法庭记录的土地交易情况

	死后继承		内部交易		领主授予		交易总数	血缘交易总数	非血缘交易总数
	血缘	非血缘	血缘	非血缘	血缘	非血缘			
1351—60	14	1	3	10	—	11	39	17 （43.6%）	22
1361—70	35	2	4	18	—	10	69	39 （56.5%）	30
1371—80	17	1	10	13	—	9	50	27 （54.0%）	23

---

① Z. Razi, "Family, Land and Village Community in Later Medieval England", *Past & Present*, No. 93 (November 1981), p. 4.

	死后继承		内部交易		领主授予		交易总数	血缘交易总数	非血缘交易总数
	血缘	非血缘	血缘	非血缘	血缘	非血缘			
1381—90	15	—	5	6	1	9	36	21 (58.3%)	15
1391—1400	24	2	9	12	1	10	58	34 (58.6%)	24
1401—10	27	1	14	15	—	17	74	41 (55.4%)	33
1411—20	28	1	7	8	—	3	47	35 (74.4%)	12
1421—30	14	1	9	6	1	13	44	24 (54.5%)	20
总数	174	9	61	88	3	82	417	238 (57.0%)	179

注：从丈夫转移到妻子或者由妻子转移到丈夫都被看作是非亲属转移。[1]

从以上的资料我们可以看出，在所有的交易中，有57%的交易是在家庭成员之间进行的，似乎较黑死病之前有所下降。实际上，我们低估了家族内部的土地交易份额。如果我们深入分析一下每一笔土地交易的总量就会发现，尽管家族内部的土地交易只占所有土地交易比例的57%，但家族内土地交易的总量却占交易总数的71.3%。[2] 在黑死病之后的80年，家族内的土地交易确有回落的趋势，但回落比例的多少是存在争议的。例如，费斯（Faith）教授就认为在许多庄园，家族内部的土地交易从1300年的56%下降到了整个14世纪的35%，并且在1400年之后更是下滑到了13%。[3] 而在其他地区，从14世纪晚期到15世纪，家族内部的土地交易比例降得更低。例如，在1397年到1457年之间，荷里维尔（Holywell）庄园法庭档案中记录的土地交易，其中家族内部的土地交易仅占了26%。在沃斯特中部的修道院庄园，根据戴尔教授的估计，家族内部的土地交易仅仅占到了全部土地

---

[1] Z. Razi, "Family, Land and Village Community in Later Medieval England", *Past & Present*, No. 93 (November 1981), p. 16.

[2] Ibid., 17.

[3] Fatih, "Peasant Families and Inheritance Customs in Medieval England", *Agricultural History Review*, Vol. 14, No. 2 (1966), pp. 89-91.

社会转型时期英国乡村基层组织研究

交易的 18% 到 39%。①

　　实际上，这样的回落并不像上述学者所认为的那样巨大。他们之所以错误地估计了村庄内部的土地交易情况，最主要的原因是他们都采用了姓氏作为统计土地交易的唯一检索方式，即把不同姓氏之间的土地交易看作是家族之外的交易，但实际情况却并非如此。试举几例：在 1227 年的温彻斯特庄园，一个叫胡·菲利普的人获得了一块土地，之后在 1269 年他把这块土地传给他的儿子胡·杰曼，之后 1286 年胡·杰曼又把土地传给了他的儿子威廉·杰曼（即菲利普的孙子）；1328 年威廉又把土地传给了他的女儿伊莎贝拉，她嫁给了布登汉姆的安德鲁；1338 年安德鲁去世，作为佃农的她继续持有这块土地，在改嫁约翰·勒·斯班赛之后，1361 年，她又把土地转移给了她的女儿爱丽丝。在某个时期，这块土地还暂时保留在监护人斯班赛的手中。这块土地先后被 5 个不同姓氏的人所持有，但基本上是以血缘关系为纽带传递了 5 代人，历时 134 年。② 在 1403 年，罗格·韦伯（Roger Webb）来到法庭，提出他有权占有在凯克摩尔（Cakemoor）的一块惯例持有地，这块土地先前是被理查德·乔丹（Richard Jurdan）所持有的。如果仅通过姓氏来判断，认为这是一个家族之外的土地交易。然而，当仔细地查阅了理查德·乔丹的档案后发现，21 年前，即 1382 年，他把他在凯克摩尔这块半雅兰的土地转交给了一个刚到庄园的新人，他的名字叫威廉·斯科特（William Scot）。可能有的人会猜测，这又是一次家族外的土地交易，并且想当然地认为同一块土地在 21 年里，在没有亲属关系的村民之间转手了 3 次。然而事实是，理查德·乔丹，威廉·斯科特，罗格·韦伯彼此之间是有亲缘关系的，理查德·乔丹是威廉和罗格的岳父。③ 再如，在拉姆齐有一块半雅兰的土地，在 1357 年到 1402 年间先后被 5 个不同姓氏的村民所持有，但实际上他们之间有着一定的姻亲关系。在 1357 年，罗格·思布里克（Roger Sprig）得到了这块半雅兰的土地，这是他妻子爱丽丝·艾特·里奇（Alice atte Lych）的嫁妆。由于他们没有孩子，他们在 1377 年把这块

---

① C. Dyer, *Lords and Peasants in a Changing Society*：*The Estates of the Bishopric of Worcester* 680 – 1540, Cambridge：Cambridge University Press, 1980, p. 302.

② J. Z. Titow, *English Rural Society* 1200-1350, London：George Allen& Unwin, 1969, pp. 186-8.

③ Z. Razi, "Family, Land and Village Community in Later Medieval England", *Past & Present*, No. 93 (November 1981), p. 18.

土地转交给爱丽丝的弟弟——约翰·艾特·里奇（John atte Lych）。但不久以后，迫于生计，他们又从他手中收回了土地。1380 年，罗格·思布里克死去，约翰·艾特·里奇又重新占有了这部分土地。然而，时隔不久，约翰·艾特·里奇组织了一次反对修道院院长的叛乱，因此，他被关进了什罗普郡的监狱，1386 年他死于那里。这块土地又被转交给了罗格·艾特·勒夫（Roger atte Lowe），他是爱丽丝·艾特·里奇的第二任丈夫。1392 年，他们又把这半雅兰的土地转交给了约翰·萨德勒（John Sadler），而这个人则是爱丽丝外甥女——艾格尼丝·艾特·里奇的丈夫。1402 年，艾格尼丝和萨德勒又把这半雅兰土地交易给了理查德·斯奎尔（Richard Squier），而斯奎尔则是艾格尼丝的堂弟。① 像这样的例子在档案中存在很多，因此，这也提醒了我们，在以姓氏来研究土地交易的状况时应谨慎对待。

此外，黑死病后，家庭内的土地继承关系仍然是由血缘关系的远近来决定的。例如，1420 年，费莱西提（Felicity）把其丈夫凯特尔（Ketel）的土地转移给他的外甥托马斯·亚当斯，但是 9 年之后，出乎意料的是，有一个叫亨利·布特（Henry Putter）的人来到海尔斯欧文的庄园法庭，并且宣布他拥有凯特尔的土地权。由 12 个村民所组成的调查团经调查后认定，由于他是凯特尔最为亲近的亲属，因而他拥有凯特尔的土地所有权。1404 年，约翰·巴克（John Baker）和他的妻子玛格丽特把惯例持有地转交给了他们的儿子约翰。此前这些土地是由罗伯特·斯温（Robert Sweyn）和约翰·沃特哈斯特（John Watterhurst）来持有的，他们是玛格丽特的堂弟。法庭宣布，如果约翰死后无孩，土地则由他的弟弟托马斯来继承，如果托马斯死后无孩，土地则由他的弟弟威廉来继承，如果威廉也是死后无孩，土地则由罗伯特·斯温的后代之一来继承。②

上述的论证可以说明，从土地交易的情况来看，黑死病后，土地在家庭内部的交易所占比例仍然是很高的。这一点不仅仅是海尔斯欧文地区如此，在英国其他地区也是如此。例如，在格洛斯郡的索恩伯里庄园，那里在

---

① Z. Razi, "Family, Land and Village Community in Later Medieval England", *Past & Present*, No. 93 (November 1981), p. 19.

② Ibid., 21.

1430 年以后，仍有近一半的土地是在家庭成员之间转移的。① 在温彻斯特郡的修道院庄园（这些庄园分布在从萨里到萨默赛特的整个南部），以 13 世纪后期到 14 世纪中后期共发生 3500 起土地交易的案例来分析，其中发生在家庭内部的土地交易占总数的 46%，其中，如果是以雅兰和半雅兰为单位进行计算的话，通过继承和活着授予（养老协议）所占的比例是相当高的。② 因此，从土地交易情况来分析，黑死病之后，村庄共同体内部家庭之间的联系实际上并没有减弱，其内部关系也并没有走向松弛，反而由于土地在家族内部流转的趋势明显增强而得以加强。家族内部土地继承关系的保持，使得村庄共同体内部关系更加稳定，因此，村庄共同体内部的凝聚力也得到了不断的增强。

其次，在共同反抗领主的过程中，村庄共同体的内部凝聚力也得到了进一步的提升。这一时期，村民集体反抗领主的事件逐渐增多，例如，在黑死病之前的布兰登，在那里领主与农民之间共发生了 919 起冲突事件，但是黑死病后，尽管人口减少了，但双方的冲突却增加到 984 起。这些冲突包括非法进入领主的庄稼地，破坏领主的房屋，还有各种各样的劳动违规，从消极怠工到逃避劳役等等。③ 实际上从 13 世纪早期开始，农民的团体，通常是以村庄为基础，就已经组织起来共同聘请代诉人，并且用习惯法来反对他们的领主增加租税和劳役。领主经常抱怨农民之间的非法密谋以及夜间的秘密协商。而且"在教会和地方宗教团体的支持下，农民也乐于组成牢固的'村民团体'与领主进行斗争。"④ 而且，这种斗争持续的时间很长，有的甚至持续了 1 个多世纪之久。例如，在 1276 年，"海尔斯欧文庄园所有的人"被集体处罚了 10 英镑，因为他们拒绝选举一个为"修道院院长而工作"的村头，同时也因为他们侮辱了地方的修道院院长和修女院院长。在 1279 年 12 月，罗格·凯泰尔（Roger Ketel），一个来自于埃雷（Illey）村庄的富有农民，被处罚了 5 英

① C. Dyer, "Changes in the Link Between Families and Land in the West Midlands in the Fourteenth and Fifteenth Centuries", in *Land, Kinship and Lifecycle*, Smith., （ed.）, Cambridge：Cambridge University Press, 1984, pp. 306-7.

② M. Page, "The Peasant Land Market on the Estate of the Bishopric of Winchester before the Black Death", in *The Winchester Pipe Rolls and Medieval English Society*, R. Britnell, （ed.）, Oxford：Oxford University Press, 2005, pp. 62-4.

③ Z. Razi, "Family, Land and Village Community in Later Medieval England", *Past & Present*, No. 93 （November 1981）, p. 35.

④ 熊芳芳：《近代早期法国的乡村共同体与村民自治》，《世界历史》2010 年第 1 期。

镑，"因为他在王室法庭上非法控告了修道院院长，而且他还和他的邻居一起集会来共同反对修道院院长"。通过向威斯敏斯特王室法庭提出诉讼，农民极力反对修道院院长试图向他们勒索沉重的劳役、更高的罚金、地租以及塔利税。在其后的50年时间里，海尔斯欧文的村民和修道院院长不仅数次对峙于王室法庭的公堂之上，而且还导致了村民的暴乱。最终王室法庭驳回了农民的上诉，因为庄园是一个古老的领地并且宣布他们永远都是维兰；而农民则反对法庭的判决，在1278年当修道院院长及其随从去往修道院的路上时，他们以武力攻击了这些人，并且继续进行抵制。① 后来，起义的领导人罗格·凯泰尔被修道院所雇用的暴徒暗杀了，最终，在1290年左右，村民最终放弃了斗争。"在庄园档案所记载的历史上，还从来没有过如此多的农民公开地侵犯那些可怜僧侣的庄稼、牧场、鱼塘以及养兔场。"② 例如，在1333年，沃尔沙姆·勒·威洛斯（Walsham le Willows），全体维兰被处罚了6便士，因为他们一起隐瞒了玛蒂尔达和约翰·皮卡德没有执行某种工作的事实；在索夫克郡的布兰登庄园，领主不断地与村庄共同体所包庇的那些偷猎者进行斗争。在黑死病之前，在庄园法庭上有23起偷猎事件被起诉。在1349年以后，增加为45起，到了1370年，领主和偷猎佃农发生了尖锐的冲突。1372年，所有布兰登庄园的主要担保人被集体处罚了40先令，因为他们没有去执行十户联保组的决议并且包庇约翰·吉博和约翰·卡维马斯的儿子史蒂芬，他们冲进了领主的养兔场并从那里偷走了兔子。③ 1340年，布兰登的十户联保组包庇了约翰·泰罗佩尼尔（John Tropynel），他从领主那里偷了燕麦。在沃尔沙姆，领主的养兔场同样是双方发生冲突的地点。在那里，农民布下陷阱并带领猎狗经常去打猎，但在那里的档案中并没记录太多的争执。例如，在1303年到1350年之间，只有17只野兔和4只家兔以及一些鸽子和鹌鹑被非法偷猎。从1351年到1399年当地的农民偷猎时被抓住的记录就更少了：仅有1只雌兔、12只野兔和2只家兔被偷。④ 或

① G. C. Homans, *English Villagers of The Thirteenth Century*, Cambridge, Mass: Harvard University Press, 1941, pp. 276-82.

② Z. Razi, "Family, Land and Village Community in Later Medieval England", *Past & Present*, No. 93 (November 1981), p. 34.

③ Miriam Muller, "A Divided Class? Peasants and Peasant Communities in Later Medieval England", *Past & Present*, (2007), Supplement2, p. 128.

④ Miriam Muller, "A Divided Class? Peasants and Peasant Communities in Later Medieval England", *Past & Present*, (2007), Supplement2, p. 128.

许是因为那里的领主并不太关心这些东西，也或许是村庄共同体能够更好地保护那些偷猎者。在 1386 年初，海尔斯欧文庄园中拥有最大人口的拉姆齐村庄又爆发了集体反抗领主的斗争。当修道院院长要求这些村民对他宣誓效忠，并且要求他们履行对他的劳役时，他们回复到，他们既不希望修道院院长继续保留契约农也不会再为他服任何劳役了。由托马斯·巴特维（Thomas Puttway），约翰·艾特·里奇（John atte Lych）和他的姐姐艾格尼丝·赛德勒（Agnes Sadler）所领导的契约农起义，最终取得了胜利。①

农民反对领主的斗争一直持续到了 15 世纪。很难想象，如果没有一个组织完备、坚强有力的公共组织的领导，英国的农民是不可能发动如此长久、波澜壮阔的反抗斗争的。如果按照麦克法兰所说，村庄共同体在 13 世纪的英国根本就没有存在过，或者按照拉夫提斯和他的多伦多学派的观点，村庄共同体在黑死病之后就已经衰落了，那么上述的史实又作何解释呢？

通过与领主的不断斗争，广大村民加强了彼此之间的联系，从而也使得村庄内部的凝聚力不断地增强。这在一定程度上也充分地证明了庄园解体后，村庄共同体仍然是乡村生活中的主体。例如，在 1381 年的起义中，村庄往往构成了起义地方组织的基础，管家、庄头、十户长以及其他的一些村官都起到了一定的领导作用。当起义的队伍到达伦敦的时候，他们打开监狱并且在伦敦肉市场宣布，除了"温彻斯特法令"外，其他所有法律都被废除——这就意味着村庄共同体在没有任何外来的干涉下，可以独立管理它们自己的法律和政令。② 尽管在庄园解体之后，村庄中财富不平等的现象有所增加，但是在这一时期的乡村社会中，由于存在着敞田农业、高度发展的合作组织以及长期反抗领主统治的需要，村庄内部仍然保留着高度的凝聚力、合作和团结力。为了取得生活上的成功，村民不仅需要健康、智慧、财富以及吃苦耐劳，还需要他的亲属和邻居的友善与合作。即使最为贪婪和自私的村民，也不得不为了保持"全体的公共利益"而限制自己的极端行为。而在一个强大的共同体保护之下，去实现个体的发展，无论对富人还是穷人来

① Z. Razi, "Family, Land and Village Community in Later Medieval England", *Past & Present*, No. 93 (November 1981), p. 35.

② C. Dyer, "The Social and Economic Background to the Rural Revolt of 1381", in *In the English rising of 1381*, R. H. Hilton & T. H. Aston (eds.), Cambridge: Cambridge university press, 1984, pp. 9–42.; C. Dyer, "The Rising of 1381 in Suffolk: its Origins and Participants", *Proceedings of the Suffolk Institute of Archaeology and History*, Vol. 36, 1988, pp. 274–87.

第五章 乡村基层组织的政治变革

说都是重要的。总之，事实证明，庄园解体后的村庄共同体内部凝聚力不但没有丧失，反而在不断地增强。

本章主要是论述了在封建主义危机下，英国乡村社会所发生的重要变化，其中之一即是庄园解体后，作为乡村基层组织核心的村庄共同体是否也走向衰落的问题。从这一时期村庄共同体对土地的支配权、土地交易的状况、村民大会的核心地位以及村庄的内在凝聚力等方面可以看出，在庄园解体之后，村庄共同体并没有像一些学者所认为的那样走向了衰落，而是继续担任着乡村生活管理者的角色。正是由于村庄共同体的存在并继续发挥着作用，才使得中世纪英国的乡村社会，在庄园解体后并没有出现生产、生活上的混乱，反而在村庄共同体的统一调配之下，逐渐地走出了封建主义危机的低谷，使得乡村的生活向着更加有序的方向迈进。正如戴尔所指出的："从1334 年之后……在庄园或者王室法庭的记录上，很少出现关于村庄共同体管理不善的争论，这表明这种机制运行得相当顺畅，或者摩擦只是在共同体内部出现的。"[1] 村庄共同体也因此成为了英国由封建社会向近代社会过渡的一个重要环节：在庄园制解体、新的社会秩序还没有完全形成之前，起到了承上启下的作用。当然，我们同样不能否认的是，随着农民个体权利意识的不断增长，对个人权利的追求愈发强烈，这也使得村庄共同体内部发生了微妙的变化，其共同体的因素在逐渐减退，从而也注定了其作为过渡时期的角色。

---

[1] C. Dyer, "The English Medieval Village Community and its Decline", *Journal of British Studies*, Vol. 33, No. 4（October 1994），p. 412.

第六章

乡村基层组织的经济发展

随着封建主义危机的到来，英国乡村基层组织的经济结构也发生一定的变化。这种变化主要体现在：农业经济获得了快速发展，无论是总产量还是人均产量均取得了实质性的突破，农业的发展也带动了手工业以及商业的发展；乡村工业悄然兴起，从而改变了以往以农牧混合型为主的经济模式；乡村市场日渐兴盛，并在一定程度上带动了乡村经济的商品化。这些因素为英国从传统社会向近代社会迈进奠定了重要的经济基础。

第一节　农业经济的发展

14世纪以后，英国经历了黑死病的困扰以及封建庄园制经济模式的衰退，之后的一段时间内英国的农业处于恢复期。在此过程中农业开始不断调整，到了16、17世纪农业生产有了较快的发展，农业技术不断进步，农业生产有了结构性的变革，历史上把这段时期经济的进步称为"农业革命"。其具体表现就是随着耕作方式的变革、新品种的引进及耕种，英国的粮食总产量有了显著的提升，农业劳动生产率有了突飞猛进的发展。

一、农业进步的表现

史学界对农业革命发生的时间和标志有分歧，例如，克里奇认为英国农业革命发生的时间应为16—18世纪，其标志是诺福克轮作制的出现。[①] 钱

---

① Eric Kerridge, *The Agricultural Revolution*, London：George Allen & Unwin, 1967, pp. 181—94.

伯斯等人则认为，农业革命发生的时间应为 17 世纪，其主要标志是新的农业技术的变革。① 但从总体来看，将农业革命的时间推进到 16 世纪前后应该是没有太大疑问的。其主要表现为：

第一，耕作制度的变革。在 14 世纪以前，英国的大部分地区实行的都是二圃制或者三圃制。即把村庄的土地划分为三块，实行轮耕，其中一块土地始终出于休耕的状态，也就是说，每年要有近三分之一的土地进行休耕。② 到了 16 世纪以后，在诺福克地区开始推行四圃制，把土地分成四块，实行四块轮作。其具体方法是将四块土地分别耕种不同的作物，其中两块的土地耕种根部可以固氮的作物，比如芜青或者萝卜等，其他两块土地则耕种大麦、小麦等粮食作物，四年内轮流进行更换。③ 有的地区还实行了六茬轮作制，即把土地分成 6 块，分别耕种小麦、大麦、芜青、燕麦、三叶草以及冬小麦。④ 这样的做法一方面可以改善土壤的肥力，不会因为连续耕作导致土壤肥力的下降；另一方面也提高了土地的利用率，从而达到获得更大产出的目的。从三圃制转变为四块轮耕制使得土地的耕种面积提高了近十二分之一，土地的利用率有了极大的提高。由于这种耕作方法最初是从诺福克郡开始推行的，因此也被称为"诺福克轮作制"。到了 18 世纪前后，这种耕作方式已经成为了英国耕作制度的普遍形式。⑤

第二，新的农作物的栽培和引进。从中世纪的村规档案中可以看出，英国传统的农作物品种比较有限，一般仅是大麦、小麦、燕麦、豆类等。从 16 世纪开始，甜菜、马铃薯、油菜、萝卜、甘蓝、苜蓿等农作物开始从欧洲大陆引入英国。⑥ 其中一些具有肥田功效的作物如萝卜、三叶草等，解决了家畜越冬饲料的问题，从而极大促进了畜牧业的发展。例如，在肯特郡，

① J. D. Chambers & G. E. Mingay, *The Agricultural Revolution*: 1750 - 1880, London: B. T. Batsford, 1996, p. 4.

② Peter Lane, *The Industrial Revolution*: *The Birth of the Modern Age*, London: Book Club Associates, 1978, p. 40.

③ ［英］亚·沃尔夫：《十六、十七世纪科学、技术和哲学史》，周昌忠等译，商务印书馆 1997 年版，第 522 页。

④ ［意］卡洛·M. 奇波拉主编：《欧洲经济史》第二卷，贝昱等译，商务印书馆 1988 版，第 281—282 页。

⑤ G. E. Fussell & C. Goodman, "Crop Husbandry in Eighteenth Century England", *Agricultural History*, Vol. 16, No. 1 (January 1942), p. 62.

⑥ Mark Overton, *Agricultural Revolution in England*: *The Transformation of the Agrarian Economy* 1500-1850, Cambridge: Cambridge University Press, 1979, p. 10.

由于那里的农民大量种植芜青、三叶草以及萝卜等作物，他们所饲养的家畜由 17 世纪初的平均每户 6 头增加到了 17 世纪末的每户 13 头。[1] 例如，丹尼·笛福就曾指出，"英格兰的东盎格利亚地区是最早种植萝卜的，萝卜的种植不仅使得土壤的肥力增强，而且也提高了农民的收入。"[2] 而从荷兰引入的三叶草，不仅能为家畜提供饲料，还对土壤有固氮作用，从而为连续种植庄稼提供了良好的土壤。总之，新作物的广泛种植和大面积的推广，不仅有利于家畜的饲养，而且也改变了英格兰的耕作方式，从而提高了粮食的产量。

第三，农业工具的改进。此时农业工具改进最具代表性的就是犁的改进。16 世纪以前，英国农业生产中主要使用的是重犁，一般要四头以上的耕牛来牵引。16 世纪，"荷兰发明了一种只用两匹马就可拉动的较轻的犁，并在 16 和 17 世纪传入英国。"[3] 此外，马轭的发明也使得这种马拉的轻犁有了更大范围的推广。后来英国人又在这种犁的基础上进行了改进，将犁头改为三角形，并用铸铁进行锻造。到了 1808 年时，铁犁的制作更加标准化，各种配件也更加易于更换，从而进一步推动了铁犁取代木犁的进程。新铁犁不仅能翻耕较深的畦沟，有利于雨季的排水；而且在翻耕土地时减少了阻力，使得牲畜牵引起来更为轻便、省力。此外，1731 年，伯克郡的塔尔还发明了马拉播种机。这种新型的播种机不仅节省了人力，而且播种的效果也比人工好。

无论是耕作方法的改进，还是新品种的引进以及生产工具的发明，都刺激了农业生产的发展，使得农业生产率有了显著的提高。例如，在赫德福德郡，1610—1639 年，小麦的亩产量为 12.1 蒲式耳；在汉普郡，1619—1628 年间，小麦的平均亩产量为 14.5 蒲式耳；而诺福克郡和索福克郡 1660—1699 年间则为 15.3 蒲式耳，牛津郡 1650 年时的小麦亩产量为 16.5 蒲式耳，比 1550 年时增长了 80%。[4] 科勒曼通过研究指出，1450—1650 年间，

---

① C. G. A. Clay, *Economic Expansion and Social Change: England 1500—1700*, Vol. 1, Cambridge: Cambridge University Press, 1984, p. 133.

② Daniel Defoe, *A Tour Through the Whole Islaland of Great Britain*, London: Penguin Books, 1971, pp. 82-3.

③ ［英］亚·沃尔夫：《十六、十七世纪科学、技术和哲学史》，周昌忠等译，商务印书馆 1997 年版，第 524 页。

④ M. J. Dauton, *Progress and Poverty: An Economic and Social History of Britain* 1700—1850, Oxford: Oxford University Press, 1995, p. 32.

英格兰的小麦亩产量增长了 30%。① 而霍德尼斯的统计更为惊人，"1750—1850 年间，整个英格兰地区小麦增长 225％，大麦增长了 68％，燕麦增长了 65%。粮食总产量从 1700 年的 3175 百万夸特增长到 1845 年的 18665 百万夸特，涨幅达到了 6 倍"②。

二、农业革命的影响

由 16 世纪开始的农业革命给英国社会带来了深远的影响：

第一，农业革命使得粮食产量提高，可以供养更多的非农业人口，从而为工业发展所需的劳动力提供了保障。在农业革命发生的几百年间，大量的农业劳动力开始向非农产业转移。据统计，1520 年时，英国农业人口占总人口的 76%，1600 年时则下降到了 70%，1670 年时则为 60.5%，到 1750 年时则下降到了 46%。③ 大量非农业人口的增长，需要更多的粮食来提供保障。"尽管从 1800 年到 1850 年间，英国的人口增长了 93%，但其粮食产量却增长了 121% 甚至更多，这就使得农业产量的增长可以供养起相对增长的人口。"④ 从 1700—1750 年间，英国"剩余谷物的出口不断增加……以至于英国被称为'欧洲的粮仓'……英国农业的进展第一次把不断增加的人口遭到周期性食物供应困难的传统模式永远地结束了"⑤。正是由于农业生产率的不断提高，并且其增长的速度要远超人口增长的速度，这就为供养更多的非农业人口奠定了经济基础。这种增长模式被诺斯称为"现代意义上的增长"。著名经济学家琼斯指出："显然，如果没有粮食供应的增长，就不会出现与经济增长相伴随的人口的增加"⑥。

第二，农业革命的发生，加速了农业的商品化，从而为富裕农民的出现

① D. Coleman, *Economy in England* 1450—1750, Oxford：Oxford University Press, 1982, p. 41.

② B. A. Holderness, Prices, Productivity and Output, in *Agrarian History of England and Wales*, Ⅵ, G. E. Mingay (ed.), Cambridge：Cambridge University Press, 1981, pp. 126–7.

③ E. A. Wrigley, "Urban Growth and Agriculture Change：England and the Continent in the Early Modern Period", in *Population and Economy：Population and History from the Traditional to the Modern World*, R. Schofield & E. A. Wrigley (eds.), Cambridge：Cambridge University Press, 1986, p. 141.

④ M. E. Turner, J. V. Beckett, B. Afton, *Farm Production in England* 1700–1914, Oxford：Oxford University Press, 2001, pp. 223–30.

⑤ ［意］卡洛·M. 齐波拉主编：《欧洲经济史》第三卷，吴良健等译，商务印书馆 1989 版，第 362—402 页。

⑥ E. L. Jones, *Agriculture and the Industrial Revolution*, Oxford：Basil Blackwell, 1974, p. 11.

奠定了基础。随着"农业经济剩余量的增长",包括粮食在内的大量农产品除了满足农民家庭的需求外,开始对外出售,农产品商品化的趋势愈加明显。根据托尼的推算,到了 16 世纪,"随着土地生产率的提高,农民手中掌握的产品越来越多,其中大部分进入市场,换回货币,除了满足了他们日益增长的消费需求,更多的则重新投入再生产,成为了不断扩大的资本。"[1] "此时一个农户可产粮 240 蒲式耳,除各种消费和再生产的投入外,他还有将近 1/3 的余粮可出售……它意味着每个佃户家庭平均有 1.6 吨以上的谷物进入市场流通领域。"[2] 此外,像芜青、三叶草等大量家畜饲料的种植,也促进了畜牧业的兴盛,大量的奶制品和乳制品也纷纷进入市场。例如,1730 年,仅索福克和诺福克两郡就向伦敦地区输入 56703 弗金奶油和 985 吨奶酪。[3] 随着农民把剩余的农产品拿到市场销售,不仅加快了农业的商品化进程,而且也使得个体农民所积累的财富逐渐增加,他们利用手中的财富不断地扩大再生产,逐渐成为了早期的农场主。

第三,农业革命为工业革命的开展奠定了基础。农业革命的发生,使得一部分人从农业生产中剥离出来,他们开始摆脱附着于土地上的生活方式,成为可以自由流动的劳动力。农业的发展不仅为工业提供了劳动力,而且还为工业提供了资金来源。例如,18 世纪初,为了吸收英格兰东南部农业地区的剩余资金来发展北部地区的工业,乡村银行在每年的秋收后都会收取大量的存款,然后再转给伦敦的银行,由它们来借贷给资本家。贝德福德的银行就是通过这种方式不断地从农村吸纳存款,然后提供给兰开夏的棉纺织业和伯明翰的冶金工业。[4] 此外,大量剩余粮食的出口也为英国工业的兴起积累了大量的资金。1700 年,英国的谷物净出口为 18.4 万夸特,1710 年 36.2 万夸特,1720 年 49.1 万夸特,1730 年为 34.3 万夸特,1740 年为 52.2 万夸特,1750 年为 100.6 万夸特。[5] 随着农业的发展以及农产品的商业化,

---

[1] R. H. Tawney, *The Agrarian Problem in the Sixteenth Century*, London & New York: Longmans, Green & Company, 1912, p. 120.

[2] 侯建新:《社会转型时期的西欧与中国》,高等教育出版社 2005 年版,第 45—46 页。

[3] J. Thrisk, *The Agrarian History of England and Wales*: Vol. 5, 1640-1780, Cambridge: Cambridge University Press, 1984, p. 231.

[4] E. L. Jones, *Agriculture and the Industrial Revolution*, Oxford: Basil Blackwell, 1974, p. 102.

[5] Phyllis Deane & W. A. Cole, *British Economic Growth* 1688-1959: *Trends and Structure*, Cambridge: Cambridge University Press, 1969, p. 65.

英国从农业中获取了一定的资金，这些资金通过不同的渠道流入到工业中来，从而为工业革命的发生提供了资金的保障。此外，农业的发展"不仅为工业资本游离出工人及其生活资料和劳动材料，同时也建立了国内市场"①。琼斯指出："农业对国内市场的扩展起到了一定的作用。"② 比如铁犁的推广就带动了工业的发展。1783年，英格兰建立了第一家专业制犁厂，到了18世纪，铁犁已经开始批量化生产。

总之，农业的发展以及农业生产率的提高，不仅供养了更多的人口，而且还为乡村工业的发展以及城市的兴起提供了保障。可以为乡村工业的工人提供粮食和工业原料，并且还能继续扩大再生产，从而为英国社会的转型奠定了坚实的经济基础。农业的发展不仅促进了农业生产率的提高，而且还促进了英国区域经济的发展。各地区根据自身的情况，因地制宜，逐渐形成了比较有特色的农业生产布局。例如，东盎格利亚地区是传统的农业区，那里发展起来了小麦和大麦种植，同时也大力发展畜牧业，从而形成了典型的农牧混合型农业；而像德文郡、多塞特郡以及萨默塞特郡等南部地区，则大规模种植芜青、三叶草等作物，发展起来了养羊业和乳制品加工业。多塞特郡的低地地区养羊的规模十分庞大，仅多彻斯特附近就养羊多达600万头。③ 西部地区随着农业新技术的推广，实行谷物和豆类作物的轮耕，从而也大大提高了粮食产量。不仅可以满足本地的需求，甚至还可以往伦敦等大城市输送粮食。④

第二节　乡村工业的兴起

在前工业社会，手工业的兴起被视为英国进入手工工场时代的标志之一。从14世纪中期开始，英格兰村庄分布了数量惊人的手工业者，例如木匠、铁匠、马具匠、泥瓦匠、车夫、漂洗工、染工、制皂者、皮匠、制针匠等，这些人大多来自小土地持有者阶层。由于他们所持有的土地较少，完全

---

① 《马克思恩格斯全集》第23卷，人民出版社1972年版，第815—816页。

② E. L. Jones, *Agriculture and the Industrial Revolution*, Oxford：Basil Blackwell, 1974, p. 117.

③ J. Thrisk, *The Agrarian History of England and Wales*：Vol. 5, 1640-1780, Cambridge：Cambridge University Press, 1984, p. 380.

④ J. Thrisk, *The Agrarian History of England and Wales*：Vol. 5, 1640-1780, Cambridge：Cambridge University Press, 1984, 371.

依靠农业的收入已经不能完全满足自身生活的需要，因此，他们从农业生产中开始分化出来，专门从事手工业生产。此外，还有一些行业比如裁缝、铜匠、屠宰匠等作坊一般都设立于城镇之中。而这些城镇手工业的发展也在一定程度上刺激了乡村手工业的发展。正如亨利·皮朗所指出的那样："使用农奴劳作的古老的庄园作坊，其所制造的工具和纺织品，远没有邻近城镇手工作坊的好。"① 这也使得一些乡村的手工业者开始提高其工艺水平以及产品的竞争力，这在一定程度上刺激了乡村手工业的发展。例如，到了16世纪，伯明翰郡的各个村庄迅速发展成为1500个市镇，它们主要从事制革业和制农业。② 到了17世纪前后，在英国，几乎所有的村庄和小村都在从事呢布制造业。③ 这种乡村工业的兴起，被西方史学界称之为"原工业化"（Proto-industrialization）。

英国乡村工业的发展大体上有两种类型：第一，附近有河流、矿藏等自然资源的村庄，那里一般比较容易发展起来诸如水力漂染业、采矿业以及冶金等行业。比如，肯达尔、比斯利等村庄，那里的河流纵布，落差较大，可以较为方便地利用水力资源；而像矿产资源比较丰富的乡村如伯明翰、谢菲尔德等地区，那里的村庄一般都发展起来了冶金和采矿等工业。这类相对较为集中、规模较大的作坊，不仅对资本、技术以及生产设备要求较高，而且对自然地理条件也有较高的要求。第二，家庭的手工作坊。实际上并非每个村庄周围都有丰富的自然资源，像这些地区一般都会发展起来家庭手工业，如制革业、毛纺织业、编织业等。例如，科斯敏斯基就曾指出，"在英格兰，没有染色的毛纺织品的制作一般都是在家庭的手工作坊内完成的，从事这项职业的主要是那些农民。"④ 从13世纪开始，英国一些地方的呢绒制造业向农村转移，到14世纪时日益加强。而这些工业之所以向乡村倾斜，一方面是因为此时乡村的购买力增强，而城市工业的发展则受到了行会的制

① Henri Pirenne, *Economic and Social History of Medieval Europe*, New York: Harcourt Brace, 1937, p. 88.

② Baker, "Changes in the Later Middle Ages," in *A New Historical Geography of England*, Darby (ed.), Cambridge: Cambridge University Press, 1973, p. 242.

③ H. C. Darby, *A New Historical Geography of England before* 1600, Cambridge: Cambridge University Press, 1976, p. 222-280.

④ ［俄］科斯敏斯基等主编：《中世纪史》第一卷，朱庆永等译，生活·读书·新知三联书店1957年版，第435页。

约；另一方面则是由于农村劳动力价格便宜，原料运输方便，遂成为生产这类商品的理想场所。[1] 例如约克郡就是如此，随着城市工业的衰落，城市周围的一些村庄如奥特里、利兹、派柯灵、希普顿、奥尔顿、诺萨勒顿、纳尔斯伯勒、基斯伯格和惠特比等都发展起来了呢布加工业。在该世纪末，肯特、牛津郡、东盎格利亚、格罗斯特郡和兰开夏郡等地的农场也都出现了呢布制造业。甚至一些村庄所制作的产品成为了品牌的象征，例如，14 世纪诺里奇城北部的小村沃斯泰德所生产的呢绒就非常著名，甚至出口到国外，很多人都将这种细呢绒称为"沃斯泰德呢绒"。[2] 到了 15 世纪以后，甚至连王室也开始到克里克莱德、海威科姆和托特尼斯这些小村里来购买呢布，乡村工业的兴盛程度可见一斑。

瑟斯克甚至认为，到了 17 世纪前后，全国有近 1/2 的农业人口在农闲时从事工业活动。这一估算未免有些夸张，但不可否认的是，在乡村工业发展过程中，一批富裕的农民参与到其中，他们或者从事采矿业，或者是从事毛纺织业，并从中获得了巨大的利润。坎贝尔曾列举了德文郡一个富裕的农民，由于从事呢布业而发了大财，甚至用巨款购买了男爵的爵位，一跃而成了贵族。[3] 随着乡村工业的发展，它的组织形式开始突破以"一家一户"为生产单位的形式，而出现了一种叫"委托劳动制"或者"外放制"的组织形式（putting—out）。其组织者有的是城市中的商人，有的则是乡村中较为富裕的农民。他们将原材料发放给村庄中的家庭作坊，按照规定的时间来收取成品，按件付给工资，这些人是近代资本主义企业家的雏形。乡村工业的迅速崛起，也吸引了大量的城市手工业者向乡村转移。正如霍亨伯格所说，"毫无疑问，从长期的趋势来看，制造业是由城市转移到了乡村，至少是向后者不断地扩张。"[4] 这种转移也使得一些老城市如伦敦、牛津、林肯、考文垂等，由于工商业者大量涌入乡村而呈现出明显的衰落迹象。[5] 乡村工业

① ［美］沃勒斯坦：《现代世界体系》第一卷，罗荣渠译，高等教育出版社 1998 年版，第 93 页。
② ［英］波斯坦等主编：《剑桥欧洲经济史》第 2 卷，钟和等译，经济科学出版社 2002 年版，第 568 页。
③ Mildred Campbell, *The English Yeoman Under Elizabeth and the Early Stuarts*, London：The Merlin Press, 1983 p. 165.
④ P. M. Hohenberg & L. H. Lees, *The Making of Urban Europe*1000 -1950, Cambridge, Mass：Harvard University Press, 1985, p. 129.
⑤ E. M. Carus-Wilson, "An Industrial Revolution of Thirteenth Century", *Economic History Review*, Vol. 1, No. 1 (1941), p. 41.

社会转型时期英国乡村基层组织研究

的崛起对乡村经济的发展产生了深远的影响。

显然，在向工业社会转型的过程中，这些乡村工业起到了承前启后的作用。但究竟是什么原因推动了英国乡村工业的发展呢？马克思认为，"世界市场的扩大"与"殖民制度的建立"是"工场手工业时期的一般存在条件"。① 博尔顿甚至认为，乡村工业的兴起，在很大程度上是由于领主在庄园里发展手工业，从而与城市形成了竞争。② 但他们忽略了一个基本的问题，即在传统的农业社会向工业社会转变过程中，农业生产的发展才是工业发展的重要前提。正如迪恩和科尔所说："乡村工业的发展，必须以农产剩余量和不断扩大这个量为前提。不然，乡村工业将永远不能突破农本经济的闭塞，永远为农本经济的附庸。所以，没有农产剩余的增长，也就没有农耕世界的工业发展。"③ 因为从事乡村工业的生产者，无论是那些家庭手工业作坊主，还是从事矿业生产的工人，他们要么所持有的土地较少，要么就是把更多的时间用于从事工业生产，其生产的粮食无法满足家庭生活的需要，因此，他们必须从市场上购买其他农户的剩余粮食。从事原工业化研究的专家孟德尔斯也不得不承认，即使在那些发展起乡村工业的地区，"每个村庄里既要有从事家庭作坊的农民，也要有从事粮食生产的农户"④。由此可见乡村工业对农业生产的依赖。

英国历史的发展，也恰恰印证了上述的论断，即每次农业的进步都会带动乡村工业的发展。

13—14 世纪是英国农业的第一个发展期，无论是农业的总产量还是劳动生产率在当时的欧洲都处于领先的地位。坎贝尔指出："此时无论是领主的自营地还是农民的份地都有着很高的产量。"⑤ 佩内特也认为，"13 世纪中叶一些庄园地产的收入要比末日审判时期增长了 60%，而到了 1250—

---

① 《马克思恩格斯全集》第 23 卷，人民出版社 1972 年版，第 392 页。

② J. L. Bolton, *The Medieval English Economy* 1150 –1500, London：J. M. Dent & Sons, 1980, pp. 157 –8.

③ Phyllis Deane & W. A. Cole, *British Economic Growth* 1688-1959：*Trends and Structure*, Cambridge：Cambridge University Press, 1969, p. 68.

④ F. Mendels," Proto-industrialization：Theory and Reality", *General Report*：*A Themes. Eighth International Economic History Congress*, Budapest, 1982, p. 79.

⑤ Bruce M. S. Campbell, "Agricultural Progress in Medieval England：Some Evidence from Eastern Norfolk", *The Economic History Review*, New series, Vol. 36, No. 1 (February 1983), p. 27.

1350 年间又增长了 28%—32%。"① 戴尔通过对伍斯特大主教地产的研究表明,1312—1313 年间,该地产的年平均收入为 1086 年的 4.8 倍。② 正是农业的发展、粮食产量的不断提高,在一定程度上改善了农村的经济结构,这也为乡村工业的发展,特别是毛纺织业的发展提供了保障。有关的资料表明,"13 世纪晚期到 14 世纪早期,英国有时会出口羊毛 35000—40000 袋,相当于 1500 万磅。而在 14、15 世纪年成较好时,则可出口 50000 块布匹,每块布约等于 28 码。"③ 而毛纺织业发展的前提则是养羊业的大规模出现。在 13 世纪以前,英国的乡村一直都有人在饲养绵羊,但其规模始终无法有大的突破,其根本原因就在于没有足够的粮食作为羊过冬的饲料储备。"从 13 世纪开始,农业劳动生产率有了较大幅度的提高,从而彻底摆脱了因饲料匮乏而无法使大批羊群过冬的难题。"④ 农业经济的普遍增长,使得英国农民都有能力从事养羊业,加上此时国外市场羊毛价格的不断攀升,从而也使得养羊业迅速在英国各地普及起来,并在此基础上逐渐发展起来了毛纺织业。由毛纺织业开始,英国的乡村工业开始迈向原工业化的第一步。

15—16 世纪,英国的农业获得了进一步的发展,出现了"农业的革命"。农业革命的发生,使得粮食产量有了巨大的提高,从而为更多的人从事非农业产业提供了物质保障。例如,坎贝尔通过对诺福克郡粮食产量的研究后指出,1660—1679 年间,那里小麦、裸麦、大麦以及燕麦的亩产量分别为 12.8 蒲式耳、14.1 蒲式耳、13.9 蒲式耳以及 13.1 蒲式耳;到了 1760 年,则分别为 25.5 蒲式耳、25.0 蒲式耳、30.9 蒲式耳以及 38.3 蒲式耳。⑤ 也就是说小麦的亩产量增长了 99%,裸麦的亩产量增长了 77%,大麦亩产量增长了 123%,燕麦亩产量则增长高达 192%。克拉克也同样指出,1600—1800 年间,诺福克和索福克两郡的小麦亩产量增长了 2 倍多。⑥ 正是

① J. Z. Titow, *English Rural Society*, 1200—1350, London: George Allen & Unwin, 1969, p. 45.

② C. Dyer, *Lords and Peasants in a Changing Society: The Estates of the Bish opric of Worcester 680 -1540*, Cambridge: Cambridge University Press, 1980, p. 53.

③ M. M. Bostan (ed.), *The Cambridge Economic History of Europe*, Vol. 2, Cambrige: Cambridge univertity press, 1971, p. 179.

④ 徐浩:《英国农村封建生产关系向资本主义的转变》,《历史研究》1991 年第 5 期。

⑤ B. M. S. Campbell & M. Overton, "A New Perspective on Medieval and Early Modern Agriculture: Six Centuries of Norfolk Farming c. 1250—c. 1850", *Past & Present*, No. 141 (November 1993), p. 70.

⑥ Gregory Clark, "Yields per Acre in English Agriculture, 1250—1860: Evidence from Labour Inputs", *The Economic History Review*, New Series, Vol. 44, No. 3 (August 1991), p. 457.

由于农业的发展，粮食产量有了剩余，从而为乡村工业的发展提供了充足的原材料供应。农业通过向乡村工业提供羊毛、皮革等生产原料不断刺激着乡村工业的发展。例如，17—18世纪初，英国的绵羊数量从1100万头增加到1660万头，这使得英国的羊毛产量也由1695年的4000万吨增加到了1741年的5700万吨。羊毛产量的提高促进了相关工业的发展。15世纪至16世纪中叶，英国的毛纺织业规模几乎翻了三倍以上。从15世纪中后期开始，随着呢绒业开始兴起，英国开始由原来的羊毛出口国转向呢绒出口国。根据波斯坦等人的研究，1347—1554年间，英国出国的呢绒从4422匹增加到160000匹，其中，仅1509—1554年不到半个世纪的时间里，英国的呢绒出口就增长了2倍多。[1]

　　总之，英国乡村工业的发展以及原工业化的出现，在一定程度上改变了英国乡村的经济结构。例如，从15世纪开始，一些漂洗作坊开始在乡村普遍建立，从而吸引了大量的城市手工业者集中在此周围，逐渐形成了新型的工业区。实际上，在这些分散的手工工场中，这些生产者也是亦农亦工，他们既从事着手工业劳动，同时，他们还拥有一小块土地，与封建领主有时还有着一定的联系。乡村工业的发展使"它产生了一个新的小农阶级，这些小农以种地为副业，而以工业劳动为主业，把产品直接或通过商人卖给手工工场"[2]。这种情况充分说明，在社会转型时期农民经济身份的双重性。英国作为第一个迈进工业大门的国家，原工业化或者是家庭式的手工业是其工业发展的基础，而农业的发展则是原工业化的基础，从这个角度来说，是农业的发展创造了工业化的基础。"因此，一个农业国家，如果不能生产出足量剩余的农产品，也就不能生产出一个工业世界"[3]。

第三节　乡村市场的兴起

　　在村庄共同体的内部早就存在着一定的产品交换，例如，各个村庄之间

①　M. M. Bostan（ed.），*The Cambridge Economic History of Europe*，Vol. 2，Cambridge：Cambridge univertity press，1971，p. 192，193，416.

②　《马克思恩格斯全集》第23卷，人民出版社1972年版，第816—817页。

③　侯建新：《社会转型时期的西欧与中国》，高等教育出版社2005年版，第253页。

每年会定期进行种子和家畜的交换，其目的是为了实现对品种的优化，从而提高收获的品质和数量。[1] 但最初这些产品交换的范围是十分有限的。从 15 世纪开始，随着农业的进步，乡村的手工业以及市场开始繁荣起来。各种各样的手工业者穿梭于各个村庄之间，一些石匠、瓦匠、茅屋匠、修补匠、马车夫等小商贩，在各个村庄之间进行着各种各样的生意。他们有的为村民修补马掌，有的则为村民阉割猪，有的为村民酿酒，从而赚取一定的生活费。此外，还有些鞋匠、马具商、杂货商也在走街串巷。在这些手工业者的带动下，乡村的市场开始走向繁荣。

在中世纪的英国存在着两种类型的地方市场——城镇市场和乡村市场。从其规模来看，二者基本相当。例如，杜比通过分析 12—13 世纪国王所颁发的 2500 份市场特许状后指出，这些特许状绝大多数颁发给了那些村庄。[2] 戴尔认为，在中世纪所存在的 3000 多个地方市场中，乡村市场大约有 1500 个左右。[3]

一、乡村市场的兴起

根据目前所掌握的资料来看，英国的乡村市场出现的时间较早，比如希尔顿发现，早在 7 世纪前后，英国的一些乡村就出现了所谓的"周末市场"（Sunday market）。[4] 这些市场一般都集中在教堂附近或者城堡的周围，只是进行简单的以物易物的交换。诺曼征服后，英国的乡村市场有了一定的发展，但从整体来看，并没有形成一定的规模，而且在乡村经济中并未产生太大的影响。直到 13 世纪以后，英国的乡村市场才真正建立起来。这一时期仅国王正式授权批准的市场就多达 2800 多个，其中绝大多数是乡村市场。[5] 根据艾维特推算，在黑死病爆发前，地方市场十分繁荣，在诺福克有 130 多个；在格罗塞特郡有近 53 个；在兰开夏经国王授权的市场至少有 85 个，此

① T. Unwin, "Rural Marketing in Medieval Nottinghamshire", *Journal of Historical Geography*, Vol. 7, No. 3（July 1981），p. 243.

② H. C. Darby, *A New Historical Geography of England Before* 1600, Cambridge：Cambridge university press, 1976, p. 116.

③ C. Dyer, *Everyday Life in Medival England*, London：The Hambledon press, 1994, p. 270.

④ R. H. Hilton, *English and French Towns in Feudal Society：A Comparative Study*, Cambridge：Cambridge University Press, 1992, p. 28.

⑤ J. L. Bolton, *The Medieval English Economy*, 1150—1500, London：J. M. Dent & Sons, 1980, p. 119.

外还有 50 个自然形成的集市。① 当然，这里所说的地方市场也并非特指乡村市场，还包括一些市镇市场。从罗塞尔等人的研究来看，到了 13 世纪以后，在格洛斯特郡（30 个）、沃里克郡（25 个）、莱斯特郡（29 个）以及诺丁汉郡（18 个）等地都已经出现了乡村市场。② 米勒等人通过对诺丁汉郡地方市场的研究指出，13 世纪末到 14 世纪初，那里 30 多个集市，其中大多数都位于村庄之中。③ 总之，到了 14 世纪前后，英国乡村市场的数量已超过了 1200 个，平均大约 5、6 个村庄就有一个市场。④

1200—1349 间年英国乡村市场的建立情况⑤

地　区	郡数	1349 年以前的市场	1200—1224 年	1225—1249 年	1250—1274 年	1275—1299 年	1300—1324 年	1325—1349 年
南部	3	48	13	10	12	3	10	2
中东部	5	43	11	12	20	6	19	3
中西部	4	41	25	22	34	11	13	12
东盘格利亚	3	92	17	43	71	21	26	16
北部	5	73	18	21	63	25	37	16
西南部	1	32	8	11	14	18	10	1
总数	21	329	92	119	214	84	115	50

从上表可以看出，到了 14 世纪中叶，英国乡村市场已经达到了 329 个，也进一步印证了这一时期英国乡村市场的繁荣程度。

二、乡村市场出现的原因

为什么这一时期英国的乡村市场会有如此的发展？谢丰斋认为，主要有两个因素：一是人口过剩所导致的乡村劳动力的转移，即这一时期人口的迅速增长使得一些小土地所有者被迫从事非农产业，继而导致了乡村中商品因

① Alan Everitt, "the Marketing of Agriculture produce, 1500—1640", in *The Agrarian History England and Wales*: *Vol.* 4, 1500-1640, J. Thirsk, (ed.), Cambridge: Cambridge University Press, 1967, p. 469.
② R. Holt, G. Rosser, (eds.), *The Medieval Town*, *A Reader in England Urban History* 1200—1540, London: Longman, 1990, pp. 21-2.
③ E. Mliller & Hatcher, *Medieval England*: *Rural Society and Economic Change* 1086-1348, London: Longman, 1995, p. 77.
④ R. Mortimer, *Angevin England*, 1154—1258, Cambridge, Mass: Blackwell, 1994, p. 175.
⑤ 转引自谢丰斋：《论中世纪盛期英国"村市"的超常发展》，《史学月刊》2010 年第 9 期。

素的增长；另一个因素则是来自王权的"特许"，即王权通过特许状的形式对乡村市场合法性进行认可，"在这种体制的保护下，那些拥有'私人权利'的地方领主（无论大小），自然可以突破经济发展和社会需要的客观界限，按照自己的主观愿望设立市场。"① 这种观点有一定的道理，但是忽略了一个根本的问题，即人口过剩就一定会导致市场的出现吗？中国历史上曾多次出现过人口的膨胀，但中国古代的乡村市场却并未达到如此的高度；而且领主或者贵族的消费也很少进入到乡村市场。因为他们所需要的名酒、瓷器以及香料等昂贵物品也不可能从乡村市场获得，他们必须要到更大的集市上才能购买得到。布莱特尼尔指出："尽管贵族家庭所需的一些日常用品如肉、鱼以及啤酒可能会依赖于乡村市场，尽管他们的一次次购买可能在一定程度上扩大了地方市场的货币量，但无论怎样，一个贵族家庭的消费规模与货币的流向，都与地方的需求类型并无直接的关系。"② 此外，中世纪的乡村市场除了王权所授予建立的之外，还有很多自然形成的市场，这一点我们也不能忽视。因此，笔者认为，14世纪前后英国乡村市场的迅速发展还有更深层次的原因。

首先，农业的发展是乡村市场不断涌现的重要前提。小杜泰勒斯指出，"当农民带着产品和家畜从各地来到汇集地时，市场也就被创造出来了。"③ 这一点我们从中世纪的乡村市场所出售的货物就可以看出，那里所出售的是以农产品或者日常的生活用品，而不是奢侈品。正如徐浩所指出的，"中世纪乡村市场所从事的贸易不是奢侈品交易，而是以粮食为主体的生活品交易。"④ 这些乡村市场上主要出售农民剩余的粮食，同时，他们要从市场上购买诸如盘子、镰刀等生产和生活工具。每当市场开启时，"村庄里所有的人都按照习惯去那里出售或购买公牛、母牛以及其他的家畜，他们还出售小麦、燕麦以及大麦等等，同时，在那里也能够买到拖鞋、丝绸以及其他类型的纺织品。"⑤ 此外，一些食品也开始在市

---

① 谢丰斋：《论中世纪盛期英国"村市"的超常发展》，《史学月刊》2010年第9期。

② R. H. Britnell, *The Commercialisation of English Society* 1000—1500, Manchester：The Manchester University Press, 1996, p. 83.

③ C. E. Petit‐Dutaillis, *The French Commune in the Middle Ages*, Amsterdam：North‐Holland Publishing Co, 1978, p. 10.

④ 徐浩：《农民经济的历史变迁》，社会科学文献出版社2002年版，第276页。

⑤ E. Mliller & J. Hatcher, *Medieval England：Rural Society and Economic Change* 1086‐1348, London：Longman, 1995, p. 160.

场上销售，如面包和啤酒等。从中世纪的乡村市场出售的商品可以看出，那里农民之间出售和购买的以农产品和手工业品居多，这说明只有农民的农业生产有了剩余之后，才可能拿到市场上去出售，否则不可能出现粮食流入市场的现象。因此，笔者认为，乡村市场的大量涌现与这一时期英国粮食产量以及人均生产率的同步提高有着密切的关系。侯建新对此进行过十分细致的研究，他指出，英国13—14世纪的劳动生产率为2369公斤/户，不仅明显高于宋代，而且还高于19世纪中叶的清代；到了15—16世纪，劳动生产率则为5520公斤/户，相当于19世纪中国的2.6倍。[①] 这也充分说明了为什么同一时期中国没有出现数量众多的乡村市场。

其次，货币地租代替劳役地租为乡村市场的建立创造了条件。14世纪是英国由劳役地租向货币地租转变的重要时期，科斯敏斯基认为，13世纪左右，货币地租就已经占有优势地位了。按照他的统计，劳役地租最为盛行的东部地区，其劳役地租也仅占39%；中部和南部地区则为23%—24%；而西部地区像肯特郡、约克郡以及诺森伯利亚等地，劳役地租几乎消失殆尽了。从整体来看，到14世纪前后，整个英格兰地区货币地租占到了2/3，而劳役地租则仅为1/3。[②] 货币地租的实行，从农民的角度来说，一方面使得他们获得了人身的自由，这也为他们从事其他非农产业创造了条件；另一方面，他们也需要一定的货币来支付领主的地租。这些货币就需要通过出售大量的农产品或者手工业品来获得。对于领主来说，他们拥有货币一方面可以用来雇用人手来经营自己的自营地；另一方面还可以用来购买奢侈品或生活品。因此，货币地租的推行也在一定程度上促进了乡村市场的发展和壮大。例如，在赛文河谷，那里有两个乡村市场——赫斯伯里和谢尔斯顿。在14世纪上半叶，那里就有很多商人来此大量收购粮食，然后再把这些粮食运到二十英里之外的布里斯特尔去出售。[③]

三、乡村市场兴起的影响

首先，乡村市场的兴起使得农民的消费观念发生了很大的改变，乡村经

---

① 侯建新：《现代化第一基石：农民个人力量增长与中世纪晚期社会变迁》，天津社会科学院出版社1991年版，第53、57、268页。

② E. Kosminsky, "Studies in the Agrarian History of England in the Thirteenth Century", in *Studies in Medieval History*, vol. 8. R. Hilton, (ed), Oxford：Basil Blackwell, 1956, pp. 198-200.

③ E. Mliller & J. Hatcher, *Medieval England：Rural Society and Economic Change* 1086-1348, London：Longman, 1995, p. 160.

济生活中的商品因素加强。随着剩余农产品越来越多，农民一方面到市场上出售自己的农产品来赚取货币，同时，他们还从市场上购买食品、衣服、鞋、工具以及一些器皿。农民的这种消费在一定程度上使得他们与生产逐渐地剥离开来，即他们所生产的粮食不再用来直接消费，而是在出售给那些面包师或者酿酒人后，再通过购买来获得生活必需品。① 比如，他们到市场上去出售家畜给那些屠夫，然后再从市场上购买回生活所需的肉、皮革等。从15世纪开始，随着市场的发展，农产品的销售开始出现了专门化的倾向，例如，高地地区一般都出售谷物和羊毛；而林地地区则主要出售培根、牛、日常用品、木材和燃料。② 例如，在南安普敦郡沃特福德的默科特村庄，那里的耕地几乎占据了整个村镇，1432—1433 年庄园的领主为了整修村民的房屋，只有从拉特沃思的市场那里购买了 14 先令 4 便士的木材和木板条。③

农民一方面受到了租金和税收货币支付的压力；但另一方面，他们也受到了市场的刺激，因为他们可以从市场上获得一定的利润，并用来购买自己的消费品。此时的农民已经走出了自己生产自己消费的境遇，通过与市场的不断接触，他们已经潜移默化地参与到市场的洪流之中。并且"很多人都获得了在其中进行买卖的机会"④。

表1：海尔斯欧文村庄经济活动 1270—1349 年法庭记录⑤

发生纠纷的原因	案 件 数
酿造和出售啤酒违反了法令	5476
债务纠纷	301
土地出售（家族外的）	244
土地出租（家族外的）	185

---

① R. H. Britnell, *The Commercialisation of English Society* 1000—1500, Manchester：The Manchester university press, 1996, p. 23.

② C. Dyer, *The Self-Contained Village? The Social History of Rural Communities*, 1250-1900, Hatfield：University of Hertfordshire Press, p. 23.

③ D. Hall, "Field Systems and Township Sructure", in *The Rural Settlements of Medieval England*, M. Aston, D. Austin & C. Dyer, (eds.), New York：Basil Blackwell, 1989, pp. 196-204.

④ Edward Miller & John Hatcher, *Medieval England：Rural Society and Economic Change*, 1086-1348, London：Longman, 1978, p. 77.

⑤ Z. Razi, "Family, Land and Village Community in Later Medieval England", *Past and Present*, No. 93 (November 1981), p. 10.

发生纠纷的原因	案 件 数
出售谷物和干草	51
出售羊、猪、公牛	42
出售木材	23
出售布匹	12
出售铁制商品	8
租用奶牛	35
租用耕牛	15
租用马匹	9
租用各种工具，像犁、耙和手推车	32
短期出租草场	18
有关放牧和看管牲畜的协议	67
没有支付工资	52
有关犁地、耙松土壤、撒石灰土、建造篱笆以及运输的协议	57
分配庄稼的协议	21
租客没有支付租金	11
总计	6639

从表 1 中可以看出，此时乡村内部经济活动已经发生了一定的改变。农民之间的经济纠纷，不再像以往单纯的以农业、放牧问题为主，农民的经济活动中商品因素不断增加，这也在一定程度上说明乡村市场的发展给农民所带来的巨大变化。

其次，乡村市场的建立使得交易更加规范化，从而在一定程度上降低了交易的成本。尽管这一时期的乡村市场规模不大（方圆不过数里，人口不过上百人），但是与早期那些非正式的市场相比，14 世纪的乡村市场有了较高水准的交易形式。它们有了自己单独的市场管理者，对交易的价格、资质、质量以及度量衡都有着严格的规定，比如有关啤酒的销售就是如此。啤酒在中世纪时期是非常流行的饮品。芬伯格指出："盎格鲁-撒克逊人普遍喜欢喝啤酒。"① 最初，农民酿造啤酒只是为自身的消费，一般不拿出来进行销售。但随着乡村市场的形成以及商品经济的发展，啤酒的销售也逐渐成为了乡村经济的一项收入来源。克拉克曾指出："对于村民来说啤酒不仅是一种上等的饮料，而且酿酒也为人们提供了一种收入的来源，它成为了农民日常饮食中不可或缺的部分，同时也为生活较为贫困的家庭提供了一种谋生的手段。"② 在一些市场比较发达的地方，一些农民把自己酿造的啤酒拿到集市上去出售。例如，1492 年的莱普顿修道院，法庭的全体出席人员公开宣布自此以后，整个百户区的公共酿酒人，除非必要，否则没有必要都集中在某一天进行酿造，但应该对酿造什么样的啤酒进行管理。以便村民不会像以前那样缺乏饮品，这对国王的臣民造成了很大的伤害。因此，自此以后，百户区的所有公共酿酒人，无论什么样的原因都必须提供充足的啤酒，否则每人每次将被处罚 6 先令 8 便士。③

为了更好地管理啤酒的交易，一些村庄对此进行了严格的规定。比如，设立专门的验酒官来负责管理啤酒的质量、价格等事宜。乡村验酒官是一个很重要的角色。他不仅是一个经验丰富的酿酒人，同时，更要对酒的品质和出售时的量器进行把握，以保证不欺骗消费者。因此，村民在出售啤酒前必须得到验酒官的许可，否则将视为非法行为。例如，"阿罗塔是村庄的一个普通酿酒人，在验酒官没有进行品尝之前，她把她所酿造的酒以 1 便士或半便士的价格进行了出售。因此，她被处罚了 2 先令。"④ 其次，颁布啤酒法令，对那些违反法令的人加以处罚。例如，1322 年的艾灵顿，经领主的管家以及全体自由民和维兰一致同意颁布禁令，规定在艾灵顿村庄的酒馆中禁止出售超过 1 便士或者半便士 1 加仑的啤酒；并且规定如果验酒官发现任何一个酿酒人出售超过每加仑半便士的啤酒，那么他的啤酒就要被没收，并由验酒官来进行出售，所得收入上交给领主；也就是说禁止村庄中的酿酒人出售价格超过每加仑半便士的啤酒，违者将被每次处罚 40 便士上交给领主。

① H. P. R. Finberg, *The Agrarian History of England and Wales*, Vol. 1, Cambridge：University Press, 1972, p. 422.

② Peter Clark, *The English Alehouse：A Social History* 1200 - 1830, Longman：London and New York, 1983, p. 23.

③ J. A. Raftis, *Tenure and Mobility：Studies in the Social History of the Medieval English Village*, Toronto：Pontifical Institute of Medieval Studies, 1964, p. 126-127.

④ Gies & Frances, *Life in a Medieval Village*, London：Harper Collins Publishers Ltd, 1990, p. 65.

1301 年的小拉维利，经全体村民一致同意规定，他们中的任何人都不能在村庄中购买超过每加仑半便士的啤酒，违者将被处罚 6 便士。① 1473 年的埃尔顿规定，村庄中的任何人都不能在晚上 8 点以后呆在酒馆之中，否则违者每次将处罚 20 先令。1464 年的布劳顿，规定村庄中的任何酿酒人都不能在晚上 8 点以后继续营业，否则每次将被处罚 20 先令；同样，如果有人在 8 点以后还呆在酒馆之中，那么他就要被逮捕并投入看守所，同时，还要被处罚 6 先令 8 便士。② 此外，对于酿酒人的资质进行限定。最初，乡村中对酿酒人并没有什么特殊的要求和规定，从事酿酒行业的主要是妇女。但为了规范村庄中的手工业，有些村庄也对酿酒人进行了严格的规定。例如，1454 年的海明福德修道院规定，自此以后，任何酿酒人都不得继续酿酒，除非她常年进行酿造，违者将被处罚 6 先令 8 便士；1454 年的埃尔顿规定，任何人都不能从事酿酒，除非她每次只酿造半夸特，违者将被处罚 40 便士上交给领主，40 便士上交给教堂；1453 年的阿普伍德规定，每个酿酒人如果她想继续酿酒，就必须酿造一年，否则将被处罚 3 先令 8 便士上交给领主，3 先令 8 便士上交给教堂。③ 通过这种严格的市场规范，不仅有利于商品交换的正常发展，而且通过对产品的价格、质量的监督，可以预防欺诈，更好地维护消费者的利益。④ 并且使得那些酿造技术较好而且善于经营的农户开始逐渐脱离农业生产，成为专门为市场生产的乡村手工业者。

尽管波斯坦、希尔顿、蒂托、戴尔、米勒以及哈奇（Hatcher）都已经证明了，中世纪晚期的乡村经济在很大程度上还是一种糊口经济。⑤ 麦克法

① J. A. Raftis, *Tenure and Mobility*：*Studies in the Social History of the Medieval English Village*, Toronto：Pontifical Institute of Medieval Studies, 1964, p. 126.

② Ibid., p. 125–126.

③ Ibid., p. 126.

④ R. H. Britnell, "The Proliferation of Markets in England, 1200–1349", *Economic History Review*, Vol. 34, No. 2 (1981), p. 213.

⑤ M. M. Postan, *The Medieval Economy and Society*：*An Economic History of Britain in the Middle Ages*, London：Weidenfeld & Nicolson, 1972, pp. 121–142；R. H. Hilton, *a Medieval Society*：*The West Midlands at the End of The Thirteenth Century*, New York：Humanities Press, 1967, pp. 88–123；R. H. Hilton, *The English Peasantry in the Later Middle Ages*, Oxford：Clarendon Press, 1975, pp. 37–53；J. Z. Titow, *English Rural Society*, 1200–1350, London：Allen & Unwin, 1969, pp. 64–96；C. Dyer, *Lords and Peasants in a Changing Society*：*The Estates of the Bishopric of Worcester*, 680–1540, Cambridge：Cambridge University Press, 1980, pp, 316–54；E. Miller & J. Hatcher, *Medieval England*：*Rural Society and Economic Change*, London：Longman, 1978, pp. 161–164.

兰也明确指出："货币化以及对利益的追求，并不一定就意味着中世纪乡村经济是资本主义的。"① 但无论怎样，至少从 15 世纪开始，英国乡村社会的经济活动日趋频繁，尽管这些经济活动尚不属于资本主义商品经济的范畴，但在客观上为后来英国乡村经济的发展奠定了重要的基础。正如布罗代尔所说："我们不能忘记，英国农村很早就与岛国的民族市场结为一体了。英国农村被纳入到市场网络之中。"②

　　本章重点论述了封建主义危机后，英国乡村社会的经济变化。随着庄园制的瓦解以及封建依附关系的衰落，农业经济获得了快速发展，从而为乡村工业以及乡村市场的兴起奠定了基础。我们一再强调的是，无论是市场的发展，还是手工业的兴起，其前提一定是农业的巨大进步，只有农业发展到一定程度时，才会使一部分人从农业生产中脱离出来，进而发展起其他产业。这也是贸易论者或市场论者，在论及社会经济变迁时往往忽略的地方。中世纪晚期英国乡村经济的发展也给我们这样的启示：从农本社会向现代社会转型的过程中，农业是一切之根本。只有农业的发展才能为工业化提供所需的粮食供应、生产原料、资本积累以及国内市场等等。正如琼斯所说：在英国"没有农业的变革，没有农业生产的增长，就不会有工业化和经济的增长"③。农业革命不仅提高了农业生产率，而且也改变了土地的产权结构，使得土地逐渐集中在少数人手中，从而为早期资本主义农场的出现创造了条件。随着农业耕作方式的改变，新作物的引进和种植以及新的农具的改进，农业生产效率得到了不断的提高，从而使得乡村中出现了大量的剩余人口。这些人一般去从事非农产业或者雇工，他们或者到领主的自营地或者富裕农民那里承揽活计，充当雇工。波斯坦、拉兹以及蒂托等人都曾指出，到了15 世纪以后，英国有近 1/5 的家庭是依靠雇工和从事商业来养活自己的。④由此可见乡村经济的巨大变化。

---

① Macfarlane, *The Origins of English Individualism：The Family Property and Social Transition*, New York：Cambridge University Press, 1979, pp. 131-164.
② ［法］费尔南·布罗代尔：《15 至 18 世纪的物质文明、经济与资本主义》第 3 卷，顾良等译，生活·读书·新知三联书店 1993 年版，第 652—653 页。
③ Eric Lionel Jones, *Agriculture and the Industrial Revolution*, Oxford：Basil Blackwell, 1974, p. 9.
④ R. H. Britnell, M. S. Campbell, *A Commericialising Economy, England* 1086-1300, Manchester：The Manchester University press, 1994 , pp. 22-23.

第七章

乡村基层组织的法律变迁

15世纪以后的英国乡村社会，除了政治结构以及经济领域发生了一定的变化，乡村中的法律结构也发生了一定的改变。随着庄园的解体以及农奴制的瓦解，农民对领主的封建依附关系逐渐减弱，这必然会引发乡村社会法律结构的变革。这种变化并非是法律体系本身发生了改变，而是农民的权利以及法律地位的变化。这种变化主要体现在以下几个方面：一是农民的权利不断扩大，他们不仅可以自由地交易土地，而且可以利用习惯法中对公共权利的规定，不断地提出对公有地的权利诉求；二是农民的身份和法律地位发生了改变，进而也引发了乡村阶级结构的变革；三是农民的法律观念日益增强，随着土地契约以及养老契约的签订，他们形成了具有现代意义的契约观念。所有这一切都为乡村社会的转型提供了法律上的保障。

第一节 农民土地支配权的扩大

在前资本主义时代，土地是财富的主要象征。因此，土地权能①的变更对社会结构的影响是十分巨大的。正如托尼所说："在土地变革中诞生了英国乡村的新世界，而这一新世界又在暴风骤雨的进程中体现着现代的历史。"②

---

① "权能"是一个法学的概念。是权利人为实现其权利所体现的目的利益依法所能采取的手段，是体现权利人的意思支配力的方式。我们这里所说的权能是指为实现土地所有权中占有、使用、收益和处分等权利而使用的手段和途径。

② R. H. Tawney, *The Agrarian Problem in the Sixteenth Century*, New York: Harper & Row, 1967, p. 10.

在封建制度下，农民并不具有土地的所有权，他们所拥有的土地权利被称为"保有权"（tenure）。这种保有权既不同于罗马法中的所有权，也不同于现代资本主义社会中的私人所有权。密尔松指出："在英国的土地制度中，保有权和所有权是两个不同的概念，而且保有权显得更为重要一些。"① 咸鸿昌认为："就其性质而言，土地保有制包括两个方面：即土地的分封与保有人对领主的身份依附关系，它既是一种土地利益的分配方式，也是一种体现分配者身份地位的法律关系模式。"②

在英国土地法中，用"tenure"表示保有人以某种役务（service）为条件向领主持有土地。③ 保有制（tenure）一词在拉丁语中为 tenor 或 tenor investiture，本义是指领主（lord）向保有人（tenant）封授土地时所设定的条件。就其内容而言，保有制包含着领主和保有人彼此之间的权利和义务：对保有人而言，他取得土地收益的同时要向领主提供役务并负担相应的附属性义务（incidents）。④ 但这种土地保有权在中世纪早期并不完备。尽管农民以保有的形式拥有一定的土地占有、使用的权利，但其大部分权能仍然受到了一定的限制：首先，土地的继承受到一定的限制。从中世纪的法理上来看，维兰的土地及其动产都属于领主，不经领主的同意不得转让或者买卖。如果一个维兰去世了，那么他的土地就要被收回，然后由领主再进行重新的分配。也就是说，土地的保有权并不具备继承性。即使后代要进行继承时，也是采取法定继承的原则，即土地必须先由领主收回，然后后代交纳一定的继承金才可以进行，不允许遗嘱继承。其次，土地不能自由转让。按照惯例，保有地原则上不能随意地分割、转让或者出售，即使转让也不能超过一定的次数、时限。然而，随着经济的发展以及各种权利之间的博弈，农民的土地保有权逐渐地被固化，因此又被称为"法定占有"（seisin），即依法占有、实际占有的意思。此时农民的土地权利开始发生了变化：只要占有者按照惯例在履行义务，那么土地所有者就没有权利进行剥夺，这表明土地权利的重心已经向占有者而不是所有者倾斜。正如梅特兰所说：在中世纪的法律体系

---

① [英] S. F. C. 密尔松：《普通法的历史基础》，李显冬等译，中国大百科全书出版社 1999 年版，第 111—112 页。

② 咸鸿昌：《论英国普通法土地保有权的建构及其内涵特征》，《政治与法律》2009 年第 9 期。

③ Sir Thomas Littleton, *Lyttleton, His Treatise of Tenures; In French and English*, New York: Russell & Russell, 1970, p. 1.

④ A. W. B. Simpson, *A History of the Land Law*, Oxford: The Clarendon Press, 1986, pp. 16—22.

中"再也没有比占有这个概念更为重要的了……它是如此的重要，甚至可以说，整个英格兰的土地法就是关于占有的法律"①。

从保有（Tenure）到法定占有（seisin）的转变与当时的社会发展有着密切的关系。

首先，普通法的推行为农民获取更稳定的土地占有权提供了契机。1176年的北安普顿诏令（Assize of Northampton）设立了收回继承地令状，在法律上确认了保有权的可继承性。在该令状的基础上，王室法庭在司法实践中又逐渐发展出了进占令状。进占令状通过审查权利人取得保有权的依据（title，即产权），明确了保有权的流转规则。这些权利令状的颁布为农民不断扩大其土地支配权提供了法律上的保证；同时，随着农民个体权利的不断增长，他们也要求进一步地扩大土地的权能。正如哈德森所说，"在佃户与领主的关系中土地权的安全性、继承性、可转让性反映了土地保有人的顾虑，他希望确保土地持有的安全，在他死后，其家人能够继续享有土地权利，或有权将土地赠送、出售给某个教堂和个人，三个要素密切联系，是同一问题的不同侧面。"② 这真实地反映了当时农民对扩大土地权能的急迫愿望。

其次，维兰的劳役作为土地的附属物已经被固定下来，而且逐渐地摆脱了人格化。维兰的劳役可以不用通过其法律地位来传递，它也可以被分割或者交易。当然，通过土地进行劳役的交易需要两个重要的条件：第一，劳役的结构是静态的，即每块土地上每年所应缴纳什么劳役是固定的；第二，劳役的折算率长期固定，即每块土地上每年所应缴纳多少劳役是相对固定的。从整个英国的历史来看，到了15世纪以后上述的两点基本具备了，这就为农民土地支配权的扩大创造了条件。

到了15世纪以后，土地转让的范围和性质都发生了一定的变化。这主要体现为以下两个方面：

第一，非亲属间的土地交易日渐增多。在14世纪以前，一般不允许把土地转让给毫无血缘关系的人。例如，在1293年的纽因顿庄园，一个叫托

---

① F. Pollock & F. W. Maitland, *The History of English Law before the Time of Edward I*, Vol. II, Cambridge: Cambridge University Press, 1978, p. 29.

② ［英］约翰·哈德森：《英国普通法的形成——从诺曼征服到大宪章时期英格兰的法律与社会》，刘四新译，商务印书馆2006年版，第106页。

马斯的人把他的父母告上了法庭，他宣称，他的父母未经他的同意，就私自把位于布鲁克汉普顿的半雅格土地转让给了外人约翰。按照本地的惯例，他才是这块土地的合法继承人。尽管他的父母出庭否决了托马斯的继承权，但法庭还是把土地最后判给了托马斯。[①] 但从 14 世纪开始，随着维兰对土地法定占有的确立以及劳役的固化，家庭外的土地交易已经成为了一种普遍流行的方式。正如菲斯所指出的那样，"尽管土地在血缘家族内被传承是农民社会的共同理想，但到 13 世纪晚期尤其 14、15 世纪，这种理念动摇了和淡化了，甚至已经被抛弃了。"[②] 这一时期有关非亲属间的土地交易案例十分丰富，例如，在 1349 年的维斯托，安德鲁·莫吉经过领主同意移交 1 海德的土地给罗伯特·巴克，这块土地原属于约翰·莫吉所有。罗伯特愿意按照庄园的惯例来持有它，并给领主缴纳 2 先令税费。担保人：威廉·韦林。高德弗雷·高德福德来到法庭缴纳了 5 先令，允许他与沃尔特·博内尔在沃尔特有生之年共同持有一块庭院以及半维格特土地。当沃尔特去世之后，上述的高德弗雷及其继承人将独自持有上述土地。1322 年的瓦尔博斯，尼古拉斯·帕莫经过领主手中移交了 1 英亩的土地及其劳役给约翰·华纳，其中 1 杆的土地在霍太尔，1 杆土地在沃特兰德，1 杆土地在三栎树林。上述的约翰交给领主 3 便士的费用，并对此进行了宣誓。1316 年的埃尔斯沃斯，约翰·布朗的女儿琼每年在复活节的时候送给亨利·诺特 12 便士，其目的是为耕种亨利的一块土地以供其生活。此外，为了使用上述土地，只要她活着，她每年还要送给亨利及其继承人 12 便士。担保人：她的父亲约翰·布朗。[③] 在埃尔顿，1300 年，约翰·哈林出售了 1 英亩的土地给旺斯福德的吉尔伯特的妻子琼；同时还出售给沃特维尔村庄的理查德半英亩的土地。1312 年，托马斯·查西出售给雅唯尔的雷吉纳德半英亩的土地，同时还出售了 2 杆的土地给木匠理查德。1322 年，理查德·弗朗西斯出售给约翰·史密斯半英亩的土地，同时还出售给理查德·艾略特半英亩的土地。期间，理查德·艾略特还从约翰·科特尔那里获得了 2 英亩的土地，而且他还出售给旺

① G. C. Homans, *English Villagers of The Thirteenth Century*, Cambridge: Harvard University Press, 1941, pp. 197-198.

② R. J. Fatith, "Peasant Families and Inheritance Customs in Medieval England", *The Agriculture History Review*, Vol. 14, No. 2 (1966), pp. 77-95.

③ J. A. Raftis, *Tenure and Mobility: Studies in the Social History of the Mediaeval English Village*, Toronto: Pontifical Institute of Mediaeval Studies, 1964, p. 67.

斯福德的理查德·开普林 1 杆的土地。而约翰·科特尔同时还从克莱门特·克兰那里购买了半英亩的草场。①

上述的例证只是为了说明这一时期家庭之外的土地交易状况，但这些案例绝不是某一地区的特例。根据史密斯对萨福克郡的雷德格雷夫庄园土地交易情况的统计，从 1295 年到 1319 年，那里发生在家庭之外的土地交易已经占到了全部交易的一半以上。② 戴尔通过研究 1375—1540 年亨伯利的 4 个庄园档案后指出，维兰的家庭外土地交易已经超过了家庭内的继承。③ 拉兹通过对 1260—1319 年伍斯特郡的德拉哥夫庄园的研究表明，那里共有 2756 个非亲属的土地交易，涉及到的土地面积多达 1304 英亩。④ 怀特通过对 1274—1558 年的海文汉姆教区农民土地转移的统计，同样证明土地在非亲属之间转让的比例越来越高，持有者个人对土地的支配权在逐渐扩大。⑤

第二，土地市场异常活跃，土地买卖日益频繁。农民对土地支配权的扩大，致使土地交易市场日渐活跃。在一些地区，有些富裕农民甚至把土地分割成小块分租给多个农民，以便来获得更高的租金。例如，在 1313 年的先灵顿，约翰·哈蒙德把他所持有的半维格特土地分成小块出租了几个农民，致使领主的犁耕以及其他劳役都没有得到真正的执行。⑥ 同样，在伍斯特主教庄园，类似这样的土地交易在 1394—1495 年间占土地交易总量的 20%，到了 1465—1540 年间则增至 45%。⑦ 在索福克郡的一个庄园，那里的领主通过土地交易所征收的罚金多达其收益的 3/4。⑧ 到了 15 世纪以后，土地交

① E. M. R., p. 89, 190, 254, 257, 261.

② R. M. Smith (ed.), *Land, Kinship and Life-Cycle*, Cambridge: Cambridge University Press, 1984, p. 185.

③ C. Dyer, *Lords and Peasants in a Changing Society: The Estates of the Bishopric of Worcester, 680-1540*, New York: Cambridge University Press, 1980, pp. 302-3.

④ Z. Razi, *Life, Marriage and Death in a Medieval Parish*, Cambridge: Cambridge University Press, 1980, p. 98.

⑤ Jane Whittle, *The Development of Agrarian Capitalism: Land and Labour in Norfolk*, 1440-1580, New York: Clarendon Press, 2000, p. 120.

⑥ J. A. Raftis, *Tenure and Mobility: Studies in the Social History of the Mediaeval English Village*, Toronto: Pontifical Institute of Mediaeval Studies, 1964, p. 75.

⑦ C. Dyer, *Lords and Peasants in a Changing Society*, Cambridge: Cambridge University Press, 1980, p. 302.

⑧ P. D. A. Harvy, *Peasant Land Market in Medieval England*, Oxford: The Charendon Press, 1984, p. 344.

易的规模逐渐扩大，而且日渐频繁。例如，在奥利赛伯里庄园，从 1377 年到 1536 年间，共有 747 次土地交易。其中土地持有者生前在家族外的土地交易为 48 次；土地持有者死后在家族外的土地交易为 34 次。[①]

随着农民对土地的支配权不断扩大，再加上庄园法庭的式微，领主最终也无力阻止这些交易的发生，只能采取了一种默认的态度。农民土地支配权的扩大产生了以下影响：

第一，有利于新的租佃关系的确立。中世纪晚期，在庄园的惯例土地之外，还出现了新的租佃关系。"租佃双方不再依据封建依附关系和庄园惯例，而是基于双方所订立的契约。"[②] 并且，这种契约签订的时间、租期以及租金等都是根据市场的行情来确定的。[③] 更为重要的是，农民之间就土地交易所签订的契约还得到了法律的保护。如果某一方违约，则必须要受到法律的制裁。例如，在 1306 年的瓦尔博斯庄园，高德弗雷·斯科特来到法庭并承认他破坏了与阿米西·巴格之间所签订的协议。他从阿米西手中承租了 4 年 1 塞隆的土地，并且用一头母牛做了抵押。因此，他被处罚了 6 便士。[④] 在 1306 年的莱普顿庄园，木匠约翰被陪审团指控为有罪，因为他破坏与马丁·昂奇所签订的协议。协议规定马丁出租 1 杆土地给约翰，可以得到土地的 2 成收入，但结果马丁只得到了 1 成庄稼的收入。由于约翰没有履行其协议，因此，被法庭处罚了 3 便士。担保人：威廉·艾琳和奥利维拉·艾特·达姆。上述所欠费用必须在基督诞生节时缴纳。1311 年海明福德修道院，陪审团指控艾格尼丝有罪，她破坏了与拉尔夫·毕晓普之间的协定，拉尔夫把土地出租给她并收取收获物的 3 成作为租金。但她并没有履行协议，致使拉尔夫损失了 3 先令 3 便士，因此，她被处罚了 3 便士。担保人：拉尔夫·弗农。[⑤] 1297 年的维斯托庄园，安德鲁的儿子雷纳夫被法庭指控为有罪，因为他破坏了他与约翰·吉鲁所签订的租用 1 英亩土地的协议。他必须支付给

① P. D. A. Harvy, *Peasant Land Market in Medieval England*, Oxford: The Charendon Press, 1984, pp. 216-7.

② B. W. Adkin, *Copyhold and Other Land Tenures of England*, London: The Estates Gazette, 1919, p. 65.

③ J. P. Van Bavel & Phillipp R. Schofield (eds.), *The Development of Lease hold in Northwestern Europe C. 1200-1600*, Turnhout: Brepols, 2008, p. 139.

④ J. A. Raftis, *Tenure and Mobility: Studies in the Social History of the Mediaeval English Village*, Toronto: Pontifical Institute of Mediaeval Studies, 1964, p. 74.

⑤ Ibid., p. 75.

约翰 12 便士的费用，并且由于他破坏了协议还被处罚了 6 便士，担保人：理查德·隆。① 1316 年的奥沃庄园，罗格·莫耶由于破坏了与穆里尔·莱尼之间所签订的租地协议而被法庭指控有罪。穆里尔把 1 杆土地出租给罗格，租金为 16 便士，但罗格并没有支付租金。由于违约，罗格被处罚了 3 便士，担保人奥多·凯里、庄头罗伯特以及约翰·伊恩。作为补偿，上述的穆里尔可以得到上述 1 杆土地的秋季收成；1321 年的霍顿庄园，布雷耶逊的儿子约翰被法庭指控有罪，因为他破坏与约翰·查尔德之间所签订的有关 1 英亩半土地的协议，租期为 5 年。但是他非法从上述土地中收回了价值 7 便士的半蒲式耳小麦。由于上述行为，他被处罚了 6 便士。担保人为雷吉纳尔德·高梅森；1312 年的格兰菲尔德，塞西莉亚的儿子休承认他破坏了与制桶工威廉之间所签订的租地协议，致使威廉损失了 18 便士。由于上述违约，休被处罚了 12 便士。担保人布莱顿的约翰以及佩莱的罗格。② 由此可见，到了 14 世纪以后，通过签订契约来实现土地的买卖或出租已经较为普遍。这些土地的承租者被称为契约农或契约农场主，他们通过签订契约来实现土地的合法买卖，在此过程中，他们已经把封建义务逐渐地货币化了。从此以后，在庄园土地之外，又产生了新的租佃关系。这是"封建身份特征几乎完全荡尽的一种土地持有形式"③。

第二，有利于租地农场的出现。到了 15 世纪晚期，随着封建义务逐渐消失，土地的自由度也进一步提高了。④ 尽管这些农民手中的土地仍然冠以"保有"之名，实则已经无限接近所有权了。特别是 1540 年《遗嘱法》的颁布，那些维兰的后代——公簿持有农可以根据遗嘱来处理自己的地产，而且也得到了法律的确认。⑤ 这进一步加强了农民对土地的支配权利。土地的自由买卖使得土地市场变得日趋活跃。但土地流转的结果并非是土地集中到领主手中，而是逐渐地流入那些善于经营的富裕农民手中。例如，科斯敏斯

① J. A. Raftis, *Tenure and Mobility*：*Studies in the Social History of the Mediaeval English Village*, Toronto：Pontifical Institute of Mediaeval Studies, 1964, p. 77.

② Ibid., p. 80.

③ Sir William Holdsworth, *An Historical Introduction to the Land Law*, London：Cambridge University Press, 1927, p. 44.

④ J. Thirsk (ed.), *Agrarian History of England and Wales*：*Agrarian Change*, Vol. 5, 1640-1750, Cambridge：Cambridge University Press, 1985, p. 684.

⑤ K. E. Digby, *An Introduction to the History of the Law of Real Property*：*with Original Authorities*, Oxford：Clarendon Press, 1897, p. 356.

基曾列举了一个汉丁郡托斯兰百户区的陪审员——威廉。他共拥有 160 英亩的土地，分别来自四个地区的 13 个土地所有者。从其所购买的土地上来看，几乎一半左右都是在 1. 25 英亩到 0. 25 维格和 0. 5 维格之间，可见这些土地都是来自中小农户之手。① 有个叫乔治·理查德森的农民，在 24 年的时间里，他通过不断买入小块土地，当然，有时也买入 50 英亩的大块土地，到 1528 年他去世时，已经积攒起了 297. 5 英亩的土地。② 这些富裕农民，他们或者把土地转租出去，收取地租；或者雇工经营，直接获得利润。于是，他们在乡村发展起来一种新的土地经营方式——农场制，并且其规模不断地扩大。例如，1714—1832 年间，斯坦福郡和什罗普郡的勒文森—古威地产上，农场的平均规模从 20 英亩上升为 83—147 英亩。在拉克斯教区的情况也几乎一样：100 英亩以上的农场在 1635 年只占 32%，1736 年为 44%，1789 年为 51%，到 1820 年达到了 60%。③ 到了 19 世纪，在英格兰和威尔士的 2470 万英亩的土地中，100—200 英亩的农场、200—500 英亩的大农场和 500 英亩以上的特大农场分别占耕地总面积的 1/4 以上、1/3 以上和 1/6 以上。由土地占有者、土地经营者和农业工人所组成的现代英国农业已初露端倪。④ 自此之后，传统自给自足的小农经济结构正式地走向了解体。随着土地产权的变化，带有资本主义性质的产权制度和生产组织方式即将到来。

第三，有利于土地用途的扩大。土地市场的形成实际上就是土地所有权的一种转让，只有农民获得了对土地的支配权利，才能不断地激发他们的积极性，从而使得土地的用途也不断扩大。他们不再拘泥于用土地来种植庄稼，有些农民甚至租用土地用来从事其他行业。比如，在 1294 年的瓦尔博斯，玛格丽特·德·休伊盖特出租了一块庭院给理查德·德·沃德，租金为每年 3 便士，理查德在庭院上修建了一座小店。到了 15 世纪以后，随着养羊业的兴起，一些农民开始圈占自己租用或购买来的土地从事养羊业，并最终完成了传统的农业种植向资本主义农场经济的转变。

① E. A. Kosminsky, "Studies in the Agrarian History of England in the Thirteenth Century", in *Studies in Medieval History*, vol. 8. (ed.), R. Hilton, Oxford: Basil Blackwell, 1956, p. 261.

② Mavis E. Mate, "The East Sussex Land Market and Agrarian Class Structure in the Late Middle Ages", *Past & Present*, No. 139 (May 1993), pp. 46-65.

③ 杨杰：《从下往上看——英国农业革命》，中国社会科学出版社 2009 版，第 124—132 页。

④ ［英］克拉潘：《现代英国经济史》（第 2 分册），姚曾廙译，商务印书馆 1986 年版，第 556—557 页。

总之，随着社会的发展，农民对土地的支配权日益扩大。特别是庄园制瓦解后，附着于土地上的封建依附关系逐渐消退，农民对土地的自由支配度不断提高。随着大量的小块土地流入土地市场，这些土地都集中到了富裕的农民手中。他们利用积累起来的土地，采取雇工的经营模式，从而在乡村社会中缔造出一种新的、带有资本主义性质的农业生产组织形式。由此可见，土地产权的变革不仅仅是一种法律权利的变革，它还引发了经济的、社会的变革。

第二节 农民法律身份的变化

中世纪的乡村是一个等级社会，因此，身份地位在农民的日常生活中有着重要的作用。他们不仅要承担着来自王权以及领主的各种捐税，同时，一些非自由农还要为领主服劳役，与领主之间存在着一定的依附关系，因此，我们习惯上把这些农民统称为"农奴"。到了中世纪晚期，随着经济的发展，乡村社会内部出现了分化：一部分农民积累了大量的财富，成为了早期的农业资本家；而另一部分农民则成为了雇工。农民的法律身份也随之发生了变化。

一、维兰身份的形成

在中世纪的早期，"农民不是一个阶级或阶层的概念，而只是一个经济概念，是一个从事农业生产活动的很大的社会群体。"[1] 此时的农民还不是一个独立的社会阶层。因此，有的学者把这一时期的农民称为"农耕者"。[2] 农民作为一个真正的阶级出现应该在 14 世纪以后。1313 年，在伯里克领主和圣彼得修道院院长所签订的一份协议中，第一次将两个庄园的佃农统称为"农民"（peasant）。[3] 随着西欧封建制度的逐渐确立，大规模战争的减少，农民的身份也从日耳曼时期亦兵亦农的状态下脱离出来，他们不再从事打仗的职业，而变成了专职从事农业生产的人；而专职从事战争的人则被称为骑士。因此，他们"不再按照日耳曼人的习惯法划分社会的等级，而是根据人们在社会中所从事的经济活动和社会地位划分社会的等级，因此也就有了

---

① ［德］汉斯—维尔纳·格茨：《欧洲中世纪生活》，王亚平译，东方出版社 2002 年版，第 147 页。

② 参见王亚平：《农民身份——西欧中世纪的社会认同》，《经济—社会史评论》（第 2 辑），生活·读书·新知三联书店 2006 年版。

③ R. H. Hilton, *The English Peasantry in the Later Middle Ages*, Oxford: Clarendon Press, 1975, p. 3.

从事战争的骑士（贵族）等级，即领主阶层，以及从事农业生产活动的农民等级。"①

从农民内部的阶层来看，中世纪早期的农民主要分为维兰（非自由民）和自由民。至于维兰的形成过程，中世纪的法学家并没有给出明确的答案。到了19世纪以后，随着史学的发展，史学界不断得出新的结论。例如，梅特兰通过研究后指出，中世纪的农民身份比较复杂，绝不仅仅是自由农与非自由农那么简单。他把中世纪早期的农民分成了5个层次：自由农；索克曼；维兰；佃农或隶农，他们是与大陆地区地位相当的农奴；奴隶，主要是领主所雇用的劳工或仆工。② 其中奴隶这个阶层在末日审判之后，逐渐地在英格兰地区消失，"至12世纪后半期，奴隶作为一个阶级在英格兰已经不见了"③。他们消失的过程并不清楚，但比较可以肯定的是，他们成为了庄园的仆工或者是维兰的一部分。正如汤普逊所指出的那样："在12到13世纪，很多奴隶通过释放而成为维兰。"④ 至于索克曼则是介于自由农与维兰之间的一个阶层，他们一般是指王室庄园上的佃农。这些人一方面要负担一定的劳役，同时还享有一定自由农的权利，例如肯特郡的"格兰维尔"就是如此。⑤ 随着庄园制度的确立，索克曼也逐渐融入到了维兰这个阶层之中。波斯坦指出："大约从9世纪到10世纪初开始，不同阶层的依附农逐渐地融合成了一个阶层。"⑥ 由此可见，最晚到12世纪以后，维兰与其他依附农阶层逐渐地融合成了一个阶层，他们被统称为"维兰"（villan）或者依附农（bondmen）。根据哈彻的研究，11世纪时，英国维兰的人口约占总人口的41%，到了13世纪则增长为五分之三。⑦ 而希尔顿则认为，中世纪盛

① 王亚平：《农民身份——西欧中世纪的社会认同》，《经济—社会史评论》（第2辑），生活·读书·新知三联书店2006年版，第78—79页。

② Frederic William Maitland, *The Domesday Book and Beyond：Three Essays in the Early History of England*, New York：Norton, 1966, p. 31.

③ R. H. Hilton, *Bond Men Made Free：Medieval Peasant Movements and the English Rising of* 1381, New York：Routledge, Dec, 1990, p. 57.

④ ［美］汤普逊：《中世纪经济社会史（300—1300年）》（下册），耿淡如译，商务印书馆1997年版，第384—5页。

⑤ 黄春高：《西欧封建社会》，中国青年出版社1999年版，第147页。

⑥ M. M. Postan（ed.）, *The Cambridge Economic History of Europe*, Vol. 1, New York：Cambridge University Press, 1966, p. 253.

⑦ John Hatcher, "English Selfdom and Villeinage：Towards a Reassessment", *Past & Present*, No. 90 (February 1981), p. 7.

社会转型时期英国乡村基层组织研究

期，英格兰维兰的数量可达到三分之一甚至一半以上。① 至于中世纪维兰形成的原因，这些史学家并没有给出实质性的答案。笔者认为，从整个封建制的形成和发展来看，英国维兰的形成主要是受到了封君封臣制的影响。由于公权力的微弱，出于安全角度的考虑，很多农民纷纷把土地交给有能力保护他们的领主，即所谓的"投靠"，而这种投靠实际上也是一种封建的契约关系，即领主获得土地并使农民为其服劳役；农民则可以得到领主的保护。这些投靠领主并形成人身依附关系的农民就成为了维兰。著名的历史学家哈瑞森明确指出：在中世纪"所有那些在自由方面有缺陷的人都被宣布为维兰，与此同时，很多奴隶也都被抬升为维兰。农奴与维兰变为同义词。"②

尽管从法理上来说，维兰与奴隶有着相同之处，但他们的实际地位与奴隶有着本质的区别。比如，梅特兰和维诺格拉道夫为代表的史学家，通过整理大量的庄园档案后指出，中世纪农奴的实际地位与他们的法律身份存在着很大的误差。③ 尽管在领主制下，这些维兰的地位是不自由的，但他们仍然享有马尔克公社所遗留下的一些政治和经济权利，比如他们拥有买卖、遗赠以及继承财产的权利；拥有使用村庄公共资源的权利；拥有平等参与村庄事务的权利，等等。更为重要的是这种马尔克所遗留下来的权利在中世纪社会甚至是"神圣不可侵犯"的，任何人都不能随意去更改或者触犯这种权利。在中世纪的英国也把这种权利称为"习惯法权"（custom right）。由此可见，中世纪维兰的"不自由"身份是相对而言的，用梅特兰的话来说，"除了领主，维兰或农奴与其他所有人都保持着自由人的身份"④。因此，尽管在庄园解体之前，以维兰为代表的农民在法律地位上是依附于封建领主的，但

---

① R. H. Hilton, *Bond Men Made Free*：*Medieval Peasant Movements and the English Rising of* 1381, New York：Routledge, Dec. 1990, p. 61.

② J. F. C. Harrison, *The Common People*：*The History from Norman Conquest to the Present*, Blooming-ton：Indiana University Press, 1985, pp. 42–3.

③ See Paul Vinogradoff, *Villainage in England*：*Essays in English Mediaeval History*, Oxford：Clarendon Press, 1968；F. Pollock & F. W. Maitland, *The History of English Law before the Time of Edward I*, Cambridge：Cambridge University Press, 1968.

④ F. Pollock & F. W. Maitland, *The History of English Law before the Time of Edward I*, Vol. 1, Cam-bridge：Cambridge University Press, 1968, p. 419. 有关这一问题的探讨可参见：R. H. Hilton, *The Decline of Serfdom in Medieval England*, London：Macmillan Press, 1983；Miller & Hatcher, *Medieval England*, *Towns*, *Commerce and Crafts*, 1086 – 1348, New York：Longman, 1995, pp. 111–33；M. M. Postan, *Essays on Medieval Agriculture and General Problems of the Medieval Economy*, Cambridge：Cambridge University Press, 1968, pp. 278–89.

是，他们并非一无所有的"奴隶"，更与美国种植园的奴隶有着本质的区别。由于习惯法的存在以及共同体的保护，他们在严酷的封建体制之下，仍然能够保留着一定的法律权利，这也为后来他们身份地位的改变埋下了伏笔。

二、维兰身份的变化及其影响

英国维兰法律地位的变化大体上分为两个阶段。第一阶段，12 世纪前后，是介于自由与非自由人之间。希尔顿指出："强加给英国维兰新的劳役负担主要发生在 1180 年到 1190 年间。"[1] 维诺格拉道夫也认为："此时的维兰是一个自由与非自由因素的混合体。"[2] 因为在《末日审判书》中仍然认为维兰是自由人，即使他们是"最为糟糕的自由人"[3]。也就是说，在 12 世纪前后，英国维兰的法律身份是比较模糊的。从整体来看，到了 12 世纪以后，英格兰的农奴制基本形成了。这些农奴要承担很多的劳役、捐税，并且在一定程度上失去了法律上的人身自由。第二阶段是 14 世纪以后，随着封建制度的衰落，庄园制的逐渐解体，劳役地租逐渐被货币地租所取代，英国维兰的身份地位也发生了重要的变化。马克思就曾指出："在英国，农奴制实际上在 14 世纪末期已经不存在了。尤其是 15 世纪，绝大多数人口是自由的自耕农，尽管他们的所有权还隐藏在封建的招牌后面。"[4] 农民身份地位的变化对其自身以及乡村社会都产生了一定的影响。

首先，随着土地与身份之间的联系逐渐淡化，自由农与非自由农之间的界限也逐渐地被废除了。爱德华·米勒和约翰·哈彻指出，中世纪农民的身份与他们持有的土地有着紧密的联系。他们认为，这是一种用"丛林法则来管理社会关系"的方式，即把土地本身划分为自由和维兰两种类型，因此也就决定了土地的拥有者需要尽什么样的义务。也就是说，持有土地类型的不同，也就决定了农民身份的不同。正如马克·布洛赫所言：

---

① R. H. Hilton, *Peasants, Knights, and Heretics*, Cambridge: Cambridge University Press, 1965, pp. 174-91.

② Paul Vinogradoff, *English Society in the Eleventh Century: Essays in English Mediaeval History*, Oxford: The Clarendon Press, 1908, p. 470.

③ Frederic William Maitland, *The Domesday Book and Beyond: Three Essays in the Early History of England*, New York: Norton, 1966, p. 31.

④ 《资本论》第 1 卷，人民出版社 2004 年版，第 785 页。

"土地本身也有其法律地位，而且它与土地所有者的法律地位完全一致……原则上说，不同等级的土地在法律上要负不同的义务。"① 因此，通常情况下，维兰只能持有维兰性质的土地；自由农只能持有自由农的土地，二者之间不能转移。但是从 14 世纪开始，"一些维兰开始持有具有自由性质的土地，而有些自由农也持有一些具有维兰性质的土地。"② 不同法律身份之间也可以进行土地交易。科斯敏斯基指出："庄园法庭虽然力图控制这种交易，但大部分土地都摆脱了这样的控制。"③ 例如，在 1321 年的海明福德修道院，陪审团指出领主的一个农奴威廉·普拉姆从一个自由农手中购买了 2 英亩 1 杆半的土地，他并没有得到领主的特许。因此，他被处罚了 40 便士并由西蒙作为担保。尽管如此，他不愿意放弃上述的土地；在 1321 年的格顿，陪审团指出拉尔夫·费博购买了 2 英亩的自由持有地，因此被处罚了 6 便士。他不愿意放弃上述土地，因此他来到法庭并出示了他的特许状。④ 在 1310 年的奥沃，陪审团指出，一个叫威廉·罗德的农奴从沃尔特·费诺那里购买了一块自由持有地。威廉给领主交纳了一定的费用，目的是他能继续持有上述土地。⑤ 在 1290 年的希灵顿，罗伯特·史密斯从高德弗里那里购买了 1 英亩的自由地，他每年上交给领主 1 便士的费用。⑥ 正如波斯坦所指出的："这些维兰可以不被限制地购买自由的土地，同时经过领主的允许或者不经过领主的允许，他们都可以购买和出租土地——维兰的和自由的土地。"⑦ 随着土地与身份之间联系的淡化，维兰与自由农之间的界限也变得日益模糊，甚至"农奴"一词也很少在法庭上出现了。

其次，阶级的划分不再以法律身份为标准，经济地位则成为主要的依

① ［法］马克·布洛赫：《法国农村史》，余中先等译，商务印书馆 1991 年版，第 80 页。
② Miller & Hatcher, *Medieval England*, *Towns*, *Commerce and Crafts*, 1086–1348, New York: Longman, 1995, p. 112.
③ E. A. Kosminsky, *Studies in the Agrarian History of England in the Thirteenth Century*, Oxford: Blackwell, 1956, p. 212.
④ J. A. Raftis, *Tenure and Mobility*: *Studies in the Social History of the Mediaeval English Village*, Toronto: Pontifical Institute of Mediaeval Studies, 1964, p. 84.
⑤ Ibid., p. 87.
⑥ Ibid., p. 88.
⑦ M. M. Postan（ed.）, *The Cambridge Economic History of Europe*, New York: Cambridge University Press, 1966, p. 611.

据。尽管农民的法律地位十分复杂，但他们的经济地位却十分明朗，而且也不像法律地位那样抽象。乔治·杜比指出："很明显，以前划分阶级主要是按照世袭和法律，从非自由人中划分出自由人。但是到 1300 年以后，则主要依照一个人的经济地位来进行划分。"[①] 在英格兰，尽管这样的划分标准推进得比较缓慢，但从发展趋势来看是不可逆转的。随着市场经济的发展以及货币地租的流行，金钱在人们日常生活中的重要作用越来越明显。在乡村，1 个富有的维兰要比一个贫穷的自由人更有地位。此时法律身份不再是划分阶级的标准了。他们的称呼要么是农夫（ploughmen），要么就是雇工。英国的威廉·哈里森在 1557 年时指出，英格兰全体国民中共分 4 种人：绅士（包括贵族、骑士和乡绅）；城镇公民和市民；农村自耕农以及那些按日计资的雇工，穷庄稼汉……各种手工业者。[②] 而到了 17 世纪时，罗伯特·赖斯科又把社会等级分化为贵族、骑士、绅士、自耕农、城镇居民、庄稼汉和穷人。[③] 从中我们可以看出，到了 15 世纪以后，英国社会等级的划分已不再以法律身份来作为主要标准，更加突出了他们的职业和经济地位。例如，科斯敏斯基通过对 1279 年英格兰中部地区 7 个郡的百户区档案研究后发现，有些维兰家庭所拥有的土地甚至超过了 100 英亩。[④] 一般情况下，半维格特土地（12—16 英亩）可以养活一个四口之家，而 1 维格特的土地除了可以养活家庭之外，其剩余的部分则可以用来支付维兰的劳役或者购买更多的土地；而那些持有 4 维格特以上土地（40—100 英亩）的农民就是大农场主了，这些人的富裕程度甚至超过了乡绅贵族。例如，15 世纪时，一个富裕的维兰去世后所留下的财产高达 2000 多英镑。[⑤] 换句话说，此时维兰一词的含义不再是农奴的代名词了，他们与那些乡绅、骑士的差别已经微乎其微了，他们甚至可以与小贵族进行联姻。布雷顿和达文特通过对拉姆齐地

① G. Duby, *Rural Economy and Country Life in the Medieval West*, London: Edward Arnold Ltd., 1968, p. 282.

② K. Wrightson," The Social Order of Early Modern England: Three Approaches," in *The World We Have Gained: Histories of Population and Social Structure*, L. Bonfield, et al., (eds.), Oxford and New York: Basil Blackwell, 1986, pp. 177-202.

③ Ibid.

④ E. A. Kosminsky, *Studies in the Agrarian History of England in the Thirteenth Century*, Oxford: Blackwell, 1956, pp. 230-37.

⑤ ［英］希尔顿·法根：《1381 年的英国人民起义》，瞿菊农译，生活·读书·新知三联书店 1956 年版，第 38 页。

区两个村庄的研究后指出，在中世纪的村庄共同体中，村民所拥有的财富和他的法律地位是一样重要的。① 到了16世纪，"自耕农转入乡绅之列，不仅不是罕有的事，而相反的还相当普遍。"② 此时，农民的称谓也发生了一定的变化，那些维兰被称为"公簿持有农"，这种称谓的改变表明中世纪旧有的法律身份的解体。这些人构成了这一时期英国农民的主体，根据托尼的统计，16世纪时，公簿持有农占乡村总人口的61.1%。③ 他们的人身是自由的，而且在法律关系上也具有一定的独立性。尽管有时维兰的称呼仍然在使用，但它的内涵和外延都发生了很大的变化。例如，坎贝尔就明确指出：中世纪晚期的"农夫（ploughmen）与约曼（Yeoman）之间、约曼与绅士（gentleman）之间以及绅士与乡绅（Esquires）之间几乎没有太大的差别了"④。

综上所述，到了15世纪以后，随着农民土地支配权的扩大，农民的法律身份和地位也发生了改变。通过集体斗争或者赎买的方式，个体农民获得了一项又一项权利，如自由迁徙权、财产继承权等等，从而不断地消除掉自身不自由的印记，"西欧的农奴是一步步解放的，而且几乎是一个一个地解放出来的"⑤。农民法律身份的变化也是其权利不断增长的过程，而农民权利的扩大也在一定程度上改变了他们的法律身份。15世纪以后，随着农民法律身份的变化，农民中的上层——那些富裕的农民与骑士、乡绅、绅士的阶级界限愈加变得模糊起来，他们之间相互交融、渗透，使得旧有的阶级界限不断地被打破，乡村的阶级结构正在经历着新的分化、组合。

第三节　农民对公共权利的诉求

14世纪后，随着农民个体权利意识的不断增长，他们迫切要求打破旧

---

① Edward Britton, *The Community of the Vill：A Study in the History of the Family and Village Life in Fourteenth-Century England*, Toronto：Macmillan of Canada, 1977；Edwin De Windt, *Land and People in Holywell-Cum-Needingworth：Structures of Tenure and Patterns of Social Organization in an East Midlands Village*, 1253-1453, Toronto：Pontifical Institute of Mediaeval Studies, 1972.

② ［英］施脱克马尔：《十六世纪英国简史》，上海外国语学院编译室译，上海人民出版社1958年版，第333页。

③ R. H. Tawney, *The Agrarian Problem in the Sixteenth Century*, London & New York：Longmans, Green & Company, 1912, p. 23.

④ Mildred Campbell, *The English Yeoman：under Elizabeth and Early Stuarts*, London：The Merlin Press, 1983, p. 30.

⑤ 侯建新：《法律限定负担与英国农奴身份地位的变动》，《历史研究》2015年第3期。

有的束缚并要求更多的权利，从而引发了一场对公共权利诉求的浪潮。从表面上来看，这是农民集体保护公共权利的斗争，其实质是他们以共同体的名义来扩大私权。正如戴尔所说："在所有的社会中，即使中世纪的英国也不例外，公共义务和个人权利之间存在着紧张的关系……私有财产和集体利益的并存就会导致更多的竞争。"[①] 中世纪农民在土地上的公共权利包括两个方面：一是共同体成员拥有在秋收后庄稼茬上放牧的权利；另一个是在未开垦地上的公共权利。有关于第一种公共权利的论述，我们在前面的章节中已经进行了探讨，这里就不再赘述。本节将重点论述 14 世纪前后，农民对未开垦地上公共权利的争夺。

早期的一些历史学家如维诺格拉道夫以及梅特兰等人曾对公共权利进行了研究，[②] 但之后的历史学家则很少论及，只有希尔顿、霍曼斯等人在其论著中略有涉猎。[③] 而且这些历史学家在论述土地上的公共权利时，更多的是讨论公共放牧权的问题，特别是敞田制下的公共放牧权，从而忽视了对未开垦地上公共权利的研究。按照中世纪的习惯法，每个村庄的村民都拥有村庄周围的森林、沼泽、荒地等资源的公共使用权，如从森林中获取用作燃料和筑栅栏的木材（wood）；建筑用的原木（timber）；用作燃料的灰炭（turf）以及捕鱼的权利等等。14 世纪前后，"在那些林地地区以及林地与放牧的混合地区，大致以英格兰西部的北多塞特以及东索默赛特为起点，经西米德兰到柴郡和兰开夏郡以及英格兰的东南部地区，都出现了农民集体对公共权利的诉求。"[④] 近现代历史学家的研究已经表明，农民对这种公共权利的不断诉求，最终却导致了未开垦地上公共权利的实质

---

① C. Dyer, *An Age of Transition? : Economy and Society in England in the Later Middle Ages*, Oxford: Clarendon Press, 2005, p. 42，54.

② P. Vinogradoff, *Villainage in England: Essays in English Mediaeval History*, Oxford: Clarendon Press, 1892, pp. 259-277; P. Vinogradoff, *The Growth of the Manor*, New York: The Macmillan Company, 1905, pp. 165-74; F. Pollock & F. W. Maitland, *The History of English Law before the Time of Edward I*, Cambridge: Cambridge University Press, 1968, pp. 620-34; N. Neilson, *Types of Manorial Structure in the Northern Danelaw: Customary Rents*, Oxford: Clarendon Press, 1910.

③ G. C. Homans, *English Villagers of The Thirteenth Century*, Cambridge: Harvard University Press, 1941, p. 85, 258-60, 290; R. H. Hilton, *A Medieval Society: The West Midlands at the End of the Thirteenth Century*, Cambridge: Cambridge University Press, 1983, pp. 119-20.

④ R. Brigden & J. Thirsk (eds.), *The English Rural Landscape*, Oxford: Oxford University Press, 2000, pp. 97-139.

性消亡。^① 这些未开垦地上的公共资源是农民经济的重要组成部分，对这种公共权利的研究具有着十分重要的意义。首先，通过对这方面公共权利的研究，可以深入了解它对农民经济的重要性以及农民所享有公共权利的内容；其次，进一步揭示这种权利在不同历史环境中不同的作用和本质。

一、公共权利构成

按照中世纪的惯例，村民在村庄周围的林地、沼泽、荒地、池塘等未开垦地上都拥有公共权利，其中特别是林地中的公共权利，在中世纪乡村日常生活中占有重要的地位。首先，木材是乡村社会中最为重要的建筑材料。"从盎格鲁－撒克逊时期开始，英国农民的茅舍和住宅都是以木材为主要架构的。此外，住宅内的很多设施如房屋内部的隔板和门都是用木材来建造的。"^② 同时，大多数农民的住宅内一般还有少量的家具，例如长凳、餐桌、箱子等等，同样也是木制的。不仅在乡村如此，甚至在一些城市中，木材同样是必不可少的建筑材料。例如，西蒙·德·蒙特福德在反抗国王的战斗中，试图用小鸡绑上火把来焚烧伦敦城，^③ 这说明当时伦敦城内的建筑材料也主要是以木材为主。其次，木材也是农民日常生活的主要燃料。在煤炭尚未大规模开采之前，"无论是农民家庭中生火做饭，还是铁匠、陶工或其他小工匠所用炉火，显然也主要是以木材做燃料。"^④ 尽管有些地区也开始使用泥炭和木炭作为燃料，但这种燃料所使用的范围仍然是小规模和地方性的，它们尚未成为木材的替代品。第三，木材也是农业生产的必需品。在实行敞田制和三圃制的地区，木材还被广泛用作建造栅栏的材料；同时它也是制作农具、器械和器皿的基本原材料，大到马车、耕犁，小到铲锹、耙、锄

---

① A. Everitt, "The Marketing of Agricultural Produce" in *Agrarian History of England and Wales*, 1500 – 1640, J. Thirsk (ed.), Cambridge: Cambridge University Press, 1966, p. 396; E. Kerridge, *Agrarian Problems in the Sixteenth Century and After*, London: Allen & Unwin, 1969; P. A. J. Pettit, *The Royal Forests of Northamptonshire: A Study in Their Economy*, 1558 – 1714, Northampton: Northamptonshire Record Society, 1968; Virginia Bainbridge (ed.), *The Victoria History of the Counties of England. A History of the County of Wiltshire*, Vol. 18, Woodbridge: Boydell and Brewer, 2010, p. 51.

② J. Hurst, *Pathways to Medieval Peasants*, Toronto: Pontifical Institute of Mediaeval Studies, 1981, pp. 27–62.

③ Margaret Wood, *The English Mediaeval House*, London: Biblio Distribution, 1968, p. 293.

④ C. Dyer, *Social Relations and Ideas: Essays in Honour of R. H. Hilton*, Cambridge: Cambridge University Press, 1983, p. 204.

头和连枷，都是以木材为主的。此外，大部分林地中都有一些草场，这些草场可以为牛、马、绵羊甚至山羊等牲畜提供宝贵的牧草。正如马克·布洛赫所说："荒地和森林为牲口保证了牧场的补充。这些，无论是草地，还是休闲地，在通常情况下是不可能做到的。森林还给人们以木材和成千种人们习惯于在树荫下寻找的其他产品。在沼泽地，有泥炭和灯心草；在荒野，有用作垫草的荆棘和草皮块，有染料木或用作肥料的蕨类植物"①。正因为林地资源对于农民来说十分重要，因此，未开垦地上的公共权利一般都与此有关。

第一，使用木材的权利。按照习惯法，凡是在村庄中拥有土地的农民，还拥有使用村庄周围森林中的木材作建筑材料、筑栅栏以及燃料三方面的公共权利，这三种公共权利在文献中分别被称作：农民修缮房屋的采木权（housebote）；修补树篱或栅栏的采木权（haibote or hedgebote）以及采薪权（firebote）。② 此外，还有专门用来制造工具的木材，这种木材在英文中被称作 wenbote（or wainbote），cartbote，ploughbote，意思是制造货车、马车和耕犁所用的木材。③ 关于使用木材的权利，在很多文献中很早就有了相关的记载。例如，在 12 世纪中叶，拉尔夫·巴塞特（Ralph Bassett）将一小块土地授予布鲁德小修道院时，他特别指出小修道院应"像他的其他佃农一样在牧场和林地中享有公共权利"。④ 但是，这里并未明确指出这项公共权利所包含的具体内容。到了 13 世纪以后，使用木材的公共权利在英格兰已经普遍存在了。例如，在英格兰的北部，特伦特姆（Trentham）修道院的教士们以及他们在朗顿（Longton）的佃农就拥有在位于朗顿的威廉·必威尔（William Beyvill）林地上的"房屋修缮的采木权、树篱或栅栏维修的采木权以及合理获取木材的权利"⑤。在南部，1266 年，威丁顿（Wiggington）的佃农可以从位于坎诺克森林的威丁顿林地处获得他们必需的木材；1288 年，

---

① ［法］马克·布洛赫：《法国农村史》，余中先等译，商务印书馆 1991 年版，第 202—203 页。
② 虽然在档案中经常可以看到"firebote"这个英语词汇，但用作燃料的木材更经常地是用一些拉丁短语如"wood ad ardendum"或"ad focalium"来进行描述。See Jean Birrell, "Common Rights in the Medieval Forest: Disputes and Conflicts in the Thirteenth Century", *Past & Present*, No. 117 (November 1987), pp. 22-49.
③ N. Neilson, *Customary Rents*, Oxford: Clarendon Press, 1910, p. 84.
④ George Wrottesley, *Staffordshire Historical Collections*, London: Staffordshire Record Society, 1939, p. 182.
⑤ T. Pape, *Medieval Newcastle-Under-Lyme*, London: Longmans, 1928, p. 26.

比尔斯顿（Bilston）的佃农则可以从本特利（Bentley）的一处林地获取同样的权利。① 在东北部的尼德伍德地区，当菲勒斯（Ferrers）的公爵试图在他的阿格斯里（Agardsley）庄园上建立一座名为纽伯勒（Newborough）的新城镇时，他许诺给该城未来的居民提供诱人的条件，其中就包括修缮房屋采木权和树篱或栅栏维修采木权。② 此外，在中西部地区斯塔福德郡的"塔特伯里（Tutbury）的自由民享有的树篱或栅栏维修采木权（haibote）；尤托克西特（Uttoxeter）的佃农享有的采伐木材的用作燃料的权利；罗尔斯顿的依附农享有的获取木柴和筑栅栏材料的权利"③。可见，有关使用木材的公共权利，在英格兰的所有林地地区都已经得到了认可。

第二，放牧牲畜的权利。在中世纪早期，林地中的公共牧场与其他的草地、牧场一样，都是乡村众多公共牧场中的一部分，但最初并未得到重视。13世纪以后，英国乡村畜牧业的迅速发展使得牧草供应严重不足，此时林地中的牧场则成为有益的补充。例如，1332年的诺顿林区，周围三个村庄诺顿、亚德里以及索利赫尔的村民都要求在此地享有公共放牧权。④ 与秋后的庄稼茬放牧不同，林地中的牧场可以常年开放，且免除了敞田制中对放牧的种种限制。例如，"在坎诺克（Cannock），干草场是归公共所有的，而位于林区内的居民都可以在那里放牧除山羊之外所有类型的牲畜。"⑤ 在一些地区则更为开放，一些在庄稼茬放牧中被严格禁止的家畜，如山羊和猪也都可以进入林地中进行放牧。例如，"位于奇德尔（Cheadle）的迪普伍德（Treapwood）林地就允许放牧山羊，但是必须防止它们破坏矮木"⑥。"14世纪初，在牛津郡，已经没有任何林地的库克瑟姆庄园的猪被驱赶到40英里

① Jean Birrell, "Common Rights in the Medieval Forest：Disputes and Conflicts in the Thirteenth Century", *Past & Present*, No. 117（November 1987）, p. 29.

② A. Ballard（ed.）, *British Borough Charters*：1042－1216, Cambridge：Cambridge University Press, 1913, p. 56.

③ Jean Birrell, "Common Rights in the Medieval Forest：Disputes and Conflicts in the Thirteenth Century", *Past & Present*, No. 117（November 1987）, p. 28.

④ ［英］克里斯托弗·戴尔：《转型的时代：中世纪晚期英国的经济与社会》，莫玉梅译，社会科学文献出版社2010年版，第59页。

⑤ Stebbing Shaw, *The History and Antiquities of Staffordshire*, Vol. 1, London：Printed by and for J. Nichols, p. 18.

⑥ Jean Birrell, "Common Rights in the Medieval Forest：Disputes and Conflicts in the Thirteenth Century", *Past & Present*, No. 117（November 1987）, p. 36.

以外的地方去放牧。"①

第三，使用公共资源的权利。这里主要涉及一些与农民日常生活紧密相关的权利。例如，一些公有地上所生长的芦苇、柳条也是居民日常生活的必需品。村民时常用这些东西来覆盖屋顶、建造篱笆或者是用来当作柴禾。

二、关于公共权利的村规

尽管有关未开垦地上的公共权利在 14 世纪前后已经被人们所认同，但是在此之前，农民在未开垦地上的公共权利最初是很少被记录下来的。一方面由于它作为一种古老的、习惯法意义上的权利，最初只是存留在人们的记忆之中。② 另一方面，对于那些封建社会中的管理机构来说，这些公共权利也并非是它们关注的重点。例如，在英格兰的习惯法汇编（custumals，也有惯例书之意）中，很少谈及村民在这方面的公共权利。尽管从征收税的角度出发，这些文献中也指出了某些林地及其牧场是公有的（common）或属于个人专有的（several），并且在这些文献中也有过某些人为使用该项公共权利而缴纳税款的记录，但是，从整体来看，关于村民在未开垦地上公共权利的记载是相当稀少的，且常流于形式或是过于笼统和片面。③ 从 14 世纪开始，随着农民与领主之间就未开垦地上的公共权利不断发生摩擦，有时甚至会引发暴力的斗争。因此，关于这方面公共权利的村规也逐渐增多，并且对相关的各项权利也进行了详细的规范。从内容上来看，有关这方面的村规主要分为两个方面：一是有关林地使用权的村规；二是有关其他公共资源的村规。这一时期村规的大量增长表明，农民对这种公共权利的迫切需求。

第一，关于木材使用权的村规。尽管人们很早以前就获得了这项公共权

---

① P. D. Harvey, *Cuxham*, 1240 *to* 1400, Oxford：Oxford Uiversity Press, 1965, p. 97.

② 有关这方面的早期历史可参见：H. P. R. Finberg, *Agrarian History of England and Wales*, Vol. 1~2, Cambridge：Cambridge Uiversity Press, 1972, p. 403；P. H. Sawyer, *Medieval Settlement：Continuity and Change*, London：Edward Arnold, 1976, p. 294；D. Hooke, *The Anglo-Saxon Landscape*, Manchester：Manchester University Press, 1985, p. 158.

③ 例如，12 世纪博尔顿修道院的调查显示，仅在税收记录中提到村民为获取木材和林地放猪权而支付的费用；13 世纪末考文垂和利菲尔德主教的地产上的调查显示，仅在少数几例诉讼中记载了农民未开垦地的公共权利；另外，也记录了农民为获取林地放猪权所支付的特定的费用以及相关的劳役。参见：W. D. Peckham（ed.），*The Thirteenth-Century Custumals for Selsey and Houghton Printed in Thirteen Custumals of the Sussex Manors of the Bishop of Chichester*, Vol. 31, Sussex：Sussex Record Society, 1925, p. 19, 21, 61.

利，但对于获取的数量以及用途等，并没有详细的规定。13 世纪以后，随着农民对公共权利的不断诉求，很多地方的村规不得不对此进行了细化。例如，博尔顿修道院庄园规定：维尔格特"每年可以获取 3 马车用于筑栅栏的木材以及同样数量用作燃料的木材"①。同样，在博尔顿修道院庄园的另一个村庄——布罗姆利（Bromley）规定：一个半维尔格特每年可以获得 3 马车用于筑栅栏的木材。② 在剑桥郡的格兰斯登规定：维尔格特拥有两捆筑栅栏用的木材，小土地持有者和茅舍农则可获得一捆木材；同时规定，村民要在林地中行使其公共权利时，要事先告知其具体的意图，否则就容易触犯村规。③ 此外，在林地村规中，对树木的用途也进行了详细的规定。一些比较珍贵的品种比如橡树，在中世纪这种树木通常只能用来作建筑用原木，这是因为当时的人们认为它太过珍贵而不能浪费在筑栅栏或燃料上。例如，在 1300 年的一则村规中规定，"佃农们可在位于巴格托·布鲁姆利德（Bagots Bromleyde）林地上，除了橡树和它们的树皮之外的所有树木中，享有房屋修缮采木权和树篱维补采木权。"而那些不太适合作建筑材料的普通树木以及再生速度很快的树木，如桤木、柳树、山楂树、冬青通常被指定为筑栅栏或燃烧之用。④ 当然，这些树木必须是"枯死的"或"被风刮倒的"。例如，"在布里格斯托克（Brigstock），佃农们只能够采伐枯木，因为这些枯木他们能够用双手进行采集，而不需要使用尖锐锋利的工具；在阿什伍德森林（Ashwood Forest）中有公地使用权的人可以获取'被风折断了的'木材，而不能获取'被工具砍断的'木材；在斯塔福德郡，罗伯特·托克爵士以及安斯洛的佃农们只能够获得他们触手可及的、直立的且由于某种原因枯死的橡树。"⑤

尽管村规对此有着严格的规定，但仍然不能阻止农民对此项权利的诉求。通过与领主的不断斗争，他们在一定程度上扩大了自己的公共权利。例

① George Wrottesley, *Staffordshire Historical Collections*, London：Staffordshire Record Society, 1939, p. 65.

② Ibid., pp. 82-3.

③ O. Rackham, *Hayley Wood：Its History and Natural History Cambridgeshire and Isle of Ely Naturalists' Trust*, Cambridge：Cambridge University Press, 1975, p. 26.

④ R. H. Hilton, *A Medieval Society：The West Midlands at the End of the Thirteenth Century*, New York：Humanities Press, 1967, p. 120.

⑤ N. Nielson（ed.）, *Cartulary and Terrier of the Priory of Bilsington*, Oxford：Oxford University Press, 1928, pp. 35-36.

如，在 1280 年塔特伯里小修道院，从最初规定农民每天可以从林地中获取两车木材，后来又增加到了每日三车常用的木材；至 1325 年，则被进一步地细化，规定：在夏季即从五月至九月期间，可以从林地中获得每日三马车（每天两次）的木材，但在一年的其他时间里则每天只可获得一车木材。[①]再如，按照惯例，"拉海德的托马斯就其在附近的开灵顿（Chillington）林地中享有获取必要木材的权利，他因此与庄园的领主——约翰·季福德发生了冲突。最后，托马斯成功地使其权利得到了法庭的认可，规定其获取的数量为：每年 52 马车的薪柴，8 马车筑栅栏用的木材和一棵'适于作原木'的橡树。"[②]

第二，关于林地放牧的村规。家畜的放牧问题一直都是乡村生活中较为重要的问题。特别是到了 13 世纪以后，随着畜牧业的发展，村民饲养的家畜规模不断扩大，仅靠秋后的庄稼茬放牧已不能满足放牧所需。因此必须要开辟新的牧场来进行放牧，而林地中的草地则成为了较为理想的牧场。对此，村民之间、村民与领主之间就林地放牧的问题也展开了激烈的争夺。"到了 13 世纪末，开始出现对村庄公共牧场放牧数量的限制，尽管这些限制只是在接下来的一个世纪即 14 世纪才变得日益频繁。"[③] 对于林地中公共放牧权的规定，则主要是参照了敞田制中公共放牧的具体规定，即按照村民在村庄中所持有土地的多寡来确定其具体放牧的牲畜数量。比如，一般放牧猪的数量不能超过 50 头，有的地区则规定的数量较多，甚至可以多达 200 头以上；同时，对林地放牧的时间也有详细的规定，放牧的时间通常持续 6 周，即从米迦勒节（9 月 30 日）一直到圣马丁节（11 月 11 日）。[④] 例如，1300 年前后，在格洛斯特郡的迈西汉普顿，持有 14 英亩土地的 4 个村民，他们可以在公共牧场放牧 4 头牛、1 匹马以及 30 只羊。[⑤]

---

① George Wrottesley, *Staffordshire Historical Collections*, Vol. 4, London: Staffordshire Record Society, 1883, p. 63, 84, 93.

② E. Miller & J. Hatcher, *Medieval English Rural Society and Economic Change*, 1086-1348, London: Longman, 1978, p. 99.

③ C. Dyer, *Lords and Peasants in a Changing Society*: *The Estates of the Bishopric of Worcester*, 680-1540, New York: Cambridge University Press, 1980, p. 331.

④ Jean Birrell, "Common Rights in the Medieval Forest: Disputes and Conflicts in the Thirteenth Century", *Past & Present*, No. 117 (November 1987), pp. 37-8.

⑤ ［英］克里斯托弗·戴尔：《转型的时代：中世纪晚期英国的经济与社会》，莫玉梅译，社会科学文献出版社 2010 年版，第 62 页。

第三，关于其他公共资源的村规。除了有关林地外，还有一些公共资源如沼泽、荒地以及泥炭等，农民同样从中可以得到一些日常生活所需。因此，从 14 世纪开始，对这些公共资源的管理也相继出现。例如，1406 年的阿普伍德，规定居住在领地范围内的全体维兰，任何人都不能在复活节到基督诞生节之间到沼泽地中割取灯心草，否则将被处罚 6 先令 8 便士；1536年的拉姆齐，约翰·埃斯顿由于割取了公有地上的柳条而被处罚了 4 便士，同时，他被警告自此以后，如果他再被发现在此地割柳条，就要被处罚 40先令；[1] 在瓦尔博斯，规定："任何人都不能在圣米迦勒节到圣十字架节之间，到沼泽中收割牧草。否则处罚半马克。"[2] 1413 年的维斯托规定，任何人都不能在圣彼得节到复活节之间到沼泽地中割取芦苇，否则将被处罚半马克。[3] 买卖泥炭是一项有利可图的行当，在中世纪很多村庄中，一些村民利用挖掘公有地中的泥炭来获取利益。因此，很多村规中也对这种行为给予严格的限制。对那些违犯者处以重罚，但即便如此，仍有一些人由于不断地把泥炭出售给他人而受罚。例如，1372 年瓦尔博斯，任何人都不能挖掘新矿脉上的泥炭，否则将被处罚 20 先令；1403 年的维斯托，经全体村民和领主一致同意，规定自此以后，任何人都不能进入维斯托和瓦尔博斯交界处约为40 英尺宽的地带上挖掘泥炭，否则每次将被处罚 40 便士；1473 年的大拉维利规定，除非按照古老的法令，否则自此以后任何人都不能挖掘沼泽地中的泥炭，否则每次触犯将被处罚 20 先令。[4]

大量有关公共权利的村规出现表明，14 世纪前后，随着乡村社会的变化、农业经济的发展以及畜牧业的兴盛，农民对公共资源的需求不断增加；此外，随着封建主义危机的到来，广大农民希望继续维护传统的惯例权利，以此来保护自身的权益。

三、对公共权利的争夺

关于公共权利的争夺是一种经济利益之争。在领主看来，这些未开垦地

---

① J. A. Raftis, *Tenure and Mobility*：*Studies in the Social History of the Medieval English Village*, Toronto：Pontifical Institute of Medieval Studies, 1964, p. 122.

② Documents. 125.

③ J. A. Raftis, *Tenure and Mobility*：*Studies in the Social History of the Medieval English Village*, Toronto：Pontifical Institute of Medieval Studies, 1964, p. 123.

④ J. A. Raftis, *Tenure and Mobility*：*Studies in the Social History of the Medieval English Village*, Toronto：Pontifical Institute of Medieval Studies, 1964, p. 124.

上的资源是领主经济体制中的一个重要组成部分，他们可以从中获取巨大的利益。比如，对林地中放牧所征收的各种费用，对领主而言就是一项重要的收入来源。例如，温斯伯里（Wednesbury）的领主约翰声称，他有权从他的任何一个拥有 5 头猪的佃农那里索取最好的那头猪，另外成猪缴纳 1 便士，幼崽缴纳 1/4 便士；① 惠廷顿（Wiggington）的菲利普·马米恩的林地在 1266 年未带来任何收益，但是每年却获得 13 先令 4 便士的林地放猪费。② 1330 年，萨默维尔（Somervilles）通常从他们的奥尔勒斯（Alrewas）庄园收取每年 12—16 先令的林地放猪费。在 1307—1308 年，从斯塔福德郡的各庄园所收取的林地放猪费总额为 6 英镑 13 先令；而在 13 世纪中叶的某一年，从尼德伍德林地所收取的林地放猪费总额多达 18 英镑。③ 由此可见，林地中的收入对于领主来说是一笔不错的收入来源。

对于农民而言，"以很少的费用或不支付任何费用就可获取木材和原木的供给并有权进入林地牧场，对许多农民家庭的存活和发展也是十分必要的。"④ 特别是随着 1217 年《森林宪章》的颁布，农民在林地中的公共权利开始受到普通法的保护。⑤ 最初森林法只是对自由民的权利加以保护，但是由于在诉讼过程中也牵扯到很多佃农的利益，"大多数村民则成捆、成束或用驮马亦或马车装载来偷盗木材"⑥。这也使得森林中公共权利的范围不断地扩大，农民与领主之间关于林地的争夺则演变为一种权利的斗争。正如马克·布洛赫所说："争夺公有地的斗争是事物的常理。历来斗争双方分为领主及其臣民……编年史专家纪尧姆·德·朱米埃热在顺便提到于 1000 年时暴动的诺曼底农民时写道：'他们要使河水和森林的利用服从于自己的法律。'诗人瓦斯在稍后一些时候曾用热情的诗句反映了这点：'我们人数众多，/保护我们自己不受骑士的压迫。/我们可以到森林去，/砍伐树木任自

① George Wrottesley, *Staffordshire Historical Collections*, Vol. 9, London: Staffordshire Record Society, 1883, p. 18.

② George Wrottesley, *Staffordshire Historical Collections*, London: Staffordshire Record Society, 1911, p. 136.

③ Jean Birrell, "Common Rights in the Medieval Forest: Disputes and Conflicts in the Thirteenth Century", *Past & Present*, No. 117 (November 1987), p. 40.

④ Ibid., p. 41.

⑤ 有关《森林宪章》的相关条例，可参见: Charles R. Young, *The Royal Forests of Medieval England*, Pennsylvania: Pennsylvanian University Press, 1979.

⑥ R. Hardy, *A History of the Parish of Tatenhill*, Vol. 2, London: Harrison and Sons, 1907, p. 2.

已挑选，/在鱼塘里垂钩钓鱼，/在森林里猎取野味；/在森林、在河流、在草地/我们随心所欲对待万物。"①

农民与领主之间争夺公共权利的斗争主要体现在两个方面：

第一，农民依据习惯法对领主展开合法抗争，以保护自己的公共权利不受侵害。例如，在1306年，埃辛顿（Essington）的领主罗伯特被指控，他非法侵夺了诺顿（Norton）的约翰之子——威廉位于埃辛顿的200英亩林地和200英亩荒野中的公共放牧权，按照惯例此公共放牧权是隶属于他在诺顿—凯恩斯（Norton Canes）的自由保有地产。罗伯特则申辩称威廉在诺顿所保有的地产并未授予他此类权利（即公共放牧权）。第二年（1307年），法庭又受理了对罗伯特的诉讼，村民控告他非法侵占了位于沃尔索尔（Walsall）一处地产上80英亩的荒野、灌木丛生的荒地以及林地中公共放牧权；1331年罗伯特又被提起关于在位于大维尔利的一处地产上的800英亩的林地和牧场中的放牧权的诉讼，1342年罗伯特又为此被提起诉讼。②《威斯敏斯特条例》颁布后，通过将新的侵权行为扩展至林地的公共权利，村民的合法诉讼变得更为容易，他们甚至把领主对公共权利的侵占行为上诉到了王室法庭。例如，1221年，巡回法庭在伍斯特郡接到了一份诉讼。该诉讼说有19个村民将领主所建造的篱笆推倒了，但他们则提出说，先前在王室法庭上已经就公共牧场的边界与领主达成了协议，但他却违背了那个协议。同样，在1256年的什罗普郡的巡回法庭上，有近20起相关的侵权案件被提起诉讼。③ 1299年，切特温德（Chetwynd）的菲利普声称他在汉德萨克里（Handsacre）的80英亩的林地和桤木林中的公共放牧权被汉德萨克里的威廉和另外20个人侵夺（disseise）了；阿斯顿（Aston）的罗杰（Roger）也声称其在汉德萨克里的80英亩的林地和荒地中的公共放牧权被威廉侵夺了，为此，他向法庭提出控诉。罗杰重新获得了其在总数为17英亩的林地中的公共放牧权，外加损害赔偿金。④ 广大村民利用习惯法不断地与领主进

① ［法］马克·布洛赫：《法国农村史》，余中先等译，商务印书馆1991年版，第204页。

② George Wrottesley, *Staffordshire Historical Collections*, London：Staffordshire Record Society, 1937, p. 8.

③ ［英］克里斯托弗·戴尔：《转型的时代：中世纪晚期英国的经济与社会》，莫玉梅译，社会科学文献出版社2010年版，第58页，59页。

④ George Wrottesley, *Staffordshire Historical Collections*, Vol. 7, London：Staffordshire Record Society, 1886, p. 66.

行"斤斤计较"，从而来达到维护自己权利的目的。

第二，除了诉诸法律，农民的暴力抗争也时有发生。农民常常通过破坏林地的围栏来反抗领主对他们公共权利的侵夺。他们或者冲进林地砍伐树木，或者是破坏被领主圈占的林地牧场。针对农民大规模的集体反抗，1285年，英王颁布了《威斯敏斯特第二条例》规定：如果林地的围栏被暗中毁坏了，而邻近的村民们又不能或不愿去指认罪犯，那就不得不由他们来付费修补围栏，同时要支付受害者赔偿费。但这条法令非但没能阻止农民对公共权利的争夺，反而激发了他们集体反抗的斗志。例如，在1312年，有11名农民被控告，原因是他们破坏了位于比灵顿林地的一处围栏并砍伐了那里的树木。但这些被告却声称，他们是"合法地"破坏了围栏以行使他们的公共权利。① 1314年，奈特利（Knightley）的领主罗伯特控告声称，有20个（后增至24个人）佃农强行砍伐了他在奈特利的树木。但这些农民的领头却宣称，罗伯特错误地否认了他们在该处林地中获取必要木材的公共权利。1322年，在邓斯顿（Dunston），12个佃农强行进入了一处围栏并砍伐了树木。1345年，韦尔顿·德·沃尔特（Walter de Verdon）指控16个佃农砍伐了他位于科瑞克莫什（Crakemersh）的树木。② 在1330年，12个佃农摧毁了位于新弗里斯特周围的树篱和沟渠，因为他们在这片林地上拥有合法的公共权利；1348年，有40个携带了武器的佃农破坏了加尔特里斯森林（Forest of Galtres）的围栏并烧毁了树篱，这些人分别来自5个不同的村庄。③ 除了有关林地公共权利的斗争外，有关其他资源的公共权利斗争也在不断地持续着。例如，1390年的埃姆雷，"陪审团指控约翰·史密斯、理查德在村庄的小溪里分别放牧三只鹅，触犯了村规，因此每人被处罚2便士。"④

由此可以看出，从13、14世纪开始，广大村民为了取得在未开垦地上的公共权利与领主进行了长期的斗争。正如拉兹所说："自有庄园记录的历

---

① E. A. Kosminsky, "Studies in the Agrarian History of England", in *Studies in Mediaeval History*, Vol. 8, Geoffrey Barraclough (ed.), Oxford: Basil Blackwell, 1956, p. 350, 351.

② George Wrottesley, *Staffordshire Historical Collections*, London: Staffordshire Record Society, 1937, p. 42.

③ D. J. Stagg (ed.), *A Calendar of New Forest Documents*, 1244–1334, Winchester: Hampshire County Council, 1979, p. 184.

④ Documents. 97.

史开始，还从来没有过如此多的农民公开地侵犯那些可怜领主的庄稼、牧场、鱼塘以及养兔场。"① 这些斗争对农民的法律权利产生了深远的影响。

四、对公共权利争夺的影响

为什么是在这一时期会出现对公共权利的争夺呢？一些历史学家是从人口与资源的关系角度去阐释这个问题的。例如，著名的英国史研究专家基恩·布莱尔就认为："这一问题（指未开垦地的公共权利之争）在 13 世纪末、14 世纪初人口压力最为严重，可耕地极大扩展的时期达到其顶点。紧随而至的人口的急剧衰减使得这一情况有所缓和。"② 同样是以人口与资源的关系来解释该问题，但布伦纳等人却提出了相反的意见。布伦纳认为，黑死病后，人口大量锐减并没有使得资源的压力减小，反而是农民所掌握的财产减少，迫使他们对未开垦地进行争夺所致。③ 贝莱斯福德也认为，人口的锐减导致了圈地的发生，从而引发了农民对公共权利的争夺。④ 还有一些学者认为，领主及其代理人对公有地的侵占以及牧场圈围，是与他们的贪婪紧密联系在一起的。这些罪恶的行为导致了流浪和失业等社会问题，从而引发了农民与领主之间的公共权利争夺。⑤ 但仅从资源和人口的关系出发来看待这一问题似乎有失偏颇。从大的历史背景来看，10—13 世纪，西欧的人口确实有了很大程度上的增长。但人口的增长与当时的粮食产出相比并非是压倒性的。正如卡洛·奇波拉所指出的那样："在 13—14 世纪前后，大部分欧洲农民的粮食收成可以达到所播种子的 3 倍至 4 倍；而在 9 世纪时平均收成很少能超过种子的 2 倍。也就是说，中世纪中期的粮食单位产量比中世纪早

① Z. Razi, "Family, Land and Village Community in Later Medieval England", *Past & Present*, No. 93 (November 1981), p. 34.

② Jean Birrell, "Common Rights in the Medieval Forest: Disputes and Conflicts in the Thirteenth Century", *Past & Present*, No. 117 (November 1987), p. 49.

③ T. H. Aston & C. H. E. Philpin (eds.), *The Brenner Debate: Agrarian Class Structure and Economic Development in Pre-Industrial Europe*, Cambridge: Cambridge University Press, 1985, pp. 10–63.

④ Maurice Beresford & John Hurst Batsford, *Deserted Medieval Villages: Studies*, Guildford: Lutterworth Press, 1971, pp. 11–56.

⑤ W. G. Hoskins, *The Age of Plunder: King Henry's England*, 1500-1547, London & New York: Longman, 1976, pp. 66–72; A. McRae, *God Speed the Plough: The Representation of Agrarian England*, 1500-1660, Cambridge: Cambridge University Press, 1996, pp. 30–52; P. Slack, *From Reformation to Improvement: Public Welfare in Early Modern England*, Oxford: Clarendon Press, 1999, pp. 5–28.

期增加了 100% 以上。"① 但人口并没有出现几何级数量的增长。这说明，人口的增长导致资源的匮乏，进而引发了农民对未开垦地上公共权利的诉求，这一说法似乎过于牵强。此外，从档案中所记载的情况来看，关于公共权利的争论与纠纷从来没有因为人口的锐减而停歇过。因此，笔者认为，从更为深层的角度去分析，推动农民对公共权利不断诉求的真正动因应该是农民权利意识的不断增长。随着庄园制逐渐走向衰落，广大农民不仅需要获得开垦地上的权利，同时也迫切希望打破领主对村庄周围公有地的垄断权。他们利用习惯法的保护，以村庄共同体的名义，不断地与领主进行斗争，从而为农民这个群体争取了更多的权利，同时也为后来个体农民力量的增长奠定了基础。

农民争取公共权利的斗争产生了以下影响：

首先，在争夺公共权利的斗争中，广大农民往往团结一致，进一步凸显了村庄共同体在乡村社会的重要地位。例如，在很多地区，一些养猪的人可以免除一头母猪的支付费用或者一只母猪终生仅需支付一次费用。② 在 1277 年，一群农民成功地向王室法庭提起了一件诉讼。他们是位于伍尔弗汉普顿（Wolverhampton）南部一个古老的领地庄园——比尔斯顿（Bilston）的佃农。这些农民向位于利奇菲尔德（Lichfield）的国王法官们提请诉讼称，坎诺克森林的、一个世袭的护林员家族的成员即本特利·罗杰的寡妻——朱莉安娜和她的儿子，在位于本特利的王室林地中建造了房屋；而且他们侵犯了比尔斯顿佃农过去曾享有的修缮房屋的采木权和修补树篱的采木权以及获取其他必需品的林地公共权利，且她们母子还阻止他们进入该林地。③ 1334 年，一个主教声称大约有 20 个佃农损毁了其在坎诺克的围栏且砍伐并搬运走了价值达 100 马克的树木，同时还殴打了他的仆人。被指控的冒犯者中还包括一个当地骑士家族的成员——威廉·杜姆维恩（William Trumwyn），还有几个当地的农民。在农民的集体斗争之下，主教被迫与亨廷顿的佃农达成了关于他们放牧权的一系列协议，使得农民的公共放牧权得到了确认。④ 由

① ［意］卡洛·M. 奇波拉主编：《欧洲经济史》第一卷，贝昱等译，商务印书馆 1988 年版，第 153—154 页。

② N. Neilson, *Customary Rents*, Oxford: Clarendon Press, 1910, pp. 72-3.

③ George Wrottesley, *Staffordshire Historical Collections*, London: Staffordshire Record Society, 1937, p. 69.

④ Ibid., p. 30, 49, 74-75.

此可见，农民以村庄共同体为依托所进行的大规模反抗，使得领主被迫承认了农民在未开垦地上的权利，从而有效地抑制了领主的垄断权。

其次，利用习惯法与领主展开斗争，再次证明了习惯法是一把"双刃剑"的历史推断。广大农民充分地利用了习惯法中对自己有利的方面，进行了长期而有效的斗争，并最终维护甚至是扩大了自己的公共权利。尽管"领主在荒原和森林上经常与在耕地上一样，行使着同样的最高实际权利"。但是，这种最高权利并不是绝对的权利……例如，1070 年，在比利牛斯这一边的鲁西永实行的巴塞罗那的习惯法写道："公共道路，河流，泉水，草地，牧场，森林，灌木丛，岩石……属于领主，但他们不能将这些作为自由地"，也就是说，"也不能由领主控制它们，相反，任何时候，它们的使用权掌握在人民手中。"① 例如，1286 年林区巡回法庭的一项审讯调查报告称，领主的管家阻碍了位于林区内的申斯通（Shenstone）和其他村庄的佃农行使他们在奥格利海（Oggley Hay）的合法权利；法庭责令管家保证今后不再阻止这些佃农。②

再次，推动了私法到公法的转变。关于公共权力的争夺，特别是有关林地中权利的斗争，最初都是具有私法性质的。因为很多林地都是国王和领主的私人领地，任何对其林地的侵犯都是对领主权利的挑战。例如，《森林法》中就明确规定，国王对其所拥有的森林享有使用的垄断权，而且受到专门的森林法庭及其官员的保护。但是，广大农民的对公共权利不断诉求，迫使国王和领主做出了一定的让步，并且最终使得森林从国王和领主的私人财产转变为全体英国人民的公共财产。"国王不再有独占森林的特权，人们也不再将森林法视为国王管理王室森林这一个人财产的工具，而是赋予森林法限制王权的宪政色彩，使之从私法转变为公法。"③

总之，随着对个人权利意识的不断增强，广大农民不仅要求打破原来的农奴制的束缚，而且开始不断要求扩大其公共权利。公共权利扩大，一方面为农民积累财富奠定了物质上的基础，另一方面也为这种财富的积累提供了法律上的保障。

① ［法］马克·布洛赫：《法国农村史》，余中先等译，商务印书馆 1991 年版，第 205 页。
② J. McDonnell, *Inland Fisheries in Medieval Yorkshire* 1066-1300, York, North Yorkshire: University of York, Borthwick Institute of Historical Research, 1981, p. 13-4, 27.
③ 郭峰：《从私法到公法：中世纪英格兰森林法的变迁》，《首都师范大学学报》2012 年第 4 期。

第四节　农民契约观念的形成

中世纪封建社会中存在着一种较为原始的契约关系。马克·布洛赫就曾指出：“附庸制实际上就是一种真实的契约关系，而且还是一种双向的契约。”① 法学家梅因将这种契约关系称为“原始的契约”。他指出：“原来作为保护臣民权利的用语竟然成为了国王和人民间一个现实的原始契约学说，这一学说首先在英国人手中，后来，在法国人手中发展成为社会和法律一切现象的一种广博的解释。”② 随着农民获得了土地的实际支配权，这种原始的契约观念就与土地的继承紧密地结合在一起，并逐渐形成了一种新的契约关系——养老契约。按照封建社会的法理标准，农奴是没有个人财产权的，因此，无论生前还是死后，他们都没有权利、也没有必要去订立遗嘱。随着农民对土地的依法占有，他们实际上已经获得了土地的继承权。通过与子女甚至是毫无血缘关系的人签订契约，他们把养老和财产继承方面的问题紧密地结合在一起。这种契约关系不仅是农民个体权利的体现，同时也推动了社会的进步。正如梅因所指出的那样：“所有进步的社会运动到此为止，是一个从身份到契约的运动。”③ 这种契约观念的形成为英国的社会转型奠定了法律上的基础。“由身份到契约，也是社会近代化的重要标志。”④

一、养老契约出现的原因

所谓的养老契约就是指老年人与赡养人（同时也是财产继承人）之间，通过双方签订合同（或者是口头协议）规定，年老的或者失去劳动能力的农民把土地移交给他们的赡养人，而赡养人则必须要负责照料他们的余生。⑤ 这种契约既包含对老人晚年生活的安置，同时也是一种个人财产权的

---

① Marc Bloch, *Feudal Society*: *Social Classes and Political Organization*, Vol. II, London: Routledge, 2005, p. 172.

② ［英］梅因：《古代法》，沈景一译，商务印书馆1997年版，第195页。

③ 同上，第96—97页。

④ 徐浩：《英国农村封建生产关系向资本主义的转变》，《历史研究》1991年第5期。

⑤ R. M. Smith, *The Peasantries of Europe*, London: Longman, 1998, pp. 359-360; Z. Razi, "The Myth of the Immutable English Family", *Past & Present*, Vol. 140 (August 1993), pp. 3-44; M Pelling & R. M. Smith (eds.), *Life*, *Death and the Elderly*: *Historical Perspectives*, London: Routledge, 1991, pp. 39-61.

让渡。其具体做法是：农民按照其意愿把自己的财产（主要是土地）遗赠给某个指定的继承人，这个继承人不一定是其儿子，也有可能是女儿或者其他的亲属，有的甚至没有任何血缘的关系；而继承人则要承担土地的劳役、地租以及其他的费用，同时，他们还要承诺提供给老人提供房屋、食物、燃料以及衣物等生活必需品。试举一例：在1279年贝尔福德郡的卡尔格雷夫村庄，托马斯·布拉德的儿子理查德提出要继承其父亲土地的请求。经法庭调查，理查德还有一个长兄沃尔特，但他已经去世了，只留下几个儿子。但他的这些儿子只有在沃尔特活着的时候拥有了这块土地后，他们才能拥有继承权；如果他去世时并没有真正地持有这块土地，那么他的儿子就没有继承权。因此，陪审团判定，理查德拥有这块土地的继承权。但是，按照惯例，如果一个惯例佃农其父亲去世后，如果其母亲健在的话，那么他是没有继承权的。除非经其母亲的同意，他要供养其母亲的日常生活，他才可以得到继承权。因此，理查德同意每年支付给他的母亲所有的口粮，包括冬小麦、豌豆以及春小麦。①

那么，为什么会出现养老契约呢？这主要是由以下几个因素决定的：

第一，习惯法的传统。中世纪的习惯法赋予了人们一种普遍的契约观念。不仅封君与封臣之间存在契约关系，而且领主与农民之间也形成了类似的契约关系。即使领主要处罚一个农奴也必须按照习惯法，经过法庭的裁决才能最终定罪，这是双方一种约定俗成的惯例。因此，在某种程度上来说，习惯法可以看成是领主与农民之间所达成的一种"契约"。如果领主破坏了习惯法，也就等于破坏了这种"契约"关系，那么农民就有了"合法"的反抗权。领主授予农民土地，只要他按照惯例去履行劳役，那么领主就没有权力剥夺他的土地使用权。随着农民在土地上劳役的固化，他们也逐渐地获得了对土地的自由支配权，他们可以按照自己的个人意志来支配土地。这种惯例一旦确定下来，随即就成为了习惯法的一个重要组成部分。因此，习惯法的传统对农民的土地继承有着十分重要的影响。正如克拉克所说："地方的法律和惯例传统必然会影响到老年人的赡养问题。"②

---

① M. K. Dale & C. Manor（eds.），*Court Roll of Chalgrave Manor*，1278-1313，Vol. 28，Bedford：Bedfordshire Historical Record Society，1950，p. 10.

② Elaine Clark，"Some Aspects of Social Security in Medieval England"，*Journal of Family History*，Vol. 7，No. 4（Winter 1982），p. 307.

第二，对传统养儿防老观念的不信任。在中世纪的西欧，尽管基督教的文化体系中也在道德层面上强调子女要孝顺父母，但很多人仍然认为仅靠口头的承诺或者道德上的约束，来指望子女养老往往是靠不住的。罗伯特·曼宁曾讲述了一个"两个麻袋片"的故事：有一个人把他所有的土地、房屋和动产全部地交给了他的儿子，其目的是想让儿子在他年老之时能够很好地赡养他。他的儿子结婚后，最初还告诉他的妻子要好好善待自己的父亲。但很快，他就变心了。他把好吃好喝的都给了自己的妻子和儿子，对他的父亲则逐渐冷淡了。随着时间的推移，他对他的父亲越来越差。老人开始后悔当初的决定，不应该把全部的家当给自己的儿子。有一天，老人感觉非常冷，就乞求他的儿子给他一条毛毯御寒。他的儿子把自己的儿子叫过来，让他去马厩里拿一条破麻袋片给他的祖父。不久，男孩拿来了两个麻袋片。他的父亲好奇地问他，你怎么把一条麻袋撕开了两片？男孩回答说，一片给祖父，另一片是给你将来准备的。[①] 类似的寓言故事很多，而且在中世纪乡村特别流行。这些寓言故事都反映了一个共同的主题：传统的养儿防老幻想的破灭以及签订养老契约的重要性。

第三，领主的支持。领主之所以支持养老契约的签订，主要是从自身的利益为主要出发点的。当一个维兰由于年老体弱或者其他原因无法继续劳作时，其土地就需要有人来继续耕种。如果找不到合适的继承人，那么就可能会导致土地或者房屋的废弃。因此，一般情况下，领主对养老契约的签订是持支持态度的。特别对于那些没有继承人的佃农，领主和庄园法庭甚至要主动为其寻求新的替代者来继承老人的土地和财产，同时为其养老送终。例如，在1382年诺福克郡的汉德维斯顿，陪审员说，在这个村庄有一个"贫穷的一无所有"的妇女，她是一个遗孀，持有18英亩的耕地，但她"身体羸弱、双目失明"。她不能照顾自己并且也不能为领主服劳役。因此，他决定同意这个遗孀把土地转交给她"最亲近的继承人"，并命令这个继承人要为这个妇女养老送终，同时还要求他要像对待其他遗孀一样，提供给她食物和衣服。在14世纪晚期的诺福克郡，领主采取强制的命令，要求所有居住在遗孀附近的、持有3英亩土地的亲属，其中两人必须要

---

① Robert Mannyng & Idelle Sullens, *Handlyng synne*, Binghamton, New York: Medieval & Renaissance Texts & Studies, 1983, pp. 30-2.

播种、犁耕和收获这 3 英亩的土地，利用这些土地上的收获物来为年老之人提供"所有的必需品"。① 此外，养老契约的签订、执行以及申诉等问题也都是在庄园法庭上完成的，在此过程中，领主可以获得一定的罚金，这也是其支持签订养老协议的原因之一。例如，在诺福克郡就有这样的一个案例："威廉·德·托内维尔来到赫切汉姆的法庭并且说"自己老了，已经失去了劳动能力而且还很贫穷"。他说，其他人都极力劝说他在没有朋友和儿子的帮助下不要再继续耕作了。听到这些，村警和管家与他们的领主——路易斯修道院的院长进行了协商。老人的儿子也在这个庄园服役了很久。因此，他们立即决定，同意老人把自己的房屋及土地转交给他的儿子，但他要继续履行老人所承担的地租、劳役以及赡养一个女儿的义务。老人的儿子同意给他的双亲提供食物、衣服以及"最为真诚的帮助"。为了确认这一协定，他们签订了养老契约并支付给领主 1 马克。② 1291 年的格顿，玛格丽特向领主交纳了 12 便士的费用，以便法庭能够登记她与托马斯·罗德邦德之间所签订的养老契约。③

第四，出于互惠目的的考虑。"一般来说，契约也就是人们对权利与义务交换所达成的同意。"④ 通过签订养老契约，老年人把自己的土地及其财产转让给赡养人，而赡养人则为老年人提供养老服务。在此过程中，赡养人可以获得土地，而老人则会得到赡养，双方都实现了自己实际的利益。例如，在 1294 年的克兰菲尔德村庄，伊利亚斯·德·布莱特顿与他的儿子约翰签订的契约就充分地体现了这一点：约翰继承了他父亲的房屋、庭院以及半维格特的土地；但约翰需要向领主交纳地租和服劳役；在他们活着的时候，约翰需要向伊利亚斯和他的妻子克里斯汀娜提供稳定的饮食，并且他们还要和约翰居住在一起；无论他们中的哪一个活得更长久的话，那么他或她都有权利居住在这所房屋中；只要他们中有一个还活着，在每年的米迦勒节，约翰都要给他们提供 6 夸特谷物。这份契约考虑到了每个细节，例如，

---

① Elaine Clark，"Some Aspects of Social Security in Medieval England"，*Journal of Family History*，Vol. 7，No. 4（Winter 1982），p. 310.

② Elaine Clark，"Some Aspects of Social Security in Medieval England"，*Journal of Family History*，Vol. 7，No. 4（Winter 1982），p. 311.

③ J. A. Raftis，*Tenure and Mobility：Studies in the Social History of the Mediaeval English Village*，Toronto：Pontifical Institute of Mediaeval Studies，1964，pp. 72-3.

④ 王海明：《契约概念辨难》，《华侨大学学报》（哲学社会科学版）2010 年第 1 期。

如果双方居住在一起发生了矛盾，以至于他们无法在一起生活了，那么上述的约翰将提供给伊利亚斯和克里斯汀娜一间带有庭院的房屋。同时，每年还要给上述两人提供 6 夸特小麦、1.5 夸特大麦、1.5 夸特豌豆、1.5 夸特燕麦。[①] 由此可以看出，"无论是与他们的亲戚、子女还是邻居、陌生人，这些养老契约所规定的转让形式、所使用的语言以及意图都基本相同。"[②] 都是以互惠互利为主要目的，这种"养老契约确保了合作。他们提供合作者一种以双方共同利益为基础的协议，在这个契约中，财产转移的条件可以确保退休生活的安全无忧。"[③]

二、养老契约的普及

历史学家研究表明，有关退休养老的观念早在 8 世纪前后就已经开始出现了，但当时主要流行于修道院当中。老人与修道院签订养老契约，养老的条件取决于他们向修道院捐赠财物的多寡。[④] 后来，这种契约性养老的方式开始被世俗社会所模仿。但在 14 世纪以前，将土地转让给子女并签订养老协议的情况并不普遍。到了 14 世纪晚期，英国的社会环境发生了很大的变化：首先，瘟疫以及各种流行疾病的爆发，在一定程度上改变了英国人口的年龄结构，很多证据都表明，年轻人和儿童是瘟疫的最大受害者。[⑤] 人口老龄化的趋势比较明显，这就使得养老问题成为比较突出的社会问题。其次，封建主义危机后，农民对土地支配权的扩大、乡村商品经济的发展以及雇工劳动的兴起，进一步刺激了养老契约的发展。农民之间经常通过签订契约的形式来出售或者抵押土地以获得更多的资金；以签订契约的形式租用生产工具和家畜以扩大生产；有些人甚至以签订契约的方式来雇用劳动力。所有这一切表明，以契约为典型特征的劳役和商品交换开始形成。这些变化也必然引起了人们养老观念的改变，正如克拉克所指出的那样："14 世纪以后，复

---

① J. A. Raftis, *Tenure and Mobility*: *Studies in the Social History of the Mediaeval English Village*, To-ronto: Pontifical Institute of Mediaeval Studies, 1964, pp. 44–5.

② Ibid., p. 71.

③ Elaine Clark, "Some Aspects of Social Security in Medieval England", *Journal of Family History*, Vol. 7, No. 4 (Winter 1982), p. 308.

④ Georges Minois, *History of Old Age*: *From Antiquity to the Renaissance*, Cambridge: Polity Press, 1989, pp. 137–138.

⑤ John Hatcher, *Plague*, *Population and the English Economy* 1348–1530, London: Macmillan, 1983, pp. 58–61.

杂的经济环境不仅影响到老年人的态度，而且也影响到领主和其他土地承租人对养老问题的态度。"① 这种变化主要体现在以下几个方面：

首先，签订养老契约成为一种普遍的养老形式。"黑死病等疾病的爆发，使得很多人失去了自己的子女，社会上鳏寡孤独的人数量增多，这些人的养老问题急需解决；此外，一些有子女的农民也急于将自己的子女安置在本村，以确保有继承人来耕种土地并为自己养老。"② 正因为如此，签订养老契约的数量开始激增。克拉克的研究表明，14 世纪以后，在诺福克郡的21 个庄园中共签订了 114 份养老契约；在萨福克郡的 7 个庄园中签订了 23份；在埃塞克斯郡的 6 个庄园中签订了 22 份；而养老契约保存最多的是在剑桥郡。从后来增加的数据来看，它们分别来自伦敦附近 3 个不同的庄园，一个是米德尔塞克斯郡的哈罗、库克汉姆以及波克郡的布莱特沃尔顿；在东盎格利亚地区共签订了 159 份养老契约，它们中有四分之三是在黑死病之后签订的。③ 由此可见，此时签订养老契约在英格兰的各个地区已经十分普遍了。此外，较之以前一个重要的变化就是，此时所签订的养老契约中对双方的权利与义务进行了更为详细的规定，特别突出了对弱势（老年人）一方的权利保护，并且把这种契约存入村庄或者堂区的档案之中，任何一方违约都可以做到有据可查，这些变化使之更具有了现代契约的性质。我们可以参考达文特和拉夫提斯所编著的拉姆齐修道院档案记录以及克拉克所整理的养老契约文件，试举几例以做参考：

1. 在 1407 年的蒙德汉姆，有个叫约翰·怀挺的人在临终之前，把一块宅基地、4 英亩 3.5 罗德土地交给了西蒙·威灵。而怀挺为其遗孀的赡养提出了如下条件：她要有足够的食物和饮品，每年还要有 16 蒲式耳的啤酒；同时，西蒙·威灵还要提供给她 6 只母鸡、一只鹅以及一头奶牛；西蒙每年还必须为她犁耕和播种 1 英亩的土地；每年的复活节，他还必须提供给她一双鞋和 3 先令买衣服的钱；最后，他还必须和这个遗孀共同使用她已故丈夫的房屋。她必须有一个可以自由出入的门口，一个可以放床

第七章　乡村基层组织的法律变迁

① Elaine Clark，"Some Aspects of Social Security in Medieval England"，*Journal of Family History*，Vol. 7，No. 4（Winter 1982），p. 310.

② Shulamith Shahar，*Growing Old in the Middle Ages：Winter Clothes Us in Shadow and Pain*，London & New York：Routledge，1997，p. 153.

③ Elaine Clark，"Some Aspects of Social Security in Medieval England"，*Journal of Family History*，Vol. 7，No. 4（Winter 1982），p. 310.

和柴火的地方。①

2. 在诺福克郡的葛莱森海尔（Gressenhale）：莱斯特的儿子亨利交给艾玛·艾特·斯蒂尔 1 所宅院和 17 英亩的土地。其条件是：后者要"真诚而有足够能力"去照顾他的一生；如果发生不睦以至于他们不能生活在一起，那么后者必须每年提供给他 8 蒲式耳的小麦、8 蒲式耳的燕麦、32 蒲式耳的大麦；如果老年人先于新佃农死去，那么后者必须提供 20 先令丧葬费。违者处罚 28 先令。②

3. 斯蒂芬. 亨利的儿子交给理查德和艾玛的儿子亨利、他的妻子以及他的继承人 1 块庭院的三分之一以及带有草场的 5 英亩土地。条件是：在下个圣马丁节之前，他们支付给他 20 先令；每年 40 蒲式耳的谷物，其中包括在每年的 9 月 20 日时要交纳 24 蒲式耳的大麦，在圣诞节时要交纳 8 蒲式耳的小麦，在复活节时再交纳 8 蒲式耳的裸麦；每年要提供给他 2 条床单，3 先令的洗衣费，1 双鞋子，2 双长袜。违者处罚 10 先令。③

14 世纪以后，养老契约明显地发生了变化，这种变化一方面表现为数量上的增加，而且从分布的地区上来看也逐渐地普及化了，在英格兰的东部、中南部和西部地区的乡村都发现了这类养老契约；另一方面，从内容来看，对双方的责、权、利都进行了更为详细的规定，更为重要的是此时的契约已经摆脱了口头协议的形式，而全部采取了文字形式并存入档案之中。所有这一切表明，这些养老契约已经与现代意义上的合同没有太大的区别了。

其次，养老契约中血缘关系逐渐淡化，更加突出农民的个人意愿。"那些老年人将持有地转让给年轻的佃农，他们通常是他的儿子、女儿或者女婿，但有时是没有血缘关系的人。"④ 例如，在 1350 年以前的东盎格利亚地区，几乎有一半的退休者是和自己的孩子签订养老合同的；但是到了 1350 年以后，仅仅有不到四分之一的退休者和自己的孩子签订了养老合

---

① Elaine Clark，"Some Aspects of Social Security in Medieval England"，*Journal of Family History*，Vol. 7，No. 4（Winter 1982），p. 311.

② Ibid.，p. 317.

③ Elaine Clark，"Some Aspects of Social Security in Medieval England"，*Journal of Family History*，Vol. 7，No. 4（Winter 1982），p. 318.

④ M. Pelling & R. M. Smith，*Life*，*Death and the Elderly*，London & New York：Routledge，1991，pp. 39~61.

同。具体数据如下：在 1350 年以前的 45 份养老契约中，有 20 份是与子女有关的，其中 15 份是和自己的儿子签订的，有 5 份是和女儿签订的，有 1 份是和孙女签订的，有血缘关系所签订的养老契约占 46.7%；而在 1350 年以后的 114 份养老契约中，其中涉及和子女签订的契约如下，有 21 份是和儿子签订的，有 4 份是和女儿签订的，有 1 个是和孙子签订的，有 2 份是兄弟之间签订的，有 1 份是兄妹之间签订的，有 3 份养老合同的签订者是同一姓氏，占总数的 28.1%。① 而在其他地区，我们也发现了类似的案例。例如，在 1332 年，赫特福德郡的巴尼特地区，霍尔村庄的约翰与另外一个青年农民约翰·艾特·巴里签订了一份养老协议：约翰把自己的土地和房屋转交给巴里，而巴里则需要每年向约翰提供价值 3 先令 4 便士带有帽子的新衣服，价值 12 便士的两条亚麻布床单、三双新鞋、一双新长筒靴；同时还要提供足够其本人生活的日常饮食。与其他契约不同的是，这个契约中还谈到，如果约翰身体健康，巴里还必须要雇用他，支付给他一定的报酬。② 1343 年，在瓦尔博斯，布查得斯·拉尔夫与威廉·勒·隆奇之间达成养老契约，协议规定：布查得斯每年从威廉那里获得 1 钟小麦、2 蒲式耳面粉以及 2 蒲式耳豌豆。③ 显然二者之间也没有血缘关系。戴尔也曾列举了这样一个案例：1321 年的埃塞克斯郡的海伊斯特庄园，一个叫伊斯特拉达·内诺的遗孀，把自己的庭院以及半码土地移交给了她的女儿艾格尼丝。她的女儿承诺要赡养自己的母亲，并为她提供充足的食物和衣物。但 6 年后，内诺将她的女儿和女婿告上了法庭，指控他们并没有履行养老的义务。最后她赢得了诉讼的胜利，重新获得了这块土地的保有权，同时，她与另一个显然与她没有任何血缘关系的年轻佃农签订了养老协议。④ 坎贝尔曾指出，1351 年到 1375 年间，在诺福克郡的一个庄园档案中，有三分之一的农民遗嘱中并没有提及儿女；1376 年到 1400 年间，有

---

① Elaine Clark, "Some Aspects of Social Security in Medieval England", *Journal of Family History*, Vol. 7, No. 4 (Winter 1982), p. 315.

② G. C. Homans, *English Villagers of the Thirteenth Century*, Cambridge: Harvard University Press, 1941, p. 146.

③ J. A. Raftis, *Tenure and Mobility: Studies in the Social History of the Mediaeval English Village*, Toronto: Pontifical Institute of Mediaeval Studies, 1964, p. 44.

④ C. Dyer, *An Age of Transition? Economy and Society in England in the Later Middle Ages*, Oxford: Clarendon Press, 2005, p. 47.

五分之二的情况也是如此。[1] 这些资料表明，依靠子女赡养父母的做法并非解决养老问题的唯一途径。当然，签订契约的双方有无血缘关系并不是主要问题，重要的是在签订养老契约中更加注重双方的法律责任和义务，这也从另外一个角度说明农民法律意识的增强。

最后，体现出了一定的灵活性和自主性。中世纪英国乡村的家庭结构是十分灵活的，它允许一些无地的农民通过和老年人生活在一起，并以接管他们土地的方式来获得家庭地位；作为回报，他们承诺为其提供赡养义务。通过这种方式，不仅退休者的晚年生活会得到一定的照顾，而且他们的需求也会得到一定的满足。实践表明，这种养老方式具有很强的实用性和灵活性。比如，在很多养老契约中都规定，如果赡养人由于经济上的原因不能一起支付所有的养老金，那么他们可以采取分期支付的方式。例如，"在埃塞克斯郡的哈洛巴里村庄，威廉·卡隆和他的妻子奥利维拉把比邻市场的一块带有菜园的庭院转给了他们之前的仆工——一个编制工约翰·彼得。条件是：100 先令，分 5 年支付，每年的圣诞节和 6 月 24 日各支付 10 先令；他们还要在这个庭院中拥有 1 间房屋，2 只大剪刀，1 只猪和 2 只母鸡；同时他们可以自由地出入菜园。违者处罚 6 先令 8 便士。"[2] 在葛莱森海尔，约翰·鲍威尔和他的妻子艾玛交给约翰·怀斯和他的妻子塞西莉亚 1 个庭院、1 座房屋、10 英亩土地以及 1/2 罗德惯例地，后者要支付 6 马克 3 先令 4 便士；可以采取分期支付的方式，即在每年的圣诞节时支付 3 先令 4 便士，在复活节时支付 3 先令 4 便士。[3] 契约养老的灵活性还体现在，经双方协商这种赡养契约还可以进行转让。例如，在 1415 年的英格特斯通，陪审团告知法庭，一个村庄的小土地持有者在临死之时，把一块宅基地和 1 英亩的土地交给了他的妻子使用，条件是她要提供给他体弱多病的姐姐饮食、衣服等。他的妻子同意了这个协议，但她也要求法庭能免除她的继承税，因为她也很穷，法庭经过研究决定"同意"。这两个女人一起生活了 6 个月。之后，这个遗孀搬出了这个家，她把这块土地以及赡养姐姐的义务一起转交给了一个本地的

---

① Bruce M. S. Campbell, "Population Pressure, Inheritance and the Land Market in a Fourteenth-Century Peasant Community", in *Land, Kinship and Life-Cycle*, Richard M. Smith (ed.), Cambridge: Cambridge University Press, 1984, pp. 87-134.

② Elaine Clark, "Some Aspects of Social Security in Medieval England", *Journal of Family History*, Vol. 7, No. 4 (Winter 1982), p. 318.

③ Ibid., p. 319.

男人。这个男人与老妇人一起生活了 1 年。1418 年，这个老妇人去世后，这个男人把土地和房屋卖了 20 先令。① 契约养老使得老年人的需求在一系列协商的框架下得以保证，这种协商的前提是老年人的当前需要和年轻人的长远利益之间达到了一种平衡。这使得老年人和年轻人一起执行着以资源共享为内容的私人赡养体系，这种体系是以退休者和赡养人之间的法律契约为主要特征的。

从以上可以看出，养老契约已经具备了现代意义上的契约性质。如果双方在自愿的基础上一旦达成协议，那么任何一方都不能随意更改或者以任何借口不履行协议，否则法庭有权强制执行，并对其加以处罚。这样的案例在法庭卷档中十分普遍。例如，在 1278 年的艾灵顿，威廉·考奇承认他拖欠了他父亲一年的养老费，包括一些小麦、1 蒲式耳大麦以及 1 蒲式耳豌豆。而且当年的米迦勒节，他还拖欠着一些小麦、3 蒲式耳大麦以及 3 蒲式耳豌豆。为此，约翰·史密斯和庄头理查德作为他的担保人也被处罚了，约翰被处罚了 6 便士，理查德也被处罚了 6 便士。并且，上述的威廉来到了法庭并与他的父亲重新签订了协议。他的父亲沃尔特原谅了他之前的过错，但威廉要把上述所拖欠的东西，在庆祝圣母玛利亚洁净礼之日支付；而且在沃尔特活着的时候，每年都应照例支付。担保人理查德·勒·亨特以及海尔的理查德。如果威廉再拖欠上述赡养费，那么担保人要被处罚。根据上述契约，沃尔特同意把他在艾灵顿的土地转交给威廉。② 1334 年，瓦尔博斯村庄的陪审团指出，由于铁匠史蒂芬没有履行其赡养母亲的协议，因此，他被处罚了 6 便士；同时，要求他把土地退还给他的母亲；并且规定，只要他的母亲活着他就没有权利获得上述的土地。③ 除了签订赡养协议外，有些农民还采取了一种较为灵活的手段来解决自己的养老问题。比如，通过出租土地的方式来获得生活的保障。例如，在斯托克的普莱尔村庄，有一个寡妇由于她的儿子还比较小，不能独立养活家庭。为此，她把她的土地出租给本村的一个农民，租期为 12 年。规定这个农民每年需提

---

① Elaine Clark，"Some Aspects of Social Security in Medieval England"，*Journal of Family History*，Vol. 7，No. 4（Winter 1982），pp. 311-314.

② J. A. Raftis，*Tenure and Mobility：Studies in the Social History of the Mediaeval English Village*，Toronto：Pontifical Institute of Mediaeval Studies，1964，p. 45.

③ Ibid.，p. 44.

供给他们一定数量的混合食物。12 年后，她的儿子也长大了，土地仍然归其所有。①

四、关于养老契约的几点启示

从伦理上讲，赡养老人是子女应尽之责，这也是中西方社会所共同提倡的。古代中国以"孝"字强调一切，同时，儒家思想又通过伦理上的说教把这种有关"孝道"的思想变成了社会上通行的道德模式，如"百善孝为先"、"不孝有三，无后为大"等等。这些说教更多地从道德层面上对子女赡养老人的问题进行了严格的规范；当然在基督教文化中也强调子女要孝敬父母，如《摩西十诫》《旧约·出埃及记》《申命记》等，都强调了这一点。但如果我们仔细推敲会发现二者之间还存在很大的不同。我国著名的社会学家费孝通先生把东西方社会中父母与子女之间的关系总结为两种模式，即反馈模式和接力模式。在中国是甲代抚育乙代，乙代赡养甲代，乙代抚育丙代，丙代又赡养乙代，下一代对上一代都要反馈的模式，简称"反馈模式"；在西方是甲代抚育乙代，乙代抚育丙代，那是一代一代接力的模式，简称"接力模式"。这两种模式的差别就在于后者不存在子女对父母赡养这一种义务。② 而《圣经》上也说："儿女不该为父母积财，父母该为儿女积财。"③ 似乎西方社会中缺少了对待父母的些许温情。实际上，西方人很早就认识到仅靠道德上的说教，来指望子女赡养老人是靠不住的。他们一方面趁着自己有劳动能力时多积累财富；另一方面则是在生前不轻易地将财产转让给子女。因此，在 14、15 世纪的英国，很多资料反映出那个时代上下代人之间的关系相当紧张，因为年轻人想取得家庭资源的控制权；而老年人则希望老有所依，晚年生活能得到保障。④ 很多父母在子女赡养老人的问题上并不抱有多大的幻想，甚至有的人指出："在子女的屋檐下生活，比坐牢还

---

① R. H. Hilton, *A Medieval Society: The West Midlands at the End of the Thirteenth Century*, New York: Humanities Press, 1967, p. 163.

② 费孝通：《家庭结构变动中的老年赡养问题——再论中国家庭结构的变动》，《北京大学学报》1983 年第 3 期。

③ 圣·保罗：《哥林多前书》，潘秋松译，校园书房出版社 1998 年版，第 12—4 页。

④ B. A. Hanawalt, *The Ties That Bound: Peasant Families in Medieval England*, Oxford: Oxford University Press, 1986, p. 228.

难受。"① 当然，我们不应该想当然地认为，西方社会在赡养父母的问题上就是冷漠的、赤裸裸的金钱关系。实际上，中世纪英国的父母总是千方百计地把财产转让给子女；而子女则尽一切可能来孝敬父母。在任何社会、任何地方，都会存在"父不慈、子不孝"的现象。上面的论述只是想指出，中西方社会在对待养老问题上所存在的差别。中国社会无论是在道德上、还是在法律上都严格保护孝道，其突出体现在"养儿防老"的传统思想之上；而西方社会则告诫人们仅仅依靠子女养老是靠不住的，养老不是靠生育多少儿女，而是自己积累了多少财产。"有了自己的财产，儿女们就会喜笑颜开，他的意见就会受到尊重；如果没有财产，或者放弃了对财产的控制权，那么，老人就有可能失去养老的依靠，受人冷落。"② 因此，在中世纪的英国，养老问题往往和财产的转让紧密地联系在一起的。以财产权来换取养老也是比较可靠和安全的养老措施，老人将财产转让给继承人，并与继承人签订契约，从而以法律的形式确保继承人的赡养义务。这种带有明显现代契约性质的赡养协议在 15 世纪以后的乡村中十分流行，也成为了农民普遍接受的方式。

综上所述，尽管养老契约只是契约的一种表现形式，它的普及并不能代表此时的英国乡村社会就是一个契约社会。但是，大量养老契约的签订与执行，在很大程度上推动了乡村社会契约观念的形成。人们通过签订契约来租用土地，通过签订契约来雇用工人，等等。人与人之间不再是依靠惯例来行事，而是更加注重法律在日常生活中的作用。契约观念已经成为了此时乡村社会的精神内核。这种契约精神的出现，为近代资本主义发生和发展提供了合理的精神支柱和法律基础。正如 19 世纪著名的法律史学家梅因所说："我们今日的社会和以前历代社会之间所存在的主要不同点，在于契约在社会中所占范围的大小。"③ 可以说，没有这种契约观念的存在，就不会有后来的资本主义法制。更为重要的是，被标榜为资本主义"标签"的契约观念，并非发轫于商品经济发达的资本主义社会，而恰恰是形成于以农业为主体的中世纪社会，这也恰恰说明了农本经济对工商业社会的孕育。如果说梅

① Lawrence Stone, *The Past and the Present*, Boston: Routledge & Kegan Paul, 1981, p. 235.

② Keith Thomas," Age and Authority in Early Modern England", *Proceedings of the British Academy*, Vol. 57, 1976, pp. 247-24.

③ 〔英〕梅因：《古代法》，沈景一译，商务印书馆 1984 年版，第 2 页。

因带有预言性的论断在那个时代并没有激起太多波澜的话，那么时至今日，契约观念已经成为了市场经济最为常用的标签，契约也必然成为我们这个时代的主题词。目前，我们国家正处于社会转型的关键期，有关农业、农村以及农民问题也成为了转型的关键点。很多人认为，中国农村之所以落后，其主要的问题就是农民法律意识的淡薄。实际上，这只是一种表象，背后的真正原因应该是农民契约观念的滞后。在当今中国社会中（不仅仅是农民），人们对契约观念的重视程度并没有达到应有的高度。甚至我们日常生活中的婚丧嫁娶也并没有形成真正的法律观念，而是按照所谓"约定俗成"的习俗来进行的，这也在很大程度上导致了有关养老、财产继承等方面的诸多问题，甚至连婚前财产公证也被嘲笑为"别有用心"。因此，笔者认为，对当代中国农民契约观念的培养以及普及是当今中国乡村社会实现转型的关键之所在。

本章通过对农民土地支配权的扩大、农民法律地位的变化、对公共权利的诉求以及契约观念的形成等几个方面的论述，揭示了15世纪以后乡村社会法律体系的变化。随着农民对土地支配权的不断扩大，农民不仅可以自由地交易土地，而且还具备了财产支配权。在前资本主义时代，土地是财富的象征，因此自由支配土地的过程也是其自由支配财产的过程。在中世纪晚期，这种财产权的转让是通过签订养老契约的形式加以体现的。伴随着契约观念的形成，农民的法律意识也不断增强，为后来资本主义产生和发展奠定了法律基础。此外，15世纪后，广大农民对公共权利的诉求不断提高，从表面上来看，这是农民为维护共同体利益而进行的斗争，但其背后的真正推动力则是农民个体权利意识不断增长的结果。权利的扩大，法律观念的增长，不仅有效地限制了领主的过度剥削，同时也为农民的个人财富积累提供了法律上的保障。中世纪农民逐渐从封建的依附关系中摆脱出来，成为了可以自由流动的劳动者，进而引发了英国乡村社会结构的变革。

第八章

乡村基层组织的社会变迁

前资本主义社会的历史，既是人不断摆脱对自然依赖的生产活动的历史，同时也是不断摆脱对人依赖的社会活动的历史。随着庄园制解体，农奴制遭到了破坏，农民的人身依附关系逐渐减弱。随着农民获得人身自由，乡村的人口流动日益频繁。这种人口的流动不仅仅是简单的人口迁徙，重要的是通过人口流动，打破了乡村社会自我封闭的局面，加强了不同地区之间的经济与文化联系，并在一定程度上改变了乡村的社会结构。此外，随着封建制度走向衰落，堂区的作用日渐突出，逐渐成为了乡村济贫工作的主体。

第一节　乡村的人口流动

人口的自由流动是现代社会的标志之一，它也是自由劳动者存在的一个重要前提。在 14 世纪以前，村民的身份与他们的出生地和居住地紧密地联系在一起。[①] 在中世纪早期的村庄中，如果一个人被驱逐出村庄，这在当时是一种很严重的惩罚方式，即使他到了别的村庄也很难生存下去。因为对于那些被村庄共同体驱逐的人，其他人是不允许接纳的，如果私自接纳就被视为违法。例如，1313 年的瓦尔博斯，陪审团指出，艾格尼丝·马拉吉斯不应该再居住在村庄之内，因为她偷窃了一捆小麦以及其他一些小东西。为此，村庄禁止其居住。艾兰·休格特由于接纳了她，被处罚了 3 便士；陪审团还指出，艾丽娜·布劳恩也犯了同样的错误，因此也被禁止在村庄中居

---

① G. G. Coulton, *The Medieval Village*, Cambridge: Cambridge University Press, 1925, p. 65.

住，修斯特的艾沃接纳了她，因此也被处罚 3 便士。1297 年的维斯托，陪审团指出沃尔特·菲利达毫无可取之处并且这个人也不诚实。因此规定，自此以后，任何人都不要接纳他。1318 年，陪审团指出，玛蒂尔达·克兰在她的住所内偷了邻居家的一只小鸡和其他一些小东西。因此，陪审团认为，她已不适合居住在邻居当中。自此以后，任何人都不允许接纳她，否则处以重罚。①

在 20 世纪中叶以前，大部分学者认为，中世纪的乡村是完全与世隔绝的，那里并不存在人口流动的现象。例如菲利普·斯科菲尔德就指出："在中世纪的背景下，村庄共同体意味着自我管理，相互支持，共同防御，共同的仪式和集体信仰，但它也意味着隔绝与狭隘。"② 有的学者甚至认为，即便到了近代早期大规模人口流动的情况也尚未发生，其代表人物就是沙普洛和福塞尔。他们坚定地认为："即使在都铎王朝时期，很多人都是生于某个村庄，并且一生都生活在那里直到去世。他们很少离开自己的村庄，最远也就是去过距离几英里外的临近村庄。"③ 但是随着研究的深入，这种观点在 20 世纪 60 年代遭到了严厉的批判。拉夫提斯等人对于中世纪晚期村庄以及彼得·拉斯莱特对于近代早期村庄的研究都表明，14 世纪以后的乡村中存在着大量的人口流动。④ 拉斯莱特 1963 年出版了著作《17 世纪卡莱沃斯和库格诺的研究》。通过比较人口的名单他发现，这一时期乡村的人口有着很高的流动率。抛开人口的出生和死亡率，在每 20 年的时间里，每个村庄共同体都有超过三分之一的人口存在着流动的情况（这两个村庄分别位于诺丁汉郡和北安普敦郡）⑤。之后，历史学家克拉克通过使用教会法庭上的证词，进一步地描绘出了英格兰南部和中部地区的人口流动情况。⑥ 而通过对

① J. A. Raftis, *Tenure and Mobility Studies in the Social History of the Mediaeval English Village*, Toronto: Pontifical Institute of Mediaeval Studies, 1981, p. 134.

② Phillipp R. Schofield, *Peasant and Community: in Medieval England, 1200-1500*, New York: palgrave macmillan, 2003, p. 71.

③ Jean Chapelot & Robert Fossier, *The Village and House in the Middle Ages*, Berkeley & Los Angeles: University of California Press, 1985, p. 17.

④ P. Laslett, *Family Life and Illicit Love in Earlier Generations: Essays in Historical Sociology*, New York: Cambridge University Press, 1977, pp. 50-101.

⑤ Ibid., p. 68.

⑥ P. Clark & D. Souden, *Migration and Society in Early Modern England*, London: Hutchinson Education, 1987, pp. 213-52.

中世纪晚期土地市场的研究也表明，即使是那些我们认为最为稳定的土地持有者中也存在着人口流动的情况。① 国内学术界则很少涉猎中世纪乡村人口流动的问题，少数学者在论及城市化或者工业化时略有提及。②

从目前的研究现状来看，大多数学者对于中世纪乡村人口流动都采取了概况性的研究，重点强调人口流动的地域性特征以及模式的探讨，从而忽略了对其发生的原因及历史意义的探究。由此可见，对于中世纪英国乡村人口流动的研究尚有很多的空白点。那么，在工业化之前，英国的乡村社会是否存在着大规模的人口流动？如果存在，内在动力是什么？人口流动对乡村社会产生了哪些影响？本文对此略加分析。

一、乡村人口流动的概况

研究表明，早在 14 世纪前后，英国的乡村中就出现了人口流动的情况。从档案中所记载的村民姓氏可以推断出，他们中的很多人最初并不是本地人，而是来自其他地区。而且有些村庄的档案中则明确指出，其中一些村民是迁移来此的。比如，在埃尔顿村庄，有个叫理查德·基恩的茅舍农，他就是从北安普顿郡的福赛灵格地区移居到此地的。③ 但此时的人口流动要受到诸多的限制。例如，在 1313 年，亚历山大·加伦居住在约翰·克莱沃的领地上。他原本是阿普伍德的一个农奴，但是他在法庭上却加以否认，他说他是出生在克莱沃领地上的。法庭为此展开了认真的调查，认定上述的亚历山大是阿普伍德领主的一个农奴，并且他的父亲也是领主的一个农奴。为此，亚历山大被处罚了 12 便士，规定每年在复活节时要向原领主交纳 2 只小鸡，并且规定每年必须参加本地的十户联保组督查。④ 1312 年的埃尔斯沃思，约翰·史密斯的儿子沃尔特，此人私自逃离了庄园并且居住在佩茨沃斯。法庭

---

① P. D. A. Harvey (ed.), *The Peasant Land Market in Medieval England*, New York: Oxford University Press, 1984; Z. Razi, "The Myth of the Immutable English Family", *Past & Present*, No. 140 (August 1993), pp. 3–44; J. Whittle, "Individualism and the Family-Land Bond: A Reassessment of Land Transfer Patterns among the English Peasantry", *Past & Present*, No. 160 (August 1998), pp. 25–63.

② 谷延方：《推力与拉力——中世纪英国农村劳动力转移和城市化动力机制初探》，《北方论丛》2010 年第 4 期。

③ E. M. R., p. 97.

④ J. A. Raftis, *Tenure and Mobility Studies in the Social History of the Mediaeval English Village*, Toronto: Pontifical Institute of Mediaeval Studies, 1981, p. 139.

规定，自此以后，只要上述的沃尔特居住在外地，他就要在每年的复活节时向原领主交纳 2 只小鸡，担保人埃弗格林和亚当。同时，他每年要回来参加十户联保组督查。1313 年的海明福德修道院，陪审团指出托马斯·卡农现在居住在领地之外的伊利斯地区。他必须在下个复活节之时来到法庭并交纳 12 便士以及 2 只公鸡。并规定，自此以后，他每年只要在复活节时交纳 1 只公鸡，就可以合法地居住在那里，担保人村头。同时，他每年必须出席十户联保组督查。① 也就是说，无论农奴流动到哪里，他们仍然无法摆脱原有的庄园制约。

15 世纪以后，整个欧洲范围内连续发生洪水和灾荒，致使谷物的价格不断攀升，各地爆发了多次农民起义。当时的农民起义首领贝尔甚至提出了"人生而平等"的口号②，并且声称，"农奴制是违背上帝的意愿的"。③ 正如查尔斯·阿曼所指出的："农民的起义使得农民迅速觉醒……他们要求更多的自由并试图用武力来获得它。"④ 经过长期抗争，束缚在农民身上的各种枷锁逐渐消除，人口流动也就成为了乡村社会生活的主题。例如，从 15 世纪晚期埃塞克斯郡的教会法庭档案中可以看到，在那里有近 76% 的人都有过迁徙的记载。⑤ 在沃里克郡的金斯顿，1387 年的档案中共记录了 15 个家庭。到 1394 年时则有 5 个家庭已经离开了庄园，1394—1426 年间则有 7 个家庭离开，1426—1430 年间，则有 4 个家庭离开，此时村庄中仅有 2 个家庭尚未迁走。在沃里克郡的菲尔顿地区拉德布鲁克村庄，从 1374、1389、1446 以及 1457 年的税收档案中可以看出，在 1374 年时，那里有 31 个家庭，81 年后，那里只剩下了 4 个家庭。这个村庄每年人口的流动频率为 1%；特别是在 1389—1446 年间，人口流动频率则增长到了 1. 3%。⑥ 同样，在沃塞斯特郡的肯普西庄园，1432—1441 年的档案中共记录了 103 个人，到了

① J. A. Raftis, *Tenure and Mobility Studies in the Social History of the Mediaeval English Village*, Toronto: Pontifical Institute of Mediaeval Studies, 1981, p. 140.

② Jean Froissart, *Chronicles 1337-1410*, London: Penguin Books Ltd., 1968, p. 212.

③ R. B. Dobson, *The Peasants' Revolt of 1381*, London: Macmillan, 1983, pp. 373-75.

④ Maurice Ashley, *Great Britain to 1688 - A Modern History*, Ann Arbor: The University of Michigan Press, 1961, p. 147.

⑤ L. Poos, *A Rural Society after the Black Death: Essex 1350-1525*, Cambridge: Cambridge University Press, 1991, pp. 166-179.

⑥ C. Dyer. *The Self-Contained Village? The Social History of Rural Communities, 1250-1900*, Hatfield: University of Hertfordshire press, 2007, p. 15.

1499—1507 年时，也仅有 25 个人仍旧居住在原地了，那里每年的人口流动频率也达到了 1%以上。① 在英格兰中部地区，如霍利威尔—卡姆—尼丁沃斯和瓦尔博斯等庄园，1350—1449 年间，那里的人口流动频率也超过了 1%；并且到了 1400 年以后，还有不断加快的趋势。②

表 1：葛拉塞斯特郡的各地村庄，1327—1381 年，1381—1522 年，1555 年人口迁移情况

村　　庄	布莱丁顿	上斯劳特	罗德伯勒
1327 年所记录的家庭数	17	8	16
1381 年仍然存在的家庭数	8	2	4
存在的百分比	47	25	25
1381 年所记录的家庭数	30	18	30
1522—1555 年仍然存在的家庭数	2	1	2
存在的百分比	7	6	7
1327 年的家庭	17	8	16
一直保留到 1522—1555 年的家庭	0	1	0
存在的百分比	0	13	0

数据来源：Peter Franklin, *The Taxpayers of Medieval Gloucestershire*：*An Analysis of the* 1327 *Lay Subsidy Roll with a New Edition of its Text*, London：Sutton Pub Ltd, 1993.

从表 1 中可以看出，如果以 1327—1522 年作为一个时间段来考察乡村人口的变化，可以看到这期间乡村人口的流动情况是比较明显的。从短时间来看，即从 1327—1381 年（大约相当于一代人的生活时间）来观察，我们发现在半个世纪的时间里，这一地区的人口迁移率已经超过了 60%；在 1381—1525 年间，人口的迁移率更是超过了 90%。如果从更长的时段来看（1327 年到 1525 年间），仅有上斯劳特村庄的一个家庭还居住在原地，这个村庄的人口迁移率已达到了 87%；而其他两个村庄的人口迁移率则达到了 100%。换言之，就葛拉塞斯特地区来看，从 14 世纪到 16 世纪，那里很少有一个家庭在一个地方终老一生了，可见那里的人口流动十分频繁。

① C. Dyer, *Lords and Peasants in a Changing Society*：*The Estates of the Bishopric of Worcester*, 680-1540, New York：Cambridge University Press, 1980, p. 366.
② Z. Razi," The Myth of the Immutable English Family", *Past & Present*, No. 140（August 1993）, p. 35.

表 2：沃塞斯特郡的村庄，1327 年和 1524—1525 年世俗协助金的名单

	高地的村庄（10 个）	低地的村庄（9 个）
1327 年所列的名字	208	302
1524—1525 年仍然存在的名字	16	25
存在的百分比	8	8

数据来源：F. J. Eld ed., *Lay Subsidy Roll for the County of Worcester*, 1 *Edward III*, Oxford：Printed for the Worcestershire Historical Society by J. Parker, 1895.

从表 2 可以看出，从 1327—1524 年间，在这 19 个村庄中一直居住在那里的村民比例仅为 8%，人口迁移比例高达 92%。可见这一时期那里的人口流动也十分频繁。当然，以税收名单来进行人口统计也同样存在问题：它在一定程度上排除了乡村中较为贫困的家庭。由于这些家庭经济较为窘迫，可能交不起世俗补助金甚至是地租。因此，他们的名字也就不会出现在税收档案之中了。据估算，在 1327 年的世俗补助金中，有大约 60% 的乡村人口是被免除的。然而，这些穷人往往更希望通过迁移到别处谋生来改善生活。因此，从实际情况来看，那里人口的流动比例要远远地高于我们所统计的数据。

综上可知，从 15 世纪开始，英国乡村已经出现了较大规模的人口流动，有些地区甚至出现了村庄荒废的现象。例如，一名叫劳斯的牧师对 15 世纪后期沃里克郡各地区村庄状况进行了调查。他发现，在斯顿里村庄仅剩下 1 户人家；在克莱菲尔德村，剩下 1 个农场；在蔡斯特德村，仅剩下 3 户人家；有些地方的村庄甚至已荡然无存！[1] 为了挽救这种局面，一些领主试图采取强制的手段来解决。例如，在格拉斯顿伯里地区，从 14 世纪晚期到 16 世纪早期的庄园档案中罗列出了已离开庄园的农奴名单，在这个名单的下面附上了一条命令：要求逃亡者的亲属必须确保他们返回庄园，否则将处以 3 先令 4 便士或者是 6 先令 8 便士的严厉罚金。[2] 然而，这些禁令最终却不了了之。这些情况表明，农奴制的解体，不仅仅使个体农民的人身自由得到了改善，更为重要的是使得整个社会机制发生了变化。

---

[1] W. Page & H. A Doubleday, *The Victoria History of the County of Warwick*, Vol. 2, London：Oxford University Press, 1954, pp. 159-60.

[2] R. H. Hilton, *The Decline of Serfdom in Medieval England*, London：Macmillan, 1969, pp. 32-5.

社会转型时期英国乡村基层组织研究

二、乡村人口流动的特点

中世纪晚期的乡村人口流动由于受到多种因素的影响，因此在流动距离、人口结构以及社会结构等方面有着鲜明的特点。

第一，中世纪的乡村人口流动存在着距离衰减的规律，即随着迁徙距离的增加而人数逐渐减少。普斯发现："在 14 世纪的埃塞克斯乡村，人口的流动并非是毫无目的或者随意的长距离迁徙，很明显，他们都是在共同体内部进行流动，一般活动的半径是 10—15 英里。"[①]

表 3：1427—1556 年，诺福克郡 5 个庄园中农民迁徙的距离

迁徙的距离（公里）	迁徙的数量	所占比例
1—5	22	27. 2
6—10	23	28. 4
11—15	6	7. 4
16—20	10	12. 3
21—25	9	11. 1
26—50	7	8. 4
51—100	2	2. 5
100 以上	2	2. 5
总数	81	100

资料来源：Jane Whittle，"Population Mobility in Rural Norfolk among Landholders and Others c. 1440-1600"，in *The Self-Contained Village? The Social History of Rural Communities*，1250-1900，Christopher Dyer ed.，Hatfield：University of Hertfordshire press，2007，p. 30.

从表 3 可以看出，迁徙距离在 10 公里以内的人口，占流动人口的 55. 6%；而迁徙范围在 20 公里以内的人数为 61 人，占流动人口的 75. 3%。也就是说这一时期绝大多数的人口流动都是短距离的，这也就决定了人口流动的趋势主要是在乡村社会的内部。而怀特根据 16 世纪中叶诺福克郡的法庭记录研究也同样印证了上述的论断。在他所列举的 83 个案例中，只有 2. 4%的人在诺福克郡内的迁徙距离超过了 20 公里，另有 2. 4%的人迁出了诺福克郡去了更远的地方；有 35%的人迁移到了邻近的堂区，但其距离也没

[①] L. Poos, *A Rural Society after the Black Death：Essex 1350-1525*，Cambridge：Cambridge University Press，1991，p. 162.

有超过 20 公里。① 此外，我们从诺福克郡的税收档案中也可以推断出人口流动的范围：有 56% 的人口流动距离都少于 10 公里（6.2 英里）；在所统计的 81 个人中只有 11 个人的迁徙距离超过了 25 公里（15.5 英里）。其中有两个人移民去了伦敦，而其他人则迁入了一些较大的乡镇，如莱恩修道院、伊普斯威奇以及诺维奇等地。当然这种现象并非一个特例，在英国的其他地区也有类似的情况：例如，在 1472 年沃里克郡桑伯恩的伊夫舍姆庄园（这个庄园与村庄是重合的），那里村民迁徙的目的地都不远，一般只是在 7 到 20 公里的范围内，只有 5 个人移居的地方较远。只有三分之一的农民会移居到城镇，但这些人并没有在目的地生活多久，他们又从城镇返回了乡村。② 也就是说，这一时期绝大多数的人口流动都距离较短，这也就决定了人口流动的趋势主要集中在乡村社会的内部。

第二，从人口结构来看，存在着性别与年龄上的差异。从性别和年龄来看，这一时期的乡村人口流动呈现出如下特征：女性普遍高于男性；年轻人普遍要高于老年人。

表 4：1499—1530 年诺福克郡的乡村人口流动情况

居住的时间	男　性		女　性	
	数　量	百分比	数　量	百分比
自出生以来	93	22.1	10	18.2
自少年以来	38	9.0	0	0.0
50 年以上	5	1.2	1	1.8
40 年—49 年	22	5.2	2	3.6
30 年—39 年	19	4.5	3	5.5
20 年—29 年	65	15.4	9	16.4
10 年—19 年	67	15.9	15	27.3
5 年—9 年	49	11.6	5	9.1
1 年—4 年	51	12.1	9	16.4
少于 1 年	12	2.9	1	1.8
总　数	421	100	55	100

① J. Whittle, *The Development of Agrarian Capitalism*: *Land and Labour in Norfolk* 1440-1580, Oxford: Oxford University Press, 2000, p. 273.

② R. K. Field, "Migration in the Later Middle Ages: the Case of the Hampton Lovett Villeins", *Midland History*, Vol. 8, No. 1 (1983), p. 36, 42.

居住的时间	男　性		女　性	
	数　量	百分比	数　量	百分比
迁入时的年纪	男　性		女　性	
自出生以来	93	22.6	10	18.2
自少年以来	38	9.2	0	0.0
0—10 岁	27	6.6	0	0.0
11 岁—20 岁	64	15.6	10	18.2
21 岁—30 岁	107	26.0	26	47.3
31 岁—40 岁	55	13.4	4	7.3
41 岁—50 岁	11	2.7	2	3.6
51 岁—60 岁	14	3.4	3	5.5
61 岁以上	2	0.5	0	0.0
总　　数	411	100	55	100

数据来源：Jane Whittle，"Population Mobility in Rural Norfolk among Landholders and Others c. 1440 - 1600"，in *The Self - Contained Village? The Social History of Rural Communities*，1250 - 1900，Christopher Dyer ed.，Hatfield：University of Hertfordshire press，2007，p. 29.

从表 4 中可以看出，只有 22.1% 的男性是一直居住在原出生地；而近 80% 的人则在有生之年至少迁徙过 1 次；而女性自出生以来一直居住在原地的仅为 18.2%，低于男性 3.1 个百分点。普斯通过对 1601—1710 年英格兰南部和中部地区的调查得出的结论是：有 34% 的男性一直居住在原出生地并终其一生，而女性的比例则为 24.1%。[①] 这一数据与表 4 所得结论基本一致。如果以 20 岁到 30 岁为年龄段来推算，在这个年龄段上，女性（47.3%）人口流动率要明显高于男性（26%）。这主要是因为乡村中的年轻女性由于婚姻以及财产继承等方面的原因，她们中的大多数人出嫁到外地，因此从人口流动的比例上来看，她们的人口流动性要明显高于男性。例如，在海尔斯欧文庄园档案中曾记录了一个叫托马斯·科林的人，他一共有 7 个女儿，其中 2 个出嫁到了外地，另外 5 个在他去世后由于无法交纳继承税，最终也被迫离开了那里。[②] 从年龄结构来看，乡村的人口流动比例与年龄结构成反比。无论是男性

[①] L. Poos，*A Rural Society after the Black Death：Essex 1350 - 1525*，Cambridge：Cambridge University Press，1991，p. 170.

[②] Z. Razi，"Family，Land and Village Community in Later Medieval England"，*Past & Present*，No. 93（November 1981），p. 6.

还是女性，20 岁到 30 岁年龄段是所有年龄结构中人口流动比例最高的，年龄越大则人口流动的比例越小。从表 4 中可以看到，50 岁以上的流动人数仅为 19 人，占人口比例的 9.4%。1349—1389 年间，"在沃塞斯特郡的 19 个庄园中，共计有 346 人先后离开了庄园，其中女性占三分之一，她们当中的大多数人非常年轻。如果再把未婚的男性统计进来的话，那么年轻人将占据流动人口总数的一半左右。"① 之所以出现这个现象主要是由于年轻人更希望去经济发达的地区谋求更好的生活，而年纪大的则更希望固守田园。

第三，从社会结构来看，存在着社会阶层上的差别。克拉克和桑顿指出："在乡村社会中较为体面的人其流动性要比手工业者、仆工以及劳工要小。"② 奈尔通过对什罗普郡的海利村庄研究后指出："在圈地之前的村庄共同体中，存在着两种截然不同的生活类型：那些拥有一定土地的人，即便他们所掌握的土地仅仅为 4 英亩或者 5 英亩大小，他们在结婚之后也仍然会选择留在原地生活；而那些没有土地的人则是每 3 年或者 4 年，有的甚至是在更短的时间内，从一个村庄流动到另一个村庄。"③

表 5：1500 年塞克斯索普庄园中佃农家庭的平均居住时间（以 76 年为标准）④

所持土地数量	时间（年）	人　数
平均数	76	39
持有土地少于 6 英亩的	72.4	10
持有地超过 20 英亩的	77.2	10
自由持有地的家庭	81.1	12
惯例持有地的家庭	74.5	23
租赁持有地的家庭	61.3	11
没有自由地的家庭	61.6	16

① P. Hargreaves, *Change in Relationships between Lord and Tenants on Manors of Worcester Cathedral Priory 1340-1390*, Birmingham: Birmingham University Press, 1997, pp. 243-70.

② P. Clark & D. Souden, "Introduction", in *Migration and Society in Early Modern England*, Clark & Souden (eds.), London: Hutchinson Education, 1987, p. 29.

③ G. Nair, Highley: *The Development of a Community 1550-1880*, New York: Basil Blackwell, 1988, pp. 57-8.

④ Jane Whittle, "Population Mobility in Rural Norfolk among Landholders and Others c. 1440-1600", in *The Self-Contained Village? The Social History of Rural Communities, 1250-1900*, Christopher Dyer (ed.), Hatfield: University of Hertfordshire press, 2007, p. 34.

社会转型时期英国乡村基层组织研究

表6：1440—1636 年佃农与富裕农家庭连续性占人口的百分比①

庄园/时间	1440—1480	1480—1520	16 世纪中叶	1593—1636
海文汉姆的佃农	26. 2	27. 8	32. 8	—
海文汉姆的富农	37. 9	46. 7	48. 6	—
塞克斯索普的富农	27. 3	43. 5	42. 3	—

从表5可以看出，土地持有的大小以及类型在一定程度上影响着乡村的人口流动：自由土地持有者要比那些惯例土地持有者更为稳定；大土地所有者要比小土地所有者更为稳定。这主要是因为自由持有地往往是最为有利的持有，因为它几乎等同于所有权。因此，那些自由持有的家庭很少外出谋生，而租赁持有以及没有自由地的家庭为了谋求更好的生活则流动比较频繁。从表6可以看出，村庄中富裕的农民流动性要普遍低于一般农户。这是由于这些富裕农民已经成为了乡村社会的"头面人物"，他们长期占据着村头、陪审员等职位，把持着乡村社会的政治和经济大权。② 而那些较为贫困的农户则为了生计要四处奔波。赖特森和莱文通过对埃塞克斯郡特灵村庄的研究表明，在1580年到1699年间，村庄中的乡绅、大农场主是乡村社会中最为稳定的因素；农夫和手工业者则属于并不稳定的阶层；处于二者之间的约曼阶层，其人口流动情况也处于二者之间；而那些处于社会最底层的贫穷劳工，直到1620年时这一类人大部分还都处于快速的流动之中。③

此外，乡村的人口流动还存在着地区性的差异。例如，东部地区人口的流动比例要高于其他地区；高地地区的人口流动要高于林区。例如，在莱彻斯特郡的凯沃斯哈考特村庄（这个地区是典型的林区），从1412年到1527年间，那里有近27%的家庭仍旧居住在原地，人口迁移率仅为0. 63%。④

① C. Howell, *Land, Family and Inheritance in Transition: Kibworth Harcourt 1280-1700*, Cambridge: Cambridge University Press, 1983, p. 249.

② R. H. Hilton, "A Crisis of Feudalism", *Past and Present*, No. 80 (August 1978), p. 9; Dewindt, *Land and People in Holywell-Cum-Needingworth: Structures of Tenure and Patterns of Social Organization in an East Midlands Village, 1252-1457*, Toronto: Pontifical Institute of Mediaeval Studies, 1972, pp. 240-41.

③ K. Wrightson & D. Levine, *Poverty and Piety in an English Village: Terling, 1525-1700*, Oxford: Clarendon Press, 1995, p. 81.

④ C. Howell, "Peasant Inheritance Customs in the Midlands, 1280-1700", in *Family and Inheritance: Rural Society in Western Europe 1200-1800*, J. Goody, J. Thirsk & E. P. Thompson (eds.), Cambridge: Cambridge University Press, 1976, pp. 123-127.

总之，这一时期乡村社会的人口流动尚属于乡村社会的内部流动，并且存在着性别、年龄、社会阶层以及地区上的差异。但从整体来看，这一时期乡村人口流动呈现出多元化的倾向，有些地方甚至还出现了从城镇向乡村"倒灌"的现象。[①] 例如，从1307年的赫特福德郡的乡村税收档案中可以看到，有一些人的姓名中有诸如"de London, de Aylesbury"等字样，很显然这些人都来自城市。[②]

四、乡村人口流动的原因

究竟是什么原因推动了15—16世纪的乡村人口流动呢？以波斯坦为代表的"新人口论"认为，中世纪晚期人口的大规模膨胀是人口流动的主要推动力。14—15世纪，随着黑死病的爆发，人口锐减，导致劳动力价格不断攀升，劳役地租开始向货币地租转变，使得农民的人身依附关系松懈，进而也引发了乡村的人口流动。[③] 波斯坦的"新人口论"长期以来一直都是学术界解释中世纪乡村人口流动的主要理论。到了20世纪70年代以后，"新人口论"逐渐受到了质疑，以布伦纳为首的西方学者对此提出了批评。布伦纳指出：纵观整个欧洲的历史，同样的人口发展趋势，却在不同的时间、不同地区，产生了不同的结果。14世纪后，随着欧洲人口的锐减，在西欧地区确实出现了租金下降、农民获得自由迁徙的现象，但此时的东欧地区却出现了"农奴制再版"。[④] 而皮雷纳则认为，商业的出现以及城市的兴起才是中世纪晚期乡村人口流动的主要推动力，"随着海外贸易的发展……城市开始像庄稼一样茁壮成长"，商业的发展、城市的兴起吸引了那些向往自由生活的农奴，向新兴城市和经济发达地区流动。[⑤] 这些观点都从不同角度对

---

① P. McClure, "Patterns of migration in the late middle ages: the evidence of English place-name surnames", *Economic History Review*, New Series, Vol. 32, No. 2 (May, 1979), p. 167; M. Kowaleski, *Local Markets and Regional Trade in Medieval Exeter*, Cambridge: Cambridge University Press 1995, pp. 84–86.

② J. Brooker & S. Flood (eds.), *Hertfordshire Lay Subsidy Rolls*, *1307and 1334*, Vol. 14, Hitchin: Hertfordshire Record Publish, 1998, p. 102, 120, 125.

③ [英] 波斯坦等主编：《剑桥欧洲经济史》第一卷，王春法等译，经济科学出版社2002年版，第469—485页。

④ R. Brenner, "Agrarian Class Structure and Economic Development in Pre-industrial Europe", *Past & Present*, No. 70 (February 1976), pp. 30–75.

⑤ [比] 亨利·皮雷纳：《中世纪的城市》，陈国梁译，商务印书馆2006年版，第57—58页。

中世纪晚期乡村的人口流动原因进行了分析，但其缺陷也是显而易见的。实际上无论是人口的膨胀，还是商品经济发展"所导致的封建制度解体与农奴制加强的证据同样之多"①。笔者认为，中世纪晚期的人口流动主要是与区域经济结构的调整以及商品经济的发展有关。

首先，乡村市场的兴起在一定程度上刺激了人口的流动。布莱克顿指出，中世纪村庄与市场的距离一般情况下不会超过 6 英里，因此，他认为中世纪的乡村人口流动很明显是受到了农民市场的设立以及定期乡村集市的影响。② 同时，中世纪乡村市场数量要远高于近代社会。③ 因此，乡村市场的繁荣在一定程度上刺激了乡村的人口流动。例如，在 14 世纪的拉姆齐，有一个非常著名的乡村集市叫圣·艾维斯。每次集市那里都聚集了大量来自外地的商人，甚至连弗兰德斯、法国、意大利以及斯堪的纳维亚地区的商人也经常光顾这里。④ 在人口流动较为频繁的诺丁汉郡，那里的市场多达 30 多个，其中很多都位于小的村落。⑤ 而这些"乡村市场上的农产品基本上都是由那些农户来供应的"⑥。此外，在一些乡村地区，每年还要定期进行种子和家畜的交换，其目的是为了实现对品种的优化，从而提高收获的品质和数量。⑦ 通过频繁的市场交易以及参加乡村集市，各村庄之间的人口流动也日益频繁。农民通过买卖农产品彼此之间不仅加强了交流与合作，而且也扩大了他们的社会交往范围。

第二，乡村工业的兴起吸引了更多人口的流动。到了 15 世纪前后，乡村工业开始兴起，酿酒业、制造业以及毛纺织业纷纷发展起来。加之这一时

---

① M. Dobb, *Studies in the Development of Capitalism*, New York: International Publishers Company, 1947, pp. 39-40.

② S. E. Thorne, *Bracton on the Laws and Customs of England*, vol. 3, Cambridge, Mass.: The Belknap Press of Harvard University1977, pp. 198-199.

③ Alan Everitt, "The Marketing of Agricultural Produce, 1500-1640", in *The Agrarian History of England and Wales*, Vol. 4, Thirsk, ed, Cambridge: Cambridge University Press, 1967, pp. 466-592.

④ Ellen W. Moore, *The Fairs of Medieval England: An Introductory Study*, Toronto: Pontifical Institute of Mediaeval Studies, 1985, p. 157.

⑤ D. Farmer, "Marketing the Produce of the Countryside: 1200-1500", in *The Agrarian History of England and Wales*, Vol. 3, E. Miller & Hatcher (eds.), Cambridge: Cambridge University Press, 1991, p. 331.

⑥ ［俄］科斯敏斯基：《11—15 世纪英国封建地租形态演变》，《史学译丛》1956 年第 1 期。

⑦ T. Unwin, "Rural Marketing in Medieval Nottinghamshire", *Journal of Historical Geography*, Vol. 7, No. 3 (July 1981), p. 241.

期劳动力的价格不断上扬，因此，吸引了很多乡村的手工业者纷纷离开本地，向一些乡村工业比较发达的地区流动。像约克、诺维奇、布里斯托尔、温彻斯特以及埃克塞特等地的乡村，那里的乡村纺织业十分发达。因此，它们吸引了周围20—25英里范围内的很多农民移动到这些地区。① 我们还可以从诺福克郡两个庄园看到乡村工业的发展对人口流动的影响。海文庄园位于诺福克东北部的乡村毛纺织业地区，而塞克斯索普却位于这个区域的外部。1520—1620年间，在诺维奇乡村工业所招收的学徒中，有12名是来自海文庄园的，而只有3个来自塞克斯索普庄园。② 由于海文汉姆庄园所拥有的人口要比塞克斯索普多，如果把这个因素再考虑进去的话，那么，海文汉姆庄园的学徒人数将是塞克斯索普的三倍之多。③ 帕顿通过对东盎格利亚地区的学徒契约研究表明，随着诺维奇乡村毛纺织工业的兴起，那里吸引了大量的农村人口向该地区流动。④ 由此可见，乡村工业的兴起，在一定程度上也加速了各地区的人口流动。

第三，土地市场的形成加速了乡村的人口流动。土地市场的形成不仅加速了土地的流转，而且也在一定程度上刺激了乡村人口的流动。早在13世纪，东盎格利亚地区就出现了土地市场，但最初的交易规模不大。到了15世纪前后，土地市场变得异常活跃。例如，15世纪的亨伯利法庭档案记载，那里每次开庭都会有4件以上有关土地交易的记录，平均每年有16件，这意味着平均每年有10%左右的土地要转手。⑤ 更为重要的事，这些土地交易都是在家族之外进行的。菲斯发现英国的许多庄园在1300年到1400年间，

① S. H. Rigby, *Medieval Grimsby. Growth and Decline*, Hull Monographs in Regional and Local History, No. 3, Hull: University of Hull Press,, 1993, pp. 20—22; D. Keene, Survey of Medieval Winchester, Winchester Studies, Vol. 2, Oxford: Clarendon Press, 1985, p. 376. E. M. Carus-Wilson, "The First Half- Century of the Borough of Stratford-upon-Avon", in *The Medieval Town. A Reader in English Urban History 1200-1540*, R. Holt and G. Rosser (eds.), London: Routledge, 1990, pp. 49—70.

② W. M. Rising & P. Millican (eds.), *An Index of Indentures of Norwich Apprentices Enrolled with the Norwich Assembly*, *Henry VII - George II*, Norfolk: Norfolk Record Society, 1959, p. 29.

③ J. Whittle, *The Development of Agrarian Capitalism: Land and Labour in Norfolk 1440-1580*, Oxford: Oxford University Press, 2000, p. 213.

④ J. Patten, "Patterns of Migration and Movement of Labour to Three Pre-Industrial East Anglian Towns", in *Migration and Society in Early Modern England*, Clark & Souden (eds.), London: Hutchinson Education, 1987, p. 82, 91.

⑤ C. Dyer, *Lords and Peasants in a Changing Society*, Cambridge: Cambridge University Press, 1980, p. 301.

社会转型时期英国乡村基层组织研究

家族内部的土地交易从 56% 下降到了 13%。^① 这些大规模家族外的土地交易说明，有一些土地的购买者可能来自其他村庄。例如，在 1307 年的圣艾维斯，陪审团指出，一个名叫亚当·古德里奇的农奴，在尼丁沃斯那里购买了一块自由地。为了移居那里，他向领主支付了 2 先令。^② 达文特研究了拉姆齐修道院一个拉普顿村庄的土地交易情况。在 1280 年到 1397 年间，非自由农之间的土地交易多达 292 次，这个村庄中有近三分之一的人参与了土地的交易活动。显然，很多的土地购买者都是村庄的外来人口。^③ 土地市场的活跃也吸引了一些市民从城市开始向乡村流动。例如，在 16 世纪，有 2 个诺维奇的议员就曾在海文汉姆庄园持有过土地；1480 年，一个伦敦的布商——托马斯·凯森曾向这里进行过放贷，并短暂地持有过一块土地。^④ 在埃塞克斯郡，一些布商通过购买附近村庄的土地来发展纺织业；在贝德福德郡，那里的市民和乡绅也都纷纷来到农村购买土地。^⑤ 由此可见，随着土地市场的形成，很多农民为了获得土地而进行了迁移，这在一定程度上也带动了乡村人口在不同地区间的流动。

第四，农民社会观念的转变。随着农民生活状况的改善，他们的社会观念也发生了转变，以送子女到外地接受教育的方式来让他们开阔视野，并为将来谋求更好的生活早做准备，这也会在一定程度上促进乡村的人口流动。一些农民之所以要离开庄园，有一部分原因是他们想让子女到庄园之外的地方上学，以便能够受到更好的教育。例如，1405 年，木匠亚当为了让他的孩子去外地上学，他向领主支付了 4 便士；托马斯·波利亚德按照领主的意愿支付了 4 便士，以便能够让他的儿子去外地上学；1412 年，希灵顿的约

① R. J. Fatih, "Peasant Families and Inheritance Customs in Medieval England", *The Agricultural History Review*, Vol. 14, No. 2 (1966), pp. 89–91.

② J. A. Raftis, *Tenure and Mobility Studies in the Social History of the Mediaeval English Village*, Toronto: Pontifical Institute of Mediaeval Studies, 1981, p. 151.

③ Anne De Windt, "A Peasant Land Market and its Participants: King's Ripton 1280–1400", *Midland History*, Vol. 4, No. 3 (1978), pp. 142–149.

④ Jane Whittle, "Population Mobility in Rural Norfolk among Landholders and Others c. 1440–1600", in *The Self-Contained Village? The Social History of Rural Communities*, *1250–1900*, Christopher Dyer (ed.), Hatfield: University of Hertfordshire press, 2007, p. 39.

⑤ R. Schofield, "Extranei and the Market for Customary Land on a Westminster Abbey Manor in the Fifteenth Century", *The Agricultural History Review*, Vol. 49, No. 1 (2001), pp. 9–16; A. Jones, "Bedfordshire: Fifteenth Century", in *The Peasant Land Market in Medieval England*, Harvey (ed.), Oxford: Clarendon Press, 1984, pp. 231–35.

翰·阿特伍德的儿子约翰，为了让其儿子去外地上学，他向领主支付了 4 便士；在海明福德修道院，农奴如果让孩子去外地上学也必须交纳 4 便士；在巴顿，那里的农奴要想让孩子去外地读书，则必须交纳 6 便士。而对于那些没有得到特许而送孩子出去读书的农奴则要受到处罚。例如，在 1405 年，威廉·马丁被处罚了 2 便士，因为他在没有得到特许的情况下送孩子去外地上学；1400 年，威廉·史密斯在巴顿法庭上被控告，因为他在没有得到领主特许的情况下私自送他的儿子去外地上学。①

五、乡村人口流动的影响

15—16 世纪的英国正处于社会转型的起步阶段，在这样一个过渡时期，人口的流动究竟意味着什么呢？

首先，乡村的人口流动打破了村庄之间的壁垒，有利于加强各地区之间的文化交流。尽管"这些村民迁移得不是很远，一般都是在 7 到 20 公里的范围内，但是这种短距离的、小范围的村与村之间的人口流动仍然具有一定的意义"②。村庄中的那些外来者可以带来一些丰富的阅历，从而带动了当地经济文化的发展。例如，北沃塞斯特郡的乔治·安德希尔，他于 1479 年离开了汉普顿劳文特村庄，移居到了 5 英里外的哈特雷伯里。在那里他获得了一块大约 15 英亩大小的土地，并从事酿酒和卖酒的职业近 20 年，同时还兼做面包、蜡烛以及肉类的经销商。1482 年他做了当地的堂区执事，5 年后他又成为了庄园法庭的陪审员。③ 他的复杂经历在一定程度上反映了当地商业的发展。此外，人口流动也对乡村的建筑风格产生了影响。例如，从 1380—1520 年间肯特郡的农民房屋样式来看，它们在设计形式以及建筑结构上都与周边地区有着相似的风格，这说明这些建造工匠必定来自于附近的村庄或城镇；在索福克郡的海明汉姆堂区，一个堂区执事雇佣了一个来自诺福克郡的瓦匠来修建教堂的塔楼，但门窗的风格则取

社会转型时期英国乡村基层组织研究

---

① Frances & Joseph Gies, *Life in a Medieval Village*, New York: Harper & Row Publishers, 1990, pp. 82-3.

② Jane Whittle, "Population Mobility in Rural Norfolk among Landholders and Others c. 1440-1600", in *The Self-Contained Village？ The Social History of Rural Communities, 1250-1900*, Christopher Dyer (ed.), Hatfield: University of Hertfordshire press, 2007, p. 13.

③ R. K. Field, "Migration in the Later Middle Ages: The Case of the Hampton Lovett Villeins", *Midland History*, Vol. 8, No. 1 (1983), pp. 33-5.

自于布兰登斯顿。①

　　其次，乡村的人口流动有利于雇工阶层的兴起。英国的雇工阶层大约从
12 世纪开始形成，但是由于人口流动受到诸多的限制，因此，最初的雇工
队伍规模不大。到了 15 世纪前后，随着庄园制走向解体，劳动力价格的不
断上扬，使得外出打工已经成为了乡村流动人口的主要目的，这在很大程度
上刺激了雇工队伍的发展。"从此，雇工成为农村经济运作中不可缺少的要
素。"② 在东英格兰地区，雇工的人数几乎占到男性人口的 50%—70%。③ 这
些雇工基本上都是由乡村的流动人口所组成的。例如，我们前面所谈到的沃
塞斯特郡，在 1349—1389 年间，共计有 346 人先后离开了原来的庄园，这
些人绝大多数是从他们的出生地移居到了做雇工的村庄之中。④ 从 15 世纪
晚期埃塞克斯郡的教会法庭档案中也可以看到，在那里几乎有 76% 的人都
有外出做雇工的经历。⑤ 这些乡村的流动人口，特别是那些有一技之长的
人，他们以劳动力引进的方式进入雇工市场后受到特别的青睐。⑥ 例如，
1395 年的霍顿，约翰·泰勒为了让约翰·厄普顿作为一个裁缝为其工作 3
年，特向领主提出特许并交纳了 6 便士；约翰·厄普顿为了招募领主的一个
维兰——比阿特丽斯·厄普顿为其工作，特向领主提出特许并交纳 12 便士；
1438 年的维斯托，琼·阿提诺克为了从一个农夫手中招募一个名叫沃尔
特·海沃德的雇工，为此，她向他提供了一间可以长期居住的房屋。⑦ 这些
措施无疑吸引了更多的流动人口加入到雇工队伍中来，在一定程度上刺激了
雇工队伍的发展和壮大。

　　综上所述，工业化之前英国乡村已出现了一定规模的人口流动现象。庄

①　L. F. Salzman, *Building in England down to 1540：A Documentary History*, London：Oxford
　　University Press, 1967, pp. 547-549.
②　侯建新：《社会转型时期的西欧与中国》，高等教育出版社 2005 年版，第 184 页。
③　R. H. Hilton, *The English Peasantry in the Later Middle Ages*, Oxord：Clarendon Press, 1975, pp.
　　30-1.
④　P. Hargreaves, *Change in Relationships between Lord and Tenants on Manors of Worcester Cathedral Pri-
　　ory 1340-1390*, Birmingham：Birmingham University Press, 1997, pp. 243-70.
⑤　L. Poos, *A Rural Society after the Black Death：Essex 1350-1525*, Cambridge：Cambridge University
　　Press, 1991, pp. 166-79.
⑥　C. Dyer, *An Age of Transition? Economy and Society in England in the Later Middle Ages*, Oxford：Ox-
　　ford University Press, 2005, pp. 226-28.
⑦　J. A. Raftis, *Tenure and Mobility Studies in the Social History of the Mediaeval English Village* Toronto：
　　Pontifical Institute of Mediaeval Studies, 1981, p. 172.

园制的解体，商品经济的渗透以及乡村工业的兴起都在很大程度上刺激着乡村的人口逐渐地脱离农本经济的束缚，开始向非农产业流域内流动。正是这种流动性的存在，使得乡村社会在经济、思想以及文化等方面与外部世界保持着交流与合作。乡村人口的流动也扩大了农民的社会交往范围，古老的乡村社会逐渐地突破了共同体的束缚，开始走出了狭隘、封闭的世界，为乡村社会的转型奠定了基础。

第二节　雇工的出现及其发展

雇工最早出现在 12 世纪的意大利地区，到了 14 世纪以后，雇工作为一个阶层在英国比较普遍了。乡村的雇工最初主要是来自那些无地农或者是小土地持有者。由于他们所持有的土地面积较小，其收成所得不足以维持生计。因此，他们不得不到村庄之外寻求活计，以此来作为生活的补贴。在中世纪中期，雇工所占比例较小，尚未成为一个稳定的社会阶层。随着庄园的解体，农村的商品经济获得了发展，同时，劳动力也实现了自由流动，一种面向市场、依靠工资劳动的新型生产方式发展起来，在这种新的生产组织中，雇工逐渐成为农业劳动者的主体。

雇工之所以能够出现与当时的社会变化有着密切的关系：

首先，劳役地租转变为货币地租，为雇工的出现创造了条件。随着乡村经济中商品因素不断增强，到了 13 世纪前后，劳役地租开始转变为货币了。例如，"在 1279 年的中部英格兰地区，即使是一个维兰也可以用现金来支付他一半以上的劳役了。"① 每个维兰根据自己所服劳役的多少，向领主缴纳相应的金钱以购买豁免权。

其次，随着土地大量集中到少数富裕农民手中，他们也急需大量的自由劳动力。15 世纪以后，随着土地交易变得日益频繁，再加上大量自营地的出租，土地逐渐集中到少数富裕农民手中。这些富裕农民采用新的经营模式，雇用劳动力进行耕作，由此在乡村社会内部出现了一个新的阶层——雇工。"雇工劳动需要一定规模的土地集中。"②

---

① E. A. Kosminsky, "Services and Money Rents in the Thirteenth Century", *The Economic History Review*, Vol. 5, No. 2（April 1935）, pp. 31-48.

② 侯建新：《社会转型时期的西欧与中国》，高等教育出版社 2005 年版，第 178 页。

再次，黑死病后，随着人口的大量减少，劳动力的价格不断地上扬，这也在很大程度上刺激了雇工队伍的不断扩张，外出打工赚取工资也成为了农民日常收入的重要来源。因此，雇工多是农村中的年轻人、无地的小农以及茅舍农。

雇工的工资也随着季节的变化而变化。在每年的8月1日到9月29日期间，此时正赶上秋收季节，因此，雇工的工资也就会变高。例如，在埃尔顿，全年大多数时间里雇工的工资每项农活约为半便士。但是每年的8月1日到9月8日期间，每项农活的工资则变为2.5便士；从9月8日到9月29日，则变为1便士。[1] 因此，每到秋收季节，无论是维兰还是自由农都纷纷地加入到雇工的队伍之中，他们四处招揽活计，赚取工资，甚至一些城市工人也在秋收时加入到雇工的队伍之中。[2]

随着人身依附关系的进一步解除以及雇佣经济的不断发展，乡村中雇工的队伍不断地壮大。甚至很多家道殷实的农民也把自己的子女送出去做雇工。这些人往往寄宿于雇主的家里，与主人同吃同住，因此，这些人往往在档案中被称为仆工。例如，在14世纪末的科兹伍德地区，那里有80个农庄，其中有近1/8的农民家庭中有1个或多个仆工。在东盎格利亚地区，那里有50%—70%的男性都被称为仆工（servants）。[3] 可见，当时雇工规模之大。瑟斯克甚至认为，到斯图亚特王朝时期，整个英国农业雇工的人数已经达到了农村总人口的1/4到1/3！[4] 从14世纪中叶到1520年前后，就德比郡来看，雇工人数增加了20%，哈瑞森认为，到了16世纪，就整个英格兰来看，雇工人数已接近乡村总人口的1/4到1/3，到17世纪末已达到了47%。[5] 乔治·杜比说："临时雇工在农村经济中起了相当大的作用，特别是在13世纪和14世纪前期。有人计算过，当时英格兰农民中至少有1/3的

① E. M. R., p. 128.

② ［美］汤普逊：《中世纪经济社会史（300—1300年）》（下），耿淡如译，商务印书馆1963年版，第458页。

③ R. H. Hilton（ed.），*Transition from Feudalism Capitalism*，London：New Left Book，1976，pp. 30-35.

④ J. Thirsk，*The Agrarian History of England and Wales*，Vol. 4，Cambridge：Cambridge University Press，1967，p. 398.

⑤ J. F. C. Harrison，*The Common People：A History from the Norman Conquest to the Present*，Bloomington：University of Indiana Press，1985，pp. 69-70.

人是工资劳动者。"①

雇工阶层的出现对英国乡村社会产生了一定的影响。雇工阶层的形成促进了农业经济的规模化发展，从而为资本主义农场的出现准备了充足的自由劳动力。随着庄园解体，一些富裕农民开始承租庄园的土地，例如，1583年，林肯郡的罗伯特·菲利普曾一次性买下了威星顿庄园。② 同时，一些经营不善的小农也将土地出售给这些大农，他们自己则加入到雇工的队伍中来，这使得一些大农手中所经营的土地规模变得十分巨大。根据托尼的统计，到了16世纪以后，大规模的农场在整个英格兰地区已经纷纷出现。在他所统计的67个农场中，有33个农场的规模已经超过了200英亩；有12%以上的农场规模甚至达到了500英亩以上。③ 如此规模巨大的农场，显然仅靠农场主自身的劳作是无法进行农业生产的，因此，以高工资来吸引大量的雇工，则成为了他们从事农场经营的主要模式。

综上所述，随着农业经济的发展、农民对土地支配权的扩大以及超经济强制的解体，雇工劳动逐渐地成为了英国乡村社会主要的劳动力。一些富裕的农民利用雇工来经营他们的土地，面向市场而生产，从而逐渐地发展成为了新兴农场主，带有资本主义性质的农场经济逐步确立。"新型生产组织的确立以农民普遍参与商品经济为基础，而它的确立又为农村经济产业化、市场化迈出了具有决定性意义的一步。"④

第三节 乡村济贫的转型

在中世纪早期英国的乡村，由于公权力的衰微，因此并没有公共基金或者济贫的政策来扶贫济危。对于农民来说，面对着永无休止的困境，他们只能自己去寻求解决的办法。因此，村民之间的相互救助在很早以前就已经开始了，并且在这方面也积累了大量的经验。例如，在1177年的税收法庭上，当一些年轻人询问该如何解决济贫的问题时，一名资深的牧师回答到："等

---

① ［意］卡洛·奇波拉：《欧洲经济史》第一卷，徐璇等译，商务印书馆1988年版，第148页。

② M. Campbell, *The English Yeoman under Elizabeth and Early Stuarts*, London：Merlin Press，1983，pp. 80—81.

③ R. H. Tawney, *The Agrarian Problem in the Sixteenth Century*, London & New York：Longmans，Green & Company，1912，p. 259.

④ 侯建新：《社会转型时期的西欧与中国》，高等教育出版社2005年版，第116页。

一下，让我们来询问一下乡下人。"① 随着基督教在英国的传播以及堂区制度的形成，乡村的救济被逐渐纳入到宗教的范畴。而英国的济贫史也表明，到了中世纪晚期，堂区与村庄共同体相互配合，共同承担起乡村社会的慈善事业，从而为乡村社会的发展奠定了社会基础。

一、早期乡村的慈善事业

"英国是世界最早开展政府济贫的国家之一，一般认为是从 16 世纪开始的。可是公社居民之间的济贫早就有了。"② 庄园档案中有大量的资料表明，村民会经常提供给他们贫困的邻居以谷物、家畜、工具、房屋器具以及衣服等，并且帮助他们从事各种各样的农业生产。正如沃尔特所说的那样，一个村民必须要靠朋友来生存，因此他告诫到："去爱你的邻居，对于任何人来说，有一个好邻居就有一个好的未来"。③ 早期的乡村救助往往会带有一定的契约性质，因为这些救助往往与养老联系在一起。年老的农民承诺给予救助者一定的财产，实施救助的人则承诺给年老的农民以土地、食物、衣服和油料等保障，这些标准要与他们日常生活的标准相一致。④ 到了 12 世纪以后，乡村的救济开始由村庄共同体承担，一些村庄中甚至还设立了"公共救济箱"，以便救助那些身患疾病或者鳏寡孤独者。这些公共救济箱的资金则是由一些自愿捐献者来贡献，村庄的税收也可以从中支付。例如，在 1466 年索福克郡的巴德维尔（Berdwell）的威廉·布雷顿，在订立遗嘱中指出，他要把他所购买的土地留给巴德维尔村庄用来支付国王的税收；同样，在 1434 年索海姆的马格纳（Magna）村庄，约翰·贝纳特在他的遗嘱中声称，村庄贫困者的税款可以从他所遗留下来的钱财中进行支付。⑤

通过这种公共救助的方式，村民之间加强了团结，从而也极大提高了村庄共同体的内部凝聚力。

① E. B. Fryde & E. H. Miller, *Historical Studies of the English Parliament*, Cambridge：Cambridge University Press，1970，p. 269.

② 马克垚：《英国封建社会研究》，北京大学出版社 2005 年版，第 214 页。

③ Elaine Clark，"Social Welfare and Mutual Aid in the Medieval Countryside"，*Journal of British Studies*，Vol. 33，No. 4（October 1994），p. 401.

④ Margaret Pelling & Richard M. Smith，*Life，Death and the Elderly：Historical Perspectives*，London：Routledge，1991，pp. 39-61.

⑤ C. Dyer，"The English Medieval Village Community and its Decline"，*Journal of British Studies*，Vol. 33，No. 4（October 1994），p. 416.

首先，对孤儿的救助。在中世纪的乡村，由于各种各样的原因，总会出现一些孤儿，如何安置这些无家可归者是一个严峻的社会问题。当一个村庄中有孤儿出现时，一般先由村庄共同体召开全体村民大会，由村民共同选举一名"监护人"，由这名监护人来负责照顾孤儿并直到他长大成人。所有涉及孤儿的问题都要在村民大会上进行公开讨论，而且要听从所有村民共同的意见；同时，村庄共同体还要对孤儿的监护人实施监督，针对那些不能认真履行其责任的监护人，村庄共同体要进行严厉的处罚。例如，村庄共同体中的村官有权召唤被监护人到村民大会直接了解监护人的所作所为；他们还要了解孩子是否得到了应有的照顾；同时还要了解，监护人是否胡乱使用被监护人的遗产或从被监护人手中扣留了"法定的继承动产"等等。[1] 此外，每个村民都有义务对孤儿的抚养情况进行监督，如果有些孤儿在村庄中没有得到应有的照顾，就要被揭发出来，从而引起公众的关注。由此可见，中世纪的乡村孤儿生活在一个高度组织起来的世界里，他们的权益也将受到一定的保护。通过对乡村孤儿的共同监护，孤儿的抚养不再是一个私人的问题，而是乡村生活中的一项公共事务。

其次，对鳏寡孤独者的救助。当那些没有儿女的村民变老或者不能自食其力时，他们的养老问题也将成为乡村救济的一项重要内容。一般情况下，先由老人提出一个他认为"最为亲近的继承人"，然后再由村庄共同体出面召集所有村民，来共同商议赡养协议的具体内容并加以确定。当然，这个所谓的"继承人"并不一定与本人有着血缘的关系。假如赡养者违反协议的规定，"村庄中正直而诚实的人们"就会加以干预。在村民集体的请求下，村民大会就会撤换不负责任的赡养者，如果有必要，还要对那些违反协议之人加以惩罚。此外，如果这些鳏寡孤独者没有任何财产，那么他们的赡养费用就要由村庄的公共财产来负责支付。"这类事情往往是先由老人本人提出他所需要养老金的项目和数量，然后再由村民大会集体协商并最终确定给予资助的金额。[2] 当然，对于养老金的领取，不能只凭赡养者的一面之词，他有责任向"村庄共同体"或村民"进行宣誓"。

从 14 世纪开始，乡村中的贫困问题变得日益严重，贫困人口的数量开

---

① C. Dyer, "The English Medieval Village Community and its Decline", *Journal of British Studies*, Vol. 33, No. 4 (October 1994), p. 397.

② Ibid., p. 397.

始急剧上升。庞德认为："在 14 世纪英国的乡村中，至少有 1/4 至 1/3 的人口生活在贫困之中，在这其中多数为靠微薄工资生活的雇工。"[1] 此外，黑死病爆发后，孤儿的数量日益增多。据艾塞克斯郡、诺福克郡以及阿尔班修道院的档案记载，在 1348—1350 年间，由一对父母担任监护人的情况仅占儿童监护事务的 28%。[2] 由于大量孤儿的出现，仅靠村庄共同体来救济孤儿已经有些力不从心。因此，堂区开始参与到乡村的救济事务中来，它们不断强化对儿童的监护职责。到 14 世纪末，有近 1/3 的孤儿生活在堂区的监护之下。

二、乡村济贫的转型

随着堂区在乡村救济中的作用愈加重要，乡村的救济工作开始发生转型，堂区开始取代村庄共同体逐渐成为乡村救济事务的重要组织者。堂区之所以能够成为乡村救济工作的主角，主要是因为基督教本身就强调团结和公共利益，它的教义中往往都带有一定的慈善色彩。在基督教徒看来，慈善在促进邻里之间亲密无间，使"所有的人团结一致"并融入一个共同体当中扮演着尤为重要的角色。托马斯·布林顿在 1370 年布道时坚持让富人和穷人共享公共利益，并按照奥古斯丁的理论指出，"穷人和富人必定是要相互依存的"，"如果所有的人都是穷人，那么就没有人来扶持其他的人了；如果所有的人都是富人，那么就没有人去劳作了，这个世界将走向灭亡"。布林顿还指出，上帝是允许穷人存在的，"以便去验证富人——他们究竟是穷人的朋友，还是敌人"[3]。牛津郡的亨利在记述地产经营管理时也提出忠告道：要"拥有你邻居的爱"，"因为谁要是拥有一个好邻居，他就会拥有美好的明天"[4]。从以上的论述可以看出，在 15 世纪以前，教会对乡村的救济主要是出于教义本身的慈善之举。但是，到了 15 世纪以后，随着英国政府一系列济贫法令的颁布，堂区成为了地方基层组织中救济工作的官方代表。

---

[1] Pound John, *Poverty and Vagrancy in Tudor England*, Harlow: Longman, 1982, pp. 3-24.

[2] Elaine Clark, "Social Welfare and Mutual Aid in the Medieval Countryside", *Journal of British Studies*, Vol. 33, No. 4 (October 1994), p. 392.

[3] Ibid., p. 402.

[4] Henley, Walter de, *Walter of Henley's Husbandry*, *together with an Anonymous Husbandry*, *Seneschaucie and Robert Grosseteste's Rules the Transcripts*, *Translations*, *and Glossary*, London: Longmans Green, 1890, p. 5.

著名的堂区研究专家庞兹指出："从 16 世纪到 18 世纪，堂区在维护社会治安、解决济贫问题、处理村民纠纷以及保持社会基层结构方面发挥着极其重要的作用，没有它乡村社会也就无法正常运转了。"[1] 沃克也认为，最晚"从 17 世纪开始，基层管理中有关济贫与公路等方面的事务都移交给了堂区和堂区会议"。[2]

由此可见，从 15 世纪开始，堂区在原有宗教性济贫职能的基础上，又增加了行政职权性质的救济功能。堂区取代了村庄共同体，成为了乡村救济工作中的主角。当然，这并不是说村庄共同体已经完全退出了济贫事务，它仍然在乡村济贫事务中发挥着重要的作用。诚如戴尔所指出的那样："中世纪时期的堂区机构之所以运作得很好，也必定是得益于教堂看守人的努力以及村庄居民的集体贡献，而不是来自于领主和那些经常接受信贷的富有商人的施舍。"[3] 从 15 世纪的一些村规档案中可以看出，为了帮助堂区的济贫事务，很多村规的罚金都要分出一半给村庄的教堂。

这样的案例在英国是非常普遍的，根据奥尔特的研究发现，在英国 13 个郡的 48 个庄园中都有"村规罚金的一半分给教堂"的规定。时间最早始于 15 世纪的早期，而在 15 世纪的中晚期这样的村规数量最多。例如，在 1440 年亨廷顿郡的瓦博斯庄园法庭的档案中，共有 9 条村规都明确规定要把所得的罚金一半上交给教堂；在 1455 年，共颁布了 4 条村规，其中有 3 条明确规定要把罚金的一半分给教堂，只有 1 条没有规定；在 1428 年的维斯托和亨特斯维尔（Huntsville），共记录了 5 条村规，其中有 4 条明确规定要分配一半罚金给教堂；到了 1455 年，所有 6 条村规全部规定要分配罚金的一半给教堂。在亨顿村庄，要求分配罚金的一半给教堂的村规数量如下：1422 年，6 条村规中有 2 条；1423 年，7 条中有 1 条；1424 年，5 条中有 1条；1427 年，2 条村规中全部规定；1456 年，2 条全部规定。[4] 此外，从一

① N. J. G. Pounds, *A History of the English Parish：The Culture of Religion from Augustine to Victoria*, Cambridge：Cambridge University Press, 2000, p. 4.

② ［英］戴维. M. 沃克：《牛津法律大辞典》，北京社会与科技发展研究所组织翻译，光明日报出版社 1998 年版，第 5 页。

③ C. Dyer, "The English Medieval Village Community and its Decline", *Journal of British Studies*, Vol. 33, No. 4 (October 1994), p. 413.

④ W. O. Ault, "Manor Court and Parish Church in Fifteenth‐Century England：A Study of Village By‐Laws", *Speculum*, Vol. 42, No. 1 (January 1967), p. 54.

些档案资料中我们还可以看到，有很多村庄在制定村规之初就明确了要以教堂的利益为标准，例如，在1430年的布劳顿，村规规定："任何人都不能从庄稼地里拿走庄稼或者青草，否则处罚12便士交给领主和教堂。"① 有的甚至要求把全部罚金交给教堂。例如，在白金汉郡的大海伍德，村规规定，凡是偷盗谷物者一经发现，都要以教堂的利益为标准进行处罚；在1425年莱斯特郡的威姆斯伍德（Wimeswold），所有破坏村规而获得的罚金都要分配给乡村的教堂，那里的村民一直执行着他们自己的法令；在贝德福德郡的查尔格莱芙（Chalgrave），佃农们一致同意，他们中的任何一个人如果破坏了集体的犁耕，那么他必须把那片土地上生长的所有庄稼都上交给教堂。② 此外，在很多分配罚金的案例中，法庭的记录员使用最多的词就是"ad ecclesiam"，这个词也非常清楚地表明了罚金上交的对象是堂区的教堂。还有一些案例中使用了更为明确的词如"交给这里的堂区"，或者是"这个村镇的教堂"。为什么在这一时期会出现把村规罚金的一半分给乡村教堂的情况呢？

有的学者认为，之所以要把村规罚金的一半分给教堂，主要是因为领主试图通过这种方式来为乡村的教堂进行捐赠，并不具有其他的意义。在有些情况下这确实是一种捐赠的形式，但是很多分配罚金的案例都是与非法入侵、触犯共同体村规有关，换言之，这些村规的制定与执行都是由村庄共同体来完成的，实际上与领主并无直接的关系。因此，这样的一种解释似乎并不合理。如果领主真的想为堂区教堂捐赠的话，他更有可能捐赠全部的罚金，而不是仅仅分给教堂一半。例如，在1270年尤尔斯特（Ulster）的伯爵夫人，在她自己的庄园里修建了一个小教堂，为此，她捐献了9维尔格特土地。而且她还把"所有在法庭和村庄上征收来的罚金"永久地捐献给了这座教堂。③ 因此，这一时期之所以要分配一半的罚金给堂区的教堂，其根本原因在于，村庄共同体要帮助堂区完成更多的慈善救助工作，因为仅靠教堂的募捐是无法承担沉重的救济资金的，要力图通过分配罚金的方式来加以缓解。正如奥尔特所指出的那样："要想去理解为什么乡村的教堂要得到一半

---

① Document, 137.

② W. O. Ault, "Manor Court and Parish Church in Fifteenth-Century England: A Study of Village By-Laws", *Speculum*, Vol. 42, No. 1 (Januay 1967), p. 56.

③ Ibid., p. 61.

的罚金，我们必须要牢记村庄共同体也是一个堂区居民的共同体。"① 二者之间在乡村救济工作中是相辅相成的关系，并非是一个完全取代另一个的职责。例如，1388 年法令规定，每个村庄负责救济自己的穷人，同时要求堂区的堂区长也要尽可能地减轻穷人的负担。如果堂区没有认真履行上述职责，那么它也同样要受到处罚。在 1389 年，林肯郡的弗里克尼（Frickney）堂区，"按照古代的惯例，堂区长每年都应该分配给穷人 6 夸特豆子，但这里的堂区长并没有履行，堂区的居民因此把他告到了教会法庭"。②

总之，15 世纪以后，乡村社会的济贫工作发生了转型，其组织者由原来的村庄共同体转变为堂区。特别是黑死病爆发后，村民深知时世艰难，社会的变化无常以及乡村社会中的不平等不断加剧，因此，成员间的团结是共同体繁荣兴旺的基础。而教会则通过定期举办全体聚餐等形式来关爱那些穷人，以此来达到最大限度地消除分化、加强内部团结的目的。例如，在林肯郡，堂区每年都要邀请 13 个穷人来参加堂区的宴会；在圣劳伦斯堂区，那里成员被邀请参加宴会的同时，很多穷人也被邀请参加，在那里他们之间是兄弟姐妹。③ 此外，堂区在乡村基层组织中地位的上升也与这一时期乡村的社会结构变化有着密切的关系。15 世纪后，"随着封建主义危机的到来，庄园作为一个机构也逐渐消失了"。④ 其原有的一些职责也必然要分给村庄与堂区。尽管此时的村庄共同体仍然在乡村社会生活中居于主导地位，但是，堂区在世俗事务中开始承担越来越多的职责，甚至王权也将其视为地方管理的行政单位以及济贫法的重要实施机构，新型的乡村基层组织结构的调整已初见端倪。

本章重点论述了 15 世纪前后英国乡村社会结构的变革。需要指出的是，农民社会交往的能力与范围与乡村社会结构的变革之间存在一定的联系。14

---

① W. O. Ault, *Open-Field Farming in Medieval England: A Study of Village By-Laws*, London & New York: George Allen & Unwin Ltd., 2005, p. 63.

② W. O. Ault, "Manor Court and Parish Church in Fifteenth-Century England: A Study of Village By-Laws", *Speculum*, Vol. 42, No. 1 (January 1967), p. 78.

③ H. F. Westlake, *the Parish Gilds of Medieval England*, London: Society for Promoting Christian Knowledge, 1919, pp. 160-61.

④ P. D. A. Harvey, *Manorial Records*, London: British Records Association, 1999, pp. 55-68; B. Short, *The English Rural Community, Image and Analysis*, Cambridge: Cambridge University Press, 1992, pp. 19-43.

世纪以前，农民"只是在狭窄的范围内和孤立的地点上发展着"① 的劳动者，这也决定了当时农民社会交往能力的有限性。但是到了 15 世纪中叶，随着农民自由迁徙权的获得、乡村人口流动的加速以及雇工阶层的兴起，农民的社会交往范围也不断地扩大，从而打破了以往乡村社会中"民至老死不相往来"的自闭式社会模式。他们与外界的交往，随着物质生产能力的提高而不断地扩大。农民活动范围的扩大，也在一定程度上加强了村庄之间的交流与合作。例如，在 1286—1287 年，埃尔顿村庄与布莱顿村庄之间相互交换了 30 盎司小麦种子，同时与维斯顿村庄相互交换了 20 盎司的小麦种子。② 史密斯指出，有的村庄为了得到更为优良的品种，很多大的地产主甚至从大陆地区引入很多新的农业品种。③ 总之，社会结构的调整不仅打破了以往乡村社会内部各阶层之间的界限，还进一步清除了村庄之间的壁垒，加强了村庄之间的交流与合作，在一定程度上刺激了本地区经济的迅速发展；与此同时，随着庄园走向解体，堂区成为了乡村基层组织中重要的单位，它开始摆脱原有的宗教功能，逐渐地走向了世俗化，承担起乡村社会的济贫事务。所有这些变化都在一定程度上起到了稳定社会秩序的重要作用。

---

① 《马克思恩格斯全集》第 46 卷上，人民出版社 1979 年版，第 104 页。

② E. M. R., p. 17, 25.

③ R. Trowsmith, *A History of British Livestock Husbandry*：*1700-1900*, London：Routledge & Keegan, 1957, p. 112.

第九章

新型乡村基层组织的确立

随着乡村经济与社会的发展，乡村基层组织的政治结构也出现了新的变化：村庄共同体最终走向了解体；在王权的大力扶植下，堂区成为了新的地方行政单位。堂区之所以能够成为新型乡村基层组织的行政单位，与其自身的特点以及当时的社会形势紧密相关。尽管乡村基层组织的政治结构发生了变化，但它仍然保留了一些旧有的因素，对英国社会影响深远。

第一节　村庄共同体的解体

到了近代社会，在多种因素的作用下，村庄共同体开始走向了衰落。村庄共同体衰落的原因是一个复杂的研究课题，国内外学者对此争议较大。

一、有关衰落原因的探讨

就国外学者而言，大体上有这样几种观点。以拉夫提斯为代表的多伦多学派认为，黑死病后出现的个人主义是摧毁村庄共同体的一个重要因素。黑死病不仅让许多村民丧生，而且还激起了幸存者一种极端的个人主义，正是这种个人主义最终摧毁了村庄共同体。[①] 这一观点得到了达文特的赞同。通过对中世纪一些庄园档案的研究后，达文特指出：黑死病之后，村庄内部的公共关系开始变得微弱了，"由于个体的利益和活动大于集体，因而导致了

---

① J. A. Raftis, "Changes in an English Village after the Black Death", *Mediaeval Studies*, No. 29 (January 1967), pp. 158-177.

村庄原有的凝聚力，人与人之间亲密的关系以及乡村生活中的互助关系都在逐渐地褪色"。① 以希尔顿为代表的马克思主义学派则认为，村庄共同体的衰落主要是由于土地持有的不平等。黑死病后，村庄内部土地持有不平等的加剧以及阶级的分化导致了共同体走向解体。② 经济-社会史学派的代表人物克里斯托夫·戴尔则认为，村庄共同体走向衰落的原因是从村庄共同体的上层中分化出来一部分富裕的农民，而且这些人还试图将公有地转为私有地，这是导致村庄内部分裂的主要因素。③ "这种分裂发生在 14 世纪晚期以及 15 世纪，并且当人口波动以及农业变革发生时，这种分裂变得愈加的明显。"④ 戴尔的观点被看作是对中世纪乡村社会的一种客观反映，主要流行于 20 世纪中后期。但这一观点却受到了著名学者布鲁姆的挑战，他认为，村庄共同体的衰落原因是"源于 18—19 世纪政府所支持的对敞田的圈占，这种圈占促进了公有地的瓜分，合并了分散的土地，并在村庄的所有地中建立了独立的农庄。这些农业改革打击了公共组织的基础——集体所有制——由全体村民共同使用公共土地以及敞田制下的公共耕作。"⑤

　　国内学者对村庄共同体衰落的研究较少，学术界关注得也不多。观点大体上可分为两类，一类是老一辈史学家以马克思主义理论为指导思想，以公有制为衡量标准，对村庄共同体的衰落原因进行了深入的研究，他们认为村庄共同体的衰落是从中世纪早期开始的。例如，朱寰认为，从 6 世纪以后，日耳曼人的农村公社成员开始出现财产分化，"财产分化的结果，使一部分人贫困化，甚至遭到了破产，而另一部分人则发财致富。这种财产分化在 6 世纪以后开始转为社会分化，逐渐导致自由人内部具有特

① E. B. DeWindt, *Land and People in Holywell-Cum-Needleworth Structures of Tenure and Patterns of Social Organization in an East Midlands Village*, *1252-1457*, Toronto: Pontifical Institute of Medieval Studies, 1972, p. 274.

② R. H. Hilton, *The English Peasantry in the Later Middle Ages*, Oxford: Oxford University Press, 1975, pp. 20-36.

③ Richard Britnell & John Hatcher, *Progress and Problems in Medieval England: Essays in Honour of Edward Miller*, Cambridge: Cambridge University Press, 1996, pp. 168-190.

④ C. Dyer, "The English Medieval Village Community and its Decline", *Journal of British Studies*, Vol. 33, No. 4 (October 1994), p. 429.

⑤ Jerome Blum, "The Internal Structure and Polit of The European Village Community From The Fifteenth to The Nineteenth Century", *The Journal of Modern History*, Vol. 43, No. 4 (December 1971), p. 542, 569.

殊地位人物的出现……自由人中间的社会分化不可避免地转为阶级分化，形成新的统治阶级和被统治阶级、剥削阶级和被剥削阶级"。[1] 尹曲也认为，村庄共同体早在日耳曼人征服西罗马帝国的过程中就走向了解体，其原因是"日耳曼农村公社所固有的二重性导致私有制的因素逐渐扩大，集体所有制的因素逐渐缩小。从房屋宅地的私有制到耕地的自由买卖，从动产积累的增多到公社内部的财产分化，以及对森林牧场等公有地的侵占都是日耳曼农村公社瓦解的重要标志"。[2] 另一类是新一代的史学家，他们以新的史料和理论为基础，不断提出新的观点。例如，赵文洪提出了"公地共同体"的概念，认为村庄共同体是与公地制度紧密结合在一起的。据此，他提出这种共同体应该是伴随着圈地运动的开展而逐渐地走向了衰落。"该制度在 18、19 世纪大规模消失，而其最后消失地是在法国，时间为 20 世纪 60 年代。"[3]

实际上，对于村庄共同体衰落的研究之所以呈现出如此复杂的状况，其根本原因就在于对村庄共同体基本特征的界定。如果以公有制成分的大小作为衡量村庄共同体存在的唯一标尺，这显然并不合适。因为村庄共同体本身就是典型的公有制和私有制相并存的所有制形式，"公社所有制仅仅表现为个人所有制的补充"[4]；如果把公地制度作为村庄共同体的主要特征，从而认为圈地运动是村庄共同体走向衰落的重要因素，从这个角度来说，是有其合理性的，但是，公地制度是否就等同于村庄共同体呢？这也是有一定争议的。因为就英国乡村而言，并非所有的地区都实行的是公地制度。因此，对于村庄共同体衰落原因的考察，首先要厘清村庄共同体所具备的基本特征，进而才能进行具体的分析。

如前所述，我们之所以把"village community"译作村庄共同体，意在强调它的公共权利与公共空间，强调村庄生活中的公共部分。因此，无论是村民的集体行动，还是自治行为，其背后都体现着公共权利的重要作用。[5] 而且，并非所有的村庄都可以称作共同体，只有当村民开始行使他们的权

---

① 朱寰：《略论日耳曼人的农村公社制度》，《史学月刊》1991 第 1 期。
② 尹曲：《日耳曼农村公社的瓦解与自由农民的农奴化》，《历史研究》1982 年第 2 期。
③ 赵文洪：《庄园法庭、村规民约与中世纪欧洲"公地共同体"》，《历史研究》2007 年第 4 期。
④ 《马克思恩格斯全集》第 46 卷上册，人民出版社 1979 年版，第 484 页。
⑤ 关于此方面问题的探讨可参见陈立军：《历史学语境下的西欧村庄共同体——概念的解析与界定》，《史学理论研究》2015 年第 2 期。

利"以实施其有关公共事务的权威，并且赋予此权威以合法性"之时，才可以称得上是一个村庄共同体。[1] 因此，笔者认为，将公共权利作为村庄共同体主要特征应该比较符合其内在的含义。从具体的史实来看，这种公共权利主要包括两个方面：一方面是指土地上的公共权利，这种公共权利既包括未开垦地也包括开垦地上的权利，前者是指全体成员共同享有的森林、牧场、荒地等集体财产权，后者则是指在开垦地上公共放牧以及捡拾庄稼的权利；另一方面是指村民管理村庄事务的公共权利，这种公共权利是指全体村民共同管理（强调它的平等性）以及独立管理（强调它的自治性）村庄事务的权利，这两种公共权利共同构成了村庄共同体存在的基础。因此，对于英国村庄共同体衰落原因的考察应该从这两个方面入手来加以分析，而不能单单以公有制或者公地制度的消失来作为其解体的标志。从历史发展的脉络上来看，土地上公共权利的丧失是伴随着公地制度的破坏开始的；管理村庄事务公共权利的丧失，则是随着农民的分化以及民族国家的兴起，村庄被纳入到了国家（或者王权）的地方行政组织后开始的。

二、公地制度的瓦解与土地上公共权利的丧失

在中世纪西欧村庄共同体中，土地上的公共权利主要包括两个方面：一方面是指对未开垦地上的权利，即对村庄周围的荒地、沼泽、森林以及矿藏等公有地的使用权，这种土地上权利的丧失主要与圈地运动以及公有地的出售（出租）有着密切的关系；另一方面是指开垦地上（或敞田制下）的权利，如庄稼茬的放牧权以及拾穗权等，而这种权利的丧失与土地市场的形成以及耕作方式的变革有关。

首先，我们来分析未开垦地上权利的丧失。未开垦地上公共权利的丧失是由两个方面因素导致的：

第一，圈地运动使得未开垦地变为了私有地，从而剥夺了农民在其上的公共权利。国内外学术界对于圈地运动的研究已经十分充分，并取得了令人瞩目的成果。但这些研究的对象主要集中在开垦地上，对于未开垦地圈占的

---

[1] Werner Rosener, *Peasants in the Middle Ages*, Urbana and Chicago: University of Illinois Press, 1992, p. 150.

研究则涉及较少，这里做一简单介绍。按照惯例，"条田的耕作者拥有在公共牧场和荒地进行放牧以及捡拾木材、豌豆以及其他一些物品如石头和煤块的权利。"① 村民的这些公共权利是自古就有的，并且一度所拥有的范围很大，尽管经过一段时间的慢慢侵蚀，到了 16 世纪也并没有完全消失。② 最初是封建的领主将村庄周围的森林、草地和荒地圈围起来进行放牧。这一做法当然遭到了村民的集体反对，他们则采取了与村民协商的方式来加以解决，最终把这些公共土地归为己有，这种圈占公地的方式被称为"协议性圈地"（Enclosure by Agreement）。例如，很多贵族就是通过协议圈地来消除未开垦地的公共权利，将公地的所有权完全收归己有。③ 之后，很多农民也采取了这样方式，他们"不断扩大使用公共资源的权利，甚至把公有地完全据为己有。"④ 例如，在亚德利地区发生了 3 起关于推倒树篱的起诉，那些圈地的人都有普通的名字，如爱德文的儿子理查德等。显然，他们都是将公地占为己有来扩大自己持有地的农民……这些零星的关于剥夺放牧权的起诉，明显地反映出人们试图保留许多当地人的公共权利，原告们往往代表着支付律师费用的一群佃户或是整个共同体。⑤ 对公共土地的圈占最初规模较小，根据 1517—1607 年间，英国政府土地调查委员会的资料统计，1455—1607 年在英格兰中部、东部 24 个郡共圈地 516676 英亩，虽然规模不大，只占土地总面积 2.76%。⑥ 但圈占的重点是农民历来所共有的森林、草地、池沼或荒地等集体财产。而且对未开垦地的圈占也得到了法律上的认可，1235 年的《麦尔顿法》和 1285 年的《威斯敏斯特法》都承认了领主圈占部分荒地的权利。⑦ 他们在这些未开垦地四周筑上了篱笆，挖上了壕沟，把原来集体公有的土地变成了私人土地，从而导致了"私人的草地和牧场稳步

---

① J. Thirsk, "The Common Fields", *Past & Present*, No. 29（December 1964），p. 3.

② L. D. Stamp & W. G. Hoskins, *The Common Lands of England and Wales*, London：Collins, 1963, pp. 5—13.

③ Jean Birrell, "Common Rights in the Medieval Forest：Disputes and Conflicts in the Thirteenth Century", *Past & Present*, Volume 117, Issue 1, 1（November 1987），p. 42.

④ Jerome Blum, "The Internal Structure and Polit of the European Village Community from the Fifteenth to the Nineteenth Century", *The Journal of Modern History*, Vol. 43, No. 4（December 1971），p. 574.

⑤ ［英］克里斯托弗·戴尔：《转型的时代——中世纪晚期英国的经济与社会》，莫玉梅译，社会科学文献出版社 2010 版，第 58—59 页。

⑥ 程西筠：《关于英国圈地运动的若干资料》，《世界史研究动态》1981 年第 10 期。

⑦ Marc Bloch, *French Rural History*, London：Routledge, 1966, pp. 198—211.

增加，而公共牧场则慢慢地被排除了"①。随着这些公共土地的圈占，附着于未开垦地上的公共权利开始丧失。

第二，公有地的出售或者出租，也加快了农民在未开垦地上公共权利的丧失。到了中世纪晚期，很多村庄共同体出于公共目的的需要，会把村庄的公有地出售、转让或者出租出去。出租或者出售公有地所得来的收入，或者是放入公共的财政之中以备急用，或者在村民之间进行分配。例如，"有些地方以出卖公有地的所得来支付公路、学校和其他地方设施所需费用。"② 有时，村庄共同体还要出售一些公共财产以便用来支付对领主、国家或者教会所欠债务。同时，在这一时期，由于村庄共同体连续不断地进行诉讼活动，村庄的财政背负上了沉重的包袱。迫使一些村庄共同体不得不出售或出租一些公有地，这种的情况在英国是比较普遍的。例如，从1373年开始，霍利威尔地区的公有地就出租给几个村民长达20年：托马斯·亨廷顿、威廉·布朗宁以及约翰·特略各承租11英亩；布劳顿的惯例农集体承租了38英亩1罗德的沼泽地；伍德霍斯特的惯例农集体承租了23英亩半罗德的草地；斯利普的惯例农集体承租了29.5英亩半罗德的荒地。③ 伴随公有地的出售或出租，大量的公有地逐渐地落入到私人手中，成为了他们的私有财产，村民在公有土地上的公共权利也遭到了破坏。

无论是圈地运动的进行，还是公有地的出售或出租，都使得村庄周围的公有地越来越少，这些原本全体村民共同享有的公共土地，现在则逐渐被私人所占有，进而排除了共同体成员在未开垦地上捡拾与放牧的公共权利。

其次，开垦地上公共权利的丧失。笔者认为开垦地上公共权利的丧失是由以下原因造成的：

第一，土地市场的形成。历史学家认为，东盎格鲁地区可能是土地市场最早形成的地方。从最早的法庭卷档中我们发现，"早在13世纪中期就有

① M. M. Postan, *The Cambridge Economic History of Europe*, Vol. 1, Cambridge: Cambridge University Press, 1963, p. 369.

② Eugen Weber, *Peasants into Frenchmen*, *Modernization of Rural Fance 1870-1914*, London: Chatto & Windus, 1979, p. 128.

③ J. A. Raftis, *Tenure and Mobility Studies in the Social History of the Mediaeval English Village*, Toronto: Pontifical Institute of Mediaeval Studies, 1981, p. 27.

清晰的迹象表明，那里有小块土地的买卖"。① 到了 15 世纪以后，土地市场的规模越来越大，土地的流转也更加频繁了。根据 15 世纪的亨伯里庄园法庭记载，那里每次召开法庭时都会有 4 件土地交易的记录，而每年至少也要有 16 件，这意味着每年要有 10% 的土地被交易。② 更为重要的是，这些土地的交易更多是在家庭之外完成的，在英国的东部和中部，"大量的农民把土地转移给了没有任何亲属关系的人，他们有的交易一英亩、半英亩或者是四分之一英亩。在这些地区，家庭成员内部的土地转移仅占总交易额的 19% 左右"。③ 在海尔斯欧文地区，从 1430 年开始，大多数土地交易的双方都已经没有任何血缘关系，即使那些亲属关系较远的交易也没有。④ 这种家庭之外的土地交易，打破了以往家庭继承的原则，使得土地越来越集中在少数人的手中，当然，"土地自由买卖的结果，不是使土地愈加集中到封建领主手中，也不是趋于越来越分散的小农经营，就大多数情况来看，是一般农户，尤其是经营不善或获得了更适宜谋生出路的小农，将土地出租或卖给有一定经济实力且有较强经营能力的大农"⑤。例如，在莱切斯特郡斯托顿庄园，"到 15 世纪后半叶，一些佃农手中持有了 2 个或者 3 个维尔格特的土地，换句话说，他们手中有超过 70 英亩的土地"。⑥ 在贝特福德郡的黑灵顿，有一个叫约翰·沃德的农民，从 1406—1450 年间，共进行了 13 次的土地交易，在 1426 年时就已经获得了 4 维尔格特和 12 英亩的土地。⑦ 土地的自由买卖，说明个体农民对于土地支配权利的增强。他们要求打破原有的条田制，把土地集中起来进行经营，秋收之后，耕地也不再向村民开放，此时

---

① E. Miller & J. Hatcher, *Medieval England Rural Society and Economic Change 1086-1348*, London: Longman, 1978, p. 145.

② C. Dyer, *Lords and Peasants in a Changing Society*, Cambridge: Cambridge University Press, 1980, p. 301.

③ R. Smith, *Land, Kinship and Life - cycle*, Cambridge: Cambridge University Press, 1985, pp. 182-84.

④ Z. Razi, "The Myth of the Immutable English Family", *Past & Present*, No. 140 (August 1993), pp. 28-36.

⑤ 赵文洪、张红菊、侯建新：《所有制形式的演进与社会变革》，社会科学文献出版社 2016 年版，第 144—145 页。

⑥ R. H. Hilton, *the Economic Development of some Leicestershire Estates in the Fourteenth and Fifteenth Centuries*, Oxford: Oxford University Press, 1947, p. 5.

⑦ P. D. A. Harvy, *Peasant Land Market in Medieval England*, Oxford: The Clarendon Press, 1984, p. 205, 210-211.

的土地已接近于私人的财产，这必然要排除其原有的公共权利。"因为随着市场交换的发展，人们迫切要求将支离破碎的条田集中起来，要求打破敞田制下的公权，确立私权。"① 原来在敞田制下所推行的庄稼茬放牧、捡拾庄稼等公共权利也因此被限制。

　　第二，农业生产方式的变革。在旧有的农业体制下，农民耕种土地时要受到传统惯例的制约，甚至连播种和休耕的时间也有严格的规定。"当别人耕种庄稼之时，其他人也必须一起耕种，当其他人按照古老的惯例进行休耕时，他也必须休耕"；"任何人都不能在休耕地里播种庄稼，否则将没收其产品并处以半马克罚金"。② 这种规定的目的在于让耕种者在休耕之时，或者收获之后把个人的土地向全体成员开放，让共同体成员受益。正如法国著名的历史学家布洛赫所生动描述的那样，一旦收割完毕，土地所有者的土地所有权就开始"休息"了。

　　随着英国人口的增长，以敞田为主的耕作模式也受到了严重的挑战。据统计，17 世纪时英格兰和威尔士的人口为 550 万，到了 18 世纪末则为 900 万，人口增长了近一倍左右。人口的快速增长，使得条田制、轮作制、强制共耕和休耕等传统的耕作模式，不再适合迅速增长的人口需求。J. D. 钱伯斯和 G. E. 明根就指出，由于人口增长迅速，人们开始采用新的农业生产技术来提高生产率。③ E. L. 琼斯也认为，从 17 世纪末开始，由于人口的增长，人们的食品需求量逐渐增大。在这样的前提下，许多重要的农业生产技术开始涌现出来。④ 在这种形势下，新的农业生产方式被引入敞田农业。村庄共同体原有的三圃制或二圃制开始动摇，休耕地逐渐地减少。例如，在英国的牛津郡大泰夫村中，有 60 到 80 户家庭，经过长达 5 年之久的争论后，他们最终同意把耕地由三圃制变为九块轮耕。⑤ 在沃里克郡的昆顿庄园，那里"从 1495 年以前的某个时期开始，就采用了四圃制，这导致了只有四分

---

① 郭爱民：《土地产权的变革与英国农业革命》，《史学月刊》2003 年第 11 期。

② W. O. Ault, *Open - field Farming in Medieval England: A Study of Village By - laws*, New York: George Allen & Unwin Ltd., 1972, p. 24.

③ J. D. Chambers & GE Mingay, *The Agricultural Revolution, 1750 - 1880*, London: Batsford, 1966, p. 5.

④ E. L. Jones, *Agricultural and the Industrial Revolution*, Bristol: Western Printing Services Ltd., 1974, p. 67.

⑤ Jerome Blum, "The European Village as Community: Origins and Functions", *Agricultural History*, Vol. 45, No. 3 (July 1971), p. 175.

之一的土地休耕；还有些地区则干脆不再经常改变整个耕种面积——如将二圃制改成三圃制那样——而是如搭个便车或者钻个孔一样，即拿出部分休耕的土地，然后在上面种植庄稼"。① 休耕地的减少，加上土地上种植农作物的种类、时间也不尽相同，使得庄稼的收获时间也不再统一，因而共耕共牧也难以进行，"作为敞田制核心内容的公共放牧权"② 实际上已经逐渐被消除了。总之，到了17世纪以后，土地市场的出现、议会圈地的进行以及农业技术的变革，使得英国的公地制度遭到了破坏，进而也使得附着于土地上的公共权利逐步地丧失。

面对土地上公共权利的丧失，村庄共同体也力图挽回这种局面。例如，在村民的一致请求下，1517—1518 年，英国政府成立了一个调查委员会，针对伯克郡、白金汉郡、莱斯特郡、北安普敦郡和沃里克郡的诉讼情况进行调查。他们纷纷请求保留村庄共同体中的公共牧场，保留在公有地上捡拾和放牧的权利，并强制要求人们用镰刀来收割庄稼，禁止私人的羊群，保留公共的牧群，等等。在英国的坎布里亚郡，很多佃农坚决抵制领主削弱他们公共权利的企图。③ 1772 年，索福克的一个农场主由于不让穷人去他的地里捡拾庄稼，结果被捡拾者从马上拉了下来，并拖着过了一条河，继而又被悬挂起来晒干。④ 共同体成员的斗争也取得了一定的成果，例如 1827 年在法国的潘蓬（Paimpont）地区，法庭决定把一块荒地授予一个叫费尔蒙的人，他把这块土地圈围起来并种植了一些树。在 1848 年 6 月的一天晚上，这个村庄中的村民冲进了圈围的土地，并把他们的家畜赶进了地里进行强制放牧。⑤ 这些骚乱表明了尚未转化的农民——这一前资本主义的社会阶层所具有的反资本主义倾向，也反映了已延续千百年的、土地上的公共权利在经受资本主义经济强有力的冲击后，已经江河日下、日渐衰落，以至于迫使依赖于它的贫困农民，为维护它的存在而不得不奋起斗争。

① ［英］克里斯托弗·戴尔：《转型的时代——中世纪晚期英国的经济与社会》，莫玉梅译，社会科学文献出版社 2010 年版，第 62、78 页。

② H. L. Gray, *English Open Field*, Cambridge：Mass, 1955, p. 47.

③ D. Sugarman & G. Rubin (eds.), *Law, Economy and Society：Essays in the History of English Law, 1750-1914*, A. bingdon：Professional Books, 1984, p. 33.

④ A. Randall, *Riotous Assemblies：Popular Protest in Hanoverian England*, Oxford：Oxford University Press, 2006, p. 2.

⑤ A. Soboul, "The French Rural Community in the Eighteenth and Nineteenth Centuries", *Past & Present*, No. 10 (November 1956), p. 92.

总之，到了16世纪以后，圈地运动的开展、土地私权的确立以及农业生产方式的变革，使得共同体成员在土地上的公共权利遭到了破坏。此时的村庄共同体已经无法逆转历史发展的洪流，尽管它也作出种种调整并试图按照旧有的方式去管理乡村，但是，由于村庄共同体所提倡的土地占有权和所有权相分离的原则受到了越来越多的挑战，共同体成员在土地上的公共权利步步萎缩。直到18世纪西欧各国法律明确宣布土地的公共使用权利不再合法时，这种公共权利其实早已走到了历史的尽头。

三、管理村庄事务的公共权利的丧失

如前所述，管理村庄事务的公共权利主要包括两个方面：一是共同体成员共同管理村庄事务的公共权利（强调其平等性）；二是共同体成员独立管理村庄事务的公共权利（强调其自治性）。

（一）农民的分化与共同管理村庄事务权利的丧失

在中世纪的村庄共同体中，"由于共耕共牧习俗的存在，再加上共同承担来自领主或者国家的劳役以及共同反抗领主斗争的需要，共同体成员能够紧密地团结在一起。"[1] 这种团结的前提是当时农民个体力量的微弱。但是，从中世纪晚期开始，在各种因素的推动下，村庄共同体的内部出现了分化——富裕农民作为一个群体开始兴起。[2] 正如侯建新所指出的那样："以农民群体物质和精神力量普遍发展为坚实基础，西欧农村分化出一批精英分子：富裕农民逐渐崭露头角，到中世纪晚期，作为一个稳定的阶层脱颖而出。"[3] 这些富裕的农民雇佣他们贫困的邻居做日工或者长期的帮工和仆工，还出租给他们一些畜力和农具以便他们能够耕作自己的土地，在食物短缺的时候还出售给穷人以粮食；他们经常出入市场，出卖他们生产的农产品和畜

① J. Langdon, *Hores, Oxen and Technological Innovation: the Use of Draught Animals in English Farming from 1066-1500*, Cambridge: Cambridge University Press, 1986, pp. 235-40.

② 关于富裕农民的问题可参见：C. Dyer, *Standards of Living in the Later Middle Ages, Social Change in England c. 1200-1520*, Cambridge: Cambridge University Press, 1989；侯建新：《社会转型时期的西欧与中国》，高等教育出版社2005年版；侯建新：《西欧富裕农民——乡绅阶级形成与农业资本主义的兴起——兼与明清绅衿阶层比较》，《天津社会科学》2000年第3期；孙立田：《英国富裕农民群体兴起的历史轨迹》，《贵州社会科学》2013年第4期；徐华娟：《社会转型时期英国富裕农民消费水准探析》，《史学理论研究》2009年第1期等论著。限于篇幅这里不作进一步的探讨。

③ 侯建新：《社会转型时期的西欧与中国》，高等教育出版社2005年版，第115页。

牧产品，因此，在乡村的经济生活中占有重要的地位。拉兹通过对海尔斯欧文村庄的研究后指出："不得不承认，在黑死病后，海尔斯欧文的贫困人口和富有人口之间的差距被不断地拉大了。尽管平均的持有地大小以及牲畜的总头数，在黑死病之后都有所增长，然而，富裕农民的土地和收入的增长数额要远远地超过那些较为贫困的农民。"① 这些富裕农民是作为债权人、购买者以及土地的承租人、谷物和动产的贩卖者等形象出现的，作为雇主，其实力也远远地超过了他们贫困的邻居，甚至村庄的啤酒制造也被富裕的农民所垄断。② 富裕农民的兴起，对村庄共同体内部的凝聚力产生了很大的影响。他们纷纷要求冲破共同体的束缚，按照其自身的意愿去自由耕作；而村庄中另一部分较为贫困的成员，则希望继续保持村庄共同体的原有规范，这也是他们赖以生存之根本。正是因为如此，村庄共同体成员内部出现了分裂，村庄共同体内在的凝聚力在逐步地丧失。正如布洛赫所指出的那样："村庄共同体总是在分裂线上不可避免地波动，最终引发了阶级的分裂。"③

富裕农民掌握村庄经济大权将产生一个不可避免的结果——那就是他们开始主导村庄共同体的政治生活。正如希尔顿所指出的那样："介于领主和个体农民之间的是村庄共同体，而实际上代表村庄共同体的都是乡村的头面人物；他们是富裕农民的杰出人物，没有他们的合作领主就很难进行管理。"④ 农民内部的经济差异，使得较为富有的农民能够利用更大的经济手段去控制他们贫穷的邻居，因此，他们在村庄的政治生活中也占据了主导的地位。例如，"在特林（Terling）村庄，富裕的约曼和手工业者占据了治安官、教堂看守人、济贫员以及陪审员等职位，那些较为贫困的村民则被'有效地'排除在村官之外。"⑤ 1279—1346 年，埃尔顿村庄中共有大约 200 多户村民，他们中有 49 户曾担任过村官。其中有 8 个家庭中的成员担任了 101 次村官；有 14 个家庭中的成员担任了 39 次村官；有 21 个家庭曾担任过

① Z. Razi, "Family, Land and Village Community in Later Medieval England", *Past & Present*, No. 93（November 1981）, p. 31.

② Ibid., p. 10.

③ A. Soboul, "The French Rural Community in the Eighteenth and Nineteenth Centuries", *Past & Present*, No. 10（November 1956）, p. 83.

④ R. H. Hilton, "A Crisis of Feudalism", *Past & Present*, No. 80（August 1978）, p. 9.

⑤ J. A. Sharpe, *Early Modern England: A Social History 1550-1760*, London: Edward Arnold, 1987, p. 92.

41 次村官。只占村庄人口 3.5%的这 8 个家庭，他们的家庭成员所担任的村官次数超过了全体村民一半以上。① 这些人基本上是村庄中的精英分子，他们在村庄共同体中形成了寡头政治：他们的意愿通常能够左右村民大会甚至全体村民投票的结果；在一些地方，他们甚至设法把那些穷困的村民从村庄共同体中排挤出去；他们利用手中的权力可以得到更多的土地，并逐步扩大他们使用村庄公共资源的权力，甚至完全占有了公有地；他们还想方设法减少对领主和国家的义务，避免军役，如此等等。例如，"在 1334 年，当国王向共同体征收世俗补助金时，村官们就转移部分负担给大部分人口——或许是一个地区的一半人口——他们在旧有的税收体制下已经被豁免了。"② 正如一位历史学家所指出的那样："他们占据着村庄中这些职位的目的并不是因为他们有深深的责任感，而是因为这些职位赋予了他们进一步实现其目的、强化其经济支配地位的权力。"③ 村庄共同体为了消除这种贫富分化的局面，试图通过定期重新分配土地的方式来加以调控，然而，即使在那些土地进行定期分配的地区，农民内部分化的现象仍然不可避免。"贫穷的农民缺乏生活资源，需要定期分配给他们公共的土地，但他们却把这种分配来的土地出租给富裕的农民，而他们自己则去做雇工。"④ 农民的内部分化使得村庄共同体原有的凝聚力开始丧失。而村庄共同体凝聚力丧失的最突出表现就是，其内部出现了富裕农民和贫困农民之间直接的对抗。"富裕农民主宰村庄共同体的局面最初受到了来自贫困农民的有力抵制。"⑤ 双方不可避免地走向了公开的决裂。例如，一些贫困的农民把富裕农民侵权的行为上诉到王室法庭，控告他们独占公共牧场或者在公有地上放牧绵羊的数量过多，等等，力图寻求司法的帮助。⑥

① Gies & Frances, *Life in a Medieval Village*, New York: Harper Collins Publishers Ltd., 1991, pp. 59-60.

② J. R. Maddicott, "The English Peasantry and the Demands of the Crown, 1294-1341", *Past & present*, No. 1 (suppl 1975), p. 51.

③ E. B. Dewindt, *Land and People in Holywell-Cum-Needingworth: Structures of Tenure and Patterns of Social Organization in an East Midlands Village 1252-1457*, Toronto: Pontifical Institute of Mediaeval Studies, 1972, pp. 240-241.

④ Ibid., p. 571.

⑤ Jerome Blum, "The European Village as Community: Origins and Functions", *Agricultural History*, Vol. 45, No. 3 (July 1971), p. 175.

⑥ Thirsk, *English Peasant Farming: the Agrarian History of Lincolnshire from Tudor to Recent Times*, London: Routledge & Kegan Paul, 1957, p. 116.

第九章 新型乡村基层组织的确立

由此可见，随着村庄共同体内部的分化，原来那种平等协商、共同参与管理村庄事务的情况已经不复存在；共同体的集体共识和集体行为，逐渐地被少数富裕农民的意志所取代；村庄共同体正在失去它原始的平等以及民主的因素，贫困的成员逐渐地沦为了村庄中的二等公民，他们逐步地失去了共同管理村庄事务的公共权利。

（二）民族国家的形成与独立管理村庄事务权利的丧失

西罗马帝国灭亡后，在西欧大地上形成了以封建割据为基础的、统一的基督教世界。在这样的社会环境中，广大民众要么忠诚于地方集团，要么就是对基督教顶礼膜拜，而对"国家"的概念则比较模糊。"博伊德·C.沙夫尔指出：'人民首先认为自己是基督教徒，其次是某一地区如勃艮弟或康沃尔的居民，只是最后，——如果实在要说的话——才是法兰西人或英吉利人。'因此，成为中世纪西欧社会的主导观念则为地方主义和普世主义，而这两种观念则极大地压抑和阻拦着民族情感、民族意识的产生。"[1] 正如当时流行于法国西南部的一首民歌所唱到的那样："每块土地有自己的冲突；每个乡村有自己的风貌；每个村庄有自己的方言；每个地方有自己的语音；每座房屋有自己的规模。"[2]

随着社会的发展，到了15世纪以后，经过百年战争、胡斯战争、红白玫瑰战争等一系列战乱，几乎所有的人都渴望建立一种强大的政治秩序。在这样的社会背景下，加强君主在国家范围内的权力，使之能在整个社会生活中具有至高无上的权威，用国王的世俗统治替代罗马教皇的精神统治，就成为一种普遍的要求。因此，在建立民族国家的过程中，王权发挥了至关重要的作用，它把民族与国家结合起来，形成最早的"民族国家"。同时，处于地方势力和罗马教皇双重夹击下的国王也迫切希望摧毁这两种势力，来加强王权，实现统一。因而民族国家的形成，首先，就是要摧毁民族国家建立道路上的最大障碍——罗马教皇的权威；其次，就是要确立国家的主权——"一种绝对的和永恒的国家权力"。在英国历史发展过程中，前者是通过宗教改革的形式来实现的；后者则是通过以国家的权威来代替地方领主、并直接控制地方基层组织来实现的。而民族国家的形成，必然使得公权力开始上

---

① 李宏图：《西欧近代民族主义思潮研究》，上海社会科学院出版社1997年版，第249—250页。

② Eugen Weber, *Peasants into Frenchmen*, *Modernization of Rural France* 1870-1914, Stanford & California：Stanford University Press, 1976, p. 46.

移，地方分散的权力逐渐地被纳入到国家的权力体系之下。正如布鲁姆所说："由于国家介入领主与农民之间的问题，从而把新的规定和需求引入到了乡村。"[1] 这就意味着村民独立管理村庄公共事务权利受到了巨大的限制，而这种限制最终也使得村庄共同体走向了解体。

首先，为了加强对乡村组织的管理，在村庄中实行选民制，从而打破了以往全体村民独立管理村庄事务的惯例。例如，"在英国诺丁汉郡莱克斯顿的敞田制村庄，在20世纪早期，那里的农民必须要在村庄中拥有一处'住宅'，一间房屋或者一块土地，他们才能拥有在休耕地和公有地上放牧家畜以及在村民大会上投票的权利，一个村民可能拥有多处宅地，那么每块宅地都有一票。"[2] 选民制对于参加村民大会的资格也进行了严格的规定。要求那些年满25岁且在税收登记簿上登记过的人才能参加。选民资格的限制就意味着那些小土地所有者、茅舍农、无地的劳动者、寄宿者、仆工或者雇工等，都被排除在管理村庄事务的公共权利之外，这样更有利于王权对地方事务的控制。在同一时期的法国和德国也出现了类似的情况。例如，在法国的某些省，地方政府规定了统一的方式来选举村官，地方行政官员有权力确认村官的选举，有时，他们甚至可以自己任命或者解雇村官；在18世纪德国的下萨克森地区，政府规定没有他们的同意，禁止村庄公共财产的转让，并加强了对公共森林的监管，由政府对公共财产实施控制，要求村头负责执行他们的命令。[3] 通过上述的手段，到了近代以后，村庄共同体被逐步地纳入到政府的轨道上来，村民独立管理村庄事务的公共权利也因此被剥夺。

其次，削弱村民大会的权力，由政府所支持的村民委员会取代村民大会，成为了村庄的真正权力核心，进一步削弱了村民独立管理村庄事务的公共权利。例如，在14世纪的杜尔海姆修道院庄园，一些村庄选举了一个4—6人的村庄委员会，在这些委员会中，有一些人是自由农。委员会的主

第九章 新型乡村基层组织的确立

---

[1] Jerome Blum, "The Internal Structure and Polit of the European Village Community from the Fifteenth to the Nineteenth Century", *The Journal of Modern History*, Vol. 43, No. 4 (December 1971), p. 568.

[2] G. Slater, *The English Peasantry and the Enclosure of the Common Fields*, New York: AM Kelley, 1968, p. 8.

[3] Jerome Blum, "The Internal Structure and Polit of the European Village Community from the Fifteenth to the Nineteenth Century", *The Journal of Modern History*, Vol. 43, No. 4 (December 1971), pp. 568-569.

要职责就是在下次村民集会前起草村规。① 1787 年的一条王室法令要求在所有实行选举的地区成立村民委员会，以替代村民大会的职责。这些委员会中的委员当然要包括领主和村庄的牧师，还有 3 名、6 名或者 9 名其他的成员（具体的人数是依据共同体的大小而定的）。② 这种情况在西欧其他地区也同样存在。例如，在法国，"1787 年一条王室法令规定，在所有实行选举的地区成立村民委员会，用以替代村民大会的职责。"③ "在法国南部地区的朗格多克省，村民委员会在 18 世纪以前就已经存在了，在那里，村民大会成为了一个次要的角色。"④ 从这些村民委员的家庭状况上来看，基本上都是村庄中的富裕农民，他们与国家所委派的地方行政官员一起组成了村庄的管理者。例如，"在 1776 年和 1777 年法国的香槟地区，地方行政长官在一些村庄共同体中成立了'名人委员会'，这些所谓的'名人'实际上都是当地的富裕农民，由他们与地方官员一起管理村庄的公共事务。当不召开村民大会时，就由他们来处理村庄的一些日常事务。"⑤ 在 18—19 世纪匈牙利的很多村庄，村民委员会同样取代了共同体的村民大会，委员会的人数从 2 人或 3 人到 12 人甚至更多。⑥

　　此时的村民大会已经由村庄中最高权力的机构，逐渐地变为了村民委员会的附属机构，一些村庄中的重大事宜也不再由村民大会来处理，它只负责一些无关痛痒的事务，如负责选举村庄的校长等；村民大会不再是村民之间平等协商的会议，而转变为少数村民替代其他村民行使权利的地方。由村民委员会来代替村民大会到底是历史的进步还是倒退，看法不一。有的人认为："村民委员会的出现避免了频繁地召开村民大会和长时间讨论的必要。"⑦ 这是一种历史的进步。当然，也有众多的反对意见，这里我们不做

① W. O. Ault, *Open-field Farming in Medieval England: A Study of Village By-laws*, New York: George Allen & Unwin Ltd., 1972, p. 59.

② A. Soboul, "The French Rural Community in the Eighteenth and Nineteenth Centuries", *Past & Present*, No. 10, (November 1956), pp. 81-2.

③ Ibid., p. 81.

④ Ibid.

⑤ A. Soboul, "The French Rural Community in the Eighteenth and Nineteenth Centuries", *Past & Present*, No. 10, (November 1956), p. 81.

⑥ Jerome Blum, "The Internal Structure and Polit of the European Village Community from the Fifteenth to the Nineteenth Century", *The Journal of Modern History*, Vol. 43, No. 4 (December 1971), p. 561.

⑦ Chiva, *Rural Communities Problems, Methods and Types of Research*, Paris: Unesco, 1959, p. 19.

进一步的探讨。但是有一点可以确定的是，由国家所支持的村民委员会取代了村民大会，剥夺了多数人直接管理村庄事务的权利，从而进一步削弱了村庄共同体的自治地位。

再次，用普通法取代地方的惯例，从法律上彻底消除村庄共同体的独立性，达到加强王权的目的。"在中世纪的英国，每个村庄都是一个独立的单位，让领主和他的管家痛苦的是，每一个村庄的村民都制定了一些以他们公共利益为目的的村规。"① 如此众多的村规惯例不利于法律的统一以及王权的加强。因此，利用普通法的权威代替地方的习惯法就成为了必要。例如，按照中世纪的习惯法，秋收之后，村庄的所有土地都要对成员开放，村民可以自由地进行捡拾庄稼。但是，1788 年最高民事法庭在审理有关捡拾权的诉讼中却指出，捡拾权是一个相当狭隘且有限的权利。因此，法庭认定捡拾权只是一种"私权"，不是"公权"。法庭最后判定："按照普通法的规定，自此以后，如果捡拾者在没有得到土地所有者同意之前就进入地里去捡拾庄稼，将视为非法侵犯。"② 尽管1788 年的立法遭到了很多人的反对，但它确立了一个重要的法律判例，成为了后来英国法律词典以及法律手册中判例法的标准，甚至一个世纪以后的法律汇编中还把它称为"最有影响力的捡拾案"。③ 对习惯法中公共权利的限制，不仅提高了普通法在地方上的影响力，而且也有利于国家对地方事务的管理，从而在一定程度上削弱了村庄共同体独立的法律地位。

总之，民族国家的崛起、经济的发展、技术的进步、新的政治理论以及个人主义的兴起，迫使村庄共同体的成员放弃了旧有的生活方式，他们逐渐地被纳入到国家管理的体制之下。并且，新的经济生活和社会生活的发展以及由此而形成的新的社会联系，对农民的思想观念产生了深刻影响，西欧的农民有了新的心理定位。"以前，他们首先是村民，其次是新教徒，再次是朗格多克地区的人，最后才是法国人。现在，他们首先是法兰西人和共和主

---

① W. O. Ault, *Open-Field Farming in Medieval England: A Study of Village By-Laws*, London & New York: George Allen & Unwin Ltd., 1972, p. 59.

② P. King, "Legal Change, Customary Right, and Social Conflict in Late Eighteenth-Century England: The Origins of the Great Gleaning Case of 1788", *Law and History Review*, Vol. 10, No. 1 (Spring 1992), p. 32.

③ P. King, "Gleaners, Farmers and the Failure of Legal Sanctions in England 1750-1850", *Past & Present*, No. 125 (November 1989), pp. 116-150. 119.

义者，而村庄共同体则降到了社会生活中最次要的位置。"① 此时的村庄已经不再是一个独立的共同体，它已经成为了地方政府的行政组织机构。而更为重要的是，村民长期以来一直拥有的公共权利也逐渐地被剥夺了。随着这种公共权利全部丧失，古老的村庄共同体真正地走向了解体，它已不再是民主和平等的根据地了。

四、结论

综上所述，随着土地上的公共权利以及管理村庄事务公共权利的丧失，到了近代早期，英国村庄共同体不可避免地走向了衰落。但这种衰落绝不是一两个因素所造成的。公地制度的破坏只是村庄共同体走向瓦解的一个方面，而且"村庄共同体通常是一个集体劳作与共同管理的单位，但它也并不是一个以体系完整的公地制度为基础的。"② 就英国而言，以公地制度为基础的敞田制农业只是分布在中部地区，而在东南部和东盎格利亚以及西部的康沃尔到湖泊等地区，像中部地区那样的典型村庄分布得则较少，大多数人都生活在分散的小村和农庄之中。③ 在这些分散的小村落中，土地并没有实行敞田经营，但村民之间实行的也是一种合作经营的模式。④ 他们与相邻的定居点之间共同分享着林地和牧场等公共资源，集体服劳役以及缴纳租金，共同承担来自国家的义务，这显然也是一种共同体组织。这类共同体的解体则与公地制度的瓦解并无直接的关系，而是与乡村工业的发展有关。从17世纪开始，在这些分散的村庄之中发展起了乡村工业，从而使得乡村的工业人口增长迅速。"这些工人尽管出身于农村，但此时他们已不再关心有关农业以及村庄共同体的相关事宜了，这也在一定程度上加速了古老的公共惯例的废止以及村庄财产的分化。"⑤ 因此，仅以土地制度的变革来解释村

① Patricel. R. Higoment, *Pont - de - Montvert*: *Social Structure and Politics in a French Village*, 1700–1914, Cambridge: Harvard University Press, 1971, p. 116.

② C. Dyer, *The Self-Contained Village?*: *The Social History of Rural Communities*, *1250–1900*, Hertford: University of Hertfordshire Press, 2007, p. 3.

③ B. K. Roberts & S. Wrathmell, *Region and Place*: *A Study of English Rural Settlement*, London: English Heritage, 2002, pp. 1–31.

④ J. Thirsk (ed.), *The English Rural Landscape*, London: English Heritage, 2000, p. 108 - 12, 224–27, 269–72.

⑤ Jerome Blum, "The European Village as Community: Origins and Functions", *Agricultural history*, Vol. 45, No. 3 (July 1971), pp. 157–78. 175.

庄共同体衰落的原因显然并不全面。

笔者认为，无论是圈地运动的开展，土地市场的形成，还是民族国家的兴起，之所以能够摧毁古老的村庄共同体组织，内因起到了决定性的作用。只有共同体内部生长出足够强大的个体力量，而且这种个体力量的增长还必须具有一定的普遍性时，才会最终突破共同体的束缚。就物质层面而言，这种个体力量的普遍增长离不开乡村社会的"前原始积累"，"是个体农民普遍的相对富足——而不是普遍的贫困——孕育了资本积累的基础之基础"。[1]正是经过漫长的、静悄悄的物质积累，到了中世纪晚期，个体终于具备了足以冲破共同体束缚的强大经济实力；就精神层面而言，随着文艺复兴和宗教改革的进行，人文主义思潮开始兴起。他们强调私人财产权利的神圣性和排他性，从而为打破公权、实现私权提供了法理上的依据。例如，在 1788 年有关拾穗权的诉讼中，土地所有者利用法律来削弱村民进行捡拾的公共权利，实际上就与私人财产观念的发展有着密切的关系。[2] 所有这一切都充分说明，经过长时间的"前原始积累"，在人文主义的感召之下，到了中世纪晚期，英国农民终于突破了村庄共同体的种种限制，最终在工业革命到来之前，完成了乡村政治结构的变革。

综上所述，公共权利是村庄共同体的基石，正是它的存在，使得村庄共同体能够按照传统农业社会沿袭下来的经济平等原则在中世纪得以继续发展。这种原则，一方面限制富有者的发展，另一方面为贫困农民提供基本的生活条件，由此支撑起以小农经济为基础的社会关系网络，维系着人人都有口饭吃，但不一定人人都能吃饱的传统农业社会。村庄公共权利的丧失，不仅意味着村庄共同体为农民提供的、可以依赖的经济条件的减少，同时也意味着传统农业社会的平均主义经济准则的破坏和共同体约束力的衰落。当资本主义所倡导的经济法则把一部分人引上富裕之路，同时把另一部分人抛向破产的困境之时，村庄共同体再也无力逆转这一趋势了。尽管村庄共同体有其缺陷，但是，在它所属的时代，它已完成了时代所赋予它的使命。

---

[1] "前原始积累"这一概念是侯建新教授最先提出来的，相关论述可参见侯建新：《社会转型时期的西欧与中国》，高等教育出版社 2005 年版，第 34 页。

[2] R. W. Malcolmson, *Life and Labour in England, 1700–1780*, London: Hutchinson, 1981, pp. 143–44.

第二节 堂区成为新的基层行政单位

堂区原本是"基督教所管辖教区的下属单位，也是基督教最为基层的组织机构"①。公元734年，比德（Bede）向大主教埃格伯特（Archbishop Egbert）提出建议，"将那些愿意在各个村落全身心地投入到传播上帝福音工作中的人，任命为牧师和教士"②，堂区由此开始形成。由于它是基督教的基层组织，因此，从构成上来说也非常简单，一般都是由一个教士、堂区长以及堂区执事构成。而最初的堂区其职能也仅限于宗教事务，主要负责居民的宗教信仰以及道德教化。随着时间的推移，到了中世纪后期，"政府发现，堂区是个有用的行政单位，尤其适合处理济贫问题"③。到了宗教改革以后，随着村庄共同体的解体，堂区取代了村庄成为真正意义上的地方行政组织单位。正如普拉克内特所指出的："到中世纪后期，村庄不再具有重要的法律地位了，从行政的角度看，它被堂区所取代。"④

一、堂区世俗职能的加强

堂区世俗职能的加强主要表现在两个方面：一是成为济贫法实施的主体；二是成为地方公共事务的主体。

首先，堂区成为了济贫法实施的主体。16世纪以后，随着议会圈地的开展、宗教改革的进行，英国乡村社会出现了一大批闲散的流民。流民的增多成为了社会的不稳定因素，对王权的统治构成了威胁。例如，1581年，埃塞克斯郡的一个堂区曾指出，那里贫民的数量已经远远超出了它们所能承受的范围。⑤ 为了管理这些流民以及救济那些贫困人口，防止他们成为新的流民，都铎王朝颁布了一系列法令，以期解决上述问题。它的主要措施包括两个方面：一方面，加强对流民的管理，对一些流民采取严厉的惩罚措施；

---

① ［英］戴维. M. 沃克：《牛津法律大词典》，李双元等译，法律出版社2003年版，第834页。

② John Cannon, *A Dictionary of British History*, Oxford：Oxford University Press, 2009, p. 493.

③ Ibid., p. 493.

④ Theodore Frank Thomas Plucknett, *A Concise History of the Common Law*, Indianapolis, Ind：Liberty Fund, 2010, p. 86.

⑤ William Hunt, *The Puritan Moment：The Coming of Revolution in an English County*, Harvard：Harvard University Press, 1983, pp. 42-3.

另一方面，则积极采取救济措施，以免更多的贫困人口流向社会。由于中央政府对于地方事务的管理毕竟有些鞭长莫及，因此，只有依靠具有救济职能的堂区来负责了。因此，从都铎王朝开始，堂区根据政府法令，逐渐扩充权限，监管非宗教事务，从一个纯粹的宗教机构演变成了世俗的组织。例如，1531 年都铎政府颁布法令："授权堂区来监管流民，对于有劳动能力的人要遣返出生地；对于失去劳动能力的人则颁发行乞证。"① 1536 年，议会颁发法令，规定"由堂区来负责对失去劳动能力的流民实施救助，同时，要负责安排贫困儿童学习手艺，强迫其工作，禁止流浪"。② 此外，征收济贫税也是以堂区为基础展开的。1522 年议会颁发法令："规定每个堂区都要设立 2 名济贫员，规定他们每周都要向堂区居民征收济贫税，对所征收的数额进行登记，同时要以堂区为单位建造贫困人口的名册。对于那些不能按时交纳济贫税的人给予严惩。"③ 1549 年，诺里奇的市议会颁布法令，要求以堂区为单位强制征收济贫税，拒绝交纳的人要受到处罚。④ 1550 年，约克郡也开始以堂区为单位，强制征收济贫税；⑤ 1556 年，剑桥郡也开始以堂区为单位征收济贫税。⑥ 从上述资料可以看出，从 16 世纪中叶开始，堂区已经成为了地方济贫的主体，其原有的慈善救济职能逐渐淡化，取而代之的是带有强制性意味的政府救济；堂区的宗教职能也逐渐褪去，逐渐成为了国家在地方上的主要行政单位。例如，在 1570 年前后，约克郡乡村的一些堂区开始任命济贫员，制定本堂区所要救济人员的名单以及编制与济贫有关的财政收支账目。⑦ 伊丽莎白时期，堂区的世俗职能有了进一步的扩大，堂

---

① The Statutes of the Realm: printed by command of His Majesty King George the Third in pursuance of an address of the House of Commons of Great Britain, Vol. 3, London: Dawsons of Pall Mall, 1963, p. 569.

② Douglas David, C. Williams & Charles Harold, *English Historical Documents 1485–1558*, London: Eyre & Spottiswoode, 1971, pp. 1025-9.

③ The Statutes of the Realm: printed by command of His Majesty King George the Third in pursuance of an address of the House of Commons of Great Britain, Vol. 3, London: Dawsons of Pall Mall, 1963, pp. 131-32.

④ John Tingey (ed.), *The Records of the City of Norwich*, Vol. 2, Norwich: Jarrold & sons, ltd., 1910, p. 126.

⑤ D. M. Palliser, *Tudor York*, Oxford & New York: Oxford University Press, 1979, p. 275.

⑥ E. M. Hampson, *The Treatment of Poverty in Cambridgeshire: 1597–1834*, Cambridge: Cambridge University Press, 1934, p. 6.

⑦ D. M. Palliser, *Tudor York*, Oxford: Oxford University Press, 1979, p. 275.

区不仅成为了院外济贫的主体，而且还成为了安置贫民就业的主要场所。

其次，堂区成为了地方公共事务的承担者。英国是典型的地中海式气候，雨量较为充沛，这使得道路、桥梁等公共设施的维护成为了地方事务的重要内容之一。最初，这些公共设施的维护主要是由村庄来完成的。随着村庄共同体走向解体，道路、桥梁等公共设施的维护也被转移到了堂区。1555年，议会通过法令规定：每个堂区每年要选举 2 名道路巡查员，负责勘察道路并负责组织人员维修。例如，1617 年，肯特会议上，由于诺斯菲利特堂区的居民没有按时修整达特福德通往格雷夫森德的道路而被指控。① 1660年，斯坦顿堂区上诉议会，由于他们无力修复位于堂区北部的大路，因此，请求议会给予帮助。议会同意以堂区为单位，设立关卡，征收道路费。② 这说明了此时堂区已经具备了维护公共设施的世俗功能。

总之，通过积极参与济贫以及维护公共设施等世俗活动，堂区已经将地方的所有事务都纳入到自己的管辖范围，其职能不断地扩大，在地方社会生活中的重要性也不断地提高。到了伊丽莎白末期，英国政府已经在法律上正式确认堂区是国家的乡村基层政权组织机构。

二、堂区行政机构的构成

随着堂区世俗功能的不断扩大，堂区原有的管理机构及人员也逐渐地世俗化了。

首先，堂区大会取代了村民大会，成为了新的乡村基层组织的权力核心。随着堂区取代村庄共同体，成为了地方行政管理单位，乡村的权力核心也由村民大会转移到了堂区大会。堂区大会是负责堂区内所有事务的机构，由全体居民参加。其职能最初只负责处理一些与宗教信仰功能有关的事务。随着堂区世俗功能的扩大，堂区大会也逐渐地成为了堂区的最高权力机构。但是，到了亨利八世的宗教改革后，为了便于控制堂区，堂区大会的权力受到了一定的削弱，其权力重心已经转移到了以堂区执事、济贫员以及公路检查员为主体的小型会议手中。到了 1933 年，英国议会颁布了《地方政府法》，该法令明确规定，堂区或者社区议会为英国乡村基层政府，并对乡村

---

① M. Reed, *The Age of Exuberance 1550-1700*, London: Routledge & Kegan paul, 1986, p. 236.

② Ibid.

基层堂区的政权组织形式和运作机制作了明确的规定：每个乡村堂区应设堂区大会或居民大会，由全体居民组成；如果堂区人口超过了300人，那么就要设立堂区议会，由堂区主席、副主席及堂区议员（一般不得少于5人或者超过15人）构成；人口在200—300人之间的堂区，则可以设立堂区议会，也可以不设立，由堂区的居民自行决定；人口少于100人的堂区通常不得设议会，由居民大会直接行使权力。一般情况下，由堂区大会选举产生堂区议会，再由堂区议会来代表堂区大会作为执行机构，由议会所设的各种委员会直接负责行政事务，不另外再设专门的行政执行机构。委员会的委员一般由堂区全体成员选举产生的议员担任，但也可由非议员的普通民众担任。如妇女及儿童福利委员会的三分之二的委员由议员充任，其余三分之一的委员，则由议员在从事卫生及妇幼儿童工作有经验或受过特殊训练的人员中选派，而且，其中至少有两名女性；教育委员会的多数委员也是议员。这种议员与非议员结合的村民委员会组织，有利于吸收本地人才及某一领域的专家，进行有效的管理。这样的运作模式的主要目的是为了保证所有的人都能够参与到本地区公共事务的管理当中来，同时也是地方自治传统的体现。

由此可见，到了近代以后，英国的乡村基层组织，一般会根据堂区内人口的多寡，来确定其政权的组织形式。在人口较多的堂区，设立堂区议会，先由堂区的居民大会来选举议会，然后再由议会代表全体村民行使权力；在人口较少的地区则实行直接民主制，由堂区大会来直接行使权力。堂区大会有权决定济贫税率和公路维护费，并由选举产生堂区执事、济贫员、公路检查员和堂区民警等堂区管理人员。

其次，随着乡村基层组织结构的改变，地方管理人员也发生了变化。原有的村官体制被逐渐废止，出现了由国家所任命的地方长官，主要包括总揽地方事务的治安官和负责具体事务的堂区执事。

治安法官（Justices of the Peace）成为了地方上的实际上的最高行政长官。治安法官的前身是治安维持官（conservators of the peace），在理查一世统治时期首次得到任命。在爱德华三世统治时期，治安维持官被赋予了惩罚犯人的权力。1344年时，被赋予了听审并裁决刑事案件的权力。除了司法和维持治安的职责，他们还要通过季审法庭（quarter sessions）来执行《济贫法》，并且监督整个地方政府。[①] 14 世纪后期，治安官的权力不断地得到扩大，他们甚至还获得了监督百户长、市长等官员的权力。到了 15 世纪末，治安官已经完全取代了郡长，成为了王权在地方的实际代表。他们拥有了诸多的权力，如审理地方上的各种案件、维护社会治安、确定济贫税率、管理面包和啤酒等事务，等等。此外，他们还负责监督中央政策、法令在地方的实施情况，将那些贯彻不得力的官员直接呈报给国王。16 世纪所颁布的一系列法令将治安法官与堂区事务紧密地结合到了一起。例如，1536 年的议会法明确规定，每个堂区都要接受治安法官的监督。[②] 1555 年，议会通过法案授权治安法官以堂区为单位，负责监督和管理乡村的道路。到了 17 世纪，"乡村社会中的所有事务几乎都归治安法官来处理。"[③] 因此，有的人认为："在伊丽莎白时代，地方上的大多数人并未处于中央政府的管理之下，而是处于治安法官的治理之下。"[④] 当然，随着王权的不断加强，中央政府对治安法官的监督也不断加强，比如任命巡回法官，每年到地方上对治安法官进行审查，对那些不称职的治安法官也进行了罢免。例如，"1730 年，托马斯勋爵就曾罢免了一批年事已高以及过于懒惰的治安法官。"[⑤] 由此也可以看出，随着新型乡村基层组织的确立，中央与地方的联系得到了不断加强。

堂区执事（church-warden）是新型乡村基层组织的重要职员，其地位与原有的村头相同，具体负责堂区的一切事务。尽管治安法官是地方的最高行政长官，但是，他对地方基层组织的管理也必须得到堂区管理者的配合。最初的堂区执事仅是负责堂区的一些宗教事务，如组织人们参加礼拜，负责看守堂区的一些财物等。由于他们与上层联系得较为紧密，很多乡绅也都愿意参加堂区执事的竞选。到了 16 世纪前后，随着堂区职能的世俗化，堂区执事的地位也不断提高。政府为了更好地管理地方事务，在很多堂区，选拨堂区执事的权力也逐渐地被上层机构所控制。但是从社会阶层来看，堂区执

① John Cannon, *A Dictionary of British History*, Oxford：Oxford University Press, 2009, p. 367.

② Douglas, David, C. Williams, Charles Harold, *English Historical Documents 1485-1558*, London：Eyre & Spottiswoode, 1971, pp. 1025-9.

③ ［英］屈勒味林：《英国史》，钱端升译，商务印书馆 1931 年版，第 350 页。

④ Kent Powll & Chris Cook, *English Historical Facts*, 1485-1603, London：The Macmillan Press Ltd., 1977, p. 50.

⑤ Anthony Fletcher, *Reform in the Provinces：The Government of Stuart England*, New Haven：Yale University Press, 1986, p. 9.

事越来越走向平民化。例如，1583 年，托马斯·史密斯就曾指出："在乡村社会中，即使地位很卑微的人，如贫困的农民以及手工业者都可以担任堂区的执事。"[1] 此外，他们还要负责济贫的一些具体事务，如负责寻找孤儿的父母，为穷人寻找庇护所，发放行乞的标识，提供医疗救助，等等。例如，"有一名农业雇工需要到外地治疗他的腿伤，但又没有路费，为此，堂区执事给了他 10 先令以便其开销。"[2]

总之，随着以堂区为核心的新型乡村基层组织的确立，村庄的原有职能被堂区所取代。由于这些堂区基本上都是从村庄发展而来的，因此，它们在管理机构上基本上沿用了村庄共同体的原有机制。例如，无论是治安法官，还是堂区执事，都是由选民定期选举产生的，而且他们并不拿国家的俸禄，仍具有一定的自治性。但是，与中世纪时期的村庄共同体相比，这种自治性受到了很大程度的限制。"堂区的官员必须在统一的、一元权威统治下，积极参与国家的治理，而不是脱离中央政府的控制。"[3] 这也从另外一个角度说明，随着民族国家的兴起、王权的强大，地方的管理权已被纳入到了国家的统治范畴。

第三节　新型乡村基层组织的中世纪因素

随着民族国家的形成以及资本主义的发展，英国乡村社会形成了新型的基层组织机构。但正如马克思所指出的那样："人民自己创造自己的历史，但是他们并不是随心所欲地创造，并不是在他们自己选定的条件下创造，而是在直接碰到的、既定的、从过去承继下来的条件下创造。"[4] 尽管乡村基层组织的政治结构发生了很大的变化，但是原有乡村社会中的民主与自治的因素却得以保留，并且对英国近现代社会产生了深远的影响。早在 100 多年前，历史学家埃姆雷·德·阿弗莱就曾指出村庄共同体所具有的精神

[1]　Thomas Smith, *De Republica Anglorum*: *A Discourse on The Commonwealth of England*, Cambridge: Cambridge University Press, 1983, pp. 65–76.

[2]　Wallace Notestein, *The English People on the Eve of Colonization*, New York: Harper & Row, 1962, p. 247.

[3]　Sean Kelsey, *Inventing a Republic*: *The Political Culture of the English Common Wealth 1649–1653*, Stanford: Stanford University Press, 1997, p. 208.

[4]　《马克思恩格斯选集》第 1 卷，人民出版社 1995 年版，第 585 页。

价值："村庄共同体确保了乡村的人们，从遥远的时代开始就拥有了自由、平等和秩序。"[1] 欧文夫妇也明确指出，现代莱克斯顿堂区的管理仍然是"由全体居民一致同意来决定的"。[2] 很明显，这种堂区的管理模式是沿用了中世纪乡村管理中全民参与的模式。因此，欧文不无感慨地说："也许，它比这个国家曾经知道的任何制度都更加民主。"[3]

第一，中世纪的民主因素为英国民主制度的建构奠定了基础。在人类历史发展的长河中，存在过很多具有民主因素的基层组织，它们的存在对建构国家层面的民主制度都产生了深远的影响，在英国亦是如此。例如，英国近现代议会制度中一个重要的规定就是多数人同意的原则。只有出席议员的人数达到了法定的数额（一般是三分之二以上），议会所作出的决议方为有效，否则将被视为无效。全体出席人一致同意或者多数同意的原则，在一定程度上确保了规章制度的民主性。而类似这样的规定在中世纪的村民大会中已有体现。例如，在斯坦福德郡的斯丹顿村庄规定，只有当所有的村民全部出席村民大会其所作出的决定方为有效。[4] 此外，从中世纪的诸多村规中可以看到，几乎每条村规前面都明确写着"经全体村民或者全体佃农一致同意"的字样。著名的法律史学家伯尔曼也对此进行过论述："这些规定由在庄园法院集体作为诉讼参加人的全体庄园成员定期发布。有特色的是，这些规定是以下列词语通过的：'全体租户一致同意命令'，'或自由的和受奴役的全体租户命令'。"[5] 很明显，中世纪乡村社会的这种民主因素在很大程度上影响了现代英国上层建筑的构建。

此外，中世纪乡村社会所确立的民选原则也开启了近现代民主制度的先河。例如，中世纪乡村的村官、陪审员都是由全体成员选举产生的，而不是来自于上级机构的任命。[6] 这种传统在欧洲其他地区也同样存在，它可以有

① E. de Laveleye, *Primitive Property*, London: Macmillan, 1878, p. 63.

② C. S. & C. S. Orwin, *The Open Fields*, Oxford: Clarendon Press, 1967, p. 124.

③ Ibid., p. 158.

④ Jerome Blum, "The Internal Structure and Polit of the European Village Community from the Fifteenth to the Nineteenth Century", *The Journal of Modern History*, Vol. 43, No. 4, (December 1971), p. 554.

⑤ ［美］哈罗德·J. 伯尔曼：《法律与革命——西方法律传统的形成》，贺卫方译，中国大百科全书出版社1993年版，第399页。

⑥ Werner Rosener, *Peasants in the Middle Ages*, Urbana & Chicago: University of Illinois Press, 1992, p. 165.

效地防止专断与独裁。① 1773 年，英王乔治三世颁布第 13 号令，对这种管理体制给予了肯定，并指出，所有的决定应由全体土地持有者四分之三以上同意方可执行。② 当然，我们一再强调的是，中世纪乡村蕴含着一定的民主因素，而不是说它已经实行了民主制度。而且这种民主还带有很大的"原始色彩"，它更多的是一种直接民主，而不是今天的代议制民主。但无论怎样，这些民主因素的存在为西方近现代民主制度的建构奠定了基础。正如马克·布洛赫所指出的那样："可以肯定，英国的议会制并非发轫于'日耳曼尼亚的森林'，它烙有所由产生的封建环境的深深印记。"③

第二，乡村自治为英国地方自治制度的确立奠定了基础。英国被称为"地方自治之母"，这种地方自治的模式后来还传播到了北美，成为了美国建立地方自治的范本。例如，赫伯特·B·亚当斯就曾对 17—19 世纪北美新英格兰地区的乡村自治进行过详细的描述。④ 史学家钱穆指出："英美为近代宪政楷模……盎格鲁萨克逊人侵入英土，彼时即有村镇自治……美国起原乃为十三州之邦联，此亦一种变相之地方自治也。故知近代西方民主政治，皆由地方自治演进。"⑤ 从中世纪的一些庄园档案中可以看到，很多村庄共同体可以作为一个独立法人、独立的税收单位而长期存在；它们都有自己独立的权力机构——村民大会；有自己独立的法律体系——村规。在英国和欧洲大陆，成千上万的村庄都逐渐形成了自治的传统。⑥ 随着社会的发展，堂区取代了村庄共同体成为了新型乡村基层组织的行政单位，尽管中央与地方的关系发生了一定的变化，但是，乡村自治这一原则始终没有被抛弃。例如，1933 年的《地方政府法》明确规定，每个乡村堂区应设堂区大会或居民大会，由全体居民组成；由居民大会直接行使权利。堂区大会的选举与运作不受外界的干扰和制约，堂区的官员如堂区执事、济贫员以及道路巡视员等也都是由堂区居民独立选举的。这表明中世纪乡村社会所孕育的自

① Brian M. Downing, "Medieval Origins of Constitutional Government in the West", *Theory and Society*, Vol. 18, No. 2 (March 1989), p. 221.

② J. A. Yelling, *Common Field and Enclosure in England*, *1450–1850*, London: Macmillan, 1977, p. 47.

③ ［法］马克·布洛赫：《封建社会史下》，李增洪等译，商务印书馆 2009 年版，第 600—601 页。

④ Gilbert Slater, *The English Peasantry and The Enclosure of Common Fields*, London: Archibald Constable & Co. Ltd., 1907, pp. 183–85.

⑤ 钱穆：《论地方自治》，《东方杂志》第 41 卷第 11 号。

⑥ Frances & Joseph Gies, *Life in a Medieval village*, New York: Harper Collins, 1990, p. 132.

治理念，经过上千年的锤炼已经牢牢地根植于人们的思想观念之中。无论社会制度如何变迁，这种乡村的自治模式不会改变。正如英国著名的学者布莱斯所指出的："自治制度总能够养成人民自由的精神及为公共目的合作的习惯……一个人如果对于乡村的事务能够有公共心，能够很公平，很热诚，那么，于国家大事自然会知道尽公民的义务了。"①

第三，中世纪的济贫措施为近现代福利国家的出现奠定了基础。近现代西欧社会的发展一个突出的表现就是福利国家的出现。福利国家主要是指由国家来承担济贫、失业、教育以及养老等公共事务，最大限度地降低贫困人口的数量。鲍利就曾指出："检测一个国家进步与否的主要标志就是它贫困人口的多寡。"② 著名学者约翰逊也指出："能否给社会下层特别是那些贫民提供有效的帮助，是检测一个民族文明程度的主要标志。"③ 如前所述，早在中世纪时期，乡村的济贫工作就已经开始了，这种济贫最初也是由村庄共同体来完成的。堂区取代村庄共同体成为新的乡村基层行政单位后，则继续延续了这一职能。通过征收济贫税等方式，不断向贫困家庭提供各种各样的援助，并取得显著成效。④ 以提姆沃斯堂区为例，从 1758 年到 1774 年，济贫税平均每年仅为 20 英镑；但是 1796 年和 1801 年，济贫税则猛增至 100 和 200 英镑以上。就整个索福克郡来看，从 1776 年到 1783 年，济贫税仅增长了 21%；但从 1780 年到 1803 年，则增长了 100%。⑤ 济贫税的增加使地方政府拥有更多的资金援助贫困人口。例如，到了 19 世纪初，那些贫困家庭每个月可以从堂区领取固定的救济物，每年还可从堂区的救济基金中领取超过 6 英镑的补助，死后也由堂区负责安葬。⑥ 在 1827 年的索福克郡，有一个贫穷的面包师家里有 8 个孩子。由于其生活贫困，所以堂区每年为他支

① ［英］布莱斯：《现代民主政体》，梅祖芬译，商务印书馆 1923 年版，第 176、179—180 页。

② A. L. Bowley, *The Nature and Purpose of the Measurement of Social Phenomena*, London：P. S. King, 1923, p. 214.

③ J. Boswell, *The Life of Samuel Johnson*, Chicago：Everyman's Library, 1952, p. 182.

④ T. Hitchcock, P. King eds., *Chronicling Poverty：The Voices and Strategies of the English Poor, 1640-1840*, New York：St. Martin's Press, 1997, p. 19.

⑤ Peter King, " Legal Change, Customary Right, and Social Conflict in Late Eighteenth - Century England：The Origins of the Great Gleaning Case of 1788", *Law and History Review*, Vol. 10, No. 1 (Spr., 1992), p. 10.

⑥ Peter King, " Legal Change, Customary Right, and Social Conflict in Late Eighteenth - Century England：The Origins of the Great Gleaning Case of 1788", *Law and History Review*, Vol. 10, No. 1 (Spr., 1992), pp. 21, 22, 30.

社会转型时期英国乡村基层组织研究

付 13 英镑的房租，同时，每周还为他发放 2 先令 6 便士的津贴；在 1821 年的剑桥郡，堂区为单身贫困女性每周提供 2 先令 3 便士的救济金，单身贫困男性为 3 先令，有 1 个孩子的贫困家庭为 6 先令，有 2 个孩子的贫困家庭为 6 先令 9 便士，有 3 个孩子的贫困家庭为 8 先令 3 便士。上述济贫所需资金全部从堂区所征收的济贫税中支出。① 随着济贫措施的加强，英国贫困人口的数量逐渐降低。19 世纪初，兰开夏郡的一个治安法官托马斯·贝利不无自豪地声称："在这个世界上，没有哪个国家的穷人能够得到像我们这样的救济。我们每年都要征收大量的救济金用来接济穷人。"②

综上所述，尽管英国的乡村基层组织发生了变化，但是中世纪乡村所确立的一些基本原则以及积极的因素却得以继续保留。它所蕴含着的民主因素、自治因素以及公共救助的理念，成为了近现代英国社会乃至西方社会中构建新的社会制度的基础。它所创造的自治模式、民主原则以及济贫理念经过不断的改造，成为后来西方民主制的范本。可以说，没有中世纪乡村社会所创造的这些元素，英国社会就不会顺利地与现代社会进行接轨。当然，我们不能片面地夸大这种因素，正如赵文洪所指出的那样："一个团体的管理中包含民主因素，决不意味着这个组织就是民主的，因为它同时还可以包含非民主因素。公地共同体的情况就是如此。这就是历史的复杂性。"③

本章重点梳理了旧的乡村基层组织——村庄共同体走向解体，新型乡村基层组织——堂区正式确立的过程。从历史发展的角度来看，堂区取代村庄共同体成为新型乡村基层组织的核心是社会的进步。随着以王权为代表的民族国家的逐步确立，中央政府的权力不断增强，它迫切需要改造旧有的地方基层组织结构，以适应社会发展的需要，这为新型乡村基层组织的确立提供了政治上的保障；土地市场的出现以及圈地运动的进行，改变了乡村社会原有的土地产权模式，带有资本主义性质的农场制出现，为新型乡村基层组织的确立提供了经济上的保障；堂区由于其自身在慈善救济等方面的先天优

---

① *Poor Law Commissioners' Report of 1834—Copy of the Report Made in 1834 by the Commissioners for Inquiring into the Administration and Practical Operation of the Poor Laws*, pp. 15, 16, 18, 23.

② I. R. Christie, *Stress and Stability in Late Eighteenth-Century Britain*, New York：Clarendon Press, p. 97.

③ 赵文洪：《庄园法庭、村规民约与中世纪欧洲"公地共同体"》，《历史研究》2007 年第 4 期。

势，被中央政府加以改造和利用，从而取代村庄成为了新型乡村基层组织的行政单位，为新型乡村基层组织的确立提供了组织上的保障。

尽管村庄共同体走向了解体，但它所追求的财产共有、人人平等的社会理想为英国社会乃至人类社会留下了宝贵的精神财富。无论是托马斯·莫尔的《乌托邦》，还是罗伯特·欧文的空想社会主义，亦或是恩格斯的共产主义思想，都可以看到共同体的烙印。而这些思想之所以诞生于英国，绝非一种偶然。这种共同体精神的遗产穿越了时空的界限，一直流传至今。时至今日，很多人对共同体的生活仍然难以割舍，甚至提出了"重返共同体"的愿望，希望以此来逃避都市生活的困扰，在无忧无虑的乡村生活中寻找自我。

总之，随着社会转型的进行，英国的乡村社会无论在政治结构、经济水平，还是组织模式上都发生了很大的变革。但是传统社会中的一些积极因素被保留下来，为后来西方民主制度的发展奠定了坚实的基础。

结　语

通过对社会转型时期英国乡村基层组织的研究，可以看出，英国乡村基层组织的政治结构发生了变革，同时，乡村的权力体系、经济水平以及社会观念等方面都发生了显著的变化。这种转变大体上可以归结为以下几个方面：

第一，政治结构的转变。从 10 世纪到 15 世纪，英国的乡村政治结构发生了一定的改变：先后经历了庄园—村庄混合共同体阶段；村庄共同体独立行使权力阶段以及新型乡村基层组织阶段。在封建制度的鼎盛时期，英国乡村基层组织的政治结构既不是村庄，也不是庄园，而是二者共同构筑的一种新的组织模式，即庄园—村庄混合共同体。在这种混合共同体中，无论是土地的耕作模式，还是乡村事务的管理方面，都存在着庄园与村庄二者之间相互叠加的现象。比如，无论是领主的直营地，还是农奴的份地，都是按照村庄的惯例来进行耕作；又如，庄园法庭之所以在运作的过程中体现出双重性，主要是因为它的背后隐藏着村庄共同体的因素；再如，很多乡村的管理人员，如村头、村警、陪审员等等，他们既要为领主服务，同时也要为村庄服务。这些都充分说明了中世纪乡村所存在的庄园—村庄混合共同体这一事实。当封建主义危机到来后，随着庄园制走向了解体，庄园—村庄混合共同体的模式也走向了终结。但村庄作为一个独立的共同体组织，仍然在乡村社会中发挥着重要的作用。随着民族国家的形成，村庄共同体也最终走向了解体。中央政府开始大力扶植堂区来取代村庄共同体，并使之成为新的乡村基层组织的行政单位。尽管在不同时期乡村基层组织的政治结构有所不同，但基本上都保留了共同体的精神内核。这种精神也成为了英国、乃至西方社会的核心价值观。如今，欧洲国家之所以能够组成超越国家界线的"欧洲共同体"组织，与其所具有的共同体精神密不可分。

第二，权利体系的转变。在社会转型的过程中，英国乡村社会的权利体系也发生了变化，其中最为重要的就是个体权利的增长以及私人财产权利的确立。从 13、14 世纪开始，伴随着罗马法的复兴，个体权利的意识开始出现。在著名的《格拉提安教令集》中就对个体权利进行了阐述，并明确指出："即使是一个教士，他也可以拥有一定的私人财产。"① 正如马克·布洛赫所说："自我意识的成长的确从独立的个人扩展到了社会本身。11 世纪下半叶促使人类意识向这个方向发展的动力，曾是通常被称为格利高里改革的伟大的宗教'觉醒'运动。"② 此后，有"主体权利"之父之称的奥卡姆则对个体权利进行了深入的阐述。他指出，"在一个共同体中，即使多数人同意也不能剥夺少数人的财产权，即便是统治者也不能随意剥夺民众的财产权。"③ 在这种思想的指导下，财产所有权开始向实际占有者的方向倾斜。著名的法学家威廉就明确提出："占有权应隶属于个人权利，占有权也就意味着财产的实际支配权。任何人都不能任意剥夺实际占有下的财产，即使国王也不能如此……这种财产权应该是人人享有的，与他的社会地位和出身无关。"④ 尽管这种私人财产权利观念产生得很早，但是在具体实践中却受到了传统惯例权利的制约。从中世纪各种各样禁止圈地的村规中就可以看出，在共同体内部，农民，特别是那些较为贫困的农民，长期以来一直都是公共放牧以及捡拾等惯例权利的坚定拥护者。即使在英王亨利三世与爱德华一世分别颁布了《麦尔顿法令》以及《威斯敏斯特法令》，并对圈地的行为给予了合法性的确认⑤后，圈地运动仍然遭到了村民的集体反抗，他们有时甚至采取了暴力的手段来加以抵制。⑥

到了 18 世纪前后，随着私人财产观念的发展，在英国乡村社会中引发

---

① Brian Tierney, *The Idea of Natural Rights*: *Studies on Natural Rights*, *Natural Law and Church Law*, *1150-1625*, New York: Schoolars Press, 1997, p. 59.

② ［法］马克·布洛赫：《封建社会》（上卷），张绪山等译，商务印书馆 2004 年版，第 191—192 页。

③ Brian Tierney, *The Idea of Natural Rights*: *Studies on Natural Rights*, *Natural Law and Church Law*, *1150-1625*, New York: Schoolars Press, 1997, p. 171, 173, 184.

④ Cary J. Nederman, "Property and Protest: Political Theory and Subjective Rights in Fourteenth-Century England", *The Review of Politics*, Vol. 58, No. 2 (Spring 1996), pp. 333-35.

⑤ ［苏］波梁斯基：《外国经济史（资本主义时代）》，北京大学经济史教研室译，生活·读书·新知三联书店 1958 年版，第 24 页。

⑥ W. E. Tate, *The English Village Community and the Enclosure Movement*, London: Victor Gollancz Ltd., 1967, p. 46.

了一场"从惯例权利到非法侵犯的转变"（transition from custom to crime）的运动。[1] 在这场运动中，很多惯例权利都被认定为非法行为，继而以立法的形式被取消了。例如，1741 年衡平法院取消村民挖掘泥炭的惯例权利；1788 年最高民事法庭取消村民捡拾树木的惯例权利，等等。[2] 这场运动使得"村庄共同体的组织结构和特征都发生了彻底的改变，穷人的很多惯例权利包括放牧的公共权利都被摧毁了"。[3] 汤普逊、比蒂等历史学家纷纷指出，这种"从惯例权利到非法侵犯的转变"与绝对财产观念的发展有着密切的关系。[4] 因为在土地所有者看来，"财产权利就是包含在所有权中的那些权利"。[5] 这种所有权具有排他性，因此，他们强烈要求取消传统社会中的惯例权利，从而建立起绝对的私人财产所有权。尽管广大贫民也进行了长期的抵抗，并一度使得相关的立法失去了法律效应。但是时过境迁，此时的社会结构发生了很大的变化：村庄共同体已经走向了解体；农民社会内部出现了分化，越来越多的富裕农民希望摆脱种种惯例的束缚，自由行使财产权。"那个时代有思想的人都坚信，个体最终要从各种限制中解放出来，他们更加强调私人财产权利的重要性。"[6] 因此，贫民的反抗显得苍白而无助，最终不得不接受这样的现实。尽管资本主义私人财产权的确立让他们付出了惨重的道义代价，但是，以产权明晰的私有产权取代封建制度下的混合产权，应该说是一种历史的进步。

第三，经济领域的转变。经济领域内的变革一度被学界认为是研究资本主义起源的根本出发点。但从发生学的角度来看，资本主义应该最先起源于农本经济。一个很浅显的道理就是：无论是工商业的发展，还是城市的兴起，其重要的前提就是要有足够的农产品剩余，否则无论是商人还是手工业

---

[1] B. Bushaway, *By Rite: Custom, Ceremony and Community in England, 1700-1880*, London: distributed by Humanities Press, 1982, p. 209.

[2] J. Goody, J. Thirsk & E. P. Thompson (eds.), *Family and Inheritance: Rural Society in Western Europe, 1200-1800*, Cambridge: Cambridge University Press, 1976, p. 340.

[3] R. W. Malcolmson, *Life and Labor in England, 1700-1780*, London: Palgrave Macmillan, 1981, pp. 142-143.

[4] E. P. Thompson, *Whigs and Hunters: Origin of the Black Act*, London: New edition, 1975, p. 241; J. M. Beattie, "The Criminality of Women in Eighteenth-Century England", *Journal of Social History*, Vol. 8, No. 4 (Summer 1975), p. 88.

[5] Lawrence C. Becker, *Property Rights*, Boston: Routledge & Kegan Paul, 1977, p. 18.

[6] Jerome Blum, "The Internal Structure and Polit of the European Village Community from the Fifteenth to the Nineteenth Century", *The Journal of Modern History*, Vol. 43, No. 4 (December 1971), p. 569.

者都无法从农业中分离出来。因此，我们所探讨的乡村经济领域内的变革，应重点关注农业经济的增长——这种增长不是农业经济总量的增长，而是农业人均产值的提高。

中外学者对此进行了热烈的讨论，其结论也进一步证明了农业人均产值的提高是英国走向现代化的前提之一。比如，著名的历史学家戴尔经过对伍斯特主教地产的考察后指出，仅 12 世纪末到 13 世纪末，该地产的农产品人均产量增长了 3 到 4 倍之多。[①] 伦纳德通过一些档案资料得出结论，认为 15 世纪人均农产品较之 14 世纪有了明显的增长。[②] 韦特尼则根据农业部年鉴以及阿瑟·杨所统计的数据推断出，1650 年英国的小麦亩产量为 12 蒲式耳[③]；克莱德特通过 1500—1549 年、1550—1599 年两个阶段种子与收获物之比分别为 1：7.4 和 1：7.3 来推算，当时的亩产量已达到了 17 蒲式耳。[④] 国内的侯建新教授也对此问题进行了详细的研究，他指出，16 世纪一个中等农户的年产量约为 240 蒲式耳，相当于 5 吨左右的谷物，这一劳动生产率要比 14 世纪提高了 1 倍多。[⑤]

这些研究表明，中世纪晚期到近代早期，英国的农业生产率增长明显，已经达到了一个很高的水平。这一时期，英国农业人口总数的变化不大，但农业产量却显著提高。[⑥] 因此，著名的经济学家诺斯将这种现象称为"真正意义上的增长"。[⑦] 根据麦迪森等人的统计，1500 年英国人均 GDP 为 714 国际元；1600 年则增至 974 国际元；1700 年则高达 1250 国际元。[⑧] 农业的发展也带动了农民的消费。例如，14 世纪以前，小麦的消费对于农民来说就

---

① C. Dyer, *Lords and Peasants in a Changing Society*, Cambridge：Cambridge University Press，1980，p. 52.

② Reginald Lennard, "The Alleged Exhaustion of the Soil in Medieval England", *The Economic Journal*, Vol. 32, No. 125 (March 1922), pp. 24-5.

③ M. Whitney, Science, 1923 (1504), p. 322.

④ P. Kriedte, *Peasants, Landlords and Merchant Capitalists：Europe and the World Economy, 1500-1800*, Cambridge：Cambridge University Press, 1983, p. 22.

⑤ 参见侯建新：《中世纪英国农民个人力量的增长与自然经济的解体》，《历史研究》1987 年第 3 期；《现代化第一基石——农民个人力量与中世纪晚期社会变迁》，天津社会科学出版社 1991 年版；《社会转型时期的西欧与中国》，高等教育出版社 2005 年版。

⑥ Robert C. Allen, *Enclosure and the Yeoman*, Oxford：Clarendon Press, 1992, pp. 9-10.

⑦ ［美］道格拉斯·诺斯、罗伯斯·托马斯：《西方世界的兴起》，厉以平等译，华夏出版社 1989 年版，第 1 页。

⑧ ［英］安格斯·麦迪森：《世界经济千年史》，伍晓鹰等译，北京大学出版社 2003 年版，第 244 页。

是一种奢侈品，虽然他们也种植小麦，但是它价钱昂贵，一般人消费不起。[①] 到了 16 世纪以后，小麦的消费在农民的日常生活中已经占据了主导地位，一些地区甚至取消了燕麦的种植，[②] 白面包已经成为了普通大众的主食。[③] 此外，啤酒也成为了大众消费的一个组成部分，乡村长期酒馆已经变得十分普遍了。"人们更多是使用大麦芽而不是燕麦芽来酿造啤酒。"[④] 从而使得大麦的种植面积不断地扩大。[⑤] 总之，在从农本社会向现代社会迈进的过程中，商品经济或者市场经济的发展固然重要，但是，这种发展的前提则是农业生产率的提高。没有农业经济的快速增长，只是片面地强调市场或者工业化，其最终的结果无异于缘木求鱼。

第四，社会观念的转变。随着经济的发展、社会的进步，农民的观念也在不断地发生着变化。这主要体现在以下几个方面：

首先是契约观念逐渐形成。从 14、15 世纪开始，随着土地市场的形成，土地流转日渐频繁。但无论是土地的转租还是承租，双方都会以契约的形式来完成；此外，还有一些农民为了解决养老的问题，与子女或者非亲属签订养老契约。契约双方都是在平等自愿的基础上签订，并且签订后要交由法庭来备案，如有一方违约就要受到法律的惩罚。契约观念是市场经济发展的前提之一，因为市场经济的本质就是契约经济。因此，从这个角度来说，契约观念的形成为市场经济的发展奠定了重要的基础。

其次，随着消费水平的提高，农民的消费观念也在悄然发生着变化。乡村社会中那些较为富裕的农民，竞相效仿上层社会的生活方式，他们购买精美的服饰、家具、钟表等消费品；有的农场主甚至开始追求绅士那样的生活。[⑥] 例如，在 15 世纪早期，埃文河畔的斯特拉福德村庄，村中的头面人

① [英] 克拉潘：《简明不列颠经济史——从最早时期到一七五零年》，范定九等译，上海译文出版社 1980 年版，第 153 页。

② J. Thirsk, *The Agrarian History of England and Wales*, Vol. 6, Cambridge：Cambridge University Press, 1984, p. 729.

③ [意] 卡洛·奇波拉：《欧洲经济史》第二卷，贝昱等译，商务印书馆 1988 年版，第 103 页。

④ C. Dyer, "Did the Peasants Really Starve in Medieval England?" in *Food and Eating in Medieval Europe*, M. Carlin & J. T. Rosenthal (eds.), London：Hambledon Press, 1998, pp. 67-9.

⑤ B. M. S. Campbell, "Matching Supply to Demand：Crop Production and Disposal by English Demesnes in the Century of the Black Death", *Journal of Economic History*, Vol. 57, No. 4 (December 1997), pp. 835-39.

⑥ D. Miller, *Material Culture and Mass Consumption*, Oxford & New York：B. Blackwell, 1987, pp. 134-42.

物为了确保宴会食物的精美，他们甚至聘请了一位绅士家里的厨师来负责烹饪。① 这些普通劳动者在衣着以及饮食方面已经远远地超出了他们所应属阶级的水平，比如，当时在上等阶层中较为流行的面纱以及头饰等装饰品，到了 14 世纪下半叶已经传播到了社会的下层。② 据说，"当时的很多乡下人之所以要到城市中去寻找工作，主要是因为服装带给了他们自豪感。"③ 由此可见，随着农民消费观念的改变，英国的社会生活也在悄然发生变化。

　　总之，从中世纪晚期开始，英国乡村社会已经发生了诸多的变化，这些变化不是凭空出现的，它是中世纪社会长期积淀和发展的结果。从政治结构来说，"尽管村庄共同体有其缺陷，但是在它所属的时代，它完成了它的使命"。④ 它所蕴含的精神内核对英国社会，乃至整个西方社会都产生了深远的影响。从经济层面来说，没有中世纪农业经济的发展以及农民长时间的积累，农业经济最终也无法突破糊口经济的瓶颈，更无法向资本主义经济迈进。从法律体系来看，尽管中世纪的乡村组织存在着压抑个体权利的倾向，但从来没有真正否定过个体的权利，反而在共同体的保护下，个体权利赢得了一定的发展空间。从社会层面上来看，中世纪所孕育的契约观念、消费观念都为市场经济的兴起奠定了基础。时光荏苒、物转星移，中世纪英国乡村社会的发展与变革，给我们后人留下了诸多可以思考的空间与价值，其经验和教训同样值得我们在现代化的过程加以借鉴和规避。

社会转型时期英国乡村基层组织研究

---

① G. Rosser, "Going to the Fraternity Feast: Commensality and Social Relations in Late Medieval England", *Journal of British Studies*, Vol. 33, No. 4 (October 1994), pp. 430-46.

② M. Clayton, *Catalogue of Rubbings of Brasses and Incised Slabs*, London: H. M. S. O, 1968, pp. 22-4.

③ *Statutes of the Realm*, Vols. 11, London: Record Commission, 1810-1828, pp. 380-83.

④ Jerome Blum, "The Internal Structure and Polit of the European Village Community from the Fifteenth to the Nineteenth Century", *The Journal of Modern History*, Vol. 43, No. 4 (December 1971), p. 576.

参 考 书 目

一、中文著作类

（一）著作：

[1]（汉）班固撰：《汉书》卷二十五上《郊祀志上》，中华书局 1962 年版。

[2] 郝镇华：《外国学者论亚细亚生产方式》上册，中国社会科学出版社 1981 年版。

[3] 侯建新：《资本主义起源新论》，生活·读书·新知三联书店 2014 年版。

[4] 黄春高：《西欧封建社会》，中国青年出版社 1999 年版。

[5] 李云飞：《中古英国庄园制度与乡村社会研究》，暨南大学出版社 2014 年版。

[6] 刘景华：《西欧中世纪城市新论》，湖南人民出版社 2000 年版。

[7] 罗伟雄，刘宗贤：《发达国家农村基层行政管理制度》，时事出版社 2005 年版。

[8]（清）阮元校刻：《十三经注疏》（三）《礼记正义》卷十七，中华书局 2009 年版。

[9]（清）孙诒让注：《墨子间诂》卷十五《迎敌祠》第六十八，上海书店出版社 1986 年版。

[10] 王亚平：《西欧法律演变的社会根源》，人民出版社 2009 年版。

[11] 吴于廑：《十五十六世纪东西方历史初学集》，武汉大学出版社 2005 年版。

［12］杨杰：《从下往上看——英国农业革命》，中国社会科学出版社2009版。

［13］赵文洪、张红菊、侯建新：《所有制形式的演进与社会变革》，社会科学文献出版社2016年版。

（二）译著：

［1］［比］亨利·皮朗：《中世纪的城市》，陈国樑译，商务印书馆2009年版。

［2］［德］汉斯-维尔纳·格茨：《欧洲中世纪生活》，王亚平译，东方出版社2002年版。

［3］［德］拉伦茨：《德国民法通论》，王晓晔等译，法律出版社2003年版。

［4］［德］滕尼斯：《共同体与社会》，林荣远译，商务印书馆1999年版。

［5］［德］马克思：《资本论》（第一卷），中共中央马克思恩格斯列宁斯大林著作编译局译，人民出版社2004年版。

［6］［法］费尔南·布罗代尔：《15至18世纪的物质文明、经济与资本主义》（第三卷），顾良等译，生活·读书·新知三联书店1993年版。

［7］［法］马克·布洛赫：《法国农村史》，余中先等译，商务印书馆1991年版。

［8］［美］斯塔夫里阿诺斯：《全球通史》（上册），吴象婴、梁赤民译，上海社会科学院出版社1999年版。

［9］［美］汤普逊：《中世纪经济社会史》，上册，耿淡如译，商务印书馆1984年版。

［10］［俄］科斯敏斯基等主编：《中世纪史》（第一卷），朱庆永等译，生活·读书·新知三联书店1957年版。

［11］［苏］波梁斯基：《外国经济史（资本主义时代）》，北京大学经济史教研室译，生活·读书·新知三联书店1958年版。

［12］［苏］施脱克马尔：《十六世纪英国简史》，上海外国语学院编译室译，上海人民出版社1959年版。

［13］［苏］《斯大林文选》，人民出版社1962年版。

［14］［英］艾伦·麦克法兰：《英国个人主义的起源》，管可秾译，商务印书馆 2008 年版。

［15］［英］安格斯·麦迪森：《世界经济千年史》，伍晓鹰等译，北京大学出版社 2003 年版。

［16］［英］彼得·伯克：《历史学与社会理论》，姚鹏等译，上海人民出版社 2010 年版。

［17］［英］波斯坦等主编：《剑桥欧洲经济史》，郎丽华等译，经济科学出版社 2002—2004 年版。

［18］［英］布莱斯：《现代民主政体》，梅祖芬译，商务印书馆 1923 年版。

［19］［英］戴维·米勒：《布莱克威尔政治学百科全书》修订版，邓正来译，中国政法大学出版社 2002 年版。

［20］［英］基思·赖特森：《英国政治经济和社会现代化》，南京大学出版社 1989 年版。

［21］［英］克拉潘：《现代英国经济史》（第 2 分册），姚曾廙译，商务印书馆 1986 版。

［22］［英］克里斯托弗·戴尔：《转型的时代？中世纪晚期英国的经济与社会》，莫玉梅译，徐浩校，社会科学文献出版社 2010 年版。

［23］［英］梅因：《古代法》，沈景一译，商务印书馆 1997 年版。

［24］［英］莫尔顿：《人民的英国史》，谢琏造等译，生活·读书·新知三联书店 1958 年版。

［25］［英］屈勒味林：《英国史》，钱端升译，商务印书馆 1931 年版。

［26］［英］希尔顿·法根：《1381 年的英国人民起义》，瞿菊农译，生活·读书·新知三联书店 1956 年版。

［27］［英］亚当·斯密：《国民财富的性质和原因的研究》，郭大力译，商务印书馆 1974 年版。

［28］［英］亚·沃尔夫：《十六、十七世纪科学、技术和哲学史》，周昌忠等译，商务印书馆 1997 年版。

［29］［英］约翰·哈德森：《英国普通法的形成——从诺曼征服到大宪章时期英格兰的法律与社会》，刘四新译，商务印书馆 2006 年版。

［30］［英］海烈斯：《各国地方自治大纲》，王检译，上海大东书局

1930 年版。

二、中文期刊类

［1］陈立军：《历史学语境下的西欧村庄共同体——概念的解析与界定》，《史学理论研究》2015 年第 2 期。

［2］陈日华：《中古英格兰教区行政》，《世界历史》2007 年第 1 期。

［3］陈曦文：《英国都铎王朝早期的圈地运动试析》，《史学集刊》1984 年第 2 期。

［4］程西筠：《关于英国圈地运动的若干资料》，《世界史研究动态》1981 年版。

［5］［俄］科斯敏斯基：《11—15 世纪英国封建地租形态演变》，《史学译丛》1956 年第 1 期。

［6］方朝晖：《市民社会的两个传统及其在现代社会的汇合》，《社会科学战线》1994 年第 5 期。

［7］费孝通：《家庭结构变动中的老年赡养问题——再论中国家庭结构的变动》，《北京大学学报》1983 年第 3 期。

［8］谷延芳：《工业革命前英国农村劳动力转移研究》，东北师范大学博士论文 2002 年。

［9］郭爱民：《土地产权的变革与英国农业革命》，《史学月刊》2003 年第 11 期。

［10］郭峰：《从私法到公法：中世纪英格兰森林法的变迁》，《首都师范大学学报》2012 年第 4 期。

［11］侯建新：《法律限定负担与英国农奴身份地位的变动》，《历史研究》2015 年第 3 期。

［12］侯建新：《西欧富裕农民——乡绅阶级形成与农业资本主义的兴起——兼与明清绅衿阶层比较》，《天津社会科学》2000 年第 3 期。

［13］侯建新：《鸦片战争前农民个人力量考察》，《社会科学战线》1988 年第 1 期。

［14］侯建新：《中世纪英国农民个人力量的增长与自然经济的解体》，《历史研究》1987 年第 3 期。

［15］侯建新：《中英封建晚期乡村组织比较》，《史学理论研究》2000年第 3 期。

［16］姜德福、朱君杙：《多重身份、多种职责的"牧羊人——论近代转型时期英国教区教士的多重社会角色》，《历史教学》2012 年第 18 期。

［17］金志霖：《中世纪英国行会资本主义生产》，《世界历史》1989 年第 5 期。

［18］庞媛媛：《英国教区文化模式溯源及演变》，《重庆社会科学》2007 年第 9 期。

［19］齐思和：《西欧中世纪的庄园制度》，《历史教学》1957 年第 7 期。

［20］钱穆：《论地方自治》，《东方杂志》第 41 卷 11 号。

［21］孙立田：《英国富裕农民群体兴起的历史轨迹》，《贵州社会科学》2013 年第 4 期。

［22］王海明：《契约概念辨难》，《华侨大学学报》（哲学社会科学版）2010 年第 1 期。

［23］王亚平：《农民身份——西欧中世纪的社会认同》，《经济—社会史评论》2009 年（第二辑）。

［24］王玉亮：《中世纪晚期英国村庄共同体的法律"自治"》，《天津师范大学学报（社会科学版）》2009 年第 4 期。

［25］文礼朋：《中世纪和近代早期英格兰敞田经营制度再认识》，《史学月刊》2006 年第 9 期。

［26］吴于廑：《世界历史上的农本重商》，《历史研究》1984 年第 1 期。

［27］咸鸿昌：《论英国普通法土地保有权的建构及其内涵特征》，《政治与法律》2009 年第 9 期。

［28］向荣：《敞田制与英国的传统农业》，《中国社会科学》2014 年第 1 期。

［29］谢丰斋：《论中世纪盛期英国"村市"的超常发展》，《史学月刊》2010 年第 9 期。

［30］熊芳芳：《近代早期法国的乡村共同体与村民自治》，《世界历史》2010 年第 1 期。

［31］徐浩：《英国农村封建生产关系向资本主义的转变》，《历史研究》1991 年第 5 期。

［32］徐浩：《中世纪英国农村的行政、司法及教区体制与农民的关系》，《历史研究》1986 年第 1 期。

［33］徐华娟：《社会转型时期英国富裕农民消费水准探析，《史学理论研究》2009 年第 1 期。

［34］徐晓光：《社会转型与思想先导——"社会转型时期的世界思想文化"学术研讨会综述》，《世界历史》2011 年第 3 期。

［35］尹曲：《日耳曼农村公社的瓦解与自由农民的农奴化》，《历史研究》1982 第 2 期。

［36］张椿年：《论意大利文艺复兴时期人文主义者的时间观》，《世界历史》1986 年第 7 期。

［37］张乃和：《近代英国法人观念的起源》，《世界历史》2005 年第 5 期。

［38］张永桃：《政治体制改革与村民自治》，《江苏社会科学》1999 年第 6 期。

［39］赵立行：《中世纪西欧庄园人口变动与商业复兴基础的形成》，《史学月刊》2002 年第 8 期。

［40］朱龙华：《文艺复兴与思想解放》，《世界历史》1980 年第 3 期。

三、外文著作类

［1］B. W. Adkin, *Copyhold and Other Land Tenures of England*, The Estates Gazette, 1919.

［2］W. A. Armstrong, *Agrarian History of England and Wales*, Cambridge University Press, 1988.

［3］Grenville Astill and Annie Grant, ed., *The Countryside of Medieval England*, Basil Blackwell, 1988.

［4］M. Aston, D. Austin and C. Dyer, ed., *The Rural Settlements of Medieval England*, Basil Blackwell, 1989.

［5］T. H. Aston and C. H. E. Philpin, ed., *The Brenner Debate：A-*

grarian Class Structure and Economic Development in Pre-industrial Europe, Cambridge University Press, 1991.

[6] F. J. Baigent and J. E. Millard, History of the Ancient Town and Manor of Basingstoke, C. J. Jacob, 1889.

[7] A. Ballard ed., British Borough Charters, 1042-1216, Cambridge University Press, 1913.

[8] J. P. Van Bavel and Phillipp R. Schofield ed., The Development of Lease hold in Northwestern Europe C. 1200-1600, Brepols, 2008.

[9] Lawrence C. Becker, Property Rights: Philosophic Foundations, Routledge & Kegan Paul, 1977.

[10] John Bellamy, Crime and Public Order in England in the Later Middle Ages, Routledge & Kegan Paul, 1973.

[11] Judith Bennett, Medieval Institute Publications, Kalamazoo, 1995.

[12] M. W. Beresford, The Deserted Villages of Oxfordshire, Leicester University Press, 1965.

[13] J. L. Bolton, The Medieval English Economy 1150 - 1500, J. M. Dent & Sons, 1980.

[14] E. R. C. Brinkworth, South Newington Churchwardens' Accounts, 1553-1684, Banbury Historical Society, 1964.

[15] R. H. Britnell, The Commercialization of English Society 1000-1500, Cambridge University Press, 1993.

[16] R. H. Britnell, ed., The Winchester Pipe Rolls and Medieval English Society, Boydell Press, 2003.

[17] E. Britton, The Community of the Vill: A Study in the History of the Family and Village Life in Fourteenth Century England, Macmillan Of Canada, 1977.

[18] B. Bushaway, By Rite: Custom, Ceremony and Community in England, 1700-1880, Junction; distributed by Humanities Press, 1982.

[19] H. M. Cam, The Community of the Vill, in Medieval Studies presented to Rose Graham, Oxford University Press, 1950.

[20] M. Campbell, The English Yeoman under Elizabeth and Early Stuarts,

参考书目

Merlin Press, 1983.

［21］Leonard Cantor, ed., *The English Medieval Landscape*, University of Pennsylvania Press, 1982.

［22］Jean Chapelot and Robert Fossier, *The Village and House in the Middle Ages*, University of California Press, 1985.

［23］Peter Clark, *English Provincial Society From the Reformation to the Revolution: Religion, Politics and Society in the Kent, 1500－1640*, Harvester Press, 1977.

［24］Peter Clark, *The English Alehouse: A Social History 1200－1830*, London and New York, 1983.

［25］Peter Clark and D. Souden, *Migration and Society in Early Modern England*, Hutchinson, 1988.

［26］C. G. A. Clay, *Economic Expansion and Social Change: England 1500－1700*, Vol. 1, Cambridge University Press, 1984.

［27］D. Coleman, *Economy in England 1450－1750*, Oxford University Press, 1982.

［28］G. G. Coulton, *Medieval Village, Manor and Monastery*, Harper & Row, 1960.

［29］J. Charles Cox, *The Parish Registers of England*, Methuen, 1910.

［30］G. Crow ed., *The Sociology of Rural Communities*, Vol. 1, E. Elgar Pub, 1996.

［31］H. C. Darby, *A New Historical Geography of England before 1600*, Cambridge University Press, 1976.

［32］M. J. Dauton, *Progress and Poverty: An Economic and Social History of Britain 1700－1850*, Oxford University Press, 1995.

［33］Frances Davenport, *The Economic Development of A "Norfolk Manor", 1086－1565*, Cambridge University, 1906.

［34］D. Davies, *The Case of Labourers in Husbandry Stated and Considered*, Printed by R. Cruttwell, 1795.

［35］Phyllis Deane and W. A. Cole, *British Economic Growth 1688－1959: Trends and Structure*, Cambridge University Press, 1969.

社会转型时期英国乡村基层组织研究

［36］ N. Denholm-Young, *Seignorial Adminnistration in England*, Oxford University Press, 1937.

［37］ E. B. DeWindt, *Land and People in Holywell-cum-Needleworth*, Pontifical Institute of Medieval Studies, 1972.

［38］ E. B. DeWindt, *The Ramsey Abbey Banlieu Court of 1287*, Pontifical Institue of Mediaeval Studies, 1981.

［39］ K. E. Digby, *An Introduction to the History of the Law of Real Property: With Original Authorities*, Clarendon Press, 1884.

［40］ R. B. Dobson, *The Peasants' Revolt of 1381*, Macmillan, 1983.

［41］ David Charles Douglas, *English Historical Documents 2*, Oxford University Press, 1981.

［42］ Duby, *Rural Economy and Country Life in the Medieval West*, Edward Arnold, 1968.

［43］ C. Dyer, *An Age of Transition? Economy and Society in England in the Later Middle Ages*, Clarendon Press, 2005.

［44］ C. Dyer, *Everyday life in Medieval England*, Hambledon Press, 1994.

［45］ C. Dyer, *Lords and Peasants in a Changing Society: The Estates of the Bishopric of Worcester 680 -1540*, Cambridge University Press, 1980.

［46］ C. Dyer, *Standards of Living in the Later Middle Ages, Social Change in England c. 1200-1520*, Cambridge University Press, 1989.

［47］ C. Dyer, *The Self-contained Village? The Social History of Rural Communities, 1250-1900*, University of Hertfordshire Press, 2007.

［48］ W. G. East, *An Historical Geography of Europe*, Methuen, 1935.

［49］ Lord Ernle, *English Farming Past and Present*, Longmans, Green and Co., 1922.

［50］ H. P. R. Finberg ed., *The Agrarian History of England and Wales*, Cambridge University Press, 1972.

［51］ Anthony Fletcher, *Reform in the Provinces: The Government of Stuart England*, Yale University Press, 1986.

［52］ A. J. Fletcher, C. R. J. Currie, *The Victoria history of the counties of England*, Oxford University Press, 1901.

参考书目

［53］ Katherine L. French, *The People of the Parish*: *Community Life in a Late Medieval English Diocese*, University of Pennsylvania Press, 2001.

［54］ G. E. Fussell and K. R. Fussell, *The English Countryman His Life and Work A. D. 1500-1900*, Andrew Melrose Ltd, 1955.

［55］ John Godfrey, *The English Parish*, *600-1300*, S. P. C. K. for the Church History Society, 1969.

［56］ George Laurence Gomme, *The Village Community*: *With Special Reference to the Origin and Form of Its Survivals in Britain*, The Walter Scott Publishing Company Limited, 1890.

［57］ Jack Goody; *Joan Thirsk*, *E. P. Thompson*, *Family and Inheritance*: *Rural Society in Western Europe 1200-1800*, Cambridge University Press. 1976.

［58］ M. Gray, *The Highland Economy 1750 - 1850*, Oliver and Boyd, 1957.

［59］ E. M. Hampson, *The Treatment of Poverty in Cambridgeshire*: *1597-1834*, Cambridge University Press, 1934.

［60］ B. A. Hanawalt, *Crime and Conflict in English Communities*: *1300-1348*, Harvard University Press, 1979.

［61］ B. A. Hanawalt, *The Ties that Bound*: *Peasant Families in Medieval England*, Oxford University Press, 1986.

［62］ J. E. Handley, *Scottish Farming in the Eighteenth Century*, Faber and Faber Limited, 1953.

［63］ R. Hardy, *A History of the Parish of Tatenhill*, Vol. 2., Harrison and Sons, 1907.

［64］ Hardy, *Hertford County Records*: *Notes and Extracts from The Sessions Rolls*, *1581-1698*, Vol. 1, Nabu Press, 2010.

［65］ P. Hargreaves, *Change in Relationships between Lord and Tenants on Manors of Worcester Cathedral Priory 1340-1390*, University of Birmingham, 1997.

［66］ J. F. C. Harrison, *The Common People*: *The History from Norman Conquest to the Present*, Indiana University Press, 1985.

［67］ P. D. A. Harvey, ed., *The Peasant Land Market in Medieval England*, The Clarendon Press, 1984.

社会转型时期英国乡村基层组织研究

〔68〕 J. Hatcher and R. Britnell ed., *Progress and Problems in Medieval England Essays in Honour of Edward Miller*, Cambridge University Press, 1996.

〔69〕 R. H. Hilton, *A Medieval Society: The West Midlands at the End of the Thirteenth Century*, Cambridge University Press, 1983.

〔70〕 R. H. Hilton, *Bond men Made Free: Medieval Peasant Movements and the English Rising of 1381*, Routledge, 2003.

〔71〕 R. H. Hilton, *Class Conflict and the Crisis of Feudalism: Essays*, Verso Books, 1985.

〔72〕 R. H. Hilton, *English and French Towns in Feudal Society: a Comparative Study*, Cambridge University Press, 1992.

〔73〕 R. H. Hilton, *Peasants, Knights, and Heretics: Studies in Medieval English Social History*, Cambridge University Press, 1981.

〔74〕 R. H. Hilton, *The Decline of Serfdom in Medieval England*, Macmillan, 1983.

〔75〕 R. H. Hilton, *The Economic Development of some Leicestershire Estates in the Fourteenth and Fifteenth Centuries*, Oxford University Press, 1947.

〔76〕 R. H. Hilton, *The English Peasantry in the Later Middle ages*, Clarendon Press, 1975.

〔77〕 R. Hilton ed., *The Transition from Feudalism to Capitalism*, Verse, 1984.

〔78〕 R. H. Hilton and T. H. Aston ed., *The English Rising of 1381*, Cambridge University Press, 1984.

〔79〕 P. M. Hohenberg and L. H. Lees, *The Making of Urban Europe1000 -1950*, Harvard University Press, 1985.

〔80〕 William Holdsworth, *A History of English Law*, Vol. 17, Methuen, 1972.

〔81〕 R. Holt, G. Rosser, ed., *The English Medieval Town: A Reader in England Urban History 1200-1540*, Longman, 1990.

〔82〕 D. Hooke, *The Landscape of Anglo Saxon England*, Leicester University Press, 1998.

〔83〕 W. G. Hoskins, *The Age of Plunder : King Henry's England*,

1500-1547, Longman, 1976.

[84] W. G. Hoskins, *The Midland Peasant: The Economic and Social History of a Leicestershire Village*, Macmillan, 1957.

[85] William Hunt, *The Puritan Moment: The Coming of Revolution in an English County*, Harvard University Press, 1983.

[86] Pound John, *Poverty and Vagrancy in Tudor England*, Longman, 1982.

[87] Hilda Johnstone ed., *Churchwardens' Presentments*, *17thCentury: Archdeaconry of Chichester Sussex Record Society Churchwardens' Presentments*, Vol. 49, Sussex Record Society, 1947-8.

[88] J. E. A. Joliffe, *The Constitutional History of Medieval England*, Macmillan, 1937.

[89] E. L. Jones, *Agriculture and the Industrial Revolution*, Basil Blackwell, 1974.

[90] Sean Kelsey, *Inventing a Republic: The Political Culture of the English Commonwealth 1649-1653*, Stanford University Press, 1997.

[91] J. Kermode, ed., *Enterprise and Individuals in Fifteenth Century England*, Alan Sutton Pub, 1991.

[92] Eric Kerridge, *The Agricultural Revolution*, George Allen & Unwin, 1967.

[93] P. Kriedte, *Peasants, Landlords and Merchant Capitalists: Europe and the World Economy*, *1500-1800*, Cambridge University Press, 1983.

[94] E. Lamond, ed, *Walter of Henley's Husbandry*, *Together with an Anonymous Husbandry*, Seneschaucie, etc., Longmans, Green 1890.

[95] J. R. Lander, *Government and Community: England*, *1450-1509*, Harvard University Press, 1980.

[96] Peter Lane, *The Industrial Revolution: The Birth of the Modern Age*, Book Club Associates, 1978.

[97] E. de Laveleye, *Primitive Property*, Macmillan, 1878.

[98] I. S. Leadam , *Select Cases Before the King's Council in the Star Chamber*, *Commonly Called the Court of Star Chamber: A. D. 1477 - 1509*,

Quaritch, 1903.

[99] David Lepine, *England: Church and Clergy*, Blackwell Publishers Ltd, 2007.

[100] A. E. Levett, *Studies in Manorial History*, Oxford University Press, 1938.

[101] A. Macfarlane, *The Origins of English Individualism: the Family, Property and Social Transition*, Basil Black- well, 1978.

[102] F. W. Maitland, *Domesday Book and beyond: Three Essays in the Early History of England*, Cambridge University Press, 1897.

[103] F. W. Maitland, *Select Pleas in Manorial and Other Seigneurial Courts*, Quaritch, 1889.

[104] R. W. Malcolmson, *Life and Labour in England, 1700 – 1780*, Hutchinson, 1981.

[105] E. Miller, *Agrarian History of England and Wales 1348–1500*, Vol. 3, Cambridge University Press, 1991.

[106] G. E. Mingay ed., *Agrarian History of England and Wales*, Vol. 6, Cambridge University Press, 1981.

[107] Georges Minois, *History of Old Age: From Antiquity to the Renaissance*, Polity Press, 1989.

[108] Ellen W. Moore, *The Fairs of Medieval England: An Introductory Study*, Pontifical Institute of Mediaeval Studies, 1985.

[109] J. R. H. Moorman, *Church Life in England in the Thirteenth Century*, Cambridge University Press, 1945.

[110] Wayne Morrison ed., *Blackstone's Commentaries on the Laws of England*, Vol. 1, Routledge Cavendish, 2001.

[111] R. Mortimer, *Angevin England 1154–1258*, Blackwell, 1994.

[112] Wallace Notestein, *The English People On the Eve of Colonization*, Harper &Row, 1962.

[113] C. S. and C. S. Orwin, *The Open Fields*, Clarendon Press, 1954.

[114] M. Overton, *Agricultural Revolution in England*, Cambridge: Cambridge University Press, 1996.

[115] T. Pape, *Medieval Newcastle-under-Lyme*, Longmans, 1928.

[116] Henri Pirenne, *Economic and Social History of Medieval Europe*, Harcourt Brace, 1937.

[117] A. L. Poole, *From Domesday Book to Magna Cart: 1087- 1216*, Clarendon Press, 1951.

[118] M. M. Postan, *Medieval Trade and Finance*, Cambridge University Press, 1973.

[119] M. M. Postan ed., *The Cambridge Economic History of Europe*, Vol. 1, Cambridge University Press, 1987.

[120] M. M. Postan, *The Medieval Economy and Society: An Economic History of Britain in the Middle Ages*, Weidenfeld & Nicolson, 1972.

[121] F. M. Powicke, *Henry III and the Lord Edward: The Community of the Realm in the Thirteenth Century*, Oxford University press, 1947.

[122] J. A. Raftis, *The Estates of Ramsey Abbey: A Study in Economic Growth and Organization*, Pontifical Institute of Mediaeval Studies, 1957.

[123] J. A. Raftis, *Warboys: Two Hundred Years in the Fife of an English Medieval Village*, Pontifical Institute of Mediaeval Studies, 1974.

[124] A. Randall, *Riotous Assemblies: Popular Protest in Hanoverian England*, Oxford University Press, 2006.

[125] S. C. Ratcliff, *Elton Manorial Records*, 1279 - 1351, Privately Printed for Presentation to the Members of the Roxburghe Club, 1946.

[126] Z. Razi and R. Smith ed., *Medieval Society and the Manor Court*, Oxford: Clarendon Press, 1996.

[127] Robert Redfield, *The Little Community*, Phoenix edition, 1960.

[128] S. H. Rigby. ed., *A Companion to Britain in the Later Middle Ages*, Blackwell publishers Ltd, 2003.

[129] B. K. Roberts, *The Making of the English Village: A Study in Historical Geography*, Longman Science & Technical, 1987.

[130] B. K. Roberts and S. Wrathmell, *Region and Place: A Study of English Rural Settlement*, English Heritage, 2002.

[131] W. Rosener, *Peasants in the Middle Ages*, University of Illinois

社会转型时期英国乡村基层组织研究

Press, 1992.

[132] Trevor Rowley, ed., *Origins of Open – Field Agriculture*, Croom Helm, 1981.

[133] A. G. Ruston and D. Witney, Hooton Pagnell, *The Agricultural Evolution of a Yorkshire Village*, Arnold, 1934.

[134] P. R. Schofield and N. J. Mayhew ed., *Credit and Debt in Medieval England c. 1180–c. 1350*, Oxford, Oxbow Books, 2002.

[135] P. R. Schofield and E. A. Wrigley eds., *Population and Economy: Population and History from the Traditional to the Modern World*, Cambridge University Press, 1986.

[136] J. C. Scott, *Weapons of the Weak: Everyday Forms of Peasant Resistance*, Yale University, 1985.

[137] T. E. Scrutton, *Commons and Common Fields*, Cambridge University Press, 1887.

[138] Shulamith Shahar, *Growing Old in the Middle Ages: Winter Clothes Us in Shadow and Pain*, Routledge, 1997.

[139] J. A. Sharpe, *Early Modern England: A Social History 1550 – 1760*, Edward Arnold, 1987.

[140] B. Short, *The English Rural Community, Image and Analysis*, Cambridge University Press, 1992.

[141] A. W. B. Simpson, *A History of the Land Law*, The Clarendon Press, 1986.

[142] P. Slack, *From Reformation to Improvement: Public Welfare in Early Modern England*, Oxford University Press, 1999.

[143] G. Slater, *The English Peasantry and The Enclosure of The Common Fields*, A. M. Kelley, 1968.

[144] C. T. Smith, *An Historical Geography of Western Europe before 1800*, Praeger, 1967.

[145] R. M. Smith, ed., *Land, Kinship and Life–cycle*, Cambridge University Press, 1984.

[146] R. M. Smith, *Life, Death and the Elderly: Historical perspectives*,

Routledge, 1991.

[147] R. M. Smith, *The Peasantries of Europe*, Longman, 1998.

[148] Thomas Smith, *De Republica Anglorum: A Discourse on the Common-wealth of England*, Cambridge University Press, 1983.

[149] A. D. Stallard and T. A. Saints, *The Transcript of the Churchwar-dens' Accounts of the Parish of Tilney All Saints, Norfolk, 1443−1589*, Mitchell Hughes and Clarke, 1922.

[150] D. Sugarman and G. Rubin, ed., *Law, Economy and Society: Essays in the History of English Law, 1750−1914*, Professional Books, 1984.

[151] W. E. Tate, *The English Village Community and the Enclosure Movement*, Victor Gollancz Ltd, 1967.

[152] C. Taylor, *Village and Farmstead: A History of Rural Settlement in England*, Book Club Associates, 1983.

[153] J. Thirsk, *English Peasant Farming: The Agrarian History of Lincolnshire from Tudor to Recent Times*, Routledge and Kegan Paul, 1957.

[154] J. Thirsk, ed., *The English Rural Landscape*, Oxford University Press, 2000.

[155] A. H. Thompson, *The English Clergy and Their Organization in the Later Middle Ages*, Clarendon Press, 1947.

[156] L. S. Thompson, *Soils and Soil Fertility*, Iowa State University, 1957.

[157] Brian Tierney, *The Idea of Natural Rights: Studies on Natural Rights, Natural Law and Church Law, 1150−1625*, Schoolars Press, 1997.

[158] J. Z. Titow, *English Rural Society, 1200 − 1350*, Allen and Unwin, 1969.

[159] R. Trowsmith, *A History of British Livestock Husbandry: 1700 − 1900*, Routledge & Keegan, 1957.

[160] P. Vinogradoff, *English Society in The Eleventh Century*, Clarendon Press, 1908.

[161] P. Vinogradoff, *The Growth of The Manor*, Cambridge University Press, 2010.

［162］H. F. Westlake, *The Parish Gilds of Medieval England*, Society for Promoting Christian Knowledge, 1919.

［163］Jane Whittle, *The Development of Agrarian Capitalism: Land and Labour in Norfolk, 1440-1580*, Clarendon Press, 2000.

［164］C. H. Williams, *English Historical Documents, 1485-1558*, Eyre & Spottiswoode, 1967.

［165］Margaret Wood, *The English Mediaeval House*, Phoenix House, 1965.

［166］D. Woodward, *The Farming and Memorandum Book of Henry Best of Elmswell*, 1642, British Academy, 1984, p. 46.

［167］George Wrottesley, *Staffordshire Historical Collections*, Staffordshire Record Society, 1939.

［168］J. A. Yelling, *Common Field and Enclosure in England 1450-1850*, The Macmillan Press Ltd, 1977.

［169］Charles R. Young, *The Royal Forests of Medieval England*, Pennsylvanian University Press, 1979.

［170］Perez Zagorin, *Rebels and Rulers, 1500-1660*, Vol. 2, Cambridge University Press, 1982.

四、外文期刊类

［1］Norma Adams, "The Judicial Conflict over Tithes", *The English Historical Review*, Vol. 52, No. 205, (Jan., 1937).

［2］T. H. Aston, "The Origins of the Manor in England", *Transactions of the Royal Historical Society*, Vol. 8, No. 16, 1958.

［3］B. H. Slicher van Bath, "Manor, Mark, and Village in the Eastern Netherlands", *Speculum* 21, 1946.

［4］J. M. Beattie, "The Criminality of Women in Eighteenth-Century England", *Journal of Social History*, Vol. 8, No. 4, (Sum., 1975).

［5］Jean Birrell, "Common Rights in the Medieval Forest: Disputes and Conflicts in the Thirteenth Century", *Past & Present*, No. 117, (Nov., 1987).

［6］R. Brenner, "Agrarian Class Structure and Economic Development in PreIndustrial Europe", *Past & Present*, No. 70, (Feb., 1976).

［7］R. Brenner, "Dobb on the Transition from Feudalism to Capitalism", *Cambridge Journal of Economics*, Vol. 2, No. 2, (Jun., 1978).

［8］R. Brenner, "The Origins of Capitalist Development: A Critique of Neo‒Smithian Marxism", *New Left Review*, No. 104, (Jul., 1977) .

［9］R. H. Britnell, "The Proliferation of Markets in England, 1200‒1349", *Economic History Review*, Vol. 34, No. 2, (May., 1981).

［10］R. A. Butlin, "Northumberland Field Systems", *Agricultural History Review* xii, Vol. 12, No. 2, 1964.

［11］B. M. S. Campbell, "Agricultural Progress in Medieval England: Some Evidence from Eastern Norfolk", *The Economic History Review*, New series, Vol. 36, No. 1, (Feb., 1983).

［12］B. M. S. Campbell, "Matching Supply to Demand: Crop Production and Disposal by English Demesnes in the Century of the Black Death", *Journal of Economic History*, Vol. 57, No. 4, (Dec., 1997).

［13］B. M. S. Campbell and M. Overton, "A New Perspective on Medieval and Early Modern Agriculture: Six Centuries of Norfolk Farming c. 1250‒c. 1850", *Past & Present*, No. 141, (Nov., 1993).

［14］Elaine Clark, "Some Aspects of Social Security in Medieval England", *Journal of Family History*, Vol. 7, No. 4, (Win. 1982).

［15］Gregory Clark, "Yields per Acre in English Agriculture, 1250‒1860: Evidence from Labour Inputs", *The Economic History Review*, New Series, Vol. 44, No. 3, (Aug., 1991).

［16］J. C. Cox, "The Registers and Churchwardens' Accounts of the Parish of Duffield", *Derbyshire Archaeological Journal*, Vol. 39, 1917.

［17］P. Croot and D. Parker, "Agrarian Class Structure and Economic Development", *Past & Present*, No. 78, (Feb., 1978).

［18］H. C. Darby, "The Clearing of the English Woodland", *Geography*, Vol. 36, No. 2, (May., 1951).

［19］Robert A. Dodgshon, "The Landholding Foundations of the Open‒

社会转型时期英国乡村基层组织研究

Field System", *Past & Present*, Vol, 67, Iss. 1, (May., 1975).

[20] Brian M. Downing, "Medieval Origins of Constitutional Government in the West", *Theory and Society*, Vol. 18, No. 2, (Mar., 1989).

[21] G. Elliott, "The System of Cultivation and Evidence of Enclosure in the Cumberland Open Fields in the Sixteenth Century", Transactions of the Cumberland and Westmorland Antiquarian and Archaeological Society, *New Scries*, No. 59, 1959.

[22] Fatih, "Peasant Families and inheritance customs in Medieval England", *Agricultural History Review*, Vol. 14, No. 2, (1966).

[23] Frimannslund, "The Old Norwegian Peasant Community: Farm Community and Neighbordood Community", *Scandinavian Economic History Review* 4, Vol. 7, No. 4, (1956).

[24] G. E. Fussell and C. Goodman, "Crop Husbandry in Eighteenth century England", *Agricultural History*, Vol. 16, No. 1, (Jan., 1942).

[25] M. Gray, "The Abolition of Runrig in the Highlands of Scotland", *Economic History Review*, New Series, Vol. 5, No. 1, (1952).

[26] B. A. Hanawalt, "The Peasant Family and Crime in Fourteenth-century England", *Journal of British Studies*, Vol. 13, No. 2, (May., 1974).

[27] John Hatcher, "English Selfdom and Villeinage: towards a reassessment", *Past & Present*, No. 90, 1981.

[28] R. S. Hoyt, "Farm of the Manor and Community of the Vill in Domesday book", *Speculum*, Vol. 30, No. 2, (Apr., 1955).

[29] Olwen Hufton, "Letravail et la famille", *Histoire des femmes en Occident*, Vol. 3, 1991.

[30] G. R. Jones, "Early Territorial Organization in England and Wales", *Geografiskar Annaler*, Vol. 43, No. 1, 1961.

[31] P. King, "Customary Rights and Women's Earnings: The Importance of Gleaning to the Rural Labouring Poor, 1750–1850", *The Economic History Review*, New Series, Vol. 44, No. 3 (Aug., 1991).

[32] P. King, "Gleaners, Farmers and the Failure of Legal Sanctions in England 1750–1850", *Past & Present*, No. 125, (Nov., 1989).

[33] P. King, "Legal Change, Customary Right, and Social Conflict in Late Eighteenth – Century England: The Origins of the Great Gleaning Case of 1788", *Law and History Review*, Vol. 10, No. 1, (Spr., 1992).

[34] Maryanne Kowaleski, "Vill, Guild, and Gentry: Forces of Community in Later Medieval England", *The Journal of British Studies*, Vol. 33, No. 4, (Oct., 1994).

[35] Reginald Lennard, "The Alleged Exhaustion of the Soil in Medieval England", *The Economic Journal*, Vol. 32, No. 125, (Mar., 1922).

[36] J. R. Maddicott, "The English peasantry and the demands of the crown", *Past & Present*, No. 1, (suppl., 1975).

[37] Mavis E. Mate, "The East Sussex land Market and Agrarian Class Structure in the Late Middle Ages", *Past & Present*, No. 139, (May., 1993).

[38] Sherri Olson, "Jurors of the Village Court", *Journal of British Studies*, Vol. 30, No. 3, (Jul., 1991).

[39] Susan Oosthuizen, "New Light on the Origins of Open – field Farming", *Medieval Archaeology*, Vol. 49, No. 1, 2005.

[40] C. S. Orwin, "Observations on the Open Fields", *The Economic History Review*, Vol. 8, No. 2, (May., 1938).

[41] J. A. Raftis, "Social Structures in Five East Mid Land Villages: A Study of Possibilities in the Use of Court Roll Data.", *The Economic History Review*, Vol. 18, Issue1, 1965.

[42] Z. Razi, "Family, Land and Village Community in Later Medieval England", *Past & Present*, No. 93, (Nov., 1981).

[43] Z. Razi, "The Myth of the Immutable English Family", *Past & Present*, Vol. 140, 1993.

[44] M. Roberts, "Sickles and Scythes: Women's Work and Men's Work at Harvest Time", *History Workshop*, No. 7, (Spr., 1979).

[45] G. Rosser, "Going to the Fraternity Feast: Commensality and Social Relations in Late Medieval England", *Journal of British Studies*, Vol. 33, No. 4, (Oct., 1994).

[46] J. Saltmarsh and H. C. Darby, " The Infield–Outfield System on a

Norfolk Manor", *Economic History*, No. 3, 1935.

[47] P. R. Schofield, "Dearth, Debt and the Local Land Market in a Late Thirteenth – century Village Community", *Agriculture History Review*, No. 45, 1997.

[48] R. M. Smith, "Kin and Neighbors in a Thirteenth – century Suffolk Community", *Journal of Family History*, Vol. 4, No. 3, (Sep., 1979).

[49] E. D. Stone and B. Cozens Hardy ed, "Norwich Consistory Court Depositions 1499–1522 and 1518–30", *Norf Rec Soc*, 10, 1938.

[50] C. B. Sworder, "A Perambulation of Epping Parish, 1762, Papers of the Halifax Antiquarian Society", *Essex Review*, 36, 1927.

[51] J. Thirsk, "The Common Fields", *Past & Present*, No. 29, (Dec., 1964).

[52] H. Thorpe, "The Influence of Inclosure on the Form and Pattern of Rural Settlement in Denmark", *Transactions of the Institute of British Geographers*, Vol. 17, No. 17, 1951.

[53] Peter Toumanoff, "The Development of the Peasant Commune in Russia", *The Journal of Economic History*, Vol. 41, No. 1, (1981).

[54] Joan Wake, "Communitas Villae, English", *Historical Review*, Vol. 37, No. 147, (Jul., 1922).

[55] J. Whittle, "Individualism and the Family – land Bond: a Reassessment of Land Transfer Patterns among the English Peasantry", *Past & Present*, Vol. 160, 1998.

[56] T. Unwin, "Rural Marketing in Medieval Nottinghamshire", *Journal of Historical Geography*, Vol. 7, No. 3, (Jul., 1987).

参考书目

附　录

中世纪的村规（中英文对照）

By-laws

村规档案：

从 1—195 是村规，主要有关农业的。主要来自英格兰 10 个郡的 31 个不同的庄园。这些村规最初是在《敞田农业和乡村共同体》（Open-Field Husbandry and the Village Community）一书中出版了，并且被翻译成英语。大海伍德，白金汉郡；纽顿-朗格维尔，白金汉郡；艾尔姆利-卡斯特尔，伍斯特郡，它们所包括的村规主要是分布在 16—17 世纪，这些村规能让初学者了解到农业活动和公共管理的详细变化。所有的摘录都是按照时间的先后顺序来排列的，并以庄园和地区列了一个特别的索引。

1. Newington, Oxon. Monday, September 15th

Emma, maid-servant of Ella Somber, and others unknown carried grain by night in autumn contrary to the law [contra defensionem], namely, in the middle of the night.

Thomas Est put himself in mercy, 4d., for having put his pigs in the Lenten field, against the order of the bailiffs and the ordinance of the neighbours of the town.

John Garleche received Isabella [as a gleaner] contrary to the statutes of autumn. Therefore he is in mercy, 2d.①

1. 纽因顿，牛津郡　星期一，9 月 15 日

艾玛，一个艾拉索默的女仆，伙同其他一些不知姓名的人在秋季的夜晚运输谷物，违反了村规。

托马斯·伊斯特，因为把他的猪放进了四旬斋期的田地里，违反了管家和村庄居民所制定的法规和法令，他被处罚了 4 便士。

---

① Early by-laws are scarce but sometimes they can be inferred from items like this. See Nos. 7, 10, 12, 13 and 15。早期的村规是有部分缺失的，有时可以从这些村规中解读出来，请见第 7、10、12、13 和 15 条。

约翰·加勒赫作为一个拾穗者，接受了伊莎贝拉的赠予，违反了秋季的村规，因此被处罚2便士。

2. Chatteris, Cambs. Sunday, July 9th

Wardens chosen to guard the fields, Godfrey Tector, John Hagun, Andrew Alberd, John Hayse, Robert son of Thomas Gilbert.

2. 查特里斯，剑桥郡　星期日，7月9日

选举格弗雷·泰科特，约翰·哈根，安德鲁·爱伯德，约翰·海瑟，罗伯特之孙托马斯·基尔伯特为监督员，保护田地。

3. Cheddington, Bucks. Friday, August 9th

It is ordered in court that no one shall harbour anyone male or female〔aliquem aut aliquam〕who is able to reap, under pain of half a mark.

3. 切丁顿，白金汉郡　星期五，8月9日

法庭规定，任何人都不能包庇那些有能力收割的男人或者女人，否则要被处罚半马克。

4. Staines, Middlesex. A. Monday, July 27th

It is provided and ordered by the community of the whole town that no one whether in town or out shall accept any one, stranger or not, to gather grain in the field what is called glenyinge gleaner nor shall they pay〔anyone〕with sheaves in the fields but only at the doors of the granaries, under pain of half a mark.

B. Tuesday, Semptember 15th

Adam in the lane, because he harboured a certain woman, a stranger, who was a malefactor in the grain and meadows, he is in mercy, 3d.

Peter Beauchamp for the trespasses of his pigs and sheep in the common field for a whole year, 3d.

Let Christina de Chabsham and William her son be distrained because they were malefactors in the meadows and grain of the whole community.

4. 斯坦斯，米德尔塞克斯郡　星期一，7月27日

经整个村庄共同体制定并指出，任何人无论是在村内还是村外，都不能让任何人，无论是陌生人还是熟人，在田地里收集谷物，他们被称为拾穗者。也不允许他们在地里用谷捆进行支付，只能在谷仓里进行。否则将处罚半马克。

B. 星期二，9月15日

亚当，被处罚了3便士，因为他窝藏了一个妇女，一个陌生人，她是一个在谷地和牧场里犯过罪的。

彼得·比彻姆被处罚了3便士，因为他的猪和羊侵占了共有地一整年。

莱特·克莉丝汀娜·夏尚和她的儿子威廉被扣押了财物，因为他们侵犯了共同体的田地和牧场。

5. Newington, Oxon. Saturday, July 27th

It is granted by the whole court that no one in this manor shall harbour any stranger who is a wrongdoer especially in autumn time under pain of 2s. 6d. to the lord.

And that no one in the aforesaid time shall accept any one as a gleaner who is capable of doing the work of a reaper.

5. 1286 年，纽因顿，牛津郡　星期六，7 月 27 日

法庭一致同意，这个庄园的任何人都不能包庇任何一个陌生人，特别是在秋季有过罪过的陌生人，否则将处罚 2 先令 6 便士给领主。

并且在上述时间内，任何人不得接受一个能做收割者工作的拾荒者。

6. Welwyn Rectory Manor, Herts. Thursday, August 7th

It is ordered by a judgment of the whole court that men and women who are able to reap be distrained not to glean after the fashion of paupers and that those who harbour them be punished and whatever [they] the gleaners have gathered be seized.

6. 韦林教区庄园，赫特福德郡　星期二，8 月 7 日

经法庭判决规定，凡是有能力收割的人，无论男女，在穷人捡拾庄稼后，而不去捡拾庄稼，要被处罚。如果他们包庇那些因捡拾庄稼而被抓获的人，那么他们也要被处罚。

7. Broughton, Hunts. Wednesday, November 17th

And they say that William Kataline paid [his workers] with sheaves in the field in autumn contrary to the common statute of the township. Therefore he is in mercy, 12d.

And they say that the wife of Thomas le Hund was a gleaner contrary to the common statute of the township. Therefore he is in mercy; pledge, the reeve.①

7. 布劳顿，亨廷顿郡　星期三，11 月 17 日

法庭称威廉·卡塔琳由于在秋季在田地之中用谷捆支付给雇工的工资，违反了村庄共同体的法令，因此他要被处罚 12 便士。

他们声称托马斯·汉德的妻子，作为一个拾穗人，触犯了村庄共同体的村规，因此，托马斯被处罚，但被庄头担保。（其他 5 个人由于同样的罪过而被处罚 2 便士）。

8. Newton Longville, Bucks. Saturday, July 1st

It is granted and ordered by the community of the town that no one henceforth shall gather herbage in another's grain.

Item that no one who holds land of the lord shall gather peas, beans or vetches in the fields except on land that they have sown.

Item that anyone who wants to gather beans, peas or such like shall gather them between sunlight and prime in le Hech' [one of the fields], and this [may be done] after the Feast of the Blessed Virgin Mary.

Item that no one shall allow his calves to be in the fields in the growing grain [infra segetem] before the other animals….②

---

① Five others were fined 2d. each for the same offence. 另外五人被罚款 2 便士，适用于每次处罚。

② A few words are illegible. 一部分文字模糊不清。

Item that no one be allowed to glean who is able to earn a penny a day with food or two pence without food if he finds anyone who wishes to hire him.

Item that no outsider be allowed to glean unless he who harbours him is willing to answer for his deeds.

Item that no pauper be allowed to gather beans between the selions but only at the ends and dividing lines. And if he shall do otherwise he shall lose what he has gathered and he shall not be allowed to enter the fields thenceforth to gather beans.

Item that there shall be no carting by night.

Item that everyone shall see that his stiles and lanes, those nearest his neighbours, are so kept that neither the lord nor any of his tenants incur damage because of the lack of such maintenance.

Item that no one shall have his beasts depasture in any cultivated area until one land [terra] is lying wholly cleared [of grain].

Item that no one shall have his beasts depasture in le Hech before…

[illegible].

Item that no one shall have his beasts depasture in the growing grain in the night time.

Item that no one shall… [gather] peas nor shall any grain be taken from the fields by night… [illegible].

And if any one shall be found [doing the] contrary he shall give the lord 6d. And if any one shall be found to be delinquent in the premises by night he shall give the lord 12d.

8. 纽顿-朗格维尔，白金汉郡　星期六，7 月 1 日

经村庄共同体一致同意并规定，自此以后，任何人都不能在其他人的田地中收割牧草。

法令规定，除非他已经在这块田地中撒播了种子，否则持有领主土地的任何人，都不能在此捡拾豌豆，豆荚或者野豌豆。

规定，任何一个想要捡拾豌豆，豆荚以及诸如此类东西的人，只能在白天，而且首先要在汉彻这块土地上进行。同时这些活动都要在圣母升天节（8 月 15 日）之后才能开始。

任何人都不能让他的小牛在谷物成长时进入田地，在其他动物之前……（以下字迹模糊不清）。

法令规定，任何人都不允许这样一些人去捡拾庄稼。即他们有能力工作并可以找到雇主，对方可以给他提供每天 1 便士并带有食物，或者每天 2 便士不提供食物的工资。

法令规定，任何外人都不允许去捡拾庄稼，除非有人愿意包庇他并为其行为负责。

法令规定，任何穷人都不能在田垄之间捡拾豌豆，他们只能在地头和地隔间捡拾。如果他违反了规定，他所捡拾的东西就要被没收，而且自从以后，他不能再进入田地去捡拾豌豆。

规定，不许夜间运输。

规定，每个人都要严格监守那些靠近他邻居的栅栏门和小路，只有这样才能使领主

和他的佃农不至于由于缺乏保护而遭到损失。

规定，任何人在一块田地被清理完之前，都不能让他的牲畜进入任何一块可耕地。

规定，任何人都不能在夜间让他的牲畜进入正在成长的谷地。

规定，任何人都不能在夜间捡拾豌豆和谷物……（以下模糊不清）。

如何任何人违反了上述规定，那么他将交给领主6便士。如果任何人要是被发现在夜间行为不良，那么他将交给领主12便士。

9. Great Horwood, Bucks. Tuesday, July 11th

A day is given to the town messor to report the names at the next ［court］ of all those who were transgressors against the ordinance made recently forbidding lambs to be pastured in the common grain ［fields］ of the town.

Ordinance of autumn. It is granted by the whole homage and by the freemen that all the statutes and ordinances of autumn… ［illegible］ in the sixth year①be observes. And for the observing of these ordinances and the keeping of these statutes John Fraunk and Richard le Rous②…are elected.

9. 大海伍德，白金汉郡　星期二，7月11日

在下次开庭时，监督员有一天时间呈报那些违法者的姓名，他们违反了最近刚制定的法令，即禁止在村庄的共有地上放牧小羊。

秋季法令。经全体自由民和居民一致同意，所有的法令和规定在第六年继续保持（中间有段缺失）。为了保证这些法令被遵守，并得以实施。约翰·弗兰克和理查德·罗斯被选举（还有两个人的名字无法辨认）.

10. Newington, Oxon. Wednesday, September 20th

Because John le Meister allowed Walter de Ponte of Chaulhampton to Pasture his mare in the meadow of BrockHampton contrary to the formof the law which he cannot do and which is contrary to the statute of the town, therefore the said John is in mercy, 3d.

10. 纽因顿，牛津郡　星期三，9月20日

由于约翰·梅斯特允许乔兰普顿的沃尔特·庞特在布罗克汉普顿的牧场放牧他的母马，法令不允许他这样去做，并也违反了村庄的法令，因此约翰被处罚3便士。

11. Newton Longville, Bucks. Tuesday, June 19th

It is agreed by the lord and the community of the town to observe all the statutes and ordinances of autumn of the preceding years and to keep the aforesaid statutes and ordinances and faithfully to present offenders. There were chosen John Robert, Richard Carlisle, John Gerard, Henry Holden, Geoffrey Hawkins, Henry Robert, Henry le ferrour, Walter H… ［illegible］.

11. 纽顿-朗格维尔，白金汉郡　星期二，6月19日

经领主和村庄共同体一致同意，继续保留前年所制定的秋季的法令和条例，并且坚决执行上述的法令和条例，切实地阻止犯罪者。选举约翰·罗伯特，理查德·卡塞尔，

---

① 1277. The roll of this year is missing. 1277年的法规遗失了。

② Two other names, now indecipherable. 另外两个名字无法解读。

约翰·杰拉德，亨利·霍尔登，杰弗里·霍金斯，亨利·罗伯特，亨利·弗拉尔，沃尔特·H（以下模糊不清）。

12. Ripton Regis, Hunts. Friday, October 31st

The jurors did not present that…7①was a gleaner when she was able to earn half a penny a day and her food. Therefore the said jurors［are in mercy］for concealing this, 10d.

12. 里普顿-里吉斯，亨廷顿郡　星期五，10 月 31 日

陪审团指出，某人当她有能力一天去挣半个便士并带有食物时，是不能去捡拾庄稼的。因此，由于她隐瞒事实，陪审团处罚她 10 便士。

13. Houghton, Hunts. Monday, November 10th

From the wife of Peter Wran because she gleaned wrongfully in autumn contrary to the prohibition. She is poor.

Geoffrey of Brinton because he did not bind the lord's grain in autumn as his neighbours did, 6d.

13. 霍顿，亨廷顿郡　星期一，11 月 10 日

彼得·沃兰的妻子，因为她在秋季错误地捡拾庄稼，违反了禁令。她是贫穷的。

布林顿的杰弗里由于他在秋收时没有像他的邻居那样捆扎领主的谷物，因此被处罚 6 便士。

14. Newington, Oxon. Wednesday, July 22nd

Robert Tornepeny, Henry atte Hegge and Hugh Hobesort are chosen to see to it that no one who does damage in autumn is harboured within the limits of this manor and to see if any women glean who are able to reap, and if any are found guilty of such a thing to notify the bailiff at the next［court］.

14. 1293 年，纽因顿，牛津郡　星期三，7 月 22 日

罗伯特·托尔那伯尼，亨利·艾特·亨哲，休·霍伯斯特，被选举去监督在这个庄园中，是否有人在秋收时犯罪但被包庇；是否有工作能力的女人去捡拾庄稼；是否有其他人犯了同样的罪过，并在下次开庭时呈报给管家。

15. Therfield, Herts. Friday, January 30th

From John Aspelon because he carried grain on his horse in bundles without a cart, 6d.

15. 舍费尔德，赫特福特郡　星期五，1 月 30 日

约翰·安布斯伦由于他用马匹来驮运谷捆而没有用车，被处罚 6 便士。

16. Brightwaltham, Berks. Wednesday, July 28th

All the lord's tenants are forbidden to pay in the fields with sheaves anyone of the town or an outsider on pain of half a mark.②

16. 布莱沃尔塔姆，伯克郡　星期三，7 月 28 日

所有的领主的佃户都被禁止在田地中用谷捆来支付工资，无论此人是村庄内的还是

① MS. Torn. 姓名缺失。

② No other by-laws enrolled. 其他村规中没有记录。

村庄外的，否则，将处罚半马克。

17. Halton, Bucks. Thursday, June 23rd

It is provided that no one shall look in the fields for beans to eat except between morning and prime, and if anyone looks for them in some other way let him be attached to answer in the lord's court.

17. 霍尔顿，白金汉郡　星期四，7月23日

法令规定，任何人都不能在超过黎明与傍晚之间的任何时间内去田地里捡拾豌豆去吃，如果有人在其他的时间里去捡拾豌豆，他将被带到领主法庭接受审讯。

18. Newton Longville, Bucks. Thursday, August 11th

All the lord's tenants, free and customary, agree to observe all the statutes of autumn which were ordained at the court held on the Saturday next after the Feast of the Apostles Peter and Paul in the eighteenth year of King Edward,① and Hugh Robard, John Hervey, John Bouere, Henry Simcan, Ralph Robyns [and] Henry Hakene are elected to see that these statutes are observed and to present [offenders].

18. 纽顿-朗格维尔，白金汉郡　星期四，8月11日

领主所有的佃农，自由民以及惯例佃农都一致同意，保留在国王爱德华18年，在使徒彼得和保罗节之后的星期六举行的法庭上所制定的全部秋收法令，并选举休·罗博德，约翰·赫维，约翰·布尔，亨利·西姆坎，拉尔夫·罗宾斯，亨利·哈克尼去监督这些法令是否被执行并去阻止犯罪。

19. Eynsham, Oxon.②

It is ordered that Richard Teofle③be distrained because they kept their pigs without iron rings contrary to the by-law in the preceding court.

19. 恩舍姆，牛津郡

理查德·托福和其他两个人，被处罚。因为他们没有给他们的猪戴上铁环，违反了先前法庭所制定的村规。

20. Hemingford, Hunts. Tuesday, December 8th

Because it was enacted by the assent of the customary [tenants] in this village four years ago that if anyone of the aforesaid customers was found guilty of buying beer for more than a half-penny and [it is found] by inquest that all the customers except William Gargan bought beer for a penny, the sum of which is 8s. And for the present they pay a fine of 20s.

20. 赫明福德，亨廷顿郡　星期二，11月8日

由于这个村庄的所有佃农一致同意并规定，上述佃农中的任何人购买啤酒超过了半

---

① 1 July 1290. See above, Doc. 8. 参照前面脚注8，即1290年7月1日。

② Day and month are illegible. There were 26 virgaters and 4 cottagers here; also 20 freeholders, some with tenants of their own. R. H., Ⅱ, 34 and 859. 日期模糊不清，这有26个威尔格特，4个茅舍农；20个自由农，他们中有一些人拥有属于自己的佃农。

③ And two others. 和其他两个人。

便士，即认为是犯罪。经全体佃农调查发现，除了威廉·加尔根买了 1 便士的啤酒外，购买啤酒总的金额是 8 先令。为此，他们支付罚金 20 先令。

21. Cuxham, Oxon. Thursday, June 1ˢᵗ

Robert Waldering to answer to the lord at the next ［court］in that t against the lord's prohibition he harboured strangers in the lord's pasture contrary to the liberty of the town.

Richard Cook was attached because he harboured a woman, a stranger, who was a malefactor in autumn, contrary to the lord's prohibition.①

21. 库克瑟姆，牛津郡　星期四，6 月 1 日

罗伯特·沃尔德林由于包庇了一个陌生人在领主的牧场放牧，违反了村庄的法令，因此他要在下次开庭时接受审讯。

理查德·库克由于包庇了一个妇女，她是一个陌生人，是一个秋收的罪犯，从而违反了领主的禁令。

22. Great Horwood, Bucks. Wednesday, July 28ᵗʰ

It is granted by all the lord's tenants, the free men as well as the villeins, that whoever shall be found guilty of having his mares so tethered that the foals get in the grain of the neighbours shall give the lord 6d. as often as he is found guilty before the Gules of August.②

Item it is granted by the same that no one shall go about gathering grain③who can earn half a penny a day and his food.

Nor shall anyone harbour such as carry away grain unlawfully.

And to keep and maintain this agreement wardens are elected, namely, Hamon le Brit, William le Franklin, Ralph Margery and Robert Saundres.

22. 大海伍德，白金汉郡　星期三，7 月 28 日

经领主的所有佃户及自由农一致同意，无论任何人，如果在 8 月 1 日之前，被发现没有栓好母马，而让马驹跑入了邻居的田地，那么他将交给领主 6 便士罚金。

规定，同样经全体一致同意，任何人，只要他有能力一天挣得半便士以及食物，他就不能去捡拾庄稼。

任何人都不能去包庇非法运输谷物。

为了保证这些法令得以实施，选举哈默·赖·布里特，威廉·赖·富兰克林，拉尔夫·马哲，罗伯特·桑德斯为监督员。

23. Stukeley, Hunts. Tuesday, February 9ᵗʰ

…④chosen as wardens of the field and meadow and sworn to maintain the metes and bounds, in the aforesaid meadow and fields. And to correct default of whatever kind that may be found in the aforesaid meadows and fields.

---

① Robert and Richard were both nativi. 罗伯特和理查德都是维兰。

② August 1ˢᵗ. 8 月 1 日。

③ i. e. gleaning. 即拾取庄稼。

④ MS. torn. 前面内容缺失。

23. 斯蒂克利，亨廷顿郡　星期二，2月9日

……（前面缺失）被选举为土地和牧场的监督员，并宣誓去保持上述土地和牧场的界标和边界不变。同时，他要纠正在上述土地和牧场中可能出现的任何错误。

24. Great Horwood, Bucks. Wednesday, July 27th

It is granted by the whole township that no one shall accept any outsider as a gleaner in autumn nor any man or woman to glean who is able to earn a penny a day with food.

Nor shall anyone pay in the field with sheaves, only handfuls.

Nor shall anyone reap or cart except by day.

Nor shall anyone allow [his] calves or foals to go into the common [fields of] grain.

Nor shall anyone gather straw in the fields unless [it be] each from his own land.

And if anyone be found guilty in respect of the aforesaid provisions in any way, as often as he is found guilty he shall pay the lord 4d.

And to maintain the aforesaid conservators are chosen, namely, Hamo le Bret, William le Frankelyn, Robert Saundres and Ralph Margery.

24. 大海伍德，白金汉郡　星期三，7月27日

经全体居民一致同意，任何人都不能在秋收时接纳外人去捡拾庄稼，也不允许那些有能力一天挣一便士并带有食物的人去捡拾庄稼。

任何人都不能在田地里用谷捆来支付工钱，只能给少数的谷物。

除了白天，任何人都不能进行收割与运输。

任何人都不能让他的小牛或马驹进入共有地。

除了在其自己的田地上，任何人都不能收割稻草。

如果有人以任何方式触犯了上述规定，每发现一次，他就要交给领主4便士罚金。

为了保证上述法令得以实行，选举哈默尔·布列特，威廉·雷·富兰克林，罗伯特·桑德斯，拉尔夫·马哲为监督员。

25. Roxhill, Beds. Wednesday, November 29th

Hugh the merchant was charged with having knowingly harboured…①the lord's grain and the goods of other men in autumn, contrary to the common ordinance of the whole town, and this he denies and …therefore he is in mercy.

25. 洛克斯希尔，贝德福德郡　星期三，11月29日

休作为一个商人，被指控为包庇……（缺失）在秋收时，领主的谷物和其他人的产品，违反了村庄共同体的法令，因此他被处罚。

26. Roxhill, Beds. Saturday, November 16th

Cecilia Pate (1d.) gleaned contrary to the town ordinance and William le vite (3d.) is surety for her.②

---

① MS. torn. 缺失。

② Four other women and their sureties, identical fines for the same offence. 其他四个女人和她们的担保人也由于同样的原因而交了同样的罚金。

26. 洛克斯希尔，贝德福德郡　星期六，11 月 16 日

西西拉·佩特由于捡拾庄稼违反了村庄的法令而被处罚了 1 便士，而她的担保人威廉姆为此而支付了 3 便士。

27. Castleacre, Norfolk. Day and month illegible

Item they present that Margaret Garhole harboured two maid servants who habitually gleaned wrongfully and carried away the grain of the earl and the neighbours in autumn. Therefore she is in mercy, 6d.①

27. 卡斯特里克莱，诺福克郡（日期模糊不清）

条款指出，玛格丽特·加林包庇了两个女仆，她们经常在秋季错误地捡拾庄稼并从伯爵和邻居的田地里拿走谷物。因此，她被处罚 6 便士。

28. Houghton, Hunts. Thursday, July 9th

Because it appears that in a court held on Thursday, the eve of St Margaret the Virgin in the fifth year of Abbot J〔ohn〕② all the customary tenants mutually bound themselves and undertook on pain of paying 6d. to the lord that none of them would enter the grain of another to root our herbage〔ad herbam eradicandum〕; and if anyone was found guilty of this the fine aforesaid would be levied from him.

And now at this court all the customers by their own confession are delinquent and guilty〔of offending〕against the aforesaid ordinance.

Therefore it is adjudged that the aforesaid fine be levied from them, namely, from 78 customers and landholders 39s., that is 6d. from each customer.

28. 霍顿，亨廷顿郡　星期四，7 月 9 日

由于在约翰修道院院长在任的第 5 年，圣母节前夕的星期四（1291 年 7 月 19 日）所举行的法庭上，所有的惯例佃农相互担保并承诺，如果他们的任何一个人进入了另一个人的田地中收割牧草，那么他们将支付给领主 6 便士罚金。并规定如果有人被发现有这样的罪行，那么罚金将由他来支付。现在，在法庭上的所有佃农由于自己供认了不良行为并违反了上述法令，因此，法庭宣判上述罚金将由他们来支付，即，从 78 个惯例农和土地持有者中收取 39 先令的罚金，每人 6 便士。

29. Great Horwood, Bucks. Wednesday, July 29th

Alice Baynard for that contrary to the ordinance made by the common consent of the whole township she gathered herbage in the beans of the township and caused it to be gathered she puts herself in mercy, 2d.③

29. 大海伍德，白金汉郡　星期三，7 月 29 日

---

① Six other women were fined 3d., 6d., or12d. 'because they did the same'. 而其他六个妇女也由于同样的原因被处罚了 3 便士，6 便士或 12 便士。

② 19 July 1291. 1291 年 7 月 19 日。

③ Thirty others, for the same, 2d., 3d., or 6d. each. 其他 30 人，也由于同样的原因而被分别处罚 2 便士，3 便士或者 6 便士。

爱丽丝·贝纳德由于在村民的豌豆地中收割牧草，违反了经整个村民一致同意所制定的法令，因此，她被处罚 2 便士。

30. Upwood, Hunts. Wednesday, November 3rd

And the jurors say that John son of Nicholas reaped his grain by night contrary to the custom of the town, and he took away his grain and the grain of his neighbours, contrary to the ordinance. Therefore etc., 6d.

30. 阿普伍德，亨廷顿郡　星期三，11 月 3 日

陪审团指控，尼古拉斯的儿子约翰由于在夜间收割庄稼从而违反了村庄的习惯法，同时，他在运走自己庄稼的同时还运走了他邻居的粮食，违反了法令，因此被处罚 6 便士。

31. Great Horwood, Bucks. Thursday, June 20th

It is agreed and granted by the whole township that no one shall allow [his] calves to go into any grain, meadow etc. henceforth before the Feast of the Annunciation of the Blessed Mary①nor shall calves enter into any grain or meadow after the Feast of St Peter in Chains.②

And that no one shall gather herbage in any bean [field] henceforth unless in his own etc.

And that no one shall trespass in lotted meadows [in pratis partibilibus] etc.

And it is agreed that if anyone shall act against the aforesaid grant etc. he shall straightway pay the lord 4d. for each … [illegible].

31. 大海伍德，白金汉郡　星期二，6 月 20 日

经村庄全体居民一致同意，规定任何人都不能让他的小牛在圣母领报节之前（3 月 25 日）以及圣彼得节之后（8 月 1 日），进入任何的田地和牧场。

自此以后任何人除了可以在他自己的地里收割牧草之外，不能到其他人的豌豆地里收割牧草。

任何人都不能过多地侵占牧场。

如果任何人触犯了上述法令，那么他应该直接支付给领主 4 便士。

32. Cuxham, Oxon.③ Friday, August 8th

It is ordered that no sheep shall come into the field sown with wheat this year until the grain has been altogether taken away.

And that no sheep shall come into the field sown with Lenten grain until the Feast of St Michael ④under pain of 40d.

32. 库克瑟姆，牛津郡　星期五，8 月 8 日

任何人在田地中已经种植了小麦后，不能把羊放入田地之中。只有当所有的庄稼被

① March 25th. 3 月 25 日。

② August 1st. 8 月 1 日。

③ There are very few by-laws to be found in the rolls of Cuxham, which are extensive. 库克瑟姆卷中的村规非常稀少，并且很粗略简单。

④ September 29th. 9 月 29 日。

全部运走后才可以。

任何人都不能在圣米迦勒节（9月29日）之前让羊进入已经播种的土地，否则将处罚40便士。

33. Great Horwood, Bucks. Monday, June 28th

It is granted by all the lord's tenants as well free as native that no one of them shall harbour an unknown outsider henceforth under pain of paying 6d. to the lord. And that none of them shall gather beans for his food except between mid-prime and prime on pain of paying 6d. to the same lord, etc.

33. 大海伍德，白金汉郡　星期一，6月28日

经领主的所有佃农包括自由农和维兰的一致同意，他们中的任何人都不能窝藏村庄之外的陌生人，否则将处罚6便士并交给领主。他们中的任何人只能在黎明与半黎明之间的时间内捡拾豌豆去吃，否则将处罚6便士同样交给领主。

34. Ripton Abbots, Hunts. Day and month illegible

From Alice daughter of Stephan because she would not be hired in autumn as was enacted by the by-law [byrlawe] 3d.

34. 瑞普敦修道院，亨廷顿郡　（日期不详）

斯蒂芬的女儿爱丽丝由于在秋季时没有被雇佣而被处罚3便士。

35. Newington, Oxon. Wednesday, September 20th

It is ordered that Thomas Est be distrained to answer to the lord as to why he depastured his pigs in the Lenten field contrary to the lord's prohibition and the ordinance of the neighbours.

35. 纽因顿，牛津郡　星期三，9月20日

命令托马斯·伊斯特被押解去见领主，去回答为什么他在伦琴的田地上放牧他的猪，这违反了领主的禁令以及居民的法令。

36. Great Horwood, Bucks. Monday, August 13th

A grant by the community of the town. It is granted and ordered by the whole homage of the town of Great Horwood in the presence of the lord that no one among them male or female be allowed to glean who can earn [his] food and a penny a day for his work.

And also that no one of them shall accept any outsider to glean among them.

And that none of them shall have his grain carted from the field by night.

And that none of them shall pay any one with grain in the field.

And that none of them shall allow his workers to carry any grain from the field as their wages etc.

And that each one of them shall have all openings of all their tenements towards the fields in such a state of repair that wrongdoers cannot enter a field in any part of the town except by the king's high-ways or the common roads.

And they grant all these on pain of three pence to be paid to the lord for each default etc.

36. 大海伍德，白金汉郡　星期一，8月13日

在领主出席的情况下，经村庄共同体同意。经大海伍德村庄全体居民一致同意，他

们中的任何人，无论男人还是女人，只要他有能力一天去挣 1 便士并带有食物，他就不能去捡拾庄稼。

同样他们中的任何人都不能接受外来人去捡拾庄稼。

他们中的任何人都不能在夜间从地里运输庄稼。

他们中的任何人都不能在地里用粮食来支付工钱。

他们中的任何人都不能允许他的雇工从地里运走粮食以做工钱。

他们全部同意以上条款，每犯一次错误就要交给领主 3 便士罚金。

37. Newton Longville, Bucks. Wednesday, July 8th

All the customers grant all the autumnal ordinances made in the preceding year with the exception that every one may depasture his beasts between [the selions] of his own growing grain in le Hech'.

And chosen to keep this and present offenders are.①

37. 纽顿-朗格维尔，白金汉郡　星期三，7 月 8 日

所有的佃农一致同意前年所制定的所有有关秋收的法令，但除了每个人都可以在他自己正在成长的庄稼地里放牧牲畜这一条。

并选举某人（名字缺失）去执行法令并阻止犯罪。

38. Great Horwood, Bucks. Tuesday, August 10th

Ordinance of autumn. It is granted and ordered by the homage of the whole town of Great Horwood in full court that no one of them male or female shall be allowed to glean who is able to earn his food and a penny a day for his work.

And also that none of them shall accept any outsider to glean among them.

And that none of them shall have his grain carted from the field by night.

And that none of them shall pay anyone with grain in the field.

And none of them shall allow his workers to carry any grain from the field on behalf of any one unless it be one of his own famulae and this of necessity on behalf of his lord.

And each of them shall have all openings towards the fields of all their tenements②so that wrongdoers cannot enter a field anywhere in town except by the royal and common roads.

And all these they grant on pain of 6d. for each default, to be paid to the lord.

And to keep the aforesaid and to present as often as necessary those who break them William Baynard and Hugh the reeve, John Maykyn and John Haryon were chosen by the community of the town and they take oath.③

38. 大海伍德，白金汉郡　星期二，8 月 10 日

---

① No names are recorded. 名字缺失。

② i. e., in such a state of repair. 即处于一种休耕状态。

③ For the by-laws of July 20, 1323, see Doc. 203. In those of July 24, 1325, there are a few minor verbal changes. 请看 1323 年 7 月 20 日，在 1325 年 7 月 24 日的 203 号村规中，他们都有微妙的变化。

秋季法令。在法庭上，经大海伍德的全体居民一致同意并规定，他们中的任何人，无论男性还是女性，只要他有能力一天去挣 1 便士并带有食物，他就不能去捡拾庄稼。

他们中的任何人都不能接受一个外来人去捡拾庄稼。

他们中的任何人都不能在夜间从地里运输庄稼。

他们中的任何人都不能在地里用粮食来支付工钱。

他们中的任何人都不能允许他的雇工从地里运走粮食以作工钱。除非是他自己家的田地或者是对于领主的必要的服务。

他们中的任何人都应该敞开所有佃户的土地这样除了主干道和公路以外不法分子不能进入庄园的任何地方。

他们全部同意以上条款，每犯一次错误就要交给领主 6 便士罚金。

为了贯彻上述法令，并尽可能地去阻止犯罪，经村庄共同体选择威廉·贝纳德和休为庄头，约翰·梅金，约翰·哈伦为监督员，并且他们进行了宣誓。

39. Roxhill, Beds. Day and month illegible

It is enjoined on all tenants as well free as native that no one shall harbour an outside or someone known [to him] as a gleaner in autumn who is able to find [employment at] a penny a day and food.

Item that none of them shall harbour an outsider or one known [to him] who damages the grain of the lord or the neighbours.

Item that no one of them shall pay anyone with sheaves in the field under the aforesaid pain.

Item that their beasts shall not enter the stubble until the fields have been cleared [of grain] except on his own land under the pain aforesaid (2s.).

39. 洛克斯希尔，贝德福德郡　（日期模糊）

所有佃农（所有的自由农与维兰一样）一致同意，任何人都不能包庇外来人或他们熟知的人，只要他们有能力一天去挣 1 便士并带有食物，在秋季时就不能去捡拾庄稼。

任何人都不能包庇外来人或者他们熟知的人去破坏领主的和邻居的田地。

任何人都不能在田地里用谷捆支付工钱。

除了在其自己的土地之外，在田地没有被完全清理之前，任何人都不能让他的牲畜进入庄稼地。否则处罚 2 先令。

40. Newington, Oxon. Thursday, September 4th

The wardens of the statutes of autumn say that, from Newington, Henry le Baker (12d.) has four sheaves [which he] came by in evil manner, contrary to the statute of autumn.

And John Costyr' (12d.) harboured the same Henry. Therefore etc. Item they say that John the rector's swineherd (12d.) has four sheaves wrongfully come by, contrary to the statute of autumn, therefore etc. And Isolda … (12d.) harboured the same John, therefore etc. Item they say that … and his daughter has six sheaves wrongfully come by, therefore etc. And that John … (3d.) made default at the great boon day. Therefore etc. And Laurence de Berwick (3d.) harboured the same John. Therefore etc.

40. 纽因顿，牛津郡　星期二，9 月 4 日秋季法令监督员报告，在纽因顿，亨利·赖·贝克由于其非法行为而得到了4捆谷物，触犯了秋季法令，因此他被处罚12便士。

约翰·科斯蒂由于包庇亨利也被处罚12便士。教区长的放猪人约翰由于其非法行为得到了4捆谷物，违反了秋季法令，也被处罚12便士；伊索达由于包庇约翰也被处罚12便士……他的女儿非法得到6捆谷物也被处罚……约翰由于非法得益，被处罚3便士，劳伦斯·德·贝里克由于包庇约翰也被处罚3便士。

41. Halton, Bucks. Thursday, July 22nd

Names of the wardens of the statutes of autumn. William West, Thomas Hemmyng, Thomas le Cok, Thomas Godrych, Thomas at the pit, and Robert de Merwell, and the statutes are these.

That no one shall harbour anyone whether an inhabitant or an outsider who is a malefactor in autumn under pain of 6s. 8d.

And that no one shall glean who is able to earn a penny a day and food under the same pain.

And that no one shall have egress over another's ground, and if he has egress over his own ground he shall save his neighbours harmless.

And that no one shall make a way with a cart or otherwise over the grain of another.

And that no one shall cart grain after sunset or before sunrise.

And that none shall enter the stubble with his sheep after harvest before it has been depastured by the other beast. And all these under the foregoing pains.

And moreover all the aforesaid wardens are charged with the keeping of the autumn works at boon days and with presenting defaults if there are any.

41. 霍尔顿，白金汉郡　星期四，7月22日

秋季法令监督员有：威廉·外斯特，托马斯·亨宁，托马斯·雷·库克，托马斯·高德里彻，托马斯，罗伯特·德·梅威尔。法令如下：

任何人都不能去包庇秋季罪犯，无论他是本地居民还是外来人，否则将被处罚6先令8便士。

任何人只要其有能力去挣得1便士并带有食物，就不能去捡拾庄稼，否则将被处以同样的罚金。

任何人都不能随便通过别人的田地，如果他通过自己的田地时，应尽量减少对邻居的损害。

任何人都不能用小车或者其他的工具在其他人的田地上开辟道路。

任何人都不能在秋收后，在其他牲畜进行放牧之前，把羊赶入庄稼地。否则将受到处罚。

上述监督员主要的职责是保证秋季法令正常执行并阻止犯罪的发生。

42. Great Horwood, Bucks. Wednesday, July 15th

Autumnal ordinance. All the free and customary〔tenants〕grant all the autumnal ordinances made in the preceding year and under the same pain and adding this, that everyone shall have all his gaps〔brekkas〕and lanes next to the fields by which malefactors can enter repaired, to the end that they will enter by the royal roads so that they can be seen etc.

And John Gerard junior, John Simond, Richard Raynard and John Hiron were chosen to keep these ordinances and present those who break them and they took oath.

42. 大海伍德，白金汉郡　星期三，7月15日

秋季法令。所有的自由农和惯例佃农一致同意前年所制定的秋季法令及其处罚方法。同时又增加这样一条法令，每个人都应去修补他的土地与别人土地之间的间隔与小路，这样罪犯只能通过主要的大路而进入田地，以至于他们都能被看见。

约翰·杰拉德陪审员，约翰·西蒙德，理查德·雷纳德，约翰·赫龙被选举去监督这些法令的实施，防止他们被破坏，他们都进行了宣誓。

43. Newton Longville, Bucks. Monday, July 17th

It is granted and ordered by the whole homage of the town of Newington that no one be given leave to glean anything in the said town if he can find any one who wishes to hire him for his food and a penny a day.

Item that no outsider be given leave to glean unless he who harbours him will answer for his deeds.

And that there be no carrying of any grain by night.

And that there be no paying with sheaves in the fields.

And that everyone shall have his stiles and lanes nearest his neigh‑bours so kept that neither the lord nor anyone of his tenants incurs harm because of a defect in the keeping, and if any defect is found they shall answer who are the nearest.

Item that no one shall cause his beasts to pasture in any land under crop before the produce of the acre lying next to it has been wholly removed.

Item that no one shall have any green crop taken from the fields of growing corn after the Gules of August, beans only excepted.

And if anyone shall be found doing anything contrary to the fore‑going he shall pay the lord 6d. for each default.

And Robert Hood, Robert Adekynes, John Gerard, John de Stoke are chosen to keep the said ordinances and present those who do the contrary and they take oath etc.

And that no worker shall carry any grain from the fields.①

43. 纽顿-朗格维尔，白金汉郡　星期一，7月17日

经村庄全体居民一致同意，任何人只要他能够找到一个愿意雇用他并给他提供一天1便士以及食物的工作，那么他就无权在上述村庄内捡拾任何东西。

外来人无权去捡拾庄稼，除非有人包庇他，那么此人要为其行为负责。

任何人都不能在夜间运输粮食。

在田地中不能用谷捆来支付工钱。

每个人都应该看守好距离他最近的小路和栅栏门，通过这样的看守，防止领主和他

---

① In the margin. 在旁边的空白上写着：任何雇工都不能从田地里运走庄稼。

的佃户受到损害，如果有不利的事情发生，那么距离路最近的人要为此负责。

任何人在地里的庄稼被全部运走之前，不能到庄稼地里来放牧他的牲畜。

任何人都不能在 8 月 1 日之前，从正在生长的庄稼地里运走绿色的庄稼，只有豌豆除外。

如果有人被发现违反了上述法令，那么每触犯一次，他都要交给领主 6 便士的罚金。

罗伯特·胡德，罗伯特·安德尼斯，约翰·杰拉德，约翰·德·斯托克被选举去执行上述法令，并阻止人们触犯它们。他们进行了宣誓。

44. Newton Longville, Bucks. Wednesday, October 31st

The wardens of the ordinances of autumn present that Alice Dymok (6d.) took grain from the field, contrary to the ordinance.

Walter Cheseman (nil), Walter Vele (nil), Hugh … (6d.) paid Margery Fraunceys (6d) with grain in the field, contrary to the ordinance. Therefore they incur the penalty.

Elena Sutor did not take the beans she found in the field to the lord's court [yard] but to her own house. Therefore she is in mercy (3d.).

William de Leighton (1d.) took a sheaf from the field, as was presented by the wardens of autumn. Therefore [he is] in mercy.

44. 纽顿–朗格维尔，白金汉郡 星期三，10 月 31 日

秋季监督员指控，爱丽丝·迪摩克从田地里拿走庄稼，违反了法令，被处罚 6 便士。

沃尔特·奇斯曼，沃尔特·威尔，休……在田地里支付给马哲·弗兰西斯，因此上述这些人，每人被处罚 6 便士。由于他们都违反了村规，因此遭受到惩罚。

艾琳娜·索特没有把她在田地里捡拾到的豌豆上交到领主法庭，而是带回了自己的家，因此她被处罚 3 便士。

威廉·德·莱顿由于从田地里拿走一捆庄稼，按照秋季监督员的指控，他被惩罚。

45. Newington, Oxon. Saturday, January 28th

The wardens of the statutes of autumn present that Roger Martin (6d.) harboured two gleaners [who were] malefactors in autumn. Therefore he is in mercy.

Item Roger Martin (12d.) William atte Touneshende and Alice le Carter (12d.) were malefactors in the pastures with their beasts and depastured the pasture with their sheep contrary to the ordinance of autumn, therefore etc.

Item the present that Alice West (12d.) and John Somer (12d.) depastured the pasture with their sheep, contrary to the statute of autumn. therefore etc.

Item Ralph le Chapman (6d.) harboured a certain stranger who was a malefactor in autumn, therefore [he is] in mercy.

Item Alice de Sweyns (6d.) and Alice Bert (6d.) harboured strangers wrongfully in autumn.

Item Agens Wat' (3d.) would not reap and was able to reap, therefore, in mercy, pledge

John Price.

45. 纽因顿，牛津郡　星期六，1 月 28 日

秋季法的监督员指控，罗哲·马丁，包庇了两个拾穗人，他们是秋收时的罪犯，因此他被惩罚。

罗哲·马丁，威廉·艾特·图纳申德，爱丽丝·赖·嘉儿特由于在牧场中放牧他们的牲畜和羊，违反了秋季法令，因此，他们每人被处罚 12 便士。

他们指控爱丽丝·外斯特，约翰·索默由于在牧场中放牧他们的羊群，违反了秋季法令，因此每人被处罚 12 便士。

拉尔夫·雷·查普曼由于窝藏了一个陌生人，他在秋收时犯了罪，因此他被处罚 6 便士。

爱丽丝·德·斯文斯，爱丽丝·伯特由于包庇陌生人——秋收时的罪犯，而被分别处罚 6 便士。

艾格尼丝·沃特有能力收割庄稼，但没有收割，因此被处罚 3 便士。约翰·普瑞斯是担保人。

46. Great Horwood, Bucks. Thursday, August 9th

It is granted and ordered by all the free tenants of the lord of Horwood and also by the whole homage that no one who has lands in the fields sown with beans or peas shall gather the beans or peas of others.

Item that no one shall be allowed to glean who can earn food and a penny or two pence without food if any one wishes so to hire him.

Item that no one of them shall accept an outsider to glean among them.

And that no one of them shall have his grain carted from the fields by night.

Item that no worker shall be allowed to carry grain from the fields.

Item that each one of them shall have suspect gaps and lanes near the fields repaired.

Item that none shall gather stubble in the lands of others until the Feast of St Martin.

And if anyone shall be found transgressing against the foregoing he shall pay the lord 6d. for each default.

And John Gerard, John Asculf, John ffraunk and William Baynard are chosen to present defaulters.

46. 大海伍德，白金汉郡　星期二，8 月 9 日

海伍德领主的自由农以及村庄的全体居民一致同意，已经在田地里种植了豌豆和豆类的人，不能到其他人的地里捡拾豌豆和豆类。

任何人，只要他能够挣得一天 1 便士并带有食物或者一天 2 便士不带食物，而且有人愿意去雇用他，那么他就不能去捡拾庄稼。

他们中的任何人都不能在夜间运输谷物。

任何雇工都不能从田地里运走庄稼。

他们中的每一个人都要负责去修理他们附近的道路和地隔。

他们中的任何人都不能在圣马丁节之前，到别人的田地上去收割庄稼茬。

如果他们中的任何人被发现违反了上述法令，每触犯一次，都要支付给领主6便士。

约翰·杰拉德，约翰·阿索夫，约翰·弗兰克，威廉·贝纳德被选举去阻止冒犯者。

47. Newton Longville, Bucks. Monday, August 13th

It is agreed and ordered by the community of the town of Newton that no one who holds land of the lord shall gather beans, peas or vetches in the fields except from land that he has sown. And if anyone is found guilty of acting contrary to this ordinance he shall pay the lord 12d. for each default.

And that every one who wishes to gather beans, peas or such like shall gather them between sunrise and prime.

Item that no one shall cause nor allow his calves to depasture in the fields within the standing grain unherded.

Item that no one shall be accepted as a gleaner who is able to earn food and a penny a day or two pence without food if he finds any one who wants to hire him.

Item that no stranger be accepted as a gleaner unless he who harbours him is willing to answer for his deeds.

Item that no pauper shall gather [beans] inside the selions of beans but only at the ends of the selions and between them. And if they do otherwise they shall lose what they have gathered and not be allowed to go into the fields to gather beans thereafter.

Item that there shall be no carting by night.

Item that no sheaves shall be given in payment in the fields.

Item that each one shall have his stiles and the lanes nearest his neighbours so kept that no damage shall befall the lord or any of the tenants from a default in his upkeep.

Item that no one shall have his beasts depasture in any plot under crop until the produce of one land at least has been wholly removed.

Item that after the Gules of August no one of them shall have herbage taken in the standing grain of others.

And anyone found acting contrary to the [aforesaid] premises shall pay the lord 3d. for each default.

And chosen to attend to these ordinances and to present those who act contrary to them are John Kempe, Robert Hood, Hugh le fferour, William Robin, Robert Carlisle and John Stevenes and they took oath.

47. 纽顿-朗格维尔，白金汉郡　星期一，8月13日

经牛顿的乡村共同体一致同意，持有领主土地的任何人，除了在他们自己耕种的土地上，任何人都不能到其他人的土地上去捡拾豌豆，豆荚或者野豌豆。如果有人被发现违反了上述法令，每触犯一次都要支付给领主12便士。

每个人都只能在日出和晨曦之间去捡拾豌豆，豆类或者其他东西。

任何人，无论任何原因都不能在站立的庄稼地里放牧他的小牛。

任何人，只要有人想去雇用他，而且他有能力一天去挣 1 便士并带有食物，或者一天挣 2 便士不带食物，他就不能成为一个捡拾者。

陌生人是不能作为一个捡拾者的，除非有人包庇他并愿意为他的行为负责。

任何穷人都不能在豌豆地内去捡拾豌豆，他只能在地头和田地之间进行。如果他这样做，他将失去他所捡拾的东西，并且自此之后不允许去捡拾豌豆。

任何人都不能在夜间运输粮食。

任何人都不能在田地内用谷捆来支付工钱。

每个人都要保护与之最接近的栅栏和小路，以免领主和佃农受损。

任何人在土地所生产的粮食被完全运走之前，不能在已种植的庄稼地上放牧他的牲畜。

任何人都不能在 8 月 1 日之后，到别人的未收割的庄稼地里收割牧草。

任何人一旦违反了上述承诺，每触犯一次都要支付给领主 3 便士。

为了保证上述法令执行，并阻止他人违反法令，选举约翰·肯普，罗伯特·胡德，休·雷·弗兰尔，威廉·罗宾，罗伯特·卡莱尔，约翰·斯蒂文斯为监督员。他们为此进行宣誓。

48. Newington, Oxon. Monday, July 1st

Statutes of Autumn. Brightwell, Robert Coly, Andrew le Smith, Berwick, Thomas Turnepeny, Robert le King, Jr., John Somers, William Appelder'. Brockhampton, John Merson, John Gryce. Newington, Gurm Newman, Tristram Hobeschort, John Goneyr and William Trag.

And the statutes are that no one shall accept any gleaners, male or female, who are able to reap and earn a penny a day and food.

Item no one shall pay anyone with sheaves in the fields unless they reap for sheaves.

Item that sheep shall not go [to pasture] before the larger animals.

And that no one shall have a roadway from his messuages into the common field which causes any one to lose his grain.

Item that no one shall cart by night unless his cart was in the field in the daytime.

And these ordinances are under pain of half a mark.[①]

48. 纽因顿，牛津郡　星期一，7 月 1 日

秋季法令。不莱特维尔，罗伯特·科里，安德鲁·雷·史密斯，贝里克，托马斯·图纳伯尼，罗伯特·雷·金，小罗伯特·雷·金，约翰·格雷斯，格姆·纽曼，崔斯特

---

① On Tuesday , November 20th, the wardens presented two who had broken the first by-law, four, the third, and two, the fifth. Fines 2d. to 12d. Also, a woman was fined 12d. because she was able to reap but gleaned, contrary to the statute. 在 11 月 20 日，星期二，监督员指控有两个人违反了村规第一条，四个人违反了第三条，两个人违反了第五条。罚金是 2 便士到 12 便士。有一个妇女被处罚 12 便士，因为她有能力收割却去捡拾庄稼，违反了法令。

姆·霍布斯特，约翰·古尼尔，威廉·卓戈。

法令规定，任何人，无论是男人还是女人，只要他能去收割而且一天可以挣 1 便士和食物，就不能成为拾穗者。

任何人都不能在田地里用谷捆来支付工资。

在大型的牲畜放牧前，不能放牧羊。

任何人都不能制造道路从房宅进入共有地，那样将会使一些人的粮食受到损失。

任何人只能在白天用车运输，不能在夜间。

如违反上述法令，处罚半马克。

49. Newton Longville, Bucks. Wednesday, July 9th

All the lord's customers grant all the ordinances of autumn made by them in the year preceding with the exception that no one shall have his beast pasture next to〔acres sown with〕rye, drage or oats until the produce of a space of two acres has been altogether removed.

And to keep these ordinances and present … as often …〔illegible〕Simon Bacon, John Gerard, John Simeon, and William Thomas together with the messor.

49. 纽顿-朗格维尔，白金汉郡　星期三，7 月 9 日

领主的所有惯例佃农一致同意前年所制定的所有秋季法令，除了这一条：任何人都不能在两英亩大小的燕麦或黑麦被运走之前，去地里放牧。

为了保持上述法令执行，（字迹模糊）西蒙·培根，约翰·杰拉德，约翰·西蒙，威廉·托马斯。

50. Great Horwood, Bucks. Tuesday, August 6th

All the free tenants together with the customers will and grant all the ordinances ordained for autumn in the year preceding and under the same pain.

And to keep them and to present those who act contrary to them, they choose those who were chosen in the year preceding and they take oath, etc.

50. 大海伍德，白金汉郡　星期二，8 月 6 日

所有的自由农和惯例佃农一致同意前年所制定的秋季法令以及其处罚方式。

为了保持法令并阻止那些人违反它们，他们选举了那些前年被选举的人，并且他们宣誓。

51. Great Horwood, Bucks. Wednesday, June 26th

It is granted and ordained by the whole township of Horwood that no one shall be allowed to glean who can earn his food and a penny a day if there is any one who wishes to hire him.

And that no stranger be allowed to glean among them.

And that no one of them pay with sheaves in the field nor allow his workers to carry grain from the fields.

Item that every one shall cause all lanes and suspect gaps next to the fields to be stopped up.

Item that no one shall gather stubble in the field from the Feast of St Michael to the Feast of St Martin except in his own land.

Item that no one shall cart in night time.

And if anyone shall be guilty in the foregoing or in any one of them he shall pay the lord 6d. for each default, and chosen to keep these ordinances and to present those who act contrary to them are John Fraunk, William Beynard, John Maykin, John Gerrard, Hamund le Crue and Richard son of Ralph. And they take oath.

Item that no one shall go with his beasts into the grain of another unless by the space of ten acres.

Item that no one shall move another's grain to tether his beasts there under the same pain.

51. 大海伍德，白金汉郡 星期三，6 月 26 日

经海伍德村庄的全体居民一致同意，任何人，只要他能够挣得一天 1 便士并带有食物，而且有人愿意去雇佣他，那么他就不能去捡拾庄稼。

任何陌生人都不允许去捡拾庄稼。

任何人都不允许在田地里用谷捆支付工资也不允许他的工人从田地里拿走庄稼。

每一个人都要封闭与田地比邻的道路和间隔。

任何人都不能在圣米迦勒节到圣马丁节之间去收割庄稼茬，除非在他自己的土地上。

任何人都不能在夜间运输。

如果他们的任何一个触犯了上述法令将支付给领主 6 便士。选举约翰·弗兰克，威廉·贝纳德，约翰·梅金，约翰·杰拉德，哈曼德·雷·科润，拉尔夫的儿子理查德保证法令的执行，并阻止那些人违反法令。

任何人都不能牵着他的牲畜进入别人的田地，除非田地中有 10 英亩大小的空间。

52. Newton Longville, Bucks. Thursday, July 9th

It is granted and ordered by the homage of the lord of Newton that no one who holds land of the lord shall gather beans, peas, or vetches in a field except from land which he has sown and if anyone is found acting contrary to this ordinance he shall pay the lord 6d. for each default.

And that anyone who wants to gather beans, peas or such like shall gather them between sunrise and the hour of prime.

Item that on one shall have or allow his calves to pasture in the standing grain in the fields without a herdsman.

Item that no one be allowed to glean who is able to earn a penny a day and food, if any one is found who wishes to hire him thus.

Item that no stranger be allowed to glean.

Item that no pauper shall gather beans inside the selions of beans but only at the ends and along the dividing lines of the selions and if they do otherwise they shall lose whatever they have gathered and they shall not be allowed in the fields any more to gather beans in this way.

And that there be no carting at night.

Item that there be no paying with sheaves in the field.

And that everyone shall cause his stiles san lanes nearest his neigh-bours to be so kept that neither the lord nor any of his tenants suffer damage on this account.

Item that no one of them from now until the end of August shall gather herbage in the standing grain of anther.

Item that no one shall cause stubble to be gathered after the grain has been carried from the land until the Feast of St Martin except in his own land.[①]

And if any one shall err against the foregoing he shall pay the lord 6d. for each default except the item on stubble for which each delinquent shall give the lord for each default 3d.

And chosen to watch over these ordinances and present those who act against them are Lyman Bacon, William son of Ivetta, John Walter, John Robsaunt, John Simeon, John Gerard, and the two messors, that is to say, the lord's messor and the messor of the community of the town.

And they took oath.

52. 纽顿-朗格维尔，白金汉郡　星期二，1 月 9 日

经纽顿领主的居民一致同意，持有领主土地的任何人，除了在他们自己耕种的土地上，任何人都不能到其他人的土地上去捡拾豌豆，豆荚或者野豌豆。如果有人被发现违反了上述法令，每触犯一次就要支付给领主 6 便士。

每个人都只能在日出和晨曦之间去捡拾豌豆，豆类或者其他东西。

任何人都不能在没有放牧人的情况下，允许他的小牛进入未收割的庄稼地。

任何人，只要他能够挣得一天 1 便士并带有食物，而且有人愿意去雇用他，那么他就不能去捡拾庄稼。

任何陌生人都不允许去捡拾庄稼。

任何穷人都不能在田地中间去捡拾豌豆，只能在地头，并且沿着田地的边界去捡拾。如果他们不这样做，将失去他们所捡拾的东西，并且从此以后不能再去捡拾豌豆。

不能在夜间运输。

不能在田地里用谷捆来支付工资。

每个人都要保护好与他比邻的最近的栅栏和小路，以防止领主和他的佃户遭受损失。

任何人从现在开始到 8 月末都不能到别人的未收割的田地里去打割牧草。

任何人除了在自己的土地上，不能在庄稼被运走之后到圣马丁节之前的这段时间里去田地里收割庄稼茬。

任何人如触犯了上述法令，每触犯一次就交给领主 6 便士，除非法令中规定过失者每次 3 便士。

为了监督法令的实施并阻止犯罪，选举莱曼·培根，艾薇坦的儿子威廉，约翰·沃尔特，约翰·罗伯斯特，约翰·西蒙，约翰·杰拉德为双方的看守人，也就是说，他们既是领主的看守人也是村庄共同体的看守人，他们都进行了宣誓。

53. Newton Longville, Bucks. Wednesday, June 30th

---

① This by-law does not appear in previous Newton Longville lists. 这条村规是以前没有出现过的。

All the lord's tenants grant all the autumnal ordinances made in the preceding year, this excepted, that no one shall gather stubble except in his own lands between the Feast of St Michael and the Feast of St Martin next following.

And to keep these ordinances there are elected and sworn the messors Robert Hood, John Walter, John Simeon, and John Gerard.

53. 纽顿-朗格维尔，白金汉郡　星期三，6 月 30 日

领主的全体佃农一致同意，前年所制定的所有的秋季法令，但除了这一条：任何人，除了在他自己的田地上，不能在圣米迦勒节和圣马丁节之间去收割庄稼茬。

为了保证这些法令执行，选举罗伯特·胡德，约翰·沃尔特，约翰·西蒙，约翰·杰拉德为监督员，并宣誓就职。

54. Newton Longville, Bucks. Tuesday, July 18th

It is granted and ordained by the community of the township of Newton that all the autumnal ordinances of former times be granted by all the customers by unanimous consent and by the same pain.

And chosen to watch over these ordinances and to present those who act against them are John Walter, John Symon, Henry le fferour, William Cheseman, Robin Hod, William Robyn, John Gerard, and they took oath.

54. 纽顿-朗格维尔，白金汉郡　星期二，7 月 18 日

所有的惯例佃农一致同意以前的，由纽顿村庄共同体所制定的全部秋季法令，并同意其处罚方式。

选举以下这些人去监督法令并阻止犯罪：约翰·沃尔特，约翰·西蒙，亨利·雷·弗兰尔，威廉·奇斯曼，罗宾·胡德，威廉·罗宾，威廉·杰拉德，他们进行了宣誓。

55. Great Horwood, Bucks. Friday, August 11th

It was granted by all the free tenants of Horwood and by the whole homage as well that no one shall gather beans in the lands of others who has land in the field sown with peas or beans.

Item that no one shall be allowed to glean who is able to earn food and 1d. or 2d. without food if there is any one who wishes to hire him thus.

Item that no one shall pay with grain in the fields.

Item that no worker be allowed to take grain away from the fields.

Item that each one shall cause suspect stiles and lanes nearest the fields to be repaired.

Item that no one shall gather stubble in the lands of another before the Feast of St Martin.

If anyone shall be found delinquent in regard to the foregoing he shall pay the lord 6d. for each default.

Item it was ordained by the community of the vill on the aforesaid pain that no one shall cause calves or young oxen to pasture in the grain.

About this ordinance let the reason de diligently enquired. [Super quem articulum diligenter inquiratur aliqua de causa.]

And to keep these ordinances and present defaults there are chosen John Gerard, John Asculf, John Frank, and Richard Rous who did not take oath and did not swear to present.

55. 大海伍德，白金汉郡　星期五，8 月 11 日

经所有的自由农和村庄的全体居民一致同意，任何人都不能到其他人的已经播种了豌豆或豆类的田地上去捡拾豌豆。

任何人，只要有人想去雇用他，而且他有能力一天去挣 1 便士并带有食物，或者一天挣 2 便士不带食物，他就不能去作为一个捡拾者。

任何人都不能在田地里用谷物支付工资。

任何工人都不能从田地里拿走粮食。

每个人都要保证距离其田地最近的道路和栅栏被很好地修复。

任何人都不能在圣马丁节之前到其他人的田地里收割庄稼茬。

如果有人被发现其行为不良，违反了上述法令，那么他每触犯一次，都要交给领主 6 便士。

经乡村共同体同意，任何人都不能在庄稼地里放牧小牛。关于制定这条法令的原因，还需要调查。

为了保证上述法令的执行并阻止犯罪，选举约翰·杰拉德，约翰·阿索夫，约翰·弗兰克，理查德·罗斯为监督员，他们没有进行宣誓。

56. Newton Longville, Bucks. Wednesday, October 25th

It was agreed by all the lord's tenants, free and customary, that no one henceforth shall pasture his sheep in another's grain under pain of 12d. for each time it happens.①

56. 纽顿-朗格维尔，白金汉郡　星期三，10 月 25 日

经领主的佃农，自由农和惯例佃农一致同意，任何人都不能到其他人的田地里放牧羊群，否则，每触犯一次，将处罚 12 便士。

57. Great Horwood, Bucks. Wednesday, July 16th

It is agreed by all the tenants, free and customary, to observe all the statutes of autumn that were ordained in the sixth year②and to watch over them John Franklyn, Philip Gerard, Richard Halron and Nicholas Stevens were elected wardens.

57. 大海伍德，白金汉郡　星期三，7 月 16 日

经村庄所有的佃农，自由农和惯例佃农一致同意，保留所有在第 6 年（1332 年，6 月 26 日）所制定的所有村规，为监督实施，选举约翰·富兰克林，菲利浦·杰拉德，理查德·哈尔罗，尼古拉斯·史蒂文斯为监督员。

58. Cuxham, Oxon. Friday, February 6th

It is ordained at this court by the whole homage that every man in the town of Cuxham, free and native, shall tether his horses in the pastures, meadows and fields with ropes from the beginning of the mowing of the meadows until the end of autumn under pain of 2s. for each one of them not tethered.

---

① Not previously seen in Newton Longville rolls. 这是先前在纽顿-朗格维尔村规中没有提到的。
② June 26, 1332, see above, Doc. 51. 1332 年，6 月 26 日。请见 51。

58. 库克瑟姆，牛津郡　星期五，2月6日

经在库克瑟姆村的所有居民一致同意，无论自由农还是维兰，他们都要从牧场收割干草开始直到秋季结束，都要用绳子把他们的马匹拴系在牧场，草地和田地之中。否则，每不系一次，就要交罚金2先令。

59. Newton Longville, Bucks. Wednesday, July 21st

Ordinance of autumn. It is granted by the lord and his tenants that no one shall pay with sheaves or any grain in the fields in autumn.

And that no one shall be allowed to glean in autumn who is able to earn 1d. a day and food.

And that no shall cause the grain to be carted before sunrise and after sunset.

And that all stiles roundabout the town be altogether laid aside during autumn under pain of 12d.①

And to attend to the aforesaid ordinance there were chosen Hugo Robert, John Gerard, William Thomas, Henry le fferour, William Robyns, Simon Dymmoc.

59. 纽顿-朗格维尔，白金汉郡　星期三，7月21日

秋季法令。经领主和他的佃农一致同意，任何人都不能在秋季，在田地里用谷捆或者其他粮食进行支付。

任何人在秋季只要他有能力一天去挣1便士同时带有食物，就不允许他去捡拾庄稼。

任何人在日出之前和日落之后，都不允许运输粮食。

在整个秋季，围绕村庄的所有栅栏都要被保留，否则将处罚12便士。

雨果·罗伯特，约翰·杰拉德，威廉·托马斯，亨利·雷·弗拉尔，威廉·罗宾，西蒙·迪摩克。

60. Great Horwood, Bucks. Friday, July 3rd

All the lord's tenants, free and customary, agree to keep al the statutes of autumn ordained in the sixth year of the present king and to attend to them there were elected namely John Franklyn, Robert Saunders, Richard Rous, Thomas Denys, John Gerard, Nicholas Stevenes, together with William Dyne and John Hildryc the messors.②

60. 大海伍德，白金汉郡　星期五，7月3日

领主所有的佃农，自由农和惯例佃农一致同意，保留在现任国王第6年所制定的所有的秋季法令，并选举约翰·富兰克林，罗伯特·桑德斯，……为监督员。

61. Brightwaltham, Berks. Day and month missing.

At this court all the tenants granted that no inhabitant [intrinsecus] shall glean grain within

---

① A very selective list of by-laws. Were they the ones most difficult to enforce? 这是条比较特殊的村规，可能是因为他们很难遵守？

② For July 27, 1340, the entry is the same as the above and the first five wardens are identical with the first five named above; then were added Richard Stevens together with William Cok, messor. 1340年7月27号，这一情况与上述情况相同，前五个监督员与上面提到的前五名相同；然后，理查德·史蒂文斯和威廉·科克，梅瑟尔一起加入了。

this liberty unless he be under age or over age.

Item that no worker shall go outside this liberty to work without leave.

61. 布莱沃尔塔姆，伯克郡（日期缺失）

所有的佃农一致同意，任何居民除非他是很小或者很老，否则无权去捡拾庄稼。

任何工人，在没有得到允许的情况下，无权到村庄之外去工作。

62. Newton Longville, Bucks. Thursday, July 26th

All the lord's tenants as well free as customary agree to keep the autumnal statutes ordained at the court held on the Monday next before the Feast of St Lawrence in the fourth year of the reign of Edward third from the Conquest①and to watch over the aforesaid statutes there were chosen Henry le fferour, Henry Roberd, John le Taylour, John Gerard, William Robyn, John Robank, Robert Carlyl, Edmund le Streete, Richard le Zouge, and they tool oath.

62. 纽顿-朗格维尔，白金汉郡　星期二，7 月 26 日

经领主的所有佃农，包括自由农和惯例佃农一致同意，保留在征服者爱德华三世第 4 年，圣劳伦斯节之前的星期一（1330 年 8 月 13 日，星期一）所制定所有秋季法令。并选举亨利·雷·弗兰尔，亨利·罗博德，约翰·勒·泰勒，约翰·杰拉德，威廉·罗宾，约翰·罗伯克，罗伯特·卡莱尔，埃蒙德·勒，理查德·雷·佐格去监督上述法令的实施，他们进行了宣誓。

63. Great Horwood, Bucks. Friday, July 27th

All the lord's tenants free and customary agree to observe al the autumnal statutes ordained in the sixth year②on pain of 6d. for each time anyone is found guilty.

And they add that no one shall come with his sheep into the sown field before the time of reaping under the same pain.

Item that no one shall pasture his beasts in the stubble before it has been reaped to the width of three acres.

Item that no one shall have his animals going into the field without a herdsman under the same penalty.

Item that no one shall cause anyone to glean the grain of another under the same penalty.

Item that if any one of whatever condition shall be found with stolen grain he shall incur the aforesaid pain and the said grain shall be taken from the same and be safely kept in a specified place for the benefit of the church.

And if any offender against the aforesaid ordinances is unable to pay the aforesaid pain let his harbourer answer for him.

And to well and truly keep the aforesaid statutes there were chosen Richard le Rous, John ffraunc, John Simound, Hamo Baroun, Thomas Denys, John Gerard, together with the two messors, that is to say, William Cok and Richard Bret and Hugh Kyng and they took oath.

---

① Monday, August 13, 1330. see above, Doc. 47. 1330 年 8 月 13 日，星期一。

② June 26, 1332. See above, Doc. 51. 1332 年 6 月 26 日。

63. 大海伍德，白金汉郡　星期五，7 月 27 日

所有的自由农和惯例佃农一致同意，保留第 6 年（1332 年 6 月 26 日）的所有秋季法令，每次触犯的罚金是 6 便士。

他们增加了一条规定：任何人都不能在收割之前，把他们的羊带到播种了的土地上。否则将处以同样的罚金。

任何人在庄稼没有被收割到 3 英亩大小时，不能在庄稼茬上放牧。

任何人不能在没有放牧人的情况下把他们的家畜放入地里，否则处以同样的罚金。

任何人无论在任何条件下，只要他被发现偷盗谷物，那么他将被处以相同的罚金，而且上述谷物也要被没收，并以教堂的名义保留在一个特殊的地方。

如果有人触犯了上述法令，但他不能支付罚金。那么由他的担保人来负责。

选举理查德·雷·罗斯，约翰·弗兰克，约翰·西蒙德等人，并宣誓。

64. Newton Longville, Bucks. Thursday, April 4th

It is ordained by the lord that no one of his tenants shall have his pigs or piglets outside of his house except under good custody and if any one of them shall not observe the said ordinance that he shall lose his pig together with a substantial amercement.①

64. 纽顿-朗格维尔，白金汉郡　星期四，4 月 4 日

经领主同意，他的佃户中的任何一个人都不能把他的猪或小猪放出户外，除非它们有很好的看管。如果他们中的任何一个人不遵守上述法令，那么他们将失去他们的小猪并要受到一个处罚。

65. Great Horwood, Bucks. Thursday, June 19th

It is granted by all the tenants of the lord as well free as villein that no one shall pasture with his beasts in the meadow of Radmord before the Feast of Pentecost in no year unless they are tethered to stakes and that each shall pasture in his own strip and if he pastures elsewhere he shall pay the lord 6d. for each time he shall happen to be found.

And that at the carting of marl and manure they shall go with their carts in the way they have been accustomed to go from of old.

And that no one who has headlands next to the meadow of Aldern nor anyone else shall pasture there with his beasts before the time that hay has been taken away under the aforesaid pain.

Item that no one shall have his calves in the grain of another under the aforesaid pain nor in the meadow of Alderne.

65. 大海伍德，白金汉郡　星期四，6 月 19 日

经领主的全体佃农，包括自由农和维兰一致同意，任何人都不能在圣灵降临节之前，到 Radmord 草场上去放牧他的牲畜，除非把它们拴在木桩上，而且只能在他们自己的条田上放牧，如果他要是到其他的地方放牧而且碰巧被发现，那么他将支付给领主 6 便士罚金。

---

① This by-law has not been seen previously at Newton Longville. 之前这一条法规没有出现在纽顿-朗格维尔的村规中。

而且在运输泥灰和肥料时，他们仍应按照古老的习惯用手推车去运输。

任何人在干草被全部运走前，都不能到埃尔德姆草场去放牧他的牲畜，否则将处以相同的罚金。

任何人都不能到其他人的田地里或者 Alderne 草场去放牧他的小牛，否则处以同样罚金。

66. Great Horwood, Bucks. Saturday, September 20th①

Similarly they present that Rosa Steucele (3d.) Alice Steucele (3d.) and Alice Hayroun (3d.) took stubble in the field of another without paying for it. Therefore they are in mercy because they acted against the ordinance therein. And a day is given the homage to inquire better concerning the aforesaid provision.

And that henceforth no one shall gather stubble unless from his own property unless he shall have bought it, under pain of 2s.

And similarly it is ordered and agreed that no one shall gather the dung of oxen and cows and other animals in the meadow which is called Aldemede under the aforesaid pain.

66. 大海伍德，白金汉郡　星期六，9 月 20 日

他们指控罗莎·斯蒂塞勒，爱丽丝·斯蒂塞勒，爱丽丝·海洛恩由于在别人的田地里拿走庄稼茬而没有支付费用，因此每人处罚 3 便士。他们的行为触犯了法令。并且给予一天时间向居民咨询有关的上述法令。

自此以后任何人都不能收集庄稼茬，除非在他自己的田地上或者已经买了别人的。否则处罚 2 先令。

经全体居民一致同意，任何人都不能在阿尔德草场上捡拾牛或者其他动物的粪便，否则处以上述罚款。

67. Newington, Oxon. Wednesday, August 10th

The homage charged under various articles presents that all is well. Item they elect Tristram Hobbeshort, William Trag, John Samuel, John Spark, Robert Kyng, John West, William Sawyer, Philip Proute to keep the autumnal ordinances and it is ordained by the steward that no one shall pay with sheaves in the field nor shall he harbour any male-factor in the foresaid town nor shall he allow anyone, male or female, to glean who is able to earn 1d. a day and food, nor shall he cart at night under pain of half a mark.②

67. 纽因顿，牛津郡　星期三，8 月 10 日

居民都同意当前各种法令条文。选举崔斯特瑞姆·霍布斯绍尔，威廉·特拉格，约翰·塞缪尔，约翰·斯帕克，罗伯特·金，约翰·韦斯特，威廉·索尔，菲利普·普鲁

---

① The conservators first present a list of twenty-one who "broke the common ordinance". 这里的村规监督员第一次指控了 21 个人违反了村规。

② Seven of the wardens here named were among those chosen on July 28, 1343. The list of by-laws in 1343 does not include the last one of 1345. 这里提到的 7 个人是于 1343 年 7 月 28 日被选举为村规监督员的，1343 年制定的村规里不包括 1345 年的最后一条。

特为监督员，以保证秋季法令施行。经管家同意，任何人都不能在田地里用谷捆来支付，也不能包庇上述村庄的罪犯，他也不能允许任何人拾穗，只要他有能力一天去挣 1 便士并带有食物，也不能在夜间运输，否则将处罚半马克。

68. Newton Longville, Bucks. Thursday, August 3rd

All natives are ordered not to make any default of works in autumn when summoned and this under penalty for the first day of 5d. and for the second day of 12d.

Item it is ordered that none of the tenants of the lord shall gather herbage in the lord's grain under pain of 12d. and that they shall not have their beasts pasture in the lord's meadow before the hay in the said meadow has been lifed nor in any of the lord's plots sown with grain before the lord's grain has been carted and this under the aforesaid pain.

It is granted by the lord and also by the free [men] and by the villeins that all the autumnal statutes be observed and also the statutes and ordinances of the eighteenth year of the present king① and faithfully to watch over the aforesaid ordinances and present those who are delinquent against them there are chosen Hugh Robert, Henry fferour, John Kente, Walter Hawkins, John Robert and they took oath.②

68. 纽顿-朗格维尔，白金汉郡　星期二，8 月 3 日

所有的维兰在秋收时不能犯错误，否则，第一天就要被处罚 5 便士，第二天要被处罚 12 便士。

领主的任何一个佃农都不能到领主的田地里去收割牧草，否则要被处罚 12 便士。

任何人都不能在干草被运走之前，到领主的草场上进行放牧。也不能在领主的庄稼被运走前，到领主已播种过的土地上放牧。否则将受到同样的处罚。

经领主以及所有的自由农和维兰一致同意，保留在现任国王第 18 年所制定的所有秋季法令，并坚定不移地加以执行，并阻止那些行为不良者触犯法令，特选举修·罗伯特，亨利·费尔，约翰·肯特，瓦尔特·霍金斯，约翰·罗伯特五人为村规监督员，他们进行了宣誓。

69. Newington, Oxon. July 14th

Thomas Turnepeny, Philip atte Grene, John West, Currus Newman, William James, John Spark, William James [sic], John Samuel, William Sawyer, Philip Proute were chosen to keep the ordinances of autumn and it is ordained that no one shall cart by night unless on feast days nor shall he hand out sheaves in the field neither as a gift nor as the wages of The messor or the herdsman of the animals nor shall he harbour any stranger who is a malefactor or a gleaner who is able to earn Id. a day and food nor shall he have an open path from his close under pain of half a mark.

69. 纽因顿，牛津郡 7 月 14 日

---

① The record of this year is missing. 该年的记录缺失。

② Note the contrast between items beginning "it is ordered" and the formula introducing the autumnal statutes. 注意对比在介绍秋季法令的开头时候的规定与准则两个词。

托马斯·特明尼，菲利普·阿特·格勒，约翰·韦斯特，克瑞斯·纽曼，威廉·詹姆斯，约翰·斯帕克，被选举去监督秋季法令实施，并规定，除非节日，任何人都不能在夜间运输；在田地里，既不能作为礼物，也不能作为看守人和放牧人的工资移交谷捆。不能包庇一个罪犯或者一个有能力一天去挣1便士和食物的陌生人，也不能私自从已封闭的地方开辟道路，否则处罚半马克。

70. Great Horwood, Bucks. Tuesday, July 15th

All the lord's tenants, free and customary, agree to observe all the autumnal statutes ordained in the year①and to attend to these statutes and present those who are delinquent against them there were chosen John ffraunk,② …John Simond, Thomas Denys, John Gerard, and William Kyng and William Cok, the messor, and they took oath

70. 大海伍德，白金汉郡　星期二，7月15日

领主的所有佃农，自由民，惯例佃农一致同意保留现在的所有秋季法令，为了法令的推行并对那些行为不良者触犯法令进行指控，特选举约翰·弗兰克，托马斯·丹尼斯，约翰·杰拉德，以及威廉·金和威廉·科钦作为监督员并进行了宣誓。

71. Newton Longville, Bucks. Wednesday, July 16th③

All the lord's tenants, free and customary, agreed that if anyone of them shall lead his neighbours away to a tavern outside town that he shall incur the penalty of 12d. for each time anyone of them shall be delinquent against the aforesaid ordinance which is to last for one year.④

71. 纽顿-朗格维尔，白金汉郡　星期三，7月16日

领主的所有佃农，自由农以及惯例佃农都一致同意，如果他们中的任何人让他的邻居滞留于村庄外的酒馆，那么他们由于他的不良行为而触犯了上述法令（与上次所做出的修改一样，在秋收到来的时候，规定工人不能由于其他的目的而离开村庄），每触犯一次，都要处以罚金12便士。

72. Great Horwood, Bucks. Wednesday, April 29th

It is agreed by all the lord's tenants free and customary that none of them shall go gleaning who is able to earn food and 1d. a day under pain of 40d.

Item that no one shall pasture his beasts in the grain unless the grain has been removed by a space of ten acres under the aforesaid pain.

72. 大海伍德，白金汉郡　星期三，4月29日

经所有领主的自由农和惯例佃农一致同意，任何人只要其有能力一天挣得1便士以及食物，那么他就不能去捡拾庄稼，否则将处以40便士的罚金。

---

① Blotted out. 该村规已被删除。

② MS. torn. 资料缺失。

③ The former ordinances of autumn were ratified. Robert Carlyl, Richard Palfreyman, John Walter and Walter Bonar with John the messor were elected conservators. 前面的秋季法令已经被批准，并选举Robert Carlyl, Richard Palfreman, John Walter 和 Walter Bonar 及 John 作为看守人。

④ Harvest was impending. It was important for workers not to leave town forany purpose. 与上次所做出的修改一样，在秋收到来的时候，规定工人不能由于其他的目的而离开村庄。

任何人都不能在田地里放牧他的牲畜，除非田地被挪开了 10 英亩大小的空间，否则处以同样的罚金。

73. Great Horwood, Bucks. Tuesday, July 19th

The homage present that Ralph Ricardessone, John Hawkins, John Harris, Thomas Clark, John Isende, Henry le Arblester, John Thorneton, John Baynard and Richard Bikon and William de Berddale are all malefactors with their colts in the grain. Therefore they are in mercy（3d.）. And it is ordered that henceforth they shall place their beasts of every kind under good custody both they and all other neightbours under pain of half a mark.

73. 大海伍德，白金汉郡　星期二，7 月 19 日

居民指控拉尔夫·理查德塞恩，约翰·霍金斯，约翰·哈里斯，托马斯·克拉克，约翰·艾森德，亨利·奥莱斯特，约翰·斯瑞登，约翰·贝纳德，理查德·贝肯和威廉·贝德勒把他们的小马放入田地。因此他们被处罚 3 便士，并且自此以后，他和其他的邻居的所有的牲畜要得到很好的看管。否则处以半马克罚金。

74. Great Horwood, Bucks. Tuesday, September 24th

It is agreed by all the lord's tenants as well free as customary that each of them under pain of 40d. shall close all his gaps next to the sown field and in his lanes before the next court.

And that no one shall cause his beasts to be herded in the field underthe same pain.

74. 大海伍德，白金汉郡　星期二，9 月 24 日

经所有的佃农，无论自由农还是惯例佃农，一致同意，他们每个人在下次开庭前都要封闭所有与耕地比邻的小路，否则将处罚 40 便士。

任何人都不能在田地里放牧，否则处以同样的罚金。

75. Great Horwood, Bucks. Monday, April 28th

All the lord's tenants free and customary agree under pain of 40d. that none of them shall cause his beast of the plough with following foal to be tethered in the grain of a meadow so that it does harm to his neighbours.

Man for his beasts but that they will be kept with the common herdsman and if any of them act contrary to this ordinance he shall incur the penalty of half a mark.

Item they agree under the same penalty that none of them shall have calves, foals or any other animal in the field untethered.

75. 大海伍德，白金汉郡　星期一，4 月 28 日

经自由农和惯例佃农一致同意，他们中的任何人都要把犁地牲畜的小马驹拴在草地上，以免给他的邻居造成损失。否则处罚 40 便士。

条款上说，所有的佃农他们都不能拥有自己的放牧人，他们只能拥有公共的放牧人，如果有人违反了这条法律，那么他将受到半马克罚金。

条款上说，他们一致同意如果他们中的任何人没有把他们的小牛，马驹或者其它牲畜拴系在田地上，那么他们要受到同样的罚款。

76. Great Horwood, Bucks. Monday, April 28th

Autumnal ordinance. It is agreed among all the lord's tenants free and customary that no one among them shall go gleaning who is able to earn a penny and a half or 2d. without food under pain of 2s.

Item that no one shall have his gaps open near the common sown field under the same pain.

Item that no one shall cart his grain nor cause his grain to be carted in autumn in the night time under the same pain.

Item that no one shall allow his colts under one year old to go into the field untethered under the same pain.

76. 大海伍德，白金汉郡　星期一，4 月 28 日

秋季法令。经领主的所有佃户（自由农和惯例佃农）一致同意，他们中的任何人只要有能力去挣得一天一个半便士或者两便士没有食物，就不能去捡拾庄稼。否则处罚 2 先令。

任何人都不能开放与共有地比邻的道路，否则将得到同样的处罚。

任何人不能在秋季的夜晚来运输粮食，否则处以同样的罚金。

任何人不能让他的一岁下的小马在没有拴着的情况下进入田地，否则处以同样的罚金。

77. Great Horwood, Bucks. Thursday, July 7th

It is agreed by all the lord's tenants free and customary that no one in the coming autumn shall go gleaning who is able to earn 1d. a day and food or 2d. without food under pain of 12d. every time he is found trespassing against this ordinance.

Item that no gleaner shall leave the field except by the four highways under the same pain.

Item that no stranger shall be received within the lordship as a gleaner under the same pain.

Item animals of every kind shall be kept in the town after the arrival of the common herdsman from the fields or the wood and they shall be put securely in a house or close to the end that they commit no damage in the fields under the same pain as often as anyone of them is found trespassing.

Item that no one shall cart nor cause his grain to be carted from the field by night.

Item that no one shall allow his colts, horses or beasts of the plough to go into the fields untethered under the same pain.

And to attend to this same ordinance well and faithfully there were elected as wardens Roger Bedford, John Philip, William Zordele, and John Hawkins and they took oath.

77. 大海伍德，白金汉郡　星期四，7 月 7 日

经领主的所有佃户（自由农和惯例佃农）一致同意，他们中的任何人只要有能力去挣得一天 1 便士并带有食物者或者挣得 2 便士没有食物，就不能去捡拾庄稼。每次违反一次法令，便处罚 12 便士。

捡拾者只能通过四条大路才能离开田地，否则处以同样的罚金。

在领主的管辖范围内，陌生人不能到领地上来捡拾粮食。

每一个家畜在公共放牧人到来之后，都不能进入田地或者林地，并且他们要被关在一个房子里或者圈围起来，这样就不能损害到田地，否则处以同样的罚金。

任何人不能在夜晚来运输粮食，否则处以同样的罚金。

任何没有把他们的小马，马驹或者其他牲畜拴系在田地上的人，那么他们要受到同样的罚款。

为保证秋季法令的实施，选举罗杰·贝德福德，约翰·菲利普，威廉·阿德勒以及约翰·霍金斯为村规监督员并进行宣誓。

78. Great Horwood, Bucks. Monday, May 30th

All the lord's tenants free and customary agree that no one of them shall have any of his animals pasturing in the sown field other than his beasts of the plough until the common meadows are mown, to the end that the common herdsman can go into these same meadows with his under pain of 2s.

And that no one shall have a colt under one year of age in the sown field untethered or unguarded under the same pain to the end that his neighbours suffer no damage.

And that no one tether his beasts of the plough with following foal along the side of any land but always at the end of the land or meadow under the same pain.

78. 大海伍德，白金汉郡　星期一，5 月 30 日

领主的所有自由农和惯例佃农一致同意，他们中的任何人在公共牧场收割干草前，都不能在已播种的田地上放牧他的牲畜，除了他的拉犁的牲畜。但公共放牧人可以和他放牧牲畜一起进入这些牧场。否则处罚 2 先令。

未满一岁的小牛如果没有拴着或者没有人看管而进入田地，即使没有给他的邻居造成损失，也要处以同样的处罚。

他们中的任何人都要把犁地牲畜的小马驹拴在土地或者牧场上，否则处以同样的罚款。

79. Wistow, Hunts. Friday, July 14th

It is ordered by the assent of the lord and the community that no one shall have his foals going into the fields until all the grain has been housed under pain of paying 40d. to the lord.

And that no one shall allow his beasts to go among the shocks underpain of 40d.

And that no one shall depasture his horses in the meadow of Chenerith before the Feast of St Michael under pain of 40d.

79. 维斯特，亨廷顿郡　星期五，7 月 14 日

经领主和共同体一致同意，任何人都不能在所有的粮食被运走之前，让他的马驹进入田地，否则将处罚 40 便士并交给领主。

任何人都不允许让他的牲畜进入干草堆之中，否则处罚 40 便士。

任何人都不允许在圣马丁节之前在柴厄瑞斯牧场进行放牧，否则处罚 40 便士。

80. Great Horwood, Bucks. Thursday, August 8th

It is ordered by the whole homage that no one of them shall enter the meadow of Oldemede with his animals until all the hay has been carted and if anyone shall be found doing this he shall pay the lord 6d. as a pain as often as he does it.

And for this William Gobyn, John Frankelyn, John Smyth, Ralph Richard were elected and the messor likewise.

It was further ordered by the aforesaid homage that none of them shall trespass with foals, calves, oxen, geese, or any other beasts or animals in the sown fields in autumn until ten acres have been carted and if anyone is found doing this he shall pay the lord as a pain 12d. and this voluntarily, and the aforesaid were chosen.

80. 大海伍德，白金汉郡 星期三，8 月 8 日

经全体居民同意，他们中的任何人及其牲畜都不能在所有的干草被运走前进入老艾米德的牧场，如果有人被发现这样去做了，那么每触犯一次，他将支付给领主 6 便士。

为保证该法令的实施，选举威廉·乔宾，约翰·弗兰克林，约翰·史密斯和拉尔夫·理查德作为看守人进行监督。

经上述居民同意，他们中的任何人都不能带着他们的马驹，小牛，公牛，鹅或者其他的家畜和动物在秋季时侵入已播种的庄稼，直到田地中有 10 英亩的庄稼被运走，如果被发现这样去做，每触犯一次，就处罚 12 便士。选举上述人作为看守人进行监督。

81. Great Horwood, Bucks. Wednesday, July 26th

It was ordered by the consent and at the request of the whole court that no one who is able to earn at autumn work 1d. with food or 2d. without food shall go gleaning and if he does the contrary he shall pay 6d. as often as he does it.

And that no gleaner under the same pain shall enter with his gleanings by any way except the king's way.

No one shall go forth to gather pods, peas, or beans who has such of his own unless from his own property under the same pain, and this he shall do between sunrise and prime.

And that no one who is hired for autumn work shall carry any grain on his head or in any other way under the same pain.

Item it is ordered that no one shall tether or pasture any beasts in Oldemede before the Feast of St Peter in Cathedra under the same pain.

And to enforce [sic] there were chosen John Frankelyn, John Baynard, Walter Hathwey, John Warner and Richard Rede.

81. 大海伍德，白金汉郡 星期三，7 月 26 日

经庄园法庭上的一致同意与要求，规定他们中的任何人只要有能力去挣得一天 1 便士和食物或者 2 便士没有食物，就不能去捡拾庄稼。否则处罚 6 便士。

任何捡拾者带着他捡拾的东西，只能通过主要干道，不能走其他的道路，否则将处以 6 便士的罚金。

任何人只要他有属于自己的豆荚，豌豆和豆类的东西，他就不能去捡拾，同时，捡拾只能在黎明和日出之间进行。

任何一个被雇用的，为秋收而工作的人都不能用头顶或者以其他的方式运输谷物，否则处以同样罚金。

法令规定任何人都不能在圣彼得节之前，在老艾米德草场去放牧他的牲畜，否则处罚同样的罚金。

为了确保法令的实施，选举约翰·弗兰克林，约翰·贝纳德，沃尔特·哈斯维，约翰·瓦尔纳和理查德·雷德为监督员。

82. Upwood, Hunts. Saturday, July 21st

Richard Warbush, John Hawkyn, William Hering, John Walle, John Robin, William Alcok, John Angul, Jr. were chosen to keep the autumn and were sworn.

It is ordered by the assent of the lord and of the whole community that no man shall have his beasts in the stubble from the time the grain is beginning to be reaped until three weeks have passed and longer if the lords agree, unless they be plough horses and even so each one shall be tethered under pain of 40d. to be paid to the lord.

82. 阿普伍德，亨廷顿郡　星期六，7月21日

选举理查德·瓦尔布斯，约翰·霍肯，威廉·赫因，约翰·瓦勒，威廉·埃尔克和约翰·小安古尔为秋季监督员并进行了宣誓。

经领主及整个共同体一致同意，任何人都不能在庄稼开始收割直到它们在三周被运走的时间内，都不能到庄稼地里放牧。如果得到领主同意，他们可以放牧犁耕的马并且这些马要被拴住，否则要被处罚40便士交给领主。

83. Elmley Castle, Worcs.① Saturday, August 13th

It is ordered by the assent of all the lord's tenants free and native that no one of them shall place his beasts untethered in the field called le Leyre Wyndmillefurlong, ffulardeys furlong and the furlong under Benhull before the grain has been fully removed and carted under pain of 40d.

83. 艾尔姆利-卡斯特尔，伍斯特郡　星期六，8月13日

经领主与佃农以及自由农一致同意，他们中的任何人都不能在庄稼没有被全部运走之前，把他们未拴好的牲畜在勒·莱里·温德米尔弗隆、弗拉蒂斯弗隆以及本黑尔弗隆之中放牧，否则处以40便士的罚金。

84. Great Horwood, Bucks. April 26th

By the assent of the whole homage it is ordered for the present that no one shall enter the uncultivated land of the lord to pasture until assignment has been made to each one by reasonable assent and this under pain of each one breaking this ordinance of paying to the lord 12d. ect.

Item it is ordered by the same homage that no one shall depasture the pasture of anyone else nor shall he put his beasts to pasture on the pastures or the uncultivated lands of another without the leave of him to whom the pasture belongs before the Feast of the Nativity of St John the Baptist ②under pain of 12d. to be paid to the lord.

84. 大海伍德，白金汉郡，4月26日

① The extant rolls of this manor begin in 1347 but this is the first by-law to be recorded. The Earls of Warwick were lords of the manor in the thirteenth century but in 1487 it passed to the crown. 关于这个庄园的现存的资料的记载始于1347年，而这个法令是第一个被记录的。13世纪时瓦里克伯爵是这个庄园的领主，但在1487年它被移交给王室。

② June 24th. 6月24日。

经全体居民一致同意规定，任何人都不能在每个人的工作被分配之前，到领主的未耕种的土地上去放牧，如果违反了此项法令，将交给领主罚金 12 便士。

经全体居民同意，他们中的任何人都不能在圣约翰诞生节之前（6 月 24 日），到其他的牧场放牧，也不能把他们的牲畜放进牧场；不经土地所有者同意，不能到他尚未耕种的土地上去放牧，否则处以 12 便士罚金并交与领主。

85. Elmley Castle, Worcs. Friday, July 10th

The wardens of the by-law [berlawe] of the town of Elmley, that is to say Thomas White, Walter Hamond, Walter Norton, Adcock de Crediton⋯to keep and to present at the next court defaults of the by-law.

85. 艾尔姆利-卡斯特尔，伍斯特郡　星期五，7 月 10 日

艾尔姆利村庄的村规监督员，也就是指托马斯·怀特，沃尔特·哈蒙德，沃尔特·诺顿，爱德考克·克雷迪顿应坚守村规并在下次开庭时指控违反村规之人。

86. Warboys, Hunts. Tuesday, July 6th

It is ordered that no one henceforth shall have sheep or foals pasturing in the meadow within the grain under pain of 40d.

Simon Hy', John the Miller, William Baroun, John Wulles, Jr., Henry Norbaggh, William Henry, William Colvyl and John ffoster, Richard Plumbe are chosen... [sic].

And that no one depasture with his beasts in the stubble of the community before the Feast of the Nativity of the Blessed Mary under pain of 40d.

And that no one shall go outside the town in autumn to work for higher pay until all the lord's grain has been fully housed under pain... [sic].

86. 瓦尔博斯，亨廷顿郡　星期二，7 月 6 日

法规指出，自此之后，任何人都不能在田地之中的草地上放牧他们的绵羊或者马驹，否则处罚 40 便士。

选举西蒙·亨利，约翰·米勒，威廉·巴瑞恩，约翰·瓦利等人为监督员。（以下缺失）。

任何人都不能在庆祝圣母玛利亚诞生节之前（9 月 8 日）在共同体的庄稼茬上放牧他的家畜，否则处罚 40 便士。

任何人都不能在把领主的庄稼全部运进谷仓之前，到村庄之外去工作以便争取更高的工资。否则处罚⋯⋯

87. Halton, Oxon. Wednesday, November 16th

John Peygnaunt, Thomas Woodward and Thomas at the pit, wardens of the bylaws [Belawes] present that Roger Marewell (2d.) John Chatt (2d.) William Martin (2d.) William Meredene (2d.) have their sheep in the stubble in autumn time before the plough-beasts have depastured it and against the ordinance of autumn. Therefore they are in mercy.

And that Alice servant of Alice Ceram paid Marjorie Haket one sheaf against the said ordinance wherefore she is in mercy (8d.) and that Matilda Trystram (3d.) stole four sheaves in autumn therefore she is in mercy.

87. 霍尔顿，牛津郡　星期三，11 月 16 日

约翰·佩格恩特，托马斯·伍德兄弟，作为村规的监督员他们指控罗杰·玛丽维尔，约翰·查特，威廉·马丁，威廉·马尔登在秋收时节，在拉犁的牲畜放牧之前，他们到庄稼茬上放牧，违反了秋季法令，因此他们每个人都被处罚了 2 便士。

爱丽丝·科瑞姆的仆工爱丽丝支付给马乔里·哈克特一个谷捆，违反了上述法令，因此被处罚 8 便士，而玛蒂尔达·垂斯由于在秋收时偷窃了 4 个谷捆，因此被处罚了 3 便士。

88. Great Horwood, Bucks. Monday, May 15th

It was ordered by the assent of the whole homage that for the present no one shall depasture the pasture of others nor put his beasts to pasture on the pasture or uncultivated lands of others without the leave of him to whom the pasture belongs before the Feast of the Nativity of St John the Baptist under pain of everyone who breaks this agreement within the demesne paying the lord 4d.

88. 大海伍德，白金汉郡　星期一，5 月 15 日

经全体居民同意，他们中的任何人都不能在圣约翰诞生节之前，到其他的牧场放牧，也不能把他们的牲畜放进牧场；不经土地所有者同意，不能到他尚未耕种的土地上去放牧，否则处以 4 便士罚金并交与领主。

89. Launton, Oxon.① Wednesday, September 13th

The reeves of autumn, sworn, present that inasmuch as it was ordered in full court by the whole homage that all who work on feast days or by night shall pay the lord, each one of them, 6d., less if in the opinion of the said reeves the trespass has been less, and that the said reeves shall have for their work in this regard the third penny etc. And that the following persons separately have transgressed against the ordinance aforesaid, therefore it is adjudged that each shall pay as appears etc.②

89. 劳顿，牛津郡　星期三，9 月 13 日。

主管秋收的庄头、治安官以及出席法庭的全体居民一致约定，所有在节日或者夜间工作的人，每个人都要支付给领主 6 便士。如果上述非法行为很少发生，那么上述庄头则由于他的守卫工作而得到 3 便士奖励……并且以下个人都要因为违反了上述法令而遭

---

① Given to the abbey of Westminster in 1065 by Edward the Confessor therewere 35 virgates and 9 cotlands in the thirteenth century, all occupied by the customary tenants, there being no freeholder here before the fifteenth century. The two-field system remained unchanged to the end of the sixteenth century apparently. For a detailed study of the manorial economy see the article by Barbars Harvey in Victoria County History Oxfordshire, Vol. VI (1959), 234-240. 这个庄园是 1065 年由忏悔者爱德华赠与威斯敏斯特修道院的，在 13 世纪时有 35 威尔格和 9 块小田地，这些土地都是由惯例佃农来持有的，在 15 世纪之前，那里没有自由持农。直到 16 世纪末一直保持着两圃制不变。对于庄园经济的详细研究可参见牛津郡的哈维所撰写的《维多利亚郡史》，1959 年第六卷，第 234—240 页。

② Twenty-two are named and fines and are listed of 2d., 3d., or 6d. each. 这里列了 22 个人名和罚金，每个人 2 便士，3 便士或 6 便士不等。

到处罚。

90. Newton Longville, Bucks. Thursday, August 1st

By the assent of the whole homage it is ordered that no one henceforth shall go gleaning in autumn who is able to earn 1d. a day with food under pain of 2d. for each default.

Item that no one shall tether his beast of the plough with foal except at the side of a plot of grain under the same penalty.

And that no one shall allow any animals to pasture in the fields untethered unless they are herded, under the same pain.

And that no one shall pasture beasts untethered unless at a distance of ten acres from the grain under the aforesaid pain.

And that no one shall enter the stubble with his pigs or sheep while the large animals are pasturing there and anyone who is found a trespasser shall suffer this pain aforesaid as often as he is found and it shall be taken by the wardens of this same pain etc.

Stephen Bacon, Henry Veel, John Robert and William Querndon are chosen wardens of this same pain and sworn.[1]

90. 纽顿—朗格维尔，白金汉郡　星期四，8 月 1 日

经全体居民一致同意规定，自此以后，任何人只有他有能力一天挣得 1 便士并带有食物，他就不能在秋季去捡拾庄稼，否则，每触犯一次处罚 2 便士。

任何人除了在一块田地的边上之外，都要拴好他拉犁的牲畜及其马驹，否则处以同样的罚款。

任何人都要在田地放牧时拴好他的牲畜，除非它们是群体放牧的。否则处以同样的罚金。

任何人都要在放牧时拴好他的牲畜，除非他们距离田地有 10 英里的距离，否则处以上述罚金。

当大型的家畜在庄稼地上放牧时，任何人都不能去放牧他的猪或者羊，一经被监督员发现，他就要被处以上述罚金。

斯蒂芬·培根，亨利·维尔，约翰·罗伯特，以及威廉·科尔登被选举为村规监督员并进行宣誓。

91. Great Horwood, Bucks. May 18th

By the assent of the whole homage it is agreed and ordered that no one shall enter the pasture called Stockyng with pigs or sheep before the Feast of St Peter which is called in Chains under pain for each transgressor of 4d.

---

[1] At a court held Wednesday, June 27, 1386, the first four of the above by-laws appear almost word for word but the last one does not. In 1386 the wardens were William Hichcock, John Haukyn, John Rous and John Herryes, Sr. 在 1386 年 6 月 27 日，星期三召开了庄园法庭，前面的四条被逐字地记录形成村规而最后一条则没有通过形成村规。并选举威廉·汉克柯克，约翰·汉金，约翰·劳斯和老约翰·亨利为村规监督员。

Item that no one shall enter any separable pasture which has not already been depastured or broached nor shall he depasture this side the Nativity of St John the Baptist with any beasts before the aforesaid Feast of St Peter under the same pain etc.

Item that no one shall enter the meadow beyond Aldemedebrok with pigs and sheep before the Feast of the aforesaid St Peter under the same pain.

And that if anyone by his own will shall allow any of his animals to pasture in the aforesaid meadow for one continuous day and night before the aforesaid Feast he shall incur the aforesaid penalty.

And for this there are chosen as wardens Richard Bedeford, and William Magge and they are sworn etc.

91. 大海伍德，白金汉郡　5 月 18 日

经全体居民一致同意并规定，任何人都不能在圣彼得节之前到斯道金这个牧场去放牧他的猪或者羊，否则处以 4 便士罚金。

经全体居民同意，他们中的任何人都不能在圣彼得节之前到没有放牧及开垦的牧场放牧牲畜，也不能在圣约翰诞生之地的附近放牧，否则处以上述罚金。

任何人都不能在圣彼得节之前进入埃尔德米德博瑞克牧场放牧他们的猪和羊，否则将处以上述罚金。

任何人如果一意孤行仍在圣彼得节之前，在上述牧场放牧他的家畜一天一夜，那么他将遭到上述的惩罚。

为此，选举理查德·贝德福特，威廉·麦奇为村规监督员，他们为此宣誓。

92. Newton Longville, Bucks. Friday, July 24th

It is ordered by the assent of the whole homage that no one shall go gleaning in autumn so long as the lord or any other wishes to pay him for his labour 1d. a day with food.

And that no one shall tether or cause any work beast with foal to be tethered at the side of any plot of grain but only at the end and if there be only one acre of grain he shall not tether either at the side or at the end and this under pain of 2d. for each default.

That no one shall pasture his great beasts next to the grain unless there be a space of 14 acres in width and this under the same pain etc.

That no one shall pasture nor allow any sheep or pigs to pasture next to any grain unless there be a space of twenty acres in width and this under the aforesaid pain.

And this [sic] as often as any one is found or apprehended trespassing against the aforesaid ordinance by the wardens of the same pain etc.; for which Stephen Bacon, William Hichecok, John Robaunce, John Molle on behalf of Westthorp and John Bryewell, Hugh Bacon, John Coupere and John Hichecoke on behalf of Estthorp were chosen and sworn etc.

92. 纽顿-朗格维尔，白金汉郡　星期五，7 月 24 日

经全体居民一致同意，任何人，只要领主或者其他人愿意用一天 1 便士并带有食物去雇用他，那么他就不能在秋收时去捡拾庄稼。

任何人都不能在一些田地的边上拴上他的马驹，只能在地头上拴上它。如果只有一

英亩大小的田地，那么他既不能拴在地边也不能拴在地头。如果他每触犯一次，就要被处罚 2 便士。

任何人都不能在田地边上放牧他的大型牲畜，除非那里有 14 英亩大小的空间，否则他将被处以同样的罚金。

任何人都不能在田地边上放牧他的猪或羊，除非那里有 20 英亩大小的空间，否则处以上述罚金。

如果有人被监督员发现违反了上述法令，将处以同样的罚金。为此，选举斯蒂芬·培根，威廉·亨查克，约翰·罗庞斯，约翰·穆勒代替韦斯特塞颇和约翰·伯威尔，休·培根，约翰·库佩和约翰·亨查克代替埃斯特托普尔为村规监督员，并进行宣誓。

93. Great Horwood, Bucks.

By assent of the whole homage it is agreed and ordered that no one shall depasture the selions in the fallow field with any animal great or small until the meadow has been mown.

And that everyone may pasture his animals in his separable field and on his own ground until the Feast of the Nativity of St John the Baptist and after the aforesaid Feast every one shall pasture with his animals as has been the manner and custom from of old within this demesne.

And that one-year-old foals and calves shall not pasture in the field or the meadows without good herding.

And that no one shall tether a beast of the plough with foal along the side of a plot but only at the end of the same, and this under pain of each trespasser aforesaid 4d.

And that no one shall enter a certain pasture called 1e Stokyng with his sheep before the Feast of St Peter which is called ad Vinculum［sic］under the aforesaid pain.

And for this there were chosen as wardens John Warin, John Baynard, Richard Churchey and Robert Coupere and they were sworn etc.

93. 大海伍德，白金汉郡

经全体居民一致同意，任何人都不能在牧场的草被收割前，到三圃制的休耕地中放牧他的大型或小型的家畜。

每个人在自己的田地上放牧他们的家畜直到受洗者约翰诞生节之前，从上述节日之后，他们就可以按照旧有的习俗与方式，在自营地上去放牧他们的牲畜。

一岁的小马驹或者小牛，在没有很好的照管下，不能到田地里或者牧场上去放牧。

任何人都不能沿着地边拴上他拉犁的牲畜和小马驹，只能拴在地头，否则处以 4 便士的罚金。

任何人都不能在圣彼得节之前进入到叫斯托金的牧场，否则处以上述罚金。

选举约翰·瓦林，约翰·贝纳德，理查德·丘尔吉和罗伯特·库普为村规监督员，他们进行了宣誓。

94. Great Horwood, Bucks. Tuesday, August 3rd

By assent of the whole homage it was agreed and ordered that no one shall enter the field to reap wheat or rye or oats before the Feast of the Assumption of the Blessed Mary next to come under pain for each default of 40d.

And no one shall go gleaning in autumn who is able to earn 1d. a day with food under the aforesaid pain etc.

94. 大海伍德，白金汉郡　星期二，8 月 3 日

经全体居民一致同意并规定，任何人在圣母升天节（8 月 15 日）之前，都不能进入田地收割小麦，裸麦或者燕麦。否则处罚 40 便士。

任何人只要有能力去挣得一天 1 便士和食物，那么他就不能在秋收时去捡拾庄稼。否则处以上述罚金。

95. Launton, Oxon. Saturday, September 25th

All the customary tenants have a day to make and repair their road through the middle of the town before the next court to be held here and this under pain for each man of 12d.

And it is arranged among the customary tenants of this town that 1e Sladgate be made before the Feast of Easter under pain of 40d.

And that no one shall come with his beasts into Waldfeld before the Feast of Pentecost under pain of 6d.

And that no one shall make a way with his animals or beasts through the middle of his garden before the Feast of St Peter in Chains in such away that his neighbours suffer damage under pain if it shall happen of 6d. to be levied to the use of the lord etc.

95. 劳顿，牛津郡　星期六，9 月 25 日

所有的惯例佃农在下次开庭前，都要拿出一天的时间去修复通向村庄中间的道路，否则每人处罚 12 便士。

此镇的所有惯例佃农、佃农应在复活节之前修好斯莱德的大门，否则处罚 40 便士。

任何人不能在圣灵降临节之前到维尔德菲尔德的牧场放牧自己的牲畜，否则处罚 6 便士。

任何人及其家畜都不能在圣彼得节之前，开条通往他田地中间的道路，因为这样会给他的邻居造成损失，如果真有此事发生，则处罚 6 便士，并交予领主使用。

96. Warboys, Hunts. November 1st

And they〔the jurors〕say that Magota Goffe（3d.）gleaned wrongfully in autumn.

And that Agnes ffree（3d.）left town in August to earn higher pay contrary to the statute.

It is ordered also that no one shall depasture with his beasts in the pathways and roads of the community inside the grain from the Feast of Easter until the Feast of Trinity under pain…①

It is ordered also in the same way concerning the eastern field of Caldecote through the same period of time and under the same pain.

96. 瓦尔博斯，亨廷顿郡　11 月 1 日

他们（指陪审团）指控马戈塔·戈夫在秋季非法捡拾而被处罚 3 便士。

阿格尼斯·弗里由于在 8 月离开村庄到外面去挣更多的工资，从而违反了村规，被处罚 3 便士。

---

① MS. Torn. 资料缺失。

任何人都不能在复活节到三一主日期间在田地中共有的小路和公路上放牧他们的家畜，否则处以……（缺失）。

在同时期，任何人在开尔德欧德东部的田地做同样的事，处以上述罚金。

97. Elmley Castle, Worcs. August 16th

It is ordered by all the tenants free and native that no one shall place cadavers in a certain lane called Parsoneslane under pain for each one so doing of 20d.①

Item they present that John Smith (2d.) agisted three geese, Richard Cyryng (2d.) agisted three geese in the brook of the town contrary to the ordinance called Beelawe made therein. Therefore they are in mercy.

97. 艾尔姆利-卡斯特尔，伍斯特郡 8 月 16 日

经全体自由农和维兰同意，任何人都不能把动物的尸体放在帕萨斯小巷的路上，否则处以 20 便士的罚金。

他们指控约翰·史密斯，理查德在村庄的小溪里分别放牧三只鹅，触犯了村规，因此每人被处罚 2 便士。

98. Broughton, Hunts. Tuesday, July 11th

And that William Asbloan, Thomas Thewall, William Everard, and John Schepherd, Sr. were chosen wardens of autumn.

And it is ordered that henceforth no one shall depasture with his animals within the grain of the community until all the grain in one plot has been fully housed under pain of 40d.

98. 布劳顿，亨廷顿郡 星期二，7 月 11 日

选举威廉·艾斯博隆，托马斯·泽沃，威廉·埃弗拉德和老约翰·谢普赫德为秋季村规监督员。

并规定，自此以后，在一块田地中的庄稼被完全运到谷仓之前，任何人都不能在共同体的田地里放牧他的家畜。否则处罚 40 便士。

99. Wistow, Hunts. Tuesday, July 18th

It is ordered that no one shall work in autumn on the days or on the eves of feasts.

Nor shall anyone depasture with his sheep in the stubble before the Feast of the Blessed Mary under pain of 2s.

99. 维斯托，亨廷顿郡 星期二，7 月 18 日

任何人都不能在秋季的节日前夕进行工作。

任何人都不能在圣母节到来之前在庄稼茬上放牧他的羊，否则处罚 2 先令。

100. Warboys, Hunts. Wednesday, July 19th

It is ordered that no one shall depasture with his sheep within the grain and ［sic］ in Wodemead and in all other pastures until the grain has been fully housed under pain of 40d.

---

① The cadaverers reported that 24 sheep, 7 hoggets and 2 pigs had died since the Feast of the Purification (February 2nd) ---no one to blame. 因为自净化节 2 月 2 日以来，共有 24 只羊，7 只羔羊和 2 头猪死掉。

And that no one shall have his foal in the grain of the community untethered under the same pain.

And that no one shall depasture his beasts in the stubble of the community before the Feast of Michael ［sic］ under pain of half a mark. William Colvyll, John Brounyng, Jr., Robert Vlynes, Robert Colle, John Willeg, Jr., and Richard Munro, Jr. were chosen wardens of autumn.

100. 瓦尔博斯，亨廷顿郡　星期三，7月19日

法令规定，任何人都不能在庄稼被运到谷仓之前在田地里或者其他的草场放牧他的羊，否则处以 40 便士的罚款。

任何人在共同体的田地中都要拴好他的马驹，否则处以同样的罚款。

任何人都不能在圣米勒节之前到共同体的庄稼茬上放牧他的家畜，否则处罚半马克。选举威廉·克里夫，小约翰·布龙，罗伯特·沃里尼，罗伯特·科尔，老约翰·维尔以及老理查德·蒙罗为秋季村规监督员。

101. Elmley Castle, Worcs. Saturday, August 1st

It is ordered by all the tenants free and native that no one shall allow his animals of any kind in the wheat fields of the demesne under pain for anyone so doing of paying the lord 12d.

Item it is ordered by the same tenants that no one shall allow his beasts in the fields of the tenants before twenty acres of grain at least have been harvested under pain of each one so doing paying the lord 12d.

Item it is ordered by the same tenants that from now on no pigs shall pasture in the meadows of the lord or of his tenants under pain of each transgressor paying the lord 12d.

Edmund…①Richard Dyryng, Richard Cole and John Reynard are chosen and sworn to keep the aforesaid by-law ［bylawes］.

Item it is ordered by all the tenants as well free as native that if any one shall allow his ducks in the town brook which …he shall forfeit to the lord through the reeve from now on and for the proceeds…②to the lord in his account and the reeve is now sworn.

101. 艾尔姆利-卡斯特尔，伍斯特郡　星期六，8月1日

所有的自由农和维兰一致规定，任何人都不能让他的任何家畜进入领主自营地的麦田，否则处罚 12 便士并交给领主。

他们同样规定，在至少有 20 英亩大小的庄稼被收割以前，任何人都不能允许他的牲畜进入佃农的田地。否则每触犯一次，都要交 12 便士给领主。

法令规定，自此以后，任何人都不能在领主或者他的佃农的草场上放牧他的猪，否则每触犯一次，都要交给领主 12 便士。

理查德·迪尔，理查德·库勒，约翰·雷纳德被选举，并进行宣誓去保护上述村规。（实际上是村规的监督员）。

———————————

① Illegible. 资料不详。

② Illegible. 资料不详。

附录　中世纪的村规（中英文对照）

经自由民和维兰一致同意，任何人都不能允许他的鸭子进入村庄的小溪，否则，将由庄头没收并交给领主。

102. Great Horwood, Bucks. Wednesday, August 2nd

By the assent of the whole homage it is agreed and ordered that no one shall enter the meadows with pigs or sheep before the end of autumn and this under pain of 4d. from each one in default.

Item that no one shall enter into the field of grain so long as any grain remains in the aforesaid field by the space of one land［stadium］and this under the pain aforesaid.

Item that no one shall go gleaning who is able to earn 1d. and food and this under the aforesaid pain etc.

102. 大海伍德，白金汉郡　星期三，8月2日

经全体居民一致同意并规定，在秋季结束前，任何人都不能进入牧场放牧他的猪或者羊，否则，每触犯一次，都要处罚4便士。

只要上述土地中的田地内还有庄稼，任何人都不能进入。否则处以上述罚金。

任何人只要有能力去挣得一天1便士和食物，那么他就不能在秋收时去捡拾庄稼。否则处以上述罚金。

103. Podington, Beds. Tuesday, August 1st

It is ordered at this court that no tenant shall have beasts of the plough with foal following them this autumn under pain of 40d. to be paid to the lord.

And that no one shall agist his own beasts of the plough in the lord's grain under the pain aforesaid.

And that no one shall transport any grain outside the fields after the time of carting under the pain aforesaid.

And that no one shall glean［coligat spicas］in autumn if there is any one who wants to hire him at 1d. a day and food under the pain aforesaid.

103. 波丁顿，贝德福德郡　星期二，8月1日

法庭宣布，凡是有马驹的犁耕家畜，在秋季时都不允许马驹跟随他们，否则处罚40便士交给领主。

任何人都不允许在领主的田地中放牧自己的家畜，否则处以同样的罚金。

任何人在过了运输时间之后，都不能在田地外运输庄稼，否则处以同样的罚金。

任何人，只要有人愿意用一天1便士并带有食物去雇佣他，那么他就不能在秋收时去捡拾庄稼。

104. Great Horwood, Bucks. Thursday, May 31st

By assent of the whole homage it is agreed and ordered that no one of them shall have his beasts or cattle in the meadow, pastures or pathways in the sown field or in the fallow field unless on his own propertry between this and the Nativity of St John the Baptist.

And that none of them shall have sheep in the sown fields between now and the Gules of August under pain of every transgressor every time 4d.

And there were chosen as wardens William Magge, Richard Twechyn and Richard Banard and they took oath.

104. 大海伍德，白金汉郡　星期二，5 月 31 日

经全体居民一致同意并规定，从今天开始直到圣约翰诞生节之前，任何人都不能在草地，牧场或者已播种的田地或者休耕的土地上进行放牧，除非是他自己的田地。

从现在开始到八月，任何人都不能在已播种的田地上放牧羊，否则每触犯一次都要处罚 4 便士。

选举威廉·麦奇，理查德·维奇和理查德·巴纳尔德为村规监督员，他们为此宣誓。

105. Elmley Castle, Worcs. Friday, July 19th

Ordinaces for autumn.

It is ordered by all the tenants of Credeshe that none of them allow their sheep or pigs to go in the fields of the lord during autumn under pain of 2s.

And that no one shall allow his horses to go in the fields day or night in the aforesaid time unless they are tethered under pain of 6d.

And it is ordered by all the tenants of Elmley that if anyone allows any of his beasts to go into the grain of the lord in autumn time he shall pay the lord for each time 6d.

And that if any one breaks or makes a way beyond Eldebery without leave he shall pay the lord for each time 12d.

105. 艾尔姆利-卡斯特尔，伍斯特郡　星期五，7 月 19 日

秋季法令。

经科瑞德的全体佃农一致同意，任何人都不能在整个秋季进入领主的田地放牧他们的猪或者羊。否则处罚 2 先令。

除非他们把马拴好，否则，任何人都不允许他们的马在上述时间的白天与夜晚进入田地。处罚 6 便士。

艾尔姆利村庄的所有佃农，都不能允许他们的家畜在秋季进入领主的田地，否则将处罚 6 便士并交与领主。

任何人在没有得到领主埃尔德贝里允许的情况下，私自破坏或者开通道路，他将交给领主 12 便士的罚金。

106. Newton Longville, Bucks. Monday, August 1st

Ordinance.

It is ordered by the assent of the whole homage for the present that no one shall enter the fields of grain with his sheep by the space of ten acres until the end of autumn.

And that no one shall allow his calves in the aforesaid time to pasture at large without a herdsman unless they be tethered and this under pain of 8d. for each default, 4d. to holy church and 4d . to the lord.

And for this there were chosen as wardens John Bryewell, John Cook, Hugh Bacon, John Haukyn, Richard Crurdy, Richard Zauge, John Bouere and John Godwine and they were sworn.

106. 纽顿-朗格维尔，白金汉郡　星期一，8月1日

法令：

经全体居民一致同意并规定，他们中的任何人都不能在秋收结束前进入10英亩大小的田地放牧他的羊。

任何人都不能在上述时间，在没有放牧人的情况下放牧他的小牛，除非他已把它拴好。否则，他将被处罚8便士，4便士交给教堂，4便士交给领主。

选举约翰·伯威尔，约翰·库克，休·培根，约翰·汉金，理查德·克鲁迪，理查德·道奇，约翰·比尔瑞和约翰·奥德温为监督员并进行宣誓。

107. Launton, Oxon.①

It is ordered by the lord and the tenants that all who work on feast days or by night or who do damage in the grain, the meadows, and the pastures ought to be amerced according to the gravity of the default, of which the third penny belongs to the said reeves and two pennies belong to the lord, and those who work by night shall be amerced at 3d. to the use of the lord.②

107. 劳顿，牛津郡

经领主和佃户们同意，所有在节日或者在夜间工作，或者破坏了谷物、草场和牧场的人，按照村规都应该受到惩罚。其中3便士属于庄头，2便士交给领主。而夜间工作的人被处罚3便士，交给领主。

108. Halton, Bucks. Saturday, August 1ˢᵗ

It is ordained by the community of the whole township that no one of them shall pay anyone in the field with any sheaves but if they wish to pay any one with sheaves they shall do so in their own dwelling and not elsewhere under pain of each transgressor 12d.

And that no gleaner [collector spicarum] shall carry any grain outside the field before sunrise or after sunset under the aforesaid pain.③

108. 霍尔顿，白金汉郡　星期六，8月1日

经共同体全体一致同意，他们中的任何人都不能在田地里用谷捆来支付他人的工资，如果他们非要用谷捆来支付的话，只能在其住所内进行，不能在其他的地方。否则处罚12便士。

所有的捡拾者，都不能在日出之前和日落之后把庄稼带出田地，否则受到上述处罚。

109. Broughton, Hunts. Tuesday, July 14ᵗʰ

William Ashlond, John Catoun, Jr., William Guerard and John Brenwell, Jr. were

---

① Day and month missing. 日期不详。

② The four reeves of autumn presented a dozen offenders. In 1410 and in 1411. the same by-law was repeated word for word and the reeves say they have nothing to present because none made default. 4个秋季庄倌指控了12个犯罪人。在1410和1411年，法令被进一步地重申，但他们没有进行指控，因为没有一个人犯罪。

③ Re-enacted word for word on June 10, 1404. 该村规在1404年6月10日重新修订。

elected to the office of reeves of the field and they took oath.

It is ordained by the lord and the whole homage that none shall enter the field to mow, reap or cart any grain henceforth through the whole of autumn neither in the evening nor in the morning so long as it is night under pain for each one of 40d.

And that no one shall trample the stubble of another with any beasts during the whole of autumn until the Feast of St Michael unless it be each one on his own land under the pain aforesaid.

And that none shall pasture with any beasts between the grain in any field until the grain has been removed fully for the space of one land under the aforesaid pain.

109. 布劳顿，亨廷顿郡　星期二，7 月 14 日

威廉·阿什隆，老约翰·克顿，威廉·格拉德以及老约翰·伯恩维尔被选为村官，并为此宣誓。

经领主和全体居民一致同意，自此之后，任何人都不能在整个秋季的傍晚或者早晨进入田地里割草，收割或者运输庄稼，一旦发现，每次处罚 40 便士。

任何人都不能在秋收期间直到圣米迦勒节之前，带着其家畜侵入其他人的庄稼茬。除非在其自己的田地中，否则处以上述罚款。

任何人都不能在田地被挪出一块田地大小之前，在田地中放牧。否者处以同样罚金。

110. Houghton, Hounts. Tuesday, July, 14th

Richard Carter, John Gerard, William Aleyn and Robert Uptoun were elected to the office of reeves of autumn and they were sworn.

It was ordered both by the lord and by the whole homage that no one should gather quisquilias [odds and ends, rubbish] except on his own land under pain of 2s.

And that none shall pasture any beasts in the grain of the lord or his tenants before the grain has been harvested and fully housed by the space of one land under pain of 20d.

And that no one shall pasture with his sheep or his pigs in a certain pasture called heyfurlong before the Feast of the St Martin under pain of 40d.

And that no one shall glean [conspicabit] through the whole of autumn who is able to earn 1d. a day and food under pain of 12d.

And that no one shall tether or pasture any beasts in the wheat stubble before the Feast of St Michael but every one on his own stubble under pain of 2s.

110. 霍顿，亨廷顿郡　星期二，7 月 14 日

理查德·卡特，约翰·杰德勒，威廉·阿林和罗伯特·阿普顿被选举为秋季监督员，并为此宣誓。

任何人不经过领主和全体居民同意不能拾穗，除非在自己的田地，否则处罚 2 先令。

任何人都不能在庄稼被收割并能装满一间房子大小的空间之前，到领主和他佃户的田地上进行放牧，否则处罚 20 便士。

任何人都不能在圣马丁节之前，到一个叫海的牧场去放牧他的猪或羊，否则处罚 40

便士。

任何有能力一天挣 1 便士并带有食物的人，都不能在秋季时去捡拾庄稼，否则处罚 12 便士。

任何人除了可以在其自己的田地外，不能在圣米迦勒节之前到其他的麦茬上放牧牲畜，否则处罚 2 先令。

111. Upwood, Hunts.①

Thomas Perry, William Chamberlain, Richard Payn and Nicholas Alston were chosen by the whole homage to the office of reeves of autumn and sworn.

It is ordered at this court by the lord and by the whole homage that no one shall pasture or tether any beasts in the lord's wheat stubble until two weeks after ［the grain］ has been fully housed nor in the stubble of any of the lord's tenants until one week under pain of 12d.

And that no one shall glean through the whole of autumn who is able to earn 1d. a day and food under the aforesaid pain.

111. 阿普伍德，亨廷顿郡　（日期不详）

选举托马斯·佩里，威廉·张伯伦，理查德·佩恩，尼古拉斯·阿斯顿 4 人为秋季的庄倌，并为此宣誓。

经领主和全体居民一致同意，任何人都不能到领主的麦茬上放牧家畜，只有当庄稼被运到仓房之后 2 周才可以。也不能到领主的佃农那里放牧，只有在运完之后 1 周的时间里才可以。否则处罚 12 便士。

任何有能力一天挣 1 便士并带有食物的人，都不能在秋季时去捡拾庄稼，否则处以上述罚款。

112. Great Horwood, Bucks. Thursday, November 26th

It is ordered by all the tenants both free and native that no one within the demesne shall brew henceforth when there is a church tavern to the end that no injury or harm can befall the church under pain of 6s. 8d. of which 3s. 4d. to the use of the church and 3s 4d. to the use of the lord.②

And that no one shall drive the draught beasts of his neighbours outside his pasture under pain of 40d.

112. 大海伍德，白金汉郡　星期四，11 月 26 日。

经全体自由农和维兰一致同意，自此以后，当这里有一个教会的小酒馆时，并没有

社会转型时期英国乡村基层组织研究

---

① Day and month missing. 日期不详。

② This by—law appears again, verbatim, November 26, 1416. On October 29, 1425, and November 12, 1426, it reads as follows: Ordinance for the church. It is ordained by all the tenants and commanded by the lord that no one shall brew when there is a church brew under pain of half a mark of which 40d. to the lord and 40d. to the fabric of the church. 这条村规此后一再重复，1416 年 11 月 26 日，1425 年 10 月 29 日，1426 年 11 月 12 日。教会法令，经领主和全体佃农一致同意，当这里教会能酿酒时，其他人都不能再酿酒了。否则处罚半马克，其中 40 便士交给领主，40 便士交与教会。

什么灾害降临时，任何人都不能去酿酒。否则处罚 6 先令 8 便士。其中 3 先令 4 便士交给教堂，另外的交与领主。

任何人都不能把邻居的牲畜驱赶出牧场，否则处罚 40 便士。

113. Great Horwood, Bucks. Wednesday, July 26th

Ordinance. It is ordained at this court by all the tenants both free and native that no one who is able to earn next autumn 4d. a day and food shall go outside this town to work for any one under pain of 6s. 8d.

That no one shall go about gleaning〔uansiet ad spicandum〕who is able to earn 1d a day and food under the aforesaid pain.

And to observe these ordinances and to present〔offenders〕at the court next after the Feast of St Michael there were chosen as wardens Robert Tayllour and Richard Tayllour and they took oath.

And that no one shall have his beasts staying on the green〔super le Grene〕henceforth by night on the pain of 6d. for each transgressor.

And to attend to this ordinance there were chosen Richard Churchey and Wlliam Hoggs and they took oath.

113. 大海伍德，白金汉郡　星期三，7 月 26 日

法令。在法庭上经全体的自由农和维兰一致同意，任何一个在明年秋收时有能力挣得一天 4 便士并带有食物的人，都不能走出村庄为他人工作，否则处罚 6 先令 8 便士。

任何有能力一天挣 1 便士并带有食物的人，都不能在秋季时去捡拾庄稼，否则处以上述罚款。

为了保证法令的实施并在圣米迦勒节之后的开庭日上进行指控，选举罗伯特等两人为监督员，他们为此宣誓。

任何人都不能在夜间让他的牲畜待在草地上，否则处罚 6 便士。

为了维护法令的实施选举理查德·丘尔吉和威廉·霍格斯两人为村规监督员并进行宣誓

114. Newton Longville, Bucks. Monday, July 26th

Ordinance of Autumn. At this court it was ordered by all the tenants free and native that no one this autumn shall pasture his beasts or sheep or pigs on his own grain by the space of ten a-cres〔sic〕.

Item no one shall tether his mares with foals along the side of any land of the neighbours but at the end of the land.

And that no one who is able to earn 1d a day and food shall glean under pain of 4d. for each transgressor.

And to keep these ordinances and make presentments at the next court after autumn there were chosen William Hychechoc, Henry Tye, Nicholas Hychecoc and John Harys and they were sworn.

114. 纽顿-朗格维尔，白金汉郡　星期一，7 月 26 日

秋季法令。在法庭上经全体自由农和维兰一致同意，在这个秋季，任何人都不能在他 10 英亩大小的田地上放牧他的家畜或者羊或者猪。

任何人都不能在邻居的田地上沿着地边拴他的母马和马驹，只能在地头。

任何有能力一天挣 1 便士并带有食物的人，都不能在秋季时去捡拾庄稼，否则处罚 4 便士。

为了维护上述法令，并在秋后的下次开庭时进行指控，选举威廉·海奇，亨利·泰伊，尼古拉斯·海奇科，约翰·哈利斯为监督员，并进行宣誓。

115. Great Horwood, Bucks. Thursday, July 24th

At this [court] it is ordained by all the tenants that no one shall have his beasts staying on the green by night under pain of 4d. And William Hoggeset, John Willyam, Jr., were chosen and sworn to present transgressors.

Item it is ordained that no one who is able to earn 1d a day and food in autumn shall go gleaning under pain for each transgressor of 3d.

And when they go gleaning they shall enter the town by the royal way and not through gaps.

And they shall not go gleaning before sunrise or after sunset under the aforesaid pain.

And to keep these ordinances there were chosen the constable and John Gaynard, Sr. and they were sworn to present malefactors.

And it is ordained that no one shall tether between the sheaves by a space of three acres under the pain *infra scripta*.

And that no one shall tether his work beasts with foal along the length of any land of the neighbours under the pain aforesaid.

And to keep this ordinance there were chosen John Baynard and William Heyges and they were sworn to present malefactors at the next court.

115. 大海伍德，白金汉郡　星期四，7 月 24 日

任何人都不能在夜间让他的家畜待在草地上，否则处罚 4 便士，并选举威廉·霍格赛特，约翰·维尔亚姆 2 人宣誓去纠察非法入侵者。

任何有能力一天挣 1 便士并带有食物的人，都不能在秋季时去捡拾庄稼，否则处罚 3 便士。

当捡拾者进入村庄时必须要走主干道，不能走小路。

他们不能在日出之前或者日落之后去捡拾庄稼，否则处以 3 便士罚金。

为了保证上述法令的实施，选举治安官和约翰·杰拉德先生，他们宣誓去稽查犯罪者。

任何人不能在 3 英亩的谷捆范围内拴家畜，否则将按照下文方式处罚。

任何人都不能在其邻居的土地边上拴他的畜力及其马驹，否则处以上述罚金。

为了保证上述法令的实施。选举约翰·贝纳，威廉·黑吉斯两人，他们宣誓并在下次开庭时指控犯罪者。

116. Great Horwood, Bucks. Friday, April 20th

Plebiscite [plesbisicitum]. It is ordained by all the tenants free and native that no one shall have beasts or animals to pasture unless tethered in the separable grass of his neighbours before the Feast of St Peter in Chains under pain of each transgressor⋯

And no one shall allow his beasts to be by night in the street unherded nor outside a close until the end of autumn under the aforesaid pain.

And no one shall tether his work beasts with foals along the length of any sown land of his neighbours under the aforesaid pain.

And to keep this ordinance and present transgressors to the next court there were chosen⋯ John Baynard, John Haukyn, John Wichan Jr., and they took oath.

116. 大海伍德，白金汉郡　星期五，4 月 20 日

任何人都不能在圣彼得节之前去放牧他的家畜，除非它们被拴在邻居的一块独立的草地上。

在秋季结束之前，任何人都不能在夜晚，没有牧群的情况下把其牲畜放在街道上，也不能放在圈外。否则处以上述罚金。

任何人都不能在邻居已播种的田地边上拴他的家畜及其马驹。否者处以相同罚金。

为了维护上述法令，并在下次开庭时指控罪犯，选举约翰·贝纳特，约翰·汉金和老约翰·维彻为监督员，并进行了宣誓。

117. Hemingford, Hunts. Thursday, October 31st

It is ordained by the lord and the whole homage that no one shall pasture his sheep nor place foals in le shepcotefielde between lands that are sown under pain to the lord 20d. and the church 20d.

Item it is ordered also that no skilled labourer [artificarius laborarius] shall take more per day than 1d. and food before the Feast of the Purification of the Blessed Mary (February 2nd), under pain of 40d.

117. 赫明福德，亨廷顿郡　星期四，10 月 31 日

经领主和全体居民一致同意，任何人都不能在已播种的谢普科德菲尔德田地中间放牧他的羊或者马驹，否则处罚 20 便士给领主，20 便士给教堂。

有劳动技能的劳动者在献主节（2 月 2 日）之前，每天都不能拿超过 1 便士和食物的工资；否则将被处以 40 便士罚款。

118. Wistow, Hunts. Thursday, July17th

It is ordered by the lord and the whole homage that each tenant shall fill the pits which he made in the low way [loway] under pain for each one of 12d.

Item that no one shall let his colts go loose so they are taken in the grain from the Feast of St Peter in Chains (August 1st) to the Nativity of the Blessed Mary (September 8th) under pain of 7d.

And that no sheep shall be allowed in the meadow at Wyldbrigg next to the meadow of the rector before the Feast of the Nativity of the Blessed Mary under pain each one of 4d.

And that each tenant of Wistow shall mend the road next to his land with stones before the Feast of St Michael under pain each one of 12d.

And that no one shall mow or dig in the fen near the boundary ways by a width of three acres under pain each one of 40d.

And that no one shall glean in autumn who is able to earn 1d. a day and food under pain each one of 12d.

And that no one shall tether or pasture beasts in the wheat stubble this side the Feast of the Nativity of the Blessed Mary under pain each one of 12d. The jury of Wistow elect Robert Waryn, John Randolf William Becker and Thomas ffraunces reeves of autumn and they were sworn.

It is ordained that none of Ravele①shall enter the wheat stubble with any animals this side the Feast of the Nativity of the Blessed Mary under pain of 12d.

It is ordered also that no one shall put his foals in the grain this side the Feast of the Nativity of the Blessed Mary.

Item the jurors elect John Owey and John Hysche autumnal reeves and they were sworn.

118. 维斯托，亨廷顿郡　星期四，7 月 17 日

经领主和全体居民一致同意，每个佃户都要填好他们在道路上所留下的坑，否则每人处罚 12 便士。

任何人都不能在圣彼得节（8 月 1 日）到圣母诞生节（9 月 8 日）之间放他们的小马到田地之中。否则处罚 7 便士。

任何人都不得让他的羊进入与教区长的草场比邻的维尔德博瑞格草地，在圣母诞生节之前，否则处罚 4 便士。

每个人都要在圣米迦勒节之前用石头修复与他土地相邻的道路，否则每人处罚 12 便士。

任何人不能在沼泽边上挖宽 3 英亩的土地，否则每触犯一次，处罚 40 便士。

任何有能力一天挣 1 便士并带有食物的人，都不能在秋季时去捡拾庄稼，否则处罚 12 便士。

任何人都不能在圣母诞生节之前到麦茬上放牧他的牲畜，否则处罚 12 便士。维斯托的陪审团选举罗伯特·沃恩，约翰·兰道夫，威廉·贝克尔，威廉·弗兰西斯为秋倌，他们进行了宣誓。

瑞维勒的任何人都不能在圣母诞生节之前到麦茬上放牧他的牲畜，否则处罚 12 便士。

规定再次重申任何人都不能在圣母诞生节之前到麦茬上放牧他的牲畜，否则处罚 12 便士。

这个庄园下的一个小村庄也选举约翰·奥维和约翰·海思彻作为秋倌。

119. Newington, Oxon. Friday, July 25ᵗʰ

John Parmenter and William Teukesbury of Brookhampton, John Vyric and John Champyon of Berwick, Richard Wem, John Benet of Newington were ordained wardens of the statutes of

---

① A hamlet of Wistow. 维斯托的一个小村庄。

autumn in the aforesaid town, that is to say, that no one shall be allowed to glean who is able to earn 1d. a day nor is any one allowed to have his sheep preceding the great beasts in the stubble nor can any one have pigs going about anywhere in the fields of the said town unless in the keeping of the common swineherd of the said town.

119. 纽因顿，牛津郡　星期五，7 月 25 日

布鲁克汉普顿的 2 个人，伯里克郡的约翰·沃瑞克和约翰·钱普恩，纽英顿村庄的理查德·温，约翰·贝尼特被选举为上述村庄秋季法的村规监督员，也就是说，任何有能力一天挣 1 便士的人，都不能在秋季时去捡拾庄稼。除了在上述村庄的公共放牧人的监管下，任何人都不能在大型的牲畜放牧前，允许他的羊进入庄稼地；也不能让他的猪四处走动，除非在上述村庄的公共猪倌的监管下。

120. Warboys, Hunts. Saturday, July 25th

It is ordained that no one shall mow in the meadow from the beginning of autumn until the lord makes an end [of the prohibition] under pain…①

And that no one shall go forth from town to work before autumn shall end under pain of 40d.

And that no one shall glean in autumn who is able to earn 1d. a day and food under pain of 12d.

And that no one shall go with his animals into the stubble between the shocks before it has been raked under pain of 40d.

And that no one shall send his animals into the wheat stubble except the mares under pain of 2s.

And that no one shall send his foals into the grain loose during autumn under pain of 40d.

120. 瓦尔博斯，亨廷顿郡　星期六，7 月 25 日

任何人都不能在秋收开始到领主解除禁令期间到草场去割草，否则处罚（以下缺失）。

任何一个在秋季前来此工作的人都要到秋季结束，否则处罚 40 便士。

任何有能力一天挣 1 便士的人并带有食物的人，都不能在秋季时去捡拾庄稼，否则处以 12 便士的罚金。

任何人都不能在庄稼地里的庄稼捆被耙松之前去放牧他的牲畜，否则处罚 40 便士。

任何人都不能把他的家畜放入麦茬地里，除非它是母马，否则处罚 2 先令。

任何人都不能在秋季时把他的马驹放入地里，否则处罚 40 便士。

121. Elmley Castle, Worcs. Tuesday, August 11th

It is ordained by the whole homage that no beasts or pigs shall be kept or pastured in the stubble in the aforesaid fields of Elmley until thirty selions have been cleared under pain of each one doing the contrary as often as he does it, 4d.

Item that no one shall glean [colliget manipulas] in the aforesaid field any kind of grain before the tenants shall gather [the sheaves] in ricks [in tassis] and clear all the selions under

---

① Illegible. 资料不详。

pain of each one doing the contrary 4d. as often as he does it. Wardens of the aforesaid ordinance Thomas Creweman, William Hardy.

121. 艾尔姆利-卡斯特尔，伍斯特郡　星期二，8月11日

经全体居民一致同意，任何人的猪或者家畜在30块条田被清理干净之前，不能进入庄稼茬放牧。否则每触犯一次，就要处罚4便士。

任何一个捡拾者在上述田地上，在佃农收割干草并且清理完所有的条田之前，不能捡拾任何东西，否则每触犯一次，就要处罚4便士。

上述村规监督员为托马斯·克鲁温，威廉·哈蒂。

122. Burwell, Cambs. Day and month illegible

It is ordered by the lord and by the whole homage that no one henceforth shall have or pasture any foals in the grain or grass of the community whether of the lord or of his tenants under pain for each one of 2s.

And that no one henceforth shall pasture sheep or pigs in the meadows within the grain of the community as above under pain each one of 40d.

And that no one shall pasture with sheep or pigs through the whole of autumn or until the grain shall have been removed and raked by the space of one land under the aforesaid pain.

And that no one shall glean through the whole of autumn who is able to earn 1d. a day and food under the aforesaid pain.

And that no one shall leave town [*deuillabit*] in time of autumn who is able to earn 1d. a day as above.

And that no one shall pasture nor trample any stubble with any animals during autumn before the Feast of the Nativity of the Blessed Mary next to come, under pain of 40d.

Again it is agreed and ordered as appears in the preceding court more fully that no one henceforth through the whole of autumn shall cart any grain away from the field by night nor shall he transport it in any other way neither in the evening nor in the morning while it is still night under pain each one of paying the lord 40d. without mitigation.

122. 伯维尔，剑桥郡　日期不详

经领主和全体居民一致同意，自此以后，任何人都不能在田地里或者共同体的草地上放牧他的马驹，无论它是领主的还是佃农。否则每触犯一次，就要处罚2先令。

自此以后，任何人都不能在共同体田地中的草地上放牧他的羊或者猪，否则每触犯一次，就要处罚40便士。

任何人在整个秋季都不能放牧他的羊或者猪，或者直到所有的庄稼被收割完毕并倒出一块条田的空间时才可以放牧，否则处罚上述罚金。

任何有能力一天挣1便士并带有食物的人，都不能在秋季时去捡拾庄稼，否则处以上述罚金。

当一个人有能力一天挣得1便士并带有食物时，在秋收时不能私自离开村庄，否则处罚上述罚金。

任何人在下一个圣母降临节之前，不能放牧他的家畜或者践踏田地，否则处罚40

便士。

再次经全体出席人一致同意，自此以后，任何人都不能在秋季的夜间运输庄稼，也不能在其他的道路上运输，既不能在傍晚也不能在清晨运输，否则处罚40便士并交给领主。

123. Elmley Castle, Worcs.①

Ordinance of By-Laws.［Belawes］

It is ordered in court before the steward by the assent of the whole homage that if any one shall pasture any beasts in the stubble in autumn before twenty selions at least have been cleared of sheaves he shall pay the lord 4d. for each transgression.

Item that if any one shall pasture any sheep or pigs in the stubble in autumn time before forty selions at least have been cleared of sheaves he shall pay the lord 4d. for each transgression.

Item that if any one shall tether any horse or work animal in the fields in autumn by night he shall pay the lord 4d. for each transgression.

Item if any one shall tether any work animal with foal in autumn, not tethered, next to the grain by day or by night he shall pay the lord 4d. for each transgression.

Item that no gleaner shall gather grain in autumn who is able to earn 1d. a day and food under pain of each transgressor paying the lord 4d.

Item that no gleaner shall gather grain in autumn until the sheaves have been fully carried away from the land under pain each delinquent of paying 4d. to the lord.

The wardens of the aforesaid ordinances namely Walter Chowry, John Monfford, William Handy, John Gallahnay, and Thomas Crewman.

123. 艾尔姆利-卡斯特尔，伍斯特郡　日期不详

村规规定。

在管家面前，经全体居民一致同意，在田地至少被清理出20块条田大小的谷捆之前，任何人都不能在秋收时进入田地放牧。否则每触犯一次都要处罚4便士交给领主。

如果一个人要想在秋季的庄稼地上放牧他的羊或者猪，那么必须要清理完至少40块条田大小的谷捆，否则他将支付给领主4便士。

如果一个人在秋收的夜间把马或者干活的家畜拴在田地中，那么他将支付给领主4便士罚金。

如果有人在秋收时牵着他的马和马驹，在田地附近而没有拴好它，无论白天还是黑夜，他都要交给领主4便士。

任何有能力一天挣1便士并带有食物的人，都不能在秋季时去捡拾庄稼，否则将支付4便士给领主。

在秋收时捡拾者在所有的庄稼都被运走前，不能进入田地去捡拾，否则每触犯一次就处罚4便士交给领主。

上述法令的村规监督员，瓦尔特·哈维，约翰·曼福德，威廉·汉迪，约翰·盖拉

---

① Day and month missing. 日期缺失。

内，托马斯·克鲁曼共 5 人。

124. Upwood, Hunts. Saturday, July 25th

John Onty①was chosen to the office of reeve of autumn and took oath.

It is ordained that no one shall pasture with any beasts in the wheat stubble before the Feast of St Michael next to come under pain each one of 12d.

And that no one through the whole of autumn shall pasture his foals in the fields before the grain has been fully gotten in under the aforesaid pain.

And that no one shall glean through the whole of autumn who is able to earn 1d. a day and food under the aforesaid pain.

And that no one shall mow reeds in the marsh of Upwood before the Feast of St Michael next to come under pain each one of 40d.

And that no one shall mow, reap or cart or do any autumnal work on feast days through the whole of autumn under pain each one of 40d.

And that no one shall cart any grain by night during autumn under the aforesaid pain.

124. 阿普伍德，亨廷顿郡　星期六，7 月 25 日

约翰·安提等 7 人被选为秋倌并进行宣誓。

法令规定，任何人都不能在即将到来的圣米迦勒节之前到麦田里放牧他的家畜，否则处罚 12 便士。

在整个秋季任何人在庄稼被完全运走前不能进入田地放牧他的小马，否则处以上述罚款。

任何有能力一天挣 1 便士的人并带有食物的人，都不能在秋季时去捡拾庄稼，否则处以上述罚款。

任何人都不能在即将到来的圣米迦勒节之前到阿普伍德的沼泽里去收割牧草，否则处罚 40 便士。

任何人在秋季的节日时，不能去割草，收割或者运输，也不能做其他秋收的工作，否则处罚 40 便士。

任何人不能在秋收的夜间运输谷物，否则处以上述罚金。

125. Warboys, Hunts. Tuesday, October 4th

It is ordained that no one shall go forth from town to work for high pay [*pro excessivo salario*] under pain of 40d.

And that no one shall send his cart into the gardens [*ortia*] of the neighbours nor shall he move alestakes under pain of 20s.

And that no one shall mow reeds in the marsh from the Feast of St Michael to the Feast of the Invention of the Holy Cross, under pain of half a mark.

And that no one shall keep any tenant out of his common in the croft in stray time.

125. 瓦尔博斯，亨廷顿郡　星期二，10 月 4 日

---

① And six others. 实际上指与其他的六个被选做庄头的人。

法令规定，任何人不能为挣得高工资而离开村庄，否则处罚40便士。

任何人都不能拉着车进入邻居的菜园之中，也不能移动酒幌，否则处罚20先令。

任何人都不能在圣米迦勒节到光荣十字圣架庆日之间，到沼泽中收割牧草。否则处罚半马克。

任何人都不能置那些不在的佃农的公地于不顾。

126. Elmley Castle, Worcs. Friday, October 14th

The wardens present that John Dynby (4d.) and Walter Swan (4d.) Roger Shepharde (4d.) broke the ordinance concerning the clearing of twenty selions in autumn. Therefore they incur the penalty made therein.

Item they present that Edith Mileward (4d.) Alice Depyng (4d.) and Marjorie Colwyle (4d.) common gleaners of grain in autumn broke the ordinances as appears in the preceding court. Therefore they incur the pain made therein.

Item they present that Walter Hert (4d.) broke the ordinance concerning the twenty selions as above. Therefore he incurs penalty made therein.

126. 艾尔姆利-卡斯特尔，伍斯特郡　星期五，10 月 14 日

村规监督员指控约翰·戴恩，瓦尔特·斯旺，罗杰·谢普哈尔德违反了关于在秋季清理完20块条田的法令，因此他们遭到惩罚，每个处罚4便士。

他们指控伊迪斯·麦尔沃德，爱丽丝·迪普，马乔里·库维乐作为共有地的秋季捡拾者违反了上次法庭所制定的法令，因此，他们被每人处罚4便士。

他们指控瓦尔特·艾尔特破坏了有关20块条田的法令，瓦尔特因此也遭到了上述的惩罚，被罚款4便士。

127. Great Horwood, Bucks. Tuesday, June 4th

Pains enacted for pasture. It is ordained by all the tenants free and native that no one within the demesne shall have mares tethered along the side of any sown land under pain of 12d.

And that no one shall tether nor pasture his beasts upon the pasture of any…①before the Feast of the Nativity of St John the Baptist under pain of 4d.

And that no one shall tether nor pasture upon the separable grass of the neighbours before the Feast of St Peter in Chains under the pain aforesaid.

And to attend to these ordinances and present transgressors at the next court there were chosen the messor Robert Churchey and William Cordall'.

127. 大海伍德，白金汉郡　星期二，6 月 4 日

有关放牧的惩罚。经全体自由农和维兰一致同意，在庄园内的任何人都不能在已播种的地边上拴母马，否则处罚12便士。

任何人都不能在圣约翰节之前在牧场拴着或者放牧他的家畜，否则处罚4便士。

为了维护法令并在下次开庭时指控非法入侵者，选举罗伯特·丘尔吉，威廉·柯达尔为监督员。

---

① Illegible. 资料不详。

128. Halton, Bucks. Wednesday, September 25th

The plebiscites of autumn are to be observed this year in manner and form as was the usage before and to attend to this John Haukyn, John Makyn, Jr. were elected and they were sworn to present delinquencies and to be watchful in all things.

128. 霍尔顿，白金汉郡　星期三，9月25日

所有的秋季法令都要被遵守，选举约翰·哈金，老约翰·麦恩为监督员，他们宣誓指控犯罪者并监督一切事情。

129. Elmley Castle, Worcs.

It is ordered that no tenant shall have ducks criss-crossing and using the common water in the town of Elmley this year before the Feast of St Michael next to come under pain for each delinquent of 1d. Wardens William Denmell and Nicholas Bonde.

129. 艾尔姆利-卡斯特尔，伍斯特郡

任何的佃农在即将到来的圣米迦勒节之前，都不能让他的鸭子交叉会交并使用艾尔姆利村庄的公共用水，否则每触犯一次就处罚1便士。村规监督员为威廉·丹麦尔，尼古拉斯·鲍恩德。

130. Newington, Oxon. Saturday, May 23rd

Berwick. The homage there presents that William Erliche and John Chillebury were chosen wardens of the by-laws [lez bilawes] there namely to present that if there be anyone who is able to earn 1d. a day and food in autumn time and refuses this and goes about gleaning and If there be any tenant there who has his pigs going about anywhere except in the keeping of the common warden of the same town.

Newington. John Berry and Thomas Chillebury were chosen wardens of the by-laws there.

Brookehampton. The homage there present that all is well.

130. 纽因顿，牛津郡　星期六，5月23日

伯里克村。居民提出选举威廉·埃尔彻，约翰·奇尔布雷为村规的监督员，监督是否有人有能力一天挣1便士和食物，却拒绝这样做而去捡拾庄稼；是否有佃农在没有公共放牧人的看管下，让他的猪四处乱跑等事宜。

在纽英顿，约翰·贝里，托马斯·奇尔布雷被选为村规监督员。

布鲁克汉普顿那的居民认为一切都好。

131. Elmley Castle, Worcs. Saturday, July 25th

Ordinances. It is ordained by the assent of the lord's tenants that no one shall pasture his beasts in dyke furlong in autumn before twenty selions shall be cleared of sheaves under pain for each delinquent of 4d.

And that no one of them shall pasture pigs or sheep in a furlong Before forty selions shall be cleared of sheaves under pain for each Delinquent of 4d.

And that no one of them shall pasture his beasts in the meadow called Hultmede and Brodemede before the hay has been carried from it under pain each one of 4d.

And that no one shall glean [spicarum coligat granum] in autumn until the sheaves have been fully carted under pain each one of 4d.

Wardens⋯ Trewman, William Handy, Thomas Gibe, Thomas⋯①

131. 艾尔姆利-卡斯特尔，伍斯特郡　星期六，6 月 25 日

法令。经领主的佃农一致同意，任何人在 20 块条田的庄稼被运走前，不能到垄沟里放牧他的家畜，否则处罚 4 便士。

他们中的任何人都不能在一弗隆中的 40 块条田庄稼被完全运走之前，去放牧他的猪或者羊，否则每触犯一次，就要处罚 4 便士。

在干草被运走前，任何人不能到赫尔特米德等牧场去放牧，否则每触犯一次，就要处罚 4 便士。

在秋季时，直到所有的谷捆被完全运走前，任何人都不能去捡拾庄稼。否则处罚 4 便士。

村规监督员⋯⋯特鲁曼，威廉·汉迪，托马斯·吉伯，托马斯⋯⋯

132. Great Horwood, Bucks. Thursday, November 18th

At this court it is ordered that no one henceforth for the present year shall have his beasts or his work animals pasturing outside of his own pasture before the Feast of St Peter in Chains under pain each trans-gressor of 4d.

And that no one shall allow his beasts or his work animals nor his sheep to pasture on the roadways next to Olde Mede under the aforesaid pain.

And that the son of John Baynard and John Bedeford are chosen wardens of this ordinance and they took oath.

132. 大海伍德，白金汉郡　星期四，11 月 18 日

法庭规定，自此以后，在圣彼得节之前，任何人都不能在其自己的牧场之外去放牧。否则每触犯一次就处罚 4 便士。

任何人不能到靠近老米底的地方去放牧其家畜或放羊，否则将受到同样的处罚。

约翰·贝纳德的儿子以及约翰·彼得弗被选为法令的监督员，他们为此宣誓。

133. Newton Longville, Bucks. Thursday, October 29th

It is ordained by free and natives alike that no one shall pasture nor tether his animals henceforth upon the ways and separable balks within the sown fields before the Feast of Pentecost next to come under pain of 12d.

And that no one shall pasture upon the pasture of another before the Feast of the Nativity of St John the Baptist under the pain aforesaid.

And that each one shall find his food for the herdsman of the beasts as is fitting under the pain aforesaid.

133. 纽顿-朗格维尔，白金汉郡　星期四，10 月 29 日

经自由农和维兰一致同意，自此以后，任何人在圣灵降临节之前，都不能在路边和条田上放牧，也不能把牲畜拴在那里，否则就处罚 12 便士。

---

① Robert Cole crossed out. 村规监督员中的罗伯特·卡尔不再担任监督员。

附录　中世纪的村规（中英文对照）

任何人都不能在圣约翰诞生节之前去别人的牧场里放牧，否则受到同样的处罚。

每个人都要提供给放牧人适合的食物，否则处以上述罚金。

134. Newton Longville, Bucks. Wednesday, February 6th

Item it is ordered as well by the lord as by all the tenants that William Harry is nor anyone else henceforth within the demesne shall have or hold more than 100 sheep for one virgate of land and he who holds two virgates of land shall have 200 sheep and he who holds more shall have more and he who holds less shall have less. And he who does the contrary shall lose to the lord as many more as he has. And in the meantime the lord shall have his pleasure of them.

134. 纽顿-朗格维尔，白金汉郡　星期三，2月6日

经领主和所有佃农一致同意，自此以后，威廉·哈里与其他人一样，每持有1威尔格土地，那么他拥有的羊不能超过100只；他持有2威尔格的土地，他就可以拥有200只羊。他持有的土地越多，那么可拥有的羊就越多，反之亦然。如果他违反这个规定，那么多余的部分将交与领主。

135. Upwood, Hunts. Monday, August 2nd

It is placed in pain that no one shall tether mares with loose foals in the field under pain of 12d.

And that no foals shall follow the carts in the field in autumn under pain of 12d.

And that no pigs or sheep shall come into the field without leave of the reeves of autumn under pain of 12d.

And that no one shall glean who is able to earn 1d. a day and food under pain of 12d.

And that no beasts shall come into the wheat stubble before the Feast of the Nativity of the Blessed Mary under pain of 12d.

And that no one shall come in le ffrith before the hay has been taken away under pain of 40d.

135. 阿普伍德，亨廷顿郡　星期一，8月2日

任何人都不能在田地里拴他的母马和马驹，否则处罚12便士。

在秋季，任何马驹都不能跟随大车进入田地，否则处罚12便士。

在没有秋季监督员的允许下，任何猪或羊都不能进入田地。否则处罚12便士。

任何人都不能拾穗，只要他一天能劳获1便士和食物，否则处罚12便士任何家畜都不能在圣母诞辰节之前进入麦地食茬，否则处罚12便士。

在干草被运走前，任何人不能进入叫乐弗瑞斯的地方，否则处罚40便士。

136. Great Horwood, Bucks. Saturday, November 26th

At this court a place was assigned as well by the lord as by all the tenants for the making of a pin fold, namely, upon the green opposite the tenement of William Knight namely ten feet between the aforesaid tenement and the aforesaid pin fold and the aforesaid pin fold shall be twenty-eight feet long and as many wide and it shall stay there forever.

136. 大海伍德，白金汉郡　星期六，11月26日

在法庭上，经领主和全体佃农一致认定，在威廉骑士房屋对面的一块草地上建立一

个牲畜栏，距离威廉的房屋有 10 英尺远，并且，上述的牲畜栏有 28 英尺长，28 英尺宽，并且将永远放在那里。

137. Broughton，Hunts.①

It is placed in a pain that no one shall take away grain or herbage from the field of grain under pain of 12d. and 12d. ［to the lord and to the church］.

And that no one shall trample the grain nor the herbage in leading four or five horses together under pain of 12d. and 12d.

And that no one shall depasture in the wheat stubble before the Feast of St Michael under pain of 20d. to the lord and 20d. to the church.

137. 布劳顿，亨廷顿郡

任何人都不能从庄稼地里拿走庄稼或者青草，否则处罚 12 便士交给领主和教堂。

领头的 4 匹或 5 匹马不能践踏庄稼或者青草，否则处罚 12 便士。

任何人都不能在圣米迦勒节之前到麦地里放牧，否则处罚 20 便士给领主，20 便士给教堂。

138. Warboys，Hunts. Monday，June 12th

It is put in a pain that no one shall tether animals in the wheat stubble before the Feast of St Michael under pain of 20d. to the lord and 20d. to the church.

And that no foals shall follow the carts in autumn under pain of 12d.

And that no one shall tether horses or mares in the fields before the Feast of St Michael under pain of 12d.

And that all ditches within the demesne shall be cleaned before Lent under pain of 20d. to the lord and 20d. to the church.

And that no beasts come into the grain until one land has been cleared under pain of 12d.

And that no one shall glean who is able to earn 1d. a day under pain of 12d.

And that no one shall leave town to earn high pay under pain of 12d.

138. 瓦尔博斯，亨廷顿郡　星期一，6 月 12 日

在圣米迦勒节之前，任何人都不能到麦地里放牧，否则处罚 20 便士给领主，20 便士给教堂。

在秋季，任何马驹都不能跟随大车进入田地，否则处罚 12 便士。

在圣米迦勒节之前，任何人都不能在庄稼地里拴他的马和驴，否则处罚 12 便士。

所有的沟渠在四旬斋节之前都要被清理干净，否则就要处罚 20 便士给领主，20 便士给教堂。

在田地清理完之前不能放牧牲畜，否则处罚 12 便士。

任何人都不能进入庄稼地拾穗，只要他一天能劳获 1 便士，否则处罚 12 便士。

任何人都不能离开村庄去挣更高的工资，否则处罚 12 便士。

139. Wistow，Hunts. Wednesday，June 14th

---

① Day and month missing. 日期不详

It is put in a pain that no foals shall be taken loose into the grain from ad invincula [sic] until the Feast of St Michael under pain of 3d.

And that no one shall depasture in the wheat stubble before the Feast of the Nativity of the Blessed Mary under pain of 12d.

And that no sheep shall come into the meadow of Woldeyhus at present under pain of 6d. and 6d.

And that no one shall put anything noxious in the water from Bury-byghton to Gerholme under pain of 6d.

Ravele. It is put in a pain that the ditch from Asplondet gerde to the garden of William Hythe shall be cleaned before the Feast of St Martin under pain for each one in default of 6d. to the lord and 6d. to the church.

And that no one shall come into the Halme before the Feast of the Nativity of the Blessed Mary under pain of 6d. to the lord and 6d. to the church .

And that no one shall depasture in the field before one land has been cleared under pain of 6d. to the lord and 6d. to the church.

And that no one shall glean who is able to earn 1d. a day and food under pain of 6d. to the lord and 6d. to the church.

139. 维斯托，亨廷顿郡　星期三，6 月 14 日

任何人的马驹都不能在圣米迦勒节之前放入田地里，否则处罚 3 便士。

任何人都不能在圣母诞生节之前到麦地里放牧，否则处罚 12 便士。

任何羊在当前的时间不能进入到沃德胡斯的牧场上去放牧，否则处罚 6 便士。

任何人都不能把有害的东西放入到从伯里白顿到格霍姆的水里，否则处罚 6 便士。

在圣马丁节之前，每个人都要清理完从阿斯泊罗戴·格德到威廉·海斯德的草地之间的所有沟渠，否则每人处罚 6 便士交给领主，6 便士交给教堂。

任何人都不能在圣母诞生节之前进入到海尔姆地区，否则处罚 6 便士交给领主，6 便士给教堂。

在田地清理完之前不能放牧牲畜，处罚同上。

任何人都不能拾穗，只要他一天能劳获 1 便士，否则处罚同上。

140. Upwood，Hunts.①

It is put in a pain that no foals shall be taken in the grain loose before the end of autumn under pain②…

And that no one shall glean who is able to earn 1d. a day and food under pain of 6d.

And that no one shall depasture in the stubble before the Feastof the Nativity of the Blessed Mary under pain of 6d.

---

① The date of this court has been torn off but the period is the same as the previous record. 此卷宗的具体日期已被撕毁，其时段与前述记录相同。

② Illegible. 字迹模糊，难以辨认。

And that no one shall work in the fields on feast days under pain of 6d. to the lord and 6d. to the church.

Ravele. It is put in a pain that brewers shall brew through the whole of autumn under pain of 12d.

And that no one shall glean who is able to earn 1d. a day and food under pain of 12d.

And that no one shall depasture in the wheat stubble before the Feastof the Nativity of the Blessed Mary under pain of 12d. to the lord and 12d. to the church.

And no one shall depasture in the field until it has been raked under pain of 12d.

140. 阿普伍德，亨廷顿郡

在秋末之前，任何人的马驹都不能放入田地里，否则将受到处罚。

任何人只要他一天能获得 1 便士和食物就不能去拾穗，否则处罚 6 便士。

在圣母诞生节之前，任何人都不能到麦地放牧，否则处罚 6 便士。

在节日期间，任何人不能到田地里工作，否则处罚 6 便士交给领主，6 便士交给教堂。

酿酒者只能在秋季内酿酒，否则处罚 12 便士。

任何人都不能拾穗，只要他一天能劳获 1 便士和食物，否则处罚同上。

在圣母诞生节之前，任何人都不能到麦地里放牧，否则处罚 12 便士给领主，12 便士给教堂。

任何人在田地被耙整完毕之前，都不能到田地里放牧，否则处罚 12 便士。

141. Elmley Castle, Worcs. Friday, May 16th

It is ordered that each tenant within Cretases ought to keep his beasts…within his own pastures under pain each delinquent of 4d.

And that each one ought not to put his animals into the commom pasture there except by the consent of all the tenants there until autumn is completely over under pain each delinquent of 4d. Wardens Thomas Dawbeny and Robert…

B. Friday, August 1st

It is ordained that no one shall pasture his beasts in the meadow called Hultmede in the fields of grain except by the consent of all the tenants of the lord under pain each delinquent of 4d.

It is ordered that no one shall pasture his beasts in the meadow called Brodermedowe unless by the assent of all the lord's tenants under pain each delinquent of 4d.

Wardens of these bylaws [*belaworum*] Nicholas, William Handy, Robert Cole, Sr. and John Crewman.

141. 艾尔姆利-卡斯特尔，伍斯特郡　星期五，5 月 16 日

克雷塔希斯村庄的每个佃农，都要把他们的家畜放在他自己的牧场上放牧，否则，每触犯一次，都要处罚 4 便士。

每个人在秋季结束前，都不能到公共牧场去放牧他的家畜，除非得到了全体佃农的一致同意，否则处罚 4 便士。监督员托马斯和罗伯特……

B. 星期五，8 月 1 日

任何人都不能在郝米底牧场去放牧家畜，除非他得到了领主的所有佃农的一致同意，否则处罚 4 便士。

任何人都不能在布罗得米底牧场去放牧家畜，除非他得到了领主的所有佃农的一致同意，否则处罚 4 便士。

村规监督员，尼古拉斯，威廉·汉迪，罗伯特·科尔，老约翰·克鲁门和他的儿子。

142. Great Horwood, Bucks. Thursday, July 23rd

Plebiscite. It is ordered by all the tenants that no one shall have his beasts on the green of the town by night until the end of autumn next to come under pain each one of 4d. And there were chosen as wardens John Hayes and Robert Baynard.

Plebiscite. And that every tenant be at Nether forde next Monday about Vespers with tools to clean the watercourse under pain of 1d. fordefault and John Baynard of Nether Ende is chosen warden.

142. 大海伍德，白金汉郡　星期四，7 月 23 日

法令。经全体佃农同意，在即将到来的秋季结束之前，任何人都不能在夜间在村庄的绿地上放牧家畜，否则处罚 4 便士。选举约翰·海耶斯，罗伯特·贝纳德为监督员。

法令。每一个在尼斯尔浅滩的佃农，都要在下周一的晚祷时分，用工具清理河道，否则要处罚 1 便士。选举约翰·贝纳德为监督员。

143. Newton Longville, Bucks. Wednesday, April 25th

It is ordained as well by the lord as by all the tenants that no one henceforth shall lay waste or destroy the separable pasture of his neighbours before the Feast of St Peter in Chains under pain of 2s.

And that no one henceforth shall have any animals or sheep in the stubble in autumn time except beasts that are tethered until the whole field has been housed under pain of 2s.

And that everyone shall share in the wages of the cow herd and the hog herd under pain of 12d.

143. 纽顿-朗格维尔，白金汉郡　星期三，4 月 25 日

经领主和佃农一致同意，自此以后，任何人都不能在圣彼得节之前，破坏他邻人的独立的牧场，否则处罚 2 先令。

自此以后，除非家畜被拴着，在整个地里的庄稼被运走前，任何人都不能允许他的家畜或者羊在秋收时进入庄稼地，否则处罚 2 先令。

每个人都应该分担牧牛人和牧猪人的工资，否则处罚 12 便士。

144. Great Horwood, Bucks. Thursday, July 26th

It is ordained as well by the lord as by all the tenants that no one henceforth shall have his beasts standing by night on the green nor out of safekeeping under pain for each transgressor of paying the lord 1d. without abatement .

And chosen wardens of this ordinance were John Hogtes, Robert Wylkyn and Johanna Barbor.

144. 大海伍德，白金汉郡　星期四，7 月 26 日。

经领主和佃农一致同意，任何人都不能在夜间把他的牲畜放在草地上或者无人看护，否则每触犯一次，就要交给领主 1 便士。

村规监督员，约翰·霍格特，罗伯特·威尔金，约翰娜·巴伯。

145. Elmley Castle, Worcs. Tuesday, July 14th

It is ordained that no man dwelling in the town shall pasture his beasts in the meadow called Brodemedowe until autumn is completely at an end under pain each delinquent for each transgression of 4d.

Item it is ordered that no one shall pasture his animals in the fields of grain there until forty selions have been cleared of sheaves and carted under pain each delinquent for each transgression of 4d.

It is ordered that no one shall pasture his sheep in the white [sic] stubble in the fields until autumn is completely at an end under pain each delinquent for each transgression of 3d.

Item it is ordered that no one ought to pasture geese in the fields of grain until autumn is completely at an end under pain each delinquent for each transgression of 4d.

Item it is ordered that no one ought to glean in autumn time who is able to earn 1d. a day and food and further he ought not to glean in the field there until twelve selions have been cleared of sheaves and carted under pain each delinquent for each transgression of paying 12d. to the lord .

Item it is ordered that no one ought to cart grain in autumn time after sunset under pain each one of paying the lord for each transgression 4d.

Item it is ordered that no one shall pay with sheaves in the fields there gleaners or any man in autumn time under pain each delinquent for each time of 4d.

Wardens . And to keep the aforesaid ordinances well and faithfully there were elected Thomas Case, Richard Hamond , William Gibbe, Richard Handy, Richard Mountford, Thomas Gilbes , John Creman and John Handy , the Messor. And they were sworn and took oath.

B. Tuesday, October 13th

The wardens of the bylaws [belaworum] came and presented that John Dawbeny (4d.), of Overende, Thomas Case (2d.), Thomas Spencere (4d), John Dernell (2d.), John Cole (4d), Thomas Smyth (4d.), Ralph ffere (4d.), broke the ordinance with their beasts. Therefore, they incur the penalty therein made . John Crewman, 4d., for the same.

Item they present that William Dernell (2d.), broke the ordinance with a cart. Nicholas Huggushunt (3d.), broke the ordinance in carting after sunset. Therefore he incurs the penalty. And Thomas Gibbe (2d.), for the like.

145. 艾尔姆利-卡斯特尔，伍斯特郡　星期二，7 月 14 日

居住在这个村庄的人在秋季完全结束前，任何人都不能在波瑞德米都的牧场上放

牧，否则每人每次处罚 4 便士。

在 40 块条田的庄稼被清理之前，任何人不能在庄稼地里放牧，否则每次处罚 4 便士。

在秋季结束前，任何人都不能到麦地里放牧羊，否则处罚 3 便士。

任何人都不能在秋季结束前到田地里放牧他的鹅，否则处罚 4 便士。

关于捡拾者同上，都规定，在 12 块条田的庄稼被清理完之前，不能去捡拾，否则处罚 12 便士交给领主。

任何人都不能在秋收时节的日落之后运输庄稼，否则每次处罚 4 便士。

任何人都不能在秋收时在田地里用谷捆来支付给捡拾者或者其他任何人，否则处罚 4 便士。

监督员。为了保证上述法令很好的执行，选举托马斯·凯斯，理查德·哈蒙德，威廉·吉布斯，理查德·汉迪，理查德·芒福德，托马斯·吉布斯，约翰·格瑞蒙，约翰·汉迪，梅索尔为监督员，并且宣誓。

B. 星期二，10 月 13 日

村规监督员，指控约翰·多本尼（4 便士），托马斯·凯斯（2 便士），托马斯·斯潘塞（4 便士），约翰·德内尔（2 便士），约翰·科尔（4 便士），托马斯·史密斯（4 便士），拉尔夫·弗里尔（4 便士），由于他们的牲畜破坏了村规，因此，他们每个人都受到惩罚。约翰·克鲁门被罚 4 便士，也是由于同样的原因。

他们指控威廉·德内尔（2 便士）用车时违反了上述法令，尼古拉斯·哈格施恩（3 便士）破坏了在日落后不能运输的法令。托马斯·吉布斯（2 便士）也是同样的原因。

146. Warboys, Hunts. Tuesday, July 25th

It is put in the pain that no one shall put his animals in the field of rye until one furlong has been cleared under pain of 12d. to the lord and 12d. to the church.

And that no one shall tether his beasts nor his horses in the wheat field before the Feast of the Nativity of the Blessed Mary under the pain aforesaid.

And that no one shall tether horses in the wheat stubble nor in his own stubble before the Feast of St Michael under the aforesaid pain.

And that no one shall tether his work beasts in those parts where horses are pastured under the aforesaid pain.

And that no one shall have foals following carts or loose in the field under the aforesaid pain.

And that no one henceforth shall tether cows in the field before the end of autumn under the pain aforesaid.

And that no one shall mow reeds or thatch in the marsh henceforth before the end of autumn under the aforesaid pain

And that no labourer shall work outside the town inautumn who is able to work inside the town ［for］4d. a day with the scythe and 2d. with the ffolner under the pain aforesaid.

And that no one shall sell thatch outside the town while tenants of the township are willing to pay as much etc. under the pain aforesaid. And that the pasture of Humberdale is separable at all times etc. under pain of 6s. 8d.

And they elect John Gerong, Jr. and William Colvyle reeves of autumn for Warboys, Thomas Buntyng and Richard Wylkyns for Caldecote and they are sworn.

146. 瓦尔博斯，亨廷顿郡　星期二，7 月 25 日

在 1 弗隆土地庄稼被清理完毕之前，任何人都不能把他的家畜放入麦地之中，否则处罚 12 便士交给领主，12 便士交给教堂。

在圣母降临节之前，任何人都不能把他的家畜或马拴在庄稼地里，否则处以上述罚金。

在圣米迦勒节之前，任何人都不能把他的家畜或者马拴在麦茬或者他自己的庄稼茬上，否则处以上述罚金。

任何人都不能把他的家畜拴在牧马的地方，否则处以上述罚金。

任何人都不能允许他的马驹跟随马车或者松散在田地里，否则处以上述罚金。

自此以后，在秋季结束以前任何人都不能在庄稼地里拴牛，否则处以上述罚金。

自此以后，在秋季结束以前任何人都不能到沼泽里去收割芦苇和茅草，否则处以上述罚金。

任何一个劳动者都不能到村庄外去工作，只要秋季时他可以用大镰刀挣得 4 便士或者挣 2 便士以及食物。

任何人都不能把茅草卖到村庄之外，只要村民中有人愿意支付给他同等的价格，否则处以上述罚金。哈本德尔的草地在所有的时间都要被隔离起来，否则处以 6 先令 8 便士。

他们选举约翰·格伦，威廉·科维尔为瓦尔博斯的秋季监督员，托马斯·邦廷，理查德·威尔金斯为考尔德科特的秋季监督员。

147. Elmley Castle, Worcs. Wednesday, April 27th

It is ordered by common consent of all the lord's tenants there that no one of them henceforth shall brew more beer than any of his neighbours and that none of them shall have beer in his house to sell more than four days after the brewing of the beer under pain of paying the lord 3s. 4d.

And that no one of them shall have or keep any greyhound within the town there unless on leash under pain of each one of them paying the lord 4d. as often as he is delinquent.

147. 艾尔姆利-卡斯特尔，伍斯特郡　星期三，4 月 27 日

经领主的佃农一致同意，自此以后，他们中的任何人都不能比他的邻居酿更多的啤酒，也不能将酿好的啤酒储存在家中，用以销售超过 4 天。否则处罚 3 先令 4 便士交给领主。

他们中的任何人都不能饲养长腿猎狗，除非他用皮带拴住它，否则一经发现就处罚 4 便士交给领主。

148. Launton, Oxon. Friday, July 15th

Since it is the custom of this manor that all who are impounded within the lord's demesne with their beasts for trespasses done in the grain and pastures of the tenants ought to be amerced according to the amount [of damage], and now it is reported by the messor that he has nothing to present etc.

John Smyth, William ffreman, Robert Tannere and John ffreman sworn reeves of autumn say that it was ordered by all the tenants that all men within this demesne who work on feast days or by night or do damage in the grain, pastures and pasturages of the tenants ought to be amerced according to the amount of damage done, of whichthe third penny belongs to the said reeves and 2d. to the lord, the which reeves with the messor, on oath, say they have nothing to present on this day, etc.

148. 劳顿，牛津郡　星期五，7 月 15 日

按照庄园的惯例，领地内的所有人如果其家畜侵害了田地和佃农的牧场，按照所损害的数量加以处罚。按照看守人的报告，他没有人可指控。

约翰·史密斯，威廉·弗里曼，罗伯特·泰勒以及约翰·弗里曼宣誓为秋季监督员，按照所有佃农的意愿，这个领地内的所有人如果在节日或者夜间工作，或者侵害了田地和牧场的人，依照其破坏的数量都要受到惩罚。罚金中的三分之一归上述的监督员。2 便士给领主。经看守人和监督员宣誓，今天他们没有人可指控。

149. Elmley Castle, Worcs. Saturday, April 19th

It is an order to all tenants that each tenant and resident of the age of twelve and over without exception shall be inthe parish church there at the hour of six in the morning on the Feast of the Martyr next to come [Wednesday, April 23rd] for this reason, that the said tenants and residents in a body shall go about this demesne to inspect and make new all metes and bounds of this demesne, and also to look over all inhokes within this demesne under pain for each one of them in default of paying 12d. to the lord.①

149. 艾尔姆利-卡斯特尔，伍斯特郡　星期六，4 月 19 日

所有的佃农规定，每一个佃农和 12 岁以上的居民都要在即将到来的圣母诞生节那天（4 月 23 日，星期三）到教堂上午待上 6 个小时。为此，上述佃农和居民都要开始去检查并制定这个领地的新的界石和边界。否则，每人处罚 12 便士给领主。

150. Great Horwood, Bucks. Friday, June 18th

Pains. Item it is agreed by the whole homage that no one will be allowed to enter upon the common balks before the Feast of St Peter which is called in Chains under pain for each delinquent of 12d.

Item it is agreed that no one shall enter a separable field where grain is growing before the aforesaid Feast under pain of 6d. to the lord and 6d. to the Church as often as it shall happen.

---

① Inhokum, "any corner or part of a common field, ploughed up and sown…in that year wherein the rest of the same field lies fallow and common." (C. T. Martin, The Record Interpreter, 2nd ed. (1910), 263.) "条田区的任何角落和某些区域需要进行犁土和播种，同年该田区的其他部分维持休耕和共同使用。" (C. T. Martin, The Record Interpreter, 2nd ed. (1910), 263.)

Item it is agreed that none shall divide their meadows unless by beginning at the top of the meadow and so continuing to the bottom, under pain each one in default of 2d. as often as it happens.

150. 大海伍德，白金汉郡　星期五，6 月 18 日

经全体同意，在圣彼得节之前任何人都不能进入田地，否则处罚 12 便士。

经全体同意，在圣彼得节之前任何人都不能进入正在生长的庄稼地，否则处罚 6 便士交给领主，6 便士交给教会。

经全体同意，任何人都不能分割他们的牧场，除非他的牧场从一开始就处于整个牧场的最顶部和最底部，否则处罚 2 便士。

151. Elmley Castle, Worcs. Saturday, July 10th

It is ordered by the common consent of all the tenants there that no one of them shall pasture with his beasts in the stubble in time of autumn until forty selions in a furlong shall be fully carted and gotten in under pain for each of them in default of paying 4d.

Item it is ordered by common consent that no one of them shall pasture with his sheep in the stubble in autumn time until the whole of autumn is at an end under pain for each one of them in default of paying to the lord 4d.

Item it is ordered by common consent that none of them shall pasture with his beasts in le Brodemede except with oxen and with horses for the plough before the Feast of St James under pain for each of them in default of paying the lord 4d.

It is ordered by common consent that none of them or his servants shall gather pods in the fields there except it be in his own land and that those who have no land in the fields must have leave of their neighbours under pain for each one of them paying the lord…①

The wardens of the ordinances, well and faithfully to observe them, are John Dernell and Roger Mountford.

Item it is ordered by the steward that no man shall be wakeful or walk about [after] the hour of nine at night under pain of each of them so doing , 3s. 4d.

Item it is ordered that none of them shall have a sub-tenant unless he will undertake before the steward that he will be of good conduct and governance during the term of his residence within this demesne under pain…

Item it is ordered by common consent that each tenant who has a cart shall come with the said cart to fetch stone to the common street to make and mend it between the tenement of Richard Handy and the end… of St James under pain for each of them not doing so of paying the lord 4d.

151. 艾尔姆利-卡斯特尔，伍斯特郡　星期六，6 月 10 日

经全体佃农同意，在秋天时，一弗隆土地的四十条庄稼被运走之前，任何人不能将家畜置于庄稼茬地内，否则处罚 4 便士。

---

① Illegible. 字迹模糊，难以辨认。

经全体同意，在秋天结束以前任何人不能放羊到庄稼茬地上，否则处罚 4 便士交给领主。

经全体同意，在圣詹姆斯节之前，除非是用牛或马犁地，任何人不能把家畜放入乐·布罗得米底，否则处罚 4 便士交给领主。

经全体同意，他们中的任何人或者他的仆工，除了在自己的田地上，否则不能去捡拾豌豆，并且那些没有土地的人必须要得到他们邻居的许可才能捡拾。否则支付给领主……。

法令监督员约翰·德奈尔和罗格·蒙特福德坚贞不移地执行并保护了法令。

经管家同意，任何人在夜间九点以后不能出来走动，否则每人处罚 3 先令 4 便士。

任何人不能拥有分租农，除非该分租农在管家面前承诺：在他居住在领地期间，他将举止良好并服从管理，否则处罚……

经全体一致同意，每个有马车的佃农，都要带着他的车来给公共的道路运输石头，以便去修正从理查德家到詹姆斯家之间的道路，如果他们中有人不愿意这样去做，那就要支付给领主 4 便士。

152. Elmley Castle, Worcs. Wednesday, April 11th

It is ordered by the steward by the consent of the whole demesne there as well of Elmley as of Criteso that each tenant there having a cart shall cart stones for the mending of the lane called Persons Lane for two days and that every tenant having a cart shall work there in the same lane through the same time and this under pain for each defaulter of 12d.

And in like manner each one as aforesaid shall mend the lane called Wood Lane, that is for one day under the aforesaid pain.

And also they shall mend the common way from the smithy there to aldewyneshole wherever necessary under the aforesaid plan.

152. 艾尔姆利-卡斯特尔，伍斯特郡　星期三，4 月 11 日

经管家和全体居民一致同意，艾尔姆利与克里特梭一样，凡是在艾尔姆利有运货马车的佃农都要装运石头去修缮泊森斯路，要修 2 天。同时，所有有运货马车的佃农都要在那一起完成修缮。否则交罚金 12 便士。

和上述规定一样，上述佃农还要修缮伍德路，要修 1 天，否则处以上述罚金。

他们还要修建一条从锻冶场到奥德温黍的路，否则处以上述罚金。

153. Elmley Castle, Worcs, Friday, June 21st

It is ordered by common consent of all the tenants there that if anyone of them shall allow any beasts in the stubble of any field there after autumn to pasture before forty selions of land of the same stubble have been cleared that he shall lose to the lord as often as he is delinquent 4d.

And that if any one of them shall have any manner of beasts pasturing inthe field called lord-fielde, unless they be horses tethered, before the grain in the same field has been fully cleared the shall lose to the lord as often as he does it 4d.

And that if any one of the said tenants shall gather pods on the land of another unless he has obtained leave of him and the pods have been gathered along the furrows or at the end of the selions and not in the middle he shall lose to the lord as often as he does it 2d.

And that if any one of the aforesaid tenants shall take any pods or pulse for the sustenance of his beasts except from his own lands he shall lose to the lord as often as he does it 4d.

And thatThomas Hamond, Sr., Thomas Hamond, Jr., Richard Parker and Richard Daubeney are chosen wardens of this ordinance and they took oath.

153. 艾尔姆利-卡斯特尔，伍斯特郡　星期五，6 月 21 日

经全体佃农同意，秋天之后，在四十条庄稼清理干净前，他们中的任何人都不能放牧家畜，否则处罚 4 便士交给领主。

在庄稼被清理干净以前，除非拴住他的马，任何人都不能在洛菲尔德土地上放牧，否则处罚 4 便士交给领主。

如果任何人想在别人的土地上拾捡豌豆，他必须征得主人的同意，并且他要沿着犁沟采摘，或在地头或在地尾，不能到地的中间。否则处罚 2 便士交给领主。

任何人都不能从别人的田地上摘豆喂食自己的牲畜，否则处罚 4 便士交给领主。

选举托马斯·哈蒙德，老托马斯·哈蒙德，小理查德·帕克和理查德·多比尼为村规监督员，他们进行了宣誓。

154. Wistow, Hunts. Monday, November 10th

A pain that no pigs shall be brought into the sown field from the beginning of harvest before the Feast of St Bartholomew①under pain of 12d to the lord and as much to the church.

And that no one shall turn his plough upon the meadows between the Feast of the Birth of the Lord and of St John the Baptist②under pain of 12d. to the lord and as much to the church.

And that no one shall ride over the meadows between the said feasts under the aforesaid pain.

And that no one shall sell thatch except to the lord or the lord's tenants under the aforesaid pain.

And that no animal shall be kept in the⋯③field from the Feast of St Martin till the Feast of the Purification of the Blessed Mary under the aforesaid pain.

And that each juror aforesaid shall keep secret the counsels of his fellows under pain of 20d. to the lordand 20d. to the church .④

154. 维斯托，亨廷顿郡　星期一，11 月 10 日

在圣巴塞罗米节之前，从收割开始任何人的猪都不得进入耕地，否则处罚 12 便士交给领主，12 便士交给教会。

从领主的诞辰日到圣约翰节期间，任何人不能耕犁草场，否则处罚 12 便士交给领主，12 便士交给教会。

附录　中世纪的村规（中英文对照）

同时，任何人不能骑马踩踏草地，否则处罚同上。

任何人不能向领主及领主的佃农之外的人售卖杂草，否则处罚同上。

从圣马丁节到献主节期间，任何牲畜都不能圈在田地内，否则处罚同上。

上述陪审员应对他同侪的决定进行保密，否则处罚 20 便士给领主，20 便士交给教会。

155. Great Horwood, Bucks. Friday, July 8th

The homage there presents that no one henceforth shall permit his foals or his calves to go openly into the grain field nor into the meadow unless tethered under pain for each one who does the contrary of 40d. as often as he does it.

And that no one henceforth shall make a common way or allow his servants there to make a common way from the stream called Dyggewellford overland to a certain place called Suddene under pain for each one who is delinquent of losing 12d, of which one-half to the use and profit of the church and the other part to the lord, etc.

155. 大海伍德，白金汉郡　星期五，7 月 8 日

从今以后，任何人不能任由他的马驹或牛驹随意地进入田地和草地，除非将它栓着，否则处罚 40 便士。

从今以后，任何人及其雇工都不能修建从第吉威尔弗得河到萨登的公路，否则处罚 12 便士，其中 6 便士交给教会，6 便士交给领主。

156. Elmley Castle, Worcs. Monday, November 25th

It is ordered by the consent of all the tenants there that if any of the tenants within the demesne henceforth shall sell beer in a tavern to the prejudice of any brewer he shall forfeit 20d to the lord for what is owing.

156. 艾尔姆利-卡斯特尔，伍斯特郡　星期一，11 月 25 日

从今以后，任何佃农不能在酒馆卖酒时差别对待客人，否则处罚 20 便士交给领主。

157. Great Horwood, Bucks. Sunday, May 31st

Ordinance for the present〔existens〕. That no one henceforth nor his wife nor his servants shall gather rushes growing on uncultivated ground or in the meadow of another tenant to offer for sale but for his own use only within this demesne, under pain for each doing the contrary of forfeiting 40d. to the lord.

157. 大海伍德，白金汉郡　星期天，5 月 31 日

从今以后，任何人及其妻子和雇工都不能在休耕地和别人的草地上采草，用以出售或仅为自己所用，否则处罚 40 便士交给领主。

158. Great Horwood, Bucks. Saturday, December 17th

It is ordered by the consent of all the tenants there that no one henceforth shall wilfully allow his foals openly to go into the fields of grain after they are three weeks old unless tethered to their mothers under pain of each one doing the contrary paying 12d. namely for each foal every time.

158. 大海伍德，白金汉郡　星期六，12 月 17 日

经全体佃农同意，从今以后，任何人不能放任其超过三周大的马驹进入田地，除非

将它和母马栓在一起，否则处罚 12 便士。

159. Elmley Castle, Worcs. Thursday, April 13th

The wardens of the rivulet there present that Thomas Mountford (1d.) Katerina Cole (1d) John Martyn (1d.) Thomas Hamond (1d.) transgressed in the rivulet with their ducks . Therefore they are in mercy.

An order is made to all the tenants there that none of them shall have geese in the common rivulet in future after the third warning under pain of forfeiting their geese.

And that no one of them shall put anything filthy in the aforesaid rivulet nor shall they have their gutters running from their houses into the said rivulet, under pain for each one who is delinquent of 4d. each time.

And that everyone shall keep the rivulet opposite his tenement in its proper course under pain of each one in default forfeiting 6d. to the lord.

It is ordered by common consent of the whole homage that no one shall put any cadavers in Persons Layne under pain of 12d.

159. 艾尔姆利-卡斯特尔，伍斯特郡　星期四，4 月 13 日

河流的监督员指控：托马斯·芒福德（1 便士），凯特琳娜·科尔（1 便士），约翰·马丁（1 便士），托马斯·哈蒙德（1 便士），因他们在小河里放牧鸭子违反了规定而受到处罚。

经全体佃农同意，任何人的鹅不能进入公共河流，否则三次警告后没收他们的鹅。

任何人不能向上述河流中投入污秽物，也不能将排水沟从房屋引向上述河流，否则处罚 4 便士。

任何人都必须使自己的房屋朝向与河流流向相反，否则处罚 6 便士交给领主。

经全体同意，任何人都不能将尸体放到泊森斯莱恩，否则处罚 12 便士。

160. Leighton Buzzard, Beds. Monday, August 7th

It is ordained and established by the consent and assent of the steward of the Lady①and her tenants that every tenant and non-tenant dwelling within the demesne of Leighton shall keep his beasts and animals outside the sown fields until the Feast of St Michael the Archangel next to come unless ten acres of grain lying together have been raked and the grain thereof carted away under pain for each one doing the contrary of forfeiting 6s. 8d. to the church and 6s. 8d. to the Lady, except that each tenant may tether beasts on his own land there etc.

Item it is ordered and established by the consent and assent of the Lady's stewards and of her tenants that no one ought to rake or gather pods of beans and peas unless on his own land exceptby leave…under the pain aforesaid.

And that no one shall glean who is able-bodied (potens est) and can earn 1. 5d. a day d. [sic] if any one within this demesne wishes to hire him.

And no one shall glean within the sown fields until both the grain and the land have been

---

① The Lady of Crowburg. 科罗保的夫人。

raked and the grain from ten acres lying together has been carted home under the aforesaid pain.

And that no one should pasture his sheep, beasts and cattle except in his own fields and in the town where he dwells under the same pain①.

And that everyone dwelling in the town of Exendon cum Clipson shall keep his sheep outside the meadows of the town aforesaid and his beasts outside … until the Feast of St Michael the Archangel next to come under the pain aforesaid etc.

160. 莱顿-巴扎德，贝德福德郡　星期一，8 月 7 日

经夫人的管家及其佃农的同意，在圣米迦勒节到来之前，任何佃农以及居住在莱顿的非农民都不能放其牲畜进入耕地，除非十英亩的土地已被耙过，其中的谷物已被运走，且将牲畜拴在他们自己的土地上。否则分别处罚 6 先令 8 便士给教会和科罗保的夫人。

经科罗保的夫人的管家及其佃农的同意，除非在自己的土地内，任何人都不能耙地和拾豆，否则处罚同上。

如果有人想雇用那些强壮的一天能挣 1.5 便士的人，那么这些人不能拾穗。

在庄稼和田地被清理干净，十英亩土地的谷物捆被运走之前，任何人不能进入田地拾穗。否则处罚同上。

任何人不能在其居住的城镇及他的土地之外放牧，否则处罚同上。

在圣米迦勒节之前，居住在艾兴顿-卡姆-克莱普森镇的任何人都不能在草场里放羊和牲畜，否则处罚同上。

161. Elmley Castle, Worcs. Monday, October 16th

The wardens of the rivulet there present that all is well and all pains with respect to the keeping of the rivulet that were imposed at the last court are to be continued etc.

161. 艾尔姆利-卡斯特尔，伍斯特郡　星期一，10 月 16 日

河流的监督员表示：无指控，且上次法庭规定的关于维护河流所有处罚继续生效。

162. Hitchin, Herts.②

It is ordained by the assent of the lord's council and of his tenants that none shall enter the sown field in autumn time to gather grain or spears with rakes or by hand if they are capable of earning 2d. a day , under pain for each one doing contrary to this ordinance of 3s. 4d.

Those who are not capable of earning 2d. a day shall not enter or cross through the sown fields until the sheaves have been gathered, removed and carted from a space of four acres of land under the aforesaid pain.

And if they be boys and under age or someone's servants who are not able to satisfy the lord in respect of the aforesaid pain then their masters who have these persons in governance shall answer to the lord for the aforesaid pain.

162. 希钦，赫特福德郡

---

① Translation somewhat conjectural. 翻译中带有推测。

② Day and month missing. 日期和月份不详

经领主委员会及其佃农的一致同意，任何一天能挣 2 便士的人都不能在秋天进入庄稼地用耙或手拾穗和嫩芽，否则处罚 3 先令 4 便士。

任何一天不能挣 2 便士的人也不能进入或穿越庄稼，除非四英亩的土地上的谷物已经清理干净并运走，否则处罚同上。

如果被罚的人是不到年龄的男孩或是无法赔偿领主损失的雇工，那么他们的主人必须向领主赔偿上述损失。

163. Elmley Castle, Worcs. Wednesday, May 17th

It is ordered that all who have sheep within this demesne shall remove them outside of the demesne this side the Feast of St Martin the Bishop next to come.

And they shall not keep any sheep except they be the owners of the same or their relations, under pain of forfeiting to the lord 20s.

163. 艾尔姆利-卡斯特尔，伍斯特郡　星期三，5 月 17 日

在圣马丁节到来之前，任何人都必须把羊赶出领地之外。

任何人都不能养羊，除非它们隶属于同一个主人，否则处罚 20 便士给领主。

164. Great Horwood, Bucks. Wednesday, May 17th

The township of Great Horwood is ordered to make a new part of the butts this side the Feast of the Nativity of St John the Baptist under pain for each one in default of 8d., 4d. of which, to the parish church there and 4d. [sic].

And if any one shoots with arrows at the metes and does not close the bars after him he shall forfeit to the lord as often as he does it 4d.

164. 大海伍德，白金汉郡　星期三，5 月 17 日

在圣约翰诞生节以前，大海伍德镇决定在村镇的旁边再开辟一块地，所有人都必须参与，否则每人处罚 8 便士，其中 4 便士交给教会，4 便士交给领主。

任何人不得用箭射界标，并且在他离开后敞开围栏。否则处罚 4 便士给领主。

165. Elmley Castle, Worcs. Friday, February 16th

It is ordained by common consent and assent of all the tenants that each one of them shall assist in mending a certain lane called Shortelane in the aforesaid vill this side the Feast of Pentecost next to come, under pain of each one in default paying the lord 12d.①

It is ordered by assent and consent of all the tenants that each tenant who brews beer to sell shall sell the beer to every neighbour as long as he has beer in his house to the amount of three gallons under pain for each one of them in default to forfeit 3s. 4d. to the lord.

165. 艾尔姆利-卡斯特尔，伍斯特郡　星期五，2 月 16 日

经全体佃农集体同意，在下个圣灵降临节到来之前，上述村庄的每个人都必须修建施欧特兰水道。否则每个违反者将向领主上交 12 便士罚金。

经全体佃农集体同意，每个啤酒酿造者只要他有至少 3 加仑的啤酒储存在家中，那么他就必须把酒卖给他的邻居，否则处罚 3 先令 4 便士交给领主。

---

① An identical by-law on Monday, April 1, 与 4 月 1 日星期一的村规相同。

166. Elmley Castle, Worcs. Wednesday March 26th

At this court it is ordered by the steward and by the assent and consent of all the tenants that no customary tenant within this demesne aforesaid shall sell or cut down any tree growing on the ground of any of the customary tenants except under the supervision of the parker or of the bailiff of the lord aforesaid to the end that there be no waste there and this under pain for each delinquent as often as this shall happen of 6s. 8d. to be levied to the use of the lord etc.

166. 艾尔姆利-卡斯特尔，伍斯特郡　星期三，3 月 26 日

在法庭上，经管家以及全体佃农一致同意规定，除非是在管家和看守人的监督下，上述任何惯例佃农不得出售和砍伐其他惯例佃农土地上的树木，否则每触犯 1 次将处罚 6 先令 8 便士交给领主。

167. Great Horwood, Bucks. Wednesday, June 4th

The homage there , sworn, present that it was ordered by the common consent of all the tenants that no one henceforth shall pasture his beasts or cattle in Aldemede Shepshen and Auldonbole before the Feast of St Michael next to come under pain for each one doing the contrary of 40d.

And they choose William Slyker and Thomas Sarey overseers of the ordinance aforesaid.

And that no one henceforth shall mow in a meadow called the dolemede until all having had the same summonses shall gather under pain for each one doing the contrary of 12d.

167. 大海伍德，白金汉郡　星期三，6 月 4 日

经全体佃农同意，在下个圣米迦勒节之前，任何人都不能在阿尔戴米德·莎普森以及奥尔顿波尔的草地上放牧牲畜和牛，否则处罚 40 便士。

选举威廉·斯拉克以及托马斯·萨里为上述法令的监督员。

从今以后，除非所有人同时开始割草，否则任何人都不能在多勒梅德的草地上割草，否则每个违法者将处罚 12 便士。

168. Great Horwood, Bucks. Sunday, May 23rd

It is ordained by common consent of all the tenants that no one shall allow［his animals］henceforth to pasture by night in the common pasture called Wigwell unless they are tethered to the end that no damage come to the grain there under pain each one in default of 8d., of which 4d. to the parish church there each time and 4d. to the lord.

168. 大海伍德，白金汉郡　星期天，5 月 23 日

从今以后，任何人不能于夜间在威格威尔公共草场上放牧，除非牲畜被拴着并且没有对庄稼造成损害。否则处罚 8 便士，其中 4 便士交给教会，4 便士交给领主。

169. Elmley Castle, Worcs. Tuesday, March 28th

Ordinance by assent and consent of all the tenants that no tenant of this lord shall place hemp or flax or the offal of any animal in the common rivulet within the town aforesaid under pain of paying 12d. to the lord.

169. 艾尔姆利-卡斯特尔，伍斯特郡　星期二，3 月 28 日

经全体佃农一致同意规定，领主的任何佃农都不能把大麻、亚麻和动物内脏放入

上述村镇的公共河流，否则处罚 12 便士交给领主。

170. Dinton，Bucks.①

By-law［Bilex］. And that at the request of the whole homage it was ordained that no tenant or inhabitant in Dinton shall tether or pasture any of their great beasts on the common of Dinton between leloode and Greneheved from the Feast of the Invention of the Holy Cross to the Feast of St Peter in Chains nor shall they mow grass growing on the same before the Monday next before the Feast of the Translation of St Thomas the Martyr on pain of each tenant or inhabitant to forfeit and have levied for his infraction 6s. 8d., one-half of which to the use of the lord and the other half to the use of the church of Dinton.

By-law. That no tenant or inhabitant in Doughton and Dinton shall tether and pasture his horses or other great beasts in the common of Dinton namely from Doughton Bridge to Bollestake from the Feast of Invention of the Holy Cross to the Feast of St Peter in Chains nor shall they mow grass or reeds growing in the same before the Monday next before the Feast of the Translation of St Thomas the Martyr under pain for breaking this aforesaid by-law of half a mark, one-half of which to the use of the lord and the other half to the use of the church at Dinton.

By-law. And that no tenant or inhabitant in Dinton or Doughton henceforth shall mow reeds growing on the common aforesaid before the Feast of the Epiphany of the Lord in any year under pain of half a mark, one-half of which to the use of the lord and the other half to the use of the church of Dinton.②

170. 丁顿，白金汉郡

村规。从光荣十字圣架庆日到圣彼得节期间，任何人不能在勒鲁德和克瑞内黑弗之间的地方拴住或放牧牲畜；在圣托马斯节之前，也不能在那里割草。否则处罚 6 先令 8 便士，其中一半交给领主，一半交给教会。

村规。从光荣十字圣架庆日到圣彼得节期间，住在道顿和丁顿的任何人都不能在道顿桥和布莱斯特克之间的地方拴住或放牧马或其他大牲畜；在圣托马斯节之前，也不能在此地割草。否则处罚半马克，其中一半供领主使用，一半供丁顿的教会使用。

村规。从今以后，在每年的主显节之前，住在道顿和丁顿的任何人都不能在上述地方割草。否则处罚半马克，其中一半供领主使用，一半供丁顿的教会使用。

171. Elmley Castle，Worcs. Tuesday，April 10th

It is ordered by the steward and the twelve jurors with the unanimous assent and consent of the homage that if anyone shall have pigs unringed in the fields of this demesne at any time of the year … for each pig so found as often as he is taken，1d.

And it is ordered that no one of the tenants shall allow his sheep to go in the fields where

---

① Day and month illegible. 日期和月份不明。

② These are the first by-laws seen in these rolls, in almost unbroken continuity from 1300. 这些是卷宗中从 1300 年开始几乎没有间断的第一个村规。

grain is growing until the end of autumn under pain ⋯ 40d.①

171. 艾尔姆利-卡斯特尔，伍斯特郡　星期二，4 月 10 日

经管家和十二位陪审员以及全体村民一致同意，任何人不能在 1 年中的任何时间随意放任他的猪进入领主的自营地，否则一经发现每只猪将罚款 1 便士。

在秋天结束前，任何人不能在正在生长的庄稼地里放羊。否则处罚 40 便士。

172. Elmley Castle, Worcs. Tuesday, April 26th

And it is ordained by the steward and the homage that all tenants and inhabitants of this demesne shall mend the king's highway between ⋯ of this town within one month under pain for each one in default of forfeiting to the lord 11d［sic］.

172. 艾尔姆利-卡斯特尔，伍斯特郡　星期二，4 月 26 日

经管家和全体村民一致同意，所有佃农以及居住在领地内的人，在一个月内必须修建完成位于这个村镇中间的国王大路，否则处罚 11 便士交给领主。

173. Great Horwood. Bucks Tuesday, August 1st

It is ordered by common consent and assent that all tenants having hedges on the eastern part of the town aforesaid shall cause them well and sufficiently to be repaired, namely from Colles Lane to the eastern end of the aforesaid town leading toward Little Horwood, under pain for each of them failing in default of 12d.

And under the aforesaid pain that each of them who puts his cattle on their land adjacent to their closes next to sown land shall keep them safely and securely under guard.

And that henceforth each of them who has land next to his close shall plough it and bring it into cultivation under the aforesaid pain.

173. 大海伍德，白金汉郡　星期二，8 月 1 日

经全体佃农集体同意规定，所有在领地的东边有树篱的佃农，必须保持树篱的完好并及时修理它，即从科利斯路向东直到村东通向小霍伍德的这片树篱。否则每触犯 1 次处罚 12 便士。

任何人在土地上放牛时如果靠近已播种的田地，应确保它的安全并时刻提防。否则处罚同上。

自此以后，每个村民都要犁耕并且耕种彼此相邻的土地，否则将处以上述罚金。

174. Elmley Castle, Worcs, Friday October 22nd

And it is ordered that the tenants there shall ring their pigs, and this before the Feast of the Ascension of the Lord, and they shall keep them so till the end of August, under pain for each one of 6d.

174. 艾尔姆利-卡斯特尔，伍斯特郡　星期五，10 月 22 日

法令规定，所有的佃农在耶稣升天节之前应该拴好猪，并且一直到 8 月份末。否则每触犯 1 次，处罚 6 便士。

---

① MS. damaged. 资料损坏。

175. Newton Longville, Bucks. Tuesday, September 25th

It is ordained by consent of all the tenants that every tenant can have and keep thirty sheep for each whole virgate of land and he who holdsless, less, according to the aforesaid rate. And chat no one shall keep more sheep , contrary to this ordinance…①

175. 纽顿-朗格维尔，白金汉郡　星期二，9 月 25 日

经全体佃农的一致同意，每个持有 1 维格土地的佃农可以养 30 只绵羊，那些低于 1 维格土地的村民也按照上述的比例。任何人不能饲养超过上述比例的绵羊，违反这条法令…

176. Great Horwood, Bucks. Monday, September 26th

It is ordained by assent of all the tenants that no one of them shall put their foals to pasture unherded in the fields now sown from the Feast of the Invention of the Holy Cross until autumn shall come to an end unless they are tethered, lest they do damage in the grain there sown, under pain for each one in default of 40d.

176. 大海伍德，白金汉郡　星期一，9 月 26 日

经全体佃农的一致同意，从光荣十字圣架庆日直到秋季结束，除非马驹被栓着，任何人都不能到已播种的田地上放牧，以防对已播种的田地造成损害，否则每犯一次，处以 40 便士罚金。

177. Great Horwood, Bucks. Saturday, September 30th

It is ordained by assent of all the tenants that none of them shall put or keep foals in the pastures in the fields now sown called Darby felde from the Feast of the Invention of the Holy Cross until autumn is ended, unless they are tethered , to the end that they do no damage to the grain there sown under pain for each one falling in default of 3s. 4d.②

Item it is ordained that none of the tenants shall fork or keep their beasts in … called le lees in the fields there now sown after the Nativity of St John the Baptist but they shall put them in them in the custody of the common herd under pain for each one in default of 10s, provided however that they shall have the liberty of forking [*forcandi*] their plough horses or oxen in the aforesaid pastures after the aforesaid Feast, the aforesaid pain notwithstanding.

177. 大海伍德，白金汉郡　星期六，9 月 30 日

经全体佃农的一致同意，从圣十字节一直到秋收结束，任何人不能到草场以及戴尔伯已播种好的田地里放牧他的马驹，除非已经拴好并没有对播种的田地造成损失，否则每触犯一次，处罚 3 先令 4 便士。

法令规定，除非在公共放牧放牧人的监管下，任何佃农不能在圣约翰诞生节后在已

---

① MS. torn. 资料缺失。

② Further on in the roll we find：“Item they present that John Sharpp（2d.），Edward Tayler（2d.）John Raude（2d.）and William Bukingham（2d.）kept their foals in the sown fields untethered etc. before autumn was ended contrary to the ordinance made therein at the last court. Therefore separately in mercy as appears etc.” 在此卷中我们可以进一步发现：“在下次开庭时，他们指控约翰·夏普、爱德华·泰勒和威廉·布金汉姆触犯了在秋收结束之前不能在已播种的田地放牧马驹的村规。因此，每人被处罚了 2 便士。”

播种的土地放牧牲畜，否则处罚 10 先令罚金，如果在上述节日后他们拥有在上述草场放牧耕马及耕牛的权利，那么上述罚款便取消。

178. Great Horwood, Bucks. Tuesday, October 20th

It is ordained by an agreement of the lord and the tenants that no tenant or inhabitant within this demesne shall play at dice or cards except in the time of the Lord's Nativity under pain for each one in default of 20s.

And it is ordered that no one within this demesne shall take fish in Oldmedbroke nor in the other streams within the aforesaid demesne under pain of 6s. 8d.

And it is ordered that no one shall take wood by cart or on his head from the wood which is called Priorswoode without leave of the lord's officer under pain of 6s. 8d.

And it is ordered that no one shall put his pigs in the sown field called le Stoble but he shall put them with the common herd under pain of 6s. 8d.

178. 大海伍德，白金汉郡　星期二，10 月 20 日

经过领主与全体佃农的一致同意，除了在耶稣诞生日当天，庄园内的所有佃农与居民可以玩纸牌，否则每个人处罚 20 先令。

领地内的任何人既不能在老麦德博瑞克，也不能在其他的河流中捕鱼，否则处罚 6 先令 8 便士。

在没有得到领主许可的情况下，任何人都不能在皮尔斯伍德林地用手推车或是头顶运木头，否则处罚 6 先令 8 便士。

任何人都不能将他的猪赶到勒斯托布尔已播种的田里进行放牧，但他可以将猪赶到公共牧群中进行放牧，否则将被处罚 6 先令 8 便士。

179. Great Horwood, Bucks. Tuesday, September 9th

It is ordained by the consent of the tenants that each tenant at will shall put and pasture his cattle on the common ways and in his own pastures from the Feast of Easter to the Feast of the Nativity of St John the Baptist and after the said Feast the said tenants shall put the aforesaid beasts with the common herd except plough oxen, and every tenant shall depasture the aforesaid oxen at will in the common ways or wherever they do not do an injury to the tenants there etc. under pain for each delinquent of 40d.

179. 大海伍德，白金汉郡　星期二，9 月 9 日

经全体佃农的一致同意，在复活节到圣约翰诞生节期间，任何人都可以随意地在公共道路和自己的草场中放牛，在上述节日之后，除了耕牛外，上述家畜都必须由公共放牧人放牧，每个人都可以在公共道路上以及其他不会对佃农造成伤害的地方放牧耕牛，否则将每次处罚 40 便士。

180. Great Horwood, Bucks. Friday, September 18th

It is ordained that all the tenants and inhabitants shall tether their foals and mares in the sown fields and not allow them to go at large in the grain of the tenants under pain for each delinquent of 40d.

And that none of the inhabitants shall cut or carry furze from the common called the Priour-

社会转型时期英国乡村基层组织研究

swode except by order of the bailiff under pain each delinquent of 20d.

And that no one shall take fish in the common fishing stream called le brok' flowing within the aforesaid town unless it be on his own ground under pain for each delinquent of 40d.

180. 大海伍德，白金汉郡　星期五，9 月 18 日

法令规定，所有的佃农和居民应在播种的田地上拴好自己的马驹、母驴，并且不允许它们进入佃农的大片庄稼地，否则处罚 40 便士。

任何居民不能在皮瑞斯伍德的公有地中砍伐并带走荆豆，除非是管家的要求，否则处罚 20 便士。

任何人不能在上述村中勒布罗克的公共溪流内捕鱼，除非是在自己的区域范围内，否则处罚 40 便士。

181. Newton Longville, Bucks. Wednesday, September 23rd

It is ordained that none of the tenants shall tether horses or mares or fork his cattle in the sown fields except on his own land and this under pain each delinquent of 6d.

181. 纽顿-朗格维尔，白金汉郡　星期三，9 月 23 日

法令规定，任何佃农都不能在已播种的田地里拴马、母驴或者是牛，除非他自己的土地，否则处罚 6 便士。

182. Great Horwood, Bucks. Thursday, September 22nd

And [the jurors] say that not a few of the inhabitants there who have mares with foals allow them to go at large anywhere at all in the sown field to the detriment of their neighbours. Wherefore.

it is ordered that everyone who has animals of this kind shall no longer permit nor shall any of them allow his animals aforesaid to go at large in the sown field but that mares as well as foals when they are there shall be tethered, under pain each one who is delinquent in this respect of 3s. 4d.

Every tenant there is ordered not to allow his cows to depasture henceforth on the king's way in any part of the sown field until the end of autumn under pain , each one guilty in this respect of 3s. 4d.

182. 大海伍德，白金汉郡　星期二，9 月 22 日

据他们（陪审团）指控，有一些拥有母驴及马驹的居民将其牲畜放到邻居已播种的土地里，并对邻居造成了损害。

因此法令规定，任何拥有此种类型家畜的人不能让家畜进入已经播种的田地，除了被栓好的母驴及马驹，否则处罚 3 先令 4 便士。

自此以后，每个佃农不能放牧他的乳牛到任何已播种的田地的主干道上，直到秋季结束，否则每个人处罚 3 先令 4 便士。

183. Great Horwood, Bucks. Tuesday, April 9th

A pain is made that no one henceforth shall allow his foals to go at large in the sown fields after they are one month old unless they be tethered with the horses under pain each delinquent of 40d.

It is ordained that no handicrafter [laborator artifex] or his servant shall play at tables or cards henceforth under pain each one of them in default of 12d. every time except when there is a church ale and that no one shall harbour the aforesaid players under pain of 6s. 8d. each time.

It is ordained by the assent of all the renants there that no one henceforth shall bring in any shepherd with a flock of sheep from any outsider under pain of 40s.

183. 大海伍德，白金汉郡　星期二，4 月 9 日

任何人都不能让他的已经满一个月的马驹进入已播种的田地，除非马驹和马拴在一起，否则处罚 40 便士。

法令规定，任何手工劳动者或者他的仆工都不能在桌边玩纸牌，否则每个人将处罚 12 便士。除了教堂的酒会之外，任何人不得包庇上述之人，否则每触犯一次处罚 6 先令 8 便士。

经过全体佃农的一致同意，自此以后，任何人不能从外面带来放牧羊群的牧羊人，否则处罚 40 先令。

184. Elmley Castle, Worcs. Tuesday, October 22nd

Ordinance. That everyone shall ring his pigs and sows sufficiently before the Feast of the A-postles Simon and Jude under pain of each delinquent to lose 12d.

And that no one henceforth shall break hedges or park palings under pain of each delinquent so doing to lose 12d.

184. 艾尔姆利-卡斯特尔，伍斯特郡　星期二，10 月 22 日

法令规定，在使徒西蒙节和裘德节之前，每个人应该给把猪圈起来并且储存足够的饲料，否则处罚 12 便士。

自此以后，任何人不应该拆除篱笆或者是在休耕地围篱，否则每触犯 1 次将处罚 12 便士。

185. Great Horwood, Bucks. Monday, September 26th

It is ordained by the consent of all the tenants that each tenant within the jurisdiction of this court shall clean and mend his ditches of whatever kind sufficiently and well before the Feast of All Saints under pain for each one of them falling in default of 3s. 4d.

It is ordained by the assent of all the tenants within the jurisdiction of this court , cottagers as well as others，that each one of them for his part shall clean and repair well and sufficiently a water called the almede-broke and another water called the ffennebroke before the Feast of All Saints next to come under pain , each of them falling in default, of 12d. if he is not there at the time fixed beforehand to do this.

It is ordained that no one shall tether his mares in the field sown with wheat there unless he shall tether his foals securely with his horses aforesaid under pain for each one of them falling in default of 3s. 4d. as often as it happens.

Item it is ordained that no one shall tether nor shall he allow his horses, mares of foals to wander at large there in the meadows where their hay has been heaped up in autumn, that is to say where any hey-cokke shall be made yn hayharvest①under pain of 3s. 4d. every time any

---

① All the by-laws of 1550 are in English. 1550 年的所有村规都是现代英语。

one of them falls in default.

Again as before it is ordained that cottagers each of them shall put his beasts with the cow-herd to the end that he shall not permit his beasts aforesaid to pasture nor to go into the fields of the other tenants of the lord there, under pain for each one of them falling in default of 20d. as often as it happens.

185. 大海伍德，白金汉郡　星期一，9 月 26 日

经庄园法庭的全体佃农的一致同意，在圣餐会之前，所有佃农应该充分地清理以及修好各种水沟，否则每个违反规定的人处罚 3 先令 4 便士。

经庄园法庭的全体佃农、茅舍农以及其他人的一致同意，在即将到来的圣餐会之前，他们每个人都应清理并修复好阿尔梅德-布洛克河以及芬尼布洛克河，如果他没有按照规定的时间去做，那么每个人将被处罚 12 便士。

任何人不能在上述已播种的田地放牧他的母驴，否则每触犯一次，处罚 3 先令 4 便士。

法令规定，任何人不能在秋季已被收割的干草的地方即干草收割存放的地方拴着或是允许他的马，母驴及马驹随意走动，否则每次处罚 3 先令 4 便士。

再次重申法令，任何的茅舍农应该把牛放到牧牛人那里，他们不能在牧场放牧，也不能到佃农的田地放牧上述牲畜，如果上述事情发生，每个人将处罚 20 便士。

186. Weedon, Bucks. Monday, October 17th

It is ordained by consent of all the tenants of this manor that no one henceforth shall make parks, that is, pennes, on the common green before the next court.

And if it should be found by the homage at the next court that this ordinance is for the common advantage of the tenants then a pain shall be put upon those who break the aforesaid ordinance.

186. 威登，白金汉郡　星期一，10 月 17 日

经过该庄园的全体佃农的一致同意，在下次开庭之前，任何人自此以后不能在公共草地的空白区域建造公园。

如果代表佃农的公共利益的法令在下次开庭时被制定，那么任何人违反上述法令将被处罚。

187. Elton, Hunts. Monday, October 7th

Pains and ordinances. It is ordained at this court that no conttager shall keep many cowsh-enceforth [*plures vaccas*], each of them under pain of 3s. 4d.

And further it is ordered at this court and leet that all ditches and common passageways which are a nuisance to the people of the lord king, and similarly all hedges and fences of all the tenants here, etc., before the Feast of St Martin the Bishop in hyeme next to come under pain for each of them in default in any of the aforesaid, of 20d.

And further that no tenant of this manor shall allow or shall keep his sheep in the wheat field after Lent next to come each under pain of 40s.

And that no tenant in Overtown shall keep his sheep in the wheat field in a byherd, henceforth but in a flock with the common shepherd from the Feast of St Martin the Bishop in hyeme next to come until the end of autumn next to come , each under pain of 20s.

And that no tenant of this manor shall keep sheep or shepherds in Givenall way as far as the meadow henceforth from the Feast of the Annunciation of the Blessed Mary the Virgin next to come until the Feast of St Peter which is called in Chains next following, each under pain of 6s. 8d.

And that no tenant of this manor shall put his mares hobbled [*hoppelled*] at the fen before the end of next autumn nor shall he make there a waste [*le pennuria*], each under pain of 20s.

And it is further ordained at this court that no cowherd of this town shall keep cows or young oxen on the street henceforth from the Feast of the Apostles Philip and James next to come to the end of autumn next following, each 6s. 8d.

And that no tenant of this manor shall keep more than forty sheep for a virgate of land henceforth and if more or less according to the same rate, each under pain of 20s.

And that each customary tenant of this manor shall mend his hedges and fences between himself and his neighbour through the whole town before the Feast of St Martin the Bishop in hyeme next to come, each under pain of 3s. 4d.

And that each cottager of this town shall have in his yard before the said Feast two cartloads of wood each under pain of 6s. 8d.

Every cowherd of this town shall keep his cows with the herd in spring time and not by herd, each of them in default under pain of 6s. 8d.

And further that in spring time each one shall tether his foals in the fields with their mothers after the Feast of the Translation of St Thomas the Martyr, each under pain of 20d.

And that no tenant henceforth shall keep his horses or mares in halters in springtime, to the damage of the lord's tenants, nor shall he keep his oxen in the fields in springtime, each under pain of 3s. 4d.

187. 埃尔顿，亨廷顿郡　星期一，10月7日

处罚与法令。法庭规定，从今以后任何茅舍农都不得拥有大群奶牛，否则每违反一次处罚3先令4便士。

并进一步在此法庭和民事法庭规定，在圣马丁节之前，任何人不得破坏沟渠、公路以及所有佃户的篱笆和栅栏，否则每违反一次处罚20便士。

并进一步规定，庄园里的任何佃户都不被允许或不能将他的绵羊放牧到小麦田里，否则在收租之前每违反一次处罚40先令。

规定在圣马丁节到秋末之间，奥维顿的佃户不得将绵羊放牧到小麦田，要集中到公共牧羊人的家畜群里统一管理，否则每违反一次处罚20先令。

规定从圣母领报节开始到圣彼得节期间这个村庄的佃户都要将他们的绵羊或者羊群保持在吉温奥地区直到牧场的地方，否则每违反一次处罚6先令8便士。

在秋末来临之前任何佃户不得将母马放牧到沼泽，不得造成破坏浪费，否则每违反一次处罚20先令。

法庭规定从使徒菲利普和詹姆斯节到秋末之间此地区的牧牛人不得在公路上放牧奶牛和小公牛，否则每违反一次处罚 6 先令 8 便士。

　　规定今后任何佃户不得在一威格尔土地上拥有超过 40 只羊，每违反一次处罚 20 先令。

　　规定所有佃户在圣马丁节之前都要修完整个庄园里和邻里之间的栅栏和篱笆，否则处罚 3 先令 4 便士。

　　规定在节日之前此地区的所有居民的院子里要有两车木材，否则每违反一次处罚 6 先令 8 便士。

　　规定所有的牧牛人在春天要把他们的奶牛和牛群放到一起，否则每违反一次处罚 6 先令 8 便士。

　　规定在春天圣托玛斯节之后把小马驹和母马拴放在田地中，否则每违反一次处罚 20 便士。

　　规定在春天任何佃户没有将马套上缰绳而损害到其他佃户，或者把公牛放到田地里，每违反一次处罚 3 先令 4 便士。

188. Great Horwood, Bucks. Tuesday, October 3rd

It is ordered that they shall not allow their beasts to go at large before the end of autumn under pain of 40d.

It is ordered that no tenant by copy of court [roll] shall have several [plures] sub-tenants in one house without the lord's leave, under pain of 40s.

It is ordained that no one shall pasture any beast except oxen in the wheat field before the Feast of Pentecost under pain of 40d.

188. 大海伍德，白金汉郡　星期二，10 月 3 日

　　规定在秋末之前不允许大量地放牧牲畜，否则每违反一次处罚 40 便士。

　　规定如果没有领主的同意，任何佃户不得在一个房产下拥有数名转租人，否则每违反一次处罚 40 先令。

　　规定在五旬节之前，任何人不得在小麦田放牧奶牛之外的任何牲畜，否则每违反一次处罚 40 便士。

189. Great Horwood, Bucks. Friday, October 16th

It is ordered that no one shall harbour or entertain any woman or women of ill fame more than one night under pain for each delinquent, of 6s. 8d.

It is ordained that each one shall clean his part of the rivulet from…bridge to the hemp pole before the Feast of the Holy Trinity under pain for each delinquent, of 3s. 4d.

It is ordained that no one shall have foals more than four weeks old untethered in the fields sown with barley and oats under pain, each delinquent, of 3s. 4d., nor foals more than eight weeks old in the fields sown with beans under the aforesaid pain.

The jurors present that William Taylor is a common trespasser in the field with his beasts, therefore etc.

It is ordained that no cottager shall have more than two cows, one horse and four pigs, underpain for each delinquent, of 12d.

It is ordained that no one shall gather beans under pain for each delinquent, of 12d.

It is ordained that no one shall put sheep in the field sown with wheat, barley and oats before the Feast of the Holy Trinity under pain, each delinquent, of 4d.

189. 大海伍德，白金汉郡　星期五，10 月 16 日

规定任何人不得为任何妇女或者臭名昭著的妇女提供庇护和招待超过一夜，否则每违反一次处罚 6 先令 8 便士。

规定每个人必须在圣三一节之前清理从小桥到大麻丛之间他们自己的河段，否则未履行一次处罚 3 先令 4 便士。

规定任何人不得将超过四周的马驹拴到播种了大麦和燕麦的田地上，否则每违反一次处罚 3 先令 4 便士；也不得将超过八周的马驹放到播种了豆类的田地上，否则受到同样处罚。

据陪审员指控，威廉姆·泰勒和他的牲畜非法入侵田地，因此被处罚，等等。

规定任何茅舍农不得拥有超过两头牛，一匹马，四头猪的牲畜，否则每违反一次处罚 12 便士。

规定任何人不得捡拾豆类，否则处罚 12 便士。

规定在圣三一节之前，任何人不得将羊放牧到种有小麦、大麦、燕麦的田地里，否则每违反一次处罚 4 便士。

190. Elmley Castle, Worcs. Monday, April 23rd

Item it is ordered that no tenant of Elmley shall harbour any stranger or vagabond under pain of 3s. 8d.

Item it is ordered that no tenant of Elmley shall gather any pods〔belonging to〕another without leave under pain of 3s. 4d.

And the tenants of Elmley are further ordered that none of them shall keep any beasts in the stubble field within a space of twenty selions of standing grain under pain for each one of them, of 3s. 4d.

190. 艾尔姆利-卡斯特尔，伍斯特郡　星期一，4 月 23 日

规定任何人不得向任何陌生人和流浪者提供庇护，否则每违反一次处罚 3 先令 8 便士。

规定艾尔姆利-卡斯特尔的佃户不得在主人离开之前去捡拾任何豆荚，否则每违反一次处罚 3 先令 4 便士。

进一步规定艾尔姆利-卡斯特尔的佃户不得将牲畜带到尚有 20 赛隆庄稼的田地上吃庄稼茬，否则每违反一次处罚 3 先令 4 便士。

191. Great Horwood, Bucks. Thursday, October 8th

It is ordained by the assent of all the tenants that each of them shall mend his part of the road called Woluerton way before the Feast of the Purification of the Blessed Mary the Virgin next to come, under pain for each delinquent of 3s. 4d.

It is ordained that each one shall clean his part of his ditch at Hynd-well as far as the hemp pole before the Feast of Pentecost next to come under pain, each delinquent, of 3s. 4d.

It is ordained that no one shall allow foals to go at large in fields sown with wheat, barley and oats after they are of the age of one month, under pain of 3s. 4d.

It is ordained that no one shall pasture sheep in the common East field from the end of autumn to the Feast of St Edward under pain of 3s. 4d.

It is ordained that no one shall pasture his beasts in the common field before the Feast of Pentecost under pain of 3s. 4d.①

191. 大海伍德，白金汉郡　星期四，10 月 8 日

规定在所有佃户同意下，在献主节来临之前佃户们都要去修整沃伦顿路中他们自己负责的部分，否则未履行一次处罚 3 先令 4 便士。

规定在五旬节之前每个人都要把他们在海德井地区负责的沟渠清理干净，否则未履行一次处罚 3 先令 4 便士。

规定任何人不得将马驹放牧到刚刚播种一个月的小麦、大麦、燕麦田地上，否则每违反一次处罚 3 先令 4 便士。

规定从秋末到圣爱德华节期间任何人不得将羊放牧到公共的东方牧场，否则每违反一次处罚 3 先令 4 便士。

规定在五旬节之前任何人不得在公共牧场放牧，否则每违反一次处罚 3 先令 4 便士。

192. Great Horwood, Bucks. Thursday, October 26th

It is ordained by the assent of the tenants that no one shall carry with him a hatchet or any other tool for cutting wood or underbrush in the woods of the lord nor shall he cut wood or underbrush, under pain of 3s. 4d.

Item it is ordained that no one shall pasture the common ways in the fields of Horwood with his beasts before the Feast of Pentecost, and after the Feast of Pentecost that no one shall pasture in the common ways aforesaid unless he has land there, under pain of 3s. 4d.

It is ordained that no cottager shall keep more than two beasts, one mare and one calf under pain of 3s. 4d.

Item it is ordered that no one shall alow calves to go at large in the sown field until autumn is over, under pain of 3s, 4d.

192. 大海伍德，白金汉郡　星期四，10 月 26 日

规定经所有佃户一致同意，任何人不得携带他的柴刀或者其他工具到领主的森林里用于砍伐木材和灌木丛或者在树林里砍伐木材和灌木丛，否则每违反一次处罚 3 先令 4 便士。

---

① On Wednesday, October 1, 1539, the last by-law was re-enacted together with the following: "It is ordained by the assent of all the tenants that eachcottager shall put his beasts in charge of the herdsman under pain each delinquent of 3s. 4d." 1539 年 10 月 1 日星期三，重新制定的下述村规："在所有佃户的同意之下，每个佃户都要把他的牲畜交给放牧人管理，否则处罚 3 先令 8 便士。"

规定在五旬节前，在霍伍德的田地上任何人不得在公共道路上放牧；在五旬节后，除非有土地在那里否则任何人不得在公共道路上放牧。否则每违反一次处罚 3 先令 4 便士。

规定任何佃户不得拥有一匹母马和一头小牛两匹以上的牲畜，否则每违反一次处罚 3 先令 4 便士。

规定任何人不得在秋天结束前到已播种的田地上放牧小牛，否则每违反一次处罚 3 先令 4 便士。

193. Newton Longville, Bucks. Monday, April 13th

It is ordered by the assent of all the tenants that each one shall put his beasts except beasts of the plough in charge of the herdsman after the herdsman has come from the woods, under pain for each delinquent of 4d. every time.

Item it is ordained that no one shall pasture his beasts in the sown fields except on his own lands from the Feast of Pentecost next to come until the rye and wheat have been taken away under pain of 4d. each one every time.

Item it is ordained that no one shall pasture his oxen in the common ways before the Feast of the Holy Trinity next to come under pain, each delinquent, of 4d.

193. 纽顿-朗格维尔，白金汉郡　星期一，4 月 13 日

规定经所有佃户一致同意，在放牧人回到森林之前所有人都应该将牲畜交给放牧人管理，否则未履行一次处罚 4 便士。

规定在从五旬节到黑麦和小麦被收割期间任何人不得在播种的田地上放牧，除了在他自己的土地上以外，否则每违反一次处罚 4 便士。

规定在圣三一节前，任何人不得以公共的方式放牛，否则每违反一次处罚 4 便士。

194. Newton Longville, Bucks. Thursday, September 3[rd]①

It is ordained by the consent of all the tenants that no tenant shall agist his beasts at Blechfeldey - leese by Smaldeyeey henceforth before the Feast of Pentecost under pain, each delinquent for each time, of 12d.

Item it is ordained that no one shall pasture or tether horses on the common ways before the Feast of Pentecost next to come under pain, for each delinquent, of 4d. each time.

Item it is ordained that no tenant shall keep or pasture his oxen on the common ways before the Feast of the Holy Trinity next to come under pain for each delinquent for each time of 4d. unless it is on his own land.

Item it is ordained that no one shall pasture his cows or other animals in the sown fields before the Feast of St Peter in Chains next to come under pain, for each delinquent for each time of 12d.

194. 纽顿-朗格维尔，白金汉郡　星期四，9 月 3 日

规定经所有佃户一致同意，在五旬节前任何人不得在西麦德地区的布里奇费德

---

① The second time by-laws were enacted this year. 第二次制定的村规是该年颁布的。

里-里斯上代人放牧，否则每违反一次处罚 12 便士。

规定在五旬节之前，任何人不得在公共道路上放牧或者拴放马匹，否则每违反一次处罚 4 便士。

规定在圣三一节之前，任何佃户不得以公共的方式持有或饲养牛群，否则每违反一次处罚 4 便士。除非是在佃户自己的土地上。

规定在圣彼得节之前，任何佃户不得在播种的田地上放养奶牛或其他牲畜，否则每违反一次处罚 12 便士。

195. Newton Longville, Bucks. Saturday, October 2nd

It is ordained by the assent of the tenants that no one having a plough shall take a tongue [*lingua*] from the lord's woods under pain each delinquent for each pole [fasticule] of 4d., and that no man break the wood hedge under pain for each delinquent every time, of 4d.

195. 纽顿-朗格维尔，白金汉郡　星期六，10 月 2 号

规定经所有佃户一致同意，任何人不得到领主的林地里犁地，否则每违反一次处罚 4 便士，并且任何人不得破坏树篱笆，否则每违反一次处罚 4 便士。

附录

中世纪的村规（中英文对照）

后　记

　　本书是在我博士论文的基础上修改而成的。在书稿即将付梓之际，掩卷长思，饮水思源，在此向那些帮助过我的人表以拳拳谢意。

　　首先，我要感谢我的恩师侯建新教授。侯先生是学界之楷模，自跟随先生读书以来，期间几件事情深深地打动了我。其一，读博士期间，有一次我回校期间不小心把电脑弄丢了，里面还有尚未完成的博士论文初稿，先生听说后立刻给我打电话，要将自己的电脑借于我用，这件小事让我深受感动。因为先生平时很忙，能够为学生想到这么细致入微的事情实属不易。其二，在书稿的修改过程中，侯先生也在百忙之中数次给我指点。尽管此时我已在外地工作，但先生仍然没有放弃对我的严格要求，甚至出差时还不忘记对书稿中个别论点提出建议。其三，在我调入天津师范大学欧洲文明研究院之后，由于深知自己能力远没有达到先生的期望，每次见到先生都深感惴惴不安，但先生却在不断地鼓励我，让我能够重拾信心，继续自己的科研工作。能够得到恩师的鼓励是我人生之幸。古语道："师者，传道授业解惑也"。我想说的是，侯先生的魅力不仅仅在于传道授业解惑，更为重要的是他身上那种高尚的人格魅力一直都在感染着我，让我在科研的道路上能够继续前行。尽管此书尚有诸多的纰漏和瑕疵，但我仍想将它献给自己最敬爱的老师。

　　其次，我要感谢自己的家人。自博士论文写作到书稿的完成，经历了整整 10 年的时间。在这 10 年中，我的父母、妻子为这个家付出了很多。为了让我安心工作，所有的家庭琐事都由他们默默地承担了下来，对此，我深感内疚和不安。

　　最后，感谢中山大学的龙秀清教授以及天津师范大学历史文化学院、欧洲文明研究院的所有同仁，谢谢你们在本书写作过程中所提供的无私帮助，让我受益颇多！感谢我的研究生罗明昱、冯明和侯畅在书稿编辑和整理过程中所付出的努力；感谢中国人民大学的张娟博士在整理档案资料中给予的帮助；感谢人民出版社的李斌以及江小夏编辑认真和负责的态度，没有你们的帮助，我的书稿无法顺利出版。

后记

策划编辑:李 斌
责任编辑:江小夏
封面设计:阳洪燕 林芝玉

图书在版编目(CIP)数据

社会转型时期英国乡村基层组织研究/陈立军 著. —北京:人民出版社,
　2018.7
(欧洲经济-社会史丛书/侯建新主编)
ISBN 978－7－01－019564－3

Ⅰ.①社…　Ⅱ.①陈…　Ⅲ.①乡村-基层组织-研究-英国　Ⅳ.①D756.183

中国版本图书馆 CIP 数据核字(2018)第 160587 号

社会转型时期英国乡村基层组织研究
SHEHUI ZHUANXING SHIQI YINGGUO XIANGCUN JICENG ZUZHI YANJIU

陈立军　著

人民出版社 出版发行
(100706　北京市东城区隆福寺街 99 号)

北京中科印刷有限公司印刷　新华书店经销

2018 年 7 月第 1 版　2018 年 7 月北京第 1 次印刷
开本:710 毫米×1000 毫米 1/16　印张:28.75
字数:460 千字

ISBN 978－7－01－019564－3　定价:79.00 元

邮购地址 100706　北京市东城区隆福寺街 99 号
人民东方图书销售中心　电话 (010)65250042　65289539